陕西师范大学史学丛书

隋唐佛教文化史论

介永强 著

社会科学文献出版社
SOCIAL SCIENCES ACADEMIC PRESS (CHINA)

本书由陕西师范大学历史学重点学科建设经费
资助出版

丛书总序

在高等院校，教学科研是一般教师关注的主要对象，教师们不仅关注自身的教学科研，也关注他人的教学科研，但对于学校和学院，高度关注的则是学科，即我们通常讲的学科建设。所谓学科建设，一般包含学科平台建设、师资队伍建设、科学研究和人才培养四个方面。学科平台建设，主要指硕士学位授权点和博士学位授权点的设置和建设、博士后科学流动站的设置和建设，另外也包括教育部人文社会科学重点研究基地的设置和建设，以及其他各类研究平台的设置和建设。师资队伍建设，主要指师资队伍的规模、职称结构、学历结构、年龄结构、学缘结构等方面。科学研究，主要指师资队伍成员从事学术研究所产出并公开发表和出版的学术论文、著作以及研究报告等。人才培养，主要指硕士学位授权点和博士学位授权点所培养的硕士研究生和博士研究生的数量、质量及其在学术界的影响和社会各行业的影响。学科建设的四个方面相互依托，相互促进，相辅相成，共同构成了学科建设的有机整体。其中，学科平台是基础，有了学科平台，有利于引进人才和加强队伍建设；有了学科平台，才能招收研究生，进行人才培养。师资队伍是核心，拥有一支合理的师资队伍，才能支撑和维持学科平台，才能有进行科学研究和人才培养的主体。科学研究是关键，科学研究的成果体现学科平台的力量，也是培养人才的前提和基础；没有较强的科学研究能力，就不可能培养出合格的人才。人才培养是目标，人才培养必须依托学科平台，同时，人才培养不但必须要有师资队伍，而且必须要有具备科学研究能力的师资队伍，才能完成合格的人才培养。

与国内大多数高校一样，陕西师范大学的历史学科建设在2012年之前，主要进行的是学科的外延建设。所谓外延建设，就是指增加学科的数量和规模，如拥有几个一级博士学位授权点，几个国家重点学科以及几个教育部人文社会科学重点研究基地等。随着我国改革开放的深化和综合国力的增强，民众对高等教育有更高期待，党的十八大明确提出推动高等教育的内涵发展，走以质量提升为核心的内涵发展道路，高校学科建设进入了一个新的时期，学科建设的重点由外延建设转向内涵建设。外延建设主要强调量，而内涵建设则更加注重质，外延建设为内涵建设奠定了坚实的基础。也就是说，在已有学科平台的基础上，凝练高水平的队伍，产出高水平的成果，培养高质量的人才，将成为学科发展的关键所在，而统领这三方面的正是学科特色。凡大学都应该有自己的特色，大学的特色集中体现在学科特色上。所谓学科特色，主要指在某一学科的某一领域，凝练一支高水平的研究团队，产出一系列有影响的研究成果，同时培养出一批在学术界和相关行业有影响的人才。说学科特色是学科内涵建设的灵魂，原因有三：一是从人力资源配置看，很难有一个高校有能力支撑一个学科（一级学科）所包含的所有学科领域。二是从财物资源配置看，很难有一个高校有能力支持一个学科（一级学科）所包含的所有学科领域发展所需要的财力和物力。支持学科建设不仅必须要有研究团队，而且必须要为研究团队提供从事科学研究所必需的财力和物力，如从事历史学研究所必需的场所设施、网络环境和图书资料等，只有完成人财物的合理配置，才能进行科学研究。三是只有发展学科特色，实现资源配置才能成本最低、效率最高。如果学科领域广泛，需要配置的文献资源也必然广泛，相应地如果学科领域相对集中，需要配置的文献资源也相对集中，成本低而利用率高。另外，发展学科特色，易于传承学术传统，易于形成内部合作，易于产出系列成果，易于培养团队人才，易于形成学术影响，也易于保持学术影响。

发展学科特色需要考虑诸多因素。作为历史学科建设，要充分考虑地方历史文化，形成自己的学科优势，这种优势既能更好地服务地方，也能充分彰显自己的学科特色。要注重已有学术传统，顺应国家长期发展的重大战略目标，着眼未来，长远规划学科特色。要充分考虑学校的实力地位，谋划学校能够实现的规划，因为学科建设规划只有在人财物的可持续投入基础上才能实现。

陕西师范大学的历史学科，依托地处周秦汉唐历史文化中心、考古资源丰富、出土文物规格高和数量大的特点，经过70多年和几代历史人的不懈努力，逐步形成了以周秦汉唐历史为主要研究领域的学科特色，中国古代史国家重点学科的获批也是对这一学科特色的充分肯定。随着国家对历史学科精细化分类管理，原来既是门类也是一级学科的历史学一分为三，调整为中国史、世界史、考古学三个一级学科。根据学校地位的变化和学校对历史学科人财物的持续投入状况，面对三个一级学科的评估和建设，在国家一流大学和一流学科建设中，我们面临着前所未有的巨大挑战。在严峻的挑战面前，思路必须明确，决策必须正确，行动必须快捷。环顾国内外高等院校学科建设成功者，无不具有显著特色。我们在学科内涵建设中，特色发展是唯一选择。中国史作为一级学科，我校的中国古代史和历史地理学作为两个国家重点学科，是我校的特色学科，也是我校的优势学科。在国内学科建设的激烈竞争中，只有加大建设力度，才能保持优势地位；而要保持传统优势学科的地位，除了加大已有建设的力度，还必须不断探索新的学科增长点，才能进一步强化学科优势，彰显学科特色。中央提出的"一带一路"建设，为地处丝绸之路起点的我校历史学科发展迎来了难得的发展机遇，学院"丝绸之路历史文化研究中心"的建立，不仅顺应了国家重大战略需求，也是我院探索新的学科增长点的体现。中国史升格为一级学科后，发展中国近现代史学科势在必行，而从时间和空间上看，中国近现代史学科的研究领域同样极为广泛，我们也必须选择某一领域，重点建设，特色发展。西北地区的近现代史研究是中国近现代史研究的重要组成部分，把西北地区的近现代史作为我校中国近现代史学科的发展方向，同样具有明显的地域优势，也必将成为我校的学科特色和新亮点。

此外，文物博物馆学也是学院谋求学科建设发展特色的一大发力点。2008年1月23日，中宣部、财政部、文化部和国家文物局联合下发《关于全国博物馆、纪念馆免费开放的通知》，根据该通知，全国各级文化文物部门归口管理的公共博物馆、纪念馆，全国爱国主义教育示范基地将全部实行免费开放，博物馆已成为国民素质教育的重要基地。在全国范围内，博物馆如雨后春笋，发展迅猛，但博物馆学的专业人才明显不足，这就为高等院校博物馆学人才培养提出了新的要求。陕西是考古大省、文物大省，更是博物馆大省，博物馆的人才需求也相对较大。基于地缘优势和省内学科建设差异化发展的思路，我校在考古学学科下重点发展博物馆学，经过十多年的发展，取得了一定成就，陕西省文物局与我校签订战略合作框架协议，国家文物局在我校设立"国家文物局人才培训示范基地"，充分说明我校重点发展博物馆学符合陕西省和国家对博物馆人才培养的需求，特色建设博物馆学的思路得到了肯定和支持。我们将在国内博物馆学研究的基础上，学习、借鉴、吸收国外博物馆学的理论和方法，深入探索努力构建我国博物馆学的学科理论体系，彰显我校博物馆学的学科特色。

彰显学科特色的要素很多，但产出颇具影响的系列研究成果尤为重要。为此，学院设计出版"陕西师范大学史学丛书"。丛书的内容广泛，涉及中国古代史、中国近现代史、俄国古代史、中西史学比较、中东历史与国际关系等。希望通过出版本套丛书，集中展现学院教师近年来学术关注的领域和成就。鉴于本丛书是在我校大力推进一流学科建设的开启之年规划的，故以一流学科建设的思路代为本套丛书之总序。

何志龙
陕西师范大学长安校区文汇楼
2019 年 3 月

前　言

在源远流长的中国历史长河中，隋唐王朝政治统一，经济繁荣，国力强盛，文化发达，不仅在中国古代社会堪称空前灿烂，而且在当时世界上也处于领先地位。隋唐文化特别是唐文化以其昂扬向上的恢宏气势、勇于变革的创新精神、兼容并蓄的开放性格、绚丽多彩的表现形式，不仅在中国古代文化史上熠熠发光，而且迄今散发着迷人的芳香。在百花盛开的隋唐文化园地里，姹紫嫣红的佛教文化无疑是这块园地里的一朵奇葩。隋唐时期既是中国佛教的鼎盛期，又是中国佛教的成熟期。光芒万丈的隋唐佛教不仅在中国佛教史上占有极其重要的地位，抑且对隋唐历史和中国文化都产生了深远的影响，因而有许多问题值得我们深思和研讨。笔者主要从事隋唐史和中国文化史的教学与研究，这本《隋唐佛教文化史论》即是不佞近十多年来探研隋唐佛教文化的管窥之见。

本书收录了笔者已经发表过的有关隋唐佛教文化史的论文一共30篇，分为上、中、下三编。

上编"隋唐佛教寺院建置兴废探赜"，收录论文8篇，以佛教寺院为主题，辨析了隋唐长安佛教寺院建置沿革记载中颇有争议的一些问题，勾勒了唐都长安佛教寺院建筑风貌，追寻了唐都长安佛教寺院书法文化遗产。

唐都长安佛教寺院鳞次栉比，遍布坊里，许多佛寺屡易其名，几经迁址。时移世易，后世学者莫知故实，以致歧错舛误，扑朔迷离。上编《〈唐长安佛寺考〉匡误》一文对孙昌武先生《唐长安佛寺考》所列佛寺的重复错讹现象予以辨析纠谬。《〈唐长安佛寺考〉补苴》一文根据佛教典籍、历史文献、碑石、方志等相关资料，增补了唐长安及其近郊佛寺共计28所，并对若干佛寺的建置沿革问题进行了订正。《〈隋大兴城佛寺考〉拾遗》一文根据《续高僧传》增补了隋首都大兴城佛寺11所。

大兴善寺是隋唐王朝的"国寺"，殿堂巍峨，法相庄严。不幸的是，大兴善寺在唐武宗毁佛运动中遭受灭顶之灾。此后，隋唐长安大兴善寺的基本风貌不得其详。《唐诗中的长安大兴善寺影像》一文根据20多首唐诗复原了大兴善寺的院、池、松、贝多树等自然景观，由此依稀可见唐长安大兴善寺风物粲然。

在今西安市高新区科技六路之南，有一座以佛教文化为主题的遗址公园——木塔寺公园。《唐长安大庄严寺与西安市木塔寺公园》一文梳理了木塔寺的来龙去脉，认为木塔寺始建于隋文帝仁寿三年（603），原名禅定寺，唐武德元年（618），改名大庄严寺。唐末战乱兵燹，长安城遭到毁灭性破坏，大庄严寺亦未能幸免。清初康熙年间，大庄严寺经过两次修葺，稍具规模。嘉庆《长安县志》记载，庄严寺"俗谓之木塔寺"。由此可知，至迟于清嘉庆年间，隋大兴城禅定寺、唐长安城大庄严寺因为寺中有"高三百三十尺"的木塔，在民间就被称为木塔寺了。清同治年间，木塔寺遭遇兵燹，废毁殆尽。从此，木塔寺仅留下残垣断壁供后人凭吊了。

《唐诗中的长安大兴善寺影像》《唐长安大庄严寺与西安市木塔寺公园》两篇文章可以视为一组，追溯的是唐长安单个佛教寺院的前世今生。上编中的《唐都长安佛教寺院建筑风貌一瞥》《唐长安佛寺书法文化寻绎》两篇文章也可视为一组，回望的是整个唐长安佛寺辉煌壮丽的建筑文化和别开生面的书法文化。

气贺泽保规先生在《武则天的感业寺出家问题与德业寺》一文中认为，唐太宗驾崩后，作为太宗才人的武则天并未出家感业寺，而是栖身于长安城休祥坊母亲家中，"感业寺是在强烈意识着德业寺的心理状况下虚构的寺名"。气贺泽先生的观点令人耳目一新，但是笔者不敢苟同，在上编《论武则天与感业寺的几个问题》一文中指出，武则天出家为尼于感业寺，确凿无疑；感业寺不是"一个架空的影子寺院"，并非人为虚构，它位于唐长安禁苑内，遗址在今西安市未央区六村堡街道办事处感业寺小学内；感业寺与德业寺没有必然联系，都是唐长安禁苑内的宫人尼寺而已。

中编"隋唐佛教高僧生平事迹索隐"，收录论文12篇，以佛教高僧为主题，揭橥了隋唐高僧对儒学、语言文字学和中国书法的特别贡献，补证了隋唐时期数位著名高僧大德的生平事迹，阐明了唐代胡僧的功绩，评说了唐代内供奉僧的功过。

隋唐高僧人才济济，名家辈出，他们不仅为璀璨夺目的佛教文化做出了积极贡献，而且在诗文、琴棋、书画、茶道、医学等方面繁荣了隋唐文化。隋唐高僧在以上领域的成就及影响都已被人们有所了解,却没有引起学界应有的重视,仍然缺乏深入研究。隋唐时期,儒、佛相互融摄、互补共存,这是学界的共识。然而,在以往的隋唐儒、佛关系研究中,学者们注意较多的是儒士奉佛、儒士与高僧的交往以及佛教迎合、比附儒家思想变通教义和礼法等问题,隋唐高僧与儒学这一向度被弃置一旁。中编的《隋唐高僧与儒学》一文认为,隋唐高僧涉览外典,兼通儒学者甚多,他们与儒学之因缘各有不同:一是秉承家学,淹贯儒家经典;二是出家前在地方学校业习儒家经典;三是出家后在佛教寺院兼习儒家经典。文章指出,积习所染,兼通儒学的隋唐高僧在翻译经典、讲习经义、著书立说的过程中,因之往往参以儒义,在佛教中国化的过程中扮演了独特而重要的角色;高僧儒、佛双修是隋唐时期儒、佛融合的典型表现,是隋唐佛教中国化的重要标志。

佛教的兴盛,梵文佛经的大量传入,译经和弘法的需要,促使隋唐高僧掀起了学习梵语的热潮。隋唐时期,一方面,中土僧人积极学习梵语,另一方面,外国僧人因为在中土弘法和生活的需要而积极学习汉语。笔者在《隋唐高僧与语言文字学》一文中指出,通晓梵、汉双语的隋唐高僧不仅把中国佛经翻译事业推向了高峰,而且在译经过程中创造了大量新词新语,给汉语注入了新鲜血液,大大丰富了汉语词汇;隋唐高僧在语言文字学上的突出成就还在于他们编撰了影响深远的梵汉双语词典和群经音义著作,推动了语言文字学的发展;隋唐高僧的语言文字学造诣深厚,虽非纯粹的学术研究,却卓然有成,在中古汉语史上应有一席之地。

隋唐佛教僧侣中,许多高僧以书法独步方外,见重当时,延誉后世。中编《隋唐高僧与中国书法》一文认为,隋唐高僧书法家名人辈出,大有群星灿烂之势,一方面与隋唐书法文化大潮休戚相关,另一方面与隋唐佛教大发展密不可分。隋唐佛教的兴盛,吸引了士大夫和书法家盘桓佛教寺院,他们在佛寺留下了珍贵的墨宝书迹,为僧人学习书法提供了难得的范本,佛寺成为隋唐高僧书法家成长的温床。隋唐佛教的盛行,引起全社会对佛经的大量需求,抄写佛经,风气日炽,成年累月地写经刺激了僧人书法艺术不断提高,高僧书法家随之脱颖而出。隋唐高僧书法家率皆以草书知名闻达,他们的最大成就在草书,其书毫无"方外气",反而光芒四射,影响久远,这源于他们对书法艺术的不断追求,精益求精,还贵在不落窠臼,求新求变,由此决定了隋唐高僧书法家在中国书法史上应有一席之地。

《〈唐侍书僧崇简墓志〉跋》《〈唐智该法师碑〉关联问题新考》《〈唐崇福寺故僧录灵晏墓志〉考释》《〈唐东都洛阳福先寺广宣律师墓志〉发覆》《唐高僧乘如生平事迹稽补》《唐代胡僧僧伽生平事迹考索》《日本僧人圆珍入唐求法活动摭谈》7篇论文,根据墓志、碑石以及其他相关资料,抉剔史传,寻踪考证,讨论了唐代几位著名高僧大德生平事迹中的有关问题。

近一二十年来,谈"胡"说"蕃"一度成为学界的热门话题。其中,以"善商贾"著称的"胡商"备受青睐,以"勇决习战"著称的"蕃将"也十分引人注目,而以"弘法为怀"著称的"胡僧"长期以来却被人忽视。为数众多的胡僧是唐朝胡人群体的重要组成部分,中编《唐代胡僧考论》一文指出,唐代胡僧主要来源于西域诸国和天竺五国,一类是入唐胡人后裔出家为僧,另有一类通常是从西域或天竺诸国远道而来的异域高僧,他们主要从西北陆路而来,也有从东南海路而到唐朝;在传播佛教文化的同时,唐代胡僧还带来了异域的物种物品、医药医术、建筑艺术等物质文明和精神文明,大大丰富了唐文化的内容,他们是唐代中外文化交流的特殊使者。

在数以万千计的唐代僧侣中,有一些高僧大德受到帝王恩遇优礼,他们出入宫闱,势倾王公,这就是唐代的内供奉僧。中编《论唐代的内供奉僧》一文认为,内供奉僧滥觞于唐玄宗设置翰林院,从此始有僧人入内谓之"翰林待诏",供奉朝廷。在唐代,把侍从皇帝左右的高僧大德习惯上称为"内供奉僧",似与把侍从皇帝左右的近臣称作"内供奉官"如出一辙。内供奉僧是佛教与唐朝政治结缘的产物,深刻反映了唐代皇权政治对佛教的某种需要。内供奉僧借助其特殊身份,为佛教在唐代的繁荣发展赢得了良好的政治环境,并为佛教在唐代的发扬光大做出了积极贡献;内供奉僧还在唐代政治生活中扮演了重要角色,产生了一些消极影响。

下编"隋唐佛教社会文化史事谫论",收录论文10篇,以佛教社会文化事象为主题,重点诠释了隋唐长安佛教义林与义学风尚、隋唐时期的宗教消费、佛教与中古中外交通等隋唐佛教社会文化事象。

隋唐王朝定都长安,作为政治中心和文化中心的首都长安也是全国的佛教文化中心。隋唐长安翕然盛集高僧大德和硕学名流,释门义僧持诵讲习佛教经典,如火如荼,蔚然成风。下编《隋唐长安佛教义林与义学风尚》一文认为，隋唐长安佛教义学盛况空前，异常发达，呈现两大特点：一是义学名僧虽研精一部，而横洞诸家，并兼讲授；二是义学名僧虽则具扬诸部佛经，而以《涅槃》《摄论》最为繁富。该文强调指出，隋唐长安释门义僧围绕"涅槃佛性"、"三论"、《摄大乘论》、《唯识论》、《十地经论》、《法华经》、《华严经》等佛教经论从不同角度发表个人见解，阐发佛经要义，作出中国化的诠释，高度繁荣的隋唐长安佛教义学为形成富于中国特色的佛教宗派奠定了理论基础；正是在这种文化背景下，中国佛教八大宗派中六大宗派形成于隋唐长安。《隋唐关中佛教传播史事钩沉》一文则结合僧传和史籍，具体阐述了隋唐佛教各大宗派在长安以及关中地区传播的基本状况。

由于统治者的提倡，佛教、道教等宗教在隋唐时期都得到了充分发展，各种宗教活动风起云涌，空前活跃。任何宗教的传播和发展，都离不开一定的经济条件。隋唐时期各种宗教的蓬勃发展建立在强盛的经济基础之上，而空前活跃的宗教活动本身又是一种经济消费行为。宗教消费不仅是隋唐宗教生活中的一件大事，它还影响到隋唐社会经济的方方面面。但是，隋唐时期的宗教消费问题尚未引起学者们足够的关注。下编《论隋唐时期的宗教消费》一文指出，宗教消费是隋唐社会生活中一项独特的重大消费，兴建寺观、开窟造像、法会斋醮、炼丹服饵以及僧道衣食等，靡费无度。这篇文章强调，隋唐宗教消费是一种非生产性消费，具有很强的寄生性，主要依赖于官方供给、信徒布施和寺观田产等；侈靡豪奢的宗教消费，在财力、物力、人力等方面给隋唐社会经济造成了极大的损害；不过，隋唐宗教消费毕竟是文化意义上的消费，以消费性财富锐减为代价的宗教活动客观上丰富了隋唐文化的内容，尤其是刺激了隋唐艺术的发展。

《武则天与法藏》《武则天时期的佛经翻译》《从〈多宝塔碑〉看唐玄宗与佛教》《略论姚崇反佛》4篇文章探讨了武则天、唐玄宗、姚崇三位政治人物与佛教的关系。从中可知，唐代政治人物崇佛或排佛，固然与个人信仰不无关系，但终究脱不开政治上的羁绊。特别是唐代帝王，他们崇佛，是政治上的需要；他们排佛，同样是政治上的需要。归根结底，只不过是一个问题（即政治需要）的两个方面而已。

《佛教与中古中外交通》《中古西北佛教译经文化区域考论》《中古西北佛教戒律学考述》3篇文章的内容虽然在时间段上往往上溯到汉魏两晋南北朝时期，但仍以隋唐时期的内容居多。《佛教与中古中外交通》一文强调，作为一种外来宗教，佛教在古代中国的传播和发展，中外交通的因素含蕴其中。中国古代对外交通有陆路和海路两途，两种交通路线的形成和发展与东、西方通商贸易的关系固不俟言，同时也与佛教文化交流的关系至为密切，特别是在中古时期。中古时期，佛教僧侣西行求法，东来传教，或陆路，或海路，往返于中国本土与域外诸国之间，是古代东、西方交通往来的重要内容。中外僧侣东来西往主观上是为了弘扬佛法，他们或逾越流沙，或泛漾洪波，着其先鞭，导夫先路，客观上促进了中古中国对外交通路线的开拓和发展。中古中外交通路线的承前启后，继往开来，论其功绩，除了商人，无出缁流沙门之右者。《中古西北佛教译经文化区域考论》一文指出，汉译佛典的绝大部分完成于中古西北地区，中古西北地区形成了西域、河西、关中三大译经文化区。《中古西北佛教戒律学考述》一文根据《高僧传》《续高僧传》《宋高僧传》阐述了佛教戒律学在中古西北地区弘持和传布的情况及特点。

书稿编集既竟，率然爰述梗概，庶几使大家稍知崖略。本书中的论文，或对前人关注较少的一些问题探幽发微，或就前贤时彦的某些观点略陈己见。笔者才学庸浅，绠短汲深，书中纰漏疏误，在所难免，尚冀方家通人教正。

介永强

2019 年 2 月 1 日

目　录

上编　隋唐佛教寺院建置兴废探赜

《隋大兴城佛寺考》拾遗 …………………………………… 003
《唐长安佛寺考》匡误 ……………………………………… 008
《唐长安佛寺考》补苴 ……………………………………… 016
唐诗中的长安大兴善寺影像 ………………………………… 028
唐长安大庄严寺与西安市木塔寺公园 ……………………… 038
唐都长安佛教寺院建筑风貌一瞥 …………………………… 049
唐长安佛寺书法文化寻绎 …………………………………… 071
论武则天与感业寺的几个问题
　　——与气贺泽保规先生商榷 …………………………… 091

中编　隋唐佛教高僧生平事迹索隐

隋唐高僧与儒学 ……………………………………………… 105
隋唐高僧与语言文字学 ……………………………………… 115
隋唐高僧与中国书法 ………………………………………… 130
《唐侍书僧崇简墓志》跋 …………………………………… 148
《唐智该法师碑》关联问题新考 …………………………… 153
《唐崇福寺故僧录灵晏墓志》考释 ………………………… 164
《唐东都洛阳福先寺广宣律师墓志》发覆 ………………… 172
唐高僧乘如生平事迹稽补 …………………………………… 180
唐代胡僧僧伽生平事迹考索 ………………………………… 187
唐代胡僧考论 ………………………………………………… 200

论唐代的内供奉僧 ································· 225
日本僧人圆珍入唐求法活动撷谈
　　——读《行历抄校注》 ···················· 240

下编　隋唐佛教社会文化史事谫论

隋唐长安佛教义林与义学风尚 ···················· 253
隋唐关中佛教传播史事钩沉 ······················ 272
论隋唐时期的宗教消费 ·························· 298
武则天与法藏 ·································· 316
武则天时期的佛经翻译 ·························· 324
从《多宝塔碑》看唐玄宗与佛教 ·················· 334
略论姚崇反佛 ·································· 343
佛教与中古中外交通 ···························· 347
中古西北佛教译经文化区域考论 ·················· 366
中古西北佛教戒律学考述
　　——以梁、唐、宋《高僧传》为中心 ·········· 389

图版说明 ······································ 402

主要参考文献 ·································· 407

后　记 ·· 417

上编 隋唐佛教寺院建置兴废探赜

《隋大兴城佛寺考》拾遗

隋朝是中国佛教走向全盛的前奏期，首都大兴城是当时全国的佛教文化中心，高僧云集，寺院林立。隋首都大兴城佛教寺院率皆一时名刹，地位显赫，影响深远，因而常见于历史文献。隋大兴城佛寺常见于隋唐以来的史籍和佛典中，但是十分零散。幸有王亚荣先生《隋大兴城佛寺考》一文（刊《世界宗教研究》2005年第1期），以《两京新记》、《长安志》和《唐两京城坊考》等所述坊里建制为纲，综合利用佛典、碑刻、正史、文物资料和近人研究成果，对大兴城佛寺做了细致梳理，隋首都大兴城佛寺建置概况因之一目了然。王先生考察研究，共得隋大兴城佛寺116所。笔者尝读唐释道宣《续高僧传》，今又检获隋大兴城佛寺11所。这11所佛寺为《隋大兴城佛寺考》一文所无，兹以11所佛寺在《续高僧传》中出现的先后为序，连缀成篇，以为补苴。

宝光寺　据《续高僧传》卷一二《唐京师大总持寺释慧迁传》，瀛州（治今河北河间市）人释慧迁好学专问，精研《地论》，"有齐之时，早扇名实"。齐亡法毁，慧迁南奔陈国。

开皇初年，释慧迁即随慧远法师入关驻锡京城大兴善寺，开皇十七年（597），慧迁被敕立为"《十地》众主"入住宝光寺，宝光寺当是隋京师大兴城佛寺。开皇年间，隋文帝敕立"五众"，除了这里所说慧迁为"《十地》众主"，检读《续高僧传》，其他名称可以考见者有：以释法总为"《涅槃》众主"，居于京师海觉寺"常敷至理"；① 以释童真为"《涅槃》众主"，于京师大兴善寺"披解文义"；② 以释善胄为"《涅槃》众主"，在京师净影寺"覆述竖义"；③ 以释法彦为"《大论》众主"，驻锡京师真寂

---

① （唐）道宣撰，郭绍林点校《续高僧传》卷一〇《隋西京海觉道场释法总传》，中华书局，2014，第356页。
② 《续高僧传》卷一二《隋西京大禅定道场释童真传》，第411页。
③ 《续高僧传》卷一二《唐京师净影寺释善胄传》，第417页。

寺"镇长引化";① 以释宝袭为"《大论》众主",在京师通法寺"四时讲化";② 以释洪遵为"讲律众主",于京师崇敬寺"聚徒成业"。③ 从上可见,隋文帝所立"众主"率皆驻锡京师佛教寺院。因此,慧迁作为"《十地》众主",他"处宝光寺,相续讲说",宝光寺亦当是隋京师大兴城佛寺。

旌善寺 据《续高僧传》卷一三《唐京师普光寺释昙藏传》,弘农华阴(今陕西华阴)人释昙藏,虽家世望门,然清心自远,于是西奔陇上,求法为务,"晚还京邑,于旌善寺行道受戒,听诸经律"。他又往山东(崤山以东)各地巡行求法。昙藏东行求法归来,驻锡京师光明寺。献后既崩,昙藏被召入禅定寺。大唐御世,昙藏被召为会昌寺上座。贞观译经,昙藏被召为证义,后来又杖锡普光寺。贞观九年(635)三月十八日,昙藏终于会昌寺。从昙藏的履历看,他早年陇上求法"晚还京邑"之"京邑"是"隋京邑",昙藏早年"行道受戒"的"旌善寺"在隋京邑,即是隋大兴城佛寺。

仁觉寺 《续高僧传》卷一四《唐终南山至相寺释智正传》曰:"释智正,姓白氏,定州安喜人也。家传信奉,凤著弘通,才预有知,便辞世网,识见弘举,不群蒙稚。年十一将欲落鬓,父母诸戚对之泣泪,而颜色无改。师知其远度也,日授未闻,随得缘记,录为谱牒,有所遗忘,寻问相续,身无戏掉,口不妄传,奉戒精勤,昏晓自策。和上同师,私共叹异。年虽弱冠,曾无驱役,供赡所须,恣其学问,不盈数载,慧声遂远。开皇十年,文皇广访英贤,遂与昙迁禅师同入魏阙,奉敕慰问,令住胜光。仁寿元年,左仆射虞庆则钦正高行,为奏寺额,造仁觉寺延而住之,厚礼设御。"

虞庆则其人在《隋书》卷四〇有传,仁觉寺建于隋文帝仁寿元年(601),是左仆射虞庆则为释智正所建,是隋京师大兴城佛寺。仁觉寺尚见于《续高僧传》卷二〇《唐京师大庄严寺释道哲传》,据本传,释道哲早年"闻京邑道盛,乃步从焉,初至,住仁觉寺"。可见,仁觉寺为京城佛寺。又,《续高僧传》卷二八《隋京师仁觉寺释宝岩传》云:"释宝岩,幽州人。标意《十地》,次综《毗昙》,末究《成实》,故于宗部涉猎繁

---

① 《续高僧传》卷一〇《隋西京真寂道场释法彦传》,第354页。
② 《续高僧传》卷一二《唐京师大总持寺释宝袭传》,第421页。
③ 《续高僧传》卷二一《隋西京大兴善寺释洪遵传》,第840页。

焉，户牖玄文，疏条本干，时传富博。而性殊省事，不乐谈说，苦祈敷散，精理载扬。住京下仁觉寺，守道自娱，无事交厚。"本传题为"隋京师仁觉寺"，则仁觉寺是隋大兴城佛寺，至已明矣。

妙象寺 据《续高僧传》卷二〇《唐京师弘法寺释静琳传》，释静琳，俗姓张氏，本族南阳，后居京兆华原（今陕西华县）。静琳7岁出家，南游樊邓，远赴青齐，又至蒲晋，后入关中。仁寿四年（604），隋文帝下敕送舍利于华原石门山神德寺，静琳居此专习课业，"行解之盛，名布京师"。大业三年（607），静琳被沙门还源等人"延请帝城，在明轮、妙象诸寺讲扬《摄论》，识者归焉"。据《长安志》卷一〇，明轮寺在京城延康坊。妙象寺未见于他书，我们不知其具体方位，但据静琳本传所记，可以肯定的是，妙象寺在"帝城"，因而当是大兴城佛寺。

香台寺 《续高僧传》卷二六《隋东都宝杨道场释法安传》云："时复有释法济者，通微知异僧也。发迹陈世。及隋二主，皆宿禁中，妃后杂住。精进寡欲，人罕登者。文帝长安为造香台寺。后至东都，造龙天道场，帝给白马，常乘在宫……"

隋文帝为释法济在长安造香台寺，此处"长安"实指"大兴"，因为自唐代以来，人们一般习惯上把隋首都大兴城和唐首都长安城均称作"长安"。因此，此长安香台寺即是隋大兴城佛寺。

香台寺尚见于唐释法琳所撰《辩正论》，《辩正论》卷三《十代奉佛篇》称，隋炀帝在京师造清禅寺、日严寺、香台寺等，则香台寺为隋大兴城佛寺，了然无疑。而《辩正论》说香台寺是隋炀帝所造，《续高僧传》说是隋文帝所造，究竟是谁所为，无旁证，俟考。

因圣寺 《续高僧传》卷二六《唐雍州义善寺释法顺传》："释法顺，姓杜氏，雍州万年人。……十八弃俗出家，事因圣寺僧珍禅师，受持定业。珍姓魏氏，志存俭约，野居成性。京室东阜，地号马头，空岸重邃，堪为灵窟。珍草创伊基，劝俗修理，端坐指抛，示其仪则。忽感一犬，不知何来，足白身黄，自然驯扰，径入窟内，口衔土出，须臾往返，劳而不倦，食则同僧，过中不饮。即有斯异，四远向归，乃以闻上。隋高重之，日赐米三升，用供常限，乃至毙成，无为而死。今所谓因圣寺是也。"

这里说因圣寺为一"足白身黄"之犬所造，此乃佛教宣扬三宝感通的惯用笔法，类似事例在佛教史传中屡见不鲜，不足为奇，绝不可信以为真。但是，隋唐京都确有因圣寺，信而有征，因为《续高僧传》作者唐人释道宣明言"今所谓因圣寺是也",即是说,因圣寺在唐初依然存在。从上面引文可知,因圣寺创建于"隋高"即隋文帝时期,实乃僧珍禅师所造,因圣寺位于"京室东阜",是隋大兴城佛寺。

弘济寺 《续高僧传》卷二八《隋京师弘济寺释智揆传》云:"释智揆,冀州人。爱慕《涅槃》,净持戒行,不重荣渥,知足无求。住弘济寺,闭门习业,僧众服其智德,敬而宗之。"本传题为"隋京师弘济寺",显而易见,弘济寺乃隋大兴城佛寺。

经藏寺 《续高僧传》卷二八《隋京师经藏寺释智隐传》云:"释智隐,姓李氏,贝州人,即华严藏公之弟子也……开皇七年,敕召大德,与藏入京,住大兴善,通练《智论》《阿毗昙心》及《金刚般若论》,明其窟穴。至十六年,以解兼伦例,须有绍隆,下敕补充讲论众主,于经藏寺还扬前部。"本传题为"隋京师经藏寺",显而易见,经藏寺乃隋大兴城佛寺。

随法寺 《续高僧传》卷二八《隋京师随法寺释道贵传》云:"释道贵,并州人。《华严》为业,词义性度,宽雅为能,而于经中深意,每发精彩,有誉当时。加以闲居放志,不涉烦扰,市肆俳优,未曾游目,名利贵贱,故自绝言,精洁守素,清真士也。晚在京师,住随法寺,拥其道德,闲守形心。及建塔之初,下敕流问,令送舍利于德州会通寺。……贵后镇业京辇,不测其终。"本传题为"隋京师随法寺",显而易见,随法寺是隋大兴城佛寺。

沙门寺 《续高僧传》卷二八《隋京师沙门寺释法显传》云:"释法显,雍州扶风人,厥姓宁氏。生平志尚,禅寂为宗。文字纸笔,性不游履,沉默寡欲,不为世累。其师法开,定门幽秘,殆是不测。元魏之末,住京兆王寺,与实禅师齐驾朝野,兼以简约清素,华贵倾属。显遇斯明匠,承奉累年,传习师宗,颇接徽绪,住日严寺。仁寿末岁,置塔陇州,下敕令送。……晚还入京,聚徒综业。每年岁首,受具者多,显为开发戒缘,鼓行坛忏,引聚清众,即而惠之。后终时也,将八十矣。"本传题为"隋京师沙门寺",沙门寺是隋大兴城佛寺,殆无疑。

转轮寺 《续高僧传》卷二八《隋京师转轮寺释智能传》云:"释智能,姓李氏,怀州河内人。希意远尘,束怀律教,收听令誉,风被河右。开皇之始,观道渭阴,随奉资行,住转轮寺。仁寿置塔,奉敕召送于青州胜福寺中。……能晚还寺,更崇定业,林泉栖托,不预僧伦,逃名永逝,莫测终卒。"本传题为"隋京师转轮寺",转轮寺是大兴城佛寺,毋庸置疑。

宋人宋敏求《长安志》卷一〇"颁政坊建法尼寺"条下称:"〔隋〕文帝初移都,便出寺额一百二十枚,于朝堂下制云:'有能修造,便任取之。'"王亚荣先生《隋大兴城佛寺考》一文考得佛寺116所,在一定意义上证实了《长安志》的记载。但若加上笔者新得11座佛寺,隋大兴城佛寺则有127座,比《长安志》所记"寺额一百二十枚"还多7所佛寺。其实,隋大兴城佛寺不止120座。这是因为,其一,隋文帝所出"寺额一百二十枚"是官方明令计划在京师大兴城修造的佛教寺院,不包括民间各等人在大兴城修建的佛教寺院,而民间各等人自发在大兴城修建佛教寺院在隋代又是极其可能的事情。因为隋初一度奉行"有僧行处,皆立为寺"[①]的政策,隋文帝还曾下令:"凡是营建功德,普天之内,混同施造,随其意愿,勿生分别。"[②] 史载,京兆太守苏威就奉敕于京城内选形胜之地安置伽蓝,"于是合京城内,无问宽狭,有僧行处,皆许立寺,并得公名"。[③]其二,"一百二十枚"仅仅是隋文帝所出"寺额",不包括后来隋炀帝时期在大兴城建造的佛教寺院,而隋大兴城佛寺还应当包括隋炀帝时期人们在此兴建的佛教寺院。

总之,隋首都大兴城佛寺不止120座,也不限于截至目前所知的127座,尚未尽然,还当有若干佛寺有待我们进一步去探索、发现。博雅君子,嗣有所得,当更续补。

(原载中国古都学会编《中国古都研究》第22辑,三秦出版社,2008,略有修订)

[①]《续高僧传》卷一五《唐京师慈恩寺释义褒传》,第549页。
[②](隋)费长房:《历代三宝纪》卷一二,《大正新修大藏经》(以下简称《大正藏》)卷四九,台北:财团法人佛陀教育基金会,1990,第108页。
[③](唐)法琳:《辩正论》卷三,《大正藏》卷五二,第508页。

《唐长安佛寺考》匡误

唐代是中国佛教的鼎盛时期，首都长安是当世佛教文化中心，宝塔骈罗，招提栉比。唐长安究竟有多少所佛教寺院，史家语焉不详。孙昌武先生撰《唐长安佛寺考》（以下简称"孙《考》"）一文（刊《唐研究》第二卷，北京大学出版社，1996），考定唐长安城及其近郊佛教寺院共有200多所，此论在学界颇有影响。孙《考》资料详备，新见迭出。然而，智者千虑，亦却难免疏误，孙《考》所列唐长安佛寺中，重复错讹者即有多处。本文对此予以辨析纠谬，不当之处，尚祈方家批评教正。

宝昌寺与先天寺实即一寺 孙《考》据《续高僧传》《大慈恩寺三藏法师传》等文献证实唐长安有宝昌寺（孙《考》第2页），又据《唐两京城坊考》列出先天寺（孙《考》第11页）。揆诸史实，宝昌寺与先天寺是一所佛寺。徐松《唐两京城坊考》卷四"先天寺"条云："本宝国寺。隋开皇三年，敕大兴、长安两县各置一寺，因立宝昌、禅林二寺，东、西相对，时人谓之县寺。其地本汉之圜丘。先天元年，改为先天寺。"毕沅刻本《长安志》卷一〇"先天寺"条云："本宝国寺。隋开皇三年，敕大兴、长安两县各置一寺，因立宝昌、禅林二寺，东、西相对，时人谓之县寺……"可见，《唐两京城坊考》"先天寺"条引自毕刻《长安志》，徐松未能详审前后文"宝国""宝昌"之异。文渊阁《四库全书》本《长安志》卷一〇"先天寺"条云："本宝昌寺。隋开皇三年，敕大兴、长安两县各置一寺，因立宝昌、禅林二寺，东、西相对，时人谓之县寺……"由此可知，先天寺本名宝昌寺，作"宝国"者讹。[①] 宝昌寺建于隋开皇三年（583），在居德坊，唐先天元年（712），改名先天寺。

辨才寺应作辩才寺 孙《考》据《唐两京城坊考》径录辨才寺（孙《考》第3页）。唐人道宣《续高僧传》卷一〇《智凝传》曰："释智凝，

---

① 辛德勇：《隋唐两京丛考》，三秦出版社，1991，第70页。

不详姓族，豫州人。……后赴京辇，居于辩才，引众常讲。"《续高僧传》卷二六《智则传》、卷三〇《道积传》亦作"辩才寺"。唐人惠详《弘赞法华传》卷八《道班传》云："释道班，未详氏族，荆州人也……后来游关辅，仰止道宣律师，咨求出要，探玄伊极，亚采前贤。后因博访妙津，止辩才寺。"宋人宋敏求《长安志》卷一〇"怀德坊"下亦作辩才寺。元人觉岸《释氏稽古略》卷三云："〔贞观〕十九年二月，帝自将伐高丽不克，九月，班师。二十年三月，车驾至长安，释智则者止辩才寺。"可见，自唐历宋至元，一直作"辩才寺"，清徐松《唐两京城坊考》作"辨才寺"者讹。

禅定寺与大庄严寺实即一寺 孙《考》据《宋高僧传》卷一九《唐成都净众寺无相传》认定唐长安有新建禅定寺（孙《考》第3页），又据《唐两京城坊考》列出大庄严寺（孙《考》第5页）。《长安志》卷一〇"永阳坊"条谓："隋初置宇文敳别馆于此坊。仁寿三年，文帝为献后立为禅定寺。宇文恺以京城之西有昆明池，地势微下，乃奏于此寺建木浮图，崇三百三十尺，周回一百二十步，大业七年成。武德元年，改为庄严寺。天下伽蓝之盛，莫与为此。"由此可见，禅定寺与庄严寺实为一所佛寺，隋曰禅定寺，唐曰庄严寺。孙《考》所引《宋高僧传》卷一九《无相传》谓新罗国人无相"以开元十六年泛东溟至于中国，到京，玄宗召见，隶于禅定寺"，此禅定寺亦即庄严寺。自古及今，学人行文喜用古名，如称南京为金陵，称扬州为广陵，其实，金陵是先秦时的名称，广陵是唐代以前的名称。因此，《宋高僧传》作者将唐长安庄严寺称为禅定寺，事在情理之中，我们不能据此就认为唐长安有新建禅定寺。

崇福寺与太原寺实即一寺 孙《考》据《唐两京城坊考》列出休祥坊崇福寺（孙《考》第3页），后文又列有休祥坊太原寺（孙《考》第11页）。《长安志》卷一〇"休祥坊"条下云："东北隅，崇福寺。本侍中观国公杨恭仁宅。咸亨元年，以武皇后外氏故宅，立为太原寺。垂拱三年，改为魏园（国）寺。载初元年，又改为崇福寺，寺额武太后飞白书。"据此则知，崇福寺建于咸亨元年（670），本名太原寺，曾名魏国寺。孙《考》所云唐长安休祥坊崇福寺和休祥坊太原寺实即一寺。

崇先寺与广福寺实即一寺 孙《考》据日本学者小野胜年《中国隋唐长安·寺院史料集成》列出崇先寺（孙《考》第4页），又据《宋高僧传》（孙《考》误作《续高僧传》）卷二《日照传》、卷四《窥基传》、卷九《慧空传》列出广福寺（孙《考》第7页）。《唐会要》卷四八《寺》曰："崇先寺，证圣元年正月十八日，以崇先府为寺。开元二十四年九月一日，改为广福寺。"《唐会要》卷五〇《观》曰："玉真观，辅兴坊，与金仙观相对，本工部尚书窦诞宅，武后时为崇先府。景云元年十二月七日，为第九女昌隆公主立为观。二年四月十日，公主改封玉真，所造观便以玉真为名。"由此可知，崇先寺在长安辅兴坊，本是工部尚书窦诞宅，武后时为崇先府；则天证圣元年（695），以崇先府为崇先寺；玄宗开元二十四年（736），崇先寺改名广福寺。孙《考》将崇先寺与广福寺认作两寺，误。

大慈寺与灵花寺、云华寺实即一寺　孙《考》据日本学者平冈武夫《唐代长安图》先列常乐坊大慈寺（孙《考》第4页），又据《唐两京城坊考》列出常乐坊灵花寺（孙《考》第9页），复据《寺塔记》、《续高僧传》和《全唐文》列有常乐坊云华寺（孙《考》第13页）。《长安志》卷九"常乐坊"下云："南门之西，灵花寺。本隋大司马窦毅宅，开皇六年，舍宅为寺。《酉阳杂俎》曰：'本曰大慈。大历初僧俨讲经，天雨花，至地咫尺而灭，夜有光烛室，敕改为灵花寺。俨即康藏之师也。'"康藏即康法藏，唐华严宗大师，俨即智俨，法藏之师。据唐人阎朝隐《大唐大荐福寺故大德康藏法师之碑》和崔致远《唐大荐福寺故寺主翻经大德法藏和尚传》，时智俨法师于云华寺讲《华严》经藏。宋人吕大防《长安图》残石在常乐坊南门之西则标为"云华寺"。因此，《长安志》等书所云"灵花寺"讹，应当是"云华寺"。① 云华寺本名大慈寺，始建于隋开皇六年（586），大历（766～779）初年，改名云华寺。

大法寺与弘法寺实即一寺　孙《考》据《唐两京城坊考》列出长寿坊大法寺（孙《考》第4页），又据《续高僧传》卷二〇《唐京师弘法寺释静琳传》列出弘法寺（孙《考》第7页）。《长安志》卷一〇"长寿坊"条下云："北门之东，大法寺。本弘法寺，武德中左光禄大夫李远所立，神龙元年改。"按，李远当是李安远，《续高僧传》卷二〇《唐京师弘法寺释静琳传》曰："武德三年，正平公李安远奏造弘法，素奉崇信，别令召之。"又，李安远在《旧唐书》卷四八、《新唐书》卷八八有传。综上可知，弘法寺建于武德三年（620），李安远奏造，神龙元年（705）改名大

---

① 《隋唐两京丛考》，第71页。

法寺。

大开业寺即开业寺 孙《考》据《唐两京城坊考》列出丰乐坊大开业寺（孙《考》第5页），后文复出丰乐坊开业寺（孙《考》第9页）。唐都长安一坊不可能两寺同名，实际上，大开业寺即开业寺，如同人们将大慈恩寺简称慈恩寺，大兴善寺简称兴善寺，大荐福寺简称荐福寺。据《长安志》卷九"丰乐坊"条、《唐会要》卷四八《寺》，丰乐坊开业寺本隋胜光寺，隋文帝第四子（《长安志》误作第三子）蜀王秀所立。大业元年（605），将胜光寺迁往光德坊，在胜光寺原址建仙都宫，即隋文帝别庙。武德元年（618），唐高祖废仙都宫，为尼明照立为证果尼寺。贞观九年（635），将证果尼寺迁往崇德坊，在此置静安宫，即唐高祖别庙。仪凤元年（676），废静安宫，立开业寺。

功德寺俟考 《宋高僧传》卷九《志贤传》云："志贤……后游长安，名公硕德列请为大寺功德之师。"孙《考》据此认为唐长安城有功德寺，此为僧寺，与怀远坊功德尼寺非同一处（孙《考》第6页）。窃以为，《宋高僧传》卷九《志贤传》原文的本义是，志贤到达长安后，名公硕德请他为"大寺"即规模较大的著名佛教寺院的"功德之师"。佛教有经师、律师、论师、法师、禅师等。如同把善解戒律者称为"律师"，所谓"功德之师"，是指修功有所得者。① 名公硕德请志贤为唐长安大寺"功德之师"，而不是为"大寺功德"之师。遍检史籍，亦尚未见唐长安有功德寺，功德寺俟考。

弘善寺与赵景公寺实即一寺 孙《考》据《续高僧传》考定唐长安有弘善寺（孙《考》第7页），又据《唐两京城坊考》列出赵景公寺（孙《考》第13页）。《长安志》卷九"常乐坊"下云："西南隅，赵景公寺。隋开皇三年，独孤皇后为父赵景武公独孤信所立。《酉阳杂俎》曰：'隋本曰弘善寺，至开皇十八年改。'"据此，赵景公寺在常乐坊，本名弘善寺，建于开皇三年（583），开皇十八年（598，孙《考》误作开元十八年），改名赵景公寺。但在唐代，赵景公寺仍称弘善寺，如《续高僧传》卷二九有《唐京师弘善寺释法旷传》。

净影寺在通化坊 孙《考》据《续高僧传》卷八《慧远传》指出，

---

① 佛教术语"功德"，"功"者福利之功能，此功能为善行之德，故曰功德。又"德"者，得也，修功有所得也，故曰功德。参看丁福保《佛学大辞典》，文物出版社，1984，第464页。

净影寺是隋文帝为慧远法师所立，地址"乃选天门之南、大街之右，东、西冲要"，但未作细审，沿袭《唐两京城坊考》，以为净影寺在敦化坊（孙《考》第8页）。《续高僧传》所说"天门"即朱雀门，依此，净影寺在朱雀门之西，地当冲要，不可能是僻处长安城东南角的敦化坊。通化坊正当朱雀门（天门）之南、朱雀大街之西，"天门之南、大街之右"的净影寺实在通化坊。①

净住寺在安兴坊　孙《考》因袭《唐两京城坊考》，以净住寺在晋昌坊（孙《考》第8页）。《长安志》卷八"安兴坊"下云："街之西北，净住寺。本隋吏部尚书裴弘齐（济）宅，开皇七年立为寺。有石塔，本姚苌之浴室。"依此，净住寺在安兴坊"街之西北"。据今存吕大防《长安图》残石，净住寺在安兴坊十字街西侧近北门处，与《长安志》吻合。由此可以断定，净住寺在安兴坊。②

万善尼寺与延唐寺实即一寺　孙《考》据《唐两京城坊考》列出万善尼寺（孙《考》第11页），又据《僧史略》等列有延唐寺（孙《考》第12页）。据《两京新记》和《长安志》，万善尼寺建于北周静帝（二书误作"宣帝"）大象二年（580），隋开皇二年（582），度周氏皇后嫔御以下千余人，居于万善尼寺。唐武宗会昌六年（846），万善尼寺改名延唐寺，事见《唐会要》卷四八《寺》，又见《资治通鉴》卷二四八"武宗会昌六年"。因此，万善尼寺与延唐寺实为一寺。不过，会昌六年以前是尼寺，称作万善尼寺，会昌六年改为僧寺，从此称作延唐寺。

西明寺与福寿寺实即一寺　孙《考》据《唐两京城坊考》列出西明寺（孙《考》第11页），又引《宋高僧传》卷六《僧彻传》所谓"别宣僧尼大德二十人，入咸泰殿置坛度内福寿寺尼"，认为唐长安皇城或大明宫内有福寿寺（孙《考》第14页）。核实孙《考》所引《宋高僧传》卷六《僧彻传》字句，原文应是："别宣僧尼大德二十人入咸泰殿置坛度内。福寿寺尼缮写《大藏经》，每藏计五千四百六十一卷……"孙《考》引文断句不当，以致误认为唐长安皇城或大明宫内有福寿寺。其实，此福寿寺即京城延康坊西明寺。《唐会要》卷四八"西明寺"条云："西明寺，延康坊，本隋越国公杨素宅，武德初，万春公主居住。贞观中，赐濮王泰，泰

---

① 《隋唐两京丛考》，第81页。
② 《隋唐两京丛考》，第61页。

死，乃立为寺。"《长安志》卷一〇"杨素宅"条下注亦云："大业中，素子玄感谋反，诛后没官。武德中为万春公主宅。贞观中以赐濮王泰。泰薨后，官市之立寺。"《长安志》卷一〇"延康坊"下云："西南隅，西明寺。显庆元年，高宗为孝敬太子病愈所立。大中六年，改为福寿寺。"《旧唐书》卷一八下《宣宗本纪》曰："〔会昌〕六年五月，左右街功德使奏：'准今月五日敕书节文……西明寺改为福寿寺……'敕旨依奏。"西明寺改为福寿寺的时间，《资治通鉴》卷二四八和《唐会要》卷四八俱作"会昌六年"，《长安志》误系大中六年。综上可知，西明寺创立于濮王李泰死后，李泰死于永徽三年，即西明寺建于永徽三年（652）。显庆元年（656），因孝敬太子病愈，唐高宗敕令增修，名曰西明寺。会昌六年（846），西明寺改称福寿寺。

玄法寺与元法寺实即一寺 孙《考》据《唐两京城坊考》等列出安邑坊玄法寺（孙《考》第12页），后文又列出元法寺，亦在安邑坊（孙《考》第13页）。孙《考》所谓安邑坊玄法寺与元法寺，实即一寺。检诸史籍，《续高僧传》、《寺塔记》、《入唐求法巡礼行记》、两《唐书》、《长安志》等俱作"玄法寺"，唯《唐两京城坊考》作"元法寺"，当是为避清圣祖爱新觉罗·玄烨（康熙帝）之讳而改"玄"成"元"。因此，元法寺实即玄法寺。

瑶台寺在昭陵 孙《考》据《全唐文》卷一五二许敬宗《瑜伽师地论新译序》所列笔受者有"瑶台寺沙门道卓"，以瑶台寺为唐长安佛寺（孙《考》第12页）。《长安志》卷一六"醴泉县"下云："瑶台寺，在县西北昭陵之西。"又《全唐诗》卷一五二颜真卿《使过瑶台寺有怀圆寂上人并序》云："真卿昔以天宝元年尉醴泉，亟过瑶台寺圆寂上人院。秩满，迁监察御史。寻履诸陵，而上人已去此寺。大历十三年春二月，以刑部尚书谒拜昭陵，慨然有怀。"瑶台寺在昭陵附近，检诸史籍，唐长安似无瑶台寺。

永寿寺在永乐坊 孙《考》据《唐两京城坊考》径录两"永寿寺"，一在永乐坊，一在永安坊（孙《考》第12页）。《唐两京城坊考》所谓永乐坊永寿寺，乃本诸《长安志》，《长安志》卷七"永乐坊"下云："西南隅，废明堂县廨。……县东清都观。……观东永寿寺，景龙三年，中宗为永寿公主立。"《唐两京城坊考》所谓永安坊永寿寺，乃据《寺塔记》卷下。另，《唐会要》卷四八《寺》亦云："永寿寺，永安坊，景龙三年，为永寿公主所立。"可见,《唐会要》与《长安志》所云实为一事,而《寺塔记》所记则本以朱雀街东为限,永乐坊在朱雀街东,永安坊却在朱雀街西。既然《寺塔记》所记均属朱雀街东寺塔,则永寿寺当不例外,所谓"永安坊",当为"永乐坊"之讹。① 综上,唐长安只有1所永寿寺,位于长安永乐坊,建于唐中宗景龙三年(709)。

鹤林寺与隆国寺实即一寺 孙《考》据《释氏六帖》卷二一,认为在唐长安皇城有鹤林寺(孙《考》第14页),又据《全唐文》卷一五《隆国寺碑铭》,认为在终南山北麓有隆国寺(孙《考》第17页)。《释氏六帖》卷二一曰:"高祖神尧皇帝婕妤、襄州总管薛道衡女,至高宗朝乞出家,帝乃为内禁造寺,名曰'鹤林'。"按,《大慈恩寺三藏法师传》卷八云:"〔显庆元年〕二月,有尼宝乘者,高祖神尧皇帝之婕妤、隋襄州总管临河公薛道衡之女也。德芬彤管,美擅椒闱。……大帝幼时,从其受学,嗣位之后,以师传旧恩,封河东郡夫人,礼敬甚重。夫人情慕出家,帝从其志,为禁中别造鹤林寺而处之,并建碑述德。……鹤林寺后改为隆国寺。"又云:"无几,御制碑文成,敕遣太尉长孙无忌,以碑宣示群公。"此碑即《隆国寺碑铭》。综上可知,鹤林寺在唐长安禁中,建于显庆元年(656),后改名隆国寺。

感化寺和感配寺应是化感寺 孙《考》据王维《过感化寺昙兴上人山院》一诗认为,龙首原有感化寺;又据王维《山中与裴迪秀才书》一文认为,终南山有感配寺;复据《旧唐书》和《续高僧传》认为,蓝田山有化感寺(三寺均见孙《考》第16页)。《过感化寺昙兴上人山院》在《文苑英华》卷二三四中题为《过化感寺昙兴上人山院》,该卷另有王维诗《游化感寺》。孙《考》认为,"《文苑英华》录王诗作'化感寺',是由于蓝田有化感寺而误改"。其实不然,"感化寺"本是"化感寺",并非宋人"误改"。陈铁民《王维集校注》卷五《过感化寺昙兴上人山院》注曰:"疑此寺原作化感寺,误倒而为感化寺,化、配草书形近,因又误而为感配寺。化感寺在蓝田,此诗盖即维居辋川时与裴迪同游之作(迪有同咏《游感化寺昙兴上人山院》诗,载《全唐诗》卷一二九)。"此论甚是。化感寺在蓝田,感化寺和感配寺实乃"化感寺"之讹,《续高僧传》《宋高僧传》《全唐文》亦可佐证。《续高僧传》卷一五《灵润传》曰:"会隋氏

---

① 《隋唐两京丛考》,第66~67页。

乱伦,道光难缉,乃隐潜于蓝田之化感寺,首尾一十五载。"《宋高僧传》卷九《义福传》曰:"初止蓝田化感寺,处方丈之室凡二十余年,未尝出房宇之外。"《全唐文》卷二八〇严挺之撰《大智禅师碑铭并序》曰:"禅师讳义福……神龙岁,自嵩山岳寺为群公所请,邀至京师,游于终南化感寺,栖置法堂。……"

　　唐都长安佛教寺院鳞次栉比,遍布坊里,许多佛寺屡易其名,几经迁址。时移世易,后世学者莫知故实,以致歧错舛误,扑朔迷离。今人论及唐长安佛寺史事者,唯以审慎之态度,进行缜密之考证,庶几避免以讹传讹。

　　　　　　(原载《中国历史地理论丛》2010年第4辑,题为
　　　　《〈唐长安佛寺考〉若干问题辨正》,今一仍旧题《〈唐长安
　　　　佛寺考〉匡误》,略有修订)

《唐长安佛寺考》补苴

唐代是中国佛教的鼎盛时期，首都长安是当世佛教文化中心，名僧云集，寺院林立。唐长安佛教寺院规模宏大，数量众多。唐人韦述《两京新记》云唐长安有佛寺91所（僧寺64所，尼寺27所），宋人宋敏求《长安志》载唐长安佛寺有104所（僧寺76所，尼寺28所），清人徐松《唐两京城坊考》谓唐长安佛寺有107所（僧寺79所，尼寺28所）。以上关于唐长安佛寺的记述，极具史料价值，但都不全面。近年，孙昌武先生撰《唐长安佛寺考》（以下简称"孙《考》"）一文（刊《唐研究》第二卷，北京大学出版社，1996），广泛搜集史料，考得唐长安城及其近郊（包括终南山）佛寺200多所，十分全面，是研究唐长安佛寺的一篇力作。然而，孙《考》遗珠之憾，仍未能免。唐长安佛寺建置沿革是隋唐长安历史地理研究的重要内容。笔者就此辑得唐长安佛寺若干，乃孙《考》所无，特为补阙，期臻完备。为了对照方便起见，例比孙《考》，本文增补佛教寺院名称排列亦以首字拼音为序。

安福寺 《旧唐书》卷一一《代宗纪》载，广德二年（764），"十一月乙未，〔仆固〕怀恩与蕃军自溃，京师解严。丁未，〔郭〕子仪自泾阳入觐，诏宰臣百僚迎之于开远门，上御安福寺待之"。《资治通鉴》卷二五二《唐纪六十八·懿宗咸通十四年》载："春，三月，癸巳，上遣敕使诣法门寺迎佛骨，群臣谏者甚众，至有言宪宗迎佛骨寻晏驾者。上曰：'朕生得见之，死亦无恨！'广造浮图、宝帐、香舆、幡花、幢盖以迎之，皆饰以金玉、锦绣、珠翠。自京城至寺三百里间，道路车马，昼夜不绝。夏，四月，壬寅，佛骨至京师，导以禁军兵仗、公私音乐，沸天烛地，绵亘数十里，仪卫之盛，过于郊祀，元和之时不及远矣。富室夹道为彩楼及无遮会，竞为侈靡。上御安福门，降楼膜拜，流涕沾臆，赐僧及京城耆老尝见元和事者金帛。……"唐懿宗之迎法门寺佛骨，唐人苏鹗《杜阳杂编》卷下亦有记载："咸通十四年春，诏大德僧数十辈于凤翔法门寺迎佛骨。……

四月八日，佛骨入长安，自开远门安福楼，夹道佛声振地，士女瞻礼，僧徒道从。上御安福寺亲自顶礼，泣下沾臆。即召两街供奉僧赐金帛各有差……"综上记述，安福寺在唐长安城，且与安福门关联。安福门西对唐长安外郭城的开远门，位于宫城与皇城之间，是唐长安皇城西面北边的一座城门，位置在唐长安皇城西墙北部，遗址在今西安西门北、玉祥门南的西墙中，安福寺亦当在此附近。

安乐佛寺　《旧唐书》卷一八三《武延秀传》曰："〔安乐公主〕性惠敏，容质秀绝。中宗、韦后爱宠日深，恣其所欲，奏请无不允许，恃宠横纵，权倾天下，自王侯宰相已下，除拜多出其门。所营第宅并造安乐佛寺，拟于宫掖，巧妙过之。令杨务廉于城西造定昆池于其庄，延袤数里。出降之时，以皇后仗发于宫中，中宗与韦后御安福门观之，灯烛供拟，彻明如昼。延秀拜席日，授太常卿，兼右卫将军、驸马都尉，改封恒国公，实封五百户。废休祥宅，于金城坊造宅，穷极壮丽，帑藏为之空竭。"安乐公主"令杨务廉于城西造定昆池于其庄"，"废休祥宅，于金城坊造宅"，其"所营第宅并造安乐佛寺"，休祥坊和金城坊皆在唐长安城西，则安乐佛寺在唐长安城西。

法灵寺　《太平广记》卷四八五许尧佐《柳氏传》云："……天宝末，盗覆二京，士女奔骇。柳氏以艳独异，且惧不免，乃剪发毁形，寄迹法灵寺。是时，侯希逸自平卢节度淄青，素藉〔韩〕翃名，请为书记。洎宣皇帝以神武返正，翃乃遣使间行，求柳氏……及希逸除左仆射入觐，翃得从行。至京师，已失柳氏所止。叹想不已。偶于龙首冈，见苍头以驳牛驾辎軿，从两女奴，翃偶随之。自车中问曰：'得非韩员外乎？某乃柳氏也。'使女奴窃言失身沙吒利，阻同车者，请诘旦幸相待于道政里门……"韩翃与柳氏之姻缘虽为小说家言，而"龙首冈""道政里"却实有其名，则"法灵寺"亦着实不虚，当在唐长安。

唐安寺　《唐文拾遗》卷三一令狐专《唐故上都唐安寺外临坛律大德比丘尼广惠塔铭并序》云："……穷像译之微言，罄龙宫之奥典，即我唐安大德其人也。大德讳广惠，俗姓韦氏……以大中十三年夏五月廿六日寂然入灭，报龄五十七，僧腊三十八。"据文题，唐安寺在唐长安。

文公寺　唐人孟棨《本事诗·高逸第三》谓："杜舍人牧，弱冠成名。当年制策登科，名振京邑。尝与一二同年城南游览，至文公寺，有禅僧拥褐独坐，与之语，其玄言妙旨，咸出意表……"由此可知，文公寺在唐长安城南。

无相寺 《旧唐书》卷五一《玄宗废后王氏传》载，玄宗废后王氏，同州下邽（今陕西华县）人，梁冀州刺史王神念之后，玄宗为临淄王时，纳为妃。先天元年（712），为皇后。王皇后兄王守一因后无子，常导以符厌之事。开元十二年（724）秋七月，王守一被赐死，王皇后被废为庶人，别院安置，"其年十月，庶人卒，以一品礼葬于无相寺"。无相寺当在唐长安或其近郊。

招圣寺 西安碑林博物馆藏《唐故招圣寺大德慧坚禅师碑》曰："……慧坚禅师俗姓朱氏，陈州淮阳人。……禅师以菩萨有违难之戒，圣人存游方之旨，乃随缘应感，西至京师，止化度、慧日二寺。秦人奉之如望岁者之仰膏雨，未渡者之得舟机。弘阐奥义，涤除昏疑，若太阳之照幽阴，大云之润药木。大历中，睿文孝武皇帝以大道驭万国，至化统群元。闻禅师僧腊之高，法门之秀，特降诏命移居招圣，俾领学者，且为宗师。遂命造观音堂，并绘七祖遗像，施钱于内府，征役于尚方。……贞元初，诏译新经，俾充鉴义，大德皇上方以玄圣冲妙之旨，素王中和之教，稽合内典，辅成化源。后当诞圣之日，命入禁中，人天相见，龙象毕会。……贞元八年壬申岁正月廿六日，忽谓门人曰：'死生者，昼夜之道也。若气之聚，云之散，寒暑之运行，日月之亏盈，返于无形，会于无性，乃合真识，同于法身。'言讫，趺坐，薪尽火灭。……自示灭，春秋七十四，僧夏四十三。遂建塔于长安龙首西原，礼也。……"[①] 据碑文，慧坚禅师西至京师后，到过化度寺和慧日寺，长期在西京传法弘教。大历年间，唐代宗诏命慧坚移居招圣寺，并且尊为宗师，则招圣寺当在唐长安。贞元初年，唐德宗诏译新经，慧坚俾充鉴义（证义）。此后，每当诞圣之日，慧坚"命入禁中"，"人天相见，龙象毕会"。由此可以进一步断定，招圣寺在唐长安无疑，因为招圣寺在唐长安，才便于慧坚随时往来"禁中"，"人天相见，龙象毕会"。

孙《考》考得唐长安城佛寺160所，以上唐长安城安福寺、安乐佛寺、法灵寺、唐安寺、文公寺、无相寺、招圣寺为孙《考》所无，可增补7所佛寺。

[①] 《唐故招圣寺大德慧坚禅师碑》录文参见张岩《慧坚禅师碑考述》，西安碑林博物馆编《碑林集刊》（四），陕西人民美术出版社，1996，第106~107页。

唐长安皇城和宫城亦有佛寺、佛堂、精舍，或称"内道场"。孙《考》考得唐长安皇城和宫城佛寺11所，加上孙《考》提及的御史台精舍和左神策军精舍，一共13处。除此而外，见于僧传和史籍的唐长安皇城和宫城以及禁苑的内道场、佛寺、佛堂尚有7处。

北苑内道场　《宋高僧传》卷三《唐洛京长寿寺菩提流志传》曰："释菩提流志，南天竺国人也，净行婆罗门种，姓迦叶氏。年十二，就外道出家，事波罗奢罗，学《声明》、《僧法》等论，历数、咒术、阴阳、谶纬，靡不该通。……高宗大帝闻其远誉，挹彼高风，永淳二年，遣使迎接。天后复加郑重，令住东洛福先寺译《佛境界》、《宝雨》、《华严》等经，凡十一部。中宗神龙二年，又住京兆崇福寺，译《大宝积经》。属孝和厌代，睿宗登极，敕于北苑白莲池、甘露亭，续译其事，翻度云毕，御序冠诸。其经旧新凡四十九会，总一百二十卷。"由此可知，唐长安北苑白莲池、甘露亭有佛教道场。

长生殿内道场　唐长安大明宫长生殿有内道场，圆仁《入唐求法巡礼行记》卷四曰："长生殿内道场，自古以来，安置佛像经教。抽两街诸寺解持念僧三七人番次差人，每日持念，日夜不绝。"见于佛典的唐长安大明宫长生殿内道场念诵僧有觉超、惠海、元皎（《代宗朝赠司空大辨正广智三藏和上表制集》卷五、卷六）、惠果（《大唐青龙寺三朝供奉大德行状》）等人。据《佛祖统纪》卷四二，唐文宗太和九年（835），翰林学士李训请罢长生殿内道场。

感业寺　《旧唐书》卷六《则天皇后纪》曰："初，则天年十四时，太宗闻其美容止，召入宫，立为才人。及太宗崩，遂为尼，居感业寺。"感业寺同见于《旧唐书》卷五一《高宗废后王氏传》、《新唐书》卷四《则天皇后本纪》、《新唐书》卷七六《则天顺圣皇后武氏传》及《资治通鉴》卷一九九"唐高宗永徽五年"。

唐太宗崩后，武则天出家为尼是在感业寺，确凿无疑。可是，感业寺的具体位置，历来说法不一。概括起来，有以下三种观点。

第一种观点认为，感业寺位于唐长安城崇德坊。北宋宋敏求《长安志》卷九崇德坊"崇圣寺"条下注曰："寺有二门，西门本济度尼寺，隋秦孝王俊舍宅所立；东门本道德尼寺，隋时立。至贞观二十三年，徙济度尼寺于安业坊之修善寺，以其所为灵宝寺，尽度太宗嫔御为尼以处之；徙道德寺额于休祥坊之太原寺，以其所为崇圣宫，以为太宗别庙。仪凤二年,并为崇圣僧寺。"元代骆天骧《类编长安志》所记略同。后世许多学者据此认为,感业寺在长安城崇德坊济度尼寺的旧址,后来改名叫灵宝寺。①

第二种观点认为,感业寺位于唐长安城安业坊。南宋程大昌《雍录》卷一〇《寺观》谓:"感业寺(武后为尼),贞观二十三年五月,太宗上仙,其年即以安业坊济度尼寺为灵宝寺,尽度太宗嫔御为尼以处之。此寺之东又有道德寺,亦尼寺也,改造道德寺为崇圣寺,充太宗别庙。永徽五年,太宗忌日,高宗诣寺行香,武氏泣,上亦泣。王皇后欲以间萧淑妃之宠,令武氏长发,劝上纳之后宫。"注云:"以《通鉴》、《长安志》及吕《图》参定。《通鉴》言武氏在感业寺,《长安志》云在安业寺,惟此差不同。然《志》能言寺之位置及始末,则安业者是也。"可见,程大昌认为,感业寺当是安业寺,位于长安城安业坊。清徐松《唐两京城坊考》卷四"安业坊"下云:"东南隅,济度尼寺。"注曰:"隋太师申国公李穆之别宅。穆妻元氏立为修善僧寺。其济度尼寺本在崇德坊,贞观二十三年徙于此。武后为尼,即此寺也。其额殿令名所题。《通鉴》作感业寺。"可见,徐松也认为感业寺位于长安城安业坊,与程大昌不同的是,徐松以为感业寺即是安业坊济度尼寺。

第三种观点认为,感业寺在唐长安禁苑之内。嘉庆《长安县志》卷二二《寺观志》称:"感业寺,在长安故城西北,即唐武后为尼处。万历十二年重修。"民国《咸宁长安两县续志》卷七《祠祀考附寺观》谓:"感业寺,兵燹后,殿宇尽毁,仅明万历年一碑并乡人掘土所得一碣,上书'唐武后焚香院'六小字,下书'大唐感业禅院'六大字,今俱存。"学者们据此认为,感业寺在唐长安禁苑内,位于今西安市北郊六村堡东北3.5公里处的感业寺小学。②

上述三种观点,第一种观点和第二种观点都不能成立。第一种观点依据《长安志》卷九"崇德坊"下所谓"贞观二十三年,徙济度尼寺于安业坊之修善寺,以其所为灵宝寺,尽度太宗嫔御为尼以处之",认为感业

---

① 赵文润、王双怀:《武则天评传》,三秦出版社,1993,第22页;蒙曼:《蒙曼说武则天》,广西师范大学出版社,2008,第22页。
② 史念海主编《西安历史地图集》之《唐长安县、万年县乡里分布图》,西安地图出版社,1996;张维慎:《武则天出家为尼之寺院名称及其方位考》,赵文润主编《武则天研究论文集》,山西古籍出版社,1998,第238~245页。

寺位于唐长安城崇德坊，理由不充分。贞观二十三年（649），徙崇德坊济度尼寺于安业坊之修善寺，以济度尼寺旧址为灵宝寺，尽度太宗嫔御为尼，这里，史籍虽说"尽度太宗嫔御为尼"于灵宝寺，但未明言武则天就为尼于灵宝寺，而武则天地位特殊，恐怕未必与其他妃嫔一样出家为尼于灵宝寺。除此之外，两《唐书》、《资治通鉴》记载武则天出家为尼于感业寺，毋庸置疑，依《长安志》，即使说武则天与其他妃嫔一样出家为尼于灵宝寺，那么，也就是说，感业寺即崇德坊灵宝寺，换句话说，灵宝寺又名感业寺。但是，史籍并无灵宝寺易名感业寺的记载。因此，第一种观点不成立。第二种观点，是程大昌对宋敏求《长安志》的误解所致。宋敏求的本意是，将崇德坊济度尼寺迁移到安业坊的修善寺，在崇德坊济度尼寺原址建灵宝寺，尽度太宗嫔御为尼于灵宝寺，而并非像程大昌所说"以安业坊济度尼寺为灵宝寺，尽度太宗嫔御为尼以处之"，更不是"安业坊安业寺"。职是之故，第三种观点可信，武则天出家为尼于感业寺，感业寺当在唐长安禁苑内，位于今西安市北郊六村堡东北的感业寺小学内。

南桃园内道场　唐长安大明宫南桃园有内道场，《宋高僧传》卷五《唐京师安国寺良贲传》云："及肃皇晏驾，代宗成先圣之愿言，诏兴译务，敕军容使鱼朝恩监护于南桃园，起乎告朔，终乎望日，帝御承明殿灌顶道场躬执旧经，对译新本，而复为序冠于经首，仍敕贲造疏通经。贲上表曰：'学孤先哲，有玷清流，叨接翻传，谬膺笔受。幸扬天阙，亲奉德音，令于大明宫南桃园修疏赞演，宸光曲照，不容避席……'"

神龙寺　《旧唐书》卷一八上《武宗纪》载，会昌三年（843），"六月，西内神龙寺灾"。《新唐书》卷二四《五行志一》亦有同样记载。圆仁《入唐求法巡礼行记》卷四云："〔会昌三年六月〕二十八日三更，内里失火，烧神浓寺。"圆仁所记"神浓寺"，乃"神龙寺"之讹。《唐会要》卷四四《火》云："会昌三年六月，万年县东市火，烧屋货财，不知其数。又西内神龙宫火。"唐长安西内无神龙宫，《唐会要》所谓"神龙宫"，乃"神龙寺"之误。《柳宗元集》卷三七《为王京兆贺嘉莲表》云："臣某言：今日某时，中使某奉宣圣旨，出西内神龙寺前水渠内《合欢莲花图》一轴示百寮者。祥图焕开，异彩交映，赞天地之合德，表神人之同欢。臣某诚欢诚庆，顿首顿首。"综上可知，神龙寺位于唐长安西内苑。

太仆寺佛堂　唐长安皇城太仆寺有佛堂，《旧唐书》卷三七《五行志》:"太仆寺廨有佛堂。"《旧唐书》卷一一一《代宗纪》载,大历十三年(778)二月甲辰,"太仆寺佛堂有小脱空金刚右臂忽有黑汗滴下,以纸承之,色类血"。太仆寺佛堂属官署佛寺。

咸泰殿内道场 唐长安大明宫咸泰殿有内道场,《宋高僧传》卷六《唐京兆大安国寺僧彻传》云:"懿宗皇帝留心释氏,颇异前朝。遇八斋日,必内中饭僧数盈万计。帝因法集,躬为赞呗,〔僧〕彻则升台朗咏。宠锡繁博,敕造檀木讲座以赐之。又敕两街四寺行方等忏法,戒坛度僧各三七日。别宣僧尼大德二十人入咸泰殿置坛度内。"《资治通鉴》卷二五〇《唐纪六十六·懿宗咸通三年》载:"〔懿宗〕奉佛太过,尝于咸泰殿筑坛为内寺尼受戒,两街僧尼皆入预。"

孙《考》考得唐长安城外、近郊及终南山佛寺一共40所,此外,见于僧传和史籍的唐长安近郊及终南山佛寺尚有以下14处。

百塔信行禅师塔院 宋人张礼《游城南记》曰:"百塔在楩梓谷口,唐信行禅师塔院,今谓之兴教院。唐裴行俭妻库狄氏尝读《信行集录》,及殁,迁窆于终南山鸱号堆信行塔之后,由是异信行者往往归葬于此。今小塔累累相比,因谓之百塔。"《长安志》卷一二"长安县"下云:"兴教院,在县南六十里楩梓谷口,本百塔信行禅师塔院,唐大历六年建,皇朝太平兴国三年改。"据《续高僧传》卷一六《隋京师真寂寺释信行传》,开皇十四年(594),信行卒于真寂寺(位于大兴城熙光坊),弟子们送尸终南山鸱(鸥)鸣(即楩梓谷口,今称天子峪口)之堆,舍身收骨,树塔立碑,遂有信行禅师塔院。由于信行(540~594)是三阶教的创立人,信行的门徒死后亦多依林葬法舍身埋骨于信行禅师墓塔周围,陪葬的墓塔越来越多,大、小塔有百余,人称百塔寺。百塔寺在终南山楩梓谷口,属今西安市长安区王庄乡。百塔寺前身始建于唐,名为信行禅师塔院或百塔信行禅师塔院,宋代改名兴教院,元代称作百塔兴教禅院或百塔。如果严格以百塔寺之名为标准,则可能从明代开始,才可能有了百塔寺之称,清代至今仍沿用。① 信行是三阶教的创立者,百塔寺因而成为三阶教之圣地。

独圣寺 独圣寺在终南山子午关,《法苑珠林》卷三九《伽蓝篇·感应缘》"唐子午关南独圣寺"条曰:"子午关南第一驿名三交驿,东有涧,

---

① 段志凌:《长安百塔寺历史沿革及相关碑石辑释》,西安碑林博物馆编《碑林集刊》(十),陕西人民美术出版社,2004,第175~183页。

东南坡数十顷是栗树，素不知有僧住。屡闻钟声，不以为奇。一时，驿家妇女采樵入涧，忽值一僧独坐石上缝衣，傍无一物。……此寺去驿五里。"

回向寺 回向寺在终南山，《宋高僧传》卷一八《唐京兆法秀传》云："释法秀者，未详何许人也。居于京寺，游于咸、镐之间，以劝率众缘，多成善务，至老未尝休懈。开元末，梦人云：'将手巾、袈裟各五百条，可于回向寺中布施。'觉后问左右，并云无回向寺。及募人制造巾衣，又遍询老旧僧俗，莫有此伽蓝否。时有一僧，形质魁梧，人都不识，报云：'我知回向寺处。'问要何所须并人伴等，答曰：'但赍所施物，名香一斤，即可矣。'遂依言授物，与秀偕行。其僧径入终南山，约行二日，至极深峻，初无所睹。复进程，见碾石一具，惊曰：'此人迹不到，何有此物？'乃于其上焚所赍香，再三致礼哀诉，从午至夕。谷中雾气弥浸，咫尺不辨，逡巡开霁，当半崖间有朱门粉壁，缘牖璇题，刹飞天矫之幡，楼直舟棱之影。少选，见一寺，分明云际，三门而悬巨榜曰回向寺。秀与僧甚喜，攀陟遂到，时已黄昏，而闻钟磬唱萨之声……秀感其所遇，精进倍切，不知所终。世传终南山圣寺又有回向也。"

九空仙寺 九空仙寺在终南山，《法苑珠林》卷三九《伽蓝篇·感应缘》"唐雍州太一山九空仙寺"条曰："雍州鄠县南系头山寺者，其山本舟人系船其顶，故以名焉。昔太一未分，山连太行、王屋、白鹿，河水停于此川，号为山海。……古老传云：系头南有九空仙寺。昔有人山采，逼暮，不知归道。依林而宿。夜闻钟声在近，即寻之。忽见一寺，僧众有余，但有行坐而不叙问。其人怪之，至明失寺。此来在近，无往寻者。有僧曾至山，但有层峰秀林，不可登践。又云：山有九窟，仙人所居也。"

库谷内寺 终南山库谷内有一未名佛寺，《法苑珠林》卷三九《伽蓝篇·感应缘》"唐终南库谷内寺"条曰："终南库谷内西南，又名胡卢谷。昔有人于山采斫，遇见一寺，并石室石门。门内并宝器，重大不可胜。然不见僧人，是众僧供用具度。其人徘徊顾盼，记志处所，以所赍瓠卢挂于室树，下山招村人往寻。其谷内树上，往往悉是瓠卢，莫知踪迹。今有寻山者云：石门扇在山崖旁，半入山下，其半虽出，无人力开之。今其谷名库，地名天藏，故谷口府坊，毕名天藏。测其山中，则弥勒下生方现于俗耳。"

灵感寺 灵感寺在终南山。日僧圆仁《入唐新求圣教目录》卷一题录有"唐故终南山灵感寺大律师道宣行记一卷"。《长安志》卷一二"长安县"下云："大宁寺，在县西南五十里江留邨，唐灵感寺也，景龙二年建，皇朝太平兴国三年改。"据此，灵感寺建于唐中宗景龙二年（708）。灵感寺属今西安市长安区五星乡，是陕西省重点文物保护单位。

南五台 南五台本名灵应台，在终南山。《类编长安志》卷五《寺观》曰："灵应台并下院九处，并在终南山上，俗呼为南五台。"《白居易集》卷二五《登灵应台北望》诗曰："临高始见人寰小，对远方知色界空。回首却归朝市去，一稊米落太仓中。"张礼《游城南记》曰："南五台者，曰观音，曰灵应，曰文殊，曰普贤，曰现身，皆山峰卓立，故名五台。圆光寺，《王建集》为灵应台寺，陆长源《辨疑志》为慧光寺，《韩偓集》为神光寺，今谓之圆光寺。五台之北有留村数寺，皆下院也。"《长安志》卷一一"万年县"下云："灵应台并下院共九处，去县六十里，并在终南山。"注曰："陆长源《辨疑志》曰：'长安城南四十里有灵母谷，俗呼为炭谷。入谷五里有惠炬寺，寺西南涧水缘崖侧一十八里至峰，谓之灵应台。台上置塔，塔中观世音菩萨铁像，像是六军散将安太清铸造。'"可见，终南山南五台多寺塔，而仅下院就有9处。

牛头寺 《全唐诗》卷六三二司空图《牛头寺》诗云："终南最佳处，禅诵出青霄。群木澄幽寂，疏烟泛穴寥。"张礼《游城南记》云："勋荫陂，今牛头寺之坡也。寺即牛头山第一祖遍照禅师之居也。贞元十一年建。"文渊阁《四库全书》本《长安志》卷一一"万年县"下云："牛头寺，在县西南二十五里，贞元六年建。"清毕沅注本《长安志》卷一一"万年县"下云："牛头寺，在县西南二十五里，贞观六年建。"由此，牛头寺始建年代有三种：贞观六年（632）、贞元六年（790）、贞元十一年（795）。

依《游城南记》所言，牛头寺因牛头山第一祖遍照禅师之居而得名，可是，遍照禅师既未见于僧传，也不见于灯录。而牛头山位于长江下游的润州（属今江苏江宁县），在牛头山形成的禅宗七小宗之一——牛头宗的初祖是法融。传说中的牛头宗，六代相承，法融传慧方，慧方传法持，法持传智威，智威传惠（慧）忠和玄素，① 牛头禅枝系中没有遍照禅师。职是之故，终南山牛头寺与牛头宗无涉。值得注意的是，在长安城南净业寺

---

① 传说中的牛头宗，六代相承，初祖是法融，法融传慧方，慧方传法持，法持传智威，智威传惠（慧）忠和玄素，参看印顺《中国禅宗史》，江西人民出版社，1999，第77~82页。

有牛头祖师塔，至今仍流传有净业寺创始人道宣律师与遍照禅师交往斗法的故事。据《宋高僧传》卷一四《唐京兆西明寺道宣传》，道宣"安坐而化，则乾封二年十月三日，春秋七十二"，则道宣生活于596～667年。若道宣律师与遍照禅师交往斗法真有其事，则遍照禅师亦为唐朝初年人，故牛头寺建于贞观六年（632）可信。文渊阁本《长安志》所谓"贞元六年"当是"贞观六年"翻刻舛讹，至于张礼《游城南记》所谓"贞元十一年"，则不知所据。①

关于牛头寺遗址，嘉庆《咸宁县志》卷一二《祠祀志》曰："樊川有杜子美祠，屏少陵，眺神禾，左华严，右勋荫。清明近襟，潏水远带，为城南第一名胜。"又说，杜子美祠"旧祠在牛头寺南一里塔院之左，毁于火。嘉庆九年，邑士人杨调鼎、王淳敬等请于巡抚方公维甸捐资改建于牛头寺东，与寺相属……较旧祠规模宏远矣"。又，民国《咸宁长安两县续志》卷七《祠祀考附寺观》云："牛头寺前对神禾原，俯瞰华原川，南山拥翠，近接咫尺。院中古槐如龙，云是唐植。古柏紫荆，亦数百年间物。"综上可知，牛头寺位于少陵原畔，在今杜工部祠西。牛头寺地属今西安市长安区申店乡，今存大殿3间，僧寮7间。

三像寺 《全唐诗》卷五五〇赵嘏《三像寺酬元秘书》诗云："官总芸香阁署崇，可怜诗句落春风。偶然侍坐水声里，还许醉吟松影中。车马照来红树合，烟霞咏尽翠微空。不因高寺闲回首，谁识飘飘一塞翁。"张礼《游城南记》曰："黄渠水，出义谷，北上少陵原，西北流经三像寺。"后文一则说：抵韦赵，"登少陵原，西过司马村，穿三像院，寻旧路，暮归孙君中复之庐"。再则说："三像寺，开元中建，背依北原，高数百尺。始，寺依原刻三大佛，故名。又云，开元末，为武惠妃建。武氏墓在凤栖原长兴坊，与寺亦相近。"据此，三像寺在少陵原南坡，建于开元年间。

善福寺 唐代诗人韦应物有多首关涉善福寺的诗作，《全唐诗》卷一八七有韦应物《善福阁对雨寄李瞻幼遐》《善福精舍示诸生》，《全唐诗》卷一八九有韦应物《始除尚书郎别善福精舍》，《全唐诗》卷一九〇有韦应物《善福精舍答韩司录清都观会宴见忆》《酬令狐司录善福精舍见赠》，《全唐诗》卷一九二有韦应物《善福寺阁》等。史载，大历十四年（779），韦应物自鄠县令制除栎阳令，以疾辞归，寓居长安西郊沣上之善福精舍。

---

① 郝鹏展：《牛头寺始建年代考》，《陕西师范大学学报》（哲学社会科学版）2005年第3期。

据陶敏、王友胜《韦应物集校注》[①],以上诗作是韦应物闲居沣上时所为,则善福寺在唐长安西郊沣水畔。

太白寺 太白寺在终南太白山,《续高僧传》卷一三《唐京师普光寺释道岳传》云:"释道岳,姓孟氏,河南洛阳人也。……岳十五出家,依僧粲法师为弟子,少乐学问,经论是欣。……有九江道尼者,创弘《摄论》,海内知名,以开皇十年至自扬都,来化京辇,亲承真谛,业寄传芳。岳因从受法,日登深解,以众聚事拥,惟其废习,将欲栖形太白,服业伦贯。时太白寺慧安者,倜傥多知,世数阔达;方丈一字,方寸千文;医术有工,经道偏练;日行四百,相同夸父,世俗所谓'长足安'是也。岳友而亲之,便往投造……"

至相寺 《续高僧传》卷一四有《唐终南山至相寺释智正传》,同书卷二五有《唐终南山至相寺释弘智传》。唐终南山至相寺亦见于《续高僧传》卷一三《唐京师大庄严寺释慧因传》、卷二〇《唐京师弘法寺释静琳传》以及《宋高僧传》卷三《唐京师奉恩寺智严传》。

据《续高僧传》卷二九《隋终南山楩梓谷释普安传》,北周武帝灭佛,京兆泾阳人释普安"栖隐于终南山之楩梓谷西坡,深林自庇,廓居世表,洁操泉石,连踪禽鱼。又引静渊法师,同止林野,披释幽奥,资承玄理"。与普安栖隐于终南山楩梓谷的静渊法师,《续高僧传》有传。《续高僧传》卷一一《隋终南山至相道场释静渊传》曰:"释静渊,姓赵氏,京兆武功人也。……十三出家,道务宏举,定慧攸远。……自《华严》《地持》《涅槃》《十地》,皆一闻无坠,历耳便讲……承灵裕法师擅步东夏,乃从而问焉。……后整操关壤,屏迹终南,置寺结徒,分时程业,三辅令达,归者充焉,今之至相寺是也。〔灵〕裕后敕召入朝,才有间隙,径投渊寺,欣畅意得,倾阴屡改。又以帝(隋文帝)之信施,为移山路,本居迮隘,兼近山谷,将延法众,未曰经远。裕卜西南坡阜,是称福地,非唯山众相续,亦使供拟无亏,渊即从焉,今之寺墌是也。自尔迄今,五十余载,凶年或及,而寺供无绝,如裕所示,斯亦预见之明也。"由此可知,至相寺位于终南山楩梓谷(即今天子峪口)内,是隋高僧静渊创建。后来,根据灵裕法师占卜,在原至相寺的西南坡阜上重建了至相寺。道宣撰著《续高僧传》止于唐贞观十九年(645),其时终南山楩梓谷内西南坡阜上重建的

---

① (唐)韦应物著,陶敏、王友胜校注《韦应物集校注》,上海古籍出版社,1998。

至相寺"自尔迄今，五十余载"，则至相寺的重建大约在隋文帝开皇十五年（595），创建于开皇十五年（595）之前。灵裕、静渊、普安、智正、弘智、智俨等高僧大德驻锡终南山至相寺，宣扬《地论》精义，讲习《华严》玄理。其中，尤以智俨功德显著，他大阐华严法门，名贯至相，振绩京皐，时人称为"至相大师""至相尊者"，是中国佛教华严宗的实际创始人，至相寺因而成为华严宗的祖庭。

竹林寺 竹林寺在终南山，《法苑珠林》卷三九《伽蓝篇·感应缘》"唐终南山大秦岭竹林寺"条曰："终南山大秦岭竹林寺者，至贞观初，采蜜人山行，闻有钟声，寻而往至焉。寺舍二间，有人住处。傍大竹林，可有二顷。"

棕榈寺 棕榈寺在终南山折谷内，《法苑珠林》卷三九《伽蓝篇·感应缘》"唐终南折谷炬明圣寺"条曰："终南折谷内棕榈寺者，近有人见一僧云：倩为擎幞向寺。问：寺在何处？云：在折谷炬明东岭头。其人为荷幞，将至寺，见一僧从南崖来，可长五十尺，相召来。……今入山者至炬明岭侧，常闻钟声，亦往往见有异僧。近有一僧闻已，遇见入谷僧，疑是棕榈寺，问言：大德是棕榈寺僧不？曰：是。欲随大德去得不？曰：可相随来。但闻耳边飕飕风声至急……"

综上，本文在孙《考》的基础上，增补唐长安及其近郊佛寺共计28所。孙《考》考得唐长安及其近郊佛寺一共213所，若除去重复计算的15所和1所（功德寺）俟考，[①] 实得197所。省重去讹，孙《考》实得唐长安及其近郊佛寺197所，加上本文增补的28所，截至目前，我们可知唐长安及其近郊佛寺多达225所。然而，这仍非尽括所有，依圆仁说，"且长安城里坊内佛堂三百余所"。[②] 因此，好学者尚可留心史籍，继踵搜求，嗣后续补。

（原载《中国历史地理论丛》2009年第3辑，个别文字略有修订）

[①] 别详拙文《〈唐长安佛寺考〉若干问题辨正》，《中国历史地理论丛》2010年第4辑。
[②] 〔日〕圆仁撰，白化文等校注《入唐求法巡礼行记校注》卷四"会昌四年七月十五日"条，花山文艺出版社，1992，第446页。

唐诗中的长安大兴善寺影像

古都长安大兴善寺初创于西晋，兴盛于隋唐。大兴善寺不仅是隋唐长安的三大译场之一，而且成为中国佛教密宗的祖庭。隋唐长安大兴善寺"尽一坊之地"，[1] 面积广阔，规模宏大，殿堂巍峨，法相庄严。不幸的是，唐总章二年（669），大兴善寺遭遇火灾，寺院建筑化为乌有。不过，这次火灾之后，大兴善寺旋即得到重建，"又广前居十二亩之地"。[2] 可是，好景不长。在唐武宗会昌年间的排佛运动中，除了慈恩寺、荐福寺、西明寺和庄严寺，长安城的其余佛寺皆被废毁，大兴善寺自然难逃厄运，再次遭受灭顶之灾。从此，大兴善寺湮没无闻，不见经传。作为隋唐王朝的"国寺"，[3] 大兴善寺的基本风貌竟然也不得其详了。所幸的是，唐诗中有20多首诗歌涉及大兴善寺，为我们了解大兴善寺风物风貌提供了第一手资料，惜乎前人未加注意。唐人寻幽探胜，题诗寄情于大兴善寺，尽管难免有夸张之辞，但是仍然不乏写实成分。因此，爬梳剔析有关大兴善寺的唐诗，依稀可见唐长安大兴善寺风物粲然。

池："隔窗栖白鹤，似与镜湖邻"

昔日唐大兴善寺后有一池，碧波潋滟，风景独好，因而唐人常常以诗歌咏。

"大历十才子"之卢纶《题兴善寺后池》诗云：

隔窗栖白鹤，似与镜湖邻。月照何年树，花逢几遍人。

---

[1] （宋）宋敏求撰，辛德勇、郎洁点校《长安志》卷七，三秦出版社，2013，第259页。
[2] 《长安志》卷七，第260页。
[3] （唐）道宣撰，郭绍林点校《续高僧传》卷二二《隋京师大兴善寺释灵藏传》，中华书局，2014，第835页。

岸莎青有路，苔径绿无尘。永愿容依止，僧中老此身。①

卢纶的表兄司空曙亦是"大历十才子"之一，司空曙《秋夜忆兴善院寄苗发》诗云：

右军多住寺，此夜后池秋。自与山僧伴，那因洛客愁。
卷帘霜霭霭，满目水悠悠。若有诗相赠，期君忆惠休。②

"大历十才子"中的"才子"李端《宿兴善寺后堂池》诗云：

草堂高树下，月向后池生。野客如僧静，新荷共水平。
锦鳞沉不食，绣羽乱相鸣。即事思江海，谁能万里行。③

除了"大历十才子"中的3位才子，唐人李洞和郑谷的诗作也述及大兴善寺之池。

李洞《赠兴善彻公上人》诗云：

师资怀剑外，徒步管街东。九里山横烧，三条木落风。
古池曾看鹤，新塔未吟虫。夜久龙髯冷，年多麈尾空。
心宗本无碍，问学岂难同。④

郑谷《题兴善寺》诗云：

寺在帝城阴，清虚胜二林。藓侵隋画暗，茶助越瓯深。
巢鹤和钟唳，诗僧倚锡吟。烟莎后池水，前迹杳难寻。⑤

星换物移，今非昔比，1300多年前的大兴善寺池如今早已杳无踪影

---

① （清）彭定求等编《全唐诗》卷二七九，中华书局，1960，第3170页。
② 《全唐诗》卷二九二，第3311页。
③ 《全唐诗》卷二八五，第3247页。
④ 《全唐诗》卷七二二，第8290页。
⑤ 《全唐诗》卷六七六，第7757页。

了。那么，享有"镜湖"之美誉的大兴善寺池何时枯竭成陆了？

唐人段成式《寺塔记》"靖善坊大兴善寺"条云："寺后先有曲池，不空临终时忽然涸竭。至惟宽禅师止住，因潦通泉，白莲藻自生，今复成陆矣。"据《宋高僧传》卷一《唐京兆大兴善寺不空传》，不空法师于唐代宗大历九年（774）圆寂，"空未终前，诸僧梦千仞宝台摧，文殊新阁颓，金刚杵飞上天。又兴善寺后池无故而涸，林竹生实，庭花变萎"。这里所云诸僧之梦，本是幻境，无可厚非。至于说兴善寺后池因为不空离世而干涸，自是不经之谈。但是，我们由此可知，兴善寺池大约是在唐代宗大历初年枯竭干涸了。因此，唐末人郑谷《题兴善寺》诗后注曰："十才子诗集多有兴善寺后池之作，今寺在池无，每用追叹。"① 也就是说，兴善寺池在唐代宗大历初年干涸枯竭了，引起大历十才子"每用追叹"，所以"十才子诗集多有兴善寺后池之作"。

兴善寺后池在唐代宗大历初年枯竭干涸，"至惟宽禅师止住，因潦通泉，白莲藻自生"。据《宋高僧传》卷一〇《唐京兆兴善寺惟宽传》，唐宪宗元和四年（809），惟宽法师受诏驻锡长安安国寺，"五年，问道于麟德殿。其年，复灵泉于不空三藏池"。由此可知，大兴善寺后池泉水恢复是在唐宪宗元和五年（810）。

元和五年（810），兴善寺池水恢复后，没过多久，再次断流。唐人段成式在其《寺塔记》中说，兴善寺后池"今复成陆矣"。段成式是在会昌三年（843）游历长安佛寺而至兴善寺，则兴善寺后池可能早在会昌三年（843）之前就已断流了。从此，兴善寺后池永不复流，以致干涸成陆了。

院："客来风雨后，院静似荒凉"

寺院是佛教僧众弘法布道的主要场所，一寺之中常有若干规模较小的院，院是佛教徒斋所的泛称。唐长安佛寺大都有若干"院"，慈恩寺"重楼复殿，云阁洞房，凡十余院，总一千八百九十七间"；② 西明寺"廊殿楼台，飞惊接汉，金铺藻栋，眩目晖霞。凡有十院，屋四千余间"。③ 慈恩寺

---

① 《全唐诗》卷六七六，第7757页。
② （唐）慧立、彦悰撰，孙毓棠、谢方点校《大慈恩寺三藏法师传》卷七，中华书局，2000，第149页。
③ 《大慈恩寺三藏法师传》卷一〇，第214页。

占地二分之一坊,西明寺占地四分之一坊,都有十多个院。"尽一坊之地"的大兴善寺之院的数量和规模当不亚于慈恩寺和西明寺,唐诗中提及的大兴善寺之院就有僧道深院、广宣上人竹院、寂上人院等。

唐人张乔《题兴善寺僧道深院》诗云:

江峰峰顶人,受法老西秦。法本无前业,禅非为后身。
院栽他国树,堂展祖师真。甚愿依宗旨,求闲未有因。①

唐人杨巨源《春雪题兴善寺广宣上人竹院》诗云:

皎洁青莲客,焚香对雪朝。竹风催渐沥,花雨让飘飖。
触石和云积,萦池拂水消。只应将日月,颜色不相饶。②

杨巨源还有诗《和郑相公寻宣上人不遇》一首,也述及兴善寺广宣上人竹院,诗曰:

方寻莲境去,又值竹房空。几韵飘寒玉,馀清不在风。③

唐人郑谷有诗《题兴善寺寂上人院》曰:

客来风雨后,院静似荒凉。罢讲蛩离砌,思山叶满廊。
腊高兴故疾,炉暖发余香。自说匡庐侧,杉阴半石床。④

唐人刘得仁《冬日题兴善寺崔律师院孤松》诗云:

为此疏名路,频来访远公。孤标宜雪后,每见忆山中。
静影生幽藓,寒声入迥空。何年植兹地,晓夕动清风。⑤

---

① 《全唐诗》卷六三八,第 7310 页。
② 《全唐诗》卷三三三,第 3720 页。
③ 《全唐诗》卷三三三,第 3735 页。
④ 《全唐诗》卷六七四,第 7718 页。
⑤ 《全唐诗》卷八八四,第 9988 页。

以上诸诗所说的僧道深、广宣上人、寂上人和崔律师4位高僧，佛教典籍失载，唯有广宣上人在唐宋笔记小说中偶见提及。唐人李肇《唐国史补》卷中《韦相叱广宣》曰："韦相贯之为尚书右丞，入内，僧广宣赞（造）门曰：'窃闻阁下不久拜相。'贯之叱之曰：'安得不轨之言！'命纸草奏，僧恐惧走出。"此事亦见于宋人王谠《唐语林》卷三《方正》。又五代人孙光宪《北梦琐言》卷二〇《诋评朝贤》云："沙门贯休，钟离人也。风骚之外，精于笔札，举止真率，诚高人也。……时人甚重之。异乎，广宣、栖白之流也！"唐末五代高僧贯休诗、书、画俱佳，名声耸动于时，人称"僧中之一豪"。贯休是"广宣之流"，则广宣亦乃一代名僧，他是唐代内道场诗僧，五代人王定保《唐摭言》卷三《慈恩寺题名游赏赋咏杂记》载："王起于会昌中放第二榜，内道场诗僧广宣以诗寄贺曰：'从辞凤阁掌丝纶，便向青云领贡宾。再辟文场无枉路，两开金榜绝冤人。眼看龙化门前水，手放莺飞谷口春。明日定归台席去，鹡鸰原上共陶钧。'起答曰：'延英面奉入青闱，亦选功夫亦选奇。在冶只求金不耗，用心空学秤无私。龙门变化人皆望，莺谷飞鸣自有时。独喜向公谁是证，弥天上士与新诗。'"

广宣上人见诸文献，僧道深、寂上人和崔律师也绝非随意杜撰，唐大兴善寺曾经存在僧道深院、广宣上人竹院、寂上人院和崔律师院，毋庸置疑。

唐诗中提及的大兴善寺之院除了僧道深院、广宣上人竹院、寂上人院和崔律师院，还有英律师院，唐人马戴《题僧禅院》诗云：

　　虚室焚香久，禅心悟几生。滤泉侵月起，扫径避虫行。
　　树隔前朝在，苔滋废渚平。我来风雨夜，像设一灯明。①

马戴这首《题僧禅院》一作《题兴善寺英律师院》，据《续高僧传》卷三一《隋京师日严道场释慧常传附道英传》，"时京师兴善有道英、神爽者，亦以声梵驰名。道英喉噪伟壮，词气雄迈，大众一聚，其数万余，声调棱棱，高超众外。兴善大殿，铺基十亩，栱扇高大，非卒摇鼓。及英引众绕旋，行次窗门，声眙冲击，皆为动震"。释道英乃隋末唐初人，马戴《题僧禅院》一作《题兴善寺英律师院》，英律师可能就是高僧道英，则大

---

① 《全唐诗》卷五五五，第6438页。

兴善寺有英律师院。

关于唐大兴善寺之"院",以往我们据唐人段成式《寺塔记》可知有行香院和素和尚院,据日本僧人圆仁《入唐求法巡礼行记》可知有翻经院、西禅院和不空三藏院。今据唐诗可补僧道深院、广宣上人竹院、寂上人院、崔律师院和英律师院,总计则多达十院(图Ⅰ—1),几乎与慈恩寺和西明寺不相上下。

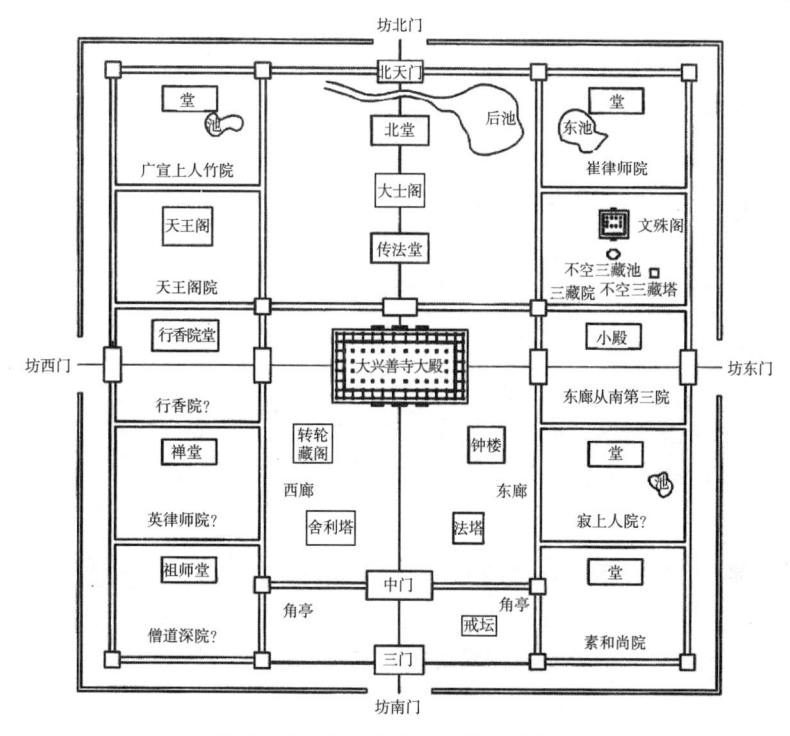

图Ⅰ—1 长安大兴善寺平面想象图

松:"自得天然状,非同涧底生"

中国佛教寺院向来注重营造景观,绿化环境。作为全国佛教文化中心,唐都长安佛教寺院率皆环境幽美,颇富自然情趣。清禅寺"九级浮空,重廊远摄,堂殿院宇,众事圆成。所以竹树森繁,园圃周绕,水陆庄田,仓廪碾硙,库藏盈满,莫非由焉"。① 庄严寺"复殿重廊,连甍比栋,

---

① 《续高僧传》卷三〇《唐京师清禅寺释慧胄传》,第1224页。

幽房秘宇，窈窕疏通，密竹翠松，垂阴擢秀"。① 长安佛寺竞相凿池引水，争先植树养花。大慈恩寺"寺临黄渠，水竹深邃，为京都之最"，② 寺内还广植花木，有牡丹、凌霄花、杏花、荷花等名花异卉，其中牡丹最为有名。"长安三月十五日，两街看牡丹甚盛。慈恩寺元果院最先开，太平院开最后"，③ 姹紫嫣红，争奇斗艳。大兴善寺的牡丹花毫不逊色于大慈恩寺，"兴善寺素师院牡丹，色绝佳。元和末，一枝花合欢"，④ 因而一度传为佳话。

唐大兴善寺不仅以牡丹闻名天下，而且以古松著称于世。唐人段成式于会昌三年（843）游访长安兴善寺、安国寺、慈恩寺等十余所佛寺，就其目睹耳闻撰成《寺塔记》一书。据段成式《寺塔记》，当年大兴善寺不空三藏塔前多老松，"岁旱则官伐其枝为龙骨以祈雨。盖三藏役龙，意其树必有灵也"。此外，大兴善寺崔律师院中的孤松也别具一格，除了前文所引唐人刘得仁《冬日题兴善寺崔律师院孤松》一诗，唐人无可《寄兴善寺崔律师》一诗也咏及崔律师院中的孤松：

沐浴前朝像，深秋白发师。从来居此寺，未省有东池。
幽石丛圭片，孤松动雪枝。顷曾听道话，别起远山思。⑤

胜事入诗多，大兴善寺之松以其独特的风格引发了众多诗人吟咏赋诗，津津乐道。

唐人许棠《和薛侍御题兴善寺松》称赞说：

何年劚到城，满国响高名。半寺阴常匝，邻坊景亦清。
代多无朽势，风定有余声。自得天然状，非同涧底生。⑥

---

① 唐宣宗：《重建总持寺敕》，（清）董诰等编《全唐文》卷八一，中华书局，1983，第849页。
② （清）徐松撰，方严点校《唐两京城坊考》卷三，中华书局，1985，第68页。
③ （宋）计有功：《唐诗纪事》卷五二，上海古籍出版社，1987，第786页。
④ （唐）段成式撰，许逸民、许桁点校《酉阳杂俎》前集卷一九《广动植之四》，中华书局，2018，第384页。
⑤ 《全唐诗》卷八一四，第9161页。
⑥ 《全唐诗》卷六〇四，第6982页。

又有唐人崔涂《题兴善寺隋松院与人期不至》诗云：

青青伊涧松，移植在莲宫。藓色前朝雨，秋声半夜风。
长闲应未得，暂赏亦难同。不及禅栖者，相看老此中。①

唐大兴善寺不仅以古松久负盛名，还以青桐成为美谈。《寺塔记》记载，唐大兴善寺素和尚院庭有青桐4株，乃素和尚亲手所植。这4株青桐到了夏天就流汗脂，弄污人的衣裳后很难洗净。元和年间，每逢炎炎夏日，唐朝卿相多游兴善寺素和尚院来避暑，有人十分厌恶这些青桐的汗脂，就对素和尚说："弟子为和尚伐此树，各植一松也。"素和尚于是戏祝树曰："我种汝二十余年，汝以汗为人所恶，来岁复若有汗，我必薪之。"据说4株青桐自是无汗。这个故事虽然有些光怪陆离，却说明兴善寺在唐代一定是树木成荫，优雅宜人，因而才吸引众人前来避暑消夏。

贝多树："得子从西国，成阴见昔朝"

唐大兴善寺树木成荫，景致如画。在林林总总的树木中，最为让人耳目一新的是来自域外的贝多树。唐人张乔《兴善寺贝多树》一诗曰：

还应毫末长，始见拂丹霄。得子从西国，成阴见昔朝。
势随双刹直，寒出四墙遥。带月啼春鸟，连空噪暝蜩。
远根穿古井，高顶起凉飙。影动悬灯夜，声繁过雨朝。
静迟松桂老，坚任雪霜凋。永共终南在，应随劫火烧。②

贝多树，译自梵文 Pattra，也称贝多罗树。段成式《酉阳杂俎·广动植之三》曰："贝多，出摩伽陀国，长六七丈，经冬不凋。此树有三种：一者多罗娑（一曰娑）力叉贝多，二者多梨娑（一曰娑）力叉贝多，三者部娑（一曰娑）力叉多罗多梨（一曰多梨贝多）。并书其叶，部阇一色取其皮书之。贝多是梵语，汉翻为叶，贝多娑（一曰娑）力叉者，汉言叶树

---

① 《全唐诗》卷六七九，第7778页。
② 《全唐诗》卷六三九，第7324页。

也。西域经书,用此三种皮叶,若能保护,亦得五六百年。"由于贝多树的树叶和树皮能长期贮藏保存,所以在纸尚未发明之前,古印度人用铁笔在贝多罗树叶上书写佛教经文,早期佛经故而称为"贝叶经"。汉唐时期,中土僧人西行求法,印度僧人东来弘道,大量梵文贝叶经从而传入西域,考古工作者在我国新疆、西藏等地都曾发现贝叶经,这些贝叶经历经劫难,弥足珍贵。

贝多树又称思惟树,段成式《寺塔记》云:"《嵩山记》称嵩高寺中有思惟树,即贝多也。"《太平御览》卷九六六引《魏王花木志》云:"思惟树,汉时有道人(佛教僧徒)自西域持贝多子,植于嵩之西峰下,有四树,树一年三花。"贝多树是从西域移植到了中国,最早可能于汉末在内地就有种植。但是,直到唐代,贝多树并非常见树,大兴善寺的贝多树因而特别稀奇。不知贝多树栽植在兴善寺什么地方,前引张乔《题兴善寺僧道深院》一诗中说,僧道深院中"院栽他国树",这一"他国树"莫非是贝多树?或许是另一种域外他国的树木,如此一来,大兴善寺则又有一道亮丽的异域风景线。

结　语

唐人郑谷《题兴善寺》诗云:"寺在帝城阴,清虚胜二林。"[1] 这里的"二林"是指创建于东晋的庐山东林寺和西林寺,梁释慧皎《高僧传》卷六《晋庐山释慧远传》载,"〔远〕欲往罗浮山,及届浔阳,见庐峰清静,足以息心,始住龙泉精舍。……时有沙门慧永,居在西林,与远同门旧好,遂要远同止",而刺史桓伊"复于山东更立房殿,即东林也。远创构精舍,洞尽山美,却负香炉之峰,傍带瀑布之壑,仍石垒基,即松栽构,清泉环阶,白云满室。复于寺内别置禅林。森树烟凝,石筵苔合。凡在瞻履,皆神清而气肃也"。庐山东林寺和西林寺自从东晋就以山水形胜闻名天下,白居易在给友人元稹的书信中说:"仆去年秋,始游庐山,到东、西二林间、香炉峰下,见云水泉石,胜绝第一,爱不能舍,因置草堂。前有乔松十余株,修竹千余竿,青萝为墙援,白石为桥道,流水周于舍下,飞泉落于檐间;红榴白莲,罗生池砌,大抵若是,不能殚记。每一独往,

---

[1] 《全唐诗》卷六七六,第 7757 页。

动弥旬日。平生所好者,尽在其中。不惟忘归,亦可终老。"[1] 由此可见庐山东林寺和西林寺的山林之美和自然之趣。唐人郑谷以为兴善寺"清虚胜二林",难免有夸大之嫌,但他把兴善寺与东林寺和西林寺相提并论,则表明兴善寺与东林寺和西林寺差相仿佛,松柏苍翠,软草稠茂,花卉芬馥,池水流响,幽雅静寂,超凡脱俗,这从唐诗对兴善寺池、院、松、贝多树等景观的摹写中可见一斑。

(原载《唐都学刊》2012年第4期,后收入宽旭主编《首届大兴善寺唐密文化国际学术研讨会论文集》第三编《密意神韵——唐代密宗的文化与艺术》,陕西师范大学出版社,2012)

---

[1] (唐)白居易撰,顾学颉校点《白居易集》卷四五《与微之书》,中华书局,1979,第973页。

唐长安大庄严寺与西安市木塔寺公园

在今西安市高新区科技六路之南，有一座以佛教文化为主题的遗址公园——木塔寺公园。木塔寺公园是在木塔寺遗址的基础上建成的带有古遗址保护性质的现代中式园林。木塔寺，始建于隋文帝仁寿三年（603），原名禅定寺，唐武德元年（618）改名大庄严寺，坐落在长安城西南隅，是隋唐长安城著名的皇家寺院。时移世易，古都长安隋禅定寺、唐大庄严寺历经沧桑，木塔和寺院建筑早已荡然无存。如今，木塔寺公园建成，依稀可见禅定寺和庄严寺的昔日辉煌。不过，仍是一鳞半爪，难以窥见其全貌。因之，在此追溯木塔寺的历史沿革，阐述木塔寺的佛教文化，聊博知好一粲。

一 从禅定寺、大庄严寺到木塔寺

木塔寺始建于隋仁寿三年（603），是隋文帝为独孤皇后所立，初名"禅定寺"。隋文帝的皇后独孤氏出自鲜卑大族，文帝对她十分敬重，两人在宫中号称"二圣"。仁寿二年（602），独孤皇后仙逝。次年，崇奉佛教的隋文帝为其追荐冥福而在长安城西南隅的和平坊和永阳坊之东营建了禅定寺。[①] 当时，主持修建大兴城的总建筑师"宇文恺以京城西有昆明池，地势微下，乃奏于此建木浮图。高三百三十尺，周匝百二十步。寺内复殿重廊，天下伽蓝之盛，莫与为比"。[②] 因为隋文帝曾自立法号"总持"，又呼独孤皇后为"庄严"，[③] 唐武德元年（618），改禅定寺称为"大庄严寺"。

由上可知，今天人们习称的木塔寺在最初并不叫作木塔寺，只是因为

[①] （唐）韦述撰，辛德勇辑校《两京新记辑校》卷三，三秦出版社，2006，第69页。
[②] 《两京新记辑校》卷三，第69页。
[③] （宋）宋敏求撰，辛德勇、郎洁点校《长安志》卷一〇引《景龙文馆记》，三秦出版社，2013，第344页。

寺中有木塔"高三百三十尺，周匝百二十步"①，气势宏伟（图Ⅰ—2），闻名天下，久而久之，坊里民间便将此寺称为木塔寺，而木塔寺一带的地方至今则仍称为木塔寨。

图Ⅰ—2 隋禅定寺、唐大庄严寺木塔立面复原图

值得注意的是，木塔寺作为隋唐长安城的佛教寺院，它的兴建明显受到了《周易》乾卦思想和风水观念的深刻影响。隋朝初年，宇文恺在修建大兴城的时候就运用了这一理论。唐人李吉甫《元和郡县图志》卷一《关内道·京兆府》谓：

> 初，隋氏营都，宇文恺以朱雀街南北有六条高坡，为乾卦之象，故以九二置宫殿以当帝王之居，九三立百司以应君子之数，九五贵位，不欲常人居之，故置玄都观及兴善寺以镇之。

---

① 木塔高330尺，合今尺97.02米。

隋初在营建大兴城的时候，总设计师宇文恺以横贯城中的"六条高坡"象征"乾卦"的六爻，自都城北墙向南按初九、九二、九三、九四、九五、上九的顺序，因地制宜，布置各类建筑，使得长安城的整体规划达到了极致。禅定寺位于隋唐长安城西南隅的和平坊和永阳坊，处于长安城第三条高坡和第四条高坡之间的低洼地带，为了"趋利避害"，宇文恺"乃奏于此建木浮图"。显而易见，木塔寺的兴建，深受《周易》乾卦思想和风水观念的影响。

大庄严寺"寺内复殿重廊，天下伽蓝之盛，莫与为比"。① 它是隋唐皇家寺院，因得朝廷的眷顾，香火兴旺，在隋唐长安城的诸多佛寺中长期处于十分突出的地位。大历十年（775）二月，庄严寺发生了一场火灾，"初有疾风，震雷薄击，俄而火从佛图中出"，经过寺僧数百人紧急扑救，火势乃止，"栋宇无损"。② 唐代中后期，佛教势力日益强大，大量的劳动人手出家为僧或者投靠寺院成为寺户。寺院广占良田，并控制了大量劳动力，而封建政府的纳税户却大为减少，佛教寺院和封建政府的矛盾达到了无法调和的地步。因此，唐武宗继位后，发动了一场反对佛教、拆毁佛寺的运动。在这次灭佛运动中，"其天下所拆寺四千六百余所，还俗僧尼二十六万五百人，收充两税户；拆招提、兰若四万余所，收膏腴上田数千万顷，收奴婢为两税户十五万人"。③ 而庄严寺却由于它在长安佛寺中的重要地位得以保留，《旧唐书》卷一八上《武宗纪》载：

上州合留寺，工作精妙者留之；如破落，亦宜废毁。其合行香日，官吏宜于道观。其上都、下都每街留寺两所，寺留僧三十人。上都左街留慈恩、荐福，右街留西明、庄严。

在这次全国性的灭佛运动中，京师长安只保留了慈恩寺、荐福寺、西明寺、庄严寺共4所佛寺。虽然庄严寺因其崇高的地位在唐武宗灭佛运动中得以留存下来，但在当时大规模的排佛运动中，庄严寺也呈现衰败的迹象。到了唐宣宗时，庄严寺的境况才有所改善。

唐宣宗信奉佛教，他一反武宗对佛教的禁制和对佛寺的毁灭，甫一继

---

① 《两京新记辑校》卷三，第69页。
② （后晋）刘昫等：《旧唐书》卷三七《五行志》，中华书局，1975，第1367页。
③ 《旧唐书》卷一八上《武宗纪》，第606页。

位,就颁布了恢复佛寺的诏书,《旧唐书》卷一八下《宣宗纪》载:

〔会昌六年〕五月,左右街功德使奏:"准今月五日赦书节文,上都两街旧留四寺外,更添置八所。两所依旧名兴唐寺、保寿寺。六所请改旧名,宝应寺改为资圣寺,青龙寺改为护国寺,菩提寺改为保唐寺,清禅寺改为安国寺,法云尼寺改为唐安寺,崇敬尼寺改为唐昌寺。右街添置八所。西明寺改为福寿寺,庄严寺改为圣寿寺,旧留寺。二所旧名,千福寺改为兴元寺,化度寺改为崇福寺,永泰寺改为万寿寺,温国寺改为崇圣寺,经行寺改为龙兴寺,奉恩寺改为兴福寺。"敕旨依奏。

会昌六年(846),隋代称作禅定寺、唐初改名庄严寺的木塔寺又更名为圣寿寺。木塔寺初名和二易其名,都与隋唐皇室休戚相关。唐武宗灭佛,京城长安只保留4所佛寺,其中就有庄严寺。由此可见,庄严寺在隋唐时期的显赫地位。

唐末战乱兵燹,长安城遭到毁灭性的破坏,庄严寺亦未能幸免。然而,由于庄严寺在隋唐长安城中的重要地位,它在宋元时期尚存余绪,并未湮没无闻。宋人宋敏求《长安志》和元人骆天骧《类编长安志》对其都有简略记述,仍称其庄严寺。[①]

雍正《陕西通志》卷二八《祠祀一》载:

庄严寺,在城西南十二里木塔寨,隋文帝为献后立为禅定寺,唐武德年改今名。……本朝康熙十七年僧灵菴、五十二年僧巨目相继增修。

乾隆《西安府志》卷六〇《古迹志下》关于"庄严寺"的记载与上相同。

嘉庆《长安县志》卷二二《寺观》载:

---

① 《长安志》卷一〇,第341页;(元)骆天骧撰,黄永年点校《类编长安志》卷五,三秦出版社,2006,第127页。

庄严寺，在城西南十二里木塔寨。旧《志》云：隋文帝仁寿年间，献后立为禅定寺。唐武德中，改今名。又以京城西南地微下，乃于此寺建木浮图，高三百尺，周一百二十尺。俗谓之木塔寺。

民国《咸宁长安两县续志》卷七《祠祀考》云：

庄严寺，康熙间屡次重修，有陕抚鄂海撰碑，东莞知县杜珣撰碑。

1906年至1910年，日本学者足立喜六利用在陕西高等学堂任教的闲暇时间，对西安及其附近的历史遗迹进行了实地考察，撰著了《长安史迹研究》一书，他在此书中写道：

木塔寺在西安城外西南方十五里的木塔寨，原名禅定寺，系隋代仁寿年间所建。唐高祖武德年间改称为大庄严寺。……因为当时寺中有高一百尺、周长一百二十尺的大木塔，故民间称之为木塔寺。因同治年间的战乱，寺院全部化为灰烬，致使往昔遗物无一幸存。[①]

诸志对于木塔寺的记载多所因袭，但从中可知，至迟于清朝嘉庆年间，隋禅定寺、唐大庄严寺在民间就被称为木塔寺了。清初康熙年间，木塔寺经过两次修葺，稍具规模。可是，好景不长，清同治年间，木塔寺再遭兵燹，废毁殆尽。从此，木塔寺仅留下残垣断壁供后人凭吊了。

二　庄严寺（木塔寺）与隋唐佛教

庄严寺在隋唐长安城的众多佛教寺院中一直十分显耀，这一方面与其皇家寺院的特殊身份有关，另一方面也与诸多硕学名僧在此弘法布道有密切关系。

隋唐王朝十分重视皇家寺院庄严寺，该寺的住持、上座等僧官往往由

---

① 〔日〕足立喜六撰《长安史迹研究》，王双怀、淡懿诚、贾云译，三秦出版社，2003，第230页。

朝廷遴选硕学大德来担任，朝廷常常在寺内举行各种法事斋会，至于在此剃度僧尼和布施供养，更是常有的事。庄严寺的这些佛教活动在唐代前期自不会少，即使在江河日下的唐朝后期仍不乏其事。会昌元年（841）二月八日至十五日，庄严寺开释迦牟尼佛牙供养，[1] 鼓乐喧天，倾动京师，王公大臣、僧俗士庶争相随喜，顶戴礼拜，发愿布施。大中七年（853），唐宣宗幸庄严寺，"礼佛牙，登大塔"。[2] 咸通三年（862）四月，唐懿宗"敕于两街四寺各置戒坛，度人三七日"。[3] 这里所说的"两街四寺"是指长安城朱雀大街以东的慈恩寺和荐福寺，以及朱雀大街以西的西明寺和庄严寺。

隋唐时期，曾在庄严寺修行和弘教的僧人为数众多，他们不仅在庄严寺成就了个人事业，书写了隋唐佛教文化光辉灿烂的篇章，而且铸就了木塔寺悠远深厚的佛教文化。

释保恭，俗姓崔，青州人。他"行依《地持》，偏讲《法华》，控引宗归，得其奥旨"。禅定寺建成之初，保恭即被征入为禅定道场主，"纲正僧网，清肃有闻，迄于隋代，常莅斯任"。隋亡唐兴，保恭归心泉石，遂避官于蓝田悟真寺。武德元年（618），禅定寺改名庄严寺。武德二年（619），保恭因为"御众摄持，声光帝里"，唐高祖下敕召还检校庄严寺。保恭"既位斯任，诸无与对，遂居大德之右，专当剖断，平恕衷诣，众无怨焉"。[4]

释慧因，俗姓于，吴郡海盐人。他"禀灵温裕，清鉴伦通，徽音深靡，缁素钦属"。禅定寺建成之初，朝廷远招名德。慧因"既德隆物议，大众宗归，遂奉为知事上座，训肃禅学，柔顺诱附，清穆僧伦，事等威权，同思启旦"。他在禅定寺"频讲三论，并制文疏，要约标控，学者高奉"。[5]

---

[1]〔日〕圆仁撰，白化文等校注《入唐求法巡礼行记校注》卷三"会昌元年二月八日"条，花山文艺出版社，1992，第373页。
[2]（宋）赞宁撰，范祥雍点校《宋高僧传》卷一六《唐京兆圣寿寺慧灵传》，中华书局，1987，第392页。
[3]（宋）司马光：《资治通鉴》卷二五〇，唐懿宗咸通三年四月，中华书局，1956，第8097页。
[4]（唐）道宣撰，郭绍林点校《续高僧传》卷一一《唐京师大庄严寺释保恭传》，中华书局，2014，第387~388页。
[5]《续高僧传》卷一三《唐京师大庄严寺释慧因传》，第431~432页。

释神迥，俗姓田，冯翊临晋人。他"年未及冠，郁为鸿彩"，"虽广融经论，而以大衍著名"，故华壤英俊为之谚曰："《大论》主释迦迥，法界多罗一时领。"大业十年（614），神迥被召入禅定寺弘法。①

释昙迁，俗姓王，博陵饶阳人。他"研精《华严》《十地》《维摩》《楞伽》《地持》《起信》等，咸究其深赜"。昙迁特蒙隋文帝礼接，禅定寺建成之初，即以他为寺主，"绥抚法众，接悟贤明，皆会素心，振声帝世"，直到大业三年（607）卒于禅定寺。②

释僧定，丹阳人，"本学《成实》，博综有功"，"业定之心，无庸世务"。禅定寺建成后，隋文帝"远召处之"。③

释道哲，俗姓唐，齐郡临邑人。他师从昙迁听授《摄论》，"研味至理，晓悟其文，标拟有方"。"京师大庄严寺以哲素有道声，延住华馆。"道哲的弟子道诚"行感玄解，谦穆自修，包括律部，讲导时接"，亦在庄严寺，"以传业高"。④

释玄觉"孝慈居性，祖学先谟"，他在京师庄严寺"纯讲大乘，于文殊般若偏为意得，荣观帝壤，誉显当锋"。⑤

当时，大庄严寺镢法师者，"义府经笥，道映雄伯，负裘淹留，专功一纪，究尽端涯，更同寒水"。⑥ 是时，又有释法恭、释无碍、释道岸、释威秀、释可止、释慧灵振锡而至庄严寺，⑦ 开物化迷，弘赞像法，其类夥多，良难骤述。

唐代初年，朝廷在京师设立十大德，统摄僧尼，上述释保恭则是十大德之一。无独有偶，上述释慧因亦是唐初十大德之一。释保恭和释慧因实僧徒之领袖，诚佛法之栋梁。上述释神迥、释昙迁、释道哲、释威秀等，率皆释门法匠。隋唐时期，众多高僧大德接踵而至庄严寺，大兴法雨，普洒客尘。庄严寺因而显誉京朝，流名四远。

---

① 《续高僧传》卷一三《唐京师大庄严寺释神迥传》，第 448~449 页。
② 《续高僧传》卷一八《隋西京禅定道场释昙迁传》，第 659~668 页。
③ 《续高僧传》卷一九《唐京师大庄严寺释僧定传》，第 695~696 页。
④ 《续高僧传》卷二〇《唐京师大庄严寺释道哲传》，第 739~741 页。
⑤ 《续高僧传》卷一七《隋相州邺下释玄景传》，第 645 页。
⑥ 《续高僧传》卷一九《唐南武州沙门释智周传》，第 700 页。
⑦ 《续高僧传》卷一四《唐苏州武丘山释法恭传》，第 494 页；《续高僧传》卷一七《隋相州邺下释玄景传》，第 645 页；《宋高僧传》卷一四《唐光州道岸传》，第 337 页；《宋高僧传》卷一七《唐京师大庄严寺威秀传》，第 411 页；《宋高僧传》卷七《后唐洛京长寿寺可止传》，第 149 页；《宋高僧传》卷一六《唐京兆圣寿寺慧灵传》，第 392 页。

庄严寺在佛教史上还有流传甚为广远的感应故事，即释智兴鸣钟灵验记，《续高僧传》卷三〇《唐京师大庄严寺释智兴传》载：

> 释智兴，俗缘宋氏，洺州人也。谦约成务，厉行坚明，诵诸经数十卷，并《行法要偈》数千行，心口相师，不辍昏晓。住禅定寺，今所谓大庄严也。初依首律师，随从讲会。思力清澈，同侣高之，征难鳞错，词锋惊挺，又能流靡巧便，不伤伦次，时以其行无诤也。
>
> 大业五年仲冬，次掌维那，时钟所役，奉佩勤至，僧徒无扰。寺僧三果者，有兄从帝南幸江都，中路亡没，初无凶告。忽通梦其妻曰："吾行从达于彭城，不幸病死，生于地狱，备经五苦，辛酸巨言，谁知吾者？赖以今月初日蒙禅定寺僧智兴鸣钟发声，响震地狱，同受苦者一时解脱。今生乐处，思报其恩，可具绢十匹奉之，并陈吾意。"从睡惊觉，怪梦所由，与人共说，初无信者。寻又重梦，及诸巫觋咸陈前说，经十余日，凶问奄至，恰与梦同。果乃奉绢与之，而兴自陈无德，并施大众。有问兴曰："何缘鸣钟乃感斯应？"兴曰："余无他术，见《付法藏传》罽腻吒王剑轮停事，及《增一阿含》钟声功德，敬遵此辙，苦力行之。每冬登楼，寒风切肉，僧给皮袖用执钟槌，余自厉意，露手捉之，严寒裂肉，掌内凝血，不以为辞。又至诸时鸣钟之始，愿诸贤圣同入道场，然后三下，将欲长打，如先致敬，愿诸恶趣闻此钟声俱时离苦。如斯愿行，志常奉修，岂惟微诚遂能远感。"众服其言。
>
> 以贞观六年三月遘疾少时，自知终日，舍缘身资，召诸师友，因食陈别，寻卒庄严，春秋四十有五，葬于杜城窟中。

智兴鸣钟灵验的故事意在宣扬如法鸣钟即可挽救沦于地狱中的幽冥鬼魂。佛教认为，处于极其黑暗的幽冥世界中的众生惨痛难当，而佛钟发出的声音却具有不可思议的力量。每当修行者叩钟时，一阵阵钟声即化为一道道光明，冲破幽暗，使在地狱深处受苦的众生获得清凉。[1] 如《增一阿含经》称："若打钟时，一切恶道诸苦，并得停止。"佛教还认为，闻钟可以获感应，被救度，因为钟声里回荡着出离的希望，可以将罪逆深

---

[1] 杨宝玉：《敦煌本佛教灵验记校注并研究》，甘肃人民教育出版社，2009，第196页。

重的众生救脱苦海。① 如《诸经要集》卷二〇《鸣钟缘第九》称："若闻钟声，兼说偈赞，得除五百亿劫生死重罪。"庄严寺高僧智兴"鸣钟发声，响震地狱，同受苦者一时解脱"。这正是佛教宣扬鸣钟灵验的具体写照。

为了宣扬钟声功德，佛教信众编撰了许多鸣钟感应的灵验故事。其中，最为著名的就是智兴鸣钟灵验记。智兴鸣钟灵验的故事，最早见载于上引初唐高僧道宣所撰《续高僧传》。此后，唐代高僧道世所撰《法苑珠林》卷三二《眠梦篇》和唐人韦述《两京新记》卷三等经籍均引述此事，广为流传。庄严寺高僧智兴鸣钟灵验故事的颇为流行，无疑扩大了庄严寺在广大民众中的影响力。

广大信徒的慕化顶礼，封建帝王的眷顾巡幸，尤其是高僧大德翕然盛集，或传习经典，或度人授法，修万行以表仪，布大慈以摄众，使得庄严寺美声洋洋，久负盛名，在隋唐佛教史上留下了浓墨重彩的一页。

三 隋唐文人学士与庄严寺（木塔寺）

庄严寺在隋唐时期作为皇家寺院，"其寺复殿重廊，连甍比栋。幽房祕宇，窈窕疏通，密竹翠松，垂阴擢秀，行而迷道，天下梵宫，高明寡匹"。② 庄严寺曲径通幽，风景迷人，寺内巍然屹立的木塔，不仅是隋唐长安城西南隅的标志性建筑，而且是人们登高远眺的好去处，庄严寺因而成为隋唐长安黎民士庶礼佛游娱的名寺胜地。

隋唐时期，许多文人学士造访庄严寺，吟唱赋诗，留下了脍炙人口的诗篇。其中，最为著名的当数诗人宋之问、韦应物和郑谷。

景龙二年（708）闰九月九日，唐中宗幸庄严寺，开筵席，陈伎乐，赐御酒，宴群臣，李峤、宋之问、刘宪、李乂等人奉和献诗。其中，宋之问《奉和圣制闰九月九日登庄严、总持二寺阁》是众多应制诗作中最为经典的一首，诗云：

闰月再重阳，仙舆历宝坊。帝歌云稍白，御酒菊犹黄。

---

① 《敦煌本佛教灵验记校注并研究》，第 196 页。
② 《宋高僧传》卷一六《唐京兆圣寿寺慧灵传》，第 392 页。

风铎喧行漏,天花拂舞衣。豫游多景福,梵宇自生光。①

初唐宫廷文人宋之问(约656~712)"弱冠知名,尤善五言诗,当时无能出其右者",② 他推动了五言律诗在唐代的成熟和定型。宋之问的这首五言律诗,思想内容上虽为润色鸿业,歌功颂德,但在艺术形式上,精切工丽,声调婉转,情韵悠长,是当时同类应制诗中的上乘之作。

中唐诗人韦应物(735~790)以山水田园诗自成一家,他的山水田园诗高雅闲淡,清新自然,饶有生意,成就很高,后世将他与王维、孟浩然、柳宗元合称"王、孟、韦、柳"。韦应物亦曾造访庄严寺,并留下诗作《庄严精舍游集》,诗云:

良游因时暇,乃在西南隅。绿烟凝层城,丰草满通衢。
精舍何崇旷,烦蹙一弘舒。架虹施广荫,构云眺八区。
即此尘境远,忽闻幽鸟殊。新林泛景光,丛绿含露濡。
永日亮难遂,平生少欢娱。谁能遽还归,幸与高士俱。③

韦应物的这首游览木塔寺之作,风格婉丽,意境幽远,是一首不可多得的五言诗之佳作。

唐末诗人郑谷(851~910)多写景咏物之作,他的诗作风格清新,思理深切,号为晚唐诗坛巨擘。郑谷在庄严寺留下了《题庄严寺休公院》诗作一首:

秋深庭色好,红叶间青松。病客殊无著,吾师甚见容。
疏钟和细溜,高塔等遥峰。未省求名侣,频于此地逢。④

晚唐著名诗人郑谷的这首五言诗不落畦畛,不同俗流,疏荡轻灵,清婉浅切,独饶思致。

除了诗人,一些书画家也来到庄严寺挥毫泼墨,作书绘画。初唐著名

---

① (宋)李昉等编《文苑英华》卷一七八,中华书局,1966,第868页。
② 《旧唐书》卷一九〇中《宋之问传》,第5025页。
③ (清)彭定求等编《全唐诗》卷一九二,中华书局,1960,第1974页。
④ 《全唐诗》卷六七六,第7756页。

书画家殷令名之子殷仲容"奕世工书，尤善书额"，唐汴州安业寺、东都洛阳太仆寺和京师长安褒义寺、开业寺、资圣寺的寺额都是他所书，"皆精妙旷古"①。庄严寺寺额就是书法家殷仲容所书，而南门外壁的白蕃神，乃著名佛画家尹琳所画；中门外东、西，卢棱伽画两壁。②卢棱伽是"画圣"吴道子的弟子，其"画迹似吴，但才力有限"，他"颇能细画，咫尺间山水寥廓，物象精备，经变佛事，是其所长"。③吴道子曾给与庄严寺紧邻的总持寺画三门，"棱伽乃窃画庄严寺三门，锐意开张，颇臻其妙"。吴道子看见后，惊叹说："此子笔力常时不及我，今乃类我。是子也，精爽尽于此矣！"④庄严寺营饰华丽，寺壁多有名家佛画，万象纷呈，璀璨夺目。

唐长安大庄严寺"架塔七层，骇临云际，殿堂高耸，房宇重深，周闾等宫阙，林圃如天苑。举国崇盛，莫有高者"。⑤斗转星移，时过境迁。历史上的大庄严寺早已灰飞烟灭，如今木塔寺公园就在唐长安大庄严寺原址拔地而起。抚今追昔，透过历史的长廊回望，我们依然可以看见唐长安大庄严寺在千年古都西安熠熠生辉。

（原载《陕西历史博物馆馆刊》第 23 辑，三秦出版社，2016，题为《周闾等宫阙，林圃如天苑——古都长安木塔寺考》，后收入王双怀、王宏海主编《西安唐代历史文化研究》，陕西人民出版社，2018，恢复原题《唐长安大庄严寺与西安市木塔寺公园》，此从原题）

---

① （唐）张彦远撰，范祥雍点校《法书要录》卷六《述书赋下》，人民美术出版社，1964，第 202 页。
② （唐）张彦远撰，秦仲文、黄苗子点校《历代名画记》卷三《记两京外州寺观画壁》，人民美术出版社，1963，第 65 页。
③ 《历代名画记》卷九《唐朝上·卢棱伽》，第 178 页。
④ 《历代名画记》卷九《唐朝上·卢棱伽》，第 178 页。
⑤ 《续高僧传》卷一八《隋西京禅定道场释昙迁传》，第 666 页。

唐都长安佛教寺院建筑风貌一瞥

佛教创立于古代印度，然而其发扬光大却在古代中国，中国因而被称为佛教的"第二故乡"。两汉之际，佛教传入了中国，经过魏晋南北朝时期的壮大和发展，迄至唐代，佛教在中国臻于极盛。唐代首都长安城在当时不仅是中国佛教文化的中心，而且是世界佛教文化的中心。唐都长安佛教寺院数量众多，规模宏大，寺院建筑巍峨庄严，美轮美奂。唐长安佛寺不仅确立了当时以及此后中国佛教寺院建筑的主要形制，而且对周边国家和地区尤其是对东北亚地区的佛教寺院建筑产生了重要影响。令人扼腕痛惜的是，辉煌壮丽的唐长安佛教寺院建筑历经"会昌法难"、兵燹战火，以及人为破坏，如今唯有慈恩寺塔（大雁塔）和荐福寺塔（小雁塔）遗留于世，供人凭吊。让人欣慰的是，随着多年来田野考古勘探和发掘工作的持续推进，唐都长安城一些重要佛教寺院的部分遗迹业已揭露。因此，依据考古发现，结合文献记载，本文就唐都长安佛教寺院建筑的平面布局和主要构成稍事论述，并非发思古之幽情，或为究心唐都长安及其佛教寺院的人们所喜闻乐见。

一 唐都长安佛教寺院的区域分布

唐代是中国佛教的繁荣期，也是中国佛教寺院建设的兴盛期。统治者"发使赎生，倾国造寺"，[①]"大则费耗百十万，小则尚用三五万余，略计都用资财，动至千万已上"。[②]至如唐长安章敬寺"穷壮极丽，尽都市之财（材）不足用，奏毁曲江及华清宫馆以给之，费逾万亿"。[③]作为当世佛教

[①]（后晋）刘昫等：《旧唐书》卷九六《姚崇传》，中华书局，1975，第3028页。
[②]《旧唐书》卷八八《韦嗣立传》，第2870页。
[③]（宋）司马光：《资治通鉴》卷二二四，唐代宗大历二年七月，中华书局，1956，第7195页。

文化中心，唐都长安寺院遍布，佛塔林立。唐人韦述《两京新记》记载，唐长安城有佛教寺院91所。宋人宋敏求《长安志》记载，唐长安城有佛教寺院104所。清人徐松《唐两京城坊考》记载，唐长安城有佛教寺院107所。实际上，这些都是不完全记载，唐长安佛寺数量远不止百余所。[①] 唐长安城一百多坊，许多坊里建有佛教寺院，有的坊里竟然多达三四所佛寺。

唐都长安佛教寺院不仅数量众多，而且规模宏大。日本入唐求法僧人圆仁说："长安城里坊内佛堂三百余所，佛像、经楼等庄校如法，尽是名工所作。一个佛堂院敌外州大寺。"[②] 唐长安清禅寺"九级浮空，重廊远摄，堂殿院宇，众事圆成。所以竹树森繁，园圃周绕，水陆庄田，仓廪碾硙，库藏盈满，莫非由焉。京师殷有，无过此寺"。[③] 大庄严寺"其寺复殿重廊，连甍比栋。幽房秘宇，窈窕疏通，密竹翠松，垂阴擢秀，行而迷道。天下梵宫，高明寡匹"。[④] 大庄严寺、大总持寺、大兴善寺尽占唐长安城一坊之地，大慈恩寺、大荐福寺、大安国寺占地半坊甚或略多，西明寺和青龙寺占有四分之一坊地，规模都十分宏大。

规模宏大、数量众多的佛教寺院主要分布在唐都长安城的四个地区（图Ⅰ—3）。

（1）西市周围。以西市为中心，包括皇城以西和以南的坊里，是唐长安城佛教寺院分布最为密集的地区，这一地区拥有长安城几近三分之二的佛教寺院。西市不仅是唐长安城最主要的工商业区和经济活动中心，而且是当时的国际贸易中心。这里邸店毗连，财货丰积，商贾云集，人口辐辏，在其周围随之兴起了许多佛教寺院。又由于长安城地势东高西低，城西低洼阴湿，加之唐代政治中心后来转移到了大明宫，达官贵人纷纷迁居城东，他们中的有些人舍宅为寺，西市周围地区的佛教寺院也就更多了一些。

（2）东市周围。东市是唐长安城又一商业贸易中心，这里人来人往，

---

① 别详拙文《〈唐长安佛寺考〉补苴》，《中国历史地理论丛》2009年第3辑。
② 〔日〕圆仁撰，白化文等校注《入唐求法巡礼行记校注》卷四"唐武宗会昌四年七月"条，花山文艺出版社，1992，第446页。
③ （唐）道宣撰，郭绍林点校《续高僧传》卷三〇《唐京师清禅寺释慧胄传》，中华书局，2014，第1224页。
④ （宋）赞宁撰，范祥雍点校《宋高僧传》卷一六《唐京兆圣寿寺慧灵传》，中华书局，1987，第392页。

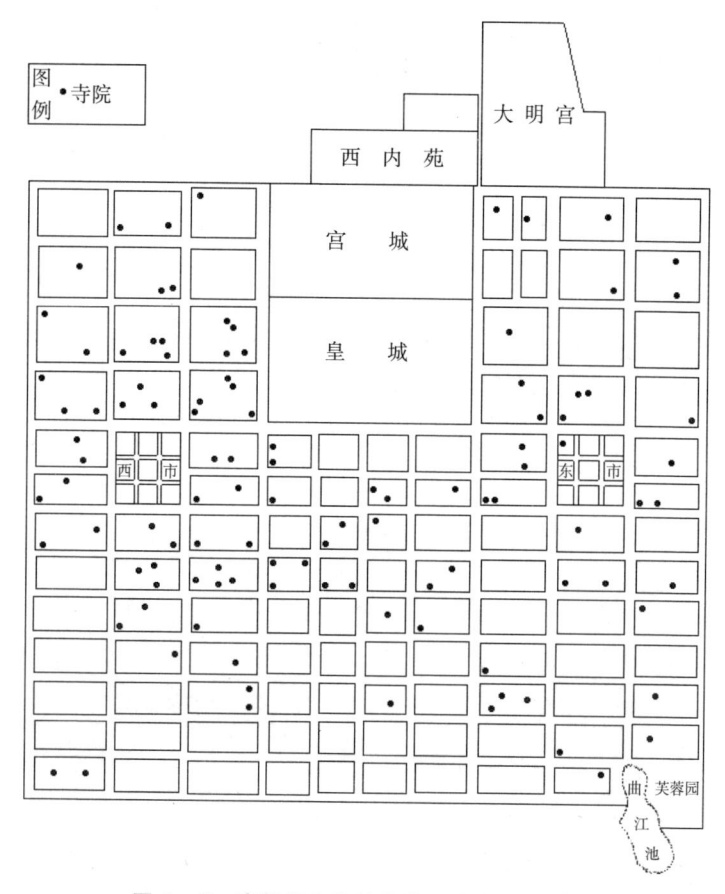

图 I—3 唐都长安佛教寺院区域分布示意图

熙熙攘攘，遂以东市为中心，在东市周围的坊里有十多所佛教寺院，是唐长安城佛教寺院分布较为集中的又一个区域，虽然比西市周围地区的佛寺数量少得多。

（3）城东南隅。唐长安城东南隅是风景名胜区，这里有景色秀美的曲江池和芙蓉园，是唐人休闲游娱的常去处，自然少不了公共活动空间——佛教寺院。因此，在唐长安城东南隅曲江池西北的坊里相对集中地分布有六七所佛教寺院。

（4）城东北隅。龙朔三年（663）四月，唐高宗由太极宫迁居大明宫听政，唐代政治中心从此转移到了长安城东北隅的大明宫。受此影响，在唐长安城东北隅兴起了一些佛教寺院。

具体来说，佛教寺院多建于唐长安城主要街道两侧、岗坡高地和城隅处、郭城内各坊当坡头之处。① 整体来看，唐都长安佛教寺院的区域分布不平衡，呈现北密南疏、西密东疏的特点。

二 唐都长安佛教寺院建筑的平面布局

寺院是佛教传入中国以后兴起的新型建筑，它为中国建筑文化增添了新的内容和形式。早期中国佛教寺院仿照印度佛教寺院式样而建，多以佛塔为中心。随着佛教在中国的传播和发展，僧徒观像礼佛成为修行必需，加之受中国传统建筑的影响，隋末唐初，中国佛教寺院建筑逐渐由以佛塔为中心转向以佛殿为中心（图Ⅰ—4），唐都长安佛教寺院建筑可谓这一重大转变的风向标。

图Ⅰ—4 敦煌壁画中的唐代佛教寺院

关于唐都长安佛教寺院的形制布局，龚国强先生将其划分为有塔和无塔两大类，有塔类分为塔前殿后（单塔或双塔）、塔与佛殿分开并各处独院等几种形式；无塔类分为单院式、纵列几进庭院式和横向组合的多院式

---

① 宿白：《隋唐长安城和洛阳城》，《考古》1978 年第 6 期。

等几种形式。① 宿白先生认为，唐长安佛寺主院不建佛塔始于唐高宗初年，到了唐高宗后期，建塔于别院的新式布局即成为长安佛寺流行之规制。他指出，唐代长安大型寺院的布局，除具备重楼复殿、云阁修廊等壮丽的建筑外，最重要的特点是：浮屠不建在主院；继承甚至发展了南北朝晚期梁与北齐兴建颇多的别院。宿白先生说，唐高宗即位之初，对玄奘慈恩寺设计所做的一项改变，对佛教寺院布局的东方化至关重要，即将汉末以来我国沿用印度制度置浮屠于佛寺主院的主要位置，即玄奘所拟的"于寺端阳之门"，高宗敕令"改就于西院"。他还指出："此后，在中原地区兴建的大型寺院，大多以佛殿为主，'塔庙'形制即趋消失。"② 如若宿白先生所说，鉴于佛塔在唐长安佛寺中退居次要位置，唐长安佛教寺院建筑以佛殿为中心，且以庭院繁多而著称，笔者姑且将唐长安佛寺分为单院式佛寺和多院式佛寺两种类型。③

（1）单院式佛教寺院。单院式佛寺以一座或一组殿阁为主体，周围环绕堂庑或廊房。单院式佛寺规模较小，结构简单，最基本的建筑是一座佛殿（堂）。唐长安城弘法寺"唯一佛堂，僧众创停，仄陋而已"，④ 即是一所单院式佛寺。唐长安城西市西北有海池，池侧有佛堂，沙门法成所造。⑤ 日本入唐求法僧人圆仁说"长安城里坊内佛堂三百余所"，⑥ 这些佛堂有不少就是十分简略的单院式佛寺。另外，唐长安城的达官显贵有不少人舍宅为寺，由于受早期住宅布局的制约，这些在宅院基础上改建的寺院，亦多为单院式佛寺。

（2）多院式佛教寺院。"隋唐之制，率皆寺分数院，围绕回廊"，⑦ 形成多院式佛寺。唐长安大安国寺有经院、大法师院、东禅院（木塔院）、律院、经藏院、用上人院、红楼院、静居法师故院等别院。青龙寺有东塔院、净土院、法全阿阇梨院、故昙上人院、上方院、僧院等院。赵景公寺

---

① 龚国强：《隋唐长安城佛寺研究》，文物出版社，2006，第116~141页。
② 宿白：《试论唐代长安佛教寺院的等级问题》，《文物》2009年第1期。
③ 以下关于单院式佛寺和多院式佛寺的论述，参看龚国强《隋唐长安城佛寺研究》，第118~130页。
④ 《续高僧传》卷二〇《唐京师弘法寺释静琳传》，第749页。
⑤ (唐)韦述撰，辛德勇辑校《两京新记辑校》卷三"西市"条，三秦出版社，2006，第49页。
⑥ 《入唐求法巡礼行记校注》卷四"唐武宗会昌四年七月"条，第446页。
⑦ 梁思成：《蓟县独乐寺观音阁山门考》，《梁思成文集》（一），中国建筑工业出版社，1982。

有三阶院、华严院、约公院等。资圣寺有净土院、团塔院、观音院等。玄法寺有观音院、曼殊院、西北角院等。唐长安大慈恩寺"重楼复殿、云阁洞房，凡十余院，总一千八百九十七间"。① 长安西明寺"其寺面三百五十步，周围数里。左右通衢，腹背廛落"，"而廊殿楼台，飞惊接汉，金铺藻栋，眩目晖霞。凡有十院，屋四千余间。庄严之盛，虽梁之同泰、魏之永宁，所不能及也"。② 长安章敬寺"总四千一百三十余间，四十八院"。③

唐都长安佛教寺院规模宏大，动辄有数十院以及数千间房舍。这种多院式佛寺一般分为主院和别院，主院以佛殿群为主体，别院另有殿阁（楼阁）或廊房，主院和众多别院相通接连，合成一座大型佛教寺院。多院式佛教寺院的标准范式是唐代高僧道宣的《关中创立戒坛图经》（图Ⅰ—5），《关中创立戒坛图经》描绘的是一座横连四院式佛寺：中部为主院，沿着主院的中轴线，依次建有前佛殿、七重塔、后佛说法大殿、三重楼、三重阁；有三条横廊将主院分为纵连式四院，在三条横廊和主院后廊内，依次建有左右三重楼、左右五重楼、左右五重楼和东、西佛窟；主院左侧横连两院，右侧横连一院，三所别院内各有廊墙分隔而成的几十个小院，每个小院各有殿亭。

多院式佛寺一般是沿着寺院的中轴线依次建三门、佛殿、配殿、讲堂等，佛殿和讲堂等向两侧延伸出回廊，与寺院的东、西回廊分别连接起来，构成两进或三四进的多院式佛寺（图Ⅰ—6、图Ⅰ—7）。考古发现的唐长安城西明寺东部院落遗迹表明，西明寺即是一座多院式佛寺。西明寺东部院落这组建筑，南部以中央夹道和两侧版筑夯墙为间隔，左、右两侧分别有两个小的房屋院落；北部则从南至北依次排列由回廊、庭院、殿堂组成的三进院落（图Ⅰ—8）。④

唐都长安盛行多院式佛寺，不过，单院式佛寺亦复不少。无论多院式佛寺，抑或单院式佛寺，唐长安佛寺都以佛殿（堂）为中心，佛塔建在寺侧、寺后或别院，甚或不建塔，这是唐都长安佛教寺院建筑在平面布局上的突出特点。

---

① （唐）慧立、彦悰撰，孙毓棠、谢方点校《大慈恩寺三藏法师传》卷七，中华书局，2000，第149页。
② 《大慈恩寺三藏法师传》卷一〇，第214页。
③ （宋）宋敏求撰，辛德勇、郎洁点校《长安志》卷一〇，三秦出版社，2013，第345页。
④ 中国社会科学院考古研究所西安唐城工作队：《唐长安西明寺遗址发掘简报》，《考古》1990年第1期；安家瑶：《唐长安西明寺遗址的考古发掘》，《唐研究》第六卷，北京大学出版社，2000。

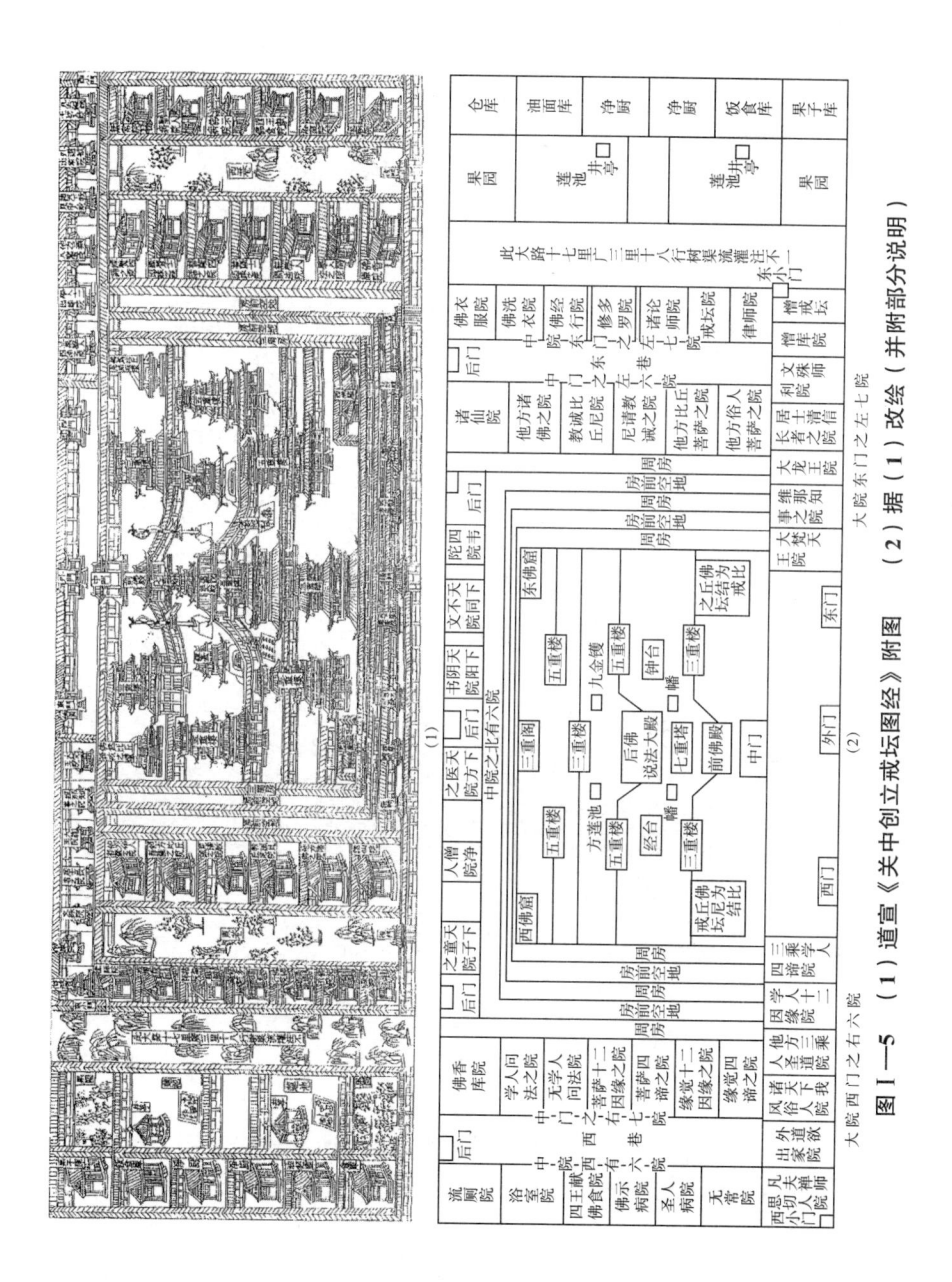

图 Ⅰ—5 （1）道宣《关中创立戒坛图经》附图　（2）据（1）改绘（并附部分说明）

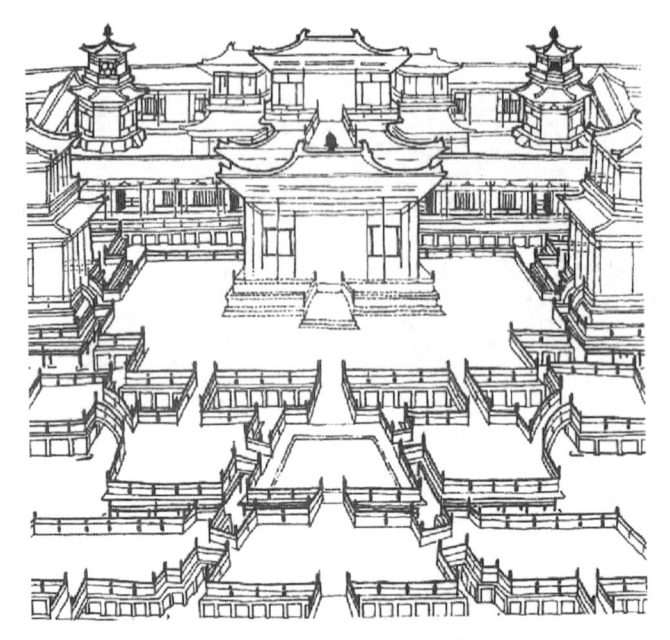

图 I—6　纵列双院寺佛寺

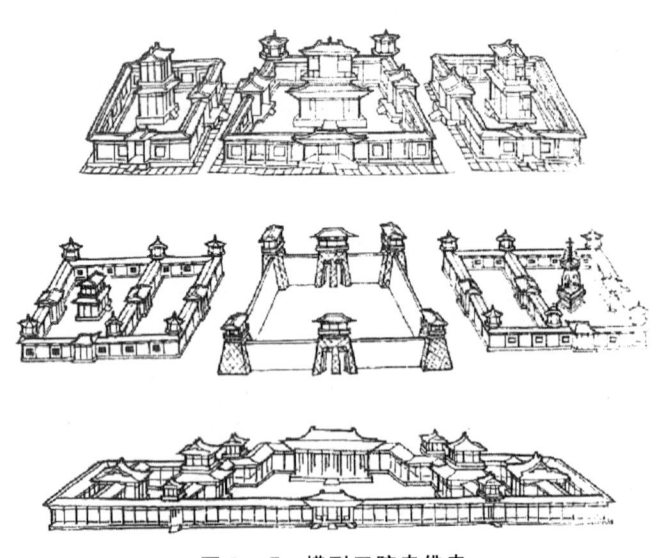

图 I—7　横列三院寺佛寺

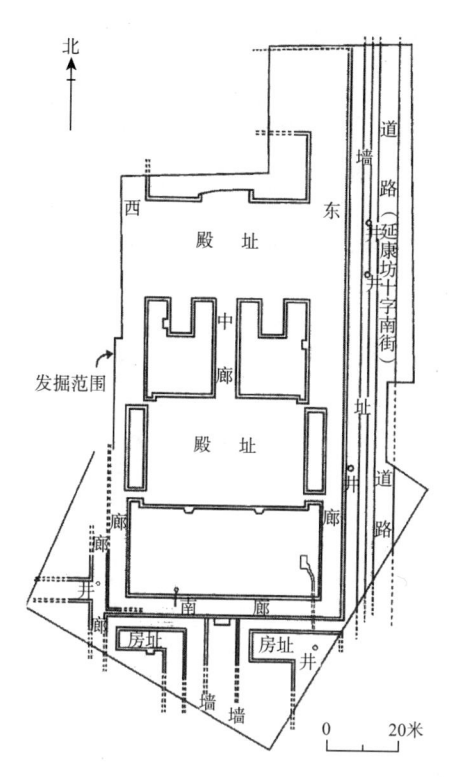

图Ⅰ—8　西明寺局部遗址平面示意图

三　唐都长安佛教寺院建筑的主要构成

　　唐都长安寺宇招提，其数极多，皆云构藻饰，务取宏博。唐都长安佛教寺院建筑一般是面南背北，按照中国营造法式，主要建筑物设在南北中轴线上，附属建筑物设在中轴线东、西两侧。寺院中轴线上的主要建筑物，从南往北依次是山门、钟楼和经台、大佛殿、法堂等。附属建筑物有配置在中轴线东、西两侧的各种殿阁、别院（图Ⅰ—9）。佛殿（堂）建筑是任何佛寺必有的建筑物，其他建筑物则并非唐长安城每座佛寺所应有。

　　佛殿是唐都长安佛教寺院中的核心建筑物，其形制有正方形和长方形两种。考古发现的唐长安青龙寺4号遗址的早期佛殿即是一座正方形佛殿（图Ⅰ—10）。

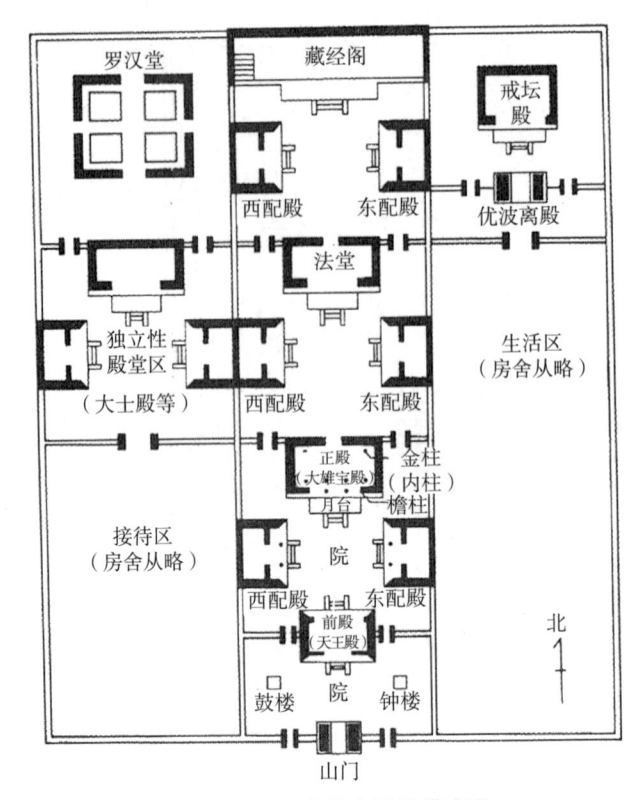

图Ⅰ—9 汉化佛寺配置模式图

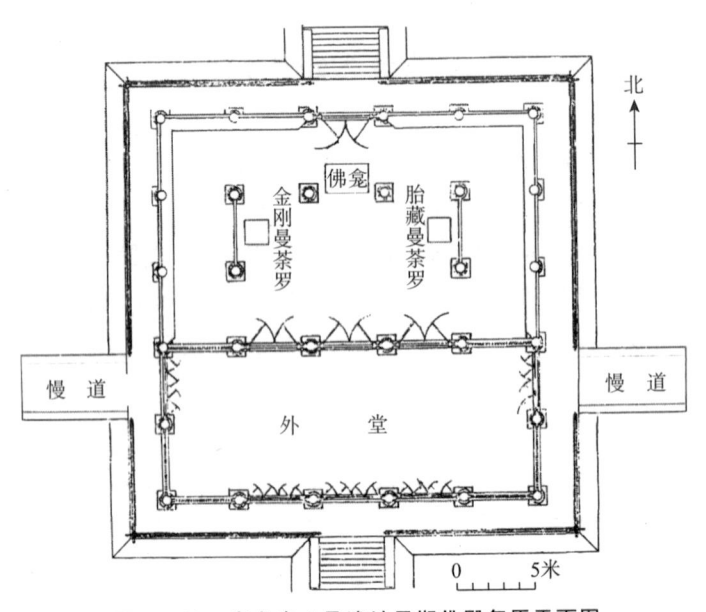

图Ⅰ—10 青龙寺4号遗址早期佛殿复原平面图

唐都长安最流行的佛殿是长方形佛殿，这类佛殿数量也最多。考古发现的唐长安青龙寺3号遗迹下层早期佛殿（图Ⅰ—11）和上层晚期佛殿（图Ⅰ—12）以及唐长安西明寺南殿遗址均是长方形佛殿。

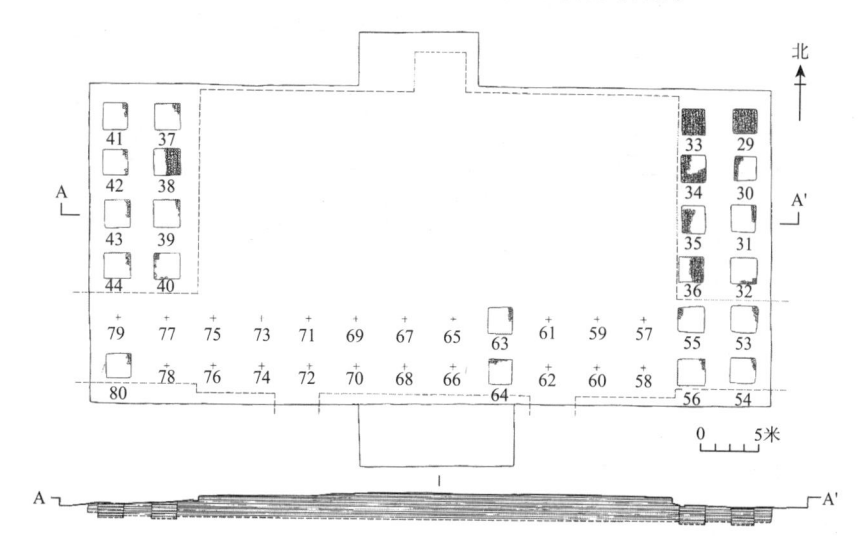

图Ⅰ—11 青龙寺遗址西塔院殿堂遗迹（3号遗迹）早期殿址平、剖面图

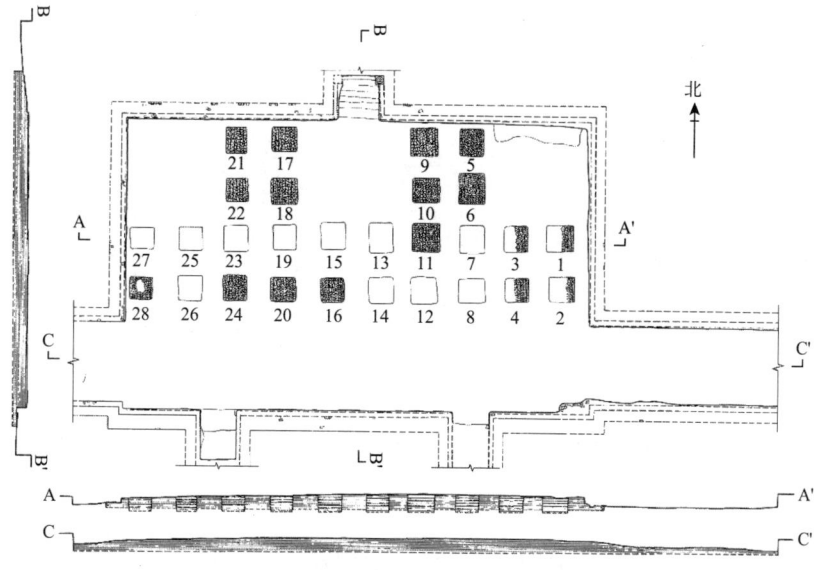

图Ⅰ—12 青龙寺遗址西塔院殿堂遗迹（3号遗迹）晚期殿址平、剖面图

弥足珍贵的唐都长安慈恩寺塔西门券内半圆形石门楣上的释迦说法线刻图，惟妙惟肖地刻画出了唐长安长方形佛殿的真实面貌（图Ⅰ—13）。

图 Ⅰ—13　慈恩寺大雁塔石门楣佛殿和佛像线刻图

唐都长安佛教寺院佛殿规模与佛寺的地位和等级密切相关。较小的佛寺没有佛殿，其核心建筑是佛堂。如长安弘法寺"寺居古墌，唯一佛堂"。① 唐都长安大型佛寺的佛殿规模则十分宏大。大兴善寺尽占一坊之地，"寺殿崇广，为京城之最"；② "兴善大殿，铺基十亩"。③ 大兴善寺大殿可能是一座面广13间（通面阔345尺）、通进深170尺、总建筑面积约合5000多平方米的大型木构殿堂（图Ⅰ—14），相当于现存面积最大的中国古代木构建筑北京故宫太和殿（约2377平方米）面积的两倍多。④

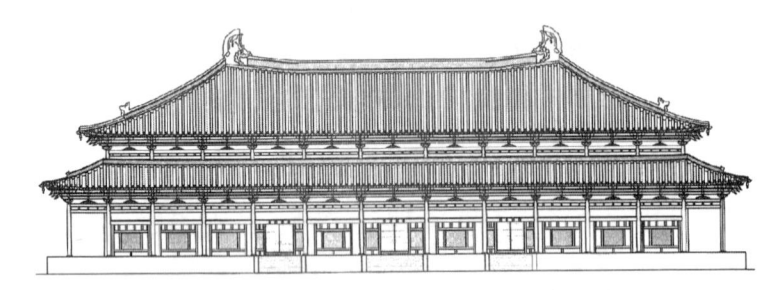

图 Ⅰ—14　唐长安大兴善寺大殿立面复原图

唐都长安佛教寺院正殿之后多有法（讲）堂（图Ⅰ—15）。佛经上说：

---

① 《续高僧传》卷二〇《唐京师弘法寺释静琳传》，第749页。
② 《长安志》卷七，第260页。
③ 《续高僧传》卷三一《隋京师日严道场释慧常传》，第1258页。
④ 王贵祥：《唐长安靖善坊大兴善寺大殿及寺院布局初探》，王贵祥编著《七宝恒沙塔，清净一菩提——中国古代佛教建筑研究论集》，清华大学出版社，2014，第113页。

"比丘集法堂，讲说贤圣论；如来处静室，天耳尽闻知。"① 法（讲）堂是僧侣聚集听讲之所，也称讲堂，堂中设有法座，专供法师演说佛法，主座前左、右两侧通常还会有夹座。在佛教寺院中，"其讲堂、精舍、宫殿、楼观，皆七宝庄严，自然化成"②。法（讲）堂在唐长安佛寺建筑中，其重要性仅次于大殿，因而十分考究。如西明寺和崇福寺"讲堂悉用香泥，筑自水际至于土面，庄严之盛，京中甲焉"③。唐长安大型寺院的法（讲）堂通常十分宏大，往往能容纳数百上千人听讲。如唐高僧道氤"于青龙寺执新《疏》，听者数盈千计"④。

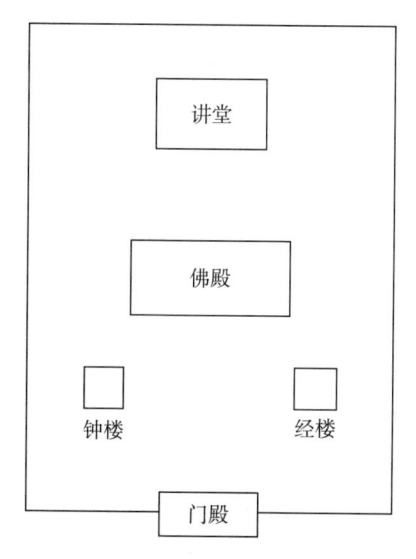

图Ⅰ—15　佛殿前对峙钟楼、经楼的唐代寺院平面示意图

唐都长安佛教寺院中引人瞩目的建筑是佛塔。佛塔在唐长安佛寺建筑布局中退居次要位置，但并没有消失，且仍有一定数量。唐长安佛寺有的建单塔，有的建双塔。单塔或置在殿前，或别处一院。唐高僧慧胄驻锡长安清禅寺，"草创基构，并用相委，四十余年初不告倦，故使九级浮空，重廊远摄，堂殿院宇，众事圆成"⑤。这里先述浮屠，后述堂殿，清禅寺的

---

① （后秦）佛陀耶舍、竺佛念译《长阿含经》卷一，《大正藏》卷一，第1页。
② （曹魏）康僧铠译《佛说无量寿经》卷上，《大正藏》卷一二，第271页。
③ 《宋高僧传》卷五《唐长安青龙寺道氤传》，第98页。
④ 《宋高僧传》卷五《唐长安青龙寺道氤传》，第98页。
⑤ 《续高僧传》卷三〇《唐京师清禅寺释慧胄传》，第1224页。

布局可作塔在殿前解释。① 考古发现的青龙寺西部塔院遗址是比较完整的一座伽蓝院落基址，院落由中三门、塔、殿、回廊及两侧配房等五部分组成，② 即是塔在殿前的实例（图Ⅰ—21）。慈恩寺塔和荐福寺塔则另处别院，塔、殿分离。永徽三年（652），玄奘法师欲在慈恩寺"端门之阳"建石浮屠，安置西域所得经像，唐高宗敕令"仍改就西院"。③ 这就是慈恩寺塔，即大雁塔，位于慈恩寺西院。荐福寺占居开化坊南半部，开化坊南面安仁坊西北隅荐福寺浮屠院，"院门北开，正与寺门隔街相对"。④ 荐福寺塔（小雁塔）也是偏离殿院，另处别院。双塔在唐长安佛寺中或并列殿前，或各处一院。双塔东、西对峙置于殿前者，如怀远坊东南隅大云经寺，"寺内有二浮图，东、西相值"。⑤ 双塔各处一院者，如安定坊千福寺有东塔院和西塔院。⑥

唐都长安佛教寺院其他建筑物尚有各种楼阁、亭台、房舍、食堂等。安国寺有钟楼，相传镇州富豪"王酒胡"半醉径上此楼连续撞钟一百下，然后从西市运钱十万贯施助安国寺。⑦ 保寿寺乃高力士舍宅为寺，其寺"经藏阁规构危巧"。⑧ 大兴善寺文殊阁的兴建，唐代宗从内库拨款13052贯文，僧人所出钱物8355贯447文，⑨ 代宗贞懿皇后与其子女韩王和华阳公主舍出内库钱约3000万。⑩ 为建造这座文殊阁，购入方木610.5根，椽柱槐木804根，砖瓦鸱兽55698口，木栈700束，以及制造门窗钩栏要用的柏木等大量建筑材料。⑪ 大兴善寺文殊阁大约是一座面广五间、进深五

---

① 宿白：《隋代佛寺布局》，《考古与文物》1997年第1期。
② 中国社会科学院考古所西安唐城队：《唐长安青龙寺遗址》，《考古学报》1989年第2期。
③ 《大慈恩寺三藏法师传》卷七，第160页。
④ 《长安志》卷七，第258页。
⑤ 《长安志》卷一〇，第338页。
⑥ （唐）张彦远撰，秦仲文、黄苗子点校《历代名画记》卷三《记两京外州寺观画壁·两京寺观等画壁》，人民美术出版社，1963，第58页。
⑦ （南唐）尉迟偓撰，夏婧点校《中朝故事》卷上，唐宋史料笔记丛刊《奉天录（外三种）》，中华书局，2014，第223~224页。
⑧ （唐）段成式撰，许逸民、许桁点校《酉阳杂俎》续集卷六《寺塔记下》，中华书局，2018，第521页。
⑨ （唐）圆照：《代宗朝赠司空大辨正广智三藏和上表制集》卷五《进造文殊阁状》，《大正藏》卷五二，第851页。
⑩ 《宋高僧传》卷一《唐京兆大兴善寺不空传》，第10页。
⑪ （唐）圆照：《代宗朝赠司空大辨正广智三藏和上表制集》卷五《进造文殊阁状》，《大正藏》卷五二，第851页。

间、阁内前部有前厅空间、二层有平座的楼阁建筑（图Ⅰ—16）。① 大兴善寺天王阁"其形大，为天下之最"。② 唐长安佛寺楼阁以高大著称于时。怀远坊大云经寺中宝阁"崇百尺，时人谓之七宝台"。③ 曲池坊建福寺弥勒阁"崇一百五十尺"。④ 150尺约合今44.1米，唐长安佛寺楼阁的高大，可想而知。唐长安佛寺僧人房舍多者有成百上千间，如前述大慈恩寺、章敬寺、西明寺等。寺院僧人数量多，食堂规模也就很大，有的食堂能同时容纳数百人用餐，如胜光寺就是"僧众四百，同食一堂"。⑤

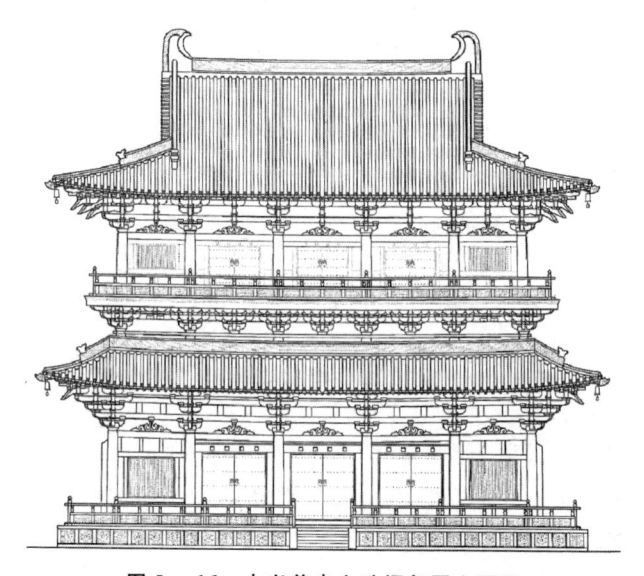

图Ⅰ—16 大兴善寺文殊阁复原立面图

"建寺以宅僧尼，显福门之出俗；图绘以开依信，知化主之神工。"⑥ 唐长安佛寺殿堂楼阁以壁画装饰，极尽华丽之能事。于阗画家尉迟乙僧为长安光宅寺普贤堂绘制的壁画"颇有奇处，四壁画像及脱皮白骨，匠意极崄。又变形三魔女，身若出壁。又佛圆光，均彩相错乱目成"⑦。慈恩寺

---

① 李若水：《唐长安大兴善寺文殊阁营建工程复原研究》，原载《中国建筑史论汇刊》第6辑，中国建筑工业出版社，2012，第135~158页，后收入王贵祥编著《七宝恒沙塔，清净一菩提——中国古代佛教建筑研究论集》，第393~419页。
② 《酉阳杂俎》续集卷五《寺塔记上》，第498页。
③ 《长安志》卷一〇，第338页。
④ 《长安志》卷八，第295页。
⑤ 《续高僧传》卷二二《唐京师胜光寺释智保传》，第846页。
⑥ 《续高僧传》卷三〇《兴福篇总论》，第1230页。
⑦ 《酉阳杂俎》续集卷六《寺塔记下》，第520页。

"塔西面画湿耳师子，仰摹蟠龙，尉迟画。及花，千钵曼殊，皆一时绝妙"。① 著名画家尹琳为兴善寺、慈恩寺、唐安寺、光宅寺、资圣寺、兴唐寺、千福寺、温国寺、胜光寺、总持寺、庄严寺绘画增色。② "画圣"吴道子于经变、神鬼、山水、人物等，无所不精，他在"寺观之中，图画墙壁，凡三百余间。变相人物，奇踪异状，无有同者"。③ 吴道子在长安安国寺画维摩变和西方变，在兴唐寺净土院画金刚经变和西方变以及神、菩萨、帝释等，在赵景公寺画地狱变，在荐福寺画维摩诘本行变、神鬼、蛟龙等，皆妙绝一时。此外，他还为兴善寺、慈恩寺、资圣寺、菩提寺、永寿寺、光宅寺、总持寺、千福寺、温国寺绘画装饰。④ 与吴道子齐名的著名画家周昉为长安胜光寺"画水月观自在菩萨掩障、菩萨圆光及竹，并是刘整成色"，⑤ 他还为长安兴唐寺、大云寺、章敬寺、广福寺绘画装饰。著名画家阎立本、卢楞伽、杨惠之、王维、郑虔、张璪、李思训、曹霸、韩干、杨庭光、张萱等都在唐长安佛寺大显身手，绘制佛像、经变图、佛传故事图、菩萨图、天部诸神、护法神、行僧及弟子图、帝王图、山水图等精美绝伦的壁画，共同造就了唐都长安佛教寺院建筑的富丽堂皇。

需要说明的是，由于寺院规模不等，等级有别，唐都长安佛教寺院建筑不仅佛殿有大有小，而且其他建筑物多寡不均，华丽程度也不同，自当不可一概而论。

四 唐都长安佛教寺院建筑的重要遗存和遗迹

由于时代久远，人天摧剥，唐都长安佛教寺院建筑毁废殆尽，难觅踪迹，尚且矗立于今的仅有大雁塔和小雁塔。

大雁塔即慈恩寺塔（图Ⅰ—17），是唐都长安保留至今的最重要的建

---

① 《酉阳杂俎》续集卷六《寺塔记下》，第536页。
② 《历代名画记》卷三《记两京外州寺观画壁·两京寺观等画壁》，第49～66页。
③ （唐）朱景玄：《唐朝名画录》，《景印文渊阁四库全书》第812册，台湾商务印书馆，1986，第364页。
④ 《历代名画记》卷三《记两京外州寺观画壁·两京寺观等画壁》，第49～66页。
⑤ 《历代名画记》卷三《记两京外州寺观画壁·两京寺观等画壁》，第62页。

筑。慈恩寺初名无漏寺，始建于隋文帝开皇九年（589）。唐贞观二十二年（648），皇太子李治为其母亲文德皇后追感恩典，改名大慈恩寺。慈恩寺中的大雁塔始建于唐高宗永徽三年（652），方形5层，砖表土心，不久逐渐崩坏。① 武则天长安年间（701～704），改建为7层。五代以降，历经多次修葺，得以保存至今。大雁塔塔高64.839米，是一座方形7层楼阁式空心砖塔，造型雄伟，雍容大度，尽显盛唐风韵，成为千年古都西安的标志性建筑。

图Ⅰ—17 大雁塔

小雁塔即荐福寺塔（图Ⅰ—18），荐福寺位于唐长安城开化坊南半部，是唐睿宗文明元年（684）为唐高宗追献冥福而建。小雁塔始建于唐景龙年间（707～710），由当时皇宫里的宫人捐资修建。② 小雁塔原为方形15层密檐楼阁式空心砖塔，现存13层，高43.395米，是唐都长安保留至今的重要建筑物。

---

① 《长安志》卷八记载：慈恩寺"西院浮图六级，崇三百尺。永徽三年，沙门玄奘所立，初唯五层，崇一百九十尺。砖表土心，仿西域窣堵波制度，以置西域经像。后浮图心内卉木钻出，渐以颓毁。长安中更拆改造，依东夏刹表旧式，特崇于前"。
② 《长安志》卷七记载："荐福寺浮图院，院门北开，正与寺门隔街相对。景龙中，宫人率钱所立。"

图Ⅰ—18　小雁塔

唐都长安佛教寺院地面建筑保留至今的唯余大雁塔和小雁塔，可是，叠压在现代西安市地下的唐都长安佛教寺院建筑遗址却比较丰富。随着田野考古勘察和发掘工作的持续开展，唐都长安一些重大佛教寺院的遗址和遗迹相继被揭露了出来（图Ⅰ—19、20）。

图Ⅰ—19　青龙寺遗址东院殿堂遗迹：晚期台基（西南—东北）

图 I—20 青龙寺遗址西塔院殿堂遗迹（西北—东南）

1963年，中国科学院考古研究所初步调查了唐长安青龙寺遗址，确定今西安市雁塔区铁炉庙村北侧为青龙寺遗址，[1] 即在唐长安城东南部新昌坊的东南隅。1973年，考古工作者对青龙寺遗址进行了复查，探得青龙寺建筑遗址7处（编号为1~7号遗址），并发掘了2号和4号遗址。[2] 1979年至1980年，考古工作者对青龙寺遗址再次进行探查，发掘了多处寺院建筑遗址，揭露出了三门、佛殿、塔基、回廊、配房等寺院遗迹（图 I—21），出土了大量砖瓦，有长方形砖、莲花纹砖、板瓦和筒瓦、兽面纹及莲花纹瓦当、鸱尾等建筑材料（图 I—22、23、24）。[3]

1985年，中国社会科学院考古研究所西安唐城工作队对唐长安西明寺遗址进行了第一次发掘，发掘面积达7500平方米。1992年，考古工作者对西明寺遗址再次进行发掘，发掘面积近7500平方米。这两次考古发掘，揭露出了唐长安西明寺东部的三进庭院以及西明寺的东院墙、回廊、夹道、排水道等建筑遗迹，出土建筑材料有绳纹、莲花纹、素面纹砖、青板瓦、筒瓦和瓦当，兽面装饰的脊头砖、鸱尾残块、陶水管等（图 I—25、26）。[4]

---

[1] 中国科学院考古研究所西安工作队：《唐青龙寺踏查记》，《考古》1964年第7期。
[2] 中国科学院考古研究所西安工作队：《唐青龙寺发掘简报》，《考古》1974年第5期。
[3] 中国社会科学院考古研究所西安唐城队：《唐长安青龙寺遗址》，《考古学报》1989年第2期。
[4] 中国社会科学院考古研究所西安唐城工作队：《唐长安西明寺遗址发掘简报》，《考古》1990年第1期；安家瑶：《唐长安西明寺遗址的考古发现》，《唐研究》第六卷。

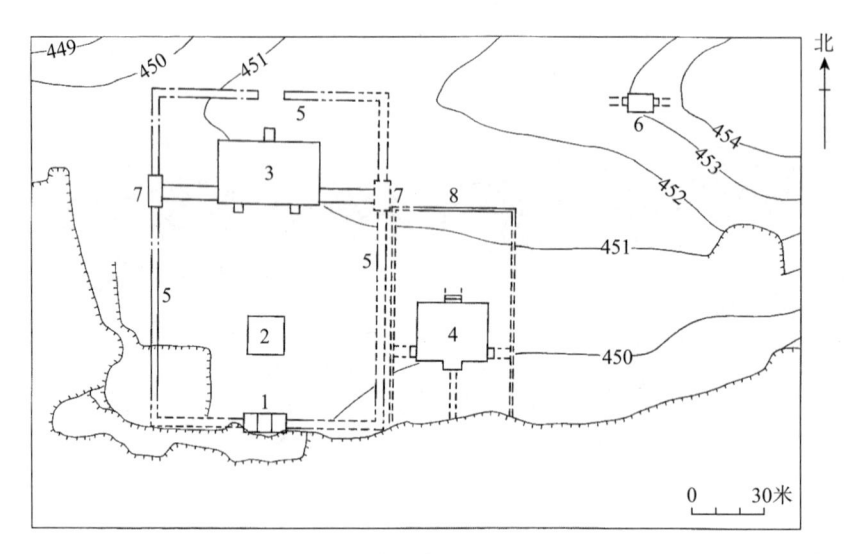

图 I—21 青龙寺遗址遗迹分布图

1. 塔院中门 2. 塔院塔基 3. 塔院殿堂 4. 东院殿堂
5. 塔院回廊 6. 北门 7. 塔院西配房 8. 东院院墙

图 I—22 青龙寺 3 号遗址晚期殿址出土陶砖

图 I—23 青龙寺遗址出土的兽面纹瓦当、双瓣莲花纹瓦当

图 I—24 青龙寺遗址出土的青掍瓦当、陶筒瓦

图 I—25 西明寺遗址出土的陶莲花纹方砖、陶脊头砖

图 I—26 西明寺遗址出土的鸱尾残块、陶水管

2003年，中国社会科学院考古研究所西安唐城队、西安市文物保护考古所联合对荐福寺塔基进行了勘探，并对一处灰坑进行了发掘。考古发掘表明，荐福寺塔地基夯土平面略呈方形，东西长89.7米，南北长88.5米。初步推测小雁塔地基为台阶形夯土地基，由外围向中心逐层加深增厚。基台为甓砖方台，底边铺设青石条，坐落于塔身之下。地宫位于台基中部，由前室、甬道和后室三部分组成（图 I—27）。砌筑坚固的地宫是荐福寺塔基的一个重要组成部分，它为研究唐塔地宫和形制结构与发展演变提供

了重要的实例。①

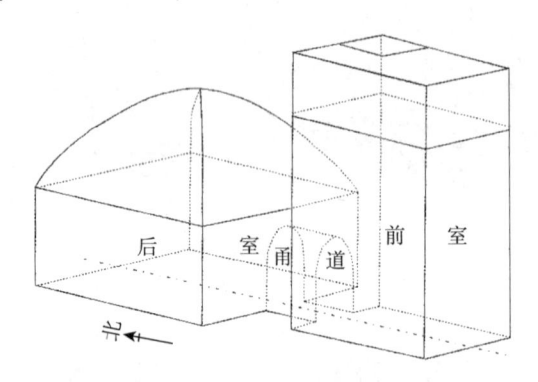

图 I—27 荐福寺小雁塔地宫结构示意图

青龙寺、西明寺、荐福寺是唐都长安十分著名的佛教寺院，考古发掘所揭露的这几座佛寺的局部遗址为我们充分了解唐都长安佛教寺院建筑的形制布局提供了第一手资料。

唐代是中国佛教的鼎盛期，首都长安名刹丛林，比比皆是，巍峨庄严的佛教寺院是唐都长安建筑文化的重要组成部分。唐都长安佛教寺院建筑革故鼎新，平面布局以佛殿为中心，是中国佛教寺院建筑的重大转折，不仅对中国佛教寺院建筑产生了深远的影响，而且对东北亚地区的渤海上京城佛寺、新罗王京城佛寺、日本藤原京和平城京以及平安京佛寺的形制布局也产生了深远的影响。②

[本文是2013年1月31日至2月2日在韩国东国大学举行的"第二届韩·中·日三国古都都市佛教建筑国际学术讨论会"上笔者的发言稿，题为《唐都长安城的佛教寺院建筑》，初稿发表于《长安大学学报》（社会科学版）2014年第2期；今经增补和修订，改题为《唐都长安佛教寺院建筑风貌一瞥》]

---

① 张全民、龚国强：《关于小雁塔塔基考古的收获》，《西安文物考古研究》第2辑，三秦出版社，2013，第295~303页；中国社会科学院考古研究所西安唐城队、西安市文物保护考古所联合考古队：《西安小雁塔东院出土唐荐福寺遗物》，《考古》2006年第1期。
② 详参龚国强《隋唐长安城佛寺研究》第五章第五节"对东北亚地区都城佛寺形制布局的影响"，文物出版社，2006，第233~250页。

唐长安佛寺书法文化寻绎

书法是中华民族特有的一门艺术，具有悠久而灿烂的历史。在源远流长的中国书法史上，唐代书法以其辉煌成就而放射出极为璀璨的光芒。今天，回望和盘点唐代书法，我们会发现，许多丰碑大碣、法书名品往往与佛教寺院有着特别密切的关系。唐都长安是全国佛教文化的中心，佛教寺院数量众多，规模宏大，首屈一指。唐长安佛寺不仅是佛教活动场所，而且是文化荟萃之地。建筑、雕塑、绘画等文化艺术在这里熠熠生辉，琳琅满目的书法文化也是唐长安佛寺里的一朵奇葩，绚丽多姿，别开生面。唐长安佛寺里的墨迹碑版不仅展现了唐代书法文化的独特风采，而且给后世留下了珍如拱璧的书法瑰宝，历久弥新，经久愈醇，因而十分值得我们寻绎和回味。

一 唐长安佛寺里的墨迹碑版

"方唐以武王天下，及其治定，济之以文。故自太宗留意字学，而明皇、肃、宣以降，世不乏人。"[①] 尤其是唐玄宗"首以此道为士夫之习，于是上之所好，下必甚焉"，[②] 以致"五尺童子耻不言文墨焉"。[③] 书法因而成为当时人们喜闻乐见的一门艺术，步入了唐代社会的角角落落，也随着佛教风靡全社会而走进了唐长安佛寺。

据唐人韦述《两京新记》、段成式《寺塔记》、张彦远《历代名画记》，以及宋人宋敏求《长安志》等史籍记载，唐长安佛寺里的书法作品

---

① （宋）佚名撰，范红娟点校《宣和书谱》卷二〇《制诏诰命·叙论》，人民美术出版社，2011，第211页。
② 《宣和书谱》卷二〇《释灵该》，第210页。
③ 沈既济：《词科论并序》，（清）董诰等编《全唐文》卷四七六，中华书局，1983，第4868页。

主要有以下四种形式。

（一）匾额

唐都长安许多佛教寺院的门额牌匾是著名书法家署书。长安崇贤坊海觉寺寺额乃书法家欧阳询所题。① 长安和平坊和永阳坊的大庄严寺、大总持寺寺额是书法家殷令名所题。② 长安崇仁坊资圣寺寺额是殷令名之子殷仲容所题，"楷法端妙，京邑所称"。③ 长安义宁坊化度寺、通化坊净影寺和安业坊济度尼寺亦是书法家殷仲容题额。④ 长安延康坊西明寺寺额是玄宗朝南薰殿学士刘子皋所书。⑤ 长安安定坊千福寺寺额乃上官昭容书，东塔院门额乃高力士书。⑥ 长安太平坊定水寺寺额则是从荆州移来的王羲之题额。⑦ 长安宣阳坊净域寺三阶院东壁张孝师画《地狱变》，王什榜书；院门内外神鬼，王韶应画，杜怀亮榜书。王什和杜怀亮的书法，"人罕知有，书迹甚高，似锺书"。⑧

唐长安佛寺的匾额还有一些是帝王御题。唐中宗御书长安开化坊荐福寺寺额，⑨ 后来，武则天又为荐福寺"飞白"书额。⑩ 长安休祥坊崇福寺寺额也是武则天"飞白书"。⑪ 长安崇义坊招福寺南、北门额皆为唐睿宗所题。⑫ 长安安定坊千福寺西塔院是唐玄宗题额。⑬ 唐代帝王御书寺额后，朝廷和寺院常常要举行盛大仪式来礼迎匾额。贞元四年（788）八月，唐德宗御书章敬寺寺额，朝廷备鼓吹并神策马骑以迎，德宗御驾通化门观礼。⑭

---

① （唐）张彦远撰，秦仲文、黄苗子点校《历代名画记》卷三《记两京外州寺观画壁》，人民美术出版社，1963，第 63 页。
② 《历代名画记》卷三《记两京外州寺观画壁》，第 65 页。
③ （宋）宋敏求撰，辛德勇、郎洁点校《长安志》卷八，三秦出版社，2013，第 276 页。
④ 《历代名画记》卷三《记两京外州寺观画壁》，第 60、63 页。
⑤ 《历代名画记》卷三《记两京外州寺观画壁》，第 62 页。
⑥ 《历代名画记》卷三《记两京外州寺观画壁》，第 58 页。
⑦ 《历代名画记》卷三《记两京外州寺观画壁》，第 60 页。
⑧ 《历代名画记》卷三《记两京外州寺观画壁》，第 55 页。
⑨ （宋）志磐撰，释道法校注《佛祖统纪校注》卷四〇，上海古籍出版社，2012，第 940 页。
⑩ 《历代名画记》卷三《记两京外州寺观画壁》，第 49 页。
⑪ 《长安志》卷一〇，第 335 页。
⑫ 《长安志》卷七，第 261 页。
⑬ 《历代名画记》卷三《记两京外州寺观画壁》，第 58 页。
⑭ （宋）王钦若、杨亿等编《册府元龟》卷四三《帝王部·多能》，中华书局，1960，第 493 页。

宝历元年（825）二月，唐敬宗赐长安义宁坊化度寺经院金字额"宝历圣福之院"，功德使备具杂戏、声乐，迎以赴寺，敬宗御驾日迎楼观礼。①

唐代建筑的题额多为方形，横额很少见，现在国内所能见到的唐代佛寺题额，如五台山佛光寺大殿的"佛光真容禅寺"立额便是一例。② 唐长安佛寺匾额概莫能外，亦当多为方形。唐长安佛寺的寺额牌匾乃大字题写，这种大字书法在古代称作"擘窠书"，也叫"署书"，习惯上称作"榜书"。榜书其难有五："一曰执笔不同，二曰运管不习，三曰立身骤变，四曰临仿难周，五曰笔毫难精。"③ 榜书较难把握，因而唐长安佛寺匾额的榜书为世所重。书法家王知敬和殷仲容都擅长大字题额牌匾，武则天下诏一人署书一寺额，殷仲容题写资圣寺，王知敬题写清禅寺，异曲同工，"俱为独绝"，以致"路人识者，驻马往观"。④

（二）题壁

题壁书法始于东汉末年，魏晋时期题壁之风已较流行。迨至隋唐，大量建起的佛教寺院为题壁书法的盛行提供了极好的场所，唐长安佛寺廊院殿堂多有题壁书迹。长安延康坊西明寺东廊东面第一间传法者图赞是褚遂良所书，第三间利防等、第四间昙柯迦罗图赞皆为欧阳通书。⑤ 长安安定坊千福寺西塔院西廊有怀素草书。⑥ 长安大宁坊兴唐寺西院有画家韩幹画一行大师像，书法家徐浩书赞。⑦ 长安平康坊菩提寺食堂东壁上，吴道玄画《智度论色偈变》，偈是吴道子自题，"笔迹遒劲，如磔鬼神毛发"。⑧ 贞元七年（791）七月，唐德宗幸章敬寺，赋诗九韵，皇太子与群臣毕和，题之寺壁。⑨ 唐文宗开成初年，尚书左丞郑浣在菩提寺题北壁僧院诗曰："但虑彩色污，无虞臂胛肥。"⑩

---

① 《册府元龟》卷五二《帝王部·崇释氏二》，第 580 页。
② 史树青：《书画鉴真》，北京燕山出版社，1996，第 93 页。
③ 康有为：《广艺舟双楫》卷六《榜书》，北京图书馆出版社，2004，第 279 页。
④ （唐）张彦远撰，范祥雍点校，启功、黄苗子参校《法书要录》卷六《述书赋下》，人民美术出版社，1964，第 202 页。
⑤ 《历代名画记》卷三《记两京外州寺观画壁》，第 62 页。
⑥ 《历代名画记》卷三《记两京外州寺观画壁》，第 59 页。
⑦ 《历代名画记》卷三《记两京外州寺观画壁》，第 53 页。
⑧ （唐）段成式撰，秦岭云点校《寺塔记》卷上，人民美术出版社，1964，第 15 页。
⑨ （后晋）刘昫等：《旧唐书》卷一三《德宗纪下》，中华书局，1975，第 372 页。
⑩ 《寺塔记》卷上，第 15 页。

唐中宗神龙（705～707）以来，进士及第者在杏园宴之后，皆于慈恩寺塔下题名，"同年中推一善书者纪之"。① 唐代进士刘沧《及第后宴曲江》诗云："及第新春选胜游，杏园初宴曲江头。紫毫粉壁题仙籍，柳色箫声拂御楼。"② 唐代诗人郑谷《贺进士骆用锡登第》诗说："题名登塔喜，醵宴为花忙。"③ 唐人诗歌对盛极一时的雁塔题名活动多有描述。后来，推而广之，雁塔题名就不仅限于进士题名，文人墨客也多有题名，并发展到题诗。元祐元年（1086），宋人张礼与友人游历京兆城南，他来到慈恩寺塔，观摩唐人留题。张礼记载说："塔既经焚，涂圬皆剥，而砖始露焉。唐人墨迹，于是毕见，今孟郊、舒元舆之类尚存，至其他不闻于后世者，盖不可胜数也。"④《慈恩雁塔唐贤题名》宋拓本有 10 卷，今仅存 2 卷，孤本现藏中国社会科学院考古研究所。从现存拓本来看，这些题记的时间是从贞元二年（786）至咸通四年（863），其格式一般是记年月、姓名，也有题诗，书体各种各样，以楷书和隶书为主，书迹楷书十分讲究笔法，结体严谨舒展，有的受柳公权的影响，有的有颜真卿的影子，总体来说体现了唐人对法度的重视。⑤

（三）写经

在印刷术尚未兴起的唐代，佛经的传译和流通，以及寺院藏经，都依赖于书写。唐都长安是当时的佛经翻译中心、佛教弘传中心和佛教文化交流中心，写经活动极为兴盛。唐长安大慈恩寺高僧嘉尚，"及三藏（玄奘）有疾，命尚具录所翻经论合七十五部，总一千三百三十五卷"。⑥ 唐长安千福寺高僧楚金"奉为主上及苍生写《妙法莲华经》一千部、金字三十六部，用镇宝塔。又写一千部，散施受持"。⑦ 唐长安崇圣寺高僧文纲"刺血

---

① （五代）王定保撰，黄寿成点校《唐摭言》卷三《慈恩寺题名游赏赋咏杂记》，三秦出版社，2011，第 52 页。
② 刘沧：《及第后宴曲江》，（清）彭定求等编《全唐诗》卷五八六，中华书局，1960，第 6791 页。
③ 郑谷：《贺进士骆用锡登第》，《全唐诗》卷六七四，第 7716 页。
④ （宋）张礼撰，史念海、曹尔琴校注《游城南记校注》，三秦出版社，2003，第 23 页。
⑤ 王元军：《唐人的雁塔题名》，《中国书画》2003 年第 10 期。
⑥ （宋）赞宁撰，范祥雍点校《宋高僧传》卷四《唐京兆大慈恩寺嘉尚传》，中华书局，1987，第 73 页。
⑦ （清）王昶：《金石萃编》卷八九《大唐西京千福寺多宝佛塔感应碑文》，中国书店，1985。

书经，向六百卷"。① 除了僧人写经，佛教的兴盛刺激了全社会对佛经的大量需求，当时还有专门的写经者——写经生。以宋徽宗时御府所藏诸帖而作品评的宋人《宣和书谱》一书称："有唐三百年，书者特盛，虽至经生辈，其落笔亦自可观。"② 且谓："唐书法至经生自成一律，其间固有超绝者，便为名书。"③

清代学者钱泳认为："有唐一代墨迹，告身而外，惟佛经尚有一二，大半皆出于衲子道流，昔人谓之经生书，其有瘦劲者近欧、褚，有丰腴者近颜、徐，笔笔端严，笔笔敷畅，自头至尾，无一懈笔，此宋人所断断不能跂及。唐代至今千余年，虽至经生书，亦足宝贵。"④ 唐都长安是当时全国佛教文化的中心，长安佛寺里的写经活动十分兴盛，善书者亦多，写经上乘之作当亦不少（图Ⅰ—28）。唐长安楚国寺璋上人就以写经见称于时，岑参有诗云："璋公不出院，群木闭深居。誓写一切经，欲向万卷馀。挥

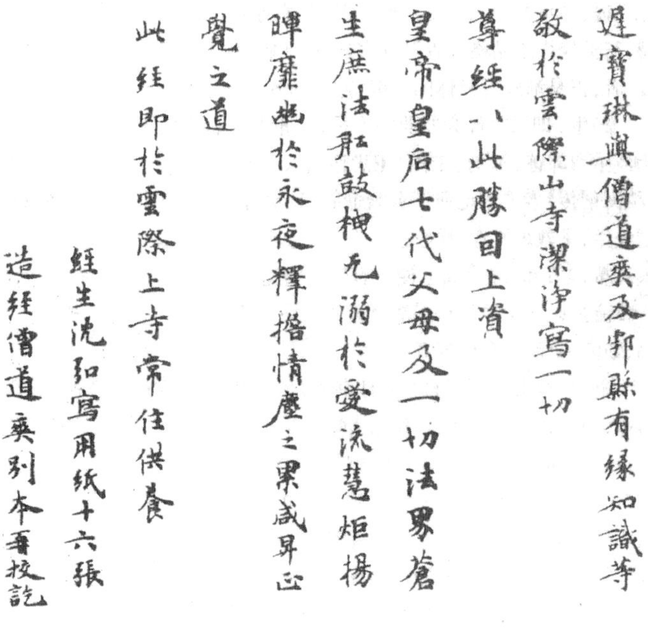

图Ⅰ—28　沈弘写经《阿毗昙毗婆沙卷》（局部）

---

① 《宋高僧传》卷一四《唐京师崇圣寺文纲传》，第332页。
② 《宣和书谱》卷一〇《林藻》，第107页。
③ 《宣和书谱》卷五《杨庭》，第49页。
④ （清）钱泳：《履园丛话》卷一〇《收藏》，中华书局，1979，第367页。

毫散林鹊，研墨惊池鱼。"①

（四）碑铭

贞观二十二年（648），唐太宗为玄奘所译新经作《大唐三藏圣教序》，"神笔自写，敕贯众经之首"。② 太子李治"奉睹圣文"，又作《述圣记》。③ 后来，长安弘福寺高僧怀仁等人从唐代内府所藏王羲之书迹及民间王字遗墨中，一一集出太宗《大唐三藏圣教序》（简称《集王书圣教序碑》）和太宗答敕、太子李治《述圣记》以及玄奘翻译的《心经》一共2400余字，历时20余年，咸亨三年（672）刻成碑石立于弘福寺。④ 永徽四年（653），玄奘在慈恩寺营建大雁塔时，又镌刻褚遂良所书《大唐三藏圣教序》《述圣记》于塔之南面。⑤ 今西安大雁塔南门外东、西两侧各有一龛，分别是褚遂良所书《大唐三藏圣教序》《述圣记》。慈恩寺佛殿前东南角又有唐高宗御撰并书《大慈恩寺碑》，"其碑作行书，又用飞白势作'显庆元年'四字，并穷神妙"。⑥ 慈恩寺大雁塔西南1里许有《西平郡王李公晟先庙碑》，刑部侍郎张彧撰，司业韩秀弼八分书。元祐元年（1086），宋人张礼来到大雁塔，见到此碑，"字画历历可读"。⑦

怀仁《集王书圣教序碑》（图Ⅰ—29）不仅立于唐长安修德坊弘福寺，唐长安安定坊千福寺亦有怀仁《集王书圣教序碑》。⑧ 此外，千福寺东塔院门北边碑是颜真卿书，南边碑张芬书，向里面壁上碑吴通微书；千福寺东阁面东碑是韩择木八分书。⑨ 千福寺又有《法华感应碑》（即《多宝塔碑》，图Ⅰ—35），颜真卿书、徐浩篆额，碑阴沙门飞锡撰、吴通微书；⑩ 有沙门飞锡撰颂并书《南岳智𫖮思大禅师》《法华七祖及弟子影》，有张芬

---

① 岑参：《观楚国寺璋上人写一切经，院南有曲池深竹》，《全唐诗》卷一九八，第2040页。
② （唐）慧立、彦悰撰，孙毓棠、谢方点校《大慈恩寺三藏法师传》卷六，中华书局，2000，第142页。
③ 《大慈恩寺三藏法师传》卷七，第146页。
④ 《大慈恩寺三藏法师传》卷七，第148页。
⑤ 《大慈恩寺三藏法师传》卷七，第160页。
⑥ 《大慈恩寺三藏法师传》卷九，第191页。
⑦ 《游城南记校注》，第24页。
⑧ 《历代名画记》卷三《记两京外州寺观画壁》，第58页。
⑨ 《历代名画记》卷三《记两京外州寺观画壁》，第59页。
⑩ 《历代名画记》卷三《记两京外州寺观画壁》，第58页。

书《天台智者大师碑》。①

图 I —29　怀仁《集王书圣教序碑》（局部）

书法家柳公权为唐长安延康坊西明寺书有《金刚经碑》，他"尤为得意"，因为西明寺《金刚经碑》备有锺、王、欧、虞、褚、陆之体。② 柳书《金刚经碑》原石早佚，今存1908年伯希和在敦煌藏经洞所发现的唐代拓本（P.4503），现藏巴黎法国国立图书馆，弥足珍贵。柳公权在唐长安佛寺里的书法作品还有长乐坊安国寺柳书并篆额《唐故左街僧录内供奉三教谈论引驾大德安国寺上座赐紫大达法师玄秘塔碑铭并序》（以下简称《玄秘塔碑》，图 I —30）。

佛寺兴建，立石纪事；高僧圆寂，树碑颂德，碑铭是唐长安佛寺书法作品的大宗。蕴藏在唐长安佛寺里的碑铭还有慧日寺《道因法师碑》（欧阳通书）、弘福寺《弘福寺首律师碑》（郭广敬书）、道德寺《道德寺碑》（到范书）、《唐净住寺释迦文贤劫像铭》（崔行功书）、兴教寺《大唐三藏大遍觉法师塔铭》（僧建初书）和《唐大法师基公塔铭》（僧建初书）、华严寺《杜顺和尚碑》（董景仁书）、兴善寺《不空和尚碑》（徐浩书）、千

---

① 《历代名画记》卷三《记两京外州寺观画壁》，第59页。
② 《旧唐书》卷一六五《柳公权传》，第4312页。

图 I —30　柳公权《玄秘塔碑》（局部）

福寺《楚金禅师碑》（吴通微书）、荐福寺《上都荐福寺临坛大戒德律师碑》（韩择木书）、招圣寺《慧坚禅师碑》（孙藏器书）、实际寺《隆阐法师碑》等。

　　以匾额、寺壁、经卷、碑铭承载的书法文化艺术在唐长安佛寺里可谓触目即是，在在多有，其中尤以千福寺、慈恩寺最为丰富。慈恩寺是唐长安名刹大寺，此寺本有唐高宗御撰并书《大慈恩寺碑》，又有书法家褚遂良所书《雁塔圣教序记碑》，加之"雁塔题名"风行于世，书迹累累，自不待言。千福寺因为唐玄宗的眷顾而兴盛，此寺西、东塔院的门额即分别出自玄宗和他的宠臣高力士之手，这里汇集了书法家怀素的草书、李阳冰的篆书、韩择木的八分书、颜真卿的正书，以及上官昭容、张芬、吴通微、徐浩、怀仁、飞锡等文士、书家、僧人的书法作品，应有尽有。从书体上看，唐长安佛寺里的书法，篆、隶、草、行、楷诸体咸备，但以楷书为主。这固然是因为唐人尚法，楷书最盛，又因为法相庄严，端庄严正的楷书方可体现人们对佛法的虔诚恭敬。

二　唐长安佛寺里的书法创作者

　　"唐三百年，凡缙绅之士，无不知书，下至布衣、皂隶，有一能书，便不可掩。"① 佛教寺院作为唐代社会最重要的公共活动场所，为善书者施展书艺提供了广阔的舞台。唐都长安佛寺规模宏大，建筑雄伟，名僧云集，万众景仰，因而也吸引了许多书法家为之挥毫泼墨，书丹勒石。

"初唐四家"之首欧阳询"初学王羲之书，后更渐变其体"，其书"笔力险劲，为一时之绝"，② 形成了法度森严、刚正劲险的风格，自成一家，世称"欧体"。欧阳询之子欧阳通继承家学，亦以书名世，与其父有"大、小欧阳"之称。欧阳询为长安海觉寺署书寺额，欧阳通为长安慧日寺《道因法师碑》书丹，"大、小欧阳"在唐长安佛寺都有书作。无独有偶，初唐书法家殷令名、殷仲容父子也在长安佛寺都有书作。殷令名为长安大庄严寺和大总持寺署书寺额，其子殷仲容"奕世工书，尤善书额"，所书长安褒义寺、开业寺、资圣寺等寺额"皆精妙旷古"。③ "初唐四家"（欧、虞、褚、薛）中的虞世南早岁学书于智永，"于是专心不懈，妙得其体，晚年遂与王羲之相后先。当时与欧阳询皆以书称，议者以谓欧之与虞，智均力敌"。④ 唐长安安邑坊玄法寺东廊南观音院屏风上相传就有虞世南的书迹。唐武宗会昌三年（843），段成式和张希复（字善继）来到玄法寺，"善继令彻障登榻读之，有世南献之白，方知不谬矣"。⑤ "初唐四家"中的"一代教化主"褚遂良，"少则服膺虞监，长则祖述右军，真书甚得其媚趣，若瑶台青璅，窅映春林，美人婵娟，不任罗绮，增华绰约，欧、虞谢之"。⑥ 褚遂良为唐长安大慈恩寺所书《雁塔圣教序碑》就充分体现了这一特点（图Ⅰ—31）。

承续初唐的盛、中唐书法，瑰丽多彩，极炽而丰，篆、隶、草、行、楷书都出现了许多卓有成就的大家、名家。魏晋之后几成绝响的篆、隶，盛唐时期得到一度复兴。唐玄宗"初见翰苑书体狃于世习，锐意作章草、八分，遂摆脱旧学"。⑦ 受其影响，开、天时期，隶书顿时兴盛。时人韩择木、蔡有邻、李潮、史惟则号称有唐"隶书四家"。韩择木以隶书驰名盛唐，杜甫《李潮八分小篆歌》称："尚书韩择木，骑曹蔡有邻，开元以来

---

① 《宣和书谱》卷一八《章孝规》，第190页。
② 《旧唐书》卷一八九上《欧阳询传》，第4947页。
③ 《法书要录》卷六《述书赋下》，第202页。
④ 《宣和书谱》卷八《虞世南》，第88页。
⑤ 《寺塔记》卷上，第13页。
⑥ 《法书要录》卷八《书断中》，第286页。
⑦ 《宣和书谱》卷一《唐明皇》，第4页。

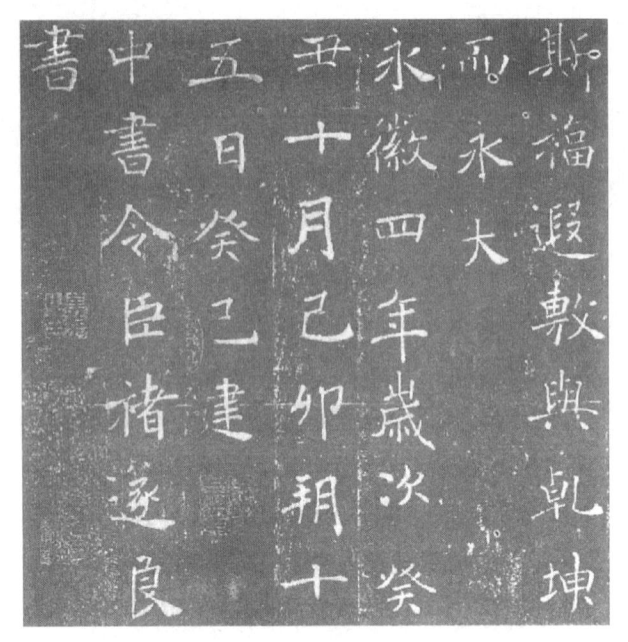

图 I—31　褚遂良《雁塔圣教序记碑》（局部）

数八分。"① 唐代书论家窦臮评有唐隶书，亦首推韩择木，他说："韩常侍则八分中兴，伯喈如在，光和之美，古今迭代，昭刻石而成名，类神都之冠盖。"② 唐长安千佛寺东阁面东碑即是韩择木八分书。③ 韩氏之隶书，"观其迹，虽不及汉、魏之奇伟，要之庄重有古法，而首唱于天宝之间，宜置妙品。又如山东老儒，虽姿宇不至峻茂，而严正可畏"。④ 大历六年（771）刻立于长安荐福寺的《上都荐福寺临坛大戒德律师碑》（现藏陕西泾阳太壶寺）是韩择木的存世名碑。韩择木诸子韩秀荣、韩秀实、韩秀弼亦以书名世，唐长安慈恩寺大雁塔西南 1 里许的《西平郡王李公晟先庙碑》即是韩秀弼八分书。有唐"隶书四家"中，"史惟则书雁足印沙，深渊鱼跃"。⑤ 开元二十四年（736）立于长安慈恩寺的《大智禅师碑》即是史惟则隶书并篆额。中唐书法家李阳冰留心小篆迨三十年，初见李斯《峄山

---

① （宋）陈思撰，崔尔平校注《书苑菁华校注》卷一七《书歌》，上海辞书出版社，2013，第 247 页。
② 《法书要录》卷六《述书赋下》，第 203 页。
③ 《历代名画记》卷三《记两京外州寺观画壁》，第 59 页。
④ （宋）朱长文撰，何立民点校《墨池编》卷九《续书断上》，浙江人民美术出版社，2012，第 289 页。
⑤ 《书苑菁华校注》卷五《唐遗名子吕总续书评》，第 75 页。

碑》与仲尼《延陵季子》字,遂得其法,"乃能变化开合,自名一家"。①"有唐三百年以篆称者,惟阳冰独步。"② 唐长安千福寺石井栏篆书即是李阳冰所作。③

盛唐书坛,书法家颜真卿振聋发聩开新风。"颜鲁公书雄秀独出,一变古法,如杜子美诗,格力天纵,奄有汉魏晋宋以来风流。后之作者,殆难复措手。"④ 颜真卿书法"其过人处,正在法度备存而端劲庄特(持),望之知为盛德君子也"。⑤ 颜书端庄挺拔,宽博恢宏,雄健豪壮,气势磅礴,自成一家,世称"颜体"。颜真卿传世书迹中最早且著名者即是唐长安千福寺《多宝塔碑》。这一时期,与颜真卿同路的书法家徐浩为书"识锐于内,振华于外,有君子之器焉",⑥ 世有"颜徐"之称。唐长安大兴善寺《不空和尚碑》(图Ⅰ—32)即是徐浩晚年的楷书经典之作。

图Ⅰ—32 徐浩《不空和尚碑》(局部)

---

① 《宣和书谱》卷二《李阳冰》,第14页。
② 《宣和书谱》卷二《李阳冰》,第15页。
③ 《历代名画记》卷三《记两京外州寺观画壁》,第59页。
④ (宋)苏轼撰,白石点校《东坡题跋》卷四《书唐氏六家书后》,浙江人民美术出版社,2016,第163页。
⑤ (宋)董逌撰,何立民点校《广川书跋》卷八《鲁公祭侄文》,浙江人民美术出版社,2016,第150页。
⑥ 《墨池编》卷九《续书断上》,第286页。

晚唐书法规行矩步，渐趋衰微，唯有柳公权独辟蹊径，开宗立派。柳公权"初学王书，遍阅近代笔法，体势劲媚，自成一家"，① 世称"柳体"。他历任穆宗、敬宗、文宗三朝侍书，名声显赫，"当时公卿大臣家碑版，不得公权手笔者，人以为不孝。外夷入贡，皆别署货贝，曰：'此购柳书'"。② 长庆四年（824），柳公权为右街僧录灵准所书、立于西明寺的《金刚经》，劲媚相宜，"诚谓绝艺"。③ 1908 年敦煌莫高窟藏经洞发现其唐拓本（伯 4503），首尾完整，弥足珍贵。而唐长安安国寺《玄秘塔碑》则是柳公权的传世杰作，影响十分深远。

唐代帝王大都崇佛，长安佛寺留下了他们的足迹，也留下了他们的墨迹。贞观时期，"方天下混一，四方无虞"，唐太宗"乃留心翰墨，粉饰治具"，他"置弘文馆，选贵游子弟有字性者，出禁中所藏书，令教学焉。海内有善书者，亦许遣入馆，由是十年间禽然向化"。④ 太宗"雅好王羲之字，心慕手追"，"万机之余，不废模仿"，他所作真、草屏幛，"其笔力遒劲，尤为一时之绝"。⑤ 唐太宗以还，世相祖袭，家学未坠。唐高宗"笔法亦极清劲"，⑥ 他"雅善真、草、隶、飞白"。⑦ 唐长安大慈恩寺就有唐高宗御撰并书《大慈恩寺碑》。"大抵唐以文皇喜字书之学，故后世子孙尚得遗法。"⑧ 唐中宗、唐睿宗不坠斯业，长安荐福寺寺额是中宗御书，长安招福寺南、北门额皆为唐睿宗所题。女皇武则天"亦本于喜作字"，她得到东晋王导十世孙王方庆家藏其祖父 28 人的书迹后，"摹揭把玩，自此笔力益进，其行书骎骎，稍能有丈夫胜气"。⑨ 武则天喜好飞白书题署，她为长安荐福寺"飞白"书额，长安崇福寺寺额也是武则天"飞白书"。开元时期，唐玄宗"临轩之余，留心翰墨"，其书"风骨巨丽，碑版峥嵘；思如泉而吐凤，笔为海以吞鲸"。⑩ 唐长安千福寺西塔院即是玄宗题额。玄宗以

---

① 《旧唐书》卷一六五《柳公权传》，第 4311 页。
② 《旧唐书》卷一六五《柳公权传》，第 4312 页。
③ 《广川书跋》卷八《金刚经》，第 165 页。
④ 《宣和书谱》卷一《唐太宗》，第 3 页。
⑤ 《宣和书谱》卷一《唐太宗》，第 3 页。
⑥ （宋）黄庭坚撰，刘琳、李勇先、王蓉贵校点《黄庭坚全集》之《别集》卷六，四川大学出版社，2001，第 1583 页。
⑦ 《墨池编》卷一〇《续书断下》，第 297 页。
⑧ 《宣和书谱》卷一《唐德宗》，第 7 页。
⑨ 《宣和书谱》卷一《武则天》，第 10 页。
⑩ 《宣和书谱》卷一《唐明皇》，第 4 页。

降，肃宗、代宗、德宗、宣宗、昭宗等，"诸宗承袭太宗之学，皆以翰墨流传"。① 唐德宗"翰墨落落可观"，② 他御书长安章敬寺寺额，唐敬宗则御赐长安化度寺经院金字额"宝历圣福之院"。

上行下效，长安佛寺也成为唐代朝臣和士大夫众望所向的探胜、访僧、游憩之地，他们或题诗寺壁，或书写碑铭。唐长安净住寺《唐净住寺释迦文贤劫像铭》（现藏西安碑林博物馆），崔行功隶书。崔行功在唐高宗时累转吏部郎中，以善占奏，常兼通事舍人内供奉，曾参与校勘四部群书，官至兰台侍郎。③《唐净住寺释迦文贤劫像铭》"分书清婉挺拔，有褚河南笔意焉"。④ 唐长安崇圣寺经堂前有《唐大德檀法师塔铭》，姜立祐撰；又有石幢《尊胜神咒》，张少悌书，"皆殊绝"。⑤ 尤其是张少悌所书《佛顶尊胜陀罗尼神咒》，"清国秀逸，苏灵芝辈不及也"。⑥ 唐德宗朝翰林学士吴通微"常攻行书，然体近吏。故院中胥吏多所仿效，其书大行于世"。⑦ 唐长安千福寺著名的《楚金禅师碑》即是吴通微所书。此外，还有文人士大夫刘子皋、上官昭容、郑浣、张芬、郭广敬等也在唐长安佛寺里留下了书迹。

唐代僧人书法家不甘落后，他们得天时、地利、人和之便，在唐长安佛寺挥毫泼墨，光彩夺目。唐长安千佛寺有沙门飞锡撰颂并书《南岳智顗思大禅师》《法华七祖及弟子影》。⑧ 唐文宗朝长安安国寺讲论僧建初所书《唐大遍觉法师塔铭》详细叙述了玄奘法师出生、出家、受戒、取经和译经的生平事迹。《唐大遍觉法师塔铭》原碑镶嵌于兴教寺玄奘灵塔底层北壁，"行、草秀劲有法"。⑨ 继僧人怀仁集王羲之行书《集王圣教序碑》后，开元九年（721），僧人大雅又集王羲之行书刻成《兴福寺碑》。明万历年间，《兴福寺碑》出土于西安南城濠，因仅存下半截（残高80厘米），

---

① 《宣和书谱》卷一《唐宣宗》，第8页。
② 《宣和书谱》卷一《唐德宗》，第7页。
③ （宋）欧阳修、宋祁：《新唐书》卷二〇一《崔行功传》，中华书局，1975，第5734页。
④ （清）毛凤枝：《关中金石文字存逸考》卷一"净住寺释迦牟尼文贤劫像并序"条，《石刻史料新编》第二辑第14册，台北：新文丰出版公司，1979，第10369页。
⑤ （明）赵崡：《石墨镌华》卷七《三游城南》，《石刻史料新编》第一辑第25册，台北：新文丰出版公司，1982，第18651页。
⑥ 《石墨镌华》卷四《唐尊胜咒石幢八》，《石刻史料新编》第一辑第25册，第18629页。
⑦ （宋）钱易撰，黄寿成点校《南部新书》卷己，中华书局，2002，第81页。
⑧ 《历代名画记》卷三《记两京外州寺观画壁》，第59页。
⑨ 《石墨镌华》卷四《唐大遍觉禅师塔铭》，《石刻史料新编》第一辑第25册，第18627页。

故称"半截碑",现藏西安碑林。《兴福寺碑》书法流利酣畅,颇具右军书趣。唐代僧人书法家中,最著名的是"醉僧"怀素。他以草书驰名于世,"当时名流如李白、戴叔伦、窦臮、钱起之徒,举皆有诗美之,状其势以为'若惊蛇走虺,骤雨狂风',人不以为过论"。[①] 晚唐诗人裴说《怀素台歌》谓:"杜甫李白与怀素,文星酒星草书星。"[②] 唐长安千福寺西塔院西廊就有"草书星"怀素的草书。[③]

唐长安佛寺里的书法创作者,既有著名的僧人书法家,又有知名的文人士大夫,也有擅长书法的封建帝王,更有名垂千秋的书法大家,名家辈出,群星辉映,璀璨夺目。源于对书法的喜好,源于对佛教的诚敬,他们在唐长安佛寺留下了得意之笔,留下了精心之作。他们的书法大作装点了唐长安佛寺,唐长安佛寺则铸就了他们的书法艺术和书法名声。元和十五年(820),刚刚即位的唐穆宗召见柳公权,"谓公权曰:'我于佛寺见卿笔迹,思之久矣。'即日拜右拾遗,充翰林侍书学士"。[④] 自此,历穆宗、敬宗、文宗三朝,柳公权侍书禁中,以书名世,终成旷古绝今的书法家。

三　唐长安佛寺书法文化遗产

唐长安佛寺书法艺术五光十色,别开生面,为气势恢宏的唐文化增添了一笔十分亮丽的浓墨重彩。十分遗憾的是,唐后期武宗灭佛,首当其冲的长安佛寺废毁殆尽,只留下了慈恩寺、荐福寺、西明寺、庄严寺等几座名刹大寺,唐长安佛寺里光彩夺目的书迹碑版第一次遭到大规模毁坏。令人痛心疾首的是,到了唐末,历经多次战乱洗劫,宏伟壮丽的唐长安城被人为地毁灭了,唐长安佛寺里的书迹碑版再次遭到大规模毁坏。然而,至音不坏,金石永寿,历千年而后的今天,所幸唐长安佛寺里的书迹碑版仍有些许保存了下来,其中不乏丰碑贞石,不乏书林瑰宝。

《雁塔圣教序记碑》(图Ⅰ—31),永徽四年(653)刻立于唐长安大慈恩寺,现存西安慈恩寺大雁塔。此碑结体秀劲饱满,清丽刚健,笔法娴熟老成,空灵飞动,是最能代表褚遂良楷书风格的作品之一。宋代书法家

---

① 《宣和书谱》卷一八《释怀素》,第191页。
② 裴说:《怀素台歌》,《全唐诗》卷七二〇,第8260页。
③ 《历代名画记》卷三《记两京外州寺观画壁》,第59页。
④ 《旧唐书》卷一六五《柳公权传》,第4310页。

米芾说:"褚书在唐贤诸名世士书中为秀颖,得羲之法最多者,真字有隶法,自成一家,非诸人可以比肩。"① 清代书法家王澍谓,此碑"笔力瘦劲,如百岁古藤,而空明飞动,渣滓尽而清虚来。想其格韵超绝,直欲离纸一寸,律以右军之法,虽不免稍过,要之晴云挂空,仙人啸树,故自飘然"。② 他还说,此碑"看似疏瘦,实则腴润;看似古澹,实则风华。盘郁顿挫,运笔都在空际,突然一落,偶尔及纸,而字外之力,笔间之意,不可穷其端倪矣"。③

《弘福寺首律师碑》,显庆元年(656)刻立于唐长安弘福寺,现藏西安市文物保护考古研究院。碑高235.5厘米,宽107厘米,郭广敬书。书者郭广敬是唐代中兴名将郭子仪的高祖伯父,其人未见书史。但观此碑书法,法宗"二王",多有初唐欧、褚笔意,俊俏温润,疏朗有致。此碑保存较好,雕刻精美,字迹清楚,书法秀逸妍妙,是一通珍贵的初唐楷书佳作。

《道德寺碑》,显庆三年(658)刻立于唐长安道德寺,现藏西安碑林。碑身首高234厘米,宽93厘米,座高58厘米,到范楷书。到范其人未见书史,此碑欧体书风较浓,是一通不可多得的初唐楷书碑石。

《道因法师碑》(图Ⅰ—33),龙朔三年(663)刻立于唐长安慧日寺,现藏西安碑林。碑高320厘米,宽140厘米,欧阳通书。书者欧阳通是书法家欧阳询之子,其书"笔法劲险,尽得家风"。④ 欧阳通存世碑版仅有此碑和《泉男生墓志》。《道因法师碑》是书法家欧阳通的代表作,其书险劲横轶,清丽绝俗,历代称颂不已。清代金石学家叶昌炽谓:"《道因法师碑》戈戟森森,锋颖四出,六朝醇古之气,浇漓尽矣。盖能得之《皇甫碑》之险峻,而无《化度》之淳蓄。"⑤ 康有为说:"小欧《道因碑》遒密峻整,曾假道此碑者,结体必密,运笔必峻。上可临古,下可应制,此碑有焉。"⑥

《集王书圣教序碑》(图Ⅰ—29),咸亨三年(672)刻立于唐长安弘

---

① 马宗霍:《书林藻鉴》卷八《褚遂良》,文物出版社,2015,第84页。
② (清)王澍:《虚舟题跋》卷四《唐褚遂良〈雁塔圣教序〉》,浙江人民美术出版社,2015,第120页。
③ 《虚舟题跋》卷四《唐褚遂良〈雁塔圣教序〉》,第120页。
④ 《广川书跋》卷七《欧阳通别帖》,第139页。
⑤ (清)叶昌炽撰,陈公柔、张明善点校《语石》卷七,中华书局,1994,第435页。
⑥ 康有为:《广艺舟双楫》卷六《干禄》,第311页。

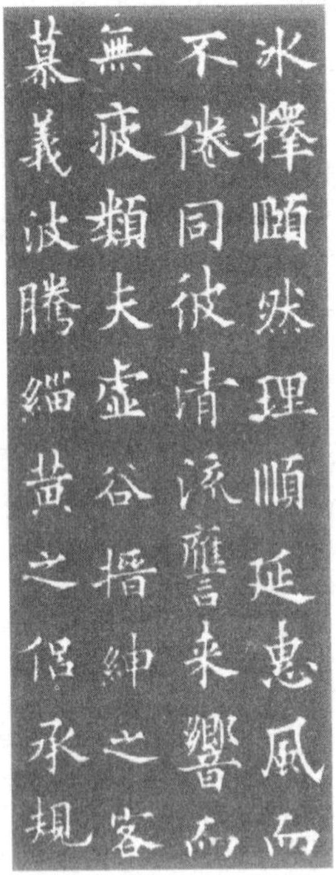

图Ⅰ—33 欧阳通《道因法师碑》（局部）

福寺，现藏西安碑林，国宝级文物。碑通高350厘米，宽108厘米，怀仁集王书。叶昌炽谓："集字始于怀仁，唐以前未闻也。集右军书者多矣，惟《圣教序》钩心斗角，天衣无缝。大雅以下，瞠乎其弗及也。"① 此碑开行草书入碑的先河，其书点画多姿，体态妍美，将王羲之其书"飘若游云，矫若惊龙"的风骨和神韵表现得淋漓尽致。

《大智禅师碑》（图Ⅰ—34），开元二十四年（736）刻立于唐长安慈恩寺，现藏西安碑林。碑通高345厘米，碑身高224厘米，上宽108厘米，下宽116厘米，史惟则隶书并篆额。史惟则书法以"八分"（唐隶）著名，亦工碑额题篆。《大智禅师碑》是史惟则隶书力作，笔画圆润丰腴，苍劲庄严，功力深厚沉稳，颇具骨力。明代学者赵崡称赞此碑"行笔绝类《泰山铭》，而缜密过之，知开元帝润泽所自耳"，"信是开元间分书第一手"，② 是不可多见的唐隶之作。

---

① 《语石》卷八，第494页。
② 《石墨镌华》卷四《唐大智禅师碑》，《石刻史料新编》第一辑第25册，第18622页。

图Ⅰ—34　史惟则《大智禅师碑》（局部）

　　《隆阐法师碑》，天宝二年（743）刻立于唐长安实际寺，碑高250厘米，宽94厘米，现藏西安碑林。此碑是温国寺寺主思庄为其师原实际寺怀恽法师所立，无书撰者人名。《隆阐法师碑》行书结体遒美，清劲秀逸。明代学者赵崡云："此碑行书，源出《圣教》而渐作婉媚缠绕。"① 明代学者王世贞谓："笔法尤圆，微有《圣教》遗意。"②

　　《多宝塔碑》（图Ⅰ—35），天宝十一年（752）刻立于唐长安千福寺，现藏西安碑林，国宝级文物。碑通高395厘米，宽104厘米，颜真卿书。《多宝塔碑》是颜真卿书法作品中现存最早的一件书迹刻石，其书端庄谨密，清劲腴润，点画圆整，端庄秀丽。清代学者王澍谓："此碑书法腴劲，最有态度。鲁公书多以骨力健古为工，独此碑腴不剩肉，健不剩骨，以浑劲吐风神，以姿媚含变化，正其年少鲜华时意到书也。"③ 千余年来，《多宝塔碑》椎拓无数，流传极广，因为"鲁公诸碑惟此字法差小，平易近

---

① 《石墨镌华》卷四《唐隆阐法师碑》，《石刻史料新编》第一辑第25册，第18623页。
② （明）王世贞：《弇州山人四部续稿》卷一六七，《景印文渊阁四库全书》第1284册，台湾商务印书馆，1986，第410页。
③ 《虚舟题跋》卷六《唐颜真卿多宝塔碑》，第138页。

人，故学书家无不收置一本"，① 传播很广，影响极大。

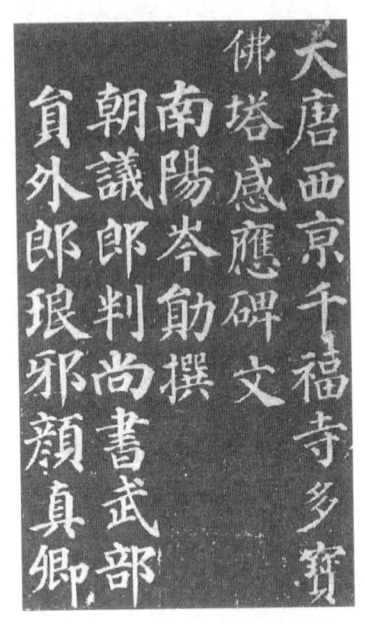

图 Ⅰ—35　颜真卿《多宝塔碑》（局部）

《不空和尚碑》（图Ⅰ—32），建中二年（781）刻立于唐长安大兴善寺，现藏西安碑林。碑高305厘米，宽99厘米，徐浩书。徐浩工楷书，善隶书。宋代书法家黄庭坚认为："唐自欧、虞后，能备八法者，独徐会稽与颜太师耳。"② 此碑是书法家徐浩79岁时所书，老劲圆熟，疏朗谐和，气度非凡。

《楚金禅师碑》（图Ⅰ—36），贞元二十一年（805）刻立于唐长安千福寺，乃《多宝塔碑》碑阴，僧飞锡撰文，吴通微书丹。吴通微善行、楷书，工行草，当时胥吏多仿其书，号曰"院体"。明赵崡谓："此碑清圆婉逸，虽钩磔小减，而亦微有晋之风度，观者当自得之。"③ 明盛时泰谓："学书之盛，莫逾李唐。今世虽纸烂墨渝，而收者得其一定，犹凤毛麟角，不嫌于少。《多宝佛塔》鲁公之书遍天下，而通微此刻仅见之，即此可以

---

① （清）孙承泽：《庚子销夏记》卷六《颜真卿多宝塔碑》，白云波、古玉清点校，浙江人民美术出版社，2012，第145页。
② （宋）黄庭坚撰，白石点校《山谷题跋》卷四《题徐浩碑》，浙江人民美术出版社，2016，第67页。
③ 《石墨镌华》卷四《唐楚金禅师碑》，《石刻史料新编》第一辑第25册，第18622页。

想见当时之盛矣。"① 书法家吴通微传世书迹仅有此碑，其书似楷若行，是十分难得的中唐行楷书碑。

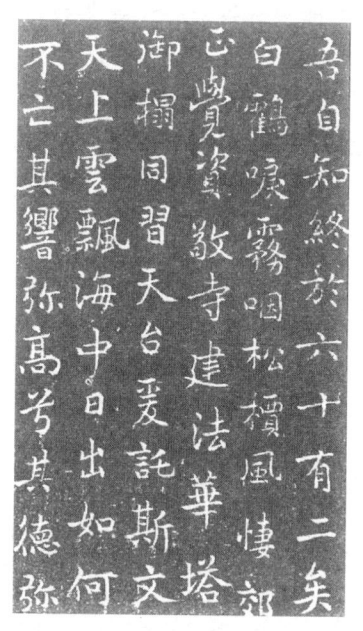

图 I—36　吴通微《楚金禅师碑》（局部）

《玄秘塔碑》（图 I—30），会昌元年（841）刻立于唐长安安国寺，现藏西安碑林，国宝级文物。碑高 368 厘米，宽 120 厘米，柳公权书。《玄秘塔碑》是目前保存最完好、最传神的柳书碑刻之一。柳书兼取欧体之方和颜体之圆，结构严紧端正，字形瘦硬，极尽骨力，运笔健劲舒展，笔力遒劲峻拔，笔法干净利落。"此碑柳书中最露筋骨者，遒媚劲健固不乏，要之，晋法一大变耳。"②"《玄秘塔》故是诚悬极矜练之作"，③ 因而卓然为后世学书者奉为圭臬。

唐长安佛寺里的书法作品，形式多样，诸体皆备，各具风采，是唐代书法文化的缩影。褚书《雁塔圣教序记碑》字体清丽刚健，婉媚遒逸，是书法家褚遂良晚年的杰作。《道因法师碑》笔法劲健，矩矱森严，意态飘

---

① （明）盛时泰：《苍润轩题跋记》"唐颜真卿正书多宝佛塔碑"条，《石刻史料新编》第二辑第 18 册，台北：新文丰出版公司，1979，第 13129 页。
② （明）王世贞：《弇州四部稿》卷一三六《玄秘塔碑》，《景印文渊阁四库全书》第 1281 册，台湾商务印书馆，1986，第 245 页。
③ 《虚舟题跋》卷七《唐柳公权玄秘塔碑》，第 162 页。

逸，是书法家欧阳通的传世佳作。怀仁《集王书圣教序碑》，逸少真迹，咸萃其中。《不空和尚碑》结字老劲，圆熟端庄，是书法家徐浩晚年的力作。《多宝塔碑》结字宽博，笔力沉实，端庄整肃，是书法家颜真卿早期成名之作。《玄秘塔碑》结字内敛外拓，笔力遒劲峻拔，是书法家柳公权的经典代表作。唐长安佛寺俨如书法文化博物馆，挹芳摘翠，含英咀华。如若掩去唐长安佛寺里的石墨碑版，生生不息的3000年中国书法史必将是残篇断章；如若掩去唐长安佛寺里的不朽名作，高潮迭起的3000年中国书法史必将失去熠熠光辉。

岁迁物换，事往迹移。一千多年后的今天，唐长安佛寺废毁殆尽，然而，唐长安佛寺书法文化却并未泯灭。唐长安佛寺里的《雁塔圣教序记碑》《集王书圣教序碑》《多宝塔碑》《玄秘塔碑》等书法名碑，笔笔端严，字字珠玑，皇皇巨制，光耀千古，津逮后学，至今仍然是人们长期临习的书法范本，永远散发着迷人的墨香。

（原载《唐史论丛》第29辑，三秦出版社，2019）

论武则天与感业寺的几个问题

——与气贺泽保规先生商榷

中国历史上唯一的女皇帝武则天的人生，起伏跌宕，波澜壮阔，极具传奇，颇富争议。关于她的历史，疑窦丛生，迷雾重重。武则天早年出家为尼于感业寺之事，即是一例。史书记载，作为唐太宗才人的武则天，在太宗驾崩后，她出家为尼于感业寺。可是，从前有台湾学者李树桐和雷家骥先生对此事持怀疑态度。[①] 近年来，日本学者气贺泽保规先生也对此事持否定态度，他在《武则天的感业寺出家问题与德业寺》一文中认为，唐太宗驾崩后，作为太宗才人的武则天并未出家感业寺，而是栖身于长安城休祥坊母亲家中，"感业寺是在强烈意识着德业寺的心理状况下虚构的寺名"。[②] 气贺泽先生的观点令人耳目一新，然而论据不足，难以让人信服。笔者因就所知，不揣愚陋，谨献刍言。

一　武则天确曾出家为尼

史载，贞观十一年（637），14岁的武则天被唐太宗召入宫中，立为才人。12年后，贞观二十三年（649），唐太宗驾崩，武则天出宫为尼于感业寺。

《旧唐书》卷六《则天皇后本纪》曰：

[①] 李树桐先生在《唐史考辨》（台湾中华书局，1965）一书中认为武则天根本不曾入寺削发为尼，参看宁志新《武则天削发为尼一事考辨——与台湾学者李树桐先生商榷》，《华中师范大学学报》（哲学社会科学版）1990年第1期。雷家骥先生认为："唐朝寺庙常有改名之风，故怀疑此时已有尼众数百人的德业寺，或许就是几年前武才人曾经出家的感业寺，只是寺额已改了一字，大概想掩人耳目罢了。"参看雷家骥《武则天传》，人民出版社，2001，第62页。

[②] 气贺泽保规：《武则天的感业寺出家问题与德业寺》，西安碑林博物馆编《纪念西安碑林九百二十周年华诞国际学术研讨会论文集》，文物出版社，2008，第127~143页。

初，则天年十四时，太宗闻其美容止，召入宫，立为才人。及太宗崩，遂为尼，居感业寺。

《旧唐书》卷五一《高宗废后王氏传》曰：

初，武皇后贞观末随太宗嫔御居于感业寺，后及左右数为之言，高宗由是复召入宫，立为昭仪。

《新唐书》卷四《则天皇后本纪》曰：

后年十四，太宗闻其有色，选为才人。太宗崩，后削发为比丘尼，居于感业寺。

《新唐书》卷七六《则天武皇后传》曰：

文德皇后崩，久之，太宗闻士䕾女美，召为才人，方十四。……及帝崩，与嫔御皆为比丘尼。

《资治通鉴》卷一九九"高宗永徽五年三月"条曰：

太宗崩，武氏随众感业寺为尼。

武则天在唐太宗驾崩后为尼于感业寺，两《唐书》和《资治通鉴》明确记载，言之凿凿。气贺泽先生对此却持否定态度，他认为：

（1）皇帝死后，后宫嫔御全体强制出家的规定不知出处，或许是太宗至高宗朝的一时措施；如果不能确认有关后宫嫔御出家具体规定的史料，也就意味着不能确认武氏等太宗后宫女性全体出家之事实。

（2）武则天是太宗后宫的才人，正五品。如果她实际出家的话，应该进入德业寺或者相当于这一等级的寺院。然而，她不希望如此。实际上她并未出家，而是栖身于休祥坊母亲家中（娘家），继续与高宗保持关系。

笔者以为，气贺泽先生所提上述两点理由不足以否定武则天在唐太宗驾崩后出宫为尼的史实。

首先，中古时期，随着佛教日益盛行，北魏以来，妃嫔入寺为尼就逐渐多了起来。迨至北周，皇帝死后，妃嫔入寺为尼就成为一种惯例，并非"不知出处"的"规定"。

中古历史上，最早入寺为尼的后宫妃嫔是北魏孝文帝的冯皇后。冯皇后是太师冯熙的女儿，太和十七年（493）立为皇后。后来，冯皇后的姐姐也被孝文帝立为昭仪。冯昭仪"稍有宠，后礼爱渐衰"，她"轻后而不率妾礼"，"谮构百端"，孝文帝寻废冯皇后为庶人，"后贞谨有德操，遂为练行尼。后终于瑶光寺"。① 无独有偶，北魏宣武帝高皇后在孝明帝即位后，上尊号曰皇太后，"寻为尼，居瑶光寺，非大节庆，不入宫中"，暴崩后，"丧还瑶光寺，嫔葬皆以尼礼"。② 北魏孝明帝胡皇后是灵太后从兄之女，当时世家大族博陵崔孝芬、范阳卢道约、陇西李瓒等人的女儿在宫中只是世妇，"诸人诉讼，咸见忿责。后既入道，遂居于瑶光寺"。③ 是时，皇后为尼不只北魏一朝。北齐文宣帝李皇后在武成帝即位后用"犊车载送妙胜尼寺"，"后性爱佛法，因此为尼"。④ 北齐后主斛律皇后"废在别宫，后令为尼"。⑤ 西魏文帝即位后，册立河南洛阳人乙弗氏为皇后。当时，蠕蠕寇边，文帝未遑北伐，乃与蠕蠕相约为婚和好，于是以蠕蠕主阿那瓌长女为皇后，"命后（乙弗氏）逊居别宫，出家为尼"。⑥ 西魏恭帝皇后若干氏"后出家为尼，在佛寺薨，竟无谥"。⑦

北魏以来，皇后出家为尼者，代不乏人。到了北周，皇帝被废或死后，后宫妃嫔（包括皇后）入寺为尼俨然成为一种惯例。北周孝闵帝元皇后名胡摩，"帝被废，后出俗为尼"。⑧ 北周武帝李皇后名娥姿，武帝死后，被尊为天元帝太后，又先后改称天皇太后、天元圣皇太后。宣帝崩，静帝尊李皇后为太帝太后。隋开皇元年（581）三月，李皇后"出俗为尼，改名常悲。八年殂，年五十三，以尼礼葬于京城南"。⑨ 北周宣帝朱皇后名满

---

① （北齐）魏收：《魏书》卷一三《孝文废皇后冯氏传》，中华书局，1974，第332页。
② 《魏书》卷一三《宣武皇后高氏传》，第336页。
③ 《魏书》卷一三《孝明皇后胡氏传》，第340页。
④ （唐）李百药：《北齐书》卷九《文宣皇后李氏传》，中华书局，1972，第125~126页。
⑤ 《北齐书》卷九《后主皇后斛律氏传》，第127页。
⑥ （唐）李延寿：《北史》卷一三《文帝文皇后乙弗氏传》，中华书局，1974，第506页。
⑦ 《北史》卷一三《恭帝皇后若干氏传》，第508页。
⑧ （唐）令狐德棻：《周书》卷九《孝闵帝元皇后传》，中华书局，1971，第143页。
⑨ 《周书》卷九《武帝李皇后传》，第145页。

月，宣帝崩，静帝尊朱皇后满月为帝太后。隋开皇元年（581），朱皇后"出俗为尼，名法净。六年殂，年四十，以尼礼葬京城"。① 北周宣帝陈皇后名月仪，"帝崩，后出家为尼，改名华光"。② 宣帝元皇后名乐尚，"帝崩，后出俗为尼，改名华胜"。③ 宣帝尉迟皇后名炽繁，"帝崩，后出俗为尼，改名华首"。④ 北周王朝历时25年，共有5位皇帝，一共10位皇后，如上所述，就有6位皇后在皇帝被废或死后出家为尼。其中，北周宣帝先后有5位皇后，除了第一位皇后杨皇后，"〔宣〕帝崩，静帝尊后为皇太后，居弘圣宫"，⑤ 后来的其他4位皇后在宣帝崩后，皆出宫为尼。可以说，至迟在北周末年，皇帝死后，后宫妃嫔入寺为尼就成为一种惯例。

《长安志》卷一〇《唐京城四·休祥坊》"万善尼寺"条下注云："本在故城中，周宣帝大象二年置。开皇三年移于此，尽度周氏皇后嫔御以下千余人为尼以处之。"北周末年形成的皇帝死后后宫妃嫔入寺为尼之惯例，到了隋朝，一以贯之。因此，隋文帝的儿子杨广与文帝宠姬宣华夫人陈氏早就私通，文帝死，杨广即帝位后，他仍然令陈氏出居仙都宫（原为胜光寺），然后再召入宫。⑥ 唐代初期，皇帝死后后宫妃嫔入寺为尼的惯例，仍在贯彻执行。《长安志》卷九《唐京城三·崇德坊》"崇圣寺"条下注云："寺有二门，西门本济度尼寺，隋秦孝王俊舍宅所立。东门本道德尼寺，隋时立。至贞观二十三年，徙济度尼寺于安业坊之修善寺，以其所为灵宝寺，尽度太宗嫔御为尼以处之。"这是我们完全可以确认的唐太宗至高宗朝"有关后宫嫔御出家具体规定的史料"。《唐会要》卷三《皇后》称："太宗崩，〔天后武氏〕随嫔御之例出家，为尼感业寺。"又《新唐书》卷七六《则天武皇后传》曰："及帝崩，与嫔御皆为比丘尼，居于感业寺。"《资治通鉴》卷一九九"高宗永徽五年三月"条亦曰："太宗崩，武氏随众感业寺为尼。"可见，唐高宗就是按照惯例，在其父太宗驾崩后，先让武则天为尼于感业寺，然后再召入宫中，立为昭仪，进而又立为皇后。唐高宗的这一做法与隋炀帝对其父后妃宣华夫人的处置如出一辙，正是依循

---

① 《周书》卷九《宣帝朱皇后传》，第146页。
② 《周书》卷九《宣帝陈皇后传》，第147页。
③ 《周书》卷九《宣帝元皇后传》，第148页。
④ 《周书》卷九《宣帝尉迟皇后传》，第148页。
⑤ 《周书》卷九《宣帝杨皇后传》，第146页。
⑥ （唐）魏徵等：《隋书》卷三六《宣华夫人陈氏传》，中华书局，1973，第1110页。

北周杨隋以来约定俗成的惯例所做的顺理成章的安排。

其次，唐太宗驾崩后，按照惯例，作为太宗才人的武则天必须出家为尼，武则天本人"她不希望如此"，可以理解，但是，这由不得她，不是她的个人意愿所能决定的事。即使君临天下的唐高宗，纵然与武则天感情甚笃，他在当时也不便违背传统的伦理规范，直接把武则天留在宫中。因为直接把武则天留在宫中，为时所忌，那是对先帝的大不敬，是冒天下之大不韪。即是说，武则天本人"不希望"出家为尼，决定不了她可以不出家；她的"不希望"，不等同"实际上她并未出家"。至于说武则天"而是栖身于休祥坊母亲家中（娘家），继续与高宗保持关系"，这只是气贺泽先生的推测而已，他没有举出一条具体史料可以证实武则天"栖身于休祥坊母亲家中（娘家），继续与高宗保持关系"。再则，气贺泽先生在文中说"武氏出家及与高宗再会的舞台是感业寺（尼寺）"，又说武则天"栖身于休祥坊母亲家中（娘家），继续与高宗保持关系"，本身相互抵牾。

气贺泽先生说，"为了重返后宫，武氏有必要采用一度出家的形式"，他一方面努力求证感业寺的具体位置，另一方面否定武则天曾经出家为尼，自相矛盾。气贺泽先生否定武则天出家为尼的两点理由经不起推敲，两《唐书》和《资治通鉴》的有关记载坚实可靠。唐太宗驾崩后，作为才人的武则天出家为尼于感业寺，毋庸置疑。

二 感业寺并非人为虚构

气贺泽先生在否定武则天出家为尼的基础上，进而否定感业寺的真正存在，他的理由有以下三点：

（1）感业寺的寺名不见于《两京新记》和《长安志》，可以认为其不是唐代长安实际存在的寺院。

（2）武则天计划登上女皇宝座时，为了粉饰自己的过去，从而编造出与德业寺名称相似的感业寺寺名，作为出家之所。

（3）关于武则天出家的所谓感业寺的寺名，两《唐书》、《资治通鉴》等史书都有记载，但未具体明示可以推断其位置的线索。在既往的研究中，有学者试图在位于长安城中心的安业坊和崇德坊求其所在，但是，并未发现任何与感业寺相关的蛛丝马迹，不得不令人怀疑感业寺只不过是一个架空的影子寺院。

以下我们就一一讨论气贺泽先生提出的三点理由。

其一，单凭《两京新记》和《长安志》没有记载感业寺而否定感业寺的存在，显然失之偏颇。唐长安佛教寺院规模宏大，数量众多。唐人韦述《两京新记》载，唐长安有佛寺91所。宋人宋敏求《长安志》载，唐长安佛寺有104所。《两京新记》和《长安志》对唐长安佛教寺院的记述虽极具史料价值，但都是不完全的记载。正因为《两京新记》的记载不全面，《长安志》所记唐长安佛寺比《两京新记》多了13所。也正因为《长安志》的记载不全面，清人徐松《唐两京城坊考》考得唐长安佛寺107所，比《长安志》所记又多了3所。截至目前，有史可考的唐长安及其近郊佛寺多达220所[1]，是《两京新记》和《长安志》所记唐长安佛寺数量的两倍多。现在所知比《两京新记》和《长安志》多出的100多所佛寺，个个有史可考，我们不能因为《两京新记》和《长安志》未见记载，就断定它们都不存在。同理，我们不能仅凭《两京新记》和《长安志》没有记载感业寺就否定感业寺的存在。

其二，武则天登上女皇宝座后，为了粉饰自己过去不光彩的历史，她本人以及当朝人编造各种故事，混淆视听，这在当时既十分必要，又完全可能。但是，"粉饰""编造"终究不能改变武则天曾经出家感业寺的历史事实。当朝人以为出家为尼有损帝后声誉，他们会千方百计地掩饰这段不愿为人所知的历史。时过境迁，《旧唐书》《新唐书》《唐会要》《资治通鉴》的作者就没有必要为武则天掩饰了，他们也没有为武则天掩饰，四书一致记载武则天曾经出家感业寺，不是空穴来风，不是随意杜撰。即是说，我们不能因为武则天个人需要"粉饰"，就认为感业寺是随意"编造"的。

其三，感业寺在两《唐书》和《资治通鉴》中都有记载，却没有交代其具体位置，也"未明示可以推断其位置的线索"，确是事实。但是，我们不能因此就"怀疑感业寺只不过是一个架空的影子寺院"。由两《唐书》和《资治通鉴》没有交代感业寺的具体位置推论感业寺不存在，显然有失允当。气贺泽先生关于长安城安业坊和崇德坊"并未发现任何与感业寺相关的蛛丝马迹"的论断完全正确，但是，也不能因此就"怀疑感业寺只不过是一个架空的影子寺院"。因为唐长安城安业坊和崇德坊"未发现任何与感业寺相关的蛛丝马迹"，并不能排除长安城其他地方没有感业寺的

---

[1] 别详拙文《〈唐长安佛寺考〉补苴》，《中国历史地理论丛》2009年第3辑。

"蛛丝马迹"。

关于感业寺的具体位置，史籍所记，扑朔迷离。概括起来说，有以下三种观点。

第一种观点认为，感业寺位于唐长安城崇德坊。北宋宋敏求《长安志》卷九崇德坊"崇圣寺"条下注曰："寺有二门，西门本济度尼寺，隋秦孝王俊舍宅所立。东门本道德尼寺，隋时立。至贞观二十三年，徙济度尼寺于安业坊之修善寺，以其所为灵宝寺，尽度太宗嫔御为尼以处之；徙道德寺额于休祥坊之太原寺，以其所为崇圣宫，以为太宗别庙。仪凤二年，并为崇圣僧寺。"元代骆天骧《类编长安志》所记略同。后世许多学者据此认为，感业寺在长安城崇德坊济度尼寺的旧址，后来改名叫灵宝寺。①

第二种观点认为，感业寺位于唐长安城安业坊。南宋程大昌《雍录》卷一〇《寺观》曰："感业寺（武后为尼），贞观二十三年五月，太宗上仙，其年即以安业坊济度尼寺为灵宝寺，尽度太宗嫔御为尼以处之。此寺之东又有道德寺，亦尼寺也，改造道德寺为崇圣寺，充太宗别庙。永徽五年，太宗忌日，高宗诣寺行香，武氏泣，上亦泣。王皇后欲以间萧淑妃之宠，令武氏长发，劝上纳之后宫。"注云："以《通鉴》、《长安志》及吕《图》参定。《通鉴》言武氏在感业寺，《长安志》云在安业寺，惟此差不同。然《志》能言寺之位置及始末，则安业者是也。"可见，程大昌认为，感业寺当是安业寺，位于长安城安业坊。清徐松《唐两京城坊考》卷四"安业坊"下云："东南隅，济度尼寺。"注曰："隋太师申国公李穆之别宅。穆妻元氏立为修善僧寺。其济度尼寺本在崇德坊，贞观二十三年徙于此。武后为尼，即此寺也。其额殷令名所题。《通鉴》作感业寺。"可见，徐松也认为感业寺位于长安城安业坊，与程大昌不同的是，徐松以为感业寺即是安业坊济度尼寺。

第三种观点认为，感业寺在唐长安禁苑之内。嘉庆《长安县志》卷二二《寺观志》云："感业寺，在长安故城西北，即唐武后为尼处。万历十二年重修。"民国《咸宁长安两县续志》卷七《祠祀考附寺观》云："感业寺，兵燹后，殿宇尽毁，仅明万历年一碑并乡人掘土所得一碣，上书

---

① 赵文润、王双怀：《武则天评传》，三秦出版社，1993，第22页；蒙曼：《蒙曼说唐武则天》，广西师范大学出版社，2008，第22页。

'唐武后焚香院'六小字，下书'大唐感业禅院'六大字，今俱存。"唐禁苑西包汉长安故城，学者们据此认为，位于汉长安故城西北的感业寺在唐代禁苑之内，遗址在今西安市北郊六村堡东北 3.5 公里处的感业寺小学。①

上述三种观点，第一种观点和第二种观点都不能成立。第一种观点依据《长安志》卷九"崇德坊"下所谓"贞观二十三年，徙济度尼寺于安业坊之修善寺，以其所为灵宝寺，尽度太宗嫔御为尼以处之"，认为感业寺位于唐长安城崇德坊，理由不充分。贞观二十三年（649），徙崇德坊济度尼寺于安业坊之修善寺，以济度尼寺旧址为灵宝寺，尽度太宗嫔御为尼。这里，史籍虽说"尽度太宗嫔御为尼"于灵宝寺，但未明言武则天就为尼于灵宝寺，而武则天地位特殊，恐怕未必与其他妃嫔一样出家为尼于灵宝寺。除此之外，两《唐书》、《资治通鉴》记载武则天出家为尼于感业寺，毋庸置疑。依《长安志》，即使说武则天与其他妃嫔一样出家为尼于灵宝寺，那么，也就是说，感业寺即崇德坊灵宝寺，换句话说，灵宝寺又名感业寺。但是，史籍并无灵宝寺易名感业寺的记载。因此，第一种观点不成立。第二种观点，是程大昌对宋敏求《长安志》的误解所致。宋敏求的本意是，将崇德坊济度尼寺迁移到安业坊的修善寺，在崇德坊济度尼寺原址建灵宝寺，尽度太宗嫔御为尼于灵宝寺，而并非像程大昌所说"以安业坊济度尼寺为灵宝寺，尽度太宗嫔御为尼以处之"，更不是"安业坊安业寺"。

职是之故，第三种观点可信，武则天出家为尼于感业寺，感业寺在唐长安禁苑内。位于唐长安禁苑内的感业寺，距离唐宫城西内太极宫很近。诚如张维慎先生所说："由于唐禁苑连接西内苑和宫城，这样，唐高宗李治在太宗忌日从宫城出发前往感业寺进香，只要穿过西内苑，就跨入感业寺所处的禁苑范围了。"② 气贺泽先生对"城内设置感业寺的真实性"表示"质疑"，他说："在长安城中如此引人注目的地方，高宗与武氏两人有可能发展关系吗？"感业寺在唐禁苑，不在长安城内，气贺泽先生的疑问也就迎刃而解了。至于气贺泽先生说"像感业寺这样重要的寺院，史料对其

---

① 史念海主编《西安历史地图集》之《唐长安县、万年县乡里分布图》，西安地图出版社，1996。
② 张维慎：《武则天出家为尼之寺院名称及其方位考》，赵文润主编《武则天研究论文集》，山西古籍出版社，1998，第 239~245 页。

位置的记载居然十分暧昧",笔者以为那是唐人为尊者讳的结果。为维护唐太宗、唐高宗以及武则天的帝王形象,唐代实录、国史的编撰者为尊者讳,轻描淡写感业寺,只字不提感业寺的具体方位。《旧唐书》取材唐实录和国史,因而对感业寺的位置也就不甚了了。晚于《旧唐书》的《唐会要》《新唐书》《资治通鉴》,对于感业寺的具体位置就更无话可说了。因而,四书都说武则天出家感业寺,但都没有交代感业寺的具体位置,以致后世学者众说纷纭,莫衷一是。

感业寺并非人为虚构,不是"一个架空的影子寺院"。感业寺在唐长安禁苑内,遗址在今西安市未央区六村堡街道办事处感业寺小学内。嘉庆《长安县志》卷二四《金石志》载:"感业寺碑,万历十三年七月王继祖撰,正书,在县西北。"笔者前往感业寺遗址进行实地考察,万历十三年(1585)的《重修古刹感业寺碑记》至今矗立在感业寺遗址上,又有大唐感业禅寺碑(明代)一通,遗址周边还有一些柱础石。2001 年,感业寺遗址被西安市人民政府确定为第二批市级文物保护单位。因年久失修,面临倒塌危险,2003 年,西安市文物局委托西安市古代建筑工程公司对感业寺大殿进行了翻修。

三 感业寺与德业寺无关

气贺泽先生认为,感业寺与德业寺"两者不仅寺名相似,而且也都是与宫中或宫人关系密切的尼寺,又都和武则天同时期。作为寺院的功能与性格如此接近,当非偶然"。由此他得出结论:"感业寺是在强烈意识着德业寺的心理状况下虚构的寺名。"上文已经剖析了气贺泽先生的这一结论不能成立,最后再谈谈感业寺与德业寺的关系。

笔者以为,感业寺与德业寺虽然寺名相似,但是没有必然联系。如果因为感业寺与德业寺寺名只差一字,就说感业寺是因德业寺的存在而虚构的寺院,那么,反过来是否也可以说德业寺与感业寺寺名只差一字,德业寺是因感业寺的存在而虚构的寺院?感业寺与德业寺寺名虽然只差一字,但是,如此推论,则谬以千里。

从现有史料看,感业寺和德业寺都是唐长安禁苑中的佛寺。气贺泽先生关于感业寺和德业寺"都是与宫中或宫人关系密切的尼寺"的论断是正确的,但是他说"德业寺位于唐长安北城墙西侧景耀门入禁苑处"则有误。《大慈恩寺三藏法师传》卷八云：

> 〔显庆元年〕二月，有尼宝乘者，高祖神尧皇帝之婕妤、隋襄州总管临河公薛道衡之女也。德芬彤管，美擅椒闱。父既学业见称，女亦不亏家训。妙通经史，兼善文才。大帝幼时，从其受学，嗣位之后，以师傅旧恩，封河东郡夫人，礼敬甚重。夫人情慕出家，帝从其志，为禁中别造鹤林寺而处之，并建碑述德。又度侍者数十人，并四事公给，将进具戒。至二月十日，敕迎法师将大德九人，各一侍者，赴鹤林寺为河东郡夫人薛尼受戒。又敕庄校宝车十乘、音声车十乘，待于景耀门内，先将马就寺接入城门已，方乃登车发引，大德居前，音声从后。……既到，安置别馆，设坛席，为宝乘等五十余人受戒，唯法师一人为阇梨，诸德为证而已。三日方了。受戒已，复命巧工吴智敏图十师形，留之供养。其鹤林侧先有德业寺，尼众数百人，又奏请法师受菩萨戒，于是复往德业寺。事讫辞还，嚫施隆重，敕遣内给事王君德将手力执华盖引送，衢路观者极生善矣。鹤林后改为隆国寺焉。

由上可知，显庆二年（657），唐高宗为高祖婕妤、河东郡夫人薛氏在长安禁苑建造了鹤林寺。鹤林寺在唐长安禁苑中，后来改名隆国寺。《全唐文》卷一五《隆国寺碑铭》描述隆国寺（鹤林寺）所处的地理形势是：

> ……却背邠郊，点千庄之树锦；前临终岳，吐百仞之峰莲。左面八川，水皎地而分镜；右邻九达，羽飞盖而连云。抑天府之奥区，信上京之胜地。

鹤林寺位于唐长安禁苑内，德业寺在鹤林寺一侧，邻近鹤林寺的德业寺亦当在唐长安禁苑内。唐人道宣《续高僧传》卷二三《唐京师普光寺玄琬传》曰：

> 逮贞观初年，以琬戒素成治，朝野具瞻，有敕召为皇太子及诸王等受菩萨戒，故储宫以下师礼崇焉。有令造普光寺，召而居之，供事丰华，广沾会响。又别敕延入，为皇后六宫并妃主等受戒椒掖，问德禁中。……寻有别敕，于苑内德业寺为皇后写现在藏经……

德业寺位于唐长安禁苑内，不在唐长安北城墙西侧景耀门入禁苑处。气贺泽先生之所以得出"德业寺位于唐长安北城墙西侧景耀门入禁苑处"的结论，源于他对《大慈恩寺三藏法师传》有关文句的误读。《大慈恩寺三藏法师传》说，玄奘将赴鹤林寺为河东郡夫人薛尼受戒，朝廷敕令车马"待于景耀门内"迎接，"先将马就寺接入城门已"。显然，《大慈恩寺三藏法师传》并不是说鹤林寺在景耀门附近。因此，邻近鹤林寺的德业寺也当然不在长安北城墙西侧景耀门入禁苑处。

位于唐长安禁苑中的德业寺和鹤林寺，均属唐代内道场。唐代内道场设在宫廷或禁中，主要用于三教辩论、高僧讲经、为帝后六宫授戒、举行佛教法会等活动，服务对象是皇帝和宫人。三藏法师玄奘前往鹤林寺和德业寺即是为宫人授菩萨戒。德业寺是唐长安禁苑中的宫人尼寺，"尼众数百人"，规模很大。气贺泽先生在文中揭示了考古出土的德业寺亡尼墓志一共9块。从志文可知，德业寺9名亡尼中，有6名是宫人。6名宫尼中，4名是正七品，另外2名品级不明。气贺泽先生说德业寺"墓主的品阶集中在后宫五品至七品之间"就不完全正确了。因为目前尚未发现七品以上的德业寺宫尼墓志。气贺泽先生说："德业寺是后宫中间阶位以下的宫人出家的寺院，为身份更高者可能设置了规格更高的出家的寺院。"他还说："武则天是太宗后宫的才人，正五品。如果她实际出家的话，应该进入德业寺（或者相当于这一级的寺院）。"气贺泽先生这一说法也有矛盾。既然"德业寺是后宫中间阶位以下的宫人出家的寺院，为身份更高者可能设置了规格更高的出家的寺院"，那么，正五品的后宫才人武则天出家当然就不"应该进入德业寺（或者相当于这一级的寺院）"了。因此，武则天出家为尼是在感业寺，感业寺的级别或当比德业寺高一些。

综上所述，笔者以为，唐太宗驾崩后，作为太宗才人的武则天出家为尼于感业寺，确凿无疑。感业寺并非人为虚构的寺院，它位于唐长安禁苑内。感业寺与德业寺没有必然联系，不过都是唐长安禁苑内的宫人尼寺而已。以上所论，并识管窥，是否得当，敬请气贺泽先生指正，也希望其他同道不吝赐教。

[原载《厦门大学学报》（哲学社会科学版）2012年第3期，后收入《汉唐史论——赵文润教授八十华诞祝寿文集》，三秦出版社，2015]

中编 隋唐佛教高僧生平事迹索隐

隋唐高僧与儒学

佛教传入中国以后,与中国本土的儒学既相碰撞、冲突,又相融合、会通,儒、佛关系遂成为中国思想文化史研究中的一个重要课题。由于隋唐时期既是中国佛教的繁荣阶段,又是佛教完成中国化的重要时期,因而这一时期的儒、佛关系尤为令人瞩目。隋唐时期,儒、佛相互融摄、互补共存,这是学术界的共识。然而,在以往的隋唐儒、佛关系研究中,学者们注意较多的是儒士奉佛、儒士与高僧的交往以及佛教迎合、比附儒家思想变通教义和礼仪等问题,隋唐高僧与儒学这一向度弃置一旁,没有引起学界的足够重视。佛教的中国化就是儒学化,[①] 主要是由佛教高僧完成的,儒释兼通的隋唐高僧无疑在佛教中国化的过程中扮演了重要角色。因此,考察隋唐高僧与儒学的关系,有助于丰富并深化我们对隋唐时期儒、佛关系的认知、理解和评价。

一

隋唐时期,在统治者的大力支持下,佛教得到了长足发展,异常兴旺发达。但是,佛教的兴盛并没有改变儒学的正统地位。隋唐帝王虽然大都提倡佛教,但无不仍以儒学作为经邦治国的根本。隋文帝承续北周"儒学为本"的传统,他"超擢奇俊,厚赏诸儒,京邑达乎四方,皆启黉校。齐、鲁、赵、魏,学者尤多,负笈追师,不远千里,讲诵之声,道路不绝"。[②] 唐太宗说:"朕今所好者,惟在尧、舜之道,周、孔之教,以为如鸟有翼,如鱼依水,失之必死,不可暂无耳。"[③]

[①] 任继愈:《儒教再评价》,《社会科学战线》1982年第2期。
[②] (唐)魏徵等:《隋书》卷七五《儒林传序》,中华书局,1973,第1706页。
[③] (唐)吴兢:《贞观政要》卷六《慎所好》,上海古籍出版社,1978,第195页。

他还说："至于佛教，非意所遵，虽有国之常经，固弊俗之虚术。"① 儒学在意识形态领域的主导地位，尊经重儒的文化传统，使得隋唐高僧与儒学结下了不解之缘。

隋唐高僧涉览外典，兼习儒学。隋京师延兴寺释灵达"先在儒门，备参经史"。② 隋京师静法寺释慧海"涉猎儒门，历览玄肆，虽未穷其章句，略以得其指归"。③ 隋东都慧日寺释道庄"游践经史，听习玄论，皆会其标诣"。④ 唐长安西明寺释圆照寻究经论，访问师承，《维摩》《法华》《因明》《唯识》《涅槃》《中观》《华严》新经，或深入堂皇，或略从染指，"仍旁求于儒、墨，兼擅美于风骚"。⑤ 唐东阳清泰寺释玄朗练达《法华》《净名》《大论》《止观》《禅门》等，凡一宗之教迹，研核至精。玄朗后来依从恭禅师重修观法，"博达儒书，兼闲道宗，无不该览"。⑥ 隋唐高僧兼习儒学者众多，有些高僧对于儒学典籍还不是一般意义上的涉猎，而是潜心精研，因而深通经书。如唐蒲州栖岩寺释神素，"儒学之富，《礼》《易》是长"。⑦ 释神素擅长《礼》《易》两部经书，更有甚者，唐吴兴释法海则精通"六经"，史传说他"一时外学，六籍该通"，"擅当代独悟之名，剖先贤不决之义"。⑧

隋唐高僧兼习俗书，深通儒学，某些高僧甚而独树一帜，独步当世，时人难以望其项背。唐长安大慈恩寺释彦悰"于玄儒之业，颇见精微。辞笔之能，殊超流辈"。⑨ 唐襄州辩觉寺释清江"而善篇章，儒家笔语，体高辞典，又擅一隅之美，时少伦拟"。⑩ 正是由于在儒学方面具有相当造诣，有的高僧自鸣得意。唐京师大庄严寺释神迥"渔猎子史，讽味名篇，逸调横驰，颇以此而怀简傲也"，他"或谈叙儒史，或开悟玄宗，优游自任，

---

① （后晋）刘昫等：《旧唐书》卷六三《萧瑀传》，中华书局，1975，第 2403 页。
② （唐）道宣撰，郭绍林点校《续高僧传》卷二八《隋京师延兴寺释灵达传》，中华书局，2014，第 1111 页。
③ 《续高僧传》卷一一《隋西京静法道场释慧海传》，第 376 页。
④ 《续高僧传》卷九《隋东都内慧日道场释道庄传》，第 327 页。
⑤ （宋）赞宁撰，范祥雍点校《宋高僧传》卷一五《唐京师西明寺圆照传》，中华书局，1987，第 376 页。
⑥ 《宋高僧传》卷二六《唐东阳清泰寺玄朗传》，第 662 页。
⑦ 《续高僧传》卷一三《唐蒲州栖岩寺释神素传》，第 464 页。
⑧ 《宋高僧传》卷六《唐吴兴法海传》，第 115 页。
⑨ 《宋高僧传》卷四《唐京兆大慈恩寺彦悰传》，第 74 页。
⑩ 《宋高僧传》卷一五《唐襄州辩觉寺清江传》，第 368 页。

亦季世纵达之高僧也"。① 唐扬州慧照寺释省躬不仅博综律乘,"躬复高儒学,作碑颂越多,以其曾化邗沟,故呼淮南记主,自号清冷山沙门焉"。②精通儒学的隋唐高僧自命不凡,引得无数公卿贵士竞折腰。唐襄州光福寺释慧璿"涉猎玄儒,通冠文采。襄荆士素,咸倾仰之"。③ 唐京师保寿寺释法真"器识悠深,学问宏博,研穷梵典,旁赜儒书。讲导之余,吟咏性情。公卿贵士,无不宗奉"。④ 唐五台山释行严"家袭簪祖,业嗣典坟",他于"三教偕明,谈论天人之际,听者茫昧,不知区域之内外耶!王公大人靡不回向"。⑤ 儒释兼通的行严因而被誉为"儒宗圭璋,释氏师子"。⑥

隋唐时期,佛教高僧中不惟研习儒经者众多,还有许多精通儒学的高僧成为儒师,授业解惑,弘宣儒学。隋高僧灵裕"曾与诸僧共谈儒教,旁有讲席,参涉间闻,两听同散,竟以相闻覆述句义,并无一遗。由此邺下擅名,遐迩驰誉"。⑦ 唐襄州人袁山松,博览经诰,时号"儒宗"。然而,当他得知唐东岳沙门道辩"经史洞达",依然以高僧道辩为师,向其求教。⑧ 唐兖州人释慧斌"博览经艺,文义洞开,偏晓字源,尤明章曜",⑨甚为乡党推崇。释慧斌19岁即为州助教,儒释兼弘。唐高僧刘彦范"虽为沙门,早究儒学,邑人呼为刘九经。颜鲁公、韩晋公、刘忠州、穆监宁、独孤常州皆与之善,各执经受业者数十人"。⑩ 由于隋唐高僧礼玄双修,儒释兼弘,因而,有的高僧还受聘为州郡学校里的经师。唐代道州州学就曾聘请儒佛双修的高僧凝辩为《易》师。⑪ 无独有偶,唐敦煌郡高僧慧菀"利根事佛,余力通儒",他"领生徒坐于学校,贵服色举以临坛","勉弘两教,用化新邦"。⑫ 慧菀不仅是敦煌郡释门都监僧正,而且是沙州

---

① 《续高僧传》卷一三《唐京师大庄严寺释神逈传》,第 448 页。
② 《宋高僧传》卷一五《唐扬州慧照寺省躬传》,第 370 页。
③ 《续高僧传》卷一五《唐襄州光福寺释慧璿传》,第 512 页。
④ 《宋高僧传》卷二九《唐京师保寿寺法真传》,第 735~736 页。
⑤ 《宋高僧传》卷二七《唐五台山行严传》,第 690 页。
⑥ 《宋高僧传》卷二七《唐五台山佛光寺愿诚传》,第 691 页。
⑦ 《续高僧传》卷九《隋相州演空寺释灵裕传》,第 311 页。
⑧ 《续高僧传》卷二七《隋东岳沙门释道辩传》,第 1069 页。
⑨ 《续高僧传》卷二〇《唐京师弘福寺释慧斌传》,第 751 页。
⑩ (宋)王谠撰,周勋初校证《唐语林校证》卷四《栖逸》,中华书局,2008,第 393 页。
⑪ (唐)柳宗元:《柳宗元集》卷五《道州文宣王庙碑》,中华书局,1979,第 120~122 页。
⑫ (唐)杜牧撰,陈允吉校点《樊川文集》卷二〇《敦煌郡僧正慧菀除临坛大德制》,上海古籍出版社,2007,第 305~306 页。

州学博士,成为州郡学校里的儒学教师。

隋唐高僧精通儒学,能为儒学教师,因而明经中举者亦不乏其人。唐蒲州仁寿寺释慧萧善说《诗》《礼》,"州郡以明经举之"。① 唐荆州福寿寺释甄公少而警慧,7岁诵通《诗》《雅》,遂应州举,"三上中第,未释褐"。② 唐长安青龙寺释道氤早年应进士科,一举擢第,"名喧日下,才调清奇,荣耀亲里"。③ 隋唐高僧儒学之精,由此可见。

二

隋唐高僧兼习外书,深通儒学者所在多多,而他们与儒学之因缘却各有不同。

一是秉承家学,淹贯儒家经典。隋江表徐方中寺释慧暅"钻求六经,略通大义。盖家教之常习,非其好也"。④ 许多高僧世号衣冠,门称甲族,他们的儒学素养出自家学渊源。唐京师普光寺释道岳"家世儒学,专门守业,九岁读《诗》《易》《孝经》,聪敏强识,卓异伦伍"。⑤ 唐京师纪国寺沙门释慧净"家世儒宗,乡邦称美",因而"年在弱岁,早习丘坟,便晓文颂,荣冠闾里"。⑥ 唐天目山千顷院释明觉"儒家之子,风流蕴藉,好问求知,曾无倦懈"。⑦ 唐衡山昂头峰释日照"家世豪盛,幼承庭训,博览经籍"。⑧ 唐天台紫凝山释慧恭"家传儒素,不交非类","年十七,举进士,名随计车。将到京阙,因游终南山奉日寺,目祖师遗像,释然世纲,遂求出家"。⑨ 唐润州石圮山释神悟"世袭儒素,幼为诸生"。⑩

二是出家前在地方学校业习儒家经典。唐京师崇义寺释慧頵"早经庠塾,业贯儒宗,艺能多具"。⑪ 唐杭州天竺寺释道齐"幼而察慧,器度浩

---

① 《续高僧传》卷二三《唐蒲州仁寿寺释慧萧传》,第868页。
② 《宋高僧传》卷一一《唐荆州福寿寺甄公传》,第257页。
③ 《宋高僧传》卷五《唐长安青龙寺道氤传》,第97页。
④ 《续高僧传》卷九《隋江表徐方中寺释慧暅传》,第305页。
⑤ 《续高僧传》卷一三《唐京师普光寺释道岳传》,第452页。
⑥ 《续高僧传》卷三《唐京师纪国寺沙门释慧净传》,第72~73页。
⑦ 《宋高僧传》卷一一《唐天目山千顷院明觉传》,第254页。
⑧ 《宋高僧传》卷一二《唐衡山昂头峰日照传》,第274页。
⑨ 《宋高僧传》卷一二《唐天台紫凝山慧恭传》,第291页。
⑩ 《宋高僧传》卷一七《唐润州石圮山神悟传》,第416页。
⑪ 《续高僧传》卷一四《唐京师崇义寺释慧頵传》,第484页。

然,入于庠序,经籍淹通"。① 唐邓州乌牙山释圆震"少警寤而尚学,入庠序,研究《五经》。倏遇云游沙门寓宵,其父为州衙吏,酷有道心,留是僧供施。震礼奉其僧,听其谈道,颇觉入神。舍儒典,披释经,顿辞所爱,往白磁山,礼智幽为师受教"。② 唐洛阳荷泽寺释神会"年方幼学,厥性惇明,从师传授《五经》,克通幽赜"。③

三是出家后在佛教寺院兼习儒家经典。唐彭州丹景山释知玄,俗姓陈氏,眉州洪雅人,蜀人号称"陈菩萨"。知玄在唐长安资圣寺"敷演经论,僧俗仰观",他向京师安国寺信法师学《唯识论》,"又研习外典,经籍百家之言,无不该综"。④ 唐常州兴宁寺释义宣"纳法后,孜孜律科,时无虚度。玄儒旁综,长在篇章,卒问捷给"。⑤ 唐会稽开元寺释允文玄枢律仪,尤见精微,"讲演律乘,人皆披靡,然亦猎涉儒、墨"。⑥ 唐抚州宝应寺释慧钦"虽坚持律仪,而志在宏济,好读《周易》、《左传》,下笔成章"。⑦

值得注意的是,许多高僧无论是在出家前,还是在出家后,始终不渝地习儒、弘儒。隋相州演空寺释灵裕幼时"至于《孝经》《论语》,才读文词,兼明注解";出家后,"暨于儒、释两教,遍须通晓也"。⑧ 唐会稽开元寺释昙一"年十五,从李滔先生习《诗》《礼》,终日不违",后来又"听云门寺茂亮法师经论,一闻悬解",遂有度世之志,乃承恩出家。开元年间,昙一西游长安,依观音寺大亮律师传《毗尼藏》,依崇圣寺檀子法师学《唯识》《俱舍》等论,依安国寺印度沙门受菩萨戒。"于是莲花不染之义,甘露甚深之旨,一传慧炬,了作梵雄。远近瞻仰,如宗师矣。然刃有余地,时兼外学,常问《周易》于左常侍褚无量,论《史记》于国子司业马贞。遂渔猎百氏,囊括六籍,增广闻见,自是儒家,调御人天,皆因佛事。公卿向慕,京师藉甚",张说、宋璟、苏瑰、陆象先、贺知章等"皆以同声并为师友"。⑨ 唐越州称心寺释大义年及7岁,其父即训之以经

---

① 《宋高僧传》卷二九《唐杭州天竺寺道齐传》,第733页。
② 《宋高僧传》卷二〇《唐邓州乌牙山圆震传》,第514页。
③ 《宋高僧传》卷八《唐洛京荷泽寺神会传》,第179页。
④ 《宋高僧传》卷六《唐彭州丹景山知玄传》,第129页。
⑤ 《宋高僧传》卷一五《唐常州兴宁寺义宣传》,第363页。
⑥ 《宋高僧传》卷一六《唐会稽开元寺允文传》,第397页。
⑦ 颜真卿:《抚州宝应寺律藏院戒坛记》,(清)董诰等编《全唐文》卷三三八,中华书局,1983,第3422页。
⑧ 《续高僧传》卷九《隋相州演空寺释灵裕传》,第310页。
⑨ 《宋高僧传》卷一四《唐会稽开元寺昙一传》,第352~353页。

典，日可诵数千言。12岁，他前往山阴灵隐寺求师，"因习内法，开卷必通，人咸叹之。属中宗正位，恩制度人，都督胡元礼考试经义，格中第一"，削染配昭玄寺，"自兹听习，旁瞻玄儒"。① 隋唐高僧在出家前即与儒学有染，或因受家学影响，或与学校教育有关。如果说出家前的隋唐高僧对儒学的接受是被动的，似乎不足以说明隋唐高僧与儒学的内在关系。那么，出家后的许多高僧倾情儒家经典，则充分表明隋唐高僧与儒学的因缘之深。

隋唐高僧兼通儒学的原因是多方面的。首先，隋唐时期不少僧人出身于名门士族的儒家家庭，具有家学渊源。如释法琳是"晋司空陈群之后也，自梁及陈，世结缨冕，爰祖及伯，累世儒宗"。② 释法钦"门地儒雅，祖考皆达玄儒"，因而"立性温柔，雅好高尚，服勤经史"。③ 释道岸"世居颍川，是为大族"，"衣冠人物，晖映今古"，因而"齿胄胶庠，徇齐坟典"。④ 玄奘法师亦出身儒学世家，其"祖康，北齐国子博士"，其"父惠，早通经术"。⑤ 其次，隋唐时期还有一些僧人原本即是文人儒生，由于宦海沉浮，命运多舛，"故有颠顿文场之人，憔悴江海之客，往往裂冠裳，拔簪缨，杳然高迈，云集萧斋"。⑥ 这些人虽然身披袈裟，归心佛法，其实却是富有文化素养的儒家知识分子。

隋唐高僧兼通儒学的深层次原因是隋唐佛教自身发展的现实需要。作为一种异质文化，佛教在中国的传播和发展，自来不断受到中国传统文化尤其是儒家文化的排斥。魏晋以来，为了在中土站稳脚跟，佛教就在哲学思想、社会伦理等方面自我调适，"会通"儒学。到了隋唐时期，佛教虽然日益兴盛，却并未消除它在发展道路上的各种矛盾和斗争，排佛思潮从未间断，而且一浪高过一浪。统治者倡导的多次"三教论议"，从政治上把佛教会通儒学推向了新的高度。史载，武德七年（624），唐高祖在国子学召儒士徐文远讲《孝经》，令沙门惠乘讲《波若经》，让道士刘进喜讲《老子》，由儒学大师陆德明"难此三人，各因宗指，随端立义"。⑦ 贞观

---

① 《宋高僧传》卷一五《唐越州称心寺大义传》，第362页。
② （唐）法琳：《破邪论》卷上，《大正藏》卷五二，第474页。
③ 《宋高僧传》卷九《唐杭州径山法钦传》，第210页。
④ 《宋高僧传》卷一四《唐光州道岸传》，第335页。
⑤ 《续高僧传》卷四《唐京师大慈恩寺释玄奘传》，第95页。
⑥ （元）辛文房撰，傅璇琮等校笺《唐才子传校笺》卷三，中华书局，1987，第533页。
⑦ 《旧唐书》卷一八九上《陆德明传》，第4945页。

十二年（638），太子李承乾在弘文馆主持三教论议，沙门慧净讲《法华经》，儒学大师孔颖达和道士蔡晃与其辩论。① 显庆三年（658）至龙朔三年（663），唐高宗在长安大内百福殿和中殿、蓬莱宫的蓬莱殿、碧宇殿和月陂北亭以及东都洛阳主持了7次三教论对。② 载初元年（689），武则天"御明堂，大开三教。内史邢文伟讲《孝经》，命侍臣及僧、道士等以次论议，日昃乃罢"。③ 开元十八年（730），唐玄宗召集僧人道氤与道士尹谦在兴庆宫花萼楼论辩。④ 贞元十二年（796），唐德宗降诞日在麟德殿召集给事中徐岱、兵部郎中赵需、礼部郎中许孟容与韦渠牟及道士万参成、沙门谭延等十二人，讲论儒、释、道三教。⑤ 此后，唐文宗和唐宣宗都曾在诞节组织三教讲论。唐王朝不断开展的三教论辩，使三教斗争愈演愈烈，道教和儒家往往结成华夏文化联盟，从而把佛教推到了三教斗争的风口浪尖上。佛教在剖擘问对中的胜负，直接关乎它在中土的生死存亡。在当时儒学占据主导地位的社会条件下，要在三教论辩中与儒、道分庭抗礼，佛教高僧必须研习儒学，援儒入佛，从儒家经典中寻找理论支撑，尽力阐明佛教教义与儒学义理相通。应该说，这一客观现实的迫切需要，促使隋唐时期涌现出了一大批精通儒学的高僧大德。

三

史学大师陈寅恪先生说："释迦之教义，无父无君，与吾国传统之学说，存在之制度，无一不相冲突。输入之后，若久不变易，则决难保持。是以佛教学说，能于吾国思想史上，发生重大久远之影响者，皆经国人吸收改造之过程。"⑥ 陈先生这里所说佛教"吸收改造之过程"，也就是佛教中国化或本土化的过程。佛教"改造"过程中的"吸收"，主要是吸收儒家思想，即取资儒学。兼通儒典的隋唐高僧深受儒家文化的浸润，他们儒

---

① （唐）道宣撰，刘林魁校注《集古今佛道论衡校注》卷丙《皇太子集三教学者详论事》，中华书局，2018，第198页。
② 《集古今佛道论衡校注》卷丁，第245页。
③ 《旧唐书》卷二二《礼仪志二》，第864页。
④ 《宋高僧传》卷五《唐长安青龙寺道氤传》，第98页。
⑤ 《旧唐书》卷一三五《韦渠牟传》，第3728页。
⑥ 陈寅恪：《〈冯友兰中国哲学史下册〉审查报告》，《金明馆丛稿二编》，上海古籍出版社，1980，第251页。

释兼弘,在隋唐时期佛教中国化的过程中起了无形的然而又十分重要的作用。

梵夹翻华,佛经从梵文译成汉语,这一转换过程本身就是佛教中国化的表现。汉语与梵文在语言、文法方面的巨大差异,决定了中国僧人在翻译梵文佛经时势必偏离印度佛教经典的原义。"释迦以文教,其译于中国,必托于儒之能言者,然后传远。"① 为了中国人阅读和理解的方便,当时的译经者通常采用适宜时俗的词汇和术语,做出相应的翻译,从而导致翻译过来的经文在思想内容上发生了改变。在此过程中,译经者的知识结构和文化素质,事关译文的思想倾向。极为重要的是,隋唐高僧涉猎经史,游情儒典;隋唐译经,"儒释二家,构成全美"。② 这方面的典型代表是唐京兆大兴善寺释复礼。"唐之译务,礼为宗匠,故惠立谓之'译主','译主'之名,起于礼矣。"③ 释复礼号称唐代佛经翻译的"宗匠""译主",他正是一位"游心内典,兼博玄儒"④ 的高僧大德。隋唐译经僧大多兼习儒学,儒家哲学思想、价值观念和思维方式影响到他们对梵文佛经原文的理解和接受,翻译出来的汉文佛经就不可避免地带有中国文化的色彩。

随着佛教经典的大量翻译,南北朝时期就已盛行讲习佛教经义。为了便于中国僧人理解外来的佛学,当时讲经者常用"格义"之法。作为一种讲经方式,格义创始于东晋时竺法雅和康法朗等人。高僧竺法雅的门徒"并世典有功,未善佛理。雅乃与康法朗等,以经中事数,拟配外书,为生解之例,谓之格义"。⑤ 可见,所谓"格义",就是以世典解佛典,用中国传统文化典籍中的相关术语比拟、解释佛教经文中的有关概念。格义之法虽然便于人们理解和接受佛教经文的大义,但是迂拙牵强,必然歪曲了印度佛典的原义。隋唐时期,佛教高僧讲习经义,以训门徒,如火如荼,如痴如醉。⑥ 这时,格义的方法虽被抛弃,但是,外典佛经,递互讲说,

---

① (宋)苏轼撰,白石点校《东坡题跋》卷一《书柳子厚大鉴禅师碑后》,浙江人民美术出版社,2016,第40页。
② 《宋高僧传》卷三《唐洛京长寿寺菩提流志传》,第43页。
③ 《宋高僧传》卷一七《唐京兆大兴善寺复礼传》,第412页。
④ 《宋高僧传》卷一七《唐京兆大兴善寺复礼传》,第412页。
⑤ (梁)慧皎撰,汤用彤点校《高僧传》卷四《晋高邑竺法雅传》,中华书局,1992,第152页。
⑥ 别详拙文《隋唐长安佛教义林与义学风尚》,《陕西师范大学学报》(哲学社会科学版)2007年第2期。

以中国传统思想文化诠释佛教教义的基本趋向，方兴未艾。释良贲在长安章信寺，"执疏伏膺者常数百众，虽纸贵如玉，无以加焉。其在安国寺讲筵，官供不匮。数年之内，归学如林"，良贲正是一位"外通坟典，内善经论"①的高僧大德。释道庄讲授佛教经典"四论"（即《中论》《百论》《十二门论》《大智度论》），"言语清华，玄儒总萃"。② 儒释兼综的隋唐高僧讲习佛教经论，斯文酬对，立义多儒，这正是佛教中国化的表现。

在聚徒讲习经义的基础上，隋唐高僧还撰写了许多极其重要的论著，阐发佛经要义，发表个人见解。释慧琳"内持密藏，外究儒流。印度声明，支那诂训，靡不精奥。尝谓翻梵成华，华皆典故，典故则西乾细语也。遂引用《字林》、《字统》、《声类》、《三苍》、《切韵》、《玉篇》、诸经杂史，参合佛意，详察是非，撰成《大藏音义》一百卷"。③ 释澄观"翻习经、传、子、史、小学、《苍》、《雅》、天竺《悉昙》诸部异执，《四围》、五明、秘咒、仪轨，至于篇颂笔语书踪，一皆博综"。④ 宗密"家本豪盛，少通儒书"。⑤ 后来，他又从家乡果州前往遂州义学院中专门学习儒经两年。⑥ 宗密集诸宗禅言为《禅藏》，著有《圆觉》《华严》《金刚》等经之《疏钞》，凡二百多卷，"皆本一心而贯诸法，显真体而融事理，超群有于对待，冥物我而独运矣"。⑦ 隋唐高僧撰著甚多，无须赘举。需要说明的是，隋唐佛教撰著中数量最多的是各种章疏，章疏是佛教高僧受儒家注经传统的影响而形成的一类佛教著作。值得注意的是，兼通儒学的隋唐高僧往往用儒家思想诠释佛经原文，无形中不自觉地推动了儒佛思想会通。"少通儒学"的华严宗五祖宗密撰《盂兰盆经注疏》，倡言"戒虽万行，以孝为宗"，⑧ 将《盂兰盆经》视为佛教的"孝经"。宗密撰《原人论》，认为"孔、老、释迦皆是至圣，随时应扬，设教殊途。内外相资，

---

① 《宋高僧传》卷五《唐京师安国寺良贲传》，第99页。
② 《续高僧传》卷九《隋东都内慧日道场释道庄传》，第328页。
③ 《宋高僧传》卷五《唐京师西明寺慧琳传》，第108页。
④ 《宋高僧传》卷五《唐代州五台山清凉寺澄观传》，第105页。
⑤ 《宋高僧传》卷六《唐圭峰草堂寺宗密传》，第124页。
⑥ （唐）宗密：《圆觉经略疏钞》卷二云："宗密家贯果州，因遂州有义学院，大阐儒风，遂投请进业。经二年后，〔道圆〕和尚从西川游化至此州，遂得相遇。"《卍续藏经》第15册，台北：新文丰出版公司，1993，第212页。
⑦ 《宋高僧传》卷六《唐圭峰草堂寺宗密传》，第125页。
⑧ （唐）宗密：《盂兰盆经注疏》卷上，《大正藏》卷三九，第505页。

共利群庶"，①进一步提出"会通本末"的主张。无独有偶，唐代名僧神清著《北山录》，也认为三教"各运当时之器，相资为美"。②

隋唐佛教高僧涉览外典，深通儒学，他们在翻译经典、讲习经义、著书立说的过程中，因之往往参以儒义，从而在佛教中国化的过程中扮演了独特而重要的角色。儒释兼弘的隋唐高僧内宗梵行，外服儒风。僧人简师"虽佛其名，而儒其行"。③ 释乘恩常训门人曰："好学近乎智，力行近乎仁。仁智稍成，是殊名同实，趋菩萨地，若下坂之走丸耳。"④ 释法慎"以法皆佛法，故兼采儒流"，他"与人子言依于孝，与人臣言依于忠，与人上言依于仁，与人下言依于礼。佛教儒行，合而为一"。⑤ 一言以蔽之，高僧儒佛双修是隋唐时期儒佛融合的典型表现，是隋唐佛教中国化的重要标志。

［原载《陕西师范大学学报》（哲学社会科学版）2010年第6期］

---

① （唐）宗密：《原人论》序，《大正藏》卷四五，第708页。
② （唐）神清：《北山录》卷一《圣人生》，《大正藏》卷五二，第578页。
③ 皇甫湜：《送简师序》，《全唐文》卷六八六，第7025页。
④ 《宋高僧传》卷六《唐京师西明寺乘恩传》，第128页。
⑤ 《宋高僧传》卷一四《唐扬州龙兴寺法慎传》，第347页。

隋唐高僧与语言文字学

在万紫千红的隋唐文化园地里，佛教文化无疑是璀璨夺目的一朵奇葩。隋唐佛教文化的绚丽多彩，是隋唐高僧恪勤不懈、孜孜为道的结果。隋唐高僧精诚从道，务在弘法，他们不仅创造了光芒四射的佛教文化，而且在诗文、书法、绘画、医学等方面繁荣了隋唐文化。目前，学界对隋唐高僧在以上领域的成就及影响多有论述，而对隋唐高僧在语言文字学方面的造诣鲜有论及。本文就隋唐高僧的梵文和汉语研习情况及语言文字学成就略述一二，或许对隋唐文化史和语言文字学的深入研究不为无益。

一 隋唐高僧与梵语梵文

自佛法东被，历涉魏晋，传入中国的梵文佛经渐渐增多，识读并翻译梵文佛经成为佛教在中国传播和发展的迫切需要。可是，由于中土僧人不通梵语，译梵为汉，译理不尽，因而多滞文失真，这就迫使中土高僧学习梵语。西晋时，就有高僧法祖"既博涉多闲，善通梵汉之语"。[①] 然而，像法祖一样懂得梵语的本土僧人在当时可谓凤毛麟角，因为中土尚乏梵语习得的语言环境和各方面条件。

到了东晋南北朝时期，中国僧人在西行求法过程中，借机在天竺学习梵语。东晋高僧法显为寻求佛教戒律经典而西行求法，他途经中天竺摩竭提国（即摩揭陀国，今印度比哈尔邦的巴特那和加雅一带）时就在此国首都波连弗邑留住三年，"学梵语梵书，方躬自书写"。[②] 释宝云与法显、智严先后相随，远适西域，广寻经要，"云在外域，遍学梵书，天竺诸国音字诂训，悉皆备解"。[③] 宝云西行求法归国，后来在刘宋京师道场寺翻译佛

[①] （梁）慧皎撰，汤用彤校注《高僧传》卷一《晋长安帛远传》，中华书局，1992，第27页。
[②] 《高僧传》卷三《宋江陵辛寺释法显传》，第89页。
[③] 《高僧传》卷三《宋六合山释宝云传》，第103页。

经,他"华戎兼通,音训允正,云之所定,众咸信服","江左译梵,莫逾于云"。① 于时又有幽州黄龙(属今北京市)人释昙无竭尝闻法显等人躬践佛国,乃慨然有忘身之誓,遂以宋永初元年(420)招集同志沙门25人,远适西方。昙无竭到达罽宾国(今克什米尔地区)后,"停岁余,学梵书梵语"。② 又有宋冀州(属今山东淄博市)人释慧叡"游历诸国,乃至南天竺界,音义诂训,殊方异义,无不必晓"。③ 诗人谢灵运"笃好佛理,殊俗之音,多所达解",正是咨问慧叡经中诸字并众音异旨,他才撰成《十四音训叙》,"条列梵汉,昭然可了,使文字有据焉"。④ 东晋以来,西行求法僧人纷纷学习梵语,揭开了隋唐高僧梵语学习热潮的序幕。

隋唐时期,中国僧人的西行求法运动再次掀起高潮,他们带回了大量梵文佛经。玄奘西行求法历时17年,到过百余国,贞观十九年(645)回国时,他带回梵本经、律、论520夹(657部)。⑤ 义净西行求法历时25年,到过30余国,证圣元年(695)回国时,他带回梵本经、律、论近400部(合50万颂)。⑥ 玄奘和义净西行求法带回的梵夹在数量上已相当可观,尚且不算其他西行求法僧人带回的梵文佛经。与此同时,还有东来弘法的外国高僧也带来大量梵文佛经。永徽六年(655),中印度人那提三藏携大小乘经、律、论500余夹(合1500余部)来到了唐长安。⑦ 开元四年(716),中印度人善无畏携梵夹来到唐长安,"有敕畏将所到梵本并令进上"。⑧ 天宝五载(746),北天竺人不空从印度带回梵文经、论500余部。⑨ 除了西行和东来的中外僧人带来大量梵文佛经,当时又有外国向中国进贡梵夹。贞元十四年(798),罽宾沙门般若、西明寺圆照等人在长安崇福寺译出的《华严经》后分40卷之梵夹本即是

---

① 《高僧传》卷三《宋六合山释宝云传》,第103页。
② 《高僧传》卷三《宋黄龙释昙无竭传》,第93页。
③ 《高僧传》卷三《宋京师乌衣寺释慧叡传》,第259页。
④ 《高僧传》卷三《宋京师乌衣寺释慧叡传》,第259页。
⑤ (唐)慧立、彦悰撰,孙毓棠、谢方点校《大慈恩寺三藏法师传》卷六,中华书局,2000,第127页。
⑥ (宋)赞宁撰,范祥雍点校《宋高僧传》卷一《唐京兆大荐福寺义净传》,中华书局,1987,第1页。
⑦ (唐)道宣撰,郭绍林点校《续高僧传》卷四《唐京师大慈恩寺梵僧那提传》,中华书局,2014,第137页。
⑧ 《宋高僧传》卷二《唐洛京圣善寺善无畏传》,第20页。
⑨ 《宋高僧传》卷一《唐京兆大兴善寺不空传》,第9页。

天竺乌荼国（今印度奥里萨邦北部一带）国王"手自书写"而"谨奉进上"。① 元和五年（810），工部侍郎归登、孟简等人在长安醴泉寺译出的《本生心地观》之梵夹乃唐高宗朝师子国（今斯里兰卡）所进贡。② 梵文佛经大量流入唐朝，而且早些时候就已大量流入隋朝。隋东都洛阳东城南门承福门之南的洛水上有翊津桥通往翻经道场东街，"其道场有婆罗门僧及身毒僧十余人，新翻诸经。其所翻经本从外国来，用贝多树叶书，书即今胡书体。贝多叶长一尺五六寸，阔五寸许，叶形似枇杷叶而厚大，横作行书，随经多少，缝缀其一边，帖帖然，今呼为'梵夹'"。③ 大业元年（605），隋军大胜林邑王梵志，④ 获得佛经564夹（1350余部），"并昆仑书多梨树叶"。⑤ 大业二年（606），隋炀帝敕令将这些"昆仑书多梨树叶"送到洛阳上林园翻经馆，请高僧释彦琮披览，并让他编叙目录，渐次翻译。彦琮将其分为7类，编目5卷，"必用隋言以译之"，多达2200余卷。⑥

隋东都上林园翻经馆沙门释彦琮"内、外通照，华、梵并闻"，⑦ 他"久参传译，妙体梵文"。⑧ 彦琮在大业初年曾将外来的"昆仑书多梨树叶"佛经给予编目，并"必用隋言以译之"。而早在仁寿年间，摩揭陀国王舍城沙门前来拜谒隋文帝，将还本国，请求带回《舍利瑞图经》及国家《祥瑞录》，文帝敕令彦琮"翻隋为梵"，⑨ 合成10卷，赐诸西域。彦琮梵、汉兼通，他既能翻梵为汉，又能翻汉为梵，真可谓一位杰出的语言学家。彦琮以为："彼之梵法，大圣规摹，略得章本，通知体式，研若有功，解便无滞。"他设想，对于梵字，如果"人人共解"，即可"省翻译之劳"；如果"代代咸明"，即可"除疑网之失"。因此，他不无感慨地说："梵有可学之理，何因不学？"⑩ 正是在这种形势下，面对纷至沓来的梵文佛经，隋唐高僧掀起了学习梵语的热潮。

隋唐高僧梵语习得主要通过以下三种途径：

---

① 《宋高僧传》卷三《唐莲华传》，第47页。
② 《宋高僧传》卷三《唐醴泉寺般若传》，第49页。
③ （唐）杜宝撰，辛德勇辑校《大业杂记辑校》，三秦出版社，2006，第5页。
④ （宋）司马光：《资治通鉴》卷一八〇，隋炀帝大业元年，中华书局，1956，第5619页。
⑤ 《续高僧传》卷二《隋东都上林园翻经馆沙门释彦琮传》，第52页。
⑥ 《续高僧传》卷二《隋东都上林园翻经馆沙门释彦琮传》，第52页。
⑦ 《续高僧传》卷二《隋东都雒滨上林园翻经馆南贤豆沙门达摩笈多传》，第45页。
⑧ 《续高僧传》卷二《隋东都上林园翻经馆沙门释彦琮传》，第53页。
⑨ 《续高僧传》卷二《隋东都上林园翻经馆沙门释彦琮传》，第51页。
⑩ 《续高僧传》卷二《隋东都上林园翻经馆沙门释彦琮传》，第54~55页。

一是在西行求法中的国家就地学习梵语。唐初出使印度之使者王玄策的侄子智弘律师西行求法，在摩揭陀国大觉寺停留了两年，"讽诵梵本，月故日新。闲《声论》，能梵书"。① 义净西行求法，在室利佛逝国（今印度尼西亚苏门答腊岛巨港）停留了6个月，借机学习梵语。后来，他在耽摩立底国（属今印度西孟加拉邦）住了1年，"学梵语，习《声论》"。② 爱州（今属越南清化）人大乘灯禅师西行求法，前往耽摩立底国，既入江口，遭贼破舶，淹停斯国12年，"颇闲梵语，诵《缘生》等经，兼循修福业"。③ 荆州江陵（今湖北江陵县）人道琳法师为求法讨源，鼓舶南溟，远游西国，经乎数载，到达东印度耽摩立底国，"住经三年，学梵语"。④ 太州仙掌（今陕西华阴）人玄照法师西行求法至阇阑陀国（今印度旁遮普邦贾朗达尔），停留了4年，"学经律，习梵文"。⑤ 澧州（治今湖南澧县）人大津法师于永淳二年（683）振锡南海，泛舶月余，到达尸利佛逝洲（即室利佛逝国），"停斯多载，解昆仑语，颇习梵书"。⑥ 广府（今广州）人僧怀业（梵号僧伽提婆）跟随贞固律师西行求法，投命溟渤，至佛逝国，"解骨（昆）仑语，颇学梵书"。⑦ 僧固等4人在佛逝国，"学经三载，梵汉渐通"。⑧ 隋唐时期的西行求法僧人常常在古印度的摩揭陀国、室利佛逝国、耽摩立底国停留两三年，一边学习梵语梵文，一边学习佛教经论。

二是向来到中国的印度高僧学习梵语。隋唐时期特别是唐代前期，入华的印度僧人很多，隋唐高僧向他们学习梵语。隋京师大兴善寺释明芬是北天竺沙门那连提黎耶舍三藏之神足，他"通解方俗，妙识梵言，传度幽旨，莫匪喉舌。开皇之译，下敕追延，令与梵僧对传法本。而意专检失，好住空闲，味咏《十地》，言辄引据，问论清巧，通滞罕伦"。⑨ 隋相州（今河南安阳）人释道密"初投耶舍三藏师习方艺，又从邺下博听大乘，神思既开，理致通衍。至于西梵文言，继迹前列，异术胜能，闻诸齐世"。

---

① （唐）义净撰，王邦维校注《大唐西域求法高僧传校注》卷下《洛阳智弘律师》，中华书局，1988，第175页。
② 《大唐西域求法高僧传校注》卷下《义净自述》，第153页。
③ 《大唐西域求法高僧传校注》卷上《爱州大乘灯禅师》，第88页。
④ 《大唐西域求法高僧传校注》卷下《荆州道琳法师》，第133页。
⑤ 《大唐西域求法高僧传校注》卷上《太州玄照法师》，第10页。
⑥ 《大唐西域求法高僧传校注》卷下《沣州大津法师》，第207页。
⑦ 《大唐西域求法高僧传校注》卷下《重归南海传·僧怀业》，第238页。
⑧ 《大唐西域求法高僧传校注》卷下《重归南海传》，第244页。
⑨ 《续高僧传》卷二八《隋京师大兴善寺释明芬传》，第1094页。

隋代兴法，翻译之初，道密应诏入京，住大兴善寺，他"复弘梵语，因循法本，留意传持"。①那连提黎耶舍在天保七年（556）就来到了北齐首都邺城（今河北临漳），齐文宣帝极见殊礼，请为翻经三藏。开皇二年（582）七月，弟子道密等人侍送耶舍入大兴城住大兴善寺。释道密和释明芬都是北天竺沙门那连提黎耶舍三藏的弟子，他们都是在大兴善寺译场跟随那连提黎耶舍三藏学会了梵语。②唐高僧智广向携带陀罗尼梵夹自南海而至五台山的南天竺沙门般若菩提学习梵语。③唐悟达国师（知玄）好学声明，他礼拜爰来长安的西域人释满月为师，"情相款密，指教梵字并音字之缘界，《悉昙》八转，深得幽趣"。④唐罗浮山石楼寺"以海隅之地，津济之前，数有梵僧寓止于此"，石楼寺僧人释怀迪跟从这些梵僧"学其书语，自兹通利"。⑤隋唐时期，向来到中国的印度僧人学习梵语，简便易行，也是最直接、最有效的学习途径之一。

三是向西行求法归国的中国僧人学习梵语。隋唐时期西行求法归来的中土僧人大都懂得了梵语。唐代交州（今属越南河内）人运期法师西行求法，旋回南海十有余年，"善昆仑音，颇知梵语"。⑥襄阳（今湖北襄阳市）人灵运法师西行求法，越南溟，达西国，"极闲梵语，利物在怀"，他归国后，"广兴佛事，翻译圣教，实有堪能矣"。⑦西行求法归来的隋唐高僧大多懂得梵语，于是，一些僧人向西行求法归国的中国僧人学习梵语。玄奘法师在印度那烂陀寺听戒贤讲《瑜伽论》等，兼学婆罗门书（梵书），"法师皆洞达其词，与彼人言清典逾妙"。⑧他的弟子窥基即是在京师长安大慈恩寺"躬事奘师，学五竺语，解纷开结，统综条然。闻见者无不叹伏"。⑨在国内学习梵语的隋唐高僧通常就学于当时的各大译场。陕州安邑人释智通于隋大业中出家受具，他自幼挺秀，即有游方之志，"因往洛阳翻经馆学梵书并语，晓然明解"。⑩隋高僧释彦琮即因"久参传译，妙体梵

---

① 《续高僧传》卷二八《隋京师大兴善寺释道密传》，第 1083 页。
② 《续高僧传》卷二《隋西京大兴善寺北天竺沙门那连提黎耶舍传》，第 35 页。
③ （唐）智广：《〈悉昙字记〉序》，《大正藏》卷五四，第 1186 页。
④ 《宋高僧传》卷三《唐京师满月传》，第 51 页。
⑤ 《宋高僧传》卷三《唐罗浮山石楼寺怀迪传》，第 44 页。
⑥ 《大唐西域求法高僧传校注》卷上《交州运期法师》，第 81 页。
⑦ 《大唐西域求法高僧传校注》卷下《襄阳灵运法师》，第 168 页。
⑧ 《大慈恩寺三藏法师传》卷三，第 77 页。
⑨ 《宋高僧传》卷四《唐京兆大慈恩寺窥基传》，第 64 页。
⑩ 《宋高僧传》卷三《唐京师总持寺智通传》，第 41 页。

文"。① 释智通于隋大业年间出家住京师大总持寺，他有游方之志，"遂于洛京翻经馆学梵书语，早通精奥"。② 太州仙掌（今陕西华阴）人沙门玄照于贞观年间在大兴善寺玄证师处初学梵语。③

佛教的兴盛，梵文佛经的大量传入，译经和弘法的需要，促使隋唐高僧通过各种途径积极学习梵语。因而，隋唐高僧中懂得梵语者屡见不鲜。隋京师仁法寺释道端"体尚方言，梵文书语，披叶洞识，了其深趣"。④ 唐京师长安人末底僧诃法师"少闲梵语"。⑤ 唐齐州人师鞭法师"善禁咒，闲梵语"。⑥ 永徽四年（653），释智通在长安总持寺译出《千啭陀罗尼观世音菩萨咒》《观自在菩萨随心咒》等佛经共4部5卷，"〔智〕通善其梵字，复究华言，敌对相翻，时皆推伏"。⑦ 唐邺都开元寺智譬"少而英伟，长勤梵学，凡诸经论，一听入神"。⑧ 唐长安大安国寺有元简阇梨，"解金刚界好手，兼解悉昙，解画，解书梵字"。⑨ 史载，武德四年（621），深忌佛教的太史令傅奕上奏《废佛法事》11条，佛教高僧们"各陈佛理，具引梵文，委示业缘，曲垂邪正"。⑩ "具引梵文"陈述佛理的高僧们，他们必定懂得梵语。唐代宗大历年间，南岳云峰寺沙门法照入五台山礼拜金刚窟。一日夜里，他忽然看见一位身高7尺许的僧人"梵音朗畅"，自称是北印度沙门佛陀波利，问他道："阿师如此自苦，得无劳乎？有何愿乐？"法照回答说："愿见文殊。"那僧人回复说："若志力坚强，真实无妄，汝可脱履于板上，咫尺圣颜，令子得见。"⑪ 这一故事虽说有些荒诞，然北印度沙门佛陀波利"梵音朗畅"，唐朝本土高僧法照能对答如流，则法照通晓梵语，也侧面反映了梵语流行于隋唐佛教界的事实。

---

① 《续高僧传》卷二《隋东都上林园翻经馆沙门释彦琮传》，第53页。
② （唐）智昇：《续古今译经图纪》，《大正藏》卷五五，第368页。
③ 《大唐西域求法高僧传校注》卷上《太州玄照法师》，第9页。
④ 《续高僧传》卷二八《隋京师仁法寺释道端传》，第1092页。
⑤ 《大唐西域求法高僧传校注》卷上《京师末底僧诃师》，第56页。
⑥ 《大唐西域求法高僧传校注》卷上《齐州师鞭法师》，第39页。
⑦ 《宋高僧传》卷三《唐京师总持寺智通传》，第41页。
⑧ 《宋高僧传》卷二一《唐邺都开元寺智譬传》，第553页。
⑨ 〔日〕圆仁撰，白化文等校注《入唐求法巡礼记校注》卷三"开成五年九月六日"条，花山文艺出版社，1992，第349页。
⑩ 《续高僧传》卷二五《唐终南山龙田寺释法琳传》，第953页。
⑪ 《宋高僧传》卷二《唐五台山佛陀波利传》，第29页。

二 隋唐高僧与汉语言文字

　　一方面，中国僧人因为读经、译经、诵经、弘法的需要而积极学习梵语，另一方面，外国僧人因为在中土弘法和生活的需要而积极学习汉语。早在汉桓帝初年，来到中夏的安息国（今伊朗呼罗珊地区）人安世高"才悟机敏，一闻能达，至止未久，即通华言"。① 于是，他"宣译众经，译胡为汉"，译出《安般守意》《阴持入经》等。梁僧祐谓："天竺国自称书为天书，语为天语，音训诡蹇，与汉殊异，先后传译，多致谬滥。唯世高出经，为群译之首。"② 十六国时期，河西王沮渠蒙逊素奉大法，他对中天竺僧人昙无谶"接待甚厚"，令其翻译经本，"谶以未参土言，又无传译，恐言舛于理，不许即翻。于是学语三年，翻为汉言，方共译写"。③ 苻秦时来到中国的罽宾国人僧伽提婆"居华岁积，转明汉语，方知先所出经多有乖失"，"其在关、洛、江左所出众经，垂百余万言。历游华戎，备悉风俗"。④ 是时，又有外国僧人佛图罗刹"久游中土，善闲汉言，其宣译梵文，见重苻世焉"。⑤ 北魏孝文帝迁都洛阳，规定汉语为"正音"。大约受此影响，这一时期外国高僧的汉语水平较前有明显提高。北魏洛阳永宁寺北天竺沙门菩提流支"晓魏言及隶书"，⑥ 译经 39 部 127 卷。⑦ 北魏洛阳法云寺西域乌场国（今巴基斯坦北部斯瓦脱河流域）沙门昙摩罗"聪慧利根，学穷释氏"，他"至中国，即晓魏言及隶书，凡所闻见，无不通解，是以道俗贵贱，同归仰之"。⑧ 南朝外国高僧的汉语水平并不逊色于北朝。南齐比丘慧表在广州朝亭寺遇见中天竺沙门昙摩伽陀耶舍，"手能隶书，口解齐言"。⑨ 昙摩伽陀耶舍"手能隶书"，这在南北朝时期的外来僧人中并不多见。梁

---

① （梁）僧祐撰，苏晋仁、萧鍊子点校《出三藏记集》卷一三《安世高传》，中华书局，1995，第 508 页。
② 《出三藏记集》卷一三《安世高传》，第 510 页。
③ 《出三藏记集》卷一四《昙无谶传》，第 539 页。
④ 《出三藏记集》卷一三《僧伽提婆传》，第 524~525 页。
⑤ 《出三藏记集》卷一三《僧伽跋澄传附佛图罗刹传》，第 522 页。
⑥ （北魏）杨衒之撰，周祖谟校释《洛阳伽蓝记校释》卷四"融觉寺"条，上海书店出版社，2000，第 170 页。
⑦ 《续高僧传》卷一《元魏南台洛下永宁寺北天竺沙门菩提流支传》，第 15 页。
⑧ 《洛阳伽蓝记校释》卷四"法云寺"条，第 153 页。
⑨ 《出三藏记集》卷九《无量义经序》，第 353 页。

武帝时来到中国的西天竺人拘那罗陀（真谛）"法师游方既久，精解此土音义，凡所翻译，不须度语"。[1] 拘那罗陀精通汉语音义，"凡所翻译，不须度语"，因而成为中国佛教四大翻译家之一。

隋唐时期，外来高僧学通汉语者与日俱增。隋西京大兴善寺北贤豆犍陀罗国（今阿富汗东部和巴基斯坦西北部）沙门阇那崛多在北周明帝武成年初来到长安，他"稍参京辇，渐通华语"。[2] 由于阇那崛多"言识异方，字晓殊俗，故得宣辩自运，不劳传度，理会义门，句圆词体，文意粗定，铨本便成，笔受之徒，不费其力"。[3] 那连提黎耶舍之后，隋开皇中，阇那崛多"专当元匠"，"诸有翻译，必以崛多为主"。[4] 南贤豆罗啰国（今印度古吉拉特地区）沙门达摩笈多愿在利物弘经，东来中土。开皇十年（590）冬十月，蒙受隋文帝之旨，来到京城，他"至止未淹，华言略悉"。[5] 唐京师大慈恩寺中印度人那提三藏"善达声明，通诸诂训"，[6] 早年被大夏国召为文士，拟任兰台著作者。他不惮远夷，曾往师子国，又到南海诸国，"善解书语，至即敷演"。[7] 唐京兆大兴善寺北天竺人不空三藏早年师事金刚智三藏，洎登具戒，"谙异国书语"，[8] "善唐梵之音"。[9] 不空"言善两方"，[10] 他在天宝至大历初年，共译经70多部，成为佛经翻译一大家。中印度人释地婆诃罗在唐高宗初年来到中国，他尝与觉护（即北印度罽宾国人释佛陀波利）同翻《佛顶尊胜陀罗尼经》，"深体唐言，善传佛意"。[11] 武周洛阳佛授记寺释慧智"本既梵人，善闲天竺书语，生于唐国，复练此土言音"。[12] 三藏地婆诃罗、提云若那、宝思惟等有所翻译，皆召慧智为证，兼令度语。印度婆罗门种姓高僧利涉通晓汉语，他于开元中在唐长安安国寺讲《华严经》，"四众赴堂，迟则无容膝之位

---

[1] （陈）慧恺：《〈阿毗达磨俱舍释论〉序》，《大正藏》卷二九，第161页。
[2] 《续高僧传》卷二《隋西京大兴善寺北贤豆沙门阇那崛多传》，第38页。
[3] 《续高僧传》卷二《隋西京大兴善寺北贤豆沙门阇那崛多传》，第40页。
[4] 《续高僧传》卷二《隋西京大兴善寺北贤豆沙门阇那崛多传》，第40页。
[5] 《续高僧传》卷二《隋东都雒滨上林园翻经馆南贤豆沙门达摩笈多传》，第44页。
[6] 《续高僧传》卷四《唐京师大慈恩寺梵僧那提传》，第137页。
[7] 《续高僧传》卷四《唐京师大慈恩寺梵僧那提传》，第137页。
[8] 《宋高僧传》卷一《唐京兆大兴善寺不空传》，第7页。
[9] （唐）不空：《〈佛母大孔雀明王经〉序》，《大正藏》卷一九，第415页。
[10] 唐玄宗：《〈大唐新翻密严经〉序》，《大正藏》卷一六，第747页。
[11] 《宋高僧传》卷二《周西京广福寺日照传》，第33页。
[12] 《宋高僧传》卷二《周洛京佛授记寺慧智传》，第33页。

矣"。① 他与当时主张废除佛、道二教的官员韦玎辩论时，"往返百数千言，条绪交乱，相次抗之，棼丝自理，正直有归"，并以韦字为韵，揭调长吟。偈词曰："我之佛法是无为，何故今朝得有为？无韦始得三数载，不知此复是何韦？"② 由此偈词即可见利涉的汉语水平非同一般。

不仅是来到内地的外国高僧积极学习汉语，就连隋唐西域高僧也学起汉语来。隋东都上林园翻经馆南贤豆沙门达摩笈多前来中国途经高昌（今新疆吐鲁番）时，"客游诸寺，其国僧侣多学汉言"。③ 唐北庭龙兴寺于阗（今新疆和田）人释戒法"学业该通，善知华、梵"。④ 贞元中，北庭节度使杨袭古与龙兴寺僧人请戒法为译主来翻译《十地经》，"法躬读梵文并译语"。⑤

外来僧人在中国学习汉语，既是弘扬佛法的需要，也是现实生活的需要。为了便于外国僧人学习汉语，著名西行求法僧人、佛经翻译家、唐代高僧义净专门编纂了《梵语千字文》，"为欲向西国人作学语样，仍各注中梵音，下题汉字；其无字者，以音正之"，《梵语千字文》"并是当途要字，但学得此，则余语皆通。若兼悉昙章读本，一两年间即堪翻译矣"。⑥

除了义净，隋唐时期的中土高僧中还涌现出了智骞、玄应、慧苑、慧琳等一批著名的语言文字学家。隋东都慧日寺沙门智骞"偏洞字源，精闲通俗"，后来以其所学被诏入道场参加译经，"自秘书正字雠校著作，言义不通，皆咨骞决，即为定其今古，出其人世，变体诂训，明若面焉"。智骞却自谦地说："余字学颇周，而不识字者多矣，无人通决，以为恨耳。"他撰著《众经音》及《苍雅字苑》，"宏叙周赡，达者高之，家藏一本，以为珍璧"。⑦ 于时又有京师沙门玄应者，"亦以字学之富，皂素所推。通造《经音》，甚有科据矣"。⑧ 唐京兆人释慧苑投入净域后，礼拜华严法藏为师，"陶神练性，未几深达法义，号上首门人也"。他"有勤无惰，内外该通，华严一宗，尤成精博"。慧苑"以新译之经未有音释，披读之者取

---

① 《宋高僧传》卷一七《唐京兆大安国寺利涉传》，第 420 页。
② 《宋高僧传》卷一七《唐京兆大安国寺利涉传》，第 420 页。
③ 《续高僧传》卷二《隋东都雒滨上林园翻经馆南贤豆沙门达摩笈多传》，第 44 页。
④ 《宋高僧传》卷三《唐北庭龙兴寺戒法传》，第 46 页。
⑤ 《宋高僧传》卷三《唐北庭龙兴寺戒法传》，第 46 页。
⑥ （唐）义净：《〈梵语千字文〉序》，《大正藏》卷五四，第 1190 页。
⑦ 《续高僧传》卷三一《隋东都慧日道场释智果传附智骞传》，第 1257 页。
⑧ 《续高僧传》卷三一《隋东都慧日道场释智果传附玄应传》，第 1257 页。

决无从",遂博览经书,恢张诂训,撰成《新译大方广佛华严经音义》2卷,"俾初学之流不远求师,览无滞句,旋晓字源"。① 唐京师西明寺释慧琳,疏勒国(今新疆喀什)人,不空三藏弟子。慧琳"内持密藏,外究儒流,印度声明,支那诂训,靡不精奥",他"尝谓翻梵成华,华皆典故,典故则西乾细语也",遂引用《字林》、《字统》、《声类》、《三苍》、《切韵》、《玉篇》、诸经杂史,参合佛意,详察是非,从贞元四年(788)到元和五年(810),历时20多年,撰成《大藏音义》(即《一切经音义》)100卷,"京邑之间,一皆宗仰"。②

三 隋唐高僧的语言文字学成就

隋唐时期,通晓梵、汉的高僧为数众多,前所未有。隋唐高僧研习梵、汉,初衷都是便于弘扬佛法,特别是提高佛经翻译水平。通晓梵、汉的隋唐高僧,为中国佛经翻译事业做出了卓越贡献。"粤自汉明,终于唐运,翻传梵本,多信译人,事语易明,义求罕见",③ 而"义之得失由乎译人"。④ 长期以来,译经者"或善胡义而不了汉旨,或明汉文而不晓胡意。虽有偏解,终难圆通"。⑤ "初则梵客华僧,听言揣意,方圆共凿,金石难和,椀配世间,摆名三昧,咫尺千里,觌面难通。次则彼晓汉谈,我知梵说,十得八九,时有差违,至若怒目看世尊、彼岸度无极矣。"⑥ 因此,隋代高僧彦琮提出译经"所备者八"之中多达3条("备四""备七""备八")是强调译者必须具备较强的语言学和文字学功底:"旁涉坟史,工缀典词,不过鲁拙,其备四也";"要识梵言,乃闲正译,不坠彼学,其备七也";"薄阅《苍》《雅》,粗谙篆、隶,不昧此文,其备八也"。⑦ 唐代译场设官分职,有译主、笔受、缀文、度语、证梵本、证禅义、润文、证义、校勘等,在译经工作中各司其职。其中,"笔受者必言通华、梵,学综有、空,相问委知,然后下笔";度语亦称译语,"传度转令生解";证

---

① 《宋高僧传》卷六《唐洛京佛授记寺慧苑传》,第115页。
② 《宋高僧传》卷五《唐京师西明寺慧琳传》,第108页。
③ 《续高僧传》卷四《译经篇总论》,第139页。
④ 《出三藏记集》卷一《胡汉译经文字音义同异记》,第14页。
⑤ 《出三藏记集》卷一《胡汉译经文字音义同异记》,第14页。
⑥ 《宋高僧传》卷三《译经篇总论》,第53页。
⑦ 《续高僧传》卷二《隋东都上林园翻经馆沙门释彦琮传》,第56页。

义者,"盖证已译之文所诠之义也";证梵本者,"求其量果,密能证知,能诠不差,所显无谬矣";证梵义者,"乃明西义得失,贵令华语下不失梵义也"。① 度语、证义、证梵本、证梵义也都须言通华、梵。隋唐时期的佛经翻译,规模之大,人数之众,译经之多,质量之高,空前绝后,隋唐时期是中国佛经翻译史上的鼎盛期、成熟期。这一成就的取得,固然与梵本佛经之齐全和译场组织之完备关系密切,而隋唐译经僧华、梵俱赡则至关重要。正是兼通梵、汉的隋唐高僧洞晓佛典,词理通敏,披析幽旨,翻译精当,从而成就了中国佛教译经史上最辉煌的一页。

通晓梵、汉的隋唐高僧把中国佛经翻译事业推向了高峰,并在译经过程中创造了大量新词新语,给汉语注入了新鲜血液,大大丰富了汉语词汇。梁启超指出:"初期译家,除固有名词对音转译外,其抽象语多袭旧名,吾命之曰'支谦流'之用字法。盖对于所谓术语者,未甚经意,此在启蒙草创时,固应然也。及所研治日益深入,则觉旧语与新义,断不能适相吻合,而袭用之必不免于笼统失真,于是共努力从事于新语之创造。"② 他说:"佛学既昌,新语杂陈,学者对于梵义,不肯囫囵放过,搜寻语源,力求真是,其势不得不出于大胆的创造。创造之途既开,则益为分析的进化,此国语内容所以日趋于扩大也。"③ 有学者把这种以翻译佛典的语言为代表的汉文佛教文献的语言称为佛教混合汉语,简称佛教汉语,而其主体即是汉译佛经。④ 与佛经传译伴随而来的新词新语数以万计,数量惊人。梁启超据日本人所编《佛教大辞典》统计,有35000多条词语伴随佛经翻译进入了汉语世界。⑤ 数量惊人的因佛经翻译而形成的新词新语,虽非全部形成于隋唐时期,但是,处于佛经翻译鼎盛时期的隋唐译经僧通晓梵、汉,他们的贡献自不待言。

隋唐高僧在语言文字学上的突出成就还在于他们编撰了极富学术价值、影响十分深远的梵汉双语词典和群经音义著作。

梵汉词典现存最早的即是唐高僧义净编撰的《梵语千字文》。佛经翻

---

① 《宋高僧传》卷三《译经篇总论》,第56~57页。
② 梁启超:《翻译文学与佛典》,梁启超《佛学研究十八篇》,上海古籍出版社,2001,第197页。
③ 梁启超:《翻译文学与佛典》,《佛学研究十八篇》,第198页。
④ 朱庆之:《代前言:佛教混合汉语初论》,朱庆之编《佛教汉语研究》,商务印书馆,2009,第1、8页。
⑤ 梁启超:《翻译文学与佛典》,《佛学研究十八篇》,第197页。

译家义净"为欲向西国人作学语样",模仿中土童蒙读物《千字文》的形式,四字一句,新撰《千字文》,再逐一翻译成中天竺音,编成《梵语千字文》,"仍各注中梵音,下题汉字;其无字者,以音正之"。①《梵语千字文》的每个梵字旁边用汉字对音,下面再注一个汉字,共包含 995 个梵字,"并是当途要字,但学得此,则余语皆通"。② 日本入唐求法僧人圆仁将此书带至日本,因而流传至今。③ 义净之后,密教高僧全真约于开成三年(838)又编撰了梵文学习词典《唐梵文字》1 卷。《唐梵文字》收录字词 1100 多个,分两部分,前半部分收录 800 余字,内容和体例都与义净《梵语千字文》基本相同;后半部分收录 300 余字,大多为密教内容的字词。梵汉对照本字书《唐梵文字》在唐开成年间(836~840)传入日本,书名见录于圆行《灵岩寺和尚请来法门道具等目录》,得以流传于世。④

梵汉词典之外,隋唐高僧还编撰有汉梵词典。唐代翻经大德兼翰林待诏、光宅寺龟兹国沙门利言辑有《梵语杂名》1 卷。《梵语杂名》收录汉语字词共 1200 余条,在汉字下标示对应的梵语,并在汉字与梵语间夹注了梵文读音。此书由日本僧人圆仁带至日本,书名见于圆仁《日本国承和五年入唐求法目录》,得以流传至今。⑤ 当时的汉梵词典除了《梵语杂名》,比较重要的还有天竺僧怛多蘖多和波罗瞿那弥舍沙合撰的《唐梵两语双对集》1 卷。《唐梵两语双对集》体例与《梵语杂名》基本相同,共收录汉译佛典中的音译汉字 700 多个,下注梵语读音,但未标注梵语原字。《唐梵两语双对集》见录于唐咸通六年(865)日本求法僧人宗睿的《新书写请来法门等目录》,得以流传于世。⑥

隋唐高僧不仅编撰有梵语学习词典,还编撰有梵语学习入门书——悉昙。悉昙,梵文 Siddham 的音译,指古印度流传的梵文。相传为梵天所造,共 47 个字母,其中包括 12 个元音(称作"摩多")和 35 个辅音(称作"体文")。"摩多"与"体文"相拼而成"十八章",共计 10000 多个梵字。玄奘说:"详其文字,梵天所制,原始垂则,四十七言。遇物合成,

---

① (唐)义净:《〈梵语千字文〉序》,《大正藏》卷五四,第 1190 页。
② (唐)义净:《〈梵语千字文〉序》,《大正藏》卷五四,第 1190 页。
③ 《大正藏》卷五四,第 1190~1215 页。
④ 《大正藏》卷五四,第 1216~1222 页。
⑤ 《大正藏》卷五四,第 1223~1240 页。
⑥ 《大正藏》卷五四,第 1241~1244 页。

随事转用,流演枝派,其源浸广。"① 义净说:"创学悉昙章,亦名悉地罗窣睹。斯乃小学标章之称,俱以成就吉祥为目。"② 中国僧人用"悉昙"两字作为梵文拼音表的名称。8世纪以来,密教在唐代社会颇为流行。密宗经典里几乎没有一部没有咒语,但大部分咒语没有意义,所以向来是音译。但要求念咒时一定要发音正确,否则无效。为了讲求音声之道,不得不研究天竺拼音文字的读法,于是,悉昙亦即梵文拼音表就成为重要科目了。③ 隋唐时期,这类梵文拼音的著作最有名的是盛唐高僧智广所撰《悉昙字记》。智广"顷尝诵陀罗尼,访求音旨,多所差舛",适逢南天竺沙门般若菩提赍陀罗尼梵夹自南海而诣五台,寓于山房,智广因而从其受学。智广根据般若菩提所说,"研审翻注,即其杼轴,科以成章",④撰成《悉昙字记》1卷。《悉昙字记》分前、后18章,前18章讲介梵字的分类、书写及发音,后18章讲介梵字的拼音规则。《悉昙字记》是现存最早的一部梵语入门书,智广倡言,读了此书,"不逾信宿,而悬通梵音。字余七千,功少用要"。⑤ 此书由日本入唐求法僧人空海携至日本,得以保存流传于世。⑥

除了梵汉双语词典,隋唐高僧还编撰了很多佛教音义书。慈恩寺翻经沙门、字学大德玄应"明唐梵异语,识古今奇字",⑦ 他撰著《大唐众经音义》(亦称《众经音义》《一切经音义》《玄应音义》),从佛教400多部经、律、论中选取字词数千条,详注反切,解释音义,"注释训解,援引群籍,证据卓明,焕然可领"。⑧《众经音义》以汉语词汇为主体,收录了许多音译的外来语词,内容十分广泛,释文十分丰富,其所征引的许多小学经典早已佚失,幸赖此书,部分文字得以传世。玄应"博学字书,统通

---

① (唐)玄奘、辩机撰,季羡林等校注《大唐西域记校注》卷二《印度总述·文字》,中华书局,2000,第182页。
② (唐)义净撰,王邦维校注《南海寄归内法传校注》卷四《西方学法》,中华书局,1995,第189页。
③ 周一良:《中国的梵文研究》,周一良著,钱文忠译《唐代密宗》,上海远东出版社,1996,第145~146页。
④ (唐)智广:《悉昙字记》,《大正藏》卷五四,第1186页。
⑤ 《大正藏》卷五四,第1186页。
⑥ 《大正藏》卷五四,第1186~1189页。
⑦ (唐)景审:《〈一切经音义〉序》,《大正藏》卷五四,第311页。
⑧ (唐)智昇撰,富世平点校《开元释教录》卷八《总括群经录上之八》,中华书局,2018,第520页。

林苑,周涉古今,括究儒释",道宣盛赞他"即万代之师宗,亦当朝之难偶"。① 唐人智昇称赞玄应《众经音义》"可谓文字之鸿图,言音之龟镜者也"。② 又有华严法藏法师上首弟子慧苑有感于"文言舛误,正义难彰,真见不生,寻源失路",他撰著《新译大方广佛华严经音义》(又称《新译华严经音义》《华严经音义》《华严音义》《慧苑音义》),广泛征引内外经典,注释了"八十华严"(唐译华严)中的字、词、词组、短语的读音、异名和含义等,"庶使披文了义,弗俟筹咨,纽字知音,无劳负帙"。③ 张之洞在《书目答问》中,将玄应《一切经音义》和慧苑《新译华严经音义》归入经部小学类,他说:"二书所引古书及字书,古本甚多,可资考证,故国朝经师多取资焉,与彼教无与也。"④ 陈垣先生进一步指出:"二书为《经典释文》体,将经文难字录出,注音训于其下,并广引字书及传记以明之,故比《经典释文》为详。其所引书,自释典外,百数十种,今多亡佚,即未亡佚,亦每有异文,足备雠校。"⑤

内容、体例与玄应和慧苑两书相同的著作还有不空三藏弟子慧琳撰著的《一切经音义》。慧琳"内精密教,入于总持之门;外究墨流,研乎文字之粹。印度声明之妙,支那音韵之精,既瓶受于先师,亦泉泻于后学"。⑥ 他在玄应和慧苑两书的基础上,历时20余年,撰著《一切经音义》100卷,旁征博引"七家字书"(《玉篇》《说文》《字林》《字统》《古今正字》《文字典说》《开元文字音义》)和诸子百家书,"又训解之末,兼辩六书",⑦ 释解了1300部、5700余卷佛经中的汉语词和外来词,涉及佛教各类语汇,以及中外政治、经济、文化、典章制度、衣食住行、礼仪风俗、医药卫生等方面,"上通秦渭,近挹隋唐,乃至西土方言,人文地理,亦皆不遗不溢"。⑧ 慧琳《一切经音义》是唐代佛教音义学的集大成者,其学术价值不言而喻。

---

① (唐)道宣:《大唐内典录》卷五《圣朝传译佛经录·大唐众经音义》,《大正藏》卷五五,第283页。
② 《开元释教录》卷八《总括群经录上之八》,第520页。
③ 慧苑:《〈新译大方广佛华严经音义〉序》,(清)董诰等编《全唐文》卷九一四,中华书局,1983,第9525页。
④ 张之洞:《书目答问》卷一,商务印书馆,1936,第44页。
⑤ 陈垣:《中国佛教史籍概论》,上海书店出版社,2001,第59页。
⑥ (唐)景审:《〈一切经音义〉序》,《大正藏》卷五四,第311页。
⑦ (唐)景审:《〈一切经音义〉序》,《大正藏》卷五四,第311页。
⑧ 黎养正:《重校〈一切经音义序〉》,《大正藏》卷五四,第932页。

"'音义'之为用也，鉴清浊之明镜，释言话之旨归，匡谬漏之楷模，辟疑管之钤键也。"① 玄应《众经音义》、慧苑《华严经音义》、慧琳《一切经音义》开创了语言文字学的一个新方向——经音义学。义净《梵语千字文》、全真《唐梵文字》、利言《梵语杂名》、怛多蘖多和波罗瞿那弥舍沙合撰《唐梵两语双对集》、智广《悉昙字记》在佛教语言学、比较语言学等方面都具有极其重要的学术价值。隋唐高僧智骞、义净、全真、利言、智广、慧琳、玄应、慧苑等人堪称名副其实的语言文字学家。

综上所论，可以看出，隋唐僧人中许多高僧通晓梵、汉，并对梵语和汉语颇有研究。他们编撰了许多梵汉双语词典和梵语入门书，尽管主观上是基于弘扬佛法的实际需要，但是客观上促进了时人的梵语学习，推动了中印文化交流。他们将汉语训诂学的方法引入佛经音义研究，促进了佛经传译，推动了语言文字学的发展。隋唐高僧的语言文字学造诣虽非纯粹的学术研究，却独树一帜，别开生面，卓然有成，在中古汉语史和中国文化史上都应占有一席之地，值得我们深入研究。

［原载《山西大学学报》（社会科学版）2019 年第 2 期］

---

① 慧苑：《〈新译大方广佛华严经音义〉序》，《全唐文》卷九一四，第 9524 页。

隋唐高僧与中国书法

书法既是中国特色的艺术，又是中国文化的标本。从中国文化史的长河看，书法在隋唐文化中具有独特而重要的地位。书法与诗歌一样，是隋唐时期最繁荣、最成熟的文化艺术。宋代文豪欧阳修"以谓书之盛，莫盛于唐"。① 隋唐书坛，名家辈出，虞世南、欧阳询、褚遂良、薛稷、李邕、张旭、李阳冰、颜真卿、柳公权，各领风骚，彪炳千秋。与此同时，还有一批佛教高僧长期活跃在隋唐书坛，他们留心翰墨，习书成风，见重当时，延誉后世。关于隋唐佛教高僧书法，一些学者虽有零星论述，但多聚焦于智永和怀素，惜乎尚无专文全面阐述隋唐高僧书法家群体。本文欲就隋唐高僧的书法成就、社会影响以及产生高僧书法家的原因加以探讨，或当有助于我们全面认识隋唐书法文化。

一 隋唐时期的高僧书法家

隋唐时期，佛教大行其道，"寺塔遍于九州，僧尼溢于三辅"。② 在数以万千计的隋唐佛教僧侣中，涌现出了许多德行超凡、才华出众的高僧，他们有的谙识梵文，有的通晓儒学，有的精于术数，有的擅长诗文，有的娴熟琴棋，有的善绘彩画，有的工于书法，各自从不同方面为隋唐文化的繁荣昌盛做出了积极贡献。隋唐书法文化瑰丽多彩，光辉灿烂，其中就与佛教高僧的苦心孤诣不可分割。

在隋唐佛教僧侣中，许多高僧以书法闻名于世。隋彭城崇圣寺释靖嵩性爱文藻，"子史篆隶，模楷于今（唐）"。③ 隋赵郡障洪山释智舜博通坟

---

① （宋）欧阳修：《集古录跋尾》卷六《唐安公美政颂》，人民美术出版社，2010，第145页。
② （唐）彦琮：《唐护法沙门法琳别传》卷上，《大正藏》卷五〇，第200页。
③ （唐）道宣撰，郭绍林点校《续高僧传》卷一〇《隋彭城崇圣道场释靖嵩传》，中华书局，2014，第339页。

素,"工书善说"。① 隋东都慧日寺释智果率素轻清,慈物在性,颇爱文笔,"俗以其书势逼右军"。② 盛名之下,晋王杨广召令智果写书。隋汲郡人释敬脱,威仪修整,志节坚正,时人号为"僧杰"。隋炀帝敕赐其面阔三尺的大竹扇,还赐予他松抱高屦(木板拖鞋)。敬脱不仅是缁林"僧杰",还是位书法家。他"善声韵,兼通字体。苍雅林统,识其科踪"。敬脱平日手不辍卷,专师广瞻。他年幼出家游方时,"常施荷担,母置一头,经书及笔又置一头"。敬脱的毛笔"粗管如臂,可长三尺,方丈一字,莫不高推"。向他求字的人,得到的通常是整张纸只有一个字,然而,"风力遒逸,睹之不厌,皆施诸壁上,来往观省"。③ 史载,隋东都门额,率皆敬脱所题,"随一赋笔,更不修饰"。④ 隋西京日严寺释智矩性情矜庄,容貌帅气,雅为众表,"又善草隶,偏爱文章。每值名宾,辄属兴缀彩,铺词横锦,勇思霏霜,而仪轨宪司,未沿流俗"。⑤ 智矩门人慧感和慧赜,亲承嘉诲,亦以书法见长。沙门慧赜神思锋逸,洽闻博达。慧赜特明古迹,偏晓书画,京华士子屡陈真伪,皆资其口实,定其人世。慧赜不仅是书画鉴定家,而且是名副其实的书法家,他的"草隶笔功,名流台府。每有官供胜集,必召而处其中,公卿执纸,请书填赴。赜随纸赋笔,飞骤如风。藻蔚雄态,绮华丰富。故在所流咏,耽玩极多,悬诸屏障,或铭座右"。⑥

唐代僧人释元雅好古喜学,他以科斗、小篆各书《千字文》,并用隶书标识,"其科斗、小篆,笔意淳古,而隶书复洒然不恶,亦不谬于用心也"。⑦ "科斗"亦作"蝌蚪",用为书体之名,始于汉末,是汉末和魏晋人因古代书册写本的字体笔画像科斗之虫,所以称为"科斗"。"科斗"是篆书类手写体的总诨称,其得名是在于笔画起止出尖锋、行笔先重后轻的特色,也就是由于手写体富有弹力的特色。⑧ 隶书生于篆,而篆法又祖科斗,元雅"既以隶而求篆,又缘篆而作科斗,则其知所本矣。复于每体各

---

① 《续高僧传》卷一七《隋赵郡障洪山释智舜传》,第 646 页。
② 《续高僧传》卷三〇《隋东都慧日道场释智果传》,第 1256 页。
③ 《续高僧传》卷一二《隋东都内慧日道场释敬脱传》,第 416 页。
④ 《续高僧传》卷一二《隋东都内慧日道场释敬脱传》,第 416 页。
⑤ 《续高僧传》卷一一《隋西京日严道场释智矩传》,第 374~375 页。
⑥ 《续高僧传》卷三《唐京师清禅寺沙门释慧赜传》,第 71~72 页。
⑦ (宋)佚名撰,范红娟点校《宣和书谱》卷二《释元雅》,人民美术出版社,2011,第 17 页。
⑧ 启功:《古代字体论稿》,文物出版社,1999,第 17~19 页。

为《千文》，则又见所学进修而该备矣"。① 唐成都府释昙域"篆文雄健，重集许慎《说文》，见行于蜀"。② 唐五台山华严寺释志远"至于缄札题尺，颇闲辞翰虫篆之美"。③ 所谓"虫篆"，也称"鸟篆"，又叫"虫书""鸟虫书"，是篆书手写体的一种浑称，之所以称为鸟、虫，不过是说它的弹性笔画又像鸟，又像虫而已。④ 释志远篆书的古雅之美，由此可以想见。唐玄宗喜作八分书（隶体），⑤ 上之所好，下必甚焉，时人习书八分，趋之若鹜。其中，书家李潮和僧人灵该的八分书最为著名，"潮一字出，遂有百金之直（值）"；释灵该"手和笔调，固亦可采"，⑥ 著称于时。除了篆书和八分书，唐代高僧还有擅长章草者。唐长安定水寺释明濬"善章草，常以《金刚般若》为业"。⑦ 明濬所书"章草"，不同于新隶体（真书的快写体），而是汉隶的快写体。

　　隋唐高僧或善章草，或善篆书，或善八分书，不过，总体上以擅长"草隶"（即新隶体，也就是真书的快写体）者居多。唐南武州沙门释智周"笃爱虫篆，尤工草隶，傍观图史，大善篇什"。⑧ 唐京师大庄严寺释慧铨"颇怀篇什，尤能草隶。随笔所被，用为模楷。故经题寺额，咸推仰之"。⑨ 唐蜀郡成都人释玄续"达外书，工草隶，时吐篇什，继美前修"，"尝为宝园寺制碑铭"。⑩ 唐高宗初年的西行求法僧人道希法师"有文情，善草隶"，⑪ 他竟在古印度大觉寺造立唐碑一通。唐皇化寺齐章法师"草圣入神，已得张芝之妙"。⑫ 唐吴郡破山寺释常达"专讲《南山律钞》。后求

---

① 《宣和书谱》卷二《释元雅》，第18页。
② （宋）赞宁撰，范祥雍点校《宋高僧传》卷三〇《梁成都府东禅院贯休传附昙域传》，中华书局，1987，第750页。
③ 《宋高僧传》卷七《唐五台山华严寺志远传》，第139~140页。
④ 《古代字体论稿》，第21页。
⑤ "八分书"是指笔画轻便的隶书，"八分者，即是八成的古体或雅体，也可以说'准古体'或'准雅体'"。参看启功《古代字体论稿》，第28~29页。
⑥ 《宣和书谱》卷二〇《释灵该传》，第210页。
⑦ 《续高僧传》卷二五《唐京师定水寺释明濬传》，第1076页。
⑧ 《续高僧传》卷一九《唐南武州沙门释智周传》，第700页。
⑨ 《续高僧传》卷二八《唐京师大庄严寺释慧铨传》，第1187页。
⑩ 《续高僧传》卷一三《唐蜀都宝园寺释玄续传》，第468页。
⑪ （唐）义净撰，王邦维校注《大唐西域求法高僧传校注》卷上《齐州道希法师》，中华书局，1988，第36页。
⑫ 廷芝：《唐皇化寺齐章法师墓志铭》，吴钢主编《全唐文补遗》第九辑，三秦出版社，2007，第422页。

《涅槃》圆音,《法华》止观,复通《阴符》《老》《庄》百家之书,其余分时之学,尽二王之笔迹"。① 又有唐代高僧释行敦"作行书,仪刑羲之笔法。当天宝间寓安国寺,以书名于世。尝录傅玄乐府,字画遒媚,富于绳墨,视王氏其犹得其门者"。② 释齐己"亦留心书翰,传布四方","笔迹洒落,得行字法,望之知其非寻常释子所书也"。③ 释贯休"作字尤奇崛,至草书益胜",他"喜书《千文》,世多传其本,虽不可以比迹智永,要自不凡"。④ 释景云"尤喜草法,初学张颠,久之精熟,有意外之妙。观其所书《将箴》,左盘右蹴,若浓云之兴,迅雷之发,使见者惊骇。斯盖不独形于字画之间,抑又见其写胸中之寄也"。⑤ 唐代献上人和修上人亦工草书。孟郊《送草书献上人归庐山》诗云:"狂僧不为酒,狂笔自通天。将书云霞片,直至清明巅。手中飞黑电,象外泻玄泉。万物随指顾,三光为回旋。聚书云沾霈,洗砚山晴鲜。忽怒画蛇虺,喷然生风烟。江人愿停笔,惊浪恐倾船。"⑥ 唐人史邕有诗描述修上人之书法:"真踪草圣今古有,修公学得谁及否?古人今人一手书,师今书成在两手。书时须饮一斗酒,醉后扫成龙虎吼。风雨惊兮魍魉走,山岳动兮龙蛇斗。千尺松枝如蠹朽,欲折不折挂岩口。张旭骨,怀素筋,筋骨一时传斯人。斯人传得妙通神,攘臂纵横草复真,一身疑是两人身。"⑦

隋唐高僧挥毫泼墨,浪峰迭起,震撼朝野,出类拔萃的书法僧因而步入宫廷,成为朝中侍书。唐湖州开元寺僧高闲擅长真草,其书"龙蛇惊粉署,花雨对金轮"。⑧ 张祜《高闲上人》诗云:"……道心黄叶老,诗思碧云秋。卷轴朝廷饯,书函内库收。……日色屏初揭,风声笔未休。长波溢海岸,大点出嵩丘。不绝羲之法,难穷智永流。殷勤一笺在,留著看银钩。"⑨ 唐宣宗重兴佛法,高闲被召入宫廷,成为御前草圣,遂赐紫衣,仍预临洗忏戒坛,

---

① 《宋高僧传》卷一六《唐吴郡破山寺常达传》,第 393 页。
② 《宣和书谱》卷一一《释行敦传》,第 113 页。
③ 《宣和书谱》卷一一《释齐己传》,第 114 页。
④ 《宣和书谱》卷一九《释贯休》,第 196 页。
⑤ 《宣和书谱》卷一九《释景云》,第 195 页。
⑥ 孟郊:《送草书献上人归庐山》,(清)彭定求等编《全唐诗》卷三七九,中华书局,1960,第 4249 页。
⑦ (宋)陈思编撰,崔尔平校注《书苑菁华校注》卷一七《修公上人草书歌》,上海辞书出版社,2013,第 256 页。
⑧ 陈陶:《题赠高闲上人》,《全唐诗》卷七四六,第 8483 页。
⑨ 张祜:《高闲上人》,《全唐诗》卷五一一,第 5831 页。

号十望大德。唐代著名史学家吴兢的裔孙僧瞽光长于草隶，他向书法家陆希声苦祈草法，陆氏授其五指拨镫法，"光书体当见遒（遒）健，转腕回笔，非常所知"。① 瞽光之书，"崩云落日千万状，随手变化生空虚。海北天南几回别，每见书踪转奇绝"。② 瞽光以擅长书法而入内供奉，唐昭宗诏对御榻前书，赐予他紫方袍，罗隐《送瞽光大师》诗云："圣主赐衣怜绝艺，侍臣摛藻许高踪。"③ 无独有偶，唐代洛阳人释亚栖也以书法得幸于唐昭宗。亚栖"经律之余，喜作字，得张颠笔意"，其书"若飞鸟出林，惊蛇入草"。④ 唐昭宗光化年间，亚栖在殿庭写草书，两赐紫袍，荣耀一时，他自谓"通神笔法得玄门，亲入长安谒至尊。莫怪出来多意气，草书曾悦圣明君"。⑤

隋唐高僧书法家中，名声最大的是隋僧智永和唐僧怀素。

智永，会稽（今浙江绍兴）人，俗姓王，名法极，乃王羲之七世孙。智永积年学书，他"师远祖逸少，历记专精，摄齐升堂，真、草唯命，夷途良辔，大海安波。微尚有道（张芝）之风，半得右军之肉。兼能诸体，于草最优，气调下于欧、虞，精熟过于羊〔欣〕、薄〔绍之〕"。⑥ 他"学书以羲之为师法，笔力纵横，真草兼备，绰有祖风"。时人求其书者，"缣素笺纸，堆案盈几，先后积压，尘为之生"；"又户外之屦常满，宾客造请，门阀穿穴，以铁固其限"，人们号曰"铁门限"。⑦ 宋代书法大家苏东坡称赞说："永禅师书骨气深稳，体兼众妙，精能之至，反造疏淡。"⑧ 智永书法气度不凡，冠绝一时，他的传世作品有《千字文》唐摹本（伯3567，图Ⅱ—1），乃贞观十五年（641）蒋善进临本。

怀素，永州零陵（今湖南零陵）人，字藏真，旧说俗姓钱，是大历十才子钱起的外甥。怀素自幼出家，"经禅之暇，颇好书翰"，⑨ 勤奋学书，

---

① 《宋高僧传》卷三〇《后唐明州国宁寺瞽光传》，第753页。
② 吴融：《赠广利大师歌》，《全唐诗》卷六八七，第7900页。
③ 罗隐：《送瞽光大师》，《全唐诗》卷六六三，第7600页。
④ 《宣和书谱》卷一九《释亚栖》，第193页。
⑤ 亚栖：《对御书后一绝》，《全唐诗》卷八五〇，第9623页。
⑥ （唐）张彦远撰，范祥雍点校《法书要录》卷八《张怀瓘书断（中）》，人民美术出版社，1964，第284页。
⑦ 《宣和书谱》卷一六《释智永》，第178页。
⑧ （宋）苏轼撰，白石点校《东坡题跋》卷四《书唐氏六家书后》，浙江人民美术出版社，2016，第162页。
⑨ 怀素：《自叙帖》，（清）陆心源辑《唐文拾遗》卷四九，参见（清）董诰等编《全唐文》第11册，中华书局，1983，第10931页。

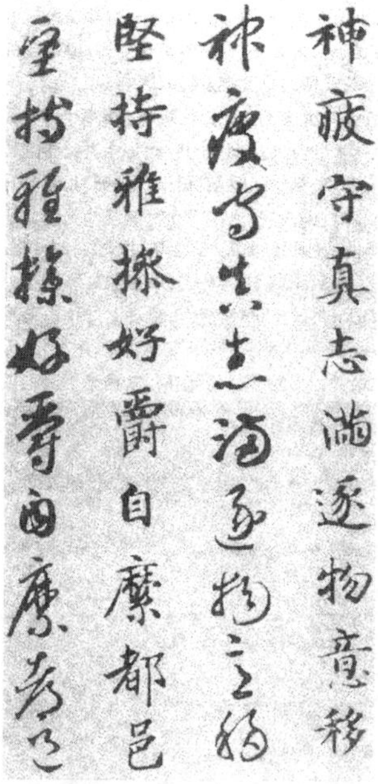

图Ⅱ—1　智永真草书《千字文》（局部）

以致退笔埋成"笔冢"。他为学草书而"书漆盘三面俱穴"，以芭蕉叶代纸，名其所居曰"绿天庵"，他"日日涧边寻茯苓，岩扉常掩凤山青。归来挂衲高林下，自剪芭蕉写佛经"。① 怀素之书"若惊蛇走虺，骤雨狂风"，② 他早年就以草书驰名江岭，"湖南七郡凡几家，家家屏幛书题遍"。③ 他饮酒以养性，草书以畅志，酒酣兴发，遇见寺壁里墙、衣裳、器皿，靡不书之，时人谓之"醉僧"。怀素"自言得草圣三昧"，④ 时人又称他为"狂僧"。唐人任华《怀素上人草书歌》云："狂僧前日动京华，朝骑王公大人马，暮宿王公大人家。谁不造素屏？谁不涂粉壁？粉壁摇晴光，素屏凝晓霜，待君挥洒兮不可弥忘。"⑤ 唐人窦臮以诗记述了怀素挥洒草书的宏大场面："狂僧挥翰狂且逸，独任天机摧格律。龙虎惭因点画生，雷霆却避锋芒疾。鱼笺绢素岂不贵，只嫌局促儿童戏。粉壁长廊数十间，兴来小

---

① 戴叔伦：《赠鹤林上人》，《全唐诗》卷二七四，第3104页。
② 《宣和书谱》卷一九《释怀素》，第191页。
③ 李白：《草书歌行》，《全唐诗》卷一六七，第1729页。
④ （唐）李肇：《唐国史补》卷中《得草圣三昧》，上海古籍出版社，1979，第38页。
⑤ 任华：《怀素上人草书歌》，《全唐诗》卷二六一，第2904页。

豁胸襟气。长幼集,贤豪至,枕糟藉麹犹半醉。忽然绝叫三五声,满壁纵横千万字。……此生绝艺人莫测,假此常为护持力。连城之璧不可量,五百年知草圣当。"① 流传至今的怀素草书作品有《苦笋帖》、《论书帖》、《食鱼帖》、《自叙帖》、《大草千字文》、《小草千字文》、《东陵圣母帖》、《律公帖》、《藏真帖》(图Ⅱ—2)。

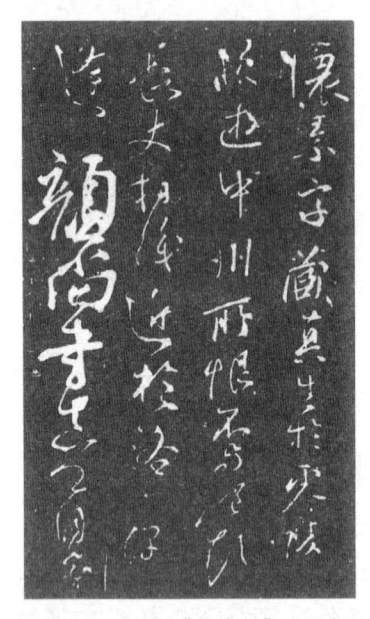

图Ⅱ—2 怀素《藏真帖》(局部)

智永和怀素是隋唐僧人书法家的杰出代表,名噪一时,争衡千古。隋唐高僧靖嵩、敬脱、智矩、慧赜、玄续、灵该、景云、窨光、亚栖、高闲、齐己、贯休等人的书法光彩夺目,他们在当时也都是独步天下的著名书法家。此外,还有高僧怀仁、文楚、梦龟、可朋、无作、遗则、怀浚等人亦以书法际会风云,纵横一时。隋唐高僧书法家大有群星灿烂之势,在姹紫嫣红的隋唐书坛放射出十分璀璨的光芒。

二 隋唐高僧书法家的成因

在中国佛教文化史上,早在西晋就有高僧善书者。史载,西晋敦煌高

---

① 窦臮:《怀素上人草书歌》,《全唐诗》卷二○四,第2134页。

僧于道邃学业高明，内外赅览，善方药，"美书札"。① 东晋高僧善书者，见诸史籍的有康法识和安慧则。东晋高僧康法识不仅有义学之功，而且以草隶知名。时人康昕自谓笔道超过康法识，"识共昕各作右军草，傍人窃以为货，莫之能别"。② 东晋洛阳大市寺释安慧则卓越异人，而工正书，他手自细书黄缣，写《大品经》1部，合为1卷，"字如小豆，而分明可识"，③ 共十余本。两晋以降，南北朝时期，历代高僧中也有善书者。刘宋京师建康龙光寺释慧生善众经，兼工草隶；④ 宋熙寺释昙瑶善《净名》《十住》及《庄》《老》，又工草隶，为宋建平宣简王刘宏所重。⑤ 南齐建康乌衣寺释昙迁，姓支，本月支人，笃好玄儒，游心佛义，"又工正书，常布施题经"。⑥ 萧梁高僧中，善书者尤多。梁大僧正南涧寺沙门释慧超"善用俳谐，尤能草隶"。⑦ 梁京师建康建元寺释法护"年始十三，而善于草隶"；⑧ 龙光寺释僧乔"美风姿，善草隶"；⑨ 冶城寺释僧若"诵《法华》，工草隶"。⑩ 萧梁高僧善书者多，与梁武帝佞佛以及梁代佛教文化兴盛有密切关系，南北朝其他各代也都只有一两位善书者，宋、齐如是，陈、周亦然。陈都建康宣武寺释洪偃"善草隶，见称时俗，纤过芝叶，媚极银钩"。⑪ 北周终南山释静蔼甫为书生，博志经史，"言必藻缋珠连，书亦草行相贯，高为世重，罕不华之"。⑫

两晋南北朝时期，佛教高僧中虽然不乏善书者，但是，与隋唐时期比较，相差悬远。隋唐高僧擅长书法者为数众多，可谓空前绝后。隋唐高僧书法成就突出，影响广泛，涌现出像智永、怀素、高闲、贯休、訾光、亚栖等一批声名如雷贯耳、功业简册俱载的书法家，空谷足音，前所未有。

---

① （梁）慧皎撰，汤用彤点校《高僧传》卷四《晋敦煌于道邃传》，中华书局，1992，第169页。
② 《高僧传》卷四《晋剡东仰山竺法潜传附康法识传》，第157页。
③ 《高僧传》卷一〇《晋洛阳大市寺安慧则传》，第372页。
④ 《高僧传》卷七《宋京师龙光寺竺道生传》，第257页。
⑤ 《高僧传》卷七《宋吴兴小山释法瑶传附昙瑶传》，第299页。
⑥ 《高僧传》卷一三《齐乌衣寺释昙迁传》，第501页。
⑦ 《续高僧传》卷六《梁大僧正南涧寺沙门释慧超传》，第179页。
⑧ 《续高僧传》卷五《梁扬都建元寺沙门法护传》，第147页。
⑨ 《续高僧传》卷六《梁扬都龙光寺释僧乔传》，第199页。
⑩ 《高僧传》卷八《梁京师冶城寺释智秀传附僧若传》，第299页。
⑪ 《续高僧传》卷七《陈扬都宣武寺释洪偃传》，第221~222页。
⑫ 《续高僧传》卷二三《周终南山避世峰释静蔼传》，第906页。

隋唐时期何以造就了许多僧人书法家?"文变染乎世情,兴废系乎时序。"①这与隋唐时期的社会文化风尚有着极为密切的关系。

首先,爱尚书法、好书成风的文化环境,客观上为隋唐僧人书法家的成长打下了良好的社会基础。隋唐时期,帝王垂范作则,天下景从,举国上下,好书成风。杨隋二帝爱尚书法,颇好收藏书画。② 隋文帝杨坚平陈,命令大臣裴矩等人搜求法书名画,共得800余卷。隋炀帝在洛阳观文殿后营建"妙楷台"和"宝迹台",专门收藏法书名画。由隋入唐,唐代帝王不遗余力购求法书。唐太宗积极收购法书,贞观六年(632)正月八日,他命令整理御府古今工书钟、王等真迹,共得1510卷。③ 唐太宗对王羲之书迹的搜罗,殆尽遗逸。女皇武则天以时人王方庆(王羲之后代)家多书籍,于是访求右军遗墨,王方庆奏曰:"臣十代从伯祖羲之书,先有四十余纸,贞观十二年,太宗购求,先臣并已进之。唯有一卷见在。又进臣十一代祖导、十代祖洽、九代祖珣、八代祖昙首、七代祖僧绰、六代祖仲宝、五代祖骞、高祖规、曾祖褒,并九代三从伯祖晋中书令献之已下二十八人书,共十卷。"④ 王方庆献书后,武则天在武成殿向群臣展示,并命令中书舍人崔融撰《宝章集》,以叙其事。唐代帝王不仅热衷书法收藏,而且擅长操笔作书。唐太宗工行、草,其书"笔力遒劲,尤为一时之绝"。⑤ 唐高宗"虽潦倒怕妇,笔法亦极清劲"。⑥ 武则天"亦本于喜作字",她求得王方庆家藏其祖父等28人书迹后,"摹拓把玩,自此笔力益进,其行书骎骎,稍能有丈夫胜气"。⑦ 武则天的传世书作《升仙太子碑》,久负盛名。唐玄宗"临轩之余,留心翰墨。初见翰苑书体狃于世习,锐意作章草八分,遂摆脱旧学",其书"风骨巨丽,碑板峥嵘;思如泉而吐凤,笔为海以吞鲸"。⑧ 唐代宗"霄旰之暇,留心翰墨,于行书益工"。⑨ "大抵唐以文

---

① (梁)刘勰撰,杨明照等校注《增订文心雕龙校注》卷九《时序》,中华书局,2000,第542页。
② 《法书要录》卷三《唐武平一徐氏法书记》,第114页。
③ 《法书要录》卷四《唐朝叙书录》,第163页。
④ (后晋)刘昫等:《旧唐书》卷八九《王方庆传》,中华书局,1975,第2899页。
⑤ 《宣和书谱》卷一《唐太宗》,第2页。
⑥ (宋)黄庭坚撰,刘琳、李勇先、王蓉贵点校《黄庭坚全集》别集卷六《跋唐玄宗鹡鸰颂》,四川大学出版社,2001,第1583页。
⑦ 《宣和书谱》卷一《武则天》,第10页。
⑧ 《宣和书谱》卷一《唐明皇》,第4页。
⑨ 《宣和书谱》卷一《唐代宗》,第6页。

皇喜字书之学，故后世子孙尚得遗法"，① "故诸宗承袭太宗之学，皆以翰墨流传，至宣宗复以行书称，盖其典刑犹在也"。②

隋唐帝王对书法的钟情，进一步折射到了隋唐文化制度层面。其一，唐代官学教育中专设"书学"。书学直属国子监，有书学博士2人，从九品下；助教1人。③ 书学招收学生30人，"以八品以下子及庶人之通其学者为之"。④ 书学学生"以《石经》《说文》《字林》为专业，余字书亦兼习之"，⑤《石经》三体书限3年业成，《说文》限2年，《字林》限1年。另外，弘文馆有楷书手30人，史馆有楷书手35人，集贤殿书院有书直、写御书100人，拓书6人，⑥ 秘书省置楷书手80人。⑦ "盖唐人书学，自太宗建弘文馆为教养之地，一时习尚为盛。至后之学者，随其所得，而各有成就。"⑧ 其二，唐代科举考试中特设"书科"。唐代科举考试，常贡之科有明经和进士，有明法、明书、明算。"凡书学，先口试，通，乃墨试《说文》《字林》二十条，通十八为第。"⑨ 其三，唐代官吏铨选中特试"书、判"。唐代凡择人之法有四：一曰身，体貌丰伟；二曰言，言辞辩正；三曰书，楷法遒美；四曰判，文理优长。其中，"六品以下始集而试，观其书、判；已试而铨，察其身、言"。⑩ 唐代吏部选试，"观其书"，应试者必须"楷法遒美"，这就促使读书人平日必须加强书法修养，从而推动了唐代书法的发展和繁荣。

隋唐帝王对书法的高标垂范，唐代官学教育、科举考试、官吏铨选中对书法的制度化要求，不仅使书法成为隋唐社会生活中最为喜闻乐见的艺术形式，而且在全社会形成了盛况空前的书法文化热潮。"唐三百年凡缙绅之士，无不知书，下至布衣、皂隶，有一能书，便不可掩。"⑪ 作为时代的弄潮儿，隋唐高僧书法家正是在当时书法文化大潮中渐渐成长起来的。

---

① 《宣和书谱》卷一《唐德宗》，第7页。
② 《宣和书谱》卷一《唐宣宗》，第8页。
③ （宋）欧阳修、宋祁：《新唐书》卷四八《百官志三》，中华书局，1975，第1267页。
④ 《新唐书》卷四四《选举志上》，第1160页。
⑤ （唐）李林甫等撰，陈仲夫点校《唐六典》卷二一《国子监》，中华书局，1992，第562页。
⑥ 《旧唐书》卷四三《职官志二》，第1852页。
⑦ 《唐六典》卷一〇《秘书省》，第298页。
⑧ 《宣和书谱》卷一〇《林藻》，第107页。
⑨ 《新唐书》卷四四《选举志上》，第1162页。
⑩ 《新唐书》卷四五《选举志下》，第1171页。
⑪ 《宣和书谱》卷一八《章孝规》，第190页。

其次，佛教的兴盛，士大夫和书法家盘桓佛教寺院，撰文纪颂，立石志事，题署书丹，为隋唐高僧临书习字、研习书法提供了必要条件。隋唐时期，佛教风靡朝野，"黎庶信苦空之说，衣冠敬方便之门"。① 隋唐士大夫往往与佛教有着千丝万缕的联系，他们结交僧人，频游寺院。士大夫盘桓佛寺，兴之所至，吟咏之作，随意题写，常常书于寺院殿堂楼阁的墙壁上。史载，贞元七年（791）七月，唐德宗幸章敬寺，赋诗九韵，皇太子与群臣毕和，随即题之寺壁。② 隋唐士大夫在佛教寺院殿堂墙壁题字作书，是十分寻常的事。唐人徐夤《塔院小屋四壁皆是卿相题名因成四韵》诗云："雁塔搀空映九衢，每看华宇每踟蹰。题名尽是台衡迹，满壁堪为宰辅图。"③

隋唐书法名流为佛教寺院题署书丹，不可胜计。初唐书法家薛稷曾游新安郡，为新安寺题书寺额。④ 盛唐狂草书法家张旭在洛阳天宫寺挥毫草书于寺壁。⑤ 大中初年，天台山国清寺衔悬敕额，书法大家柳公权为其书题。⑥ 人称"杨疯子"的唐末大书法家杨凝式"喜作字，尤工颠草"，他在洛阳时多游佛寺，"院僧有少师未留题咏之处，必先粉饰其壁，洁其下，俟其至。若入院，见其壁上光洁可爱，即箕踞顾视，似若发狂。引笔挥洒，且吟且书，笔与神会。书其壁尽方罢，略无倦怠之色"。⑦ 他"居洛下十年，凡琳宫、佛祠墙壁间，题记殆遍"。⑧ 隋唐古寺名刹，多有名人书迹。就以唐长安千福寺来说，寺额为上官昭容所书，东塔院有高力士题额，西塔院有唐玄宗题额，中三门外有僧怀仁的《集王书圣教序》和颜真卿书《多宝塔感应碑》，颜书碑阴是吴通微书《楚金禅师碑》。⑨ 隋唐书法大家为佛寺和法师树碑书丹者，不胜枚举。欧阳询《化度寺碑》，欧阳通

---

① （宋）宋敏求编《唐大诏令集》卷一一三《条流僧尼敕》，商务印书馆，2000，第591页。
② 《旧唐书》卷一三《德宗纪》，第372页。
③ 徐夤：《塔院小屋四壁皆是卿相题名因成四韵》，《全唐诗》卷七〇九，第8159页。
④ （唐）朱景玄撰，温肇桐注《唐朝名画录·神品下·薛稷》，四川美术出版社，1985，第11页。
⑤ 《唐朝名画录·神品上·吴道玄》，第2页。
⑥ 《宋高僧传》卷二〇《唐天台山国清寺清观传》，第527页。
⑦ （宋）张齐贤：《洛阳缙绅旧闻记》卷一《少师佯狂》，（上海）商务印书馆，1939，第3页。
⑧ 《宣和书谱》卷一九《杨凝式》，第200页。
⑨ （唐）张彦远：《历代名画记》卷三《记两京外州寺观画壁》，人民美术出版社，1963，第58页。

《道因法师碑》，褚遂良《雁塔圣教序碑》，薛稷《信行禅师碑》，孙藏器《慧坚禅师碑》，史惟则《大智禅师碑》和《荐福寺临坛大戒德律师碑》，徐浩《大证禅师碑》和《不空和尚碑》，柳公权《玄秘塔碑》，李邕《麓山寺碑》、《法华寺碑》和《灵岩寺碑》，皆是其中的上乘之作，至今传习不辍。

隋唐士大夫名流和书家大手笔，多在佛教寺院留下他们的得意之书，其中还不乏珍品之作。佛教寺院荟萃、珍藏的书家大作，无疑为爱好书法的隋唐高僧临书习字、提高书艺创造了有利条件，佛寺成为隋唐高僧书法家成长的温床。

再次，佛教的盛行，引起全社会对佛教经本的大量需求，佛教经典的抄写，风气日炽，抄写佛经促进了僧人书法艺术的不断提高，这是隋唐高僧书法家层出不穷的又一重要原因。佛教宣扬"修福田莫若立塔写经"。①《妙法莲华经·普贤菩萨劝发品》曰："若有受持读诵，正忆念，修习书写是《法华经》者，当知斯人则见释迦牟尼佛，如从佛口闻此经典。"《华严经·普贤行愿品》关于写经卷即是做功德的说教则更为具体："从初发心，精进不退，以不可说不可说，身命而为布施，剥皮为纸，析骨为笔，刺血为墨，书写经典，积如须弥。……或复有人以深信心，于此大愿受持读诵，乃至书写一四句偈，速能除灭五无间业，所有世间身心等病，种种苦恼，乃至佛刹极微尘数一切恶业，皆得消除，一切魔军、夜叉、罗刹、若鸠盘荼、若毗舍阇、若部多等，饮血啖肉诸恶鬼神，皆悉远离。……是故汝等闻此愿王，莫生疑念，应当谛受，受已能读，读已能诵，诵已能持，乃至书写，广为人说，是诸人等于一念中，所有行愿，皆得成就，所获福聚，无量无边。能于烦恼大苦海中，拔济众生，令其出离，皆得往生阿弥陀佛极乐世界。"由此可知，对佛教信仰者来说，抄写佛经是他们消灾祈福的重要而"有效"的途径之一。因此，北朝隋唐时期，就有专业抄经手抄写佛经，称为经生。佛教高僧抄经，自是理所当然，义不容辞。隋唐佛教各宗的创始人，就是写经僧的典范。净土宗始祖释善导"写《弥陀经》数万卷"，② 华严宗四祖释澄观"缮写经典，不可殚述"。③ 隋唐高僧写经

---

① 《佛说决罪福经建辉题记愿文》，参见黄征、吴伟编校《敦煌愿文集》，岳麓书社，1995，第836页。
② 《续高僧传》卷二七《唐终南山豹林谷沙门释会通传》，第1164页。
③ 《宋高僧传》卷五《唐代州五台山清凉寺澄观传》，第107页。

者，比比皆是。唐朔方灵武龙兴寺释增忍画卢舍那阁 35 尺，门 1 丈 6 尺，刺血写经总计 283 卷。① 唐京师崇圣寺释文纲"刺血书经，向六百卷"。② 唐汴州安业寺释神照"造像数百铺，写经数千卷，任缘便给，不为藏蓄"。③ 唐湖州大云寺释子瑀"前后写经三藏，凡一万六千卷"。④

隋"开皇元年，高祖普诏天下，任听出家，仍令计口出钱，营造经像。而京师及并州、相州、洛州等诸大都邑之处，并官写一切经，置于寺内；而又别写，藏于秘阁。天下之人，从风而靡，竞相景慕，民间佛经多于六经数十百倍"。⑤ 佛教在唐代达到极盛，唐代民间佛经卷帙浩大，与隋朝相比，自是有过之而无不及。流通在隋唐社会的无法计数的大量佛经，在印刷术尚未兴起的隋唐时代，全部依靠手工抄写。隋唐写经者，除了官府经生和民间经生，各地僧人也是当时写经队伍中的一支重要力量。社会上对佛经的迫切需要，加之写经本是僧人分内的事，于是，写经僧累月穷年地抄写佛经，久而久之，书法技艺不断进步，渐入佳境。璋上人、僧昙林等隋唐高僧就是在长期写经实践中成为书法家的。岑参《观楚国寺璋上人写一切经院南有曲池深竹》诗云："璋公不出院，群木闭深居。誓写一切经，欲向万卷余。挥毫散林鹊，研墨惊池鱼。音翻四句偈，字译五天书。"⑥ 僧昙林"有金书经目曰《金刚上味陀罗尼》，累数千字，始终一律，不失行次，便于疾读；但恨拘窘法度，无飘然自得之态。然其一波三折，笔之势亦自不苟，岂其意与笔正特见严谨，亦可嘉矣"。⑦ 昙林"作小楷，下笔有力，一点画不妄作。然修整自持，正类经生之品格高者"。⑧《宣和书谱》记载，宋宣和朝御府就收藏有昙林《金刚经》墨迹一通。

由上可见，隋唐高僧书法家名人辈出，一方面与隋唐书法文化大潮休戚相关，另一方面与隋唐佛教大发展密不可分。佛教的兴盛，使得隋唐士大夫和书法家不可避免地与佛教有些瓜葛，佛教寺院里不仅留下了他们的足迹，而且留下了他们的书迹。士大夫和书法家在佛教寺院的得意之笔，

---

① 《宋高僧传》卷二六《唐朔方灵武龙兴寺增忍传》，第 668 页。
② 《宋高僧传》卷一四《唐京师崇圣寺文纲传》，第 332 页。
③ 《续高僧传》卷一三《唐汴州安业寺释神照传》，第 460 页。
④ 《宋高僧传》卷二六《唐湖州大云寺子瑀传》，第 666 页。
⑤ （唐）魏徵等：《隋书》卷三五《经籍志四》，中华书局，1973，第 1099 页。
⑥ 岑参：《观楚国寺璋上人写一切经院南有曲池深竹》，《全唐诗》卷一九八，第 2040 页。
⑦ 《宣和书谱》卷五《释昙林》，第 55 页。
⑧ 《宣和书谱》卷五《释昙林》，第 55 页。

为隋唐高僧学习书法提供了难得的范本。而佛教的发展，隋唐社会对佛经的大量需求，使写经生和写经僧应运而生，人才济济。在长期的书写实践中，写经僧的书法技艺不断提高，积久功深，隋唐高僧书法家就脱颖而出了。

三 隋唐高僧书法家的成就及影响

隋唐高僧书法家各有成就，雄峙一时。概观隋唐高僧书法家，他们的最大成就是草书。隋唐高僧书法家，率皆以草书知名于世，耐人寻味。宋人《宣和书谱》说："唐兴，士夫习尚字学，此外惟释子多喜之，而释子者又往往喜作草字，其故何耶？以智永、怀素前为之倡，名盖流辈，耸动当世，则后生晚学，瞠若光尘者，不啻膻蚁之慕。"[1] 隋唐高僧书法家嗜好草书，固然与智永和怀素的轰动效应有关，同时还与佛教尤其是禅宗思想的盛行有绝大关系。禅宗认为，众生有性，自心是佛，识心见性，自成佛道。因此，禅宗宣扬，僧人不必长期坐禅诵经，不必拘泥于清规戒律。受禅宗这种思想的影响，在书法创作中，全凭己意挥洒的草书最适合顺畅地表达内心，刻画自我，草书最能抒发僧人无所羁束的胸怀。[2] 加之在唐人心目中，"篆书朴，隶书俗，草圣贵在无羁束"。[3] 因此，只有草书"独任天机摧格律"，[4] 成为僧人书法家情有独钟的书体。"中得心源，外师造化。"[5] 隋唐高僧书法家"皆不以外物撄拂其心，遂能造妙"，[6] 在草书创作上取得了非凡成就。号为"草圣"者，除了怀素，不一而足。释贯休"善小笔，得六法。长于水墨，形似之状可观"，"休能草圣"，[7] 由于他俗姓姜，好事者传号其书曰"姜体"。僧怀濬爱草书，或经，或释，或老，至于歌诗、鄙琐之言，靡不集其笔端，人称"秭归郡草圣"。[8] 僧晋光"潜心草字，名重一时"，晋光墨迹，笔势遒健，"虽未足以与智永、怀素方

---

[1] 《宣和书谱》卷一九《释梦龟》，第197页。
[2] 王元军：《唐人书法与文化》，台北东大图书公司，1995，第61页。
[3] 吴融：《赠晋光上人草书歌》，《全唐诗》卷六八七，第7899页。
[4] 窦臮：《怀素上人草书歌》，《全唐诗》卷二〇四，第2134页。
[5] 《历代名画记》卷一〇《张璪》，第198页。
[6] 《宣和书谱》卷一九《释晋光》，第195页。
[7] 《宋高僧传》卷三〇《梁成都府东禅院贯休传》，第749~750页。
[8] （宋）李昉等编《太平广记》卷九八《怀濬》，中华书局，1961，第656页。

驾，然亦自是一家法"。① 唐代诗人李白有诗称赞说："少年上人号怀素，草书天下称独步。"② 唐末进士裴说则把怀素与李白和杜甫相提并论，他说："杜甫李白与怀素，文星酒星草书星。"③《书小史》称，僧訾光的草书"飘逸有张旭之妙"，僧贯休的草书"南士皆比之怀素"。隋唐高僧书法家不仅社会声望很高，而且其书法作品市场价值不菲。訾光"一字千金值"，④ 贯休"书似张颠值万金"。⑤ 时光流转，文物沦丧。令人遗憾的是，隋唐高僧书法家的墨宝于今十不存一。然而，这并不能抹杀隋唐高僧书法家应有的历史地位。

气象万千的隋唐高僧书法影响了当时无数人的书法创作，至今仍然以其神韵散发着迷人的墨香。隋僧智永刻意学书于王羲之，颇得其妙，"议者谓其章草入妙，隶书入能，于是一字之出，可直五万，其为当时所慕如此"。⑥ 智永乃手书《千字文》800 本，分送浙东各寺，供人们临习。时人僧述、僧特、智果并师智永，闻名于世。"果隶、行、草入能"，"尝谓永师云：'和尚得右军肉，智果得右军骨。'"⑦ "智永、智果，禅林笔精。天机浅而恐泥，志业高而克成。或拘凝重，萧索家声；或利凡通，周章擅名。犹能作缁门之领袖，为当代之准绳，并如君子励躬于有道，高人保志而居贞。"⑧ 唐代书法崇尚"二王"，因此，唐人习书智永，方兴未艾。唐代高僧文楚"性乐岑寂，惟喜作草书，学智永法，颠沛造次，不忘于怀。久而摆脱旧习，有自得之趣"。⑨ 文楚所书《千字文》，"落笔轻清，无一点俗气，飘飘若飞云之映素月，一见使人泠然有物外之兴"。⑩ 唐代书法家林藻"作行书，其婉约丰妍处，得智永笔法为多"。⑪ 就连一代书法宗师虞世南也"受于永禅师，皆有体法"。⑫ 由隋入唐的初唐四大书家之一虞世

---

① 《宣和书谱》卷一九《释訾光》，第 195 页。
② 李白：《草书歌行》，《全唐诗》卷一六七，第 1729 页。
③ 裴说：《题怀素台》，《全唐诗》卷七二〇，第 8260 页。
④ 吴融：《赠訾光上人草书歌》，《全唐诗》卷六八七，第 7899 页。
⑤ 张格：《寄禅月大师》，《全唐诗》卷七六〇，第 8630 页。
⑥ 《宣和书谱》卷一〇《林藻》，第 107 页。
⑦ 《法书要录》卷九《张怀瓘书断下》，第 301 页。
⑧ 《法书要录》卷五《述书赋下》，第 195 页。
⑨ 《宣和书谱》卷一九《释文楚》，第 197 页。
⑩ 《宣和书谱》卷一九《释文楚》，第 197 页。
⑪ 《宣和书谱》卷一〇《林藻》，第 107 页。
⑫ 《法书要录》卷三《唐李嗣真书品后》，第 101 页。

南，其书法笔致圆融遒丽，品格高妙，结构疏朗，外柔内刚，论者以为如裙带飘扬，而束身矩步，有不可犯之色。唐太宗誓言远学王羲之，近学虞世南，可见其书法的影响力。虞世南正是以智永为师，"妙得其体，由是声名籍甚"。① 虞世南妙得智永笔法，其书风脱胎于永师。宋代大书法家黄庭坚称："顷年观《庙堂碑》摹本，窃怪虞永兴名浮于实。及见旧刻，乃知永兴得智永笔法为多。"② 智永的书法引领了时代潮流，僧人誓光、高闲、怀仁等人的书法也被人奉为圭臬。唐代书僧誓光"出笔法弟子从瑰、温州僧正智琮，皆得墨诀"。③ 书僧无作"善草隶，笔迹酋（遒）健，人多摹写成法"。④ 杭州径山院释鉴宗誓礼书僧高闲为师，"闲公亦示其笔法，渐得凤毛焉"。⑤ 高闲的弟子鉴宗，敕署无上大师，甚得高闲之笔法。"〔高〕闲常好将霅川白纻书真草之踪，与人为学法焉"。⑥（图Ⅱ—3）唐长安弘福寺僧人怀仁积年临习王羲之书，其"点画富于法度，非初学所能到者"，此后，"模仿羲之书，必自怀仁始"。⑦ 清代学者叶昌炽说："集字始于怀仁，唐以前未闻也。集右军书者多矣，惟《圣教序》钩心斗角，天衣无缝，大雅以下，瞠乎其弗及也。"⑧ 怀仁历时20年，根据王羲之墨迹摹写《集王书圣教序》，并上石镌刻立碑，此碑成为时人学习王书的最佳范本。

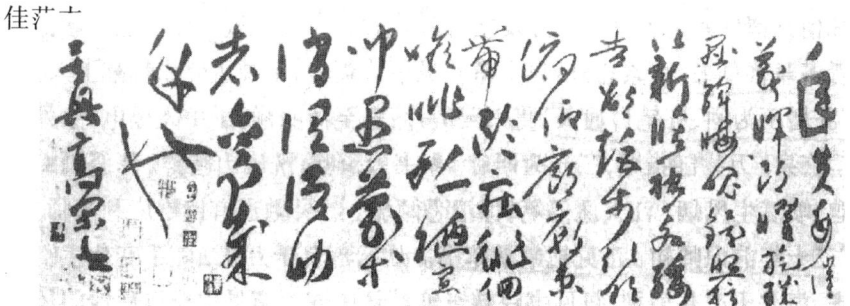

图Ⅱ—3　高闲书《千字文》（局部）

① 《旧唐书》卷七二《虞世南传》，第2565页。
② （宋）黄庭坚撰，白石点校《山谷题跋》卷四《题蔡致君家庙堂碑》，浙江人民美术出版社，2016，第66页。
③ 《宋高僧传》卷三〇《后唐明州国宁寺誓光传》，第753页。
④ 《宋高僧传》卷三〇《梁四明山无作传》，第748页。
⑤ 《宋高僧传》卷一二《唐洛京广爱寺从谏传附鉴宗传》，第279页。
⑥ 《宋高僧传》卷三〇《唐天台山禅林寺广修传附高闲传》，第742页。
⑦ 《宣和书谱》卷一一《释怀仁》，第112页。
⑧ （清）叶昌炽撰，姚文昌点校《语石》卷八《集王一则》，浙江大学出版社，2018，第274页。

且为后学所宗。唐代书法家李邕、高正臣、苏灵芝、张从申、吴通玄和吴通微兄弟等人的书法则深受怀仁《集王书圣教序》的影响。更不消说,怀素草书以其独特的魅力掀起了唐代狂草艺术的飓风。隋唐高僧书法家影响了其时无数人的书法创作,时至今日,僧智永、怀仁、怀素等人的书作,传习不衰,四海流芳,魅力永恒。

隋唐高僧书法毫无"方外气",反而光芒四射,影响久远,这源于他们对书法艺术的不断追求,精益求精。艺无止境,隋唐高僧书法家不闭壁自守,不故步自封,他们勤于学习,善于学习,又特别注重向书法名家学习。唐代草书供奉僧瞖光早年向书家陆希声求教,陆希声教授了他双钩写法,从此书艺突飞猛进。牛头宗六祖慧忠弟子、唐天台山佛窟岩释遗则"始从张怀瓘学草书,独尽笔妙"。① 释景云幼通经论,性识超悟,"尤喜草法,初学张颠,久之精熟,有意外之妙"。② 释皎然与颜真卿过往从密,颜氏《抚州宝应寺翻经台记》对皎然推崇备至。皎然与李阳冰也有交往,其诗《同颜使君真卿岘山送李法曹阳冰西上献书时会有诏征赴京》是证。唐终南山悟真寺释法诚"素善翰墨,乡曲所推,山路岩崖,勒诸经偈,皆其笔也"。法诚翘心奉行《法华》三昧,他竭其精志,书写受持。弘文馆学士张静,"时号笔工,罕有加胜"。法诚邀请张静来到山舍写经,可是,很长时间,他才写几十个字。法诚知道张静写经还想要钱,于是,写两张纸,给他五百文。从此,张静竭力为法诚写经。法诚每日烧香供养张静所写的经文,"在其案前,点画之间,心缘目睹,略无遗漏。故其克心钻注"。③ 一代草书巨匠僧怀素,年纪轻轻即已成名成家,"然恨未能远睹前人之奇迹,所见甚浅"。于是,他"担笈杖锡,西游上国,谒见当代名公",④ 先后师从邬彤而间接得到张旭草书笔法。他于回乡途中在洛阳偶遇颜真卿,又从颜真卿学习"屋漏痕"笔法。怀素对书法艺术的追求从未止步,他在《论书帖》中说:"为其山不高,地亦无灵;为其泉不深,水亦不清;为其书不精,亦无令名。"像怀素一样,正是这种不断进取的精神,成就了隋唐高僧书法家。

---

① 《宋高僧传》卷一〇《唐天台山佛窟岩遗则传》,第229页。
② 《宣和书谱》卷一九《释景云》,第195页。
③ 《续高僧传》卷二八《唐终南山悟真寺释法诚传》,第1184页。
④ 怀素:《自叙帖》,《唐文拾遗》卷四九,参见《全唐文》第11册,中华书局,1983,第10931页。

唐代书法家李邕说："似我者俗，学我者死。"① 唐代书法家张怀瓘也说："故与众同者俗物，与众异者奇材，书亦如然。"② 隋唐高僧书法家的艺术魅力还在于不落窠臼，求新求变。"楚僧怀素工草书，古法尽能新有余。神清骨竦意真率，醉来为我挥健笔。始从破体变风姿，一一花开春景迟。"③ 怀素"志在新奇无定则，古瘦漓骊半无墨"。④ 书僧習光之书法"但日新，又日新"。⑤ 书僧梦龟"作颠草，奇怪百出，虽未可语惊蛇飞鸟之迅，而笔力遒劲，亦自是一门之学"。⑥ 僧可朋《观梦龟草书》诗云："兴来乱抹亦成字，只恐张颠颠不如。"⑦ 梦龟向张旭学书，他别出心裁，可谓青出于蓝而胜于蓝。书僧亚栖倡言："凡书通即变。……若执法不变，纵能入木三分，亦被号为书奴，终非自立之体，是书家之大要。"⑧ 变则通，通则久，历久弥新，经久愈醇，方显隋唐高僧书法的独特魅力。

赵朴初先生曾经强调指出："一提起中国传统文化似乎只是儒家文化一家，完全抹杀了佛教文化在中国传统文化中的地位，抹杀了佛教徒对中国文化的贡献。这是不公平的，也是不符合历史实际的。"⑨ 历史上，佛教徒为中国文化的发展做出了积极贡献。中国文化诸多方面都与佛教关系至密，书法也不例外，隋唐高僧书法家在中国书法史上就当应有一席之地。

（原载《史学集刊》2013 年第 5 期，人大复印报刊资料《魏晋南北朝隋唐史》2014 年第 1 期全文转载；后收入《"唐代江南社会"国际学术研讨会暨中国唐史学会第十一届年会第二次会议论文集》，江苏人民出版社，2015）

---

① （清）刘熙载撰，袁津琥校注《艺概注稿》卷五《书概》，中华书局，2009，第 738 页。
② 张怀瓘：《评书药石论》，《书苑菁华校注》卷一二，第 184 页。
③ 戴叔伦：《怀素上人草书歌》，《全唐诗》卷二七三，第 3070 页。
④ 许瑶：《题怀素上人草书歌》，《全唐诗》卷二〇四，第 2136 页。
⑤ 吴融：《赠广利大师歌》，《全唐诗》卷六八七，第 7900 页。
⑥ 《宣和书谱》卷一九《释梦龟》，第 197 页。
⑦ 释可朋：《观梦龟草书》，《书苑菁华校注》卷一七，第 263 页。
⑧ 亚栖：《论书》，《全唐文》卷九二〇，第 9591 页。
⑨ 赵朴初：《佛教与中国文化的关系》，《文史知识》编辑部编《佛教与中国文化》，中华书局，1988，第 3 页。

《唐侍书僧崇简墓志》跋

《唐侍书僧崇简墓志》全称《大唐西崇福寺故侍书僧崇简墓志铭并序》（图Ⅱ—4），2005年秋出土于河南洛阳北邙山，拓片见录于赵君平、赵文成编《河洛墓刻拾零》①第二一九号，志文楷书，共18行，满行17字，全文如下：

> 大唐西崇福寺故侍书僧崇简上人墓志铭并序
> 开元廿二年四月廿四日陈潭撰并书
> 　法师讳崇简，俗姓张，京兆长安郡人。在世三十八年，以大唐开元廿二载三月十五日冥化。初，上人苦节清起，英范卓立，练空云心，落尽花意，遂剃发出俗，授于一行禅师。禅师戒定悟寂，我默以知之；禅师术业攻异，我聪以成之。光耿道门，郁为称首矣。又善笔札，斯言墨精，神象动容，包括众妙。逸少之后，一人而已。故侍春宫，恩华蒙。期以高而志盖下，性以真而迹无假。何恶直之巧谮，将迫身于幽遐。太夫人在堂，亦既衰老，殆是执别，哀哀路傍。上人乘驲不暇，际曛以息，泣血思亲，饮气而尽。上以孝也，下以愤也。留尔孤魂，伤之莫救。其年四月十八日，女婿陈潭引柩自汝归真于邙。王磐用心，亦有伤矣！琢石演美，纪于斯文曰：
> 　彼上人兮虚获尤，窜于鄩兮将南投，思厥亲兮邈无由，尽厥命兮胡为忧。

从志文可知，志主张崇简是京兆府长安（今陕西西安）人，他"在世三十八年，以大唐开元廿二载三月十五日冥化"，即其生于武则天神功元年（697）。张崇简（697~734）生前是唐长安西崇福寺僧人。据宋敏求

---

① 赵君平、赵文成编《河洛墓刻拾零》，北京图书馆出版社，2007。

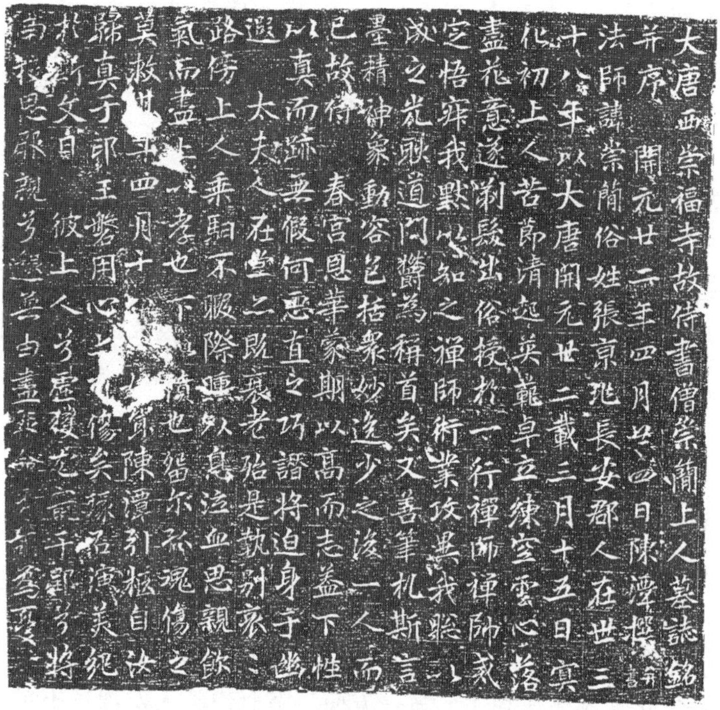

图Ⅱ—4 《崇简墓志》拓片

《长安志》、王溥《唐会要》、徐松《唐两京城坊考》，唐西京长安有3座佛寺曾经名为崇福寺，分别是敦义坊的隋灵觉寺在唐高宗乾封二年（667）复立为崇福寺，休祥坊的太原寺在武则天载初元年（690）易名为崇福寺，义宁坊的化度寺在唐宣宗大中六年（852）改名为崇福寺。崇简生于武则天神功元年（697），卒于唐玄宗开元廿二年（734），他所驻锡的西崇福寺，当是位于长安休祥坊的崇福寺。休祥坊崇福寺本是侍中、观国公杨恭仁之宅，唐高宗咸亨元年（670）以武后外氏故宅立为太原寺。无独有偶，当时东都洛阳以武后母杨氏宅立寺亦名太原寺。为了区别两太原寺，分称东、西太原寺。武则天垂拱三年（687），东、西太原寺都改名魏国寺。载初元年（690），西太原寺又改名崇福寺，时人乃称西崇福寺。

作为京城长安西崇福寺的一名僧人，张崇简受业于著名高僧一行禅师，可谓师出名门，因而"光耿道门，郁为称首矣"。然而，张崇简非惟精诚从道，戒节孤峻，"又善笔札，斯言墨精，神象动容，包括众妙。逸少之后，一人而已"。这是他见美后世、最值得称道之处。

僧人张崇简擅长书法，志文称其笔墨"神象动容，包括众妙。逸少之后，一人而已"。墓志撰者陈潭是志主之婿，因而难免有溢美过誉之嫌，但从张崇简以书法"侍春宫"来看，他确实是一位不可多得的僧人书法家。墓志称颂崇简之书法"逸少之后，一人而已"，盖与初唐书坛崇王之风有关。唐代初年，天下混一，四方无虞，唐太宗"乃留心翰墨，粉饰治具"，他"雅好王羲之字，心慕手追，出内帑金帛，购人间遗墨，得真、行、草二千二百余纸来上。万机之余，不废模仿"。[1] 唐太宗极力推崇王羲之的书法，他亲自为《晋书·王羲之传》撰赞曰："所以详察古今，研精篆素，尽善尽美，其惟王逸少乎！观其点曳之工，裁成之妙，烟霏露结，状若断而还连；凤翥龙蟠，势如斜而反直。玩之不觉为倦，览之莫识其端。心慕手追，此人而已；其余区区之类，何足论哉！"此论一出，天下景从。在唐太宗的倡导下，习书王字成为一种潮流，席卷书坛，蔚为风气。张崇简因以逸少为轨范，力学右军，从而成为一名颇具声望的僧人书法家。

在隋唐佛教僧侣中，许多高僧以书法独步方外，闻名于世。除了智永和怀素，隋唐高僧书法家可谓名人辈出，大有群星灿烂之势，这一方面与隋唐书法文化大潮休戚相关，另一方面与隋唐佛教大发展密不可分。[2] 僧人张崇简正是在这种社会文化条件下，工于书法，"侍春宫，恩华蒙"。春宫即东宫，太子居东宫，东方主春，故亦曰春宫。也就是说，张崇简是太子侍书。

《宣和书谱》卷一《历代诸帝王书》曰："大抵唐以文皇喜字书之学，故后世子孙尚得遗法。至于张官置吏以为侍书，世不乏人，良以此也。"唐王朝"张官置吏"，专设"侍书"一职，教授书法，讲论书道，书碑刻石。唐玄宗时，集贤院和翰林院均设侍书。开元天宝时期，著名书论家张怀瓘之弟张怀瑰擅长草隶，就曾在翰林、集贤两院任侍书侍读学士。[3] 著名书法家柳公权曾任翰林侍书学士，"历穆、敬、文三朝，侍书中禁"。[4] 唐代皇帝大多备有侍书作为书法顾问，与此同时，他们特别重视太子及诸

---

[1] （宋）佚名撰，范红娟点校《宣和书谱》卷一《唐太宗》，人民美术出版社，2011，第2页。
[2] 别详拙文《隋唐高僧与中国书法》，《史学集刊》2013年第5期。
[3] 周绍良、赵超编《唐代墓志汇编》乾符〇三一《唐故宣义郎侍御史内供奉知盐铁嘉兴监事张府君墓志铭》，上海古籍出版社，1992，第2494页。
[4] （后晋）刘昫等：《旧唐书》卷一六五《柳公权传》，中华书局，1975，第4310页。

王的书法教育。唐代初年，东宫有崇文馆，崇文馆有侍书学士。书法家虞世南的外甥陆柬之"少学舅氏书，多作行字，晚擅出蓝之誉，遂将咄逼羲、献"，① 因任崇文侍书学士。② 在唐代，"王子未出阁者，侍讲、侍读、侍文、侍书，并取见任官充"。③ 乾封元年（666），李玄植书《李孟常碑》，署衔"太子文学弘文馆直学士知馆事侍皇太子书"。④ 仪凤元年（676），高正臣书《明徵君碑》，署衔"朝议郎行左金吾卫长史侍相王书"。⑤ 垂拱二年（686），王绍宗书《王徵君口授铭》，署衔"季弟正议大夫行秘书少监东宫侍读兼侍书"。⑥ 天宝九年（750），李思诠书《唐荣王故八女墓志铭》，署衔"翰林院供奉兼侍诸王书朝议大夫守丰王傅上柱国"。⑦ 天宝十一年（752），韩择木书《大唐赠南川县主墓志铭并序》，署衔"太子及诸王侍书中散大夫守国子司业"。⑧ 唐德宗朝，杭州人王伾"始为翰林侍书待诏，累迁至正议大夫、殿中丞、皇太子侍书"。⑨ 是时，又有崔阰"拜谕德，为侍书于东宫；东宫，顺宗也"。⑩ 可见，唐朝侍书，代不乏人。

唐代太子和诸王通常专门配有"侍书"来讲习书法，许多擅长书法的文人学士或在朝官吏担任侍书。除了文人学士和在朝官吏，还有一些披着袈裟的书法家亦受到皇帝的青睐，供奉御内，密迩宫廷。释高闲擅长草书，声名大振，"卷轴朝廷饯，书函内库收"。⑪ 唐宣宗时，高闲被召入宫廷，成为御前草书，遂赐紫衣，号"十望大德"。⑫ 释瞖光"潜心草字，名重一时"，⑬ "昭宗诏对御榻前书，赐紫方袍"。⑭ 释亚栖"经律之余，喜作

---

① 《宣和书谱》卷八《陆柬之》，第92页。
② （唐）林宝撰，岑仲勉校记，郁贤皓、陶敏整理《元和姓纂》卷一〇，中华书局，1994，第1408页。
③ （宋）王溥：《唐会要》卷七四《选部上·吏曹条例》，中华书局，1955，第1349页。
④ 张沛编《昭陵碑石》，三秦出版社，1993，第184页。
⑤ （清）王昶：《金石萃编》卷五九《明徵君碑》，中国书店，1985。
⑥ 《金石萃编》卷六〇《王徵君口授铭》。
⑦ 周绍良、赵超编《唐代墓志汇编续集》天宝〇六五，上海古籍出版社，2001，第628页。
⑧ 《唐代墓志汇编》天宝二一一，第1678页。
⑨ 《旧唐书》卷一三五《王伾传》，第3736页。
⑩ （宋）王谠撰，周勋初校证《唐语林》卷六，中华书局，1987，第520页。
⑪ 张祜：《高闲上人》，（清）彭定求等编《全唐诗》卷五一一，中华书局，1960，第5831页。
⑫ （清）董诰等编《全唐文》卷九二〇，中华书局，1983，第9588页。
⑬ 《宣和书谱》卷一九《释瞖光》，第194页。
⑭ （宋）赞宁撰，范祥雍点校《宋高僧传》卷三〇《后唐明州国宁寺瞖光传》，中华书局，1987，第753页。

字，得张颠笔意"，唐昭宗时，他"对殿庭草书，两赐紫袍，一时为之荣"，① 自谓"通神笔法得玄门，亲入长安谒至尊。莫怪出来多意气，草书曾悦圣明君"。② 如同僧人高闲、昝光、亚栖等人，侍书僧崇简也是一位游走于宫廷与寺院之间的书法家。

僧人书法家张崇简"善笔札，斯言墨精，神象动容，包括众妙。逸少之后，一人而已。故侍春宫，恩华蒙"。张崇简侍书春宫，担任太子侍书，他的侍书对象是谁呢？墓志告诉我们，张崇简生于武则天神功元年（697），在世仅仅38年，开元廿二年（734）冥化。由此可以推知，他担任太子侍书最早在开元年间。据《旧唐书》卷八《玄宗纪上》和《旧唐书》卷一〇七《玄宗诸子·废太子瑛传》记载，开元三年（715）正月，唐玄宗立第二子郢王嗣谦为皇太子；开元十三年（725），改名鸿；开元二十五年（737）四月，废为庶人，同年七月，改名瑛；开元二十六年（738）六月，玄宗立忠王玙为皇太子。张崇简在开元年间担任太子侍书，他卒于开元二十二年（734），则他当为太子李嗣谦侍书。

太子侍书张崇简的书艺当不逊色于太子侍书陆柬之、高正臣、韩择木等唐代书法家，晚唐书论家吕总谓其"临写逸少，时有乱真"。③ 遗憾的是，僧人书法家张崇简没有留下任何墨迹，史书和僧传中亦无有关其人其事的记载，因而早就湮没无闻了。《唐侍书僧崇简墓志》虽然字数不多，但与唐代书法史事不无关涉，足资可补唐代书史之阙，是以为跋。

（原载《唐史论丛》第 21 辑，三秦出版社，2015）

---

① 《宣和书谱》卷一九《释亚栖》，第 193 页。
② 亚栖：《对御书后一绝》，《全唐诗》卷八五〇，第 9623 页。
③ 明人陶宗仪《书史会要》卷五云："释崇简，工真行书，吕总谓其临写逸少，时有乱真。"参见上海书店 1984 年据 1929 年武进陶氏逸园景刊明洪武本影印《书史会要》。

《唐智该法师碑》关联问题新考

《唐智该法师碑》(图Ⅱ—5、图Ⅱ—6)1979年出土于西安城南40多公里处的终南山天子峪口,现藏西安碑林博物馆。《考古与文物》1985年第4期秦珠《长安发现唐智该法师碑》(以下简称《发现》)一文对此碑做了简要介绍和考释,并附有碑文拓本图版,使我们对这方碑石有了较为全面的了解。只是《发现》一文对此碑的释解或有不妥,尚有可议之处。因此,笔者就此碑有关问题再作考释。

一 智该的生年及师承

据碑文可知,智该法师是一位身历隋、唐两朝,世经隋文帝、隋炀帝、唐高祖、唐太宗四主的高僧大德,特为隋炀帝和唐太宗器重。可是,这位颇为著名的高僧大德却未见佛教史传记载。所幸智该法师碑文多达2000余字,历史讯息十分丰富。

关于智该法师的生年,碑文没有明确交代,碑文说智该"粤以贞观十三年岁次己亥六月三日,微觉贬和,至七日夜中,命诸弟子□恳传授心地法门,勤勤委□,词色无扰。八日平旦,□神于灵化本房,春秋六十有二"。《发现》一文据此认为智该"应生于公元577年(北周武帝建德六年)"。这一推算显然有误,因为古人年龄都以虚岁计。智该于贞观十三年(639)圆寂,"春秋六十有二",则他生于578年。578年或是北周武帝建德七年,或是北周武帝宣政元年。因为在建德七年(578)三月,北周武帝改元宣政。智该若生于578年三月以前,则是建德七年;他若生于578年三月以后,则是宣政元年。由于碑文没有交代智该的出生年月,我们无法确定是建德七年还是宣政元年。但是,智该生于578年,毋庸置疑。

《发现》一文对智该法师的生平事迹已有简要考述,这里要特别补充的是灵裕法师对智该佛教徒生涯的重大影响。

图Ⅱ—5 《智该法师碑》拓片

据碑文记载,智该"童游历寺,寓目讲筵","年甫九龄,割爱归真",依从显州本行寺哲禅师,伏膺请道。碑文称,"时相州有裕法师,大开教义,博考二缔,□□五部。隋文仁其宗范,释氏资其羽仪。法师乃涤耳闻风,星言奔诣;人隐学肆,敏赡冠群。良由凤洁禅地,赏花先茂,才磨心镜,慧照方远。可谓素随色变,涂逐玺移。抗论方重席而有余,覆授同瓶泻而靡失。驰声□邺,振采本州"。由此可见,智该早年声名鹊起与相州裕法师之教诲至关重要。这里所说的"相州裕法师",乃隋相州演空寺释灵裕。

相州是北魏天兴四年（401）析分冀州所置，治邺县（今河北临漳县西南）。东魏天平元年（534）改为司州，北周建德六年（577）复名相州，北周大象二年（580）移治安阳城（今河南安阳市西南）。十六国北朝时期，在建都于此的后赵、前燕、东魏、北齐之统治者的扶持下，相州就是佛教兴盛之地。隋唐时期，相州仍是北方佛教的一大重镇。隋末唐初，相州高僧法砺、智首敷演律学，名噪一时。法砺乃律学宗师，创立了律宗相部宗。智首为律学名匠，是律宗南山宗开创者道宣之师。智首学于道洪，道洪受业道云，道云师从慧光。① 慧光是南北朝时期著名的义学名僧，被尊为"地论"之元匠、四分律宗之大师。他在北魏末年即见重于当世，朝野名士"重之如圣"。后来，他又出任东魏国僧统，因而号称"光统律师"。慧光门下"学士翘颖如林，众所推仰者十人"，② 汤用彤先生认为"十哲之名，道凭、僧范二人外，不能明指"。③ 关于慧光高足道凭，《续高僧传》卷八《齐邺西宝山寺释道凭传》云："释道凭，姓韩，平恩人。十二出家，投贵乡邵寺。初诵《维摩经》，自惟历览，日计四千四百言，一闻无忘，乃通数部。后学《涅槃》，略观远节，复寻《成实》，初听半文，便竖大义。聪明之誉，无羡昔人，致使遐迩闻风，咸思顶谒。……后于少林寺摄心夏坐，问道之僧披榛而至。闻光师弘扬戒本，因往听之。涉悟大乘，深副情愿。经停十载，声闻渐高，乃辞光通法，弘化赵魏，传灯之美，罕有斯焉。讲《地论》《涅槃》《华严》《四分》，皆览卷便讲，目不寻文，章疏本无。手不举笔，而开塞任情，吐纳清爽，洞会诠旨，有若证焉。故京师语曰：'凭师法相，上公文句，一代希宝。'"道凭弟子中以灵裕最为著名，《续高僧传》卷九《隋相州演空寺释灵裕传》云："释灵裕，俗姓赵，定州巨鹿曲阳人也。……年始登冠，闻慧光律师英猷邺下，即往归禀。会已殁世才经七日，独嗟无遇，戒约何依？乃回投凭师听于《地论》，荏苒法席，终于三年。……裕依凭法席，晨夜幽通，发奇剖新者，皆共推挹。……夏居十二，邺京创讲，名节既著，言令若新，预听归依，遂号为'裕菩萨'也。"隋文帝开皇十一年（591），灵裕受诏入住长安大兴善寺。后来，他又返回相州，大业元年（605）卒于相州演空寺，享年

---

① 汤用彤：《隋唐佛教史稿》，中华书局，1982，第176页。
② （唐）道宣撰，郭绍林点校《续高僧传》卷二二《齐邺下大觉寺释慧光传》，中华书局，2014，第824页。
③ 汤用彤：《汉魏两晋南北朝佛教史稿》，北京大学出版社，1997，第616页。

88 岁。灵裕从 30 岁就开始著书立说，他有佛教经疏、论、杂文等 50 余种，又有经序等，还有诗评杂集 50 余卷，"久行于世，言无华侈，微涉古制，略情取理者久而味之"。[1] 唐代佛教史学家道宣称赞说："沙门灵裕行解相高，内外通瞻，亦当时之难偶也。"[2]《唐智该法师碑》说"时相州有裕法师，大开教义，博考二缔，□□五部。隋文仁其宗范，释氏资其羽仪"，这与佛教史籍记载正相契合。

灵裕是隋代十分著名的义学高僧，因此，"〔智该〕法师乃涤耳闻风，星言奔诣"。智该正是从学灵裕法师，确定了学业方向，成为隋末唐初义学名僧，即如碑文所说："良由夙洁禅地，赏花先茂，才磨心镜，慧照方远。可谓素随色变，涂逐玺移。抗论方重席而有余，覆授同瓶泻而靡失。驰声□邺，振采本州。"碑文说智该"讲《大涅槃经》及《金刚》、《般若》，盛匡学侣，道俗佥归。……至于顿渐格言，色空密义，罔弗钩深玄妙，笔削浮靡。爰登五腊，备演三宗"。因此，隋炀帝征召他到京城慧日寺，命为千僧总任。智该不负帝望，"每对扬天问。光阐宗极，万乘回简心之眷，百辟光具瞻之重"。隋亡唐兴，智该又被唐太宗招迎至京城月爱寺，"法师以出处随化，动寂唯宜，聿膺圣命，宣风开里。新□王为建讲檀越，躬顾门人，请开《华严》《法华》，以启初会。法师乃承卢舍那之素业，开佛知见之玄宗。谈柄才麾，词雷殷震，微言暂吐，法雨需沾"。

正是承袭义学名僧灵裕的衣钵，智该成为一名义学高僧。即如碑文记载，隋末唐初，智该在京城诸寺频开法筵，"讲《涅槃》《维摩》《般若》等经，《摄大乘》《中》《百》《唯识》等论。斯乃鸠集疏记，覃思玄章，□有二十万言，勒成一十三卷。莫不词林布护，理窟深沉，隐括大小，昭显文义"。

二　智该与唯识宗创立无关

《发现》一文说："我国唯识宗（法相宗），一般公认的创始人为玄奘。玄奘从天竺（印度）取经回长安是贞观十九年（645），当时智该已死了五年，而智该生前已讲唯识，可见唯识宗开创年代还应提前。"理由是据碑文记载，智该曾于京城诸寺"讲《涅槃》《维摩》《般若》等经，《摄

---

[1]《续高僧传》卷九《隋相州演空寺释灵裕传》，第 318 页。
[2]《续高僧传》卷一五《义解篇总论》，第 552 页。

大乘》《中》《百》《唯识》等论",并"鸠集疏记,覃思玄章,□有二十万言,勒成一十三卷"。细究起来,这一推论,有失允当。

唯识宗是三藏法师玄奘(600~664)及其弟子窥基(632~682)创立的唐代第一个佛教宗派。玄奘于贞观元年(627)西行求法,历经17年,贞观十九年(645),他携带搜集到的657部佛教经典回到唐都长安,后半生主要致力于这些经典的翻译,尤其是其中有关唯识学的经典传译,与其弟子窥基等人共同创立了唯识宗。唯识宗是在贞观十九年以后,随着唯识学经典的大量传译和有关唯识学经疏的广泛流播,才逐渐创立的一个佛教宗派。碑文记载,智该在生前也即贞观十三年(639)以前确曾大力宣讲唯识宗的一些经典,如《华严》《摄大乘》等唯识经典,[①] 但是,我们绝不能据此就认为"唯识宗开创年代还应提前"。《发现》一文之所以得出这样的结论,只因不明隋代和唐前期十分盛行的佛教义学。

魏晋以来,随着佛教经典在中土的大量翻译,大概是受儒家讲经、注经的一些影响,佛教界讲习经论渐成风气,形成了讲经、注经的佛教经学,也即佛教义学。南北朝时期,中国佛教义学蔚为大观。许多高僧提章比句,专精讲经。是时,涅槃师、摄论师、成实师、三论师、毗昙师、十地论师、智度论师、十诵律师等义学僧仿佛雨后春笋,层出不穷。隋唐时期是中国佛教的鼎盛期,也是中国佛教的成熟期,理论形态的佛教即佛教义学高度繁荣,特别是在隋代和唐代前期,佛教理论界几乎是有经皆讲,无疏不成;经师、论师,名人辈出,群星灿烂;讲者动辄几十遍,听者常常成百上千。如释道洪"相从传授,迄于暮齿,凡讲《涅槃》八十七遍,依承宗旨,罕坠彝伦"。[②] 释童真通明大小,尤善《涅槃》,敷化不绝,"听徒千数,各标令望"。[③] 释僧凤讲《法华经》一百多遍,"制疏命的,亦是一家"。[④] 释善胄屡开法席,"听徒千数,并锋锐一期"。[⑤]《唐智该法师碑》说:"于时异学云屯,硕难峰起。匠主以鸿钟应□,击之大□;义

[①]《华严》《摄大乘》亦属唯识宗经典,唯识宗的基本典籍是"六经十一论","六经"是《华严经》《解深密经》《楞严经》《厚严经》《如来出现功德经》《阿毗达磨经》,"十一论"是《瑜伽师地论》《金刚般若论》《大乘庄严论》《集量论》《摄大乘论》《十地论》《分别瑜伽论》《辨中边论》《二十唯识论》《观所缘缘论》《阿毗达磨杂集论》)。
[②]《续高僧传》卷一五《唐京师慈恩寺释道洪传》,第543页。
[③]《续高僧传》卷一二《隋西京大禅定道场释童真传》,第411页。
[④]《续高僧传》卷一三《唐京师定水寺释僧凤传》,第451页。
[⑤]《续高僧传》卷一二《唐京师净影寺释善胄传》,第417页。

□纳潮宗之巨细,智逾炙輠,辩纵连环。廓部执如烟消,析繁疑如扼落。兼通数论,傍会典坟,学府之兴,蔚其盛矣。"这正是隋末唐初佛教义学风起云涌的真实写照。当时,义学名僧虽然研精一部,而横洞诸家,并兼讲授。如释慧賾讲习《华严》、《大品》、《涅槃》、《大智度》、《摄大乘》及《中论》、《百论》诸论,"皆筌释章部,决滞有闻"。① 又如释智正讲习《摄论》《华严》《楞伽》《胜鬘》《唯识》等,"不纪其遍"。② 从《唐智该法师碑》可知,智该既讲《大涅槃经》《金刚》《般若》,又讲《华严》《法华》,还讲《维摩》《摄大乘》《中论》《百论》《唯识》等论,也是一位"横洞诸家,并兼讲授"的义学名僧。

隋末唐初,佛教崇尚义理之学,讲习经论之风甚盛。智该兼通数经,讲习颇勤,著述亦多,着实是一位义学名僧。不过,他终究也只是一位义学名僧。"当时所谓义学僧人,只擅长讲经,并未开创新说,可以继承也。"③ 智该虽然擅长讲经,却并未开宗创派。即以唯识宗而言,他虽曾讲习唯识宗的某些经典,然而充其量只能说他对唯识学有些研究。在智该所处的那个年代,唯识学学派早已形成,但其宗派无影无踪,尚无信徒、教义和教规,尚无思想体系、轨范制度和传法世系。所以我们不能因为智该曾经宣讲唯识宗的一些经论就认为"唯识宗开创年代还应提前"。

汤用彤先生曾经指出:"学者须知宗派之兴,或出乎师承,或仅由自悟。而学说演进,忽创新说,虽凭藉古德,亦由于思想发达,时会所趋,自有程序。"他还说:"研究宗义者,对于师资传授,不可执著,视为首要。而于杂以附会之宗史,亦自当抉出之也。"④ 汤先生的这番话,不仅是我们判定智该与唯识宗之关系的指针,而且是我们正确认识中国佛教学派与宗派之关系的纲领。

三　智该是三阶教信奉者

《唐智该法师碑》说,智该在贞观十三年归寂后,"道俗学士数千人,奉旨送往终南山,阇维于梗梓谷。承风者结欷,慕道者衔悲。莫不望盖影

---

① 《续高僧传》卷三《唐京师清禅寺沙门释慧賾传》,第 71 页。
② 《续高僧传》卷一四《唐终南山至相寺释智正传》,第 496 页。
③ 汤用彤:《隋唐佛教史稿》,中华书局,1982,第 202 页。
④ 汤用彤:《隋唐佛教史稿》,第 118 页。

而涕零,扣山门而崩绝。弟子智文、玄达、贞顾等四十七人,共收灰烬,标塔表灵。又以大师康存,供养舍利。未遑封树,奄尽化期。塔前别起五级浮图,追光本志尔。"

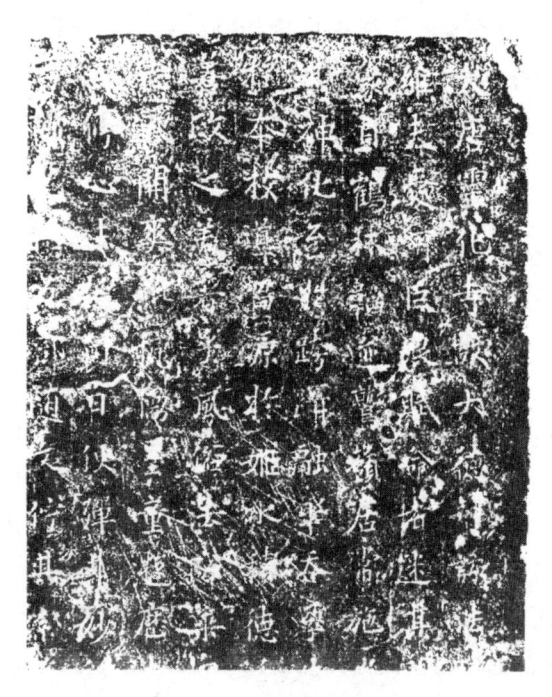

图Ⅱ—6 《智该法师碑》拓片(局部)

佛教徒通常有火葬、林葬、土葬、水葬四种丧葬方式,"阇维"即火葬,是佛教徒最为普遍的一种葬式。智该在长安灵化寺告灭后,"阇维"而葬并不特别。值得注意的是,他葬在终南山楩梓谷,并且在火化后,"共收灰烬,标塔表灵","塔前别起五级浮图"。这些情况表明,智该与三阶教颇有干系。

三阶教又称三阶宗、普法宗,是隋代高僧信行(540~594)在相州创立的一个佛教教派。隋朝初年,信行奉诏从相州来到长安,他在长安先后修建了真寂寺、光明寺、慈门寺、慧日寺、弘善寺等寺院,专弘三阶教,"自尔余寺赞成其度焉,莫不六时礼旋,乞食为业,虔慕洁诚,如不及也"。[1]三阶教虽然创始于相州,却兴盛在长安,"其徒既众,蔓延弥广。同习相

---

[1] 《续高僧传》卷一六《隋京师真寂寺释信行传》,第601页。

党，朋援繁多。隋文虽断流行，不能杜其根本"。① 隋文帝开皇十四年（594），信行圆寂于长安真寂寺，他的弟子护送灵柩前往终南山，依照林葬法即将其尸身置于林中施舍鸟兽蚕食，等到血肉食尽，再将尸骨火化，然后收骨舍利，起塔瘗埋于终南山楩梓谷。后来，信行的弟子僧邕、净名、本济、僧海等人化灭后也都依林葬法陪葬在信行墓塔旁。此后，三阶教徒众亡殁后，竞相祔葬于信行墓塔周围。久而久之，随葬的墓塔不断增多，唐代宗大历初年在此建立了信行塔院。因为这里墓塔成群，遂称百塔寺，这里因而成为三阶教的圣地。

僧徒归寂火化以后收骨起塔葬于祖师信行灵塔近域——终南山楩梓谷，这是三阶教的一大特色，并不见于别处他宗。智该坐灭后，"道俗学士数千人，奉旨送往终南山，阇维于楩梓谷"，"弟子智文、玄达、贞顾等四十七人，共收灰烬，标塔表灵"，还在"塔前别起五级浮图"，充分表明智该是三阶教信奉者。以往在终南山楩梓谷信行禅师塔院附近发现的三阶教僧尼塔铭和俗人墓志已有《大唐王居士砖塔之铭》《大唐故道安禅师塔铭》《大唐净域寺故大德法藏禅师塔铭并序》《优婆夷张常求塔铭》《唐故优婆夷段常省塔铭》《大周故居士芦州巢县令息尚君之铭》《大唐故绵州万安县令管府君之墓志》《大唐故营州都督上柱国渔阳郡开国公孙管真墓志》《大唐故营州都督上柱国渔阳郡开国公孙管俊墓志》《大唐故朝议郎行泽王府主簿上柱国梁府君并夫人唐氏墓志铭》《大周故珍州荣德县丞梁君墓志铭》《大唐太常协律郎裴公故妻贺兰氏墓志铭》《夫人程氏塔铭》《大唐功曹参军梁君故夫人成氏墓志》等，② 为数不少。据《发现》一文披露，《唐智该法师碑》出土于终南山楩梓谷，具体地点就在百塔寺遗址旁边。从前在终南山楩梓谷信行禅师塔院即今百塔寺附近出土的僧尼塔铭和俗人墓志，他们几乎都是三阶教教徒，智该自然也不例外。

三阶教在隋代创始于相州，智该早年曾在相州求学问法，他对三阶教一定有所耳闻。隋末唐初，他驻锡长安诸寺，讲经弘法。是时，三阶教在京师长安俨然成为最大的佛教教团组织，四方僧俗，闻风景从，智该未能免俗，后来成为一位三阶教信奉者，所以葬在了三阶教圣地终南山楩

---

① （唐）智昇撰，富世平点校《开元释教录》卷一八，中华书局，2018，第1267页。
② 周绍良主编《唐代墓志汇编》显庆〇八一，总章〇四三，开元〇三七，开元一四五，天宝二三七，长安〇三八，调露〇一一，调露〇一三，调露〇一四，垂拱〇六五，万岁通天〇一七，开元〇四四，文明〇一一，麟德〇二八，上海古籍出版社，1992。

梓谷。

智该归寂后,"道俗学士数千人"为他送葬,场面热烈,声势浩大。他世经四主,身历二朝,是隋末唐初十分著名的高僧大德。《唐智该法师碑》不仅充分反映了隋末唐初中国佛教的义学风尚,而且对于研究三阶教教史具有十分重要的意义,因而具有非同寻常的史料价值。

附录:大唐灵化寺故大德智该法师之碑

维夫爱河巨浪,赋命者迷其问津。玄流大川,宵形者罔知利涉。靡不资圣贤以间出,拯沦溺而遐济。故曰种应物于前,道光百亿;慈氏乘时于后,功格三千。焕乎至哉,无德而言。象□鹤林,韬迹鹫岭。居常施光,奉正法之元寅;赞丕绪天,亲承像教之季。式纂洪猷,洎乎慧日。西倾余光,东照腾兰。嗣大义而废止澄什,匡颓运以来仪夷夏。何其宏谟幽□,翼其神化。至于跨踬融肇,吞孕生林,耀传灯而鉴昏城,震法雷而警聋俗,齐徽曩烈,同德异时,然绰有余行,其唯该法师矣。法师俗姓王氏,琅耶人也。世因蓰秩,爰居豫州,郁繁衍于本枝,导昌源于姬水。积德延庆,世载民英,轩冕相仍,聊华靡替。祖询,周豫州刺史,器华粹远,风鉴朗拔,负文武之才雄,为帮国之光彦。父俨,隋巴西县令,先德富义,砥行砺躬。善政之美,著乎风俗。法师乘因命世,应果挺生,灵府沉秘,神机英发。慈惠体其成性,俊颖禀其生知。秀异岐嶷,承九流于庭训;含章髫龀,贯六艺于家风。并举一反三,提纲领要,志气开爽,秕糠儒墨。童游历寺,寓目讲筵,闻三乘而永怀,悟四山而大息。甫年九岁,割爱归真。初依显州本行寺哲禅师,伏膺请道。哲公乃行循七觉,业专九定,嘉其卓异,试授五停心。未延旬日,便殚其妙。后进四念处,复极其微。禅师嗟赏,勉而诫曰:子年齿未足,神悟有余。于止稍功,在观犹阙,宜契志三藏,履道弘宣。时相州有裕法师,大开教义,博考二谛,□□五部。隋文仰其宗范,释氏资其羽仪。法师乃涤耳闻风,星言奔诣;人隐学肆,敏赡冠群。良由凤洁禅地,赏花先茂,饶磨心镜,慧照方远。可谓素随色变,涂逐玺移。抗论方重席而有余,覆授同瓶泻而靡失,驰声□邺,振采本州。时年十八,讲《大涅槃经》及《金刚》、《般若》,盛匡学侣,道俗佥归。刺史楚国公豆卢贤,望重国华,绩宣藩岳。藉甚嘉问,躬率部僚,展礼餐和,亲任益敬。法师虽阐扬足用，而好学绝伦，以为四藏五乘，淳源弥广。龙树入海，阅经笥而不穷；善才南游，求法界而无尽。于是宪章列圣，思齐则哲，逾千里而寻师，遍九州而访道。硁硁焉，敦匪石之固；孜孜焉，劳不及之心。至于顿渐格言，色空密义，罔弗钩深玄妙，笔削浮靡。爰登五腊，备演三宗，函杖讲道，亚迹净名之□；抠衣承义，已盛公超之市。隋炀帝搜扬法侣，大建仁祠。以法师德风遐扇，崇礼征屈，请住慧日道场，为千僧总任。行已唯四摄，率众以六合。每对扬天问，光阐宗极，万乘回简心之眷，百辟光具瞻之重，深期厚遇，信施优隆。既因丧津海隅，弛政江表，黎元荐臻于八苦，区宇沸腾于五浊。法师以洿隆从道，避地入关，委质岩薮，栖神寥廓。□溪丹巘，宴坐观空，邅壑乔林，经行寂虑。禅枝迈松筠□□秀，□香逸兰芷而流芳。遂于离念净心，洞照如秋月；实相幽致，涣释若春冰。灵祥符德以显臻，鸟兽归仁以驯狎。属大唐启圣，纳箓乘时，补缺运于玄穹，纽倾维于厚载，涵养黎庶，光复美俗。皇帝龙潜之日，远挹清猷，别奏招迎，请居月爱。法师以出处随化，动寂唯宜，聿膺圣命，宣风开里。新□王为建讲檀越，躬顾门人，请开《华严》、《法华》，以启初会。法师乃承卢舍那之素业，开佛知见之玄宗。谈柄才麾，词雷殷震，微言暂吐，法雨霈霶。于时异学云屯，硕难蜂起。匠主以鸿钟应□，击之大□；义□纳潮宗之巨细，智逾炙輠，辩纵连环。廓部执如烟消，析繁疑如扼落。兼通数论，傍会典坟，学府之兴，蔚其盛矣。高□长公主驸马纪国公段纶，企承德音，推诚顶礼。请居灵化，频建法筵，一心虔奉，四事周洽。又于京城诸寺，讲《涅槃》《维摩》《般若》等经，《摄大乘》《中》《百》《唯识》等论。斯乃鸠集疏记，覃思玄章，□有二十万言，勒成一十三卷。莫不词林布护，理窟深沉，隐括大小，昭显文义。然以本寂圆宗，末学方驾，南北兴鼠首之执，当见怀犹豫之疑。故复研详旨□，商略异说，撰《辩定□正论》一卷，使有识知归。虽挫锐显其非，唯□□体寂，圆照是所司□，复依净心，缉成八观。启无生之捷径，坦入证之夷途，好玄解行之□，盛传不朽者矣。故□栖禅枝而庇影，讵知道树之高低；饮玄津而满腹，未测德河之深浅。且世经四主，身历二朝，亟入承华，屡弘正法，退迹推德，朝野归心。禀涂香而致敬，遵善诱而服道。先达者既同原荻，后进者还类屋筹。加以止足清□，不干名烈，回其信施，修葺伽蓝。三事虽亡，四勚逾励。至于察机树德之迹，容谓显仁；体生会灭之深，孰辩藏用。粤以贞观十三年岁次己亥六月三日，微觉贬和，至七日夜中，命诸弟子□恳传授心地法门，勤勤委□，词色无扰。八日平旦，□神于灵化本房，春秋六十有二。哀缠缁素，惨变风云。即以其月十日，道俗学士数千人，奉旨送往终南山，阇维于楩梓谷。承风者结欷，慕道者衔悲。莫不望盖影而涕零，扣山门而崩绝。弟子智文、玄达、贞顾等四十七人，共收灰烬，标塔表灵。又以大师康存，供养舍利。未遑封树，奄尽化期。塔前别起五级浮图，追光本志尔。乃兴基立刹，镇地干云，风铎相和以谐韵，露□比□而疑夜。危峦峭岭，郁律峙其前；峻堞平原，□迤案其后。□流回互，仿佛两河，灌木参差，依□八树。十方善识，七众门人，悲安师而智山颓，扬河运而慈舟覆。恐方域尽蕤，圆海生桑，刊丰碑以存道，庶尘劫而腾芳。其词曰：

苦水汤汤，□涯漫漫。心□易扰，识贼多难。似鱼出没，如泡聚散。系赖舟航，方跻彼岸。于赫大圣，□照重昏。等澍法雨，灭燎烧门。寝灵示教，五部同夺。贻则踵武，四依代□。显□上德，承佳应世。简畹敷英，桑门庭□。凤闲十想，早祛六弊。善来宝坊，幽求实际。既服忍□，又坚式足。学穷内外，道贯真俗。弘兹□满，逗斯机欲。名称普闻，人天允属。炎灵道丧，枭雄□峙。□道严阿，宅心至理。三昧□虑，四摄虚巳。幽显辅仁，休祯应祉。我唐建国，洞□玄化。载朗□灯，启明长夜。彼美怀道，俟时藏价。惟王伫德，问天要迓。振威屈冗，感召随缘。隋融□念，志在弘□。控引义海，吐纳言泉。询疑结辙，请益骈筵。道播区中，悾然神王。载辟灵寺，穷乎大壮。克定了因，指明□相。刊物不朽，成文遗贶。达人体道，生灭不羁。税驾□寂，□□离知。飒爽人世，悲哉□移。惟兹承旨，感恋如斯。承旨伊何，香新铄质。感恋伊何，□室概□。愁云暗对，悲风萧瑟。俾就贞珪，永光名实。

普光寺沙门明解书

（原载《中原文物》2014年第5期）

《唐崇福寺故僧录灵晏墓志》考释

《唐崇福寺故僧录灵晏墓志》（图Ⅱ—7）出土于西安市，出土具体地点和出土时间不详。该志现藏西安博物院，《隋唐五代墓志汇编·陕西卷第四册》有图版和录文。① 此后，《全唐文补遗》第二辑和《唐代墓志汇编续集》相继录文。② 志主灵晏是唐德宗、顺宗、宪宗、穆宗、敬宗、文宗、武宗、宣宗时期的高僧大德，志文涉及唐代中后期佛教社会生活史的许多重要内容。因而笔者就此志有关问题略作考释，以期对唐代佛教史研究有所补益。

两任僧录，纪纲寺宇

从灵晏墓志题名和志文可知，灵晏生前是唐长安城崇福寺僧人。据《长安志》《唐会要》《唐两京城坊考》等史籍，唐长安城有3所崇福寺。

一在敦义坊。本名灵觉寺，隋文帝开皇六年（586）亲王杨雄所建。唐高祖武德初年废毁。唐高宗乾封二年（667），武后为其姊贺兰氏复立为崇福寺。仪凤二年（677），改名福田寺。唐玄宗开元二年（714），再次废毁。

二在休祥坊。本为侍中、观国公杨恭仁私宅，唐高宗咸亨元年（670），以武后外氏故宅立为太原寺。垂拱三年（687），改名魏国寺。载初元年（690），又改名崇福寺。

三在义宁坊。本为隋尚书左仆射、齐国公高颎宅，开皇三年（583），高颎舍宅为寺，名为真寂寺。武德二年（619），改名化度寺。唐宣宗大中六年（852），改名崇福寺。

---

① 吴钢主编《隋唐五代墓志汇编·陕西卷》第4册，天津古籍出版社，1991，第142页。
② 吴钢主编《全唐文补遗》第二辑，三秦出版社，1995，第64页；周绍良、赵超主编《唐代墓志汇编续集》大中〇五九，上海古籍出版社，2001，第1011~1012页。

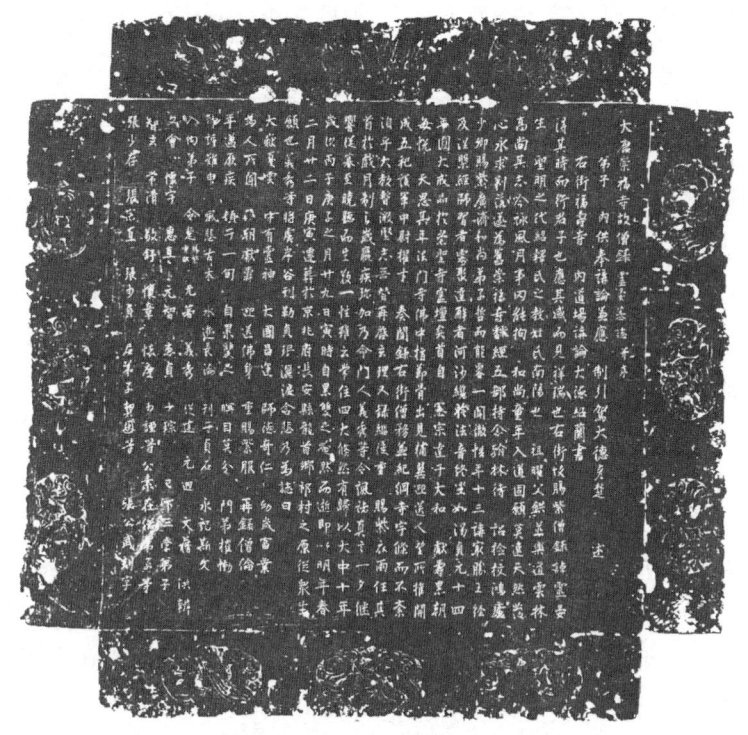

图 II—7 《唐崇福寺故僧录灵晏墓志》拓片

以上3所崇福寺，敦义坊崇福寺早在唐玄宗开元二年就已废毁，而灵晏是唐德宗至唐宣宗时期的僧人，他显然与敦义坊崇福寺没有关系。志文称，灵晏为"旧崇福寺翻经、五部持念、翰林待诏、检校鸿胪少卿、赐紫广济和尚弟子"。这里所谓"旧崇福寺"是指休祥坊崇福寺，是相对于大中六年（852）由义宁坊化度寺改名的崇福寺而言。灵晏是"旧崇福寺"即休祥坊崇福寺广济和尚的弟子；义宁坊化度寺于大中六年（852）改名崇福寺，灵晏于大中十年（856）就奄然而逝；灵晏早在唐宪宗朝就已崭露头角，历经穆宗、敬宗、文宗三朝，直到宣宗大中初年，腾誉京国，并非大中六年至大中十年一蹴而就，他长期驻锡的佛教寺院当是休祥坊崇福寺，而不是他去世前4年才由义宁坊化度寺改名的崇福寺。由以上两点可以断定，灵晏墓志题名和志文中的崇福寺是指唐长安城休祥坊崇福寺。

志文称，灵晏"童年入道，固愿莫违"。他师从崇福寺广济和尚，"哲而能睿，一闻澈悟"。年仅13岁，他就能讲解《最胜王经》和《涅槃经》，以致"师习者云聚，达解者河沙"。灵晏不仅在佛教义理方面具有一定造诣，而且"兼纪纲寺宇，条而不紊"。他两次担任"僧录"，第一次是在唐文宗开成五年（840），"护军中尉擢才奏闻，录右街僧务"；第二次是在唐宣宗大中初年，"又录缁徒，重赐紫衣，两任其首"。因此，灵晏墓志题名中曰"故僧录"。

"僧录"是佛教僧官，曾在唐文宗和唐武宗时期来到中国求学问法的日本僧人圆仁在其《入唐求法巡礼行记》卷一中说："凡此唐国有僧录、僧正、监寺三种色：僧录统领天下诸寺，整理佛法；僧正唯在一都督管内；监寺限在一寺。自外方有三纲并库司等。"三纲是佛教寺院统摄僧众的三个僧职，即上座、寺主、维那，上座为全寺之长，寺主主管一寺事务，维那管理僧众庶务，另有库司掌管库房，还有其他日常事务执事者，职别很多。又有监寺，由俗人担任，政府委派，总管一寺事务，独立并凌驾于三纲和其他执事僧之上。监寺、三纲和库司等人的权限只在一寺，是最基层的佛教僧官，在唐代前期，他们受制于州、县司功参军或司仓参军，中央朝廷则由鸿胪寺和礼部祠部统管全国僧尼事务。唐代中后期，又在道（镇）、州设立僧正（亦称僧统）管理地方僧尼事务，在中央朝廷设立僧录统管全国僧尼事务。僧录在唐代始设于唐宪宗元和初年，有左街僧录、右街僧录和左右街僧录。左街僧录掌管长安城朱雀大街以东街区的僧事，右街僧录掌管长安城朱雀大街以西街区的僧事，左右街僧录总管京城长安的僧务。

僧录是唐代中后期中央朝廷的高级僧官，灵晏美声遐布，显誉京朝，因而在唐文宗开成五年（840）"录右街僧务"，即任右街僧录。志文称，"洎乎大教暂微，坚志无替，再启玄理，又录缁徒，重赐紫衣，两任其首"。这是说，在唐武宗会昌毁佛运动中，灵晏栖心法苑，孜孜为道，厉行精苦，戒节孤峻，见誉当时。唐宣宗即位以后复兴佛教，灵晏以行满德高，再任僧录。僧录是左街僧录、右街僧录和左右街僧录的总称，灵晏第二次所任僧录，志文没有明言是左街僧录或右街僧录还是左右街僧录。据《佛祖统纪》，宣宗大中三年（849），"敕沙门灵晏为左右街僧录"。[①] 又，《宋高僧传》卷一七《唐京兆福寿寺玄畅传》云："〔玄畅〕自京入华，渐萌头角，受京城三学大德，益广见闻。方事讲谈，遽钟堙厄，则会昌废教

---

① （宋）志磐撰，释道法校注《佛祖统纪校注》卷四三《法运通塞志》，上海古籍出版社，2012，第992页。

矣。时京城法侣颇甚彷徨，两街僧录灵宴（晏）、辩章，同推畅为首，上表论谏。"据此可知，灵晏在唐武宗会昌毁佛前已是两街僧录，这正与墓志所载"开成五祀，护军中尉擢才奏闻，录右街僧务"相吻合。灵晏"两任僧录，纪纲寺宇"，总管京师长安的僧务，诚乃僧徒之领袖。

六朝献寿，每悦天思

值得注意的是，志文记载，灵晏"首自宪宗，达于大和，献寿累朝，每悦天思"。大和是唐文宗的年号，即是说，灵晏一生先后曾为唐宪宗、唐穆宗、唐敬宗、唐文宗四帝祝寿，切中帝怀。身为一名佛教徒，灵晏能为四位皇帝祝寿，这与唐代皇帝庆生辰的习俗有关。

中国古代有关生辰的确切记载虽在春秋战国时期即已出现，但是直到千年之后的隋唐时期才出现了庆生辰活动。仁寿三年（603），隋文帝首创庆生辰，其制度渊源是佛教的佛诞节，其指导思想是儒家的孝道和佛教的断屠主张，佛教开始介入世俗的庆生辰活动。①

隋文帝创立了庆生辰，唐代皇帝紧随其后，亦步亦趋。庆生辰在隋代的创立是受佛教的影响，唐代帝王庆生辰活动因而带有浓厚的佛教色彩。唐玄宗的生日是八月初五，顾况献诗《八月五日歌》说："四月八日明星出，摩耶夫人降前佛。八月五日佳气新，昭成太后生圣人。"这里把玄宗生日与佛诞日相提并论。上元二年（761），九月初三是唐肃宗的生日，"上于三殿置道场，以内人为佛、菩萨像，宝装饰之。北门武士为金刚、神王，结彩被坚执锐，严侍于座隅。焚香赞呗，大臣近侍作礼围绕。设斋奏乐，极欢而罢，各赠帛有差"。② 唐代宗置内道场，"每年降圣节召名僧入饭噉，谓之内斋"。③ 唐德宗有一次庆生辰，皇太子献佛像，德宗命翰林学士韦执谊作《画像赞》。④ 贞元十二年（796）四月，唐德宗诞日，他在麟德殿召集给事中徐岱、兵部郎中赵需、礼部郎中许孟容和韦渠牟以及道士万参成、沙门谭延等十二人，讲论儒、道、释三教。⑤ 诸人谈论一毕，

---

① 郭绍林：《论隋唐时期庆生辰》，《陕西师大学报》（哲学社会科学版）1988 年第 3 期。
② （宋）钱易撰，黄寿成点校《南部新书》卷壬，中华书局，2002，第 148 页。
③ （宋）赞宁撰，富世平校注《大宋僧史略校注》卷下《内斋》，中华书局，2015，第 157 页。
④ （后晋）刘昫等：《旧唐书》卷一三五《韦执谊传》，中华书局，1975，第 3732 页。
⑤ 《旧唐书》卷一三五《韦渠牟传》，第 3728 页。

僧人鉴虚吹捧说，玄元皇帝（老子）是天下之圣人，文宣王（孔子）是古今之圣人，释迦如来（佛）是西方之圣人，德宗是南赡部洲之圣人。[①] 种种迹象表明，佛教僧人在唐代皇帝庆生辰活动中扮演了重要角色。

灵晏正是在这种背景下，代表佛教僧人为唐宪宗、唐穆宗、唐敬宗、唐文宗四帝庆寿。唐宪宗生日是二月十四日，唐穆宗生日是七月六日，唐敬宗生日是六月七日，唐文宗生日是十月十日。在他们的庆生辰活动中，佛教气氛十分浓郁。宪宗生日里，"修斋长乐殿，讲道大明宫"；"法筵花散后，空界满香风"。[②] 穆宗生日里，"瑞烟薰法界，真偈启仁王。看献千秋乐，千秋乐未央"。[③] 敬宗和文宗庆生辰，则仿效德宗在内殿举行三教讲论。宝历二年（826）六月七日，敬宗降诞日，特诏兵部侍郎丁公著、太常少卿陆亘和李繁等三人与佛、道辩论。[④] 大和元年（827）十月十日，文宗降诞日，白居易与僧惟澄、道士赵常盈对御讲论于麟德殿。[⑤] 可见，当时皇帝庆生辰活动，少不了佛教僧人的助兴捧场。身为僧录的灵晏，作为中央僧官，他在诸帝庆寿活动中，自然不能缺席。

墓志志文说灵晏"首自宪宗，达于大和，献寿累朝"，是说他先后曾为宪宗、穆宗、敬宗、文宗四帝献寿，但墓志铭文说他"六朝献寿"。据志文可知，灵晏是唐德宗、顺宗、宪宗、穆宗、敬宗、文宗、武宗、宣宗时期的僧人。此期8帝中，唐顺宗称帝后，未及庆生辰。顺宗生日是正月十二日，他于贞元二十一年（805）正月二十六日即位，当年八月病重，宪宗继位。次年正月，顺宗就去世了，他当皇帝期间不逢生日，因而没有庆生辰。唐武宗崇道抑佛，他庆生辰当然没有佛教徒的份。因此，按铭文说灵晏"六朝献寿"，则是除了志文所说他为宪宗、穆宗、敬宗、文宗四帝献寿以外，还曾为德宗和宣宗献过寿。

灵晏"六朝献寿"，对他个人而言，是一生中十分荣耀的事，因而墓志志文字数不多，却对此事留下了浓墨重彩的一笔。透过灵晏"六朝献寿"活动反观唐代佛教，佛教渗透到了唐代社会生活的方方面面，而在皇

---

① （宋）王谠撰，周勋初校证《唐语林校证》卷六，中华书局，1987，第 519 页。
② 广宣：《降诞日内庭献寿应制》，（清）彭定求等编《全唐诗》卷八二二，中华书局，1960，第 9269 页。
③ 广宣：《早秋降诞日献寿二首应制》，《全唐诗》卷八二二，第 9270 页。
④ 《旧唐书》卷一三〇《李泌传附李繁传》，第 3624 页。
⑤ 《旧唐书》卷一六六《白居易传》，第 4353 页。

帝庆生辰活动中，佛教的调子还很高。

佛指骨现，辅翼迎送

灵晏佛徒生涯中另一件十分荣耀的事是，他"辅翼迎送"过法门寺佛指舍利。志文称，"其年法门寺佛中指节骨出见，辅翼迎送，人望所推"。

迎奉法门寺佛指舍利既是唐代政治生活中的特事，又是唐代佛教生活中的大事。唐代皇帝迎奉法门寺佛指舍利，前后共有七次：第一次是在唐太宗贞观五年（631），第二次是在唐高宗显庆四年（659），第三次是在武周长安四年（704），第四次是在唐肃宗上元元年（760），第五次是在唐德宗贞元六年（790），第六次是在唐宪宗元和十四年（819），第七次是在唐懿宗咸通十四年（873）。

灵晏是唐德宗至唐宣宗时期的僧人，他在世时唐王朝有过两次迎奉佛指舍利活动，即德宗贞元六年（790）迎奉佛指舍利和宪宗元和十四年（819）迎奉佛指舍利。灵晏墓志志文说，"其年法门寺佛中指节骨出见"，灵晏"辅翼迎送，人望所推"，当是宪宗元和十四年这次迎奉佛指舍利。根据志文，灵晏是在"贞元十四年，圆大戒品于崇圣寺灵坛矣"。德宗贞元六年迎奉佛指舍利的时候，灵晏尚未受具足戒，当时他还只是一位小沙弥，他有可能预伍其间，但不可能"人望所推"，"辅翼迎送"。因此，志文所说"其年法门寺佛中指节骨出见"，是指唐宪宗元和十四年（819）开示法门寺佛骨，灵晏正是这次迎奉佛指舍利活动中的重要人物。

史载，元和十三年（818）十一月，功德使向唐宪宗建言：法门寺佛指舍利"相传三十年一开，开则岁丰人安。来年应开，请迎之"。[①] 宪宗于是派遣僧众前往迎奉。元和十四年（819）正月，法门寺佛指舍利到达京师，先在皇宫中供奉了三天，然后又送到长安城各大佛寺。"王公士民瞻奉舍施，惟恐弗及，有竭产充施者，有然（燃）香臂顶供养者。"[②] 这种宗教狂热，今天看起来不可思议，在当时却是民众发自肺腑的顶礼膜拜。唐宪宗迎奉法门寺佛指舍利是唐代皇帝第六次迎奉佛骨活动，这次迎佛骨活动，由于韩愈的激烈反对而尤为著名。对于这次迎佛骨活动，时任刑部侍

---

① （宋）司马光：《资治通鉴》卷二四〇，唐宪宗元和十三年十一月，中华书局，1956，第7756页。
② 《资治通鉴》卷二四〇，唐宪宗元和十四年正月，第7758页。

郎的韩愈上书《谏迎佛骨表》疏陈其弊，建议将佛骨"付之水火，永绝根本，断天下之疑，绝后代之惑"。① 宪宗大怒，下令对韩愈处以极刑。幸有宰相裴度求情，韩愈被贬为潮州刺史。元和十四年的唐宪宗迎奉法门寺佛指舍利是唐代帝王七次迎奉佛骨活动中最为著名的一次，僧俗界参与组织这次重大佛事活动的人物肯定不少，然而史籍没有详细记录。仅有《旧唐书·韩愈传》记载："十四年正月，上令中使杜英奇押宫人三十人，持香花，赴临皋驿迎佛骨。"宦官杜英奇是这次迎佛骨活动中中央朝廷方面的领导者，而灵晏则是佛教界的主要组织者。

灵晏墓志撰文者僧彦楚，生平不详，撰此志时署"内供奉讲论兼应制引驾大德"；书者"右街福寿寺内道场讲论大德绍兰"，不见史传。二人冠以"内供奉讲论兼应制引驾大德""讲论大德"的荣贵头衔，表明他们在当时的僧界地位很高，他们为灵晏墓志撰文书丹，灵晏在佛教界的地位，不言而喻。

灵晏是唐代中后期著名的高僧大德，他身经八主，两任僧录，功德高迈，缁素钦挹。然而，僧史并没有为他立传，仅在《宋高僧传》《大宋僧史略》中留下了名字。灵晏墓志弥补了这一阙略，不仅为我们了解灵晏本人的佛教生涯提供了第一手资料，而且有助于我们深入研究唐代中后期佛教僧官制度以及佛教社会生活。

> 附录：大唐崇福寺故僧录灵晏墓志并序
> 弟子内供奉讲论兼应制引驾大德彦楚述
> 右街福寿寺内道场讲论大德绍兰书
> 　　得其时而行，君子也；应其感而见，祥瑞也。右街故赐紫僧录讳灵晏，生圣明之代，绍释氏之教，姓氏南阳也。祖曜、父鍷，并乐道云林，高尚其志，吟咏风月，事罔能拘。和尚童年入道，固愿莫违，天然发心，永求剃落，遂为旧崇福寺翻经、五部持念、翰林待诏、检校鸿胪少卿、赐紫广济和尚弟子。哲而能睿，一闻激悟。年十三，讲《最胜王经》及《涅槃经》。师习者云聚，达解者河沙，才聆法音，终坐如渴。贞元十四年，圆大戒品于崇圣寺灵坛矣。首自宪宗，达于大和，献寿累朝，每悦天思。其年，法门寺佛中指节骨出见，辅翼迎

---

① 《旧唐书》卷一六〇《韩愈传》，第 4200 页。

送,人望所推。开成五祀,护军中尉擢才奏闻,录右街僧务,兼纪纲寺宇,条而不紊。洎乎大教暂微,坚志无替,再启玄理,又录缁徒,重赐紫衣,两任其首。於戏!月制之岁,羸疾弥加,乃命门人义秀等,令讽诸真言,一夕继响,从暮至晓,听而生敬,一性虽云常住,四大倏然有归。以大中十年岁次丙子庚子之月廿九日寅时,自累双足,奄然而逝。即以明年春二月廿二日庚寅,迁葬于京兆府长安县龙首乡祁村之原,从众生愿也。义秀等将虞岸谷,刊勒贞珉,洒泪含悲,乃为志曰:

大岳夏云,中有灵神。大国昌运,师德奇仁。幼岁富业,为人所闻。六朝献寿,迎送佛身。重赐紫服,再录僧伦。年迈厥疾,顿于一旬。自累双足,瞑目莫分。门弟摧恸,号诉难申。风悲古木,水逝长沦。刊于贞石,永记斯文。

入内弟子:令楚,赐紫身故,元著,义秀,从建,元迥,文藉,洪辨,文会,怀宇,惠直,元智,惠贞,少琮;巳下三学弟子:智玄,常清,敬舒,怀章,怀庆,少諲等;公素,在俗弟子等;张少存,张宗直,张少贞,尼弟子契因等。

张公武刻字

(原载《陕西历史博物馆馆刊》第19辑,三秦出版社,2012)

《唐东都洛阳福先寺广宣律师墓志》发覆

《唐东都洛阳福先寺广宣律师墓志》全称《唐故东都福先寺临坛大德广宣律师墓志铭并叙》（图Ⅱ—8），出土于河南洛阳，志石现藏河南洛阳古代艺术馆。北京图书馆金石组编《北京图书馆藏中国历代石刻拓本汇编》第30册[①]，洛阳文物工作队编《洛阳出土历代墓志辑绳》[②]，《隋唐五代墓志汇编》编委会编《隋唐五代墓志汇编·洛阳卷》第13册[③]，周绍良主编《唐代墓志汇编》下册[④]，吴钢主编《全唐文补遗》第四辑[⑤]对此志均有著录，墓志全文如下：

唐故东都福先寺临坛大德广宣律师墓志铭并叙
前河南府河阴县尉清河崔章撰
维唐大和元年七月二十有四日，东都福先寺律院大德，年七十三，寝疾迁化于院居，僧夏五十四。其徒以其年八月五日，奉窆于洛阳县平洛原，遵遗命也。大师姓成公，讳志誓，字广宣，泽州晋城人。童年问道于济源县化城寺明照大师，年二十受具戒，遂依律学大德昙濬，因隶居福先寺。先是祖师定宾著章疏甚高，为学者所尚，而福先律仪，首冠天下矣。宣公承大名，继积学，天立仪表，冥资操行，端清而和，备成而严，故得显式僧徒，绍登坛位，讲求其道，诱诲群蒙，自初学而卒业者，凡七十人；肆筵席演义理者，凡四十遍。吾所谓至也，勇于弱年，勤于中年，就于暮年，凛凛栗栗，若犹废坠，率

[①] 北京图书馆金石组编《北京图书馆藏中国历代石刻拓本汇编》第30册，中州古籍出版社，1989。
[②] 洛阳文物工作队编《洛阳出土历代墓志辑绳》，中国社会科学出版社，1991。
[③] 《隋唐五代墓志汇编》编委会编《隋唐五代墓志汇编·洛阳卷》第13册，天津古籍出版社，1991。
[④] 周绍良主编《唐代墓志汇编》下册，上海古籍出版社，1992。
[⑤] 吴钢主编《全唐文补遗》第四辑，三秦出版社，1997。

是自畏，以至于终。呜呼！其不可及已，即儒衣偶圣，非颜闵欤？故轩裳有道者，及士族知名者，无不诚向。京兆杜师古弟兄暨愚之弟兄，皆四纪之旧，其敬最深。大师尝以门弟子真满践修类已，待之甚厚，至是寝疾，悉以德称坛位属焉。省署得与□告，自宾至宣，四叶相承，今满又承之，其盛哉。愚病不文，且不敢以全德列于年地之识，异时咨于作者，冀表其墓云。铭曰：

仲秋命节，泣送吾师，顺化何苦，尘情自悲。霜明其操，冰□其仪，自此不见，孤立垱而。呜呼哀哉！

华州参军事清河崔罕书

图Ⅱ—8 《唐东都洛阳福先寺广宣律师墓志》拓片

据志文，僧人广宣受具戒之后隶居唐东都洛阳福先寺，直到寝疾迁化，长达53年。关于唐东都洛阳福先寺，《唐会要》卷四八《议释教下》云："福先寺，游艺坊。武太后母杨氏宅。上元二年，立为太原寺。垂拱三年二月，改为魏国寺。天授二年，改为福先寺。"《元河南志》卷一《教义坊》谓："教义坊，唐有武后母荣国夫人宅，后立太原寺。武后登上阳宫，遥见之，辄悽感，乃徙于积德坊。"据《元河南志》卷一，积德坊乃游艺坊所更名，则太原寺迁于积德（游艺）坊时尚未更名魏国寺，故其迁于积德（游艺）坊当在垂拱三年以前，所以更名后的魏国寺或福先寺一直是在积德（游艺）坊。①

福先寺原本是武后母亲荣国夫人在洛阳的宅所，后来舍宅为寺，武则天为此御撰《大福先寺浮图碑》曰：

……伏惟皇考太祖无上孝明高皇帝，负日标灵，膺云诞秀……皇妣无上孝明高皇后，习礼凝视，依仁成性，……故知报慈恩于毕地，善权之愿斯宏；竭孝享于终天，波若之资攸重。所以虔心胜祐，肃奉明因，乃建香城，虔兴净域。大福先寺者，先圣之旧居也。尔其途临测景，地处交风。楼台郁而烟雾深，山川旷而原野净。前瞻太室，控紫岳之三花；却镜伊瀍，带黄河之千里。……途开八政，开闾九达。万国交会之区，四海朝宗之所。崇轩四敞，邃宇千重。复道周流，危阶逦迤。……雕甍错落，似布龙麟；绣宇岧峣，如培羊角。飞檐画栱，迥腾云阁之前；藻井披莲，高出星河之上。……穷壮观于周原，极雕镂于郢匠。……尔乃崇梵宇，选名僧，或杖锡而来臻，或乘杯而戾至，莫不情尘久谢，性月恒明，远蹈四禅，迥超三界。谈高象外，激扬金口之词；思逸幽元，敷赞琅函之典。……十地尽禅门之侣，四天为法会之宾，肃肃焉，惶惶焉。诚绀宇之栋梁，实缁徒之领袖者也。故能使天龙恭敬，道俗归依。……仰竭深衷，敬申宏愿，聿怀多福，式建浮图。……十六丈屋，岂惟须达之功；千二百房，讵假祇陀之势。……于阗香像，尽写龙龛；舍利全身，咸升雁塔。经纶毕备，制度咸修，既欣冥力之资，理藉神功之助……②

由碑文可知，武则天为"报慈恩于毕地"，于是在"先圣之旧居"，"乃建香城，虔兴净域"，亦即福先寺。福先寺"前瞻太室，控紫岳之三

---

① 辛德勇：《隋唐两京丛考》，三秦出版社，1991，第135页。
② 武则天：《大福先寺浮图碑》，（清）董诰等编《全唐文》卷九八，中华书局，1983，第1010～1011页。

花；却镜伊瀍，带黄河之千里"；"崇轩四敞，邃宇千重；复道周流，危阶逦迤"；"雕甍错落，似布龙麟；绣宇岩峣，如培羊角。飞檐画栱，迥腾云阁之前；藻井披莲，高出星河之上"，美轮美奂，巍峨庄严，正所谓"穷壮观于周原，极雕镌于郢匠"。

作为皇家寺院，洛阳福先寺不仅规模宏大，辉煌壮丽，而且"经纶毕备，制度咸修"。洛阳在唐代是仅次于首都长安的全国第二大佛教文化中心，正如碑文所说，这里"途开八政，开阆九达"，是"万国交会之区，四海朝宗之所"，由是福先寺"尔乃崇梵宇，选名僧，或杖锡而来臻，或乘杯而戾至，莫不情尘久谢，性月恒明，远蹈四禅，迥超三界。谈高象外，激扬金口之词；思逸幽元，敷赞琅函之典"。《宋高僧传》卷三《唐洛京长寿寺菩提流志传》载："释菩提流志，南天竺国人也……高宗大帝闻其远誉，挹彼高风，永淳二年，遣使迎接。天后复加郑重，令住东洛福先寺译《佛境界》《宝雨》《华严》等经，凡十一部。"又据《宋高僧传》卷一《唐京兆大荐福寺义净传》记载，高僧义净在福先寺及长安西明寺译出《金光明最胜王》《能断金刚般若》《弥勒成佛》等一共20部佛经；神龙元年（705），义净于洛阳内道场译《孔雀王经》，又于大福先寺出《胜光天子》《香王菩萨咒》《一切庄严王经》，沙门盘度读梵文，沙门玄伞笔受，沙门大仪证文，沙门胜庄、利贞证义，兵部侍郎崔湜、给事中卢粲润文正字，秘书监驸马都尉杨慎交监护，"帝（中宗）深崇释典，特抽睿思，制《大唐龙兴三藏圣教序》。又御洛阳西门，宣示群官新翻之经"。由此可见，福先寺是唐代前期十分著名的佛经译场。《宋高僧传》卷二《唐洛京圣善寺善无畏传》载："释善无畏，本中印度人也……开元四年丙辰，赍梵夹始届长安……〔开元〕十二年，随驾入洛，复奉诏于福先寺译《大毗卢遮那经》。其经具足梵文有十万颂，畏所出者，撮其要耳，曰《大毗卢遮那成佛神变加持经》七卷，沙门宝月译语，一行笔受，删缀词理，文质相半，妙谐深趣，上符佛意，下契根缘，利益要门，斯文为最。又出《苏婆呼童子经》三卷、《苏悉地揭罗经》三卷，二经具足咒毗柰耶也，即秘密禁戒焉。"开元年间，善无畏在洛阳福先寺翻译了许多梵文密教经典，折射出福先寺与唐代密宗因缘殊胜。

福先寺不仅是唐代洛阳十分著名的佛经译场，而且是唐代密宗的发祥地之一。《唐东都洛阳福先寺广宣律师墓志》说："而福先律仪，首冠天下矣。"这又告诉我们，洛阳福先寺还是唐代律学一大中心。

佛教戒律传入中国内地是在三国时代曹魏嘉平年间（249～254），洛阳是佛教戒律初传中土之地。《高僧传》卷一《昙柯迦罗传》曰：

> 昙柯迦罗，此云法时，本中天竺人。……常贵游化，不乐专守，以魏嘉平中，来至洛阳。于时魏境虽有佛法，而道风讹替，亦有众僧未禀归戒，正以剪落殊俗耳。设复斋忏，事法祠祀。迦罗既至，大行佛法。时有诸僧共请迦罗译出戒律，迦罗以律部曲制，文言繁广，佛教未昌，必不承用。乃译出《僧祇戒心》，止备朝夕。更请梵僧立羯磨法受戒。中夏戒律，始自于此。

洛阳是佛教戒律初传中土之地，律学有着悠久的历史渊源。爰及隋唐，《四分》遂为律之正宗，然而实分为三，即南山、相部、东塔，非仅一宗也。南山者，因道宣律师久居终南山而得名。又有律师法砺驻锡相州，故其宗号相部。法砺有弟子满意，居于长安崇福寺（即太原寺），后世号为西塔律师，相部宗亦遂号称西塔宗，以对怀素之东塔宗。怀素住在长安恒济寺，亦曾在太原寺（即崇福寺），太原寺或有东塔，故其宗称为东塔宗。① 是时，西京长安律学颇为兴盛，东都洛阳律学亦不逊色。一代律学名匠昙光，师从相州法砺律师，逮至立年，盛明律藏。昙光在东都洛阳天宫寺广开律教，"四方律学，莫不咨询。故其房宇，门人肩联踵接，成就所举，远近遵承"。② 洛阳天宫寺在唐代即以律仪驰誉，名震一方。又据《唐东都洛阳福先寺广宣律师墓志》，洛阳福先寺律仪，"首冠天下矣"。

《唐东都洛阳福先寺广宣律师墓志》称："先是祖师定宾著章疏甚高，为学者所尚，而福先律仪，首冠天下矣。""福先律仪，首冠天下"，奠基者是祖师定宾。定宾律师，生平事迹不详。唐人权德舆撰《唐故东京安国寺契微和尚塔铭并序》谓，契微和尚"至天宝元年，始受具于福先寺定宾律师。隶东京安国寺，师事苾刍尼无胜，受心门方便之学"。③《宋高僧传》卷二《唐洛京圣善寺善无畏传》记载，中印度人善无畏于开元二十三年

---

① 汤用彤：《隋唐佛教史稿》，中华书局，1982，第175、180～181页。
② （唐）道宣撰，郭绍林点校《续高僧传》卷二三《唐洛州敬爱寺释昙光传》，中华书局，2014，第884页。
③ （唐）权德舆撰，郭广伟校点《权德舆诗文集》卷二八《唐故东京安国寺契微和尚塔铭并序》，上海古籍出版社，2008，第433页。

(735)十月七日在洛阳奄然而化,鸿胪丞李现具威仪,宾律师护丧事,开元二十八年(740)十月三日葬于龙门西山广化寺之庭。《宋高僧传》卷一四《唐京师恒济寺怀素传》载:"素所撰述,宗萨婆多。……又斥二宗云:'相部无知,则大开量中得自取大小行也。南山犯重,则与天神言论,是自言得上人法也。'大抵素疏出,谓之新章焉。开元中,嵩山宾律师造《饰宗记》以解释之,对砺旧疏也。"

关于定宾律师之律学,《大唐传戒师僧名记大和上鉴真传》记载稍详:

> 爰有定宾律师,三藏洞闲,操诸疏家,唯法砺疏,雅合宫商状,然文义其难。随文作《饰宗义记》九卷。良以第二已去,附文销释,开济当时,务以先出;后便于藏中,手探经论,乃探得《法华》,即作疏,兼讲三遍。又作《如来藏经疏》《维摩经疏》《楞伽经疏》《涅槃疏》《起信论疏》《瑜伽论疏》《唯识疏》《因明》等疏,各讲三遍。却来作《饰宗义记第一》,虽开五门,一谏至半,便即无常。佛法东流,经论学者,无能过之。时人称为法律师也。昔砺律师弟子成律师,作疏义记,释疏甚安,怀素知之,求觅不得。然成有二弟子,一满意,二怀素,而观此二人,满意推人让德。
>
> 将问砺疏学者,因于后世,傥遇智人反徵,更何能对。是故今福先宾律师作《饰宗义记》,大破素疏。故《破迷记》敕十余大义,双书二家义出,即取经文证。成乃知素取经文错也,乐广知者,可检《破迷记》,乃《观音义记》也。而满意三度出学士,都成有廿七人,讲说相承,弘通四远。然《饰宗》都有十卷,盛传于世只唯九卷。爰有鉴真和尚弟子灵祐律师,心融三藏,名流天下,论辩难当,于讲解之次,诸有学者,请出斯文,续前所无,制补亡《饰宗义记》一卷,添前九卷,足成十轴也。①

从上可知,定宾是满意律师的弟子,而西塔律师满意是相部宗创立人法砺律师的上足,因此定宾撰著《饰宗义记》,反驳东塔宗怀素对法砺的诘难。由是观之,定宾律师是相部宗的中流砥柱,是相部律的重要传人。

---

① 〔日〕真人圆开撰,汪向荣校注《唐大和上东征传》附录一《〈大唐传戒师僧名记大和上鉴真传〉逸文》,中华书局,2000,第111~112页。

定宾律师雅为宗匠，撰集章疏，深解律要，气逸当时，道俗钦仰，确立了"福先律仪，首冠天下"的重要地位。《唐东都洛阳福先寺广宣律师墓志》称，广宣律师"承大名，继积学，天立仪表，冥资操行。端清而和，备成而严。故得显式僧徒，绍登坛位，讲求其道，诱诲群蒙。自初学而卒业者凡七十人，肆筵席演义理者凡四十遍"。定宾律师之后，广宣律师引摄学徒，复扬戒律，使得福先寺律学声誉不坠。广宣律师以弟子真满"践修类己，待之甚厚"，晚年将衣钵传给了真满。志文称："自宾至宣，四叶相承，今满又承之，其盛哉。"也就是说，从定宾律师到广宣律师，再到真满律师，经过五代相传；从唐玄宗开元初年，中经安史之乱，直到唐文宗大和初年，历时一百余年，洛阳福先寺律学声誉久为隆盛。

福先寺律学"首冠天下"，因而声名远播日本。当时的日本僧人就慕名来到洛阳，敬请福先寺高僧前往日本传授佛教戒律。日本奈良时代（710～784）人真人圆开所撰《唐大和上东征传》记载：

  日本国天平五年，岁次癸酉，沙门荣睿、普照等随遣唐大使丹墀真人广成，至唐国留学。是岁，唐开元二十一年也。唐国诸寺三藏、大德，皆以戒律为入道之正门；若有不持戒者，不齿于僧中。于是，方知本国无传戒人，仍请东都大福先寺沙门道璿律师，附副使中臣朝臣名代之舶，先向本国去，拟为传戒者也。①

唐人思託《大唐传戒师僧名记大和上鉴真传》亦云：

  其荣睿从开元二十年来至唐国，初至东京大福先寺，见僧道璿，便请具论心事。其僧道璿当即受请，先向日本相待。睿暂至二京诸寺看风俗即请大德来。至二十八年，便即营构；从二十九年下，备州弁事，今至于此。②

唐东都洛阳福先寺僧人道璿，受日本学问僧荣睿和普照的迎请，于日本天平八年（736），即唐开元二十四年，随日本遣唐副使中臣名代的船舶

---

① 《唐大和上东征传》，第38页。
② 《唐大和上东征传》附录一《〈大唐传戒师僧名记大和上鉴真传〉逸文》，第105页。

赴日，到达筑紫太宰府，住在大安寺之西唐院，讲解所带去的《律藏行事钞》，为日本弘通律宗之先驱。[①] 道璿还在日本弘扬华严学说、天台学说和北宗禅，[②] 他孜孜为道，务在弘法，利生损命，客死他乡，为佛教在日本的传播和发展做出了不可磨灭的贡献。

定宾、广宣、真满、道璿等人探赜律范，持律谨严，"诚绀宇之栋梁，实缁徒之领袖者也"，"故轩裳有道者及士族知名者，无不诚向"。职是之故，唐东都洛阳福先寺律仪"首冠天下"，驰誉中外。尤为值得称道的是，福先寺僧人道璿东渡扶桑，宗仰律司，阐扬律教，穷其幽旨，启彼宗途，为日本佛教的繁荣和发展做出了重要贡献。今天，我们研究中日文化交流史，不应忘却洛阳福先寺，不应忘却福先寺僧人广宣、道璿等人。

（原载《中原文物》2017 年第 3 期）

[①] 〔日〕木宫泰彦：《中日交通史》，陈捷译，商务印书馆，1931，第 235 页。
[②] 〔日〕木宫泰彦：《中日交通史》，第 236 页。

唐高僧乘如生平事迹稽补

高僧乘如在唐代佛教史上有着举足轻重的地位，他曾就僧尼死亡后的财产归属问题提出改革，并得到了唐代宗的认可。乘如在赞宁《宋高僧传》有传，《宋高僧传》卷一五《唐京兆安国寺乘如传》曰：

> 释乘如，未详氏族。精研律部，颇善讲宣，绳准缁徒，罔不循则。代宗朝翻经，如预其任。应左右街临坛度人，弟子千数。先是五众身亡，衣资什具悉入官库，然历累朝，罔由厘革。如乃援引诸律，出家比丘生随得利，死利归僧，言其来往本无物也。比丘贪畜，自兹而省者，职由于此。今若归官，例同籍没。前世遗事，阙人举扬。今属文明，乞循律法，断其轻重。大历二年十一月二十七日敕下，今后僧亡，物随入僧，仍班告中书门牒，天下宜依。如之律匠，非止训二众而已，抑亦奋内众之遗事。立功不朽，如公是乎！终西明、安国二寺上座。有文集三卷，圆照鸠聚流布焉。

《宋高僧传·乘如传》十分简略，重点记述了乘如在僧尼死亡后财产归属问题上的"立功不朽"，至于其生平，语焉未详，至若"未详氏族"云云。然而，传世文献不乏有关高僧乘如的零散记载，兹据金石资料，对乘如生平事迹试做稽补，或当有裨于唐代佛教史事的探究。

一　乘如的身世

《宋高僧传·乘如传》没有交代乘如的身世，即如所谓"未详氏族"。《八琼室金石补正续编》卷三二《唐故临坛大德乘如和尚灵塔铭》云：

> 大师号乘如。姓萧。梁武帝六代_{下缺}皇朝太子洗马。大师神龙年

中。七下缺以律藏为生□□□□□子下缺学□大□长老人算得而知下缺故□□□馁实甚。□身有□。时服□门居临坛卌八年下缺恩诏追赴上都。□安□西明寺下缺代宗多可其奏。行年八十一。大历下缺巳□夏六十有一。门人哀下缺于嵩岳寺中□□□兄曰时和下缺矣。叹曰。大师舍我而下缺秉律大师。□达下缺法忍之资。大师下缺。

由《唐故临坛大德乘如和尚灵塔铭》（以下简称《乘如塔铭》）可知，乘如俗姓萧，更为重要的是，他是梁武帝萧衍的后裔。只因《乘如塔铭》缺字太多，乘如的祖、父，不得而知。不过，乘如乃兰陵萧氏，他是梁武帝的后裔，毋庸置疑。

兰陵萧氏自梁武帝萧衍以来，世代奉佛，因缘甚深。梁武帝穷心于释氏，简文帝锐意于法门，倾帑藏以给僧祇，殚人力以供塔庙。迨至唐代，兰陵萧氏奉佛之风不坠，最为著名的人物是梁武帝玄孙、昭明太子曾孙萧瑀。萧瑀是唐太宗朝的宰相，他"好释氏，常修梵行，每与沙门难及苦空，必诣微旨"。[①] 唐太宗深知萧瑀素爱桑门，就赐给他绣佛像一躯，并在佛像旁绣着萧瑀供养形象，还赐给他一部南北朝时期王褒所书的《大品般若经》，以及充当讲诵服装的袈裟。受其影响，信佛成了萧瑀家族的祖传。萧瑀的长女释名法乐，年甫三岁，出家修行，皈依佛门，"既而禅室沦精，羁象心而有裕；法场探秘，蕴龙偈而无遗"。[②] 萧瑀的三女释名法愿，"讨寻经论，探穷阃域，核妙路之微言，括毗尼之邃旨，至于《法华》《般若》《摄论》《维摩》，晨夕披诵，兼之讲说。持戒具弟子，近数十人，莫不仰味真乘，况趋丹枕，傍窥净室，争诣元扉，肃肃焉，济济焉"。[③] 萧瑀的五女释名法灯，"修行四谛，膏泽无施"。[④] 萧瑀有孙女诏度为济度寺尼，法号惠源。[⑤] 不仅萧瑀的子孙普遍出家，萧瑀之兄萧璟一家亦多礼佛。身为太府卿的萧璟一心奉佛，"太府情存好善，读诵为先，从生至终，诵盈万遍，雇人抄写总有千部。每日朝参，必使侯者执经在前，至于公事微隙，

[①] （后晋）刘昫等：《旧唐书》卷六三《萧瑀传》，中华书局，1975，第2398页。
[②] 周绍良主编《唐代墓志汇编》永隆〇〇九《大唐济度寺故比丘尼法乐法师墓志铭并序》，上海古籍出版社，1992，第676页。
[③] 《唐代墓志汇编》龙朔〇七七《大唐济度寺大比丘尼墓志铭并序》，第386页。
[④] 《唐代墓志汇编》永隆〇一〇《大唐济度寺故比丘尼法灯法师墓志铭并序》，第677页。
[⑤] 《唐代墓志汇编》开元四五九《大唐济度寺故大德比丘尼惠源和上神空志铭并序》，第1473页。

便就转读。朝伍仰属，以为绝伦"。① 萧璟之子智证"略荣位之好，欣怀道业，勤勤自课，无择昏晓"。② 萧瑀另一兄长之子慧龄出家住在唐长安庄严寺，"广听众部，而以《摄论》为心"。③

兰陵萧氏仅唐代萧瑀家族"或集亲属僧尼，数将二十"。④ 在中古史上，世代奉佛，"萧氏一门，可为天下楷模矣"。⑤ 唐代高僧乘如正是兰陵萧氏奉佛世家中的重要一员。萧瑀是梁武帝之四代孙，从《乘如塔铭》看，乘如可能是梁武帝之六代孙。

二 乘如的履历

《宋高僧传·乘如传》没有具体记述乘如的主要经历，《八琼室金石补正续编》卷二〇《皇唐两京故临坛大德乘如和尚碑阴记》（以下简称《乘如碑阴记》）对乘如的经历记载稍详：

和尚法讳乘如。俗姓下缺度。于东都崇光寺勤求佛事。下缺殊胜之域。世问心地于寂公。虚下缺玄宗以其行密道高，特诏为临坛大下缺归。会冤憎者解□释憾。当以念佛功德。为下缺坐或行。耳无辍听。非夫浅深善诱。说可众下缺以弘教。虽委身俭艰。竭己衣食。皆不□倦下缺和尚振锡箕颍。南登江汉。因依而行。□全忠下缺肃宗即位之明年也。闻而嘉之。征还长安。亲下缺与□随。趣定惠而将舍对。上益称叹下缺代宗御极。礼有加焉。于对扬之时。纳付嘱之下缺赖。寻以羸老。恳请闲居。优诏许之。遂宴下缺弟子曰。法性无住。世相不留。缘报寄形。形尽下缺赴。哀震京师。佛日以之昏霾。禅林以之摧折。下缺约曰。我居士。和尚之仁兄也。东山未旋下缺和。弱岁与和尚常居中岳。虽生灭之理下缺护。起身塔于嵩丘。不忘本也。和尚昔与下缺之游。而数公蕴崇德馨。迭居台辅。莫不随其下缺堂□□□□上乘。如何一朝空慕遗□。下缺

---

① （唐）道宣撰，郭绍林点校《续高僧传》卷二九《唐京师大庄严寺释慧铨传》，中华书局，2014，第1188页。
② 《续高僧传》卷二九《唐京师大庄严寺释慧龄传》，第1187页。
③ 《续高僧传》卷二九《唐京师大庄严寺释慧龄传》，第1187页。
④ 《续高僧传》卷二九《唐京师大庄严寺释慧龄传》，第1188页。
⑤ 《续高僧传》卷二九《唐京师大庄严寺释慧龄传》，第1188页。

从上可知，乘如弃俗求道，出家后在唐东都洛阳"勤求佛事"，他曾问学于普寂法师，即《乘如碑阴记》所谓"世问心地于寂公"。普寂是禅宗北宗神秀门下最杰出的弟子，他师事神秀凡六年，尽得其道。神龙二年（706），唐中宗得知神秀年事已高，诏令普寂代替神秀统领法众。开元十三年（725），唐玄宗诏令普寂驻锡洛阳敬爱寺，"时王公大人竞来礼谒"，"天下好释氏者，咸师事之"。[①] 是时，乘如在洛阳"勤求佛事"，他问学普寂，料在情理当中。乘如师出名门，加之他本人"行密道高"，唐玄宗特诏为"临坛大德"。尔后，他"振锡箕颍，南登江汉"。"肃宗即位之明年也"，即至德二年（757），唐肃宗"闻而嘉之"，乘如被"征还长安"。唐肃宗《批答安国寺僧乘如表》云："戒分律仪，释门宏范。用申奖导，俾广胜因。允在严持，烦于申谢。"[②] 唐代宗时，乘如更加备受尊崇，即《乘如碑阴记》所谓"代宗御极，礼有加焉"，《乘如塔铭》亦谓"代宗多可其奏"。唐代宗有敕《批乘如等谢诵尊胜真言表》和《批乘如等请示新译仁王经》。[③] 在唐都长安，乘如主要活动于长安西明寺和安国寺，即《宋高僧传·乘如传》所谓"终西明、安国二寺上座"。乘如坐灭后，为示"不忘本也"，归葬嵩山寺中，即"起身塔于嵩丘"。

《乘如塔铭》记载，乘如"行年八十一"，"□夏六十有一"。也就是说，乘如世寿八十一，戒龄六十一。"□夏六十有一"，阙字当为"僧"或"法"，即"僧夏"或"法夏"，是佛徒戒龄之词。如《唐故龙花寺内外临坛大德韦和尚墓志铭》："元和戊戌岁四月庚辰，恬然化灭，报年六十六，僧夏四十五。"[④] 又如《大唐真化寺多宝塔院故寺主临坛大德尼如愿墓志铭》："春秋七十六，法夏五十六。"[⑤]

《乘如塔铭》末署"建中元年二月"，《乘如碑阴记》末署"建中元年龙集庚申仲秋"。乘如可能归寂于建中元年（780），他"行年八十一"，则其生于久视元年（700）。

---

① （宋）赞宁撰，范祥雍点校《宋高僧传》卷九《唐京师兴唐寺普寂传》，中华书局，1987，第198页。
② 唐肃宗：《批答安国寺僧乘如表》，（清）陆心源《唐文续拾》卷一，《全唐文》第11册，中华书局，1983，第11183页。
③ 分别见《佛顶尊胜陀罗尼经教迹义记》卷首（《大正藏》卷三九）、《贞元新定释教目录》卷一五（《大正藏》卷五五）。
④ 《唐代墓志汇编》元和一一八，第2032页。
⑤ 《唐代墓志汇编》大历〇四二，第1787页。

三　乘如的重要事迹

乘如在《宋高僧传》中位列"明律篇"，赞宁称誉他"精研律部，颇善讲宣，绳准缁徒，罔不循则"。《乘如塔铭》亦谓其"以律藏为生""秉律大师"云云。《乘如塔铭》和《乘如碑阴记》都于乘如冠以"临坛大德"的称号。由此可知，乘如是一名善解戒律、明练持范的律师。因此，他"应左右街临坛度人，弟子千数"。作为一名善持律者，乘如除了在京城开坛度人，他还倡导重建了中岳嵩山会善寺戒坛。《宋高僧传·乘如传》没有记述此事，《金石萃编》卷九五《会善寺戒坛碑》云：

> 请抽东都白马寺僧崇光。敬爱寺僧□□。同德寺僧重进。奉国寺僧法□。香国寺僧从恕、惠深。安州龙兴寺僧□□。
>
> 右河南副元帅黄门侍郎平章事王缙奏得安国寺僧乘如状。前件寺戒□□供奉大德一行禅师□故□坛□□□同律师□□□□殿宇幽闲。□□□□。受戒之□。□城推最。□□□□墉院荒凉。更属艰难。坛□摧□。不有修葺。窃愧先贤。望抽前件□律僧七人住持□□有关□填□□建方等道场。常讲戒律。庶□□圣□。国土安宁。
>
> ……
>
> 沙门乘如言。伏奉云十月十二日恩命。于河南府登封县嵩岳□□□常建戒坛。兼抽□律七僧。洒扫谨律者。湛恩自天。荷无地。沙门乘如诚欢诚喜载欣载□。□者□之□。戒者万行之首。非绝□岑□□诣兹□□会善戒坛□□□□登其封杳遗尘□累跻其□必□□□比为硕德湮沉虚迹□毁观者兴黍离之叹。□之增涕殒之悲。陛下驻佛日之倾。布尧云之泽。抽僧洒扫。设坛讲律。雷音永震。更呼万岁之□圣寿无疆。弥极九天之峻。不任载荷之至。谨诣右银台门奉表陈谢以闻。沙门乘如诚欢诚喜谨言。大历二年十一月日安国寺沙门乘如上表。

由《会善寺戒坛碑》可知，中岳嵩山会善寺戒坛在唐代前期颇具规模和影响。然而，安史之乱以后，会善寺戒坛"墉院荒凉"，"不有修葺"。于是，乘如上表朝廷请求重修会善寺戒坛。这一建议很快得到宰相王缙等人的支持，并得到唐代宗的恩准，会善寺得以再建方等道场，"抽僧洒扫"，"设坛讲律"。会善寺戒坛的中兴，乘如厥功甚伟，《嵩山会善寺戒坛记》亦云：

> 嵩高得天下之中也，所谓名山福地，异人灵迹，往往而有。……自河洛烟尘，塔庙崩褫。上都安国寺临坛大德乘如修慈业广，秉律道尊，志度有缘，法庇群动，慨兹埋坠，遂为闻彻。寻有诏申命安国寺上座藏用、圣善寺大德行严、会善寺大德灵珍、惠海等住持，每年建方等道场，四时讲律。……①

会善寺戒坛由于乘如在唐代宗大历初年再建而中兴，直到唐宪宗元和年间仍然经久不衰。高僧惠海自年逾弱冠具戒嵩山会善寺，直到元和八年（813）示疾端坐此山当寺，他"自贞元七年奉敕临坛，传教度人，莫纪其数"，"若乃香坛康法得度者而数越稻麻，亲授衣珠者人逾数百"。②

乘如另一"立功不朽"的事是，他就唐代僧尼亡后的财产归属问题提出改革。

佛教徒早期主要依靠社会供养来生活，原始佛教不许僧尼蓄有私财。可是，佛教徒生活在私有制社会里，久而久之，僧尼便堕入私有财产制的罗网中了。随着僧尼私有财物的出现，佛教戒律中关于寺院财产和僧尼私有财物的规定产生。佛教内律把僧尼财物分为轻物和重物两类，轻物指"可随身资道"的日常生活必需品，如衣钵坐具等；重物指虽为"资道"所需，但因"附俗心强"，往往"虽有疏缘，始益终损"，如田宅、奴婢、钱谷重宝等。唐代律师道宣《四分律删繁补阙行事钞》③（以下简称《行事钞》）和《量处轻重仪》④ 对此有详细的区分和规定。⑤

僧尼蓄有私财，却无子嗣，没有法定的财产继承人，如何处理僧尼亡

---

① 陆长源：《嵩山会善寺戒坛记》，（清）董诰等编《全唐文》卷五一○，中华书局，1983，第 5185 页。
② 李师直：《唐嵩岳会善寺敕戒坛临坛大律德塔铭并序》，《唐文续拾》卷五，《全唐文》第 11 册，中华书局，1983，第 11224 页。
③ 《大正藏》卷四○。
④ 《大正藏》卷四五。
⑤ 详参何兹全《佛教经律关于僧尼私有财产的规定》，《北京师范大学学报》（哲学社会科学版）1982 年第 6 期。

后的财物成为一个突出问题。关于僧尼亡后私有财物的处断，《行事钞》明确规定：“制入僧，余处不得。”也就是说，僧尼亡后私有财物的处断权属于寺院僧众。《量处轻重仪》规定，僧尼亡后私有财物中的重物入常住，即收归寺院；轻物由现前僧分，即分给当时在眼前的众僧。道宣（596～667）是唐代初年著名律师，他的《行事钞》和《量处轻重仪》是唐前期佛教教团中十分流行的重要律典。然而，《行事钞》和《量处轻重仪》关于僧尼亡后财物处断的种种规定，在唐代前期似乎并没有得到很好的贯彻执行，政府常常收取僧尼亡后的私有财物。正如《宋高僧传·乘如传》所言，"先是五众身亡，衣资什具悉入官库，然历累朝，曷由厘革"。于是，"〔乘〕如乃援引诸律，出家比丘生随得利，死利归僧，言其来往本无物也。比丘贪畜，自兹而省者，职由于此。今若归官，例同籍没。前世遗事，阙人举扬。今属文明，乞循律法，断其轻重"。最终，唐代宗大历二年（767）十一月二十七日下敕：“今后僧亡，物随入僧，仍班告中书门牒，天下宜依。”① 但是，亡僧遗产“物随入僧”的诏令在当时似乎仍然没有得到很好的贯彻执行。因而，唐德宗在兴元元年（784）重申“内律分财”制度：“敕亡僧尼资财旧系寺中，检收送终之余，分及一众。比来因事官收，并缘扰害，今并停纳。仰三纲通知，一依律文分财。”② 并且强调指出，“官司仍前拘收者，以违制论”。③

对于僧尼亡后财物的处断问题，“前世遗事，阙人举扬”，乘如与时俱进，“乞循律法，断其轻重”，维护“内律分财”制度，并且得到了唐代宗和唐德宗的力挺。虽然“内律分财”在贯彻执行的过程中，似乎大打了折扣，但是，这一对“累朝”旧制的“厘革”，在唐代佛教史上具有划时代的意义。因此，赞宁在《宋高僧传·乘如传》中称颂：“〔乘〕如之律匠，非止训二众而已，抑亦奋内众之遗事。立功不朽，如公是乎！”

（原载《唐史论丛》第23辑，三秦出版社，2016）

---

① 《宋高僧传》卷一五《唐京兆安国寺乘如传》，第368页。
② （宋）志磐撰，释道法校注《佛祖统纪校注》卷四二《法运通塞志》，上海古籍出版社，2012，第964页。
③ 《佛祖统纪校注》卷五五《内律分财》，第1295页。

唐代胡僧僧伽生平事迹考索

佛教在古代中国的传播和发展，除了中土僧人的不懈努力，还与外国僧人的积极援助分不开。汉唐时期，大批来自古印度和西域各国的佛教僧人在中土王公贵族的支持下，翻译佛经，度众弘法。在他们的积极推动下，佛教迅速在中国扎根并发展壮大。历史上，来自西域诸国和古印度各地的外国高僧统称为"胡僧"。胡僧们负笈东来，随缘达化，为佛教在中国的传播和发展做出了不可磨灭的贡献。尤其是在佛教臻于极盛的唐代，入唐胡僧特多。[1] 在众多唐代胡僧中，僧伽是一位十分引人注目的胡僧。他备受唐中宗的青睐和优待，"化唐土五十三载"，[2] 是在中土弘法时间特长的一位胡僧。唐代胡僧僧伽在《宋高僧传》中有传，其人其事亦散见于唐代诗文，但还存在一些不同说法。因此，本文试就唐代胡僧僧伽的生平事迹略做考析，以期有裨于唐代中外文化交流史的探究。

一 僧伽是西域何国人

僧伽是一名胡僧，他来自西域何国，《宋高僧传》卷一八《唐泗州普光王寺僧伽传》曰：

> 释僧伽者，葱岭北何国人也。自言俗姓何氏，亦犹僧会本康居国人，便命为康僧会也。然合有胡梵姓名，名既梵音，姓涉华语。详其何国，在碎叶国东北，是碎叶附庸耳。

北宋佛教史学家、僧人赞宁《宋高僧传·僧伽传》明确记载僧伽是西

---

[1] 别详拙文《唐代胡僧考论》，《吉林大学社会科学学报》2010年第4期。
[2] （宋）赞宁撰，郭绍林点校《宋高僧传》卷一八《唐泗州普光王寺僧伽传》，中华书局，1987，第448页。

域何国人,然而,世传唐代诗人李白《僧伽歌》却说僧伽是南天竺人,《僧伽歌》诗云:

> 真僧法号号僧伽,有时与我论三车。问言诵咒几千遍,口道恒河沙复沙。此僧本住南天竺,为法头陀来此国。戒得长天秋月明,心如世上青莲色。意清净,貌棱棱。亦不减,亦不增。瓶里千年舍利骨,手中万岁胡孙藤。嗟予落泊江淮久,罕遇真僧说空有。一言忏尽波罗夷,再礼浑除犯轻垢。①

关于李白《僧伽歌》这首诗,宋代学者董逌指出:

> 蒋颖叔作《僧伽传》,锺离景伯书。庐江刘良以示余,余得其书考之。僧伽,本天竺人。龙朔初,至中国。景龙四年入灭,盖年八十三矣。此以旧传韩退之诗,知其瑰奇不可少贬。其谓李太白尝以诗与师论三车者,此则误也。诗鄙近,知非白所作。世以昔人类在集中,信而不疑,且未尝深求其言而知其不类。使世有知者不待余言,其不知者虽得余言,不知信,则又与之校其年终使知之,故虽昧者犹不得不信。呜呼!论事至以年月先后为辨,则亦每下矣,此不得为通人道也。使岁月先后偶合不差,则世终不得其辨。且太白死在代宗元年,上距大足二年壬寅,为六十年,而白生。当景龙四年,白生七(九)岁,固不与僧伽接。然则其诗为出世俗而复不考岁月,妄以为白。此殆涅其服者,托白以为重,而儒者信之又增异也。龙朔元年至景龙四年,以唐历校之,为五十年,知僧伽在西方时三十三年矣。余以旧传知之。②

据《宋高僧传·僧伽传》,僧伽于唐中宗景龙四年(710)"俨然坐亡"。李白生于武周长安元年(701)。也就是说,僧伽入灭时,李白年仅9岁。因此,董逌认为"当景龙四年,白生九岁,固不与僧伽接",《僧伽歌》"诗鄙近,知非白所作。世以昔人类在集中,信而不疑,且未尝深求

---

① (唐)李白:《李太白全集》卷七《僧伽歌》,中华书局,1977,第405~406页。
② (宋)董逌:《广川书跋》卷一〇《僧伽传》,何立民点校,浙江人民美术出版社,2016,第193页。

其言而知其不类"。职是之故,《僧伽歌》所谓僧伽"有时"与李白"论三车",绝无可能;《僧伽歌》所谓"此僧本住南天竺",亦不可信。

僧伽不是南天竺人,他是西域何国人,北宋僧人赞宁已有定论。可是,晚于赞宁 150 余年的宋代著名僧人惠洪对此仍然表示怀疑,他在其《冷斋夜话》卷九中说:

> 僧伽,龙朔中游江淮间,其迹甚异。有问之曰:"汝何姓?"答曰:"姓何。"又问:"何国人?"答曰"何国人。"唐李邕作碑,不晓其言,乃书传曰:"大师姓何,何国人。"此正所谓对痴人说梦耳,李邕遂以梦为真,真痴绝也。僧赞宁以其传编入僧史,又从而解之曰:"其言姓何,亦犹僧会本康居国人,便命为康僧会。详何国在碎叶东北,是碎叶国附庸耳。"此又梦中说梦,可掩卷一笑。

惠洪所谓"唐李邕作碑",是指唐人李邕所作《大唐泗州临淮县普光王寺碑》,碑文中说:

> ……普光王寺者,僧伽和尚之所经始焉。和尚之姓何,何国人。得眼入地,龙朔初,忽乎西来,飘然东化。独步三界,遍游十方。……①

惠洪认为,唐人李邕不明白"有问之曰:'汝何姓?'答曰:'姓何。'又问:'何国人?'答曰:'何国人。'"这段问答具有"插科打诨"的意味,"此正所谓对痴人说梦耳,李邕遂以梦为真",乃书传曰:"大师姓何,何国人。"惠洪指出,到了北宋,赞宁沿袭李邕之说,"此又梦中说梦"。然而,揆诸史实,李邕并非"痴人说梦",赞宁也非"梦中说梦"。

李邕(675~747)是盛唐名士,文章、书翰、词辩、英迈号称一时之杰。他生于唐高宗上元二年(675),武周长安四年(704)以"词高行直,堪为谏诤之官"而召拜为朝廷左拾遗。神龙元年(705),唐中宗以术士郑普思为秘书监,李邕身为左拾遗,上书进谏,却被出为南和令,又被贬为

---

① 李邕:《大唐泗州临淮县普光王寺碑》,(宋)李昉等编《文苑英华》卷八五七,中华书局,1966,第 4529 页。

富州司户。① 而据《宋高僧传·僧伽传》，景龙二年（708），唐中宗派遣使臣诏请僧伽赴京入宫廷内道场，直到景龙四年（710）坐亡。在此期间，李邕虽已贬谪地方，但仍心系朝廷，他对深受唐中宗宠遇的内供奉僧僧伽不会一无所知，更不至于书碑时"痴人说梦"，随意杜撰。

僧伽姓何，是何国人，李邕《大唐泗州临淮县普光王寺碑》的这一记载还可以从唐人牛肃的有关记述中得到佐证。《太平广记》卷九六"僧伽大师"条引《本传》及《纪闻录》曰：

> 僧伽大师，西域人也，俗姓何氏。唐龙朔初来游北土，隶名于楚州龙兴寺。后于泗州临淮县信义坊乞地施标，将建伽蓝。于其标下掘得古香积寺铭记并金像一躯，上有普照王佛字，遂建寺焉。……景龙二年，中宗皇帝遣使迎师入内道场，尊为国师，寻出居荐福寺。……至景龙四年三月二日，于长安荐福寺端坐而终。……

《太平广记》记述僧伽的这段文字出自《本传》及《纪闻录》，《本传》可能就是前文董逌所说蒋颖叔《僧伽传》；而《纪闻录》则是唐人牛肃《纪闻》，《新唐书》卷五九《艺文志三》著录有"牛肃《纪闻》十卷"。牛肃在两《唐书》中无传，据《元和姓纂》卷五"牛氏"条，牛肃是唐代开元时期人，则他和李邕是同时代人。《本传》和牛肃《纪闻》谓"僧伽大师，西域人也，俗姓何氏"，则进而佐证了李邕所言可信，赞宁所记不误。

唐代胡僧僧伽（图Ⅱ—9）姓何，他是昭武九姓胡。唐代昭武九姓胡常见于史籍的有七姓，即康、安、曹、石、米、何、史。"蕃人多以部落称姓，因以为氏。"② 唐代史籍、碑志和出土文书中，都有大量"以国为姓"的事例。这种姓氏与国籍的同一性，可以说是胡姓汉译的通例。③ 僧伽是西域何国人，毋庸置疑。"何国"在《新唐书》中称作"何"或"贵霜匿"，即康居小王附墨城故地，其地在今乌兹别克斯坦撒马尔罕西北部的阿尔别希姆地区。

---

① （后晋）刘昫等：《旧唐书》卷一九〇中《李邕传》，中华书局，1975，第5040页。
② 《旧唐书》卷一〇四《哥舒翰传》，第3211页。
③ 蔡鸿生：《唐代九姓胡与突厥文化》，中华书局，1998，第38页。

图Ⅱ—9　敦煌莫高窟第 72 号窟西壁龛外南侧上端僧伽像

二　唐中宗与僧伽

中亚人僧伽（图Ⅱ—10）入唐弘扬佛法长达半个多世纪，最为荣耀的是，他被唐中宗尊为"国师"。

唐中宗"可以称得上是唐代第一个虔信佛教的男性帝王"，[①] 他在位期间，"造寺不止，枉费财者数百亿；度人不休，免租庸调者数十万"。[②] 唐中宗崇敬佛教，他不仅盛兴佛寺，广度僧尼，而且礼遇高僧，翻译佛经，探究佛理。在他的支持下，高僧义净在东都洛阳内道场译出《孔雀王经》《胜光天子》《香王菩萨咒》《一切庄严王经》等 4 部佛经，"帝深崇释典，特抽睿思，制《大唐龙兴三藏圣教序》。又御洛阳西门，宣示群官新翻之经"。[③] 神龙元年（705），唐中宗诏令高僧道亮与法席宗师 10 人"入长乐大内坐夏安居，时帝命受菩萨戒"。[④] 翌年，他又问法于道亮。景龙二年

---

① 〔美〕斯坦利·威斯坦因：《唐代佛教》，张煜译，上海古籍出版社，2010，第 50 页。
② 《旧唐书》卷一〇一《辛替否传》，第 3159 页。
③ 《宋高僧传》卷一《唐京兆大荐福寺义净传》，第 2 页。
④ 《宋高僧传》卷八《唐越州云门寺道亮传》，第 183 页。

(708），唐中宗将高僧文纲延入内道场行道，于乾陵宫为内尼受戒，在宫中坐夏，为"二圣"内尼讲《四分律》。① 景龙三年（709），唐中宗又遣使征召文纲弟子道岸律师与高僧大德数人同居内殿，"帝因朝暇，躬阅清言"；"皇帝睹其高尚，伏以尊严，偏赐衣钵，特彰荣宠。因请如来法味，屈为菩萨戒"。②

唐中宗屡次延请高僧大德入宫，讲经问道，度僧传法，他不仅礼遇国内高僧，而且十分重视入唐胡僧。神龙二年（706），胡僧菩提流志在长安佛光殿译经，"上（中宗）御法筵，亲临笔受，百僚侍坐，妃后同瞻"。③ 西域于阗国沙门实叉难陀"智度恢旷，风格不群，善大小乘，旁通异学"，武则天发使求访，实叉难陀于证圣元年（695）来到了唐朝。长安四年（704），胡僧实叉难陀以其母年老，思归慰觐，返回了于阗。唐中宗即位后，诏令再征实叉难陀。景龙二年（708），实叉难陀再次入唐，"帝屈万乘之尊，亲迎于开远门外。倾都缁侣，备幡幢导引，仍饰青象，令乘之入

图 Ⅱ—10　僧伽像

---

① 《宋高僧传》卷一四《唐京师崇圣寺文纲传》，第332~333页。
② 《宋高僧传》卷一四《唐光州道岸传》，第336~337页。
③ （宋）志磐撰，释道法校注《佛祖统纪校注》卷四一《法运通塞志》，上海古籍出版社，2012，第940页。

城",① 安置在长安大荐福寺。

僧伽是备受唐中宗尊崇的又一位胡僧。僧伽于唐高宗龙朔初年就来到了唐朝,他长期在江淮一带弘扬佛法。景龙二年(708),唐中宗遣使诏请僧伽赴宫廷内道场,"帝御法筵,言谈造膝,占对休咎,契若合符",② 尊为"国师","帝及百僚皆称弟子",③ 并敕令恩度弟子慧岸、慧俨、木叉三人,各赐衣盂,令嗣香火。景龙四年(710),僧伽示疾,唐中宗让他由宫廷出居荐福寺。僧伽"俨然坐亡"后,"帝惨悼黯然","敕有司给绢三百匹,俾归葬淮上,令群官祖送,士庶填阁"。④ 由此可见,唐中宗对僧伽恩渥之厚。

由于唐中宗的特加礼数,胡僧僧伽在唐朝贵为"国师",以致他虽死犹生,不仅唐中宗对僧伽"仰慕不忘",受其影响,中宗以后的诸多唐帝对僧伽也是荣宠有加。据《宋高僧传·僧伽传》记载,唐肃宗乾元年间,自燕蓟辗转传写僧伽图貌,"无不遍焉"。唐代宗赍舍绢三百匹、杂彩千段、金澡罐、皇太子衣一袭,诏令"写貌"僧伽入内供养。咸通年间,唐懿宗又给僧伽赐号"证圣大师"。

胡僧僧伽在唐朝何以具有如此久远的影响力?这固然与唐中宗的极力推崇分不开,但更深层次的原因,盖与是时观音崇拜的社会风气有密切关系。《宋高僧传·僧伽传》给我们道出了个中缘由:

帝(中宗)以仰慕不忘,因问万回师曰:"彼僧伽者何人也?"对曰:"观音菩萨化身也。经可不云乎?应以比丘身得度者,故现之沙门也。"

《宋高僧传·万回传》亦云:

同时有僧伽,化迹不恒。中宗问回曰:"此何人也?"回曰:"观音之化身也。"

---

① 《宋高僧传》卷二《唐洛京大遍空寺实叉难陀传》,第32页。
② 《宋高僧传》卷一八《唐泗州普光王寺僧伽传》,第449页。
③ 《佛祖统纪校注》卷四一《法运通塞志》,第940页。
④ 《宋高僧传》卷一八《唐泗州普光王寺僧伽传》,第449页。

类似唐中宗与万回这样的问答还见载于《景德传灯录》和《佛祖统纪》。这些记载表明，在唐人心目中，胡僧僧伽是"观音菩萨"的化身。《宋高僧传·僧伽传》载，僧伽在京城长安时，驸马都尉武攸暨生病，"伽以澡罐水噀之而愈，声振天邑"。后来，生病者多求救于僧伽，僧伽"或以柳枝拂者，或令洗石狮子而瘳，或掷水瓶，或令谢过。验不虚设，功不唐捐"。僧伽"或以柳枝拂者"，"或掷水瓶"，这正是典型的观音形象。因为唐代及后世的观音菩萨造像，通常一手提净瓶，一手持杨柳枝。《宋高僧传·僧伽传》称，僧伽"或认盗夫之钱，或咋黑绳之颈，或寻罗汉之井，或悟裴氏之溺，或预知大雪，或救旱飞雨，神变无方，测非恒度"。这正如《妙法莲华经》卷七《观世音菩萨普门品》所宣扬，受苦受难的众生，只要称念观世音名号，"观世音菩萨即时观其音声，皆得解脱"。

观音是菩萨，地位虽低佛一等，却仍然对人生和宇宙的究竟大彻大悟，达到解脱境界，既能利己，又能利他。她以游于娑婆世界（人世间）普度众生为己任，不摆架子，随叫随到，神通广大，即时见效，不要代价，公正无私，成为人类的救星和公仆，因而赢得了人们的广泛信仰和极度崇拜。唐代是中国佛教发展的鼎盛时期，僧俗朝野形成了对佛教偶像的多元崇拜，其中以观音菩萨崇拜最为突出。① 唐代僧俗朝野对观音的崇拜达到了虔诚而狂热的程度，唐中宗及其以后的唐代帝王对号称"观音之化身"的僧伽的推崇和拥戴，即是如此。

三 僧伽与唐代江淮佛教及僧伽信仰

僧伽（图Ⅱ—11）在西域本土少而出家，为僧之后，誓志游方。他始至西凉府（今甘肃武威），于唐高宗龙朔初年来到江淮一带弘扬佛法。景龙二年（708），唐中宗征召僧伽进京入宫。景龙四年（710），僧伽归寂长安，俗龄83岁，他"在本国三十年，化唐土五十三载"。② 僧伽"化唐土五十三载"，除了景龙二年至四年在京城长安3年，他随缘达化江淮长达50年，为唐代江淮佛教的发展做出了重要贡献。

僧伽在江淮弘法50年，他最初隶名于楚州山阳龙兴寺，后来杖锡嘉禾

---

① 郭绍林：《论唐代的观音崇拜》，《世界宗教研究》1992年第3期。
② 《宋高僧传》卷一八《唐泗州普光王寺僧伽传》，第449页。

灵光寺，复又行抵晋陵国祥寺，化迹不恒，屡彰瑞应。其中，最为重要的是，他在泗州临淮（今江苏盱眙）创建了普光王寺，《宋高僧传·僧伽传》记载：

> 初将弟子慧俨同至临淮，就信义坊居人乞地，下标志之，言决于此处建立伽蓝。遂穴土获古碑，乃齐国香积寺也。得金像衣叶，刻"普照王佛"字……尝卧贺跋氏家，身忽长其床榻各三尺许，莫不惊怪。次现十一面观音形，其家举族欣庆，倍加信重，遂舍宅焉。其香积寺基，即今寺是也。

《太平广记》卷九六"僧伽大师"条引《本传》及《纪闻录》云：

> 中宗大喜，诏赐所修寺额以"临淮"为名。师请以"普照王"字为名，盖欲依金像上字也。中宗以"照"字是天后庙讳，乃改为普光王寺。

普光王寺"缭垣云矗，正殿霞开。层楼敞其三门，飞阁通其两铺。舍利之塔，七宝齐山。净土之堂，三光夺景"；"峦阜隐嶙而屏合，淮水透迤而带长。邑屋助其雄，商旅助其大"，[1] 成为唐代江淮一带的名寺。

开元二十六年（738），唐玄宗"敕天下诸州各以郭下定形胜观寺，改以开元为额"[2] 时，泗州著名的普光王寺也更名为开元寺。唐人崔恭《唐右补阙梁肃文集序》谓："若以神道设教，化源旁济，作《泗州开元寺僧伽和尚塔铭》。"[3] 由此可知，僧伽原先创建的普光王寺后来亦改名开元寺。

普光王寺（开元寺）后来遭遇水火之灾，唐德宗贞元年间，高僧澄观重建寺塔，唐人李翱《泗州开元寺钟铭》曰：

> 维泗州开元寺遭遇水火漂焚之余，僧澄观与其徒僧若干，复旧室

---

[1] 李邕：《大唐泗州临淮县普光王寺碑》，《文苑英华》卷八五七，第4529页。
[2] （宋）王溥：《唐会要》卷五〇《杂记》，中华书局，1955，第879页。
[3] 崔恭：《唐右补阙梁肃文集序》，（清）董诰等编《全唐文》卷四八〇，中华书局，1983，第4904页。

居，作大钟。贞元十五年，厥功成。于是陇西李翱书辞以纪之。①

唐宪宗元和年间，徐、泗、濠三州僧正、泗州开元寺（普光王寺）临坛律德明远大师又对普光王寺进行了扩建，"作讲堂七间，僧院六所"，"建门廊厅堂厨厩二百间，植松杉楠柽桧一万本"。②

唐穆宗长庆二年（822），普光王寺再次遭灾，"寺塔皆焚，唯伽遗形俨若无损"。③ 长庆五年（825）至大和元年（827），明远大师在徐州节度使王智兴的支持下，历时三年，"再造寺宇"，"自殿阁堂亭廊庖廪藏，洎僧徒臧获佣保马牛之舍，凡二千若干百十间。其中像设之仪，器用之具，一无阙者"，"轮奂庄严，星环棋布"。④ 普光王寺再度辉煌一时。明远大师行化江淮40年，"前后临戒坛者八，登律座者十有五，僧尼得度者三万众"。⑤

图Ⅱ—11　僧伽像

---

① 李翱：《泗州开元寺钟铭》，《全唐文》卷六三七，第6427页。
② 《白居易集》卷六九《大唐泗州开元寺临坛律德徐泗濠三州僧正明远大师塔碑铭》，中华书局，1979，第1460页。
③ 《宋高僧传》卷一八《唐泗州普光王寺僧伽传》，第450页。
④ 《白居易集》卷六九《大唐泗州开元寺临坛律德徐泗濠三州僧正明远大师塔碑铭》，第1461页。
⑤ 《白居易集》卷六九《大唐泗州开元寺临坛律德徐泗濠三州僧正明远大师塔碑铭》，第1461页。

唐文宗大和八年（834），明远大师迁化终于普光王寺。过了10年，唐武宗会昌四年（844）朝廷下敕曰：

> 代州五台山及泗州普光王寺、终南山五台、凤翔府法门寺，寺中有佛指节也，并不许置供及巡礼等。如有人送一钱者，脊杖贰拾。如有僧尼等在前件处受一钱者，脊杖贰拾。诸道州县应有送供人者，当处捉获，脊杖贰拾。①

从此，"四处灵境绝人往来，无人送供"，② 普光王寺在唐武宗灭佛运动一开始就首当其冲，受到了沉重打击。不久之后，会昌五年（845）六月，日本僧人圆仁到达泗州，他记述说：

> 泗州普光王寺是天下著名之处，今者庄园、钱物、奴婢尽被官家收捡。寺里寂寥，无人来往。州司准敕欲拟毁拆。③

经过会昌灭佛运动，普光王寺一蹶不振，从此衰落了。

到了五代，周世宗进军江南，攻取泗上时，相传僧伽寄梦于州民，言说不宜轻敌，州牧不信。然而，家家梦同，州牧遂降，一郡生民得以保全。于是，"天下凡造精庐，必立僧伽真相，牓曰'大圣僧伽和尚'"。④

追至北宋，宋太宗亦留心僧伽。太平兴国七年（982），宋太宗敕令朝臣白承睿主持重盖了普光王寺塔，"务从高敞，加其累层"。⑤ 翌年，他又派遣使臣送舍利宝货葬于新修的塔基下。宋太宗还"宣索《僧伽实录》"，敕令还原普光王寺为普照王寺。⑥ 宋神宗熙宁五年（1072），日本僧人成寻来到这里，他在其《参天台五台山记》中说：

> ……故徒行参普照王寺。先拜僧伽大师真身塔，西面额名"雍熙

---

① 〔日〕圆仁撰，白化文等校注《入唐求法巡礼行记校注》卷四，花山文艺出版社，1992，第439页。
② 《入唐求法巡礼行记校注》卷四，第439页。
③ 《入唐求法巡礼行记校注》卷四，第476页。
④ 《宋高僧传》卷一八《唐泗州普光王寺僧伽传》，第451页。
⑤ 《宋高僧传》卷一八《唐泗州普光王寺僧伽传》，第451页。
⑥ 《宋高僧传》卷一八《唐泗州普光王寺僧伽传》，第452页。

之塔",礼拜烧香。八角十三重,高十五六丈许。每重葺黄色瓦,如黄茶椀,有光。……塔内庄严,中心造银宝殿,在黄金宝座向西大师座。……佛前中门额"普照明觉大师"。……次佛面礼殿三间别栋,黄瓦葺。宝殿之内,立床子,造供具,不可思议也。……有四面廊,四方各一町,方方五十间许。西北二面壁画大师四十二变相。东廊前有小殿,造居等身真寂大师影,僧伽大师舍兄也,容颜甚妙也。有种种眷属塔。巽方有二阶阁,内立石大碑。……塔前庭有鹤一双游,塔四面庭地,或敷碧瓦,或敷黄瓦,有光文,奇妙也。塔后廊外有讲堂,有大师影安中心,庄严甚妙也。……①

由上可知,普光王寺在北宋时期再度复兴。

"僧伽后出淮泗上,势到众佛尤恢奇。"② 唐代初年,僧伽"尝纵观临淮,发念置寺",③ 他在泗州临淮县创建了普光王寺。僧伽贵为"国师",唐中宗为普光王寺御题寺额,普光王寺成为唐代江淮一带十分著名的佛教寺院,"僧尼繁会,观者如市焉"。④ 泗州城地处汴水入淮之口,控扼淮、汴通漕襟要。处在沟通南北水运交通要道上的泗州普光王寺,由于供奉着僧伽真身,香火极盛,到了宋代,一跃成为全国五大名刹之一。号称"观音之化身"的僧伽,随着观音崇拜的盛行,也渐渐成为人们顶礼膜拜的神圣偶像。僧伽造像遂如雨后春笋,层出不穷,僧伽崇拜从淮水下游逐渐遍及东南沿海以致扩大到全国各地。皇室贵胄的赐封追捧,僧俗信众的景仰崇拜,文人学士的广为传扬,大约在唐末五代时,全国各地寺院就多供奉有僧伽像。宋代以后,民间的僧伽崇拜更为盛行,僧伽成为宋元时期中国民间崇拜的一个重要偶像,与其稍后的妈祖、济公和尚有相似之处。考古学上发现的大量僧伽造像,也为我们研究中国民间僧伽崇拜的史实提供了实例。⑤

外来和尚僧伽由一介胡僧成为道行超凡的高僧,又由一名高僧成为灵

---

① 〔日〕成寻撰,王丽萍校点《新校参天台五台山记》卷三,上海古籍出版社,2009,第242~244页。
② (唐)韩愈:《韩昌黎全集》卷七《送僧澄观》,中国书店,1991,第110页。
③ 李邕:《大唐泗州临淮县普光王寺碑》,《文苑英华》卷八五七,第4529页。
④ (宋)李昉等:《太平广记》卷一二八,中华书局,1961,第907页。
⑤ 徐苹芳:《僧伽造像的发现和僧伽崇拜》,《文物》1996年第5期。

异迭现的神僧，并演变成为护佑多方的圣僧，最后发展成为中国民间的僧伽信仰，这一现象着实罕见。究其实质，它既是佛教世俗化的产物，又是佛教本土化的写照。

（原载《史学集刊》2016年第5期，人大复印报刊资料《宗教》2016年第6期全文转载）

唐代胡僧考论

在7~9世纪的中国境内，长期活跃着大批胡人，他们或经商兴贩，或译经传教，或在蕃为将，或入朝做官，成为唐代社会独特而又亮丽的一大群体。近一二十年来，学人谈"胡"说"蕃"，以"善商贾"著称的"胡商"（或曰"商胡"）备受青睐，①以"勇决习战"著称的"蕃将"也十分引人注目，②而以"弘法为怀"著称的"胡僧"长期以来却被人忽视。唐代胡僧为数众多，他们是唐朝胡人群体的重要组成部分，在唐代中外民族文化交流中占有独特而重要的地位。本文就唐代胡僧的主要来源及重要活动、唐代胡僧之汉化及其与民族文化交流等问题试作考察，以期对中古中外文化交流史的研究略有裨益。

一 唐代胡僧的主要来源

"胡"是一个民族文化概念。历史上，先汉之世，匈奴、西域业已兼被称为"胡"；东汉以降，匈奴浸微，西域遂专"胡"号。③魏晋南北朝时期，大凡中原王朝北方边境地区的少数民族，概称"胡"。迨至唐代，"胡"不仅指北方边境地区的少数民族，还泛指中亚以及罗马等西方国家

---

① 关于唐代胡商的研究论文主要有薛平拴《论唐代的胡商》，《唐都学刊》1994年第3期；介永强《唐代的外商》，《晋阳学刊》1995年第1期；程国赋《论唐五代小说中的胡商现象》，《西北师范大学学报》（社会科学版）2001年第6期；蔡静波《试论唐五代笔记小说中的胡商形象》，《西域研究》2006年第3期；张剑光《唐五代江南的外商》，《史林》2006年第3期；陈明《商胡辄自夸——中古胡商的药材贸易与作伪》，《历史研究》2007年第4期。学界有关唐代胡商的论文较多，恕不赘举。
② 关于唐代蕃将的研究，学界已有3部著作出版：章群《唐代蕃将研究》，台北：联经出版事业公司，1986；章群《唐代蕃将研究续编》，台北：联经出版事业公司，1990；马驰《唐代蕃将》，三秦出版社，1990。
③ 王国维：《观堂集林》，中华书局，1959，第607~608页。

和地区的人，甚至连天竺（印度）也被笼统地称为"胡"。① 唐代国力强盛，声名远播，由于统治者能较好地实行开放的对外政策以及开明的民族政策，因此，蕃贡继路，商贾交入，中外经济文化交流空前繁荣。正是在这种历史条件下，一批批胡人络绎不绝地来到了中国。

在纷至沓来的唐代各色胡人中，以弘法为怀的胡僧（图Ⅱ—12）占有相当比重。唐代佛教异常兴盛，吸引了大量胡僧不惮艰危，远投中国。大体上说，唐代胡僧主要来自西域②诸国和天竺五国。

图Ⅱ—12 胡僧像

佛教主要是通过西域沿着"丝绸之路"传入中国内地的，西域向以佛教著称于世。魏晋以至隋唐，从中原内地前往西域求法的高僧大德，不绝于路。与此同时，西域诸国高僧也纷纷来中原内地弘法。根据佛教史传和

---

① 唐代"胡""梵"的界限并不十分严格，唐人释道宣就此感叹说："胡本杂戎之胤，梵唯真圣之苗，根既悬殊，理无相滥。不善谙悉，多致雷同，见有胡貌，即云梵种，实是梵人，漫云胡族。莫分真伪，良可哀哉！"参见（唐）道宣撰，郭绍林点校《续高僧传》卷二《隋东都上林园翻经馆沙门释彦琮传》，中华书局，2014，第54页。
② 本文所谓"西域"概指广义上的西域，不仅包括今新疆地区，还包括葱岭以西的中亚诸国。

有关历史文献，源自西域的唐代胡僧主要有以下西域诸国人。

（1）于阗国人。早在公元前1世纪，佛教就传入了"丝绸之路"南道上的于阗（今新疆和田）。于阗是古代新疆最早传入佛教的地区，号称佛国"小西天"，是中国内地佛教的主要策源地。在唐代胡僧中，来自于阗的著名高僧有实叉难陀、提云般若、尸罗达摩等人。

于阗人释提云般若（华言天智）学通大小，解兼真俗，咒术禅门，无不谙晓，他于永昌元年（689）拜谒武后于洛阳，朝廷敕令在魏国东寺译经。[1] 于阗人释实叉难陀（华言学喜）智度恢旷，风格不群，善大小乘，旁通异学，他携经夹于武周证圣元年（695）来到东都洛阳。长安四年（704），实叉难陀以母亲年老，思归慰觐，御史霍嗣光送至于阗。唐中宗即位，下诏再征实叉难陀入朝。景龙二年（708），实叉难陀复达京辇。景云元年（710）十月十二日，实叉难陀右胁累足而终于长安大荐福寺。[2] 于阗人释尸罗达摩（华言戒法），学业赅通，善知华梵，是于阗国大法师。唐贞元中，他在北庭龙兴寺翻译佛经。贞元五年（789），尸罗达摩携所译经本至京。[3] 此外，唐京师长安奉恩寺释智严[4]、大慈恩寺释窥基[5]等也是于阗人。

（2）疏勒国人。疏勒（今新疆喀什）是"丝绸之路"上的交通枢纽之一，这里长期盛行小乘佛教。唐京师西明寺释慧琳即是疏勒国人。慧琳"尝谓翻梵成华，华皆典故，典故乃西乾细语"，[6] 他历时12年，撰成《大藏音义》100卷。元和十五年（820），慧琳卒于长安西明寺。

（3）高昌国人。"丝绸之路"北道上的高昌（今新疆吐鲁番），是西域佛教的一大中心。唐宜君坊（今陕西宜君县）玉华寺释玄觉即是高昌国人。玄觉学慕大乘，从玄奘三藏研核经论，亦于玉华宫参与翻译佛经。[7] 另有彼岸法师、智岸法师，并是高昌国人，少长京师，传灯在念，既而归心胜理，遂乃西行求法。彼岸、智岸法师与使者王玄廓相随，泛舶海中，

---

[1] （宋）赞宁撰，范祥雍点校《宋高僧传》卷二《周洛京魏国东寺天智传》，中华书局，1987，第33页。
[2] 《宋高僧传》卷二《唐洛京大遍空寺实叉难陀传》，第32页。
[3] 《宋高僧传》卷三《唐北庭龙兴寺戒法传》，第46页。
[4] 《宋高僧传》卷三《唐京师奉恩寺智严传》，第41页。
[5] 《宋高僧传》卷四《唐京兆大慈恩寺窥基传》，第63页。
[6] 《宋高僧传》卷五《唐京师西明寺慧琳传》，第108页。
[7] 《宋高僧传》卷二《唐玉华寺玄觉传》，第24页。

遇疾俱卒。①

（4）康国人。康国是中亚昭武九姓胡诸国之宗主，其地位于今乌兹别克斯坦的撒马尔罕一带。中国佛教华严宗三祖释法藏，字贤首，姓康，乃康国人。法藏风度奇正，利智绝伦，游方长安。咸亨元年（670），他削发为僧入太原寺，其后在崇福寺等长安诸寺以及洛阳佛授记寺译经、讲经。②先天元年（712），法藏圆寂于长安大荐福寺。又有僧伽跋摩，亦是康国人。僧伽跋摩少出流沙，游步京辇，禀素崇信，戒行清严，檀舍是修，慈悲在念。显庆年间（656~660）他奉敕礼觐西国，出使归来后，又奉敕前往交趾（今越南北）采药，不幸患病，奄尔而终。③唐代宗大历二年（767）十月十三日《请降诞日度僧五人制》云：“康守忠，年四十三，无州贯。诵经一百二十纸，并诵诸陀罗尼。请法名'惠观'，住东京广福寺大弘教三藏毗卢舍那院。”④佛教徒康守忠"无州贯"，姓康，当是来自康国。

（5）曹国人。昭武九姓胡曹国，其地位于今乌兹别克斯坦的撒马尔罕北部。唐代宗大历三年（768）十月十三日《降诞日度三僧制》云：“童子曹摩诃，年□□，贯京兆府万年县安宁乡永安里，父为户……法名惠顺，请住千福寺。”⑤唐长安是昭武九姓胡的聚居地，曹摩诃入籍京兆府万年县，本贯当是曹国人。

（6）何国人。昭武九姓胡何国，其地位于今乌兹别克斯坦的撒马尔罕西北部。唐泗州普光王寺释僧伽，自言俗姓何氏，葱岭北何国人。僧伽在本土少年出家，为僧之后，誓志游方。龙朔初年，他先至西凉府，次历江淮。景龙四年（710），僧伽卒于长安荐福寺。⑥另有佛教徒何摩诃，亦是何国人。《唐故何君墓志铭并序》云：“君讳摩诃，字迦，其先东海郯人也，因官遂居姑臧太平之乡。……曾祖瞻，齐为骠骑，七札居心。祖阤，梁元校尉，六奇在念。父底，隋授仪同，弯弧写月，矫矢飞星……惟君不

---

① （唐）义净撰，王邦维校注《大唐西域求法高僧传校注》卷上《高昌彼岸、智岸法师》，中华书局，1988，第95~96页。
② 《宋高僧传》卷五《周洛京佛授记寺法藏传》，第89~90页。
③ 《大唐西域求法高僧传》卷上《康国僧伽跋摩师》，第93页。
④ （唐）释圆照：《代宗朝赠司空大辨正广智三藏和尚上表制集》卷二，《大正藏》卷五二，第835~836页。
⑤ 《代宗朝赠司空大辨正广智三藏和尚上表制集》卷二，《大正藏》卷五二，第835~836页。
⑥ 《宋高僧传》卷一八《唐泗州普光王寺僧伽传》，第448~452页；李邕：《大唐泗州临淮县普光王寺碑》，（清）董诰等编《全唐文》卷二六三，中华书局，1983，第2673~2674页。

以冠缨在念，轩冕留心，惩襟定水之前，栖志禅林之上。"① 摩诃俗姓何，当是昭武九姓胡何国人，因其祖先徙居东海，遂成东海人，又因官遂居姑臧（今甘肃武威），乃成姑臧人。

（7）石国人。昭武九姓胡石国，其地位于今乌兹别克斯坦的塔什干。唐成都府净众寺释神会因祖父徙居，家于岐州（治今陕西凤翔），遂为凤翔人，俗姓石，本是石国人。② 又据《唐故张掖郡石府君墓志铭并序》："府君石氏，讳崇俊，字孝德，其盛族徽烈，家谍著焉。府君以曾门奉使，至自西域，寄家于秦，今为张掖郡人也。祖讳宁芬，本国大首领；皇考讳思景，泾州阳府左果毅。……而府君执心有恒，秉志不夺，忠信是保，恭恪逾彰，征之古人，孰与齐列。而后回向释氏，克崇胜因，转读其乘，冥合旨趣，了然悬解，觉性圆明。"③ 这位皈依佛教的张掖郡石崇俊，"寄家于秦"，遂为张掖郡人，他"至自西域"，俗姓石，本是石国人。唐代宗大历二年（767）十月十三日《请降诞日度僧五人制》云："石惠璨，年十三，无州贯。诵梵本《大孔雀王经》一部，诵随求陀罗尼并经。请法名'惠光'，住西明寺。"④ 石惠璨，"无州贯"，因为他是石国人。

（8）毕国人。"毕国"即伊斯兰教著作中大名鼎鼎的 Baikand，位于那密水之南，今乌兹别克西境。⑤ 唐代宗大历二年（767）十月十三日《请降诞日度僧五人制》云："行者毕数延，年五十五，无州贯。诵梵本贤护三昧经一部，并诵诸陀罗尼。请法名'惠达'，住庄严寺。行者毕越延，年四十三，无州贯。诵梵本《楞伽经》一部，诵《金刚般若经》并诸陀罗尼。请法名'惠日'，住庄严寺。"⑥ "无州贯"的毕数延和毕越延当是毕国人。

（9）吐火罗国人。中亚吐火罗国，即古大夏国（又名巴克特里亚），大体包括今阿姆河以南之地。唐代胡僧中，来自吐火罗国的著名高僧有弥陀山和佛陀达摩等人。释弥陀山（华言寂友），睹货罗（即吐火罗）人。他自幼出家，游诸印度，遍学经论。弥陀山志传像法，不吝乡邦，杖锡孤征，来到唐朝。他与实叉难陀共译《大乘入楞伽经》，又与法藏等人翻译

---

① 周绍良主编《唐代墓志汇编》调露〇二五《唐故何君墓志铭并序》，上海古籍出版社，1992，第 670 页。
② 《宋高僧传》卷九《唐成都府净众寺神会传》，第 209 页。
③ 《唐代墓志汇编》贞元〇七八《唐故张掖郡石府君墓志铭并序》，第 1892 页。
④ 《代宗朝赠司空大辨正广智三藏和尚上表制集》卷二，《大正藏》卷五二，第 835~836 页。
⑤ 蔡鸿生：《唐代九姓胡与突厥文化》，中华书局，1998，第 75 页。
⑥ 《代宗朝赠司空大辨正广智三藏和尚上表制集》卷二，《大正藏》卷五二，第 835~836 页。

《无垢净光陀罗尼经》。译经完毕,弥陀山辞帝还乡,武则天厚礼饯别。①佛陀达摩,睹货速利国(即吐火罗国)人,他"习小教,常乞食","少因兴易,遂届神州",在益府(今四川成都)出家。佛陀达摩性好游涉,九州之地,无不履至,后乃西行求法,周观圣迹。② 唐代宗大历二年(767)十月十三日《请降诞日度僧五人制》云:"罗诠,年十五,无州贯。诵梵本《出生无边门经》,诵随求陀罗尼并经。请法名'惠俊',住西明寺。"③ 大历三年(768)十月十三日《降诞日度三僧制》云:"罗文成,年三十,贯土火罗国,法名'惠弘',请住西明寺。罗伏磨年四十五,宝应功臣□武校尉守右羽林大将军员〔外〕试太常卿上柱国赐紫金鱼袋贯凉州天宝县高亭乡□□里,法名'惠成',请住化度寺。"④ 长安西明寺佛教徒罗诠和罗文成以及化度寺佛教徒罗伏磨俱是吐火罗国人。

　　佛教创立于古印度,在两汉之际传入中国内地。汉魏以来,就有印度高僧来到中国译经传教。到了唐代,由于统治者的提倡和支持,佛教在中国迎来了它的黄金时期,加之中印交通往来的新发展,来到中国的印度佛教徒,人数之多,空前绝后。在唐代,天竺(印度)常常被称为"西域",⑤也每每被称为"胡"。⑥在唐代胡僧中,印度人尤多,佛教史传中的著名印度高僧,屡见不鲜。

　　(1)东印度人伊舍罗和瞿坛金刚。伊舍罗译梵文于菩提流志译场,⑦证梵本于义净译场,⑧译语于金刚智译场。⑨瞿坛金刚证译于义净译场。⑩

　　(2)西印度人伽梵达磨和智藏。西印度人伽梵达磨(华言尊法)有传译之心,坚化导之愿,遂远逾沙碛,来到中国。唐高宗永徽年间,伽梵达

---

① 《宋高僧传》卷二《周洛京寂友传》,第34页。
② 《大唐西域求法高僧传校注》卷上《睹货罗佛陀达摩法师》,第47页。
③ 《代宗朝赠司空大辨正广智三藏和尚上表制集》卷二,《大正藏》卷五二,第835~836页。
④ 〔日〕池田温:《中国古代籍帐研究》,龚泽铣译,中华书局,1984,第350~353页。
⑤ 《宋高僧传》卷一九《唐西域亡名传》云:"释天竺亡名,未详何印度人也。"释亡名是印度人,而本传题为"唐西域亡名传"。可见,印度也被笼统地称为西域。
⑥ 宋人赞宁云:"胡语梵言者,一在五天竺,纯梵语。二雪山之北是胡。山之南名婆罗门,与胡绝,书语不同。……至于隋朝,皆指西天以为胡国。"隋唐时期,"胡""梵"的界限并不严格。因此,赞宁感叹说:"既云西土有梵有胡,何不南北区分,是非料简?"详参《宋高僧传》卷三《译经篇总论》,第54页。
⑦ 《宋高僧传》卷三《唐洛京长寿寺菩提流志传》,第43页。
⑧ 《宋高僧传》卷一《唐京兆大荐福寺义净传》,第2页。
⑨ 《宋高僧传》卷一《唐洛阳广福寺金刚智传》,第6页。
⑩ 《宋高僧传》卷一《唐京兆大荐福寺义净传》,第3页。

磨译经1卷。① 释智藏，姓皮氏，西印度种族，他于三学各所留心，而以律藏最为精敏。大历三年（768），智藏游豫章，因而隶名天宫寺。贞元中（785~804），及游会稽，智藏于杭乌山顶筑一小室安禅，至元和十四年（819）二月，无疾而终。②

（3）南印度人菩提流志和跋日罗菩提。南天竺国人菩提流志，姓迦叶氏，婆罗门种，12岁出家学习经论，后来又游五天竺，遍听讲肆。唐高宗永淳二年（683），他来到中国，译经弘法，开元十五年（727）十一月，卒于洛阳长寿寺。③ 南印度摩赖耶国人跋日罗菩提，华言金刚智，16岁削染出家，经过十余年的学习，精通三藏。开元己未岁（719），他来到中国，弘法度众，开元二十年（732）八月，卒于洛阳广福寺。④

（4）北印度人阿月佉跋折罗、般剌若、佛陀多罗、佛陀波利、阿你真那、般若、牟尼室利、般若力、达磨难陀等。释阿月佉跋折罗（华言不空），北天竺婆罗门族，他在唐玄宗、肃宗、代宗三朝翻译经典，宣扬佛法，功德卓著，成为中国佛教密宗之二祖。⑤ 释般剌若（华言智慧），姓桥答摩氏，北天竺迦毕试国人，他于唐德宗建中初年到达广州，贞元二年（786），始届长安，贞元八年（792）在西明寺译经，后来卒于洛阳。⑥ 释佛陀多罗（华言觉救），北天竺罽宾国人，他誓传法化，躬赍梵夹，来到唐朝，在洛阳白马寺译出《大方广圆觉了义经》。⑦ 释佛陀波利（华言觉护），也是北天竺罽宾国人，他于唐高宗仪凤元年（676）来到中国，杖锡五台山。⑧ 释阿你真那（华言宝思惟），北印度迦湿蜜罗国人，刹帝利种族，他于武则天长寿二年（693）来到洛阳，在佛授记寺、天宫寺、福先寺等寺译经7部，开元九年（721）卒于龙门天竺寺。⑨ 释般若，亦罽宾国人，在京师充义学沙门。⑩ 释牟尼室利（华言寂默），北印度人，唐德宗贞元十六年（800），他来到长安，先在兴善寺，后来徙居崇福寺和醴泉寺，

---

① 《宋高僧传》卷二《唐尊法传》，第29~30页。
② 《宋高僧传》卷六《唐越州暨阳杭乌山智藏传》，第120~121页。
③ 《宋高僧传》卷三《唐洛京长寿寺菩提流志传》，第43~44页。
④ 《宋高僧传》卷一《唐洛阳广福寺金刚智传》，第4~6页。
⑤ 《宋高僧传》卷一《唐京兆大兴善寺不空传》，第6~12页。
⑥ 《宋高僧传》卷二《唐洛京智慧传》，第22~24页。
⑦ 《宋高僧传》卷二《唐洛京白马寺觉救传》，第27页。
⑧ 《宋高僧传》卷二《唐五台山佛陀波利传》，第28~29页。
⑨ 《宋高僧传》卷三《唐洛京天竺寺宝思惟传》，第42页。
⑩ 《宋高僧传》卷三《唐醴泉寺般若传》，第49页。

后又驻锡慈恩寺，元和元年（806），圆寂于慈恩寺。①

（5）中印度人波罗颇迦罗蜜多罗、那提、戍婆揭罗僧诃、阿地瞿多、般剌蜜帝、地婆诃罗、莲华等。释波罗颇迦罗蜜多罗，姓刹帝利，中天竺刹利王种族，唐言作明知识，通常称作波颇，他于武德九年（626）来到唐朝，先后在长安兴善寺和胜光寺翻译佛经，贞观七年（633）卒于胜光寺。② 中天竺人那提三藏（唐言福生）于永徽六年（655）来到长安，朝廷安置在慈恩寺。显庆元年（656），他奉敕前往昆仑诸国采取异药。龙朔三年（663），那提回到长安，在慈恩寺译经3部。③ 中印度人释戍婆揭罗僧诃，释迦如来季父甘露饭王之后，华言净师子，义译为善无畏。善无畏于开元四年（716）来到唐长安，先后驻锡长安西明寺和洛阳福先寺，译经传法，开元二十三年（735）奄然而化于洛阳。④ 中印度人释阿地瞿多（华言无极高），永徽三年（652）自西印度躬赍梵夹来到唐长安。永徽四年至五年，无极高在长安慧日寺从《金刚大道场经》中撮要译成《陀罗尼集经》12卷，当时又有中印度大菩提寺阿难律木叉师、迦叶师等人在长安经行寺译出《功德天法》，编在《集经》第十卷内。⑤ 中印度人释般剌蜜帝（华言极量），怀道观方，随缘济物，辗转游化，到达广州，驻锡广州制止寺，他以利乐为心，因敷秘赜。⑥ 中印度人释地婆诃罗（华言日照），唐高宗时来到中国，仪凤四年（679）表请翻译，至武则天垂拱末年，他在两京东、西太原寺及西京广福寺一共译经18部。⑦ 中印度人释莲华于兴元元年（784）杖锡谒见唐德宗，贞元十二年（796）六月至贞元十四年（798）二月，他在长安崇福寺译出《华严》（后分）40卷。⑧

以上所述来自西域和印度的唐代胡僧，国籍十分明确。此外，尚有一些胡僧如释慧智、释波若屈多和释达摩、释掘多等⑨，史书仅说他们是印

---

① 《宋高僧传》卷三《唐京兆慈恩寺寂默传》，第45页。
② （唐）道宣撰，郭绍林点校《续高僧传》卷三《唐京师胜光寺中天竺沙门波颇传》，中华书局，2014，第65页。
③ 《续高僧传》卷四《唐京师大慈恩寺梵僧那提传》，第136~137页。
④ 《宋高僧传》卷二《唐洛京圣善寺善无畏传》，第17~22页。
⑤ 《宋高僧传》卷二《唐西京慧日寺无极高传》，第30页。
⑥ 《宋高僧传》卷二《唐广州制止寺极量传》，第31页。
⑦ 《宋高僧传》卷二《周西京广福寺日照传》，第32~33页。
⑧ 《宋高僧传》卷三《唐莲华传》，第47页。
⑨ 分别参见《宋高僧传》卷二《周洛京佛授记寺慧智传》、《宋高僧传》卷三《唐洛京长寿寺菩提流志传》、《宋高僧传》卷一〇《唐邺都圆寂传》。

度沙门，未言是印度哪国人。还有一些胡僧国籍不明，如释满月、般若斫迦三藏、释安静、释利涉、释普明、释亡名、释难陀等①，史书笼统地称之为西域人。由于印度在唐代也时常被称为"西域"②，因此，这些胡僧虽被称为西域人，但不是一般意义上的西域，某些人有可能是印度人。另有胡僧菩提缚日罗、金刚悉地和无侧等③，我们只知他们是外国人。胡僧无侧等人虽无国籍，所幸还名留史册，未见经传的佚名胡僧在唐代则不知有多少。

林林总总的唐代胡僧大体可以分为两类。一类通常是从西域或印度诸国远道而来的异域高僧，另有一类胡僧是入唐胡人后裔出家为僧。入唐胡人后裔出家为僧者，如释窥基、释神会、释慧智、释智藏等人。释窥基字洪道，姓尉迟氏。窥基祖父尉迟罗迦是隋代州西镇将，其父尉迟宗为唐左金吾将军、松江都督、江由县开国公。因此，释窥基虽说是京兆长安人，追根溯源，乃是西域于阗国人的后裔。④ 释神会则因祖父迁居于岐，遂为凤翔人，实际上，他是西域石国人的后裔。⑤ 释慧智，其父印度人，婆罗门种族，因使游历唐朝，而生慧智。慧智少而精勤，有出俗之志，唐高宗时，他师从一位婆罗门僧，奉敕度为弟子。⑥ 释智藏姓皮氏，西印度种族，祖父入华，世居官宦，后侨寓庐陵。⑦ 胡人后裔，虽然生在唐朝，长在中华，但在民族上与汉人有别，带有胡人血统，他们出家为僧，是为胡僧。

唐代胡人后裔，深患尘劳，出家为僧，构成一类胡僧。大量唐代胡僧是从西域或印度诸国远道而来的异域高僧，他们主要从西北陆路而来。西印度人释伽梵达磨"远逾沙碛，来抵中华"。⑧ 北印度罽宾国人释佛陀波利"远涉流沙，躬来礼谒"。⑨ 中印度沙门波颇"远度葱河，来归震旦"。⑩ 中

---

① 分别参见《宋高僧传》卷三《唐京师满月传》、《宋高僧传》卷一七《唐京兆大安国寺利涉传》、《宋高僧传》卷一八《唐滑州龙兴寺普明传》、《宋高僧传》卷一九《唐西域安静传》、《宋高僧传》卷一九《唐西域亡名传》、《宋高僧传》卷二〇《唐西域难陀传》。
② 如《宋高僧传》卷二一《唐五台山清凉寺道义传》云："……遂召盖造都料，一僧名纯陀，为度土木，造金阁一寺。陀是西域那烂陀寺喜鹊院僧。"
③ 分别参见《宋高僧传》卷三《唐京师满月传》、《宋高僧传》卷二九《唐京兆欢喜传》。
④ 《宋高僧传》卷四《唐京兆大慈恩寺窥基传》，第63页。
⑤ 《宋高僧传》卷九《唐成都府净众寺神会传》，第209页。
⑥ 《宋高僧传》卷二《周洛京佛授记寺慧智传》，第33页。
⑦ 《宋高僧传》卷六《唐越州暨阳densities乌山智藏传》，第121页。
⑧ 《宋高僧传》卷二《唐尊法传》，第29页。
⑨ 《宋高僧传》卷二《唐五台山佛陀波利传》，第28页。
⑩ 《续高僧传》卷三《唐京师胜光寺中天竺沙门波颇传》，第67页。

印度沙门善无畏经迦湿弥罗国，至突厥，登雪山，再至西州，终到长安。①也有胡僧从海路而到唐朝，如南印度沙门金刚智"始届番禺，渐来神甸"，"达于广府，敕迎就慈恩寺，寻徙荐福寺"。②北天竺迦毕试国人释般剌若"乃泛海东迈，垂至广州，风飘却返，抵执师子国之东。又集资粮，重修巨舶，遍历南海诸国"，③他于唐德宗建中初年到达广州，贞元二年（786），始至京师长安。

西域和印度诸国高僧为何不畏艰险、长途跋涉而到中国唐朝？究其原因，盖有三端。

一是为弘扬佛教、光大佛法而来。西印度人伽梵达磨（尊法）"有传译之心，坚化导之愿"，④来抵中华。中印度人般剌蜜帝（极量），"怀道观方，随缘济物，展转游化，渐达支那"。⑤北印度迦湿蜜罗国人释阿你真那（宝思惟）幼而舍家，禅诵为业；进具之后，专精律品，而慧解超群，学兼真俗，乾文咒术，尤攻其妙，"加以化导为心，无恋乡国"，⑥于是来到唐朝洛阳。北天竺罽宾人释佛陀多罗（觉救）"赍多罗夹，誓化脂那"，⑦来到洛阳白马寺。睹货逻（吐火罗）国人释弥陀山（寂友）自幼出家，游诸印度，遍学经论，"志传像法，不吝乡邦，杖锡孤征，来臻诸夏"。⑧

二是慕名唐朝佛教而来。中天竺沙门那提"承脂那东国盛转大乘，佛法崇盛，赡州称最"，⑨乃搜集大、小乘经、律、论五百余夹合一千五百余部，于永徽六年（655）来到京师长安。北印度罽宾国人释佛陀波利（觉护）忘身殉道，遍观灵迹，听说文殊师利在清凉山，于是远涉流沙，躬来礼谒，杖锡五台山。⑩北天竺迦毕试国般剌若（智慧）"常闻支那大国，文殊在中，锡指东方，誓传佛教"，⑪乃泛海东迈而来唐朝。南印度摩赖耶国

---

① 《宋高僧传》卷二《唐洛京圣善寺善无畏传》，第17~20页。
② 《宋高僧传》卷一《唐洛阳广福寺金刚智传》，第4页。
③ 《宋高僧传》卷二《唐洛京智慧传》，第23页。
④ 《宋高僧传》卷二《唐尊法传》，第29~30页。
⑤ 《宋高僧传》卷二《唐广州制止寺极量传》，第31页。
⑥ 《宋高僧传》卷三《唐洛京天竺寺宝思惟传》，第42页。
⑦ 《宋高僧传》卷二《唐洛京白马寺觉救传》，第27页。
⑧ 《宋高僧传》卷二《周洛京寂友传》，第34页。
⑨ 《续高僧传》卷四《唐京师大慈恩寺梵僧那提传》，第137页。
⑩ 《宋高僧传》卷二《唐五台山佛陀波利传》，第28页。
⑪ 《宋高僧传》卷二《唐洛京智慧传》，第23页。

释跋日罗菩提（金刚智）"闻脂那佛法崇盛，泛舶而来"。① 罽宾三藏般若力、中天竺婆罗门三藏善部末摩、箇失密三藏舍那率皆"慕化入朝"。②

三是唐王朝遣使迎请而来。南天竺国人释菩提流志12岁出家，师事波罗奢罗，学习《声明》《僧法》等经论，对于历数、咒术、阴阳、谶纬，靡不赅通。他年逾耳顺，方知外法之乖违，始悟释门之渊默，于是隐居山谷，积习头陀。菩提流志起初依从耶舍瞿沙三藏学习经论，其后游历五天竺，遍亲讲肆。唐高宗"闻其远誉，挹彼高风"，"遣使迎接"，③ 菩提流志因而来到中国。武则天明扬佛教，崇重大乘，她以《华严》旧经，不甚完备，听说于阗有其梵本，于是"发使求访，并请译人"，④ 于阗人实叉难陀遂与经夹"同臻帝阙"。南天竺人释菩提流志、于阗人实叉难陀是唐王朝遣使迎请而来的胡僧，不过，受唐王朝遣使迎请而来的胡僧毕竟是少数，唐代大量胡僧是为弘扬佛法，慕名唐朝，自发来到中国。

二　唐代胡僧的重要活动

不惮险远、跋山涉水来到中国的胡僧，他们在唐朝或祈雨禳灾，或占卜预言，或神力救物，或医疾救人，或役使鬼神，奇行异迹，化现无穷，耸人听闻，不可全信。然而，胡僧们不畏艰险来到中土，目的是道流千载，声振华夏。因此，他们无不以弘法为终极，弘化之广，空前绝后。弘扬佛法是唐代胡僧在中土的主要活动，纵观胡僧在唐之行迹，其弘法活动主要表现在以下三方面。

（一）随缘达化，度众授法

妙通三藏的胡僧以弘扬佛法为天职，度众授法是胡僧在唐弘法活动的重要内容。胡僧不空至武威，住开元寺，"节度使洎宾从皆愿受灌顶，士庶数千人咸登道场，弟子含光等亦受五部法。别为功德使开府李元琮受法，并授金刚界大曼荼罗"。⑤ 南印度沙门金刚智来到唐朝，"所住之刹，

---

① 《宋高僧传》卷一《唐洛京广福寺金刚智传》，第4页。
② 《宋高僧传》卷三《唐罗浮山石楼寺怀迪传》，第45页。
③ 《宋高僧传》卷三《唐洛京长寿寺菩提流志传》，第43页。
④ 《宋高僧传》卷二《唐洛京大遍空寺实叉难陀传》，第31页。
⑤ 《宋高僧传》卷一《唐京兆大兴善寺不空传》，第8页。

必建大曼拿罗道场，度于四众"。① 金刚智不仅创建曼拿罗道场度众，而且广敷《密藏》传授佛法。唐代名僧一行钦尚密教，多次向金刚智咨询请教，"智一一指授，曾无遗隐"。② 西域僧释普明受胙县人邀请居于阿兰若，"学者蚁聚，尘中往来，白衣礼而施之，日以千计"，右仆射、义成军节度使贾耽延请普明住滑州龙兴寺，"迎引倾郭，巷无居人。由是为人说法，虽老不疲"。③ 为了弘法，唐代胡僧居无求安，随缘达化。于阗人释窥基"随处化徒，获益者众"。④ 中印度人般刺蜜帝（极量）"乃于广州制止道场驻锡，众知博达，祈请颇多，量以利乐为心，因敷秘赜"。⑤ 印度人释掘多"多游五台，路由定襄"。⑥ 西域人释安静"振锡东游，至定陶"。⑦ 西域何国人释僧伽誓志游方，"始至西凉府，次历江淮，化行江表"，⑧ 在唐度众授法长达半个世纪。

（二）语玄析理，讲经布法

"胡僧论的旨，物物唱圆成。"⑨ 来自西域和天竺的胡僧，博通内外，研精大小，解究五乘，道赅三学，他们当中的一些人在唐朝则以讲经为己任，语玄析理，答疑解惑，弘扬佛法。中天竺人波颇（光智）学功树勋，深达义纲，传灯教授，同侣所推。波颇来到唐长安，住在兴善寺，释门英达，莫不修造，"自古传教词旨，有所未逾者，皆委其综绪，括其同异，内计外执，指掌释然。征问相雠，披解无滞"。⑩ 西印度人释智藏于三学各所留心，以律藏最为精敏，号为"律虎"，他在豫章天宫寺"每登法座，提唱毗尼，堂盈席满，听受无厌。辨名理，析微言，连环可解也"。⑪ 西域何国人释僧伽与唐中宗在内道场法筵言谈，"造膝

---

① 《宋高僧传》卷一《唐洛京广福寺金刚智传》，第 4 页。
② 《宋高僧传》卷一《唐洛京广福寺金刚智传》，第 6 页。
③ 《宋高僧传》卷一八《唐滑州龙兴寺普明传》，第 467 页。
④ 《宋高僧传》卷四《唐京兆大慈恩寺窥基传》，第 65 页。
⑤ 《宋高僧传》卷二《唐广州制止寺极量传》，第 31 页。
⑥ 《宋高僧传》卷一〇《唐邺都圆寂传》，第 234 页。
⑦ 《宋高僧传》卷一九《唐西域安静传》，第 479 页。
⑧ 《宋高僧传》卷一八《唐泗州普光王寺僧伽传》，第 448 页。
⑨ 常达：《山居八咏之七》，（清）彭定求等编《全唐诗》卷八二三，中华书局，1960，第 9281 页。
⑩ 《续高僧传》卷三《唐京师胜光寺中天竺沙门波颇传》，第 66 页。
⑪ 《宋高僧传》卷六《唐越州暨阳杭乌山智藏传》，第 120 页。

占对休咎,契若合符"。① 西域人释利涉对于群经众论,凿核通幽,他在长安安国寺讲《华严经》,"四众赴堂,迟则无容膝之位矣。檀施繁炽,利动人心"。② 不唯讲经,许多胡僧还通过著述或注疏佛经,穷究佛旨,弘扬佛法。西域人般若斫迦三藏(智慧轮),行大曼拿罗法,他善达方言,深通密语,著有《佛法根本》和《示教指归》,"皆大教之钤键也"。③ 西印度人释智藏著有《华严经妙义》,"宣吐亹亹,学者归焉"。④

众多胡僧在唐朝宣讲佛教经典,探讨佛学义理,不仅有力推动了佛学理论的发展,而且直接促成了中国佛教宗派的创建。慈恩宗在唐代的创立就与于阗人释窥基的讲经著述密不可分,华严宗的创立就与康居人释法藏的著书立说分不开。于阗人释窥基入大慈恩寺,躬事玄奘法师,他宣讲大、小乘教经典三十余本,创意留心,勤奋著述,造《疏》总计百本,时人称他为"百本疏主"。窥基致力于阐扬玄奘法师的学说,法相宗的重要著作大都出自他的笔下。"〔玄〕奘师为《瑜伽》《唯识》开创之祖,〔窥〕基乃守文述作之宗",⑤ 人称"慈恩法师",窥基是慈恩宗的实际创宗者。康居人释法藏风度奇正,利智绝伦,常年在长安太原寺、云华寺和洛阳佛授记寺宣讲《华严经》,他关于《华严经》的著述有《华严探玄记》《华严经传记》《金师子章》等,多达14种,为时所贵,流行天下。法藏创造性地阐释《华严经》,是华严宗理论体系的创造者,他虽被推为华严三祖,实际上却是华严宗的真正开宗立派者。

(三) 梵夹翻华,译经传法

唐代是中国佛教史上佛经翻译的黄金时期,唐代佛经翻译丰硕成果的取得,胡僧功莫大焉。唐代以前,印度佛经的翻译通常是先译"梵"为"胡",再译"胡"为"汉"。到了唐代,佛经翻译则多是译"梵"为"汉"的融会直译。唐代胡僧大都言通华梵,他们开释夹牒,在梵夹翻华的唐代佛经翻译事业中大显身手,译经传法,成绩卓著,功德森茂。

武德九年(626)十二月,中天竺沙门波罗颇伽罗密多罗(波颇)来

---

① 《宋高僧传》卷一八《唐泗州普光王寺僧伽传》,第449页。
② 《宋高僧传》卷一七《唐京兆大安国寺利涉传》,第420页。
③ 《宋高僧传》卷三《唐京师满月传》,第52页。
④ 《宋高僧传》卷六《唐越州暨阳杭乌山智藏传》,第121页。
⑤ 《宋高僧传》卷四《唐京兆大慈恩寺窥基传》,第66页。

唐。唐王朝敕令波颇驻锡大兴善寺,并下诏有关部门选拔硕德备经三教者一十九人,与波颇一同在大兴善寺翻译佛经,沙门慧乘等证义,沙门玄谟等译语,沙门慧赜、慧净、慧明、法琳等缀文。朝廷还敕令上柱国尚书左仆射房玄龄、散骑常侍太子詹事杜正伦参助勘定,光禄大夫太府卿萧璟总知监护。波颇初译《宝星经》,后来迁居胜光寺,又译《般若灯》《大庄严论》等,共计3部35卷。贞观六年(632)冬,波颇所译佛经勘阅既周,缮写完毕,由太子庶子李百药制序,朝廷下敕各写十部,"散流海内"。①

仪凤四年(679),中印度人释地婆诃罗(日照)上表请求翻译所赍经夹,朝廷下令依照玄奘译经先例,于一大寺别院安置,选拔高僧大德三五人同译。至武则天垂拱末年,地婆诃罗于两京东、西太原寺及西京广福寺译出《大乘显识经》《大乘五蕴论》等一共18部佛经,沙门战陀般若提婆译语,沙门慧智证梵语,沙门道成、薄尘、嘉尚、圆测、灵辩、明恂、怀度证义,沙门思玄、复礼缀文笔受,"天后亲敷睿藻,制序冠首焉"。②

永淳二年(683),南天竺国人释菩提流志来到唐朝。武则天特别器重菩提流志,让他住在东都洛阳福先寺翻译《佛境界》《宝雨》《华严》等佛经一共11部。神龙二年(706),菩提流志又在京兆崇福寺译出《大宝积经》。唐睿宗登极,敕令菩提流志在北苑白莲池、甘露亭继续译经。菩提流志所译旧、新佛经凡四十九会,总计120卷,于先天二年(713)四月八日进贡朝廷。菩提流志译场中,沙门思忠、天竺大首领伊舍罗等译梵文,天竺沙门波若屈多、沙门达摩证梵义,沙门履方、宗一、慧觉笔受,沙门深亮、胜庄、尘外、无著、怀迪证义,沙门承礼、云观、神暕、道本次文,次有润文官卢粲、学士徐坚、中书舍人苏瑨、给事中崔璩、中书门下三品陆象先、尚书郭元振、中书令张说、侍中魏知古,"儒释二家,构成全美"。③

长寿二年(693)至神龙二年(706),北印度迦湿蜜罗国人释阿你真那(宝思惟)在洛阳佛授记寺、天宫寺、福先寺等地,译出《不空罥索陀罗尼经》等佛经共7部。唐睿宗太极元年(712)四月,太子洗马张齐贤等缮写进上,其年六月,朝廷敕令礼部尚书晋国公薛稷、右常侍高平侯徐

---

① 《续高僧传》卷三《唐京师胜光寺中天竺沙门波颇传》,第66页。
② 《宋高僧传》卷二《周西京广福寺日照传》,第33页。
③ 《宋高僧传》卷三《唐洛京长寿寺菩提流志传》,第43页。

彦伯等详定入目施行。①

证圣元年（695），于阗人释实叉难陀在东都大内大遍空寺翻译佛经。"天后亲临法座，焕发《序》文，自运仙毫，首题名品。"② 南印度沙门菩提流志、沙门义净同宣梵本，后付沙门复礼、法藏等于佛授记寺译成 80 卷，圣历二年（699）译毕。久视元年（700）五月，武则天驾幸颍川三阳宫，又诏令实叉难陀翻译《大乘入楞伽经》，武则天再次为之作序。实叉难陀还在京师清禅寺及东都佛授记寺译出《文殊授记》等经，前后总计 19 部，沙门波仑、玄轨等笔受，沙门复礼等缀文，沙门法宝、恒景等证义，太子中舍人贾膺福监护。

开元五年（717），中印度人善无畏奉诏在长安西明寺菩提院译经，他译出《虚空藏求闻持法》1 卷，沙门悉达译语，无著笔受缀文。开元十二年（724），善无畏又在洛阳福先寺译出《大毗卢遮那成佛神变加持经》7 卷，沙门宝月译语，一行笔受，"删缀词理，文质相半，妙谐深趣，上符佛意，下契根缘，利益要门，斯文为最"。③ 此外，善无畏还译有《苏婆呼童子经》3 卷、《苏悉地揭罗经》3 卷、《虚空藏菩萨能满诸愿最胜心陀罗尼求闻持法》1 卷等。

开元十一年（723），南印度人金刚智奉敕于长安资圣寺译出《瑜伽念诵法》2 卷、《七俱胝陀罗尼》2 卷，东印度婆罗门大首领直中书伊舍罗译语，嵩岳沙门温古笔受。开元十八年（730），金刚智又于大荐福寺译出《曼殊室利五字心陀罗尼》《观自在瑜伽法要》各 1 卷，沙门智藏译语，一行笔受，删缀成文。"智所译总持印契，凡至皆验，秘密流行，为其最也。两京禀学，济度殊多，在家出家，传之相继。"④

贞元八年（792），北天竺迦毕试国人释智慧在唐长安翻译佛经，朝廷敕令京城诸寺大德名业殊众者一同翻译，罽宾三藏般若开释梵本，翰林待诏光宅寺沙门利言度语，西明寺沙门圆照笔受，资圣寺道液、西明寺良秀、庄严寺应真、醴泉寺超悟、道岸等并充证义。六月八日，欲创经题，朝廷敕令右街功德使王希迁与右神策军大将军王孟涉、骠骑大将军马有邻

---

① 《宋高僧传》卷三《唐洛京天竺寺宝思惟传》，第 42 页。
② 《宋高僧传》卷二《唐洛京大遍空寺实叉难陀传》，第 31 页。
③ 《宋高僧传》卷二《唐洛京圣善寺善无畏传》，第 20 页。
④ 《宋高僧传》卷一《唐洛京广福寺金刚智传》，第 6 页。

等送梵经出内,"缁伍威仪,乐部相间,士女观望,车骑交骈",① 迎入西明寺翻译,开名题曰《大乘理趣六波罗蜜多经》,共10卷,又译有《华严长者问佛那罗延力经》《般若心经》各1卷。

熟识梵言的唐代胡僧,从事或参与佛经翻译者甚多。除上而外,尚有西域人释满月和释智严,西印度人释伽梵达磨(尊法),中天竺人释那提(福生)和释般剌蜜帝(极量),吐火罗人释弥陀山(寂友),罽宾人释佛陀波利(觉护)、释觉救和释般若等人,也都曾经从事佛经翻译。

唐朝统治者特别重视佛经翻译,胡僧们在唐翻译佛经,通常是官方行为,因而大多受到朝廷的优渥厚待。中印度人波颇译经,"百司供送,四事丰华"。② 北天竺迦毕试国人释智慧译经,开译当日即受到朝廷赐钱一千贯、茶三十串、香一大盒,充其供施;翻译完毕后,朝廷又敕令于神策军赐斋食,还赏赐智慧绢五百匹、冬服一副。③ 难能可贵的是,一些胡僧为弘扬佛法,克服困难,自行翻译。印度人释慧智即于长寿二年(693)在东都洛阳佛授记寺自译《观世音颂》1卷。④ 西印度人伽梵达磨(尊法)于唐高宗永徽年间(650~655)译出《千手千眼观世音菩萨广大圆满无碍大悲心陀罗尼经》1卷。⑤ 神龙元年(705)五月二十三日,中印度人般剌蜜帝(极量)在广州制止寺于《灌顶部》中诵出一品,名《大佛顶如来密因修证了义诸菩萨万行首楞严经》,译成1部10卷,⑥ 乌苌国沙门弥伽释迦译语,菩萨戒弟子前正议大夫同中书门下平章事清河房融笔受,循州罗浮山石楼寺沙门怀迪证译。

从译出的佛经来看,唐代胡僧所译佛经多为重译。唐高宗仪凤年间,北印度罽宾国人释佛陀波利回国取得梵经,在长安西明寺访得善梵语者僧顺贞,"奏乞重翻,帝俞其请",⑦ 波利遂与僧顺贞等人译出,名曰《佛顶尊胜陀罗尼经》。于阗国人释智严奉敕于长安奉恩寺翻经,"多证梵文,诸经成部,严有力焉",⑧ 智严重译出《生无边法门陀罗尼经》。贞元十一年

---

① 《宋高僧传》卷二《唐洛京智慧传》,第23页。
② 《续高僧传》卷三《唐京师胜光寺中天竺沙门波颇传》,第66页。
③ 《宋高僧传》卷二《唐洛京智慧传》,第24页。
④ 《宋高僧传》卷二《周洛京佛授记寺慧智传》,第34页。
⑤ 《宋高僧传》卷二《唐尊法传》,第30页。
⑥ 《宋高僧传》卷二《唐广州制止寺极量传》,第31页。
⑦ 《宋高僧传》卷二《唐五台山佛陀波利传》,第28页。
⑧ 《宋高僧传》卷三《唐京师奉恩寺智严传》,第42页。

(795)，中印度人释莲华携《华严经》（后分）梵夹来唐。第二年，罽宾沙门般若三藏在长安崇福寺翻成 40 卷。① 开成年间，西域人释满月进贡梵夹，当时悟达国师知玄因请翻诸禁咒，乃与菩提缚日罗、金刚悉地等重译出《陀罗尼集》4 卷，又译出《佛为毗戍陀天子说尊胜经》1 卷。② 许多佛经在唐代有中译本，由于大量胡僧入唐带来了大批梵文经本，许多佛经因此重译。唐代胡僧所译佛经虽然多是重译，一般是译梵为汉，比起此前先译梵为胡，再译胡为汉，无疑更加准确精细。在此过程中，唐代胡僧做出了卓越贡献，宋人赞宁高度称颂说："金刚智也密藏祖师，阿目佉也多经译匠，师资相接，感应互彰。无畏言辞，且多朴实。觉救加佛顶之句，人无间然。日照出显识之文，刃有余地。思惟《罥索》，学喜《华严》，密语断章，大人境界。"③

从所译佛经的类别来看，唐代胡僧所译佛经中显、密二教兼有，其中，又以密教经典居多，且多是首译。在唐代胡僧中，仅释不空一人就译出密教经典 104 部 134 卷。④ 胡僧不空因而与十六国时期的鸠摩罗什、南朝陈代的真谛、唐朝的玄奘并称为中国佛教史上的四大翻译家，这也充分表明唐代胡僧在中国佛经翻译史上的重要地位。

在唐代，佛法深入人心，风行全国，因而唐朝境内许多地方留下了胡僧弘法活动的足迹，长安、洛阳、广州等大城市则成为唐代胡僧辐辏之地。长安是唐代的政治中心和文化中心，也是全国的佛教文化中心。洛阳作为陪都，佛教之兴盛仅次于长安。加之长安和洛阳又是外来胡人的聚居地，因而成为胡僧在唐弘法活动的中心，唐代胡僧大规模的佛经翻译工作就主要是在首都长安和东都洛阳完成的。广州是唐代海外贸易中心，胡人特多，广州又是胡僧海路北上入唐的中转站，因而也成为唐代胡僧弘法活动的一大中心。北天竺迦毕试国人般剌若（智慧）7 岁出家专学小乘，后在那烂陀寺学大乘，又遍历南海诸国，在唐德宗建中元年（780）携其经论到达广州。⑤ 史载，大历四年（769）二月，广州南界蕃人新营两寺，南天竺国僧三藏文殊德上表请赐寺名，朝廷下诏赐名宝应寺

---

① 《宋高僧传》卷三《唐莲华传》，第 47 页。
② 《宋高僧传》卷三《唐京师满月传》，第 52 页。
③ 《宋高僧传》卷三《译经篇总论》，第 58 页。
④ （唐）圆照：《贞元新定释教目录》卷一五，《大正藏》卷五五，第 879~881 页。
⑤ 《宋高僧传》卷二《唐洛京智慧传》，第 23 页。

和广德寺。① 唐僧鉴真渡日未果,暂居广州,见其地"又有婆罗门寺三所,并梵僧居住"。②

弘法中土的外来胡僧在唐代由中央朝廷鸿胪寺负责统一管理。北印度罽宾国人释佛陀波利返国取得梵本《佛顶尊胜陀罗尼经》,既达京城长安,便求进见,唐高宗"赏其精诚,崇斯秘典",③下诏鸿胪寺典客令杜行颢与日照三藏共译。天宝五载,胡僧不空从师子国求法归来,"奉敕权止鸿胪"。④归属鸿胪寺管理的唐代胡僧,许多又成为鸿胪寺等中央部门的员外官。天宝七载(748),勃律国王苏失利芝及三藏大德僧伽罗密多一并来朝,唐王朝授伽罗密多鸿胪员外卿。⑤乾元元年(758)四月,有罽宾三藏般若力、中天竺婆罗门三藏善部末摩、个失密三藏舍那慕化入朝,唐王朝下诏以般若力为太常少卿,善部末摩为鸿胪少卿,并员外置。同年五月,吐火罗三藏山那及弟子达摩、首领安延师等来唐,唐王朝下诏以山那三藏为光禄少卿,以达摩为折冲都尉,以安延师为左清道率,并员外置。⑥永泰元年(765),唐王朝制授胡僧不空为特进试鸿胪卿。⑦唐高宗时,还有胡僧卢伽逸多拜为怀化大将军。⑧

终唐一世,除了唐玄宗开元年间和唐武宗会昌年间诏令驱逐胡僧归国,⑨胡僧在唐朝长期受到优待礼遇。中天竺人波颇在唐高宗朝"重频慰问,劳接殊伦"。⑩中印度人那提三藏永徽年间来到京师长安,朝廷"有敕令于慈恩〔寺〕安置,所司供给"。⑪吐火罗国人释弥陀山(寂友)在唐译经完毕,辞别还乡,"天后(武则天)以厚礼饯之"。⑫中印度人释善无

---

① (宋)王钦若、杨亿等编《册府元龟》卷五二《帝王部·崇释氏二》,中华书局,1960,第577页。
② 〔日〕真人圆开撰,汪向荣点校《唐大和上东征传》,中华书局,2000,第74页。
③ 《宋高僧传》卷二《唐五台山佛陀波利传》,第28页。
④ 《宋高僧传》卷一《唐京兆大兴善寺不空传》,第8页。
⑤ 《册府元龟》卷九七五《外臣部·褒异二》,第11458页。
⑥ 《册府元龟》卷九七六《外臣部·褒异三》,第11460页。
⑦ 《宋高僧传》卷一《唐京兆大兴善寺不空传》,第8页。
⑧ (宋)欧阳修等:《新唐书》卷二二一上《西域传》,中华书局,1975,第6239页。
⑨ 《宋高僧传》卷一《唐洛阳广福寺金刚智传》云:"于时帝(唐玄宗)留心玄牝,未重空门,所司希旨,奏外国蕃僧遣令归国,行有日矣。"唐武宗会昌灭佛,驱逐胡僧,自不必说。
⑩ 《续高僧传》卷三《唐京师胜光寺中天竺沙门波颇传》,第66页。
⑪ 《续高僧传》卷四《唐京师大慈恩寺梵僧那提传》,第137页。
⑫ 《宋高僧传》卷二《周洛京寂友传》,第34页。

畏于开元四年来到唐长安,朝廷"敕于兴福寺南院安置,续宣住西明寺,问劳重叠,锡贶异常"。① 唐代宗为胡僧不空在长安兴善寺建立道场,敕赐锦绣褥十二领、绣罗幡三十二首,又赐道场僧二七日斋粮。② 胡僧在唐不仅生前礼遇极丰,死后丧事也极为隆重。安息人释吉藏去世后,"东宫以下王公等,并致书慰问,并赠钱帛"。③ 西域何国人释僧伽死后,唐中宗"惨悼黯然,敕有司给绢三百匹,俾归葬淮上,令群官祖送,士庶填阗"。④ 中印度人释地婆诃罗(日照)卒后,武则天敕葬于洛阳龙门香山。⑤ 胡僧不空死后,唐代宗辍视朝三日,赐绢布杂物钱四十万、造塔钱二百余万,并敕令功德使李元琮知护丧事。⑥ 南天竺国人释菩提流志卒后,唐玄宗敕试鸿胪卿,谥曰开元一切遍知三藏,派遣内侍杜怀信监护丧事,"出内库物,务令优赡。用卤簿羽仪,幡幢花盖,阗塞衢路"。⑦ 在丧葬方面,唐王朝还十分尊重胡僧的习惯。景云元年(710)十月十二日,于阗人释实叉难陀右胁累足而终,"有诏听依外国法葬";十一月十二日,于长安开远门外古燃灯台焚尸;十二月二十三日,门人悲智、敕使哥舒道元送其余骸及灵舌还归于阗,起塔供养。⑧

三 唐代胡僧之汉化及其与民族文化交流

唐代佛教臻于极盛,入唐胡僧为数特多。外来的唐代胡僧带有浓厚的异域色彩,成为唐代社会一道独特的文化风景。唐人周贺《赠胡僧》诗云:"瘦形无血色,草屦著行穿。闲话似持咒,不眠同坐禅。背经来汉地,祖膊过冬天。情性人难会,游方应信缘。"⑨ 太白山峰顶有胡僧"草衣不针复不线,两耳垂肩眉覆面",⑩ 其人眉长数寸,身不制缯帛,衣以草叶,恒持《楞伽经》。天竺释亡名,"其貌恶陋,缠乾陀色缦条衣,穿革屦,曳铁

---

① 《宋高僧传》卷二《唐洛京圣善寺善无畏传》,第20页。
② 《宋高僧传》卷一《唐京兆大兴善寺不空传》,第9页。
③ 《续高僧传》卷一一《唐师延兴寺释吉藏传》,第395页。
④ 《宋高僧传》卷一八《唐泗州普光王寺僧伽传》,第449页。
⑤ 《宋高僧传》卷二《周西京广福寺日照传》,第33页。
⑥ 《宋高僧传》卷一《唐京兆大兴善寺不空传》,第11页。
⑦ 《宋高僧传》卷三《唐洛京长寿寺菩提流志传》,第44页。
⑧ 《宋高僧传》卷二《唐洛京大遍空寺实叉难陀传》,第32页。
⑨ 周贺:《赠胡僧》,《全唐诗》卷五○三,第5719页。
⑩ 岑参:《太白胡僧歌》,《全唐诗》卷一九九,第2057页。

锡，化行于京辇"。① 康居人释后僧会"神气环异，眉高隆准，颐峭眸碧，而瘦露奇骨"，② 见者悚然。释难陀不知是何国人，"其为人也，诡异不伦，恭慢无定"。③

高鼻深目、卷发长须的唐代胡僧长期生活在中国本土，有的长达近半个世纪。南天竺国人释菩提流志于永淳二年（683）来到中国，开元十五年（727）卒于洛阳长寿寺，他在中国生活了45年。④ 西域何国人释僧伽"化唐土五十三载"。⑤ 长期生活在中国的唐代胡僧，深受华风汉俗的熏染，虽形具"庞眉皓首无住著，偏袒右肩露双脚"⑥ 之外表，自身内在却有程度深浅不一的汉化。

唐代胡僧汉化的显著标志是取用汉名。生活在汉人圈内的唐代胡僧，为汉俗所染，大都为自己取了汉名。龟兹人释勿提提犀鱼，号三藏苾蒭，汉名莲华精进。于阗人释实叉难陀（一云施乞叉难陀），汉名学喜。于阗人释提云般若（或云提云陀若那），汉名天智。尉迟乐，本于阗国质子，姓尉迟氏，出家后取名释智严。康居人释法藏，字贤首。吐火罗国人释弥陀山，汉名寂友。西天竺人伽梵达磨，汉名尊法。南天竺人释跋日罗菩提，汉名金刚智。中天竺人释波罗颇迦罗蜜多罗，汉名光智。中天竺人那提三藏，梵名布乌代邪，汉名福生。释善无畏，中天竺人，梵名戍婆揭罗僧诃，华言净师子，义翻为善无畏。北天竺人释般剌若，本姓桥答摩氏，汉名智慧。北天竺人释佛陀多罗，汉名觉救。北天竺人释不空，梵名阿月佉跋折罗，汉名不空金刚，只行二字，简称不空。可见，无论来自西域，还是来自天竺，唐代胡僧取用汉名，蔚为时尚。

唐代胡僧汉化的突出表现是习用汉语。"年深梵语变，行苦俗流归。"⑦ 胡僧来唐初期，或许保持自己的母语，久而久之，为了弘法传教和现实生活的便利，他们主动学习汉语，语言上渐渐汉化也就在所难免了。安息人释吉藏"貌象西梵，言寔东华"。⑧ 中天竺人释地婆诃罗"深体唐言，善传

---

① 《宋高僧传》卷一九《唐西域亡名传》，第480页。
② 《宋高僧传》卷一八《唐会稽永欣寺后僧会传》，第463页。
③ 《宋高僧传》卷二〇《唐西域难陀传》，第512页。
④ 《宋高僧传》卷三《唐洛京长寿寺菩提流志传》，第44页。
⑤ 《宋高僧传》卷一八《唐泗州普光王寺僧伽传》，第449页。
⑥ 杜甫：《戏为双松图歌》，《全唐诗》卷二一九，第2306页。
⑦ 耿㵐：《赠海明上人》，《全唐诗》卷二六八，第2979页。
⑧ 《续高僧传》卷一一《唐京师延兴寺释吉藏传》，第395页。

佛意"。① 天竺人释慧智"本既梵人,善娴天竺书语;生于唐国,复练此土言音"。② 因此,地婆诃罗、提云若那、宝思惟等胡僧翻译经论时,皆召慧智为"证梵",兼任"度语"。正因为既熟识梵文,又谙习汉语,许多胡僧在唐代译场中或充任度语,或充任证梵,使梵本佛经在华语下不失梵义。如唐代译经大师义净译场中就有吐火罗沙门达磨末磨、罽宾沙门达磨难陀、中天竺沙门拔弩、居士中天竺人李释迦度颇多、居士东天竺人伊舍罗和瞿昙金刚等许多胡僧充任证梵。

唐代胡僧汉化表现最深的是汉文化修养和汉文化造诣。语言是文化的主导要素,随着对汉语的熟悉和掌握,耳濡目染,唐代胡僧不但渐渐接受了中国传统文化,潜移默化,有的还从文化上参与到汉民族中去了。唐朝是诗的国度,受此影响,唐代胡僧也能吟诗弄句。白居易有诗云:"西寺老胡僧,南园乱松树。携持小酒榼,吟咏新诗句。同出复同归,从朝直至暮。"③ 能够"吟咏新诗句",胡僧汉文学修养如是之高,足见其早已汉化,且汉化程度不浅。于阗人释智严生居异域,长自中华,久已汉化,"经明唐梵,智照幽微",是以译经"并文质相兼,深得义趣"。④ 唐代胡僧中,涉猎文史、满腹经纶者大有人在。疏勒人释慧琳"内持密藏,外究儒流,印度声明,支那诂训,靡不精奥",他引用《字林》《字统》《声类》《三苍》《切韵》《玉篇》以及诸经杂史,参合佛意,详察是非,撰成《大藏音义》100卷,"京邑之间,一皆宗仰",⑤ 至今传世。唐代胡僧汉学造诣之高、汉化程度之深,由此可见一斑。唐代胡僧著书立说者,不乏其人,康国人释法藏是其中最杰出的代表人物。法藏是中国佛教华严宗的创立者,"《麟史》称没有令名者三立焉:则法师之游学、削染、示灭,三立德也;讲演、传译、著述,三立言也;修身、济俗、垂训,三立功也"。⑥

入唐胡僧大大推动了唐代民族文化交流,为唐文化的发展做出了积极贡献。中印度人那提三藏历游诸国,曾至师子国(今斯里兰卡)及南海诸国,搜集大、小乘经、律、论五百余夹,⑦ 在永徽六年(655)抵达唐长

---

① 《宋高僧传》卷二《周西京广福寺日照传》,第33页。
② 《宋高僧传》卷二《周洛京佛授记寺慧智传》,第33页。
③ 白居易:《秋日怀杓直》,《全唐诗》卷四三〇,第4750页。
④ 《贞元新定释教目录》卷一四,《大正藏》卷五五,第874页。
⑤ 《宋高僧传》卷五《唐京师西明寺慧琳传》,第108页。
⑥ 崔致远:《唐大荐福寺故寺主翻经大德法藏和尚传》,《大正藏》卷五〇,第289页。
⑦ 《续高僧传》卷四《唐京师大慈恩寺梵僧那提传》,第137页。

安。北天竺人释不空游方五印度，搜求经论共计五百余部，[①] 于天宝五载（746）来到唐长安。唐代胡僧给中国带来了大量的佛经夹牒，他们以弘法传教为天职，开译梵夹，讲习经论，为佛教文化在唐朝的发展和兴盛做出了不可磨灭的贡献，前文对此业已道及。这里要特别强调的是，唐代胡僧不仅给中国带来了大量佛教经典，而且带来了异域的物种物品、医药医术、建筑艺术等物质文明和精神文明，大大丰富了唐文化的内容。

胡僧是唐代民族文化交流的特殊使者，胡僧入唐弘法传教的同时，许多域外物种和物品随之也传入了中国。史载，开元十九年（731）十月，中天竺国王伊沙伏磨派遣大德僧勃达信来朝，"且献方物"。[②] 大德僧勃达信入唐所献"方物"有些什么，史无明文，不得而知，估计不会少。见于史籍记载的由胡僧传入中国的域外物产有蔬菜菠薐、水晶宝石等。"菠薐"就是菠菜，印度斯坦语写作 palak，"菠薐"是汉语音译。"菜之菠薐者，本西国中有僧，自彼将其子来。如苜蓿、蒲萄，因张骞而至也。菠薐本是颇陵国将来，语讹耳，多不知也。"[③] 菠菜这种在今天常见常食的蔬菜，唐代胡僧引种移植，功不可没。唐人无名氏《天竺国胡僧水晶念珠》诗云："天竺胡僧踏云立，经精素贯鲛人泣。细影疑随焰火销，圆光恐滴袈裟湿。夜梵西天千佛声，指轮次第驱寒星。若非叶下滴秋露，则是井底圆春冰。凄清妙丽应难并，眼界真如意珠静。碧莲花下独提携，坚洁何如幻泡影。"[④] 水晶，古时也写作水精，亦称石英，是一种以二氧化硅为主要成分的晶体矿物质。水晶在古代主要出产于东罗马、波斯等国家和地区，唐朝时，水晶在中国还十分稀罕。天竺国胡僧那晶莹光亮的水晶念珠无疑是舶来品，新奇而又别致，因此受到唐人的盛情歌咏。杜甫《海棕行》诗云："左绵公馆清江濆，海棕一株高入云。龙鳞犀甲相错落，苍棱白皮十抱文。自是众木乱纷纷，海棕焉知身出群。移栽北辰不可得，时有西域胡僧识。"[⑤] 海棕这种植物"移栽北辰不可得"，唐人不明为何物，"时有西域胡僧识"，十有八九是外来植物。虽然我们不能断定这株高大入云的海棕就是西域胡僧所移植，但是，唐代胡僧在介绍、传播域外文化中的作用和意义由此可见一斑。

---

① 《宋高僧传》卷一《唐京兆大兴善寺不空传》，第 8 页。
② 《册府元龟》卷九七一《外臣部·朝贡四》，第 11409 页。
③ （宋）李昉等编《太平广记》卷四一一《菠薐》，中华书局，1961，第 3344 页。
④ 无名氏：《天竺国胡僧水晶念珠》，《全唐诗》卷七八五，第 8860 页。
⑤ 杜甫：《海棕行》，《全唐诗》卷二二〇，第 2315 页。

在胡僧输入唐朝的外来文明中，最为唐人崇尚的是域外医药和医术。史载，开元十七年（729）六月，北天竺国三藏沙门僧密多进献"质汗"等药。① 同年七月，吐火罗使僧难陀来献"须那伽帝释麨"等药。② 开元十八年（730）五月，吐火罗僧难陀来朝，贡献瑞表香药等。③ 开元二十年（732），东天竺沙门达磨战涅罗（法月）至长安，所司奏闻，玄宗诏问，遂令住在资圣寺。法月"善达医明"，因而"引对大内"，进赠方术、医方、梵夹、药草、经书。④ 开元二十五年（737）四月，东天竺国三藏大德僧达摩战来献胡药皁斯比支等。⑤ 可见，大量域外药物——"胡药"随着胡僧来唐传入了中国。有一则唐代故事说，健儿张国英在战争中遭遇箭射，箭镞中腹，医生断定其必死无疑。到了晚上，张国英梦见有胡僧给了他一丸药。第二天早上，张国英泻出箭镞，不治而愈。⑥ 这则故事虽然离奇，但是充分反映了唐人对胡僧"异药"的好奇和信任。事实上正是如此，时人对外来医药的效力深信不疑，唐代统治者多次派遣胡僧到域外寻求胡药。显庆元年（656），唐高宗就曾下令中天竺人那提三藏前往昆仑诸国，寻采异药。⑦ 麟德元年（664），唐高宗又敕令玄照法师前往迦湿弥罗国请迎"长年婆罗门僧"卢迦逸多，为他合炼长生不老药，卢迦逸多又令玄照到西天竺采药。⑧ 唐代著名的西行求法高僧义净称："西方药味与东夏不同，互有互无，事非一概。"⑨ 西方医药伴随胡僧传入唐朝，无疑大大丰富了中国药物的种类。与此同时，一些医方和医术也由胡僧传入了唐朝。贞观初年，太子患病，多方医治不见效。于是，唐太宗下诏迎请中天竺沙门波颇入宫，"一百余日，亲问承对，不亏帝旨"，⑩ 太子疾愈，赐波颇绫

---

① 《册府元龟》卷九七一《外臣部·朝贡四》，第11408页。劳弗尔认为，"质汗"即为"多种香味"的意思，是一种来自印度的异药，其制剂含有柽、木蜜、松脂、甘草、地黄和"热血"等成分。参看谢弗《唐代的外来文明》，吴玉贵译，中国社会科学出版社，1995，第398~399页。
② 《册府元龟》卷九七一《外臣部·朝贡四》，第11408页。
③ 《册府元龟》卷九七一《外臣部·朝贡四》，第11408页。
④ 《贞元新定释教目录》卷一四，《大正藏》卷五五，第878页。
⑤ 《册府元龟》卷九七一《外臣部·朝贡四》，第11410页。
⑥ 《太平广记》卷一〇五《崔宁》，第713页。
⑦ 《续高僧传》卷四《唐京师大慈恩寺梵僧那提传》，第137页。
⑧ 《大唐西域求法高僧传校注》卷上《太州玄照法师》，第11页。
⑨ （唐）义净撰，王邦维校注《南海寄归内法传校注》卷三《先体病源》，中华书局，1995，第153页。
⑩ 《续高僧传》卷三《唐京师胜光寺中天竺沙门波颇传》，第67页。

帛等六十段以及时服十具。武则天时，驸马都尉武攸暨生病，西域何国人释僧伽"以澡罐水噀之而愈，声振天邑"，后来，患病者向他求医，僧伽"或以柳枝拂者，或令洗石师子而瘳，或掷水瓶，或令谢过。验非虚设，功不唐捐"。① 在胡僧传入的外来医术中，最为唐人津津乐道的是眼科医术。杜甫《谒文公上方》诗云："金篦刮眼膜，价重百车渠。"② 金篦术是印度医术中治疗白内障的一种眼科医术，来自印度的胡僧擅长此术。刘禹锡《赠眼医婆罗门僧》称："三秋伤望眼，终日哭途穷。两目今先暗，中年似老翁。看朱渐成碧，羞日不禁风。师有金篦术，如何为发蒙？"③ 外国眼科医方在唐朝的广泛流传，直接得益于外来的胡僧。据唐人王焘《外台秘要》记载，唐代"陇上道人"谢某持传的"疗眼暴肿毒，痛不可忍，欲生眚方"、"疗眼翳欲尽，微微犹有者方"和"疗眼风热生赤肉方"，都是从"西国胡僧处授"。④

在科技方面，唐代胡僧不仅带来了医学医术，还带来了建筑艺术。北印度迦湿蜜罗国人释阿你真那（宝思惟）在洛阳龙门山建造一寺，"制度皆依西域，因名天竺寺"。⑤ 中印度人释善无畏"艺术伎能，悉闻精练"，他在洛阳福先寺铸铜为塔，"手成模范，妙出人天"。⑥ 大历初年，五台山清凉寺释道义蒙敕建寺，西域那烂陀寺喜鹊院僧纯陀"为度土木，造金阁一寺"。⑦ 北印度人释牟尼室利（寂默）来自印度那烂陀寺，在长安先后驻锡兴善寺、醴泉寺，后来移居慈恩寺，他向唐人介绍那烂陀寺的建筑形制，⑧ 深受时人重视。唐代佛教寺塔巍峨庄严，深受印度佛教建筑影响，其中，当有外来胡僧的智力贡献。

综上所论，唐代开放和宽松的社会环境为外来胡僧创造了生存和发展的有利条件，往来东西、纵横南北的唐代胡僧，译经传法，语玄析理，广度僧尼，为佛教在唐代的繁荣昌盛做出了不可磨灭的贡献。特别值得称道

---

① 《宋高僧传》卷一八《唐泗州普光王寺僧伽传》，第450页。
② 杜甫：《谒文公上方》，《全唐诗》卷二二〇，第2316页。
③ 刘禹锡：《赠眼医婆罗门僧》，《全唐诗》卷三五七，第4028页。
④ （唐）王焘：《外台秘要》卷二一，人民卫生出版社，1987。
⑤ 《宋高僧传》卷三《唐洛京天竺寺宝思惟传》，第42页。
⑥ 《宋高僧传》卷二《唐洛京圣善寺善无畏传》，第21页。
⑦ 《宋高僧传》卷二一《唐五台山清凉寺道义传》，第538页。
⑧ 《宋高僧传》卷三《唐京兆慈恩寺寂默传》云："初，默说中天竺摩伽陀国那烂陀寺周围四十八里，九寺一门，是九天王所造。默在寺日，住者万余，以大法师处量纲任，西域伽蓝无如其高广矣。"

的是，在传播佛教文化的同时，唐代胡僧还带来了许多域外文明，为唐文化注入了许多极具活力的新鲜因子。汉化了的外来胡僧是唐代中外文化交流的特殊使者，在唐代民族融合和文化交流的发展过程中具有独特而重要的地位。

(原载《吉林大学社会科学学报》2010年第4期，后收入王双怀、王宏海主编《西安唐代历史文化研究》，陕西人民出版社，2018)

论唐代的内供奉僧

在佛教如日中天的唐朝，寺塔遍立全国，僧尼溢于九州。在数以万千计的唐代僧侣中，有一些高僧大德受到帝王优礼，出入宫闱，日侍天颜，他们秩高位重，势倾王公，这就是唐代的内供奉僧。内供奉僧不仅在唐代佛教史上，而且在唐代政治生活中，都扮演了不同寻常的角色，社会影响深广，并且为时颇久。然而，学界尚无专文对此全面论述。本文就内供奉僧在唐代的滥觞及延续、唐代内供奉僧的主要活动及其对佛教发展和政治生活的影响等问题试做探讨，以资深刻认识唐代佛教的特色和本质。

一　唐代内供奉僧的滥觞和延续

关于内供奉僧的起始，宋人赞宁《大宋僧史略》卷下"内供奉并引驾"条谓：

> 内供奉授僧者，自唐肃宗聚兵灵武，至德元年，回趋扶风，僧元皎受口敕，置药师道场，令随驾仗内赴，请公验往凤翔府开元寺御药师道场，三七人六时行道。时道场内忽生一丛李树，奉敕使验实，李树四十九茎，元皎表贺，批答："瑞李繁滋，国兴之兆。生伽蓝之内，知佛日再兴。感此殊祥，与师同庆。"又李让国宣敕云："敕内供奉僧元皎。"置此官者，元皎始也。次有子麟者，泉州人也，继受斯职。宪宗朝，端甫、皓月、栖白相次应命。朱梁、后唐、晋、汉、周、我大宋无闻此职。[①]

[①] （宋）赞宁撰，富世平校注《大宋僧史略校注》卷下"内供奉并引驾"条，中华书局，2015，第176~177页。

唐肃宗敕授元皎"内供奉僧"一事，又详见赞宁《宋高僧传》卷二四《唐凤翔府开元寺元皎传》：

> 释元皎，灵武人也。有志操，与众不群，以持明为己务。天宝末，玄宗幸蜀，肃皇于灵武训兵，计克复京师，为物议攸同，请帝即位，改元至德。及二年，返辕指扶风，帝素凭释氏，择清尚僧首途，若被除然。北土西河所推，皎应其选，召入受敕旨，随驾仗内赴京。寻敕令皎向前发，至于凤翔，于开元寺置御药师道场。更择三七僧，六时行道，然灯歌呗，赞念持经，无敢言疲，精洁可量也。忽于法会内生一丛李树，有四十九茎，具事奏闻，宣内使验实。帝大惊喜曰："此大瑞应。"四月十八日，检校御药师道场念诵僧元皎等表贺，答敕曰："瑞李繁滋，国之兴兆。生在伽蓝之内，足知觉树之荣。感此殊祥，与师同庆。"皎之持诵，功能通感，率多此类。加署内供奉焉。

细致比较这两段文字，我们不难看出，关于内供奉僧在唐代的起始，同一作者的两本著作，记载却并不完全相同。赞宁在《大宋僧史略》中明言内供奉僧起始于唐肃宗朝，第一位获此殊荣者是僧人元皎，但他在《宋高僧传·元皎传》中只是说元皎"加署内供奉焉"，却并没有说元皎是第一位获此殊荣者。

其实，早在武则天和唐中宗时期，就曾"追召天下高僧兼义行者二十余人，常于内殿修福"。[①] 而在元皎之前，唐玄宗时就有释道氤"供奉朝廷"。《宋高僧传》卷五《唐长安青龙寺道氤传》载：

> 释道氤，俗姓长孙，长安高陵人也。父容，殿中侍御史。……母常听讲读大乘经，晓夜不辍，意行太任之胎教也。逮乎诞弥，异香芬馥，成于童稚，神气俊秀，学问详明。应进士科，一举擢第，名喧日下，才调清奇，荣耀亲里。……乃礼京招福寺慎言律师为师，请益无替。及登戒法，旋学律科，又隶经论，如是内外俱通矣。时有兴善寺

---

① （宋）赞宁撰，范祥雍点校《宋高僧传》卷五《唐荆州玉泉寺恒景传》，中华书局，1987，第90页。

复礼法师善属文，谓氲曰："籍汝少俊，可为余造《西方赞》一本。"遂襞纸援毫，略不停缀，斯须已就，其辞典丽。……礼师读讫，顾左右诸德曰："奇才秀句，吾辈莫能测也。"自后伏膺窗案，昼夜精励，辩给难酬，善于立破。礼师仰其风规，尝于稠人广众中宣言曰："氲之论端，势若泉涌。"从此闻天，供奉朝廷。玄宗幸维，敕与良秀、法修随驾。

开元初年，唐玄宗设置翰林院，"密迩禁廷，延文章之士，下至僧、道、书、画、琴、棋、数术之工皆处之，谓之'待诏'"。[1] 翰林待诏在唐代又称为翰林院待制、翰林院学士、翰林院内供奉。唐玄宗时，"供奉朝廷"的高僧释道氲即当是翰林院内供奉。又有唐代僧人灵晏早年出家后，"遂为旧崇福寺翻经、五部持念、翰林待诏、检校鸿胪少卿、赐紫广济和尚弟子"。[2] 灵晏于贞元十四年（798）始圆大戒品于长安崇圣寺灵坛，作为灵晏的本师，身为"翰林待诏"的广济和尚，最早可能即是玄宗朝的"翰林待诏"。玄宗以后，僧人署以"翰林待诏"者屡见史籍。唐德宗贞元初年，北天竺迦毕试国人释智慧在长安西明寺译经，就有翰林待诏、光宅寺沙门利言任度语。[3] 贞元末年，北印度人释寂默在长安慈恩寺译经，就有翰林待诏、光宅寺沙门智真任译语。[4]

唐代翰林院，天子在大明宫，其院在右银台门内；在兴庆宫，其院在金明门内；若在西内，其院在显福门；若在东都、华清宫，皆有待诏之所。其待诏者，"有词学、经术、合炼、僧道、卜祝、术艺、书奕，各别院以禀之，日晚而退"。[5] 佛教高僧待诏者也应当是"别院以禀之"，他们有专门的活动场所——内道场。在唐代，长安宫城玄武门内紫微殿西之弘法院和长安禁苑之鹤林寺分别是唐太宗、唐高宗时期的内道场，东都大内大遍空寺是武则天、唐中宗时期的内道场，东都大内林光宫是唐中宗时期的又一所内道场，长安北苑白莲池和甘露亭是唐睿宗时期的内道场，大明

---

[1] （宋）司马光：《资治通鉴》卷二一七，唐玄宗天宝十三载，中华书局，1956，第6923页。
[2] （唐）释彦楚：《大唐崇福寺故僧录灵晏墓志并序》，吴钢主编《全唐文补遗》第二辑，三秦出版社，1995，第64页。
[3] 《宋高僧传》卷二《唐洛京智慧传》，第23页。
[4] 《宋高僧传》卷三《唐京兆慈恩寺寂默传》，第45页。
[5] （后晋）刘昫等：《旧唐书》卷四三《职官志二》，中华书局，1975，第1853页。

宫长生殿是唐代宗以至唐文宗时期的内道场。① 唐代诸帝多在西京长安大内或东都洛阳大内设置了内道场，在此举行"内中僧事"，② 内道场是唐代内供奉僧的主要活动场所。

在唐代，把侍从皇帝左右的高僧大德习惯上称为"内供奉僧"，似与把侍从皇帝左右的近臣称作"内供奉官"如出一辙。唐代内供奉官是一种适用范围颇广的任官形式，相对于供奉官和里行官，内供奉官是唐代五品以下（含五品）供奉官和近幸侍从官员编制之外的特殊任职形式。③ 高僧不是凡夫，异于俗人，缁林俊秀侍从皇帝，供奉朝廷，遂谓之"内供奉僧"。唐代内供奉官例由他官充任履职，阶品、俸禄依其本官，而唐代内供奉僧仅是一种头衔，无职权，无阶品，无官署，无定员。可是，内供奉僧虽无职权，但毕竟不同于普通僧人，他们可以经常出入宫廷，时时交结王侯，偏承渥泽，顾遇日深，因而身价倍增，人咸景仰。道氤是唐玄宗朝的内供奉僧，他颇受唐玄宗顾遇。道氤生病了，玄宗令中使赐药。道氤圆寂后，玄宗遣中使内给事贾文瑰前往吊赠，宣口敕奉问，"赐到绢帛等，圣恩追悼，生荣死哀，光于僧伍"。④ 高僧圆照对于律道"颇有功多"，在肃、代两朝，"尤为杰立，累朝应奉"，赐紫，充临坛两街十望大德、内供奉、检校鸿胪少卿，食封一百户。⑤ 内供奉僧端甫被唐德宗赐紫方袍，"岁时锡施，异于他等"；唐顺宗"深仰其风，亲之若昆弟，相与卧起，恩礼特隆"；唐宪宗"数幸其寺，待之若宾友"。⑥ 长庆元年（821），唐穆宗敕以龙兴寺沙门惟英充翰林待诏、两街僧统。⑦

内供奉僧在唐代自唐玄宗朝起始，多历年月。只是在唐武宗会昌毁佛期间，内供奉僧暂时消歇匿迹。唐武宗下令拆毁国家赐额的佛寺4600多所，拆毁私立小寺4万多所，强令僧尼还俗26万多人，⑧ 内供奉僧也未能例外，受到冲击。据圆仁《入唐求法巡礼行记》，会昌二年（842）五月二

---

① 张弓：《唐代的内道场和内道场僧团》，《世界宗教研究》1993年第3期。
② （宋）赞宁撰，富世平校注《大宋僧史略校注》卷中《内道场》，中华书局，2015，第145页。
③ 张东光：《唐代的内供奉官》，《社会科学辑刊》2005年第1期。
④ 《宋高僧传》卷五《唐长安青龙寺道氤传》，第99页。
⑤ 《宋高僧传》卷一五《唐京师西明寺圆照传》，第379页。
⑥ 《宋高僧传》卷六《唐京师大安国寺端甫传》，第123页。
⑦ （宋）志磐撰，释道法校注《佛祖统纪校注》卷四三《法运通塞志》，上海古籍出版社，2012，第982页。
⑧ 《旧唐书》卷一八上《武宗纪》，第606页。

十九日，唐武宗"有敕停内供奉大德，两街各廿员"。① 会昌毁佛初期，沙汰僧尼"即简粗行不依本教者还俗，递还本贯"；会昌五年（845）起，"不简高行粗行，不论验僧大德内供奉也。但到次第，便令还俗"。② 事实确是如此。会昌五年（845）五月十五日，圆仁在毁佛运动中由长安回国，途经万年县，有"内供奉谈论大德去年归乡，不得消息，今潜来，裹头，隐在杨卿（大理卿、中散大夫赐紫金鱼袋杨敬之）宅里。令童子清凉将书来。书中有潜别之意，甚悲惨矣"。③ 然而，就在毁佛高潮中，唐武宗突然崩殂。唐宣宗继位后，立即处死了鼓动武宗毁佛的道士赵归真、刘玄靖等12人，并着手恢复佛教。唐宣宗复兴佛教，内供奉僧东山再起。大中三年（849），唐宣宗诏令成都府福感寺释定兰入内供养，"仰其感应之故，以优礼奉之"。④ 宣宗时著名的内供奉僧还有从晦、栖白、高闲等人，显誉京朝。从此，直到唐代末年，内供奉僧接踵连行。史载，广明元年（880），黄巢攻陷长安，唐僖宗驾幸成都途中，虽说兵荒马乱，危在旦夕，却仍敕令拣选十员禅、律、经、论、诗赋、文章大德"驾前供奉"。⑤

二 内供奉僧的职司和活动及其与唐代佛教

内供奉僧与内供奉官在唐代称号相似，地位相埒，职责却大大不同。在唐代，内供奉官与商朝政，常参密命，而内供奉僧主要以个人学有专长侍奉皇帝，服务朝廷。从唐代内供奉僧的行迹来看，他们的职司和活动主要有以下几方面。

（一）亲承顾问

内供奉僧是作为唐代皇帝的高级顾问而出现并长久存在，为帝王们答疑解惑是唐代内供奉僧的首要职责。唐玄宗注经，对于"若有人先世罪业应堕恶道，乃至罪业则为消灭"这句文字，"虽提兔翰，颇见狐疑"。他担

---

① 〔日〕圆仁撰，白化文等校注《入唐求法巡礼行记校注》卷三"会昌二年五月廿九日"条，花山文艺出版社，1992，第407页。
② 《入唐求法巡礼行记校注》卷四"会昌五年四月—五月"条，第462页。
③ 《入唐求法巡礼行记校注》卷四"会昌五年五月十五日"条，第465页。
④ 《宋高僧传》卷二三《唐成都府福感寺定兰传》，第587页。
⑤ 欧阳熙：《洪州云盖山龙寿院光化大师宝录碑铭》，（清）董诰等编《全唐文》卷八六九，中华书局，1983，第9102页。

心谬解误读贻害后世,遂诏内供奉僧道氤"决择经之功力,剖判是非"。经过道氤的说教后,"帝于是豁然若忆畴昔,下笔不休,终无滞碍也"。①永贞元年(805),唐顺宗诏令石头宗希迁弟子尸利禅师入内殿咨问禅理。顺宗问:"大地众生如何得见性成佛?"尸利回答说:"佛法如水中月,月可见不可取。"②幸有内供奉僧、洪州宗道一弟子大义禅师说:"佛性非见,必见水中月,何不攫取?"顺宗深以为然。顺宗又问何者是佛性,大义回答说:"不离殿下所问。"大义与顺宗"默契玄关,一言遂合"。③内供奉僧誓空"张善恶报应,驱僻邪于中正;导真如之理,解拘缚之劳,登高抗音,化所不化",他"侍代宗则声《仁王》之文,言发而归于大中,理贯而合于至正"。④安国寺上座、内供奉僧端甫"经、律、论无敌于天下",唐宪宗"数幸其寺,待之若宾友,常承顾问,注纳偏厚,而和尚符彩超迈,词理响捷,迎合上旨,皆契真乘"。⑤"已降禅侣久,兼占帝师难。"⑥内供奉僧是唐代帝王的佛学高级顾问,他们专当法匠,开物化迷,往往与唐代帝王同声相应,弘赞像法。

(二) 译经讲经

内供奉僧学追上流,常常参与佛经翻译活动。唐代宗朝内供奉僧誓空与天竺三藏翻译《六波罗蜜经》,功毕上献,"天子感叹,锡赍有加"。⑦代宗永泰年间,不空重译《仁王护国经》《密严经》等佛经,内供奉僧子邻与长安千福寺法崇、西明寺慧静、保寿寺圆寂分职证义。⑧

"一朝敕书至,召入承明宫。说法金殿里,焚香清禁中。"⑨为唐代帝

---

① 《宋高僧传》卷五《唐长安青龙寺道氤传》,第 98 页。
② 《佛祖统纪校注》卷四二《法运通塞志》,第 968 页。
③ 韦处厚:《兴福寺内道场供奉大德大义禅师碑铭》,《全唐文》卷七一五,第 7353 页。
④ 周绍良主编《唐代墓志汇编》(下册)大和〇五九《唐故内供奉翻经义解讲律论法师誓空和上塔铭并序》,上海古籍出版社,1992,第 2138 页。
⑤ 裴休:《唐故左街僧录内供奉三教谈论引驾大德安国寺上座赐紫方袍大达法师玄秘塔碑铭并序》,《全唐文》卷七四三,第 7694~7695 页。
⑥ 李昌符:《赠供奉僧玄观》,(清)彭定求等编《全唐诗》卷六〇一,中华书局,1960,第 6949 页。
⑦ 《唐代墓志汇编》(下册)大和〇五九《唐故内供奉翻经义解讲律论法师誓空和上塔铭并序》,第 2138 页。
⑧ 《宋高僧传》卷三《唐京师大安国寺子邻传》,第 49 页。
⑨ 崔颢:《赠怀一上人》,《全唐诗》卷一三〇,第 1322 页。

王解析经论,讲论玄言,精研教理,是内供奉僧分内的事。释子邻以名僧之选恒入唐肃宗内殿应奉,子邻在禁中讲经,"高其舌端,精于捷对,御前口占,叙述皇道,时辈靡及",[1] 因而被敕赐紫方袍,充供奉僧。京师安国寺高僧良贲"外通坟典,内善经论,义解之性,人罕加焉",[2] 唐代宗尊其为菩萨戒师。良贲"累朝供奉应制,辞辩富赡,学问高深","其在安国寺讲筵,官供不匮。数年之内,归学如林"。[3]

会昌元年(841)六月十一日,唐武宗降诞日,"内里设斋,两街供奉大德及道士集谈经"。[4] 唐人姚合《赠供奉僧次融》诗云:"会解如来意,僧家独有君。开经对天子,骑马过声闻。本寺远于日,新诗高似云。热时吟一句,凉冷胜秋分。"[5] 这正是"内殿谈经惬帝怀"[6] 的内供奉僧们的真实写照。

(三) 论辩三教

儒、佛、道三教在唐代鼎足而立,竞相发展。为了争取统治者的支持并吸引众多的信仰者,三教为政治地位孰为先后展开了长期争论。在唐代三教争衡中,内供奉僧"登内殿而赞扬,对异宗而商榷",[7] 锋芒毕露,表现卓异。开元十八年(730),朝廷在兴庆宫花萼楼论定佛、道二教优劣,内供奉僧道氤"雄论奋发,河倾海注",道士尹谦"对答失次,理屈词殚,论宗乖舛"。[8] 道氤撰集《对御论衡》,盛传当时。内供奉僧端甫活跃于德宗、顺宗、宪宗三朝,"常出入禁中,与儒、道议论",[9] 他于宪宗元和年间获赐"三教谈论"之号。[10]

唐朝中后期常常于皇帝生日时在宫廷举行儒、佛、道三教辩论,以此为皇帝祝寿。唐德宗降诞日于麟德殿大延议论,内供奉僧大义禅师"登宝

---

[1] 《宋高僧传》卷三《唐京师大安国寺子邻传》,第49页。
[2] 《宋高僧传》卷五《唐京师安国寺良贲传》,第99页。
[3] 《宋高僧传》卷五《唐京师安国寺良贲传》,第100页。
[4] 《入唐求法巡礼行记校注》卷三"唐武宗会昌元年六月十一日"条,第391页。
[5] 姚合:《赠供奉僧次融》,《全唐诗》卷四九七,第5650页。
[6] 李洞:《赠入内供奉僧》,《全唐诗》卷七二三,第8293页。
[7] 《大宋僧史略》卷三《讲经论首座》,第111页。
[8] 《宋高僧传》卷五《唐长安青龙寺道氤传》,第98页。
[9] 裴休:《唐故左街僧录内供奉三教谈论引驾大德安国寺上座赐紫方袍大达法师玄秘塔碑铭并序》,《全唐文》卷七四三,第7694页。
[10] 《大宋僧史略》卷中《讲经论首座》,第111页。

座而暗异论"，"以不定之辨，遣不定之执，祛一定之说，趣无方之道"，使得"问者辞穷，众皆愕眙"。[1] 释知玄"敷演经论，僧俗仰观"，唐文宗"宣入顾问，甚惬皇情"，[2] 成为内供奉僧。[3] 知玄又研习外典，经籍百家之言，无不赅综。武宗御宇，"因德阳节，缁黄会麟德殿，独诏玄与道门敌言"，知玄"辞河下倾，辩海横注，凡数千言。闻者为之股慄，大忤上旨，左右莫不色沮"。[4] 知玄在唐宣宗诞日寿昌节讲赞，被赐紫袈裟，署为三教首座。[5] 大中三年（849），宣宗诞日寿昌节，诏谏议李贻孙、给事杨汉公，缁黄鼎列论义，知玄再次"大悦帝情"。[6] 宣宗之后，懿宗延庆节、僖宗应天节、昭宗嘉会节，唐王朝照例在内殿举行三教辩论。"道场三教会，心地百王期。"[7] 内供奉僧在论难锋起中，一如既往，辞辩泉注。

（四）祈福护国

唐肃宗在凤翔时，供奉僧在内道场"晨夜念佛，动数百人，声闻禁外"。[8] 朝臣张镐上奏说："臣闻天子修福，要在安养含生，靖一风化，未闻区区僧教以致太平。伏愿陛下以无为为心，不以小乘而挠虑。"[9] 供奉僧"晨夜念佛"，号称乃为"天子修福"。唐德宗朝高僧释真乘"经宗律柄，兼讲无亏，藉甚缁行，炟赫京邑"。[10] 贞元十一年（795），功德使梁大夫因唐德宗行幸安国寺，奏请真乘以备应对，充供奉大德。真乘的本师释无滞在当时"亦以道业，实蒙恩渥"，他奏举内供奉僧真乘"为国祈福"。[11] 唐三朝（代宗、德宗、顺宗）供奉大德、青龙寺惠果和尚入内"于长生殿为国持念，在内七十余日放归"。[12] 唐宪宗时，内供奉僧端甫受诏"率缁属迎

---

[1] 韦处厚：《兴福寺内道场供奉大德大义禅师碑铭》，《全唐文》卷七一五，第7353页。
[2] 《宋高僧传》卷六《唐彭州丹景山知玄传》，第129页。
[3] 〔日〕圆仁《入唐新求圣教目录》卷一载："《长安左街大荐福寺赞佛牙偈》一卷，内供奉三教讲论大德知玄述。"参见《大正藏》卷五五，第1084页。
[4] 《宋高僧传》卷六《唐彭州丹景山知玄传》，第130页。
[5] 《宋高僧传》卷六《唐彭州丹景山知玄传》，第130～131页。
[6] 《宋高僧传》卷六《唐彭州丹景山知玄传》，第131页。
[7] 广宣：《禁中法会应制》，《全唐诗》卷八二二，第9269页。
[8] 《旧唐书》卷一一一《张镐传》，第3327页。
[9] 《旧唐书》卷一一一《张镐传》，第3327页。
[10] 《宋高僧传》卷一五《唐湖州八圣道寺真乘传》，第373页。
[11] 《宋高僧传》卷一五《唐湖州八圣道寺真乘传》，第373页。
[12] 《大唐青龙寺三朝供奉大德行状》，《大正藏》卷五〇，第294页。

真骨于灵山，开法场于秘殿，为人请福，亲奉香灯"，时人竟以为"既而刑不残，兵不黩，赤子无愁声，苍海无惊浪，盖参用真宗以毗大政之明效也"。① 为民祈福，为国持念，唐代内供奉僧祈福护国，励行精苦，亦可谓不遗余力。

（五）侍文侍书

"歌诗精外学，天子是知音。"② 在唐代，有许多高僧因擅长诗文而受到皇帝的青睐，成为内供奉僧，在朝廷随诏应制诗文。唐梓州慧义寺释神清即"以优文赡学，入内应奉"，③ 成为代宗、德宗、宪宗朝的内供奉僧。广宣是唐宪宗、唐穆宗两朝以诗文应制的内供奉僧，白居易"因以赠之"诗云："香积筵承紫泥诏，昭阳歌唱碧云词。红楼许住请银钥，翠辇陪行蹋玉墀。"④ 李益《赠宣大师》诗谓："一国沙弥独解诗，人人道胜惠休师。先皇诏下征还日，今上龙飞入内时。"⑤ 广宣本人也得意地说："自喜恩深陪侍从，两朝长在圣人前。"⑥ 其《禁中法会应制》诗云："侍读沾恩早，传香驻日迟。在筵还向道，通籍许言诗。空愧陪仙列，何阶答圣慈？"⑦ 江左名僧释好直对于洪州禅门"洞达心要"，儒士名辈多与其交游，往往戏为诗句，"辞皆错愕"。开成初年，好直来到京师长安，居于安国寺，"王畿龙象，莫不钦重"，唐文宗召入为供奉大德，"非所好也，徇俗受之"。⑧ 内供奉僧从晦住安国寺，道行高洁，兼工诗，以文章应制，"上（宣宗）每择剧韵令赋，亦多称旨"。⑨ 僧人栖白早年与姚合和贾岛过从甚密，其后又与刘沧、李频、张乔、曹松、李洞、贯休、齐己等人时相酬唱。史载，唐人刘得仁出入科场30年，竟无所成。刘得仁死后，"诗人争

---

① 裴休：《唐故左街僧录内供奉三教谈论引驾大德安国寺上座赐紫方袍大达法师玄秘塔碑铭并序》，《全唐文》卷七四三，第7695页。
② 张乔：《送僧鸾归蜀宁亲》，《全唐诗》卷六三八，第7318页。
③ 《宋高僧传》卷六《唐梓州慧义寺神清传》，第121页。
④ 白居易：《广宣上人以应制诗见示，因以赠之，诏许上人居安国寺红楼院，以诗供奉》，《全唐诗》卷四三八，第4862页。
⑤ 李益：《赠宣大师》，《全唐诗》卷二八三，第3230页。
⑥ 广宣：《再入道场纪事应制》，《全唐诗》卷八二二，第9272页。
⑦ 广宣：《禁中法会应制》，《全唐诗》卷八二二，第9269页。
⑧ 《宋高僧传》卷三〇《唐上都大安国寺好直传》，第741页。
⑨ （唐）裴庭裕撰，田廷柱点校《东观奏记》卷下"唐宣宗不以紫袈裟赐从晦"条，中华书局，1994，第130页。

为诗以吊之,唯供奉僧栖白擅名"。① 栖白诗名甚盛,他以诗供奉曾历宣宗、懿宗、僖宗三朝,唐人林宽《哭栖白供奉》诗云:"侍輦才难得,三朝有上人。琢诗方到骨,至死不离贫。"②

唐代帝王听政之暇,大多留心翰墨,因而在他们身边拥有一些侍书家,或讲书论道,或书碑刻石,或为皇帝书写助兴,以示风雅。唐代许多高僧擅长书法,享有盛名,因而供奉朝廷,侍书皇帝。释高闲以善书在唐宣宗时被"召入对御前草圣",赐紫衣,号十望大德。③ 上都临坛十望大德、内供奉僧高闲善草隶,他又"尝对懿宗御前书,甚高华望"。④ 唐代著名史学家吴兢的裔孙释昙光以擅长草隶得幸于唐昭宗,昭宗诏对御前草书,赐紫方袍。⑤ 罗隐《送昙光大师》诗云:"圣主赐衣怜绝艺,侍臣摛藻许高踪。"⑥ 贯休《昙光大师草书歌》诗谓:"好文天子挥宸翰,御制本多推御案。晨开水殿教题壁,题罢紫衣亲宠锡。"⑦ 唐昭宗光化年间,僧人书法家亚栖在内殿写草书,两赐紫袍,荣于一时,他自称:"通神笔法得玄门,亲入长安谒至尊。莫怪出来多意气,草书曾悦圣明君。"⑧ 侍文侍书的内供奉僧实则唐朝御用文人墨客,他们舞文弄墨,名振輦下,腾誉京师,为繁荣唐代的诗文、书法创作做出了积极贡献。

作为僧人,唐代内供奉僧乃以阐扬佛法为务,他们不仅"说法金殿里,焚香清禁中",而且"传灯遍都邑,杖锡游王公",以致"天子挹妙道,群僚趋下风"。⑨ 国之师匠一行禅师召天下英髦、学兼内外者集会洛阳福先寺大建论场,内供奉僧道氤为众推许,首先登座,他对《瑜伽》《唯识》《因明》《百法》等经论,"竖立大义六科,敌论诸师茫然屈伏"。⑩ "释门俊彦,宇内罕匹"的道氤著有《净业障经疏》《大乘法宝五门名教》《信法仪》《唯识疏》《法华疏》《御注金刚经》。道氤宣讲经疏,"四海向

---

① (五代)王定保撰,黄寿成点校《唐摭言》卷一〇"海叙不遇"条,三秦出版社,2011,第148页。
② 林宽:《哭栖白供奉》,《全唐诗》卷六〇六,第7002页。
③ 《宋高僧传》卷三〇《唐天台山禅林寺广修传附高闲传》,第742页。
④ 《宋高僧传》卷一二《唐洛京广爱寺从谏传》,第279页。
⑤ 《宋高僧传》卷三〇《后唐明州国宁寺昙光传》,第753页。
⑥ 罗隐:《送昙光大师》,《全唐诗》卷六六三,第7600页。
⑦ 贯休:《昙光大师草书歌》,《全唐诗》卷八三七,第9436页。
⑧ 亚栖:《对御书后一绝》,《全唐诗》卷八五〇,第9623页。
⑨ 崔颢:《赠怀一上人》,《全唐诗》卷一三〇,第1322页。
⑩ 《宋高僧传》卷五《唐长安青龙寺道氤传》,第97~98页。

风，学徒鳞萃，于青龙寺执新《疏》，听者数盈千计"。① 会昌元年（841）正月，唐武宗敕令于京师长安左、右街七寺开俗讲，其中，左街有招福寺内供奉、三教讲论大德齐高法师在菩提寺讲《涅槃经》，右街有内供奉、三教讲论、赐紫引驾起居大德文溆法师讲《法华经》，"城中俗讲，此法师为第一"。② 会昌元年（841）五月一日，唐武宗敕令俗讲开讲，两街十寺讲佛教，其中，内供奉、讲论大德嗣标法师于资圣寺讲《金刚经》。③ 内供奉僧神清"巨富其才，亦凿深于学"，好为著述，前后撰成《法华玄笺》《释氏年志》《新律疏要诀》《二众初学仪》《有宗七十五法疏》《识心论》《澄观论》《俱舍义钞》《北山参玄语录》等，率皆流行当世。其中，他的《北山参玄语录》"博该三教，最为南北鸿儒名僧高士之所披玩焉"。④ 神清"三教俱晓，该玄鉴极，彝伦咸叙，万人之敌也"，⑤ 其受业弟子黑白四方计千余人。内供奉僧真乘精于律法，长于讲说，他八为律学座主，四为临坛正员。⑥ 内供奉僧大义禅师为"两宫崇重，道俗宗仰"，"以是及门者至多"，"学者如麻"。⑦ 内供奉僧端甫"虽造次应对，未尝不以阐扬为务"，他掌内殿法仪，录左街僧事，以摽表净众者凡11年，讲《涅槃》《唯识》经论，"位处当仁，传授宗主，以开诱道俗者，凡一百六十座"。⑧ 当时，"贵臣盛族，皆所依慕，豪侠工贾，莫不瞻向，荐金宝以致诚，仰端严而礼足，日有千数，不可殚书"。⑨ 端甫"门弟子比丘、比丘尼约千余辈，或讲论玄言，或纪纲大寺，修禅秉律，分作人师，五十其徒，皆为达者"。⑩

超然出众的内供奉僧是唐代释门英达，佛门明珠，是唐代僧人群体中的特殊阶层。唐代内供奉僧博赜经论，明达诸法，学通内外，性相圆明，

---

① 《宋高僧传》卷五《唐长安青龙寺道氤传》，第98页。
② 《入唐求法巡礼行记校注》卷三"开成六年正月九日"条，第369页。
③ 《入唐求法巡礼行记校注》卷三"会昌元年五月一日"条，第389页。
④ 《宋高僧传》卷六《唐梓州慧义寺神清传》，第122页。
⑤ 《宋高僧传》卷六《唐梓州慧义寺神清传》，第121页。
⑥ 《宋高僧传》卷一五《唐湖州八圣道寺真乘传》，第373页。
⑦ 韦处厚：《兴福寺内道场供奉大德大义禅师碑铭》，《全唐文》卷七一五，第7353页。
⑧ 裴休：《唐故左街僧录内供奉三教谈论引驾大德安国寺上座赐紫方袍大达法师玄秘塔碑铭并序》，《全唐文》卷七四三，第7695页。
⑨ 裴休：《唐故左街僧录内供奉三教谈论引驾大德安国寺上座赐紫方袍大达法师玄秘塔碑铭并序》，《全唐文》卷七四三，第7695页。
⑩ 裴休：《唐故左街僧录内供奉三教谈论引驾大德安国寺上座赐紫方袍大达法师玄秘塔碑铭并序》，《全唐文》卷七四三，第7695页。

美声洋洋，达于禁闼。恩遇倚重于唐代帝王的内供奉僧出入禁省，或亲承顾问，答疑解惑；或讲经化导，躬传法理；或斋戒诵经，祈福护国；或论难儒、道，"对王臣而无畏，挫执滞而有功"。① 他们还长期积极活动于宫禁之外，或盛集法侣，传扬经典；或临坛度人，师资授受；或拥书经论，著疏立说。内供奉僧借助其"内供奉"的特殊身份，为佛教在唐代的持续大发展奠定了良好的政治基础，为佛教在唐代的繁荣鼎盛营造了良好的政治环境。卓尔不群的内供奉僧素为缁门崇重，他们从而引领了唐代佛教的发展方向，他们为佛教在唐代的发扬光大而不懈努力，功莫大焉。

三　内供奉僧与唐代政治生活

佛教乃清净之门，僧人是方外之宾，本应超尘脱俗、不问世事，唐代内供奉僧亦当远离政治。然而，在古代中国，"不依国主，则法事难立"，② 佛教紧紧依赖于帝王权杖，佛教与皇朝政治休戚相关。于是，一些内供奉僧借助其特殊身份，出入朝廷，潜结王侯，或为佛教发展积极寻求皇权的支持，或为个人名利主动巴结权贵，唐代政治生活中因而弥漫着佛教的气息，到处留下了内供奉僧的身影。

内供奉僧广宣极力攀附权贵，他与士大夫杨巨源、韦皋、王起、段文昌等人过从甚密。唐武宗会昌四年（844），左仆射兼太常卿王起主持的贡举放第二榜，僧广宣以诗寄贺，大肆吹嘘王起"从辞凤阁掌丝纶，便向青云领贡宾。再辟文场无枉路，两开金榜绝冤人。眼看龙化门前水，手放莺飞谷口春。明日定归台席去，鹓鸰原上共陶钧"。③ 为讨好尚书右丞韦贯之，广宣声称："窃闻阁下不久拜相。"不料韦贯之呵斥："安得不轨之言！"还要上奏朝廷，广宣十分恐惧，只好急急忙忙偷偷溜走了。④ 内供奉僧文秀以文章应制，"内殿评诗切，身回心未回"，他"出寺只知趋内殿，闭门长似在深山"。⑤ 内供奉僧僧鸾虽有超逸之才，但品行不拘检。他早岁

---

① 《大宋僧史略》卷中《讲经论首座》，第112页。
② （梁）慧皎撰，汤用彤校注《高僧传》卷五《晋长安五级寺释道安传》，中华书局，1992，第178页。
③ 《唐摭言》卷三"慈恩寺题名游赏赋咏杂记"条，第44页。
④ （唐）李肇：《唐国史补》卷中"韦相叱广宣"条，上海古籍出版社，1979，第41页。
⑤ 郑谷：《次韵和秀上人长安寺居言怀寄渚宫禅者》，《全唐诗》卷六七六，第7741页。

以乡党为由拜谒尚书薛能，朝臣以其颠率，不堪为举子，劝其出家。僧鸾不肯拜师于僧人，自行在百尺大像前披剃，后来入京赐紫为文章供奉。赐紫士大夫柳玭甚爱其才，租庸使张濬亦曾加敬，盛言此人可重用。僧鸾却"由是反初，号鲜于凤"，他去拜谒柳玭，柳公鄙视他而不接见。僧鸾又去拜谒张濬，张濬亦拒绝了他。他非常失望，而为李挺江西判官，后为西班小将军，不料竟于黄州遇害丧命。① 难怪唐人赵璘在《因话录》中感而慨之："元和以来，京城诸僧及道士，尤多大德之号。偶因势进，则得补署，遂以为头衔。各因所业谈论，取本教所业，以符大德之目，此犹近于理。至有号文章大德者，夫文章之称，岂为缁徒设耶？讹亦甚矣！"② 安国寺沙门修会以能诗应制，尝向唐宣宗乞赐紫衣，宣宗谓："不于汝吝，但汝相有阙耳。"③ 后来，修会终于等到赐紫，不料却一夕暴亡。无独有偶，又有僧从晦其事与修会如出一辙。僧从晦积年供奉，一心期望获得紫方袍之赐，以耀法门。唐宣宗两次召见从晦，却对他说："朕不惜一副紫袈裟与师，但师头耳稍薄，恐不胜耳！"④ 内供奉僧从晦名利熏心，后来竟因未获赐紫悒悒而终。这就是人们"爱僧不爱紫衣僧"⑤ 的缘故了。

"唐名缁大抵附青云士始有闻"，⑥ 一方面，一些内供奉僧汲汲于名利，极力攀附朝臣权贵；另一方面，一些内供奉僧"后或赐紫，参讲禁近，阶缘可凭，青云士亦复借以自梯"。⑦ 唐敬宗时，时人陈岵通过供奉僧向朝廷进献所注《维摩经》以图郡牧，得官濠州刺史。⑧ 唐昭宗朝内供奉僧辩光早年虽然擅长书法，但其崭露头角不能不说与陆希声的帮助和提携有莫大关系。辩光曾向陆希声求学草法，陆氏将所谓的"五指拨镫法"秘诀传授给他。⑨ 辩

---

① （五代）孙光宪撰，贾二强点校《北梦琐言》卷一〇"狄右丞鄘著紫僧"条附"僧鸾"，中华书局，2002，第205页。
② （唐）赵璘：《因话录》卷四，上海古籍出版社，1979，第94页。
③ 《佛祖统纪校注》卷四三《法运通塞志》，第991页。
④ 《东观奏记》卷下"唐宣宗不以紫袈裟赐从晦"条，第130页。
⑤ 郑谷：《寄献狄右丞》，《全唐诗》卷六七六，第7744页。
⑥ （明）胡震亨：《唐音癸签》卷二九《谈丛五》，上海古籍出版社，1981，第516页。
⑦ 《唐音癸签》卷二九《谈丛五》，第516页。
⑧ 《旧唐书》卷一五三《刘宽夫传》，第4086页。
⑨ 杨宾《大瓢偶笔》卷八《偶笔识余》云："释氏能书者，自晋至明多至七十余人，而永、素则为右军之正宗。甚至陆氏'拨镫法'不授他人，而授辩光，岂非以其心地清和，萧闲无事，得以致力于是耶？"参见崔尔平选编、点校《历代书法论文选续编》，上海书画出版社，2015，第588页。

光由此书艺渐入佳境,声名鹊起,唐昭宗下诏他"对御榻前书",成为内供奉僧,获得"赐紫方袍"的殊荣。詧光飞黄腾达后,陆希声为官阶晋升则求助于詧光,《历代诗话》云:"陆希声隐居宜兴君阳山。……初,僧詧光从希声受笔法,继以善书得幸于昭宗。希声祈使援己,以诗寄之云:'笔下龙蛇似有神,天池雷雨变逡巡。寄言昔日不龟手,应念江湖洴澼人。'遂得召,隐操盖不足观也。"①《新唐书·陆希声传》称:"昭宗闻其名,召为给事中,拜户部侍郎、同中书门下事。"唐昭宗得知陆希声其人,并拜为户部侍郎、同中书门下事,应该是陆氏向御内供奉僧詧光"祈使援己"后,詧光举荐的结果。士大夫借助内供奉僧的援引,或可谋得一官半职,甚或青云直上。因而出现了内供奉僧大义禅师还乡时,"京师祖道者,自皇都及灞上,车盖溢路。所至皆器傲耻革,刑狱用省。故郡守藩岳,无不请益,以为有助于政术"。②一些内供奉僧和士大夫沆瀣一气,互为利用,追逐名利,严重背离了佛法宗旨,不仅破坏了释门宗风,而且败坏了政治风气。

为害更甚者,唐王朝不惜一切代价,造寺不止,度人不休,统治者挥霍钱财,广造佛寺,大做佛事,"是使国家所出加数倍,所入减数倍",③加之僧徒"化诱所急,切于官征;法事所须,严于制敕",④致使百姓劳弊,天下虚竭,不能不说内供奉僧在其间也起了助纣为虐的作用。"台城兵匝无人敌,闲卧高僧满梵宫。"⑤安史之乱爆发,仓皇逃离之中的唐肃宗仍"以供奉僧晨夜念佛,动数百人,声闻禁外",⑥中书侍郎张镐奏谏谓"未闻区区僧教以致太平",肃宗却不以为然。唐代宗时每有夷狄入侵,"必合众沙门诵《护国仁王经》为禳厌"。⑦国难当头,唐代帝王"权归于佛",⑧乞求佛教救国。危机四伏,唐代内供奉僧设斋念经,蛊惑人心,"由是中外臣民承流相化,皆废人事而奉佛,政刑日紊矣"。⑨"只道鬼神能

---

① 《韵语阳秋》卷八,(清)何文焕《历代诗话》下册,中华书局,1981,第 546~547 页。
② 韦处厚:《兴福寺内道场供奉大德大义禅师碑铭》,《全唐文》卷七一五,第 7354 页。
③ 《旧唐书》卷一〇一《辛替否传》,第 3159 页。
④ 《旧唐书》卷八九《狄仁杰传》,第 2893 页。
⑤ 汪遵:《梁寺》,《全唐诗》卷六〇二,第 6955 页。
⑥ 《旧唐书》卷一一一《张镐传》,第 3327 页。
⑦ 《新唐书》卷一四五《王缙传》,第 4716 页。
⑧ (唐)杜牧撰,陈允吉校点《樊川文集》一〇《杭州新造南亭子记》,上海古籍出版社,2007,第 154 页。
⑨ 《资治通鉴》卷二二四,唐代宗大历二年七月,第 7197 页。

护物，不知龙象自成灰。"① 佛教到了"入家破家，入国破国"② 的地步，唐代内供奉僧当然也难辞其咎。

迎奉法门寺佛骨舍利是唐代政治生活中的一件大事，唐太宗、唐高宗、武则天、唐肃宗、唐德宗、唐宪宗、唐懿宗诸帝都曾隆重迎奉佛骨舍利。在唐代后期的迎奉佛骨活动中，内供奉僧不仅是主要参与者，而且往往是主要策划者。唐宪宗元和十四年（819）正月，法门寺佛指舍利到达京师长安，"王公士民瞻奉舍施，惟恐弗及，有竭产充施者，有然香臂顶供养者"。③ 这次声势空前浩大的迎佛骨活动的主要组织者之一就是内供奉僧灵晏。④ 唐代内供奉僧参与组织声势浩大的迎佛骨活动，百姓"焚顶烧指，百十为群，解衣散钱，自朝至暮，转相仿效，惟恐后时，老少奔波，弃其业次"，甚至"断臂脔身，以为供养者"，⑤ 不能不说严重毒化了社会风气。

概言之，内供奉僧在唐代政治生活中扮演了重要角色，佛教深深地渗透到了唐代政治生活领域，唐代佛教带有十分鲜明的政治色彩。内供奉僧正是佛教与唐朝政治结缘的产物，是唐代帝王皈依佛教的结果，深刻反映了唐代皇权政治对佛教的某种需要。我们在肯定内供奉僧为唐代佛教大发展做出了积极贡献的同时，必须充分认识到他们的消极影响。

（原载《史学集刊》2019 年第 6 期）

---

① 罗隐：《甘露寺火后》，《全唐诗》卷六六二，第 7591 页。
② （唐）释道宣：《广弘明集》卷一一，法琳《对傅奕废僧表并启》引傅奕语，参见《大正藏》卷五二，第 162 页。
③ 《资治通鉴》卷二四〇，宪宗元和十四年正月，第 7758 页。
④ 别详拙文《〈唐崇福寺故僧录灵晏墓志〉考释》，《陕西历史博物馆馆刊》第 19 辑，三秦出版社，2012，第 195～198 页。
⑤ （唐）韩愈：《韩昌黎全集》卷三九《论佛骨表》，中国书店，1991，第 457 页。

日本僧人圆珍入唐求法活动摭谈
——读《行历抄校注》

中日两国一衣带水，文化交往源远流长。在中日文化交流史上，佛教文化交流独具一格。其中，日本僧人在公元9世纪掀起的入唐求法巡礼活动，影响最为深远。在9世纪日本入唐求法僧人中，有8位僧人成就最高，这就是日本佛教史上著名的"入唐八家"，即空海、常晓、圆行、惠运、宗睿、最澄、圆仁、圆珍（图Ⅱ—13）。

"入唐八家"中的圆珍（814~891），日本赞岐国（今香川县）人，他是日本天台宗僧人慈觉大师圆仁（794~864）的师弟。圆仁于838年（唐文宗开成三年）入唐求法，847年（唐宣宗大中元年）回国，著有游记《入唐求法巡礼行记》。稍晚于圆仁，圆珍于853年（唐宣宗大中七年）

图Ⅱ—13　圆珍坐像

入唐求法，858年（大中十二年）回国，著有游记《行历抄》。圆仁《入唐求法巡礼行记》和圆珍《行历抄》都是研究唐代宗教和历史以及中日文化交流史的第一手资料。目前，学术界关于圆仁及其《入唐求法巡礼行记》已经进行了多方面的研究，并取得了十分丰硕的学术成果。[①] 然而，关于圆珍及其《行历抄》，则未引起学界应有的重视。早在二十多年前，周一良先生就曾指出："而较圆仁稍后入唐的圆珍，也留下了记录。虽然远不如圆仁日记之详尽，也包含一些有用的信息，却还未受国内学术界的充分注意。"[②] 时隔多年，值得称道的是，白化文、李鼎霞先生整理出版了《行历抄校注》[③]，筚路蓝缕，嘉惠学林。可是，关于圆珍及其《行历抄》，目前学界虽有偶然零星提及，但仍缺乏深入研究。因此，笔者谨以《行历抄校注》为本，仅就圆珍入唐求法的主要经历和在唐的求法途径以及唐人对圆珍的基本态度等问题略事申说，权作抛砖引玉。

一 圆珍入唐求法的主要经历

圆珍于日本文德天皇仁寿三年（853）七月十六日随新罗商人王超等人的船只渡海，历时1个月，于唐宣宗大中七年（853）八月十五日抵达唐岭南道福州连江县（今福建省连江县）。唐宣宗大中十二年（858）六月八日，圆珍搭乘唐朝商人李延孝的船只渡海回国。圆珍入唐求法共6年，从《行历抄》《在唐日录》《天台宗延历寺座主圆珍传》《智证大师年谱》和圆珍入唐公验、过所、牒、状等史料来看，他入唐求法主要巡礼游历了以下地方。

（一）**台州安宁寺和开元寺**。唐宣宗大中七年（853）八月十五日，圆珍渡海抵达唐岭南道福州连江县。接着，他一路北上。大中七年十一月十九日，圆珍来到台州（治今浙江临海市）黄岩县（今浙江黄岩县）安宁寺。十一月二十六日，他又来到台州临海县（今浙江临海市）开元寺，圆

---

① 吕红梅：《五十年来〈入唐求法巡礼行记〉研究综述》，《兰州教育学院学报》2002年第2期；师敏：《日本来华僧人研究综述》，《首届长安佛教国际学术研讨会论文集（第四卷）》，陕西师范大学出版社，2010，第361~370页。
② 周一良：《入唐僧圆珍与唐朝史料》，《中国历史博物馆刊》总第13、14期，1988，参见周一良《唐代密宗》，上海远东出版社，1996，第317~324页。
③ 〔日〕圆珍撰，白化文、李鼎霞校注《行历抄校注》，花山文艺出版社，2004。

珍记述说："当日相看徒众，安置道真杜陀房中。有满和尚弟子季皋、清翰僧正弟子知建，两和尚才见喜欢，殊甚安存。"①

（二）**天台山国清寺**。唐宣宗大中七年（853）十二月十三日，圆珍抵达天台山国清寺。大中八年（854）九月七日，圆珍从天台山前往长安。大中十年（856）六月四日，他又回到了天台山国清寺，直到大中十二年（858）六月八日回国。天台山国清寺是圆珍在唐求法的最后一站。圆珍在天台山灵芝峰顶礼了"第六祖荆溪大师坟"和"智者大师之坟"，在天台山华顶顶礼了定光招手之石及降魔道场。圆珍在唐求法共6年，前后总计约有一半时间在天台山国清寺参学问道。

（三）**越州开元寺**。大中八年（854）九月七日，圆珍从天台山前往长安，路途中，九月二十日到达越州（治今浙江绍兴市），入越州（图Ⅱ—14）开元寺，拜见了天台座主良谞和尚，他被安置在开元寺天王院。大中九年（855）二月二十九日，圆珍离开越州开元寺继续前行奔往长安。圆珍此次在越州开元寺参学约5个月，后来他从长安返回天台山的路途中于大中十年（856）五月底在越州开元寺又参访了数日，特地看望了良谞座主。

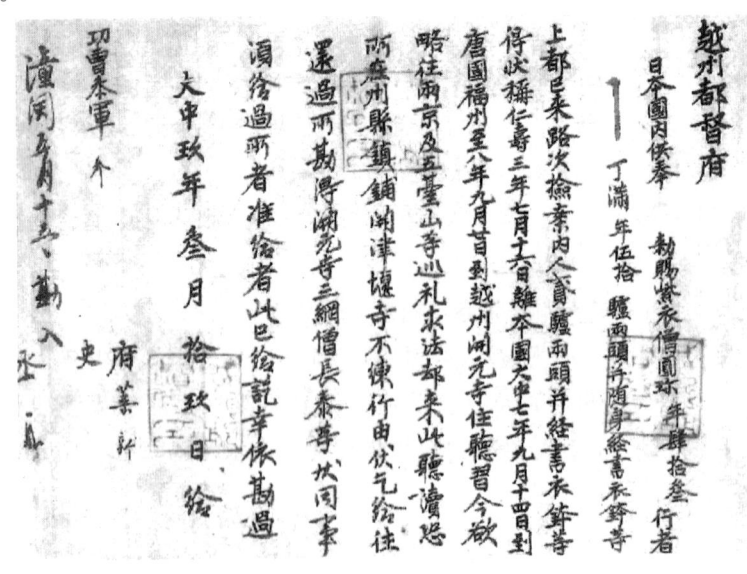

图Ⅱ—14　越州都督府过所

---

① 《行历抄校注》，第5页。

（四）长安诸寺。圆珍入唐求法在天台山国清寺参学 8 个多月后，即于大中八年（854）九月七日，离天台山赴长安，大中九年（855）五月二十一日到达长安，十一月二十七日离开长安，圆珍在长安参学共约半年时间。在唐长安，圆珍礼拜了青龙寺法全和尚，入大悲胎藏坛，受学法灌顶。他还拜见了长安龙兴寺"心行清直，道心坚固"的新罗和尚云居院主。圆珍还先后到长安大兴善寺、千福寺、庄严寺、西明寺、慈恩寺、兴福寺、崇福寺、荐福寺等著名佛教寺院巡礼、求法。

（五）洛阳诸寺。大中九年（855）十一月二十七日，圆珍离开长安返回天台山的途中，十二月十七日抵达洛阳，在洛阳参学问道，于大中十年（856）正月十五日，从洛阳南下前往天台山。在洛阳，圆珍到广化寺礼拜了善无畏三藏和尚舍利塔，到大圣善寺礼拜了善无畏三藏真容。他还游历了洛阳敬爱寺、安国寺、天宫寺、荷泽寺等佛教寺院。

唐都长安不仅是当时中国佛教文化传播的中心，而且是世界佛教文化交流的中心。因此，圆珍入唐在天台山国清寺待了几个月后，就离开天台山前赴长安，在长安参学问道共约半年时间。洛阳地处天下之中，作为唐代陪都，是仅次于长安的中国佛教文化中心，因而成为圆珍入唐求法巡礼中的重要一站。

圆珍在唐朝长达 6 年的巡礼求法活动中，一半时间在天台山国清寺参学问道。天台山国清寺是中国佛教天台宗的祖庭，早在唐贞元二十年（804），就有日本高僧最澄偕弟子义真（781~833）来此求法，跟从中国高僧道邃、行满学习天台教理。次年，他们回国后创立了日本佛教天台宗，义真成为日本第一任天台宗座主。圆珍早在 15 岁时，就师事义真。源于此，他入唐求法主要在天台山国清寺参学问道。在天台宗的祖庭国清寺长达 3 年多时间的参学问道，探彼玄微，明达诸法，奠定了圆珍回国后在日本佛教界的地位，圆珍从而成为日本天台宗第五代座主。

二　圆珍在唐求法的主要途径

圆珍栖志法门，无择夷险，践迹中土，跋涉积年，孜孜为道。他恪勤不懈，多历年月，务在求法，粲然可观。从圆珍在唐巡礼求法的行迹看，他主要是通过获取佛经、咨习经论、入坛灌顶等途径来圆满实现其求法志向。

（一） 求取佛经

求得佛教经、论、章疏是当时日本僧人入唐求法的最重要的目的。圆珍在唐求法的 6 年中，也是利用一切机会广泛搜求佛教经典，他于"两京、两浙、岭南、福建等道巡游，传得大、小二乘经、律、论、传记，并大总持教，曼荼罗帧、天台圆顿教文，及诸家章疏、抄记、杂碎经论、梵夹、目录等，前后总计肆佰肆拾壹本，壹千卷"。①

日本"入唐八家"从唐朝带回大量佛教经卷，并将这些佛教经卷编成书目，称作"请来目录"。根据"入唐八家"的"请来目录"统计，各家带回佛教经论的情况如下：

最澄，230 部，460 卷。
空海，216 部，461 卷。
常晓，31 部，63 卷。
圆行，69 部，123 卷。
圆仁，585 部，794 卷。
惠运，180 卷。
圆珍，441 部，1000 卷。
宗睿，134 部，143 卷。②

由上可见，"入唐八家"中，圆珍是携回佛教经论最多的日本入唐求法僧人。因此，日本佛教史学家村上专精说："三圣（最澄、圆仁、圆珍）入唐，虽然所传授互相不同，但在携来的典籍方面，唯独智证大师圆珍带回的最多，其数目达四百余部一千卷。"③

据《行历抄》等文献记载，圆珍在唐主要通过抄写和赠予来获取佛教经卷。

抄写是圆珍获取佛教经卷的重要途径。在圆珍获取的 1000 卷佛教经论中，有大、小乘 71 本，共计 123 卷，即是圆珍于天台山国清寺和福州开元

---

① 《行历抄校注》，第 66~67 页。
② 苏渊雷：《略论"入唐八家"及中国高僧对于沟通中日文化的卓越贡献》，《学术月刊》1988 年第 5 期。
③ 〔日〕村上专精撰，汪向荣校《日本佛教史纲》，杨曾文译，商务印书馆，1981，第 84 页。

寺"请本抄得"。① 大中八年（854），圆珍在天台山国清寺坐夏期间，向寺僧物外借来经本，"抄写天台教法，近三百卷"。② 大中九年（855）五月二十八日，圆珍在青龙寺随喜礼拜后，法全和尚让他自行抄取《大仪轨》。圆珍"不敢自擅"，"和尚便入灌顶道场，开厨取本，过与圆珍。又入房坐，略说'五大种子'及以'手印'等。珍随分记得"。③ 圆珍还将青龙寺"瑜伽本"带到长安城春明门外的高家店抄写。

除了抄写，赠予是圆珍获取佛教经卷的又一重要途径。大中七年（853）八月底，圆珍在福州开元寺，开元寺讲律大德僧存式送给圆珍《四分律东塔疏》，以及嘉祥、慈恩两家《法华经疏》，《华严》《涅槃》《俱舍》等疏义近三百卷。④ 大中十年（856），圆珍从长安返回天台山的路途中，在当年五月底入越州开元寺参访良谞座主，"座主当时舍与《法华玄义》一部，《妙乐》《剡记》各一本，二十六卷"。⑤

（二）获得法器

圆珍在唐求法，还得到"道具、法物等，都计壹拾陆事"。⑥ 其中，有灌顶三昧耶五钴杵一口、五钴金刚铃一品一口、羯摩金刚杵四口、镇坛橛四枚，"并于上都长安城护国寺等传得"。⑦ 有福州都督府开元寺传教大德僧存式和尚寄送圆珍麈尾一柄和南海桄榔木拄杖一枚。⑧ 又有中天竺大那兰陀寺三藏曼索悉怛罗梵夹、大那兰陀寺佛殿前贝多树皮梵夹、熟铜五股小金刚杵，"并是婆罗门三藏从西天佛国将到大唐。其一行程经一十六万八千里。艰险难说。圆珍才到福州，见三藏和尚，蒙授《悉坛章》，兼付三种法信相传本国，永充供养"。⑨ 圆珍在唐获得的这些佛教法器弥足珍贵，其中，不乏稀世之物，如"婆罗门三藏从西天佛国带到大唐""行程经一十六万八千里"的熟铜五股小金刚杵。

---

① 《行历抄校注》，第 70 页。
② 《行历抄校注》，第 139 页。
③ 《行历抄校注》，第 42 页。
④ 《行历抄校注》，第 129 页。
⑤ 《行历抄校注》，第 52 页。
⑥ 《行历抄校注》，第 67 页。
⑦ 《行历抄校注》，第 74 页。
⑧ 《行历抄校注》，第 87 页。
⑨ 《行历抄校注》，第 86 页。

(三) 咨习经论

随方参学，学追上流，伏膺请益，咨习经论是圆珍在唐求法的主要活动。大中七年（853）八月下旬至九月中旬，圆珍在福州开元寺中遇到中天竺摩揭陀国大那烂陀寺三藏般若怛罗，受学梵字《悉昙章》，兼授"金刚界大悲胎藏大日佛印""七俱知""曼素室利印法""梵夹经"等。[1] 大中七年（853）十月中下旬，圆珍在温州开元寺遇到临坛大德僧宗本阇梨，授《四分新疏》《俱舍论》《楞伽经疏》。[2] 大中七年（853）十二月下旬，圆珍甫到天台山国清寺，就有禅林寺传教大德僧道邃和尚入室广修和尚听习弟子僧物外"长讲《止观》，传大师教"。[3] 大中八年（854）九月上旬，圆珍在越州开元寺遇到智者大师第九代传法弟子沙门良谞"讲授宗旨，时决旧疑"。[4] 大中九年（855）六月三日，圆珍在唐都长安城拜见了善无畏第五代传法弟子、左街青龙寺传教和尚、前长生殿持念、供奉大德僧法全，"蒙许授受瑜伽宗旨"。[5] 大中九年（855）冬至日，圆珍来到唐长安城大兴善寺不空三藏和尚院，礼拜了三藏和尚骨塔，拜见了不空三藏第三代传法弟子、沙门智慧轮阿阇梨，参入道场，"咨承两部大曼荼罗教秘旨，兼授新译持念经法"。[6]

(四) 入坛灌顶

灌顶是密教师徒授受教法、职位及得佛力加持并成就的一种仪式，密宗灌顶通常分结缘灌顶、学法灌顶、传法灌顶三级。大中九年（855）七月十五日，圆珍在长安青龙寺从法全阇梨"入胎藏灌顶"，[7] 即入大悲胎藏坛，受学法灌顶。十月三日，他又从法全阇梨"入金刚界灌顶"，[8] 即入金刚界九会大曼荼罗道场，沐五智灌顶水，授学大瑜伽根本大教王最上乘

---

[1] 《行历抄校注》，第129页。
[2] 《行历抄校注》，第132页。
[3] 《行历抄校注》，第135页。
[4] 《行历抄校注》，第140页。
[5] 《行历抄校注》，第142页。
[6] 《行历抄校注》，第144页。
[7] 《行历抄校注》，第47页。
[8] 《行历抄校注》，第48页。

教,并两部诸尊瑜伽,及苏悉地羯大法等。① 十一月五日,圆珍"又蒙受传法灌顶位",② 即得般若母菩萨、大虚空藏菩萨、转法轮大菩萨,法全和尚授记曰:"汝蒙大毗卢遮那经般若之加持,游步阿字法性之在穿,传一切如来最上乘教者。"③ 传法灌顶亦称"传教灌顶""阿阇梨位灌顶",是密教最重要的灌顶。高僧大德受传法灌顶后,即获得了"阿阇梨师位",从而就具备了传法的权力。

圆珍入唐求法是为了学成回国后进一步传法,他在唐长安青龙寺"蒙受传法灌顶位",成为"传一切如来最上乘教者",使他具备了归国传教的基本资格。圆珍在唐求法,咨习经论,广学多闻,为他归国弘法奠定了坚实的佛学理论基础。这一切,最终成就了圆珍成为"入唐八家"之一,成为日本天台宗寺门派的开山祖师。

三 唐人对圆珍的基本态度

作为一名外国僧人,圆珍入唐求法的圆满成功,除了他本人的不懈努力,还与唐人的大力帮助是分不开的。

大中七年(853)十二月九日,圆珍在蹚过艰险的始丰溪前往天台山国清寺时,"元璋阇梨相领入船。一切勾当。都五个日,从溪而上,水浅石多,非常难行"。④ 元璋和尚"一切勾当",即他为圆珍办理了所有的事情。大中七年(853)十二月十三日,圆珍到达国清寺后,"国清寺都师元唐——俗姓周——到来相看。续后,寺家催十个老宿、徒众,教来廨宅迎接"。⑤

大中九年(855)五月二十五日,随圆珍入唐的丁满先行到达唐长安城,遇到玄法寺法全和尚,"和尚喜欢,便领将去青龙寺西南角净土院和尚房,与茶饭吃。便传语来,存问圆珍"。⑥ 大中十年(856),圆珍从长安返回天台山的路途中,在当年五月底入越州开元寺参访良谞座主,"座主

---

① 《行历抄校注》,第142页。
② 《行历抄校注》,第51页。
③ 《行历抄校注》,第142页。
④ 《行历抄校注》,第9页。
⑤ 《行历抄校注》,第14页。
⑥ 《行历抄校注》,第40页。

故留，教取衣服"。①

圆珍在唐求法活动中，不仅得到唐朝僧人的大力帮助，而且得到了唐朝普通民众的无私援助。大中七年（853）八月下旬至九月中旬，圆珍在福州开元寺时，有处士林儒"自舍钱帛"给圆珍，助写日本所缺佛法经、论。② 大中九年（855）五月十九日，圆珍一行到达京兆昭应县（今陕西临潼），苏州人施二十等先入长安，为他"看好店舍"。③

尤为重要的是，圆珍在唐求法活动得到了唐朝地方官吏的大力支持。大中七年（853）八月十五日，圆珍随商船登岸，踏入唐土岭南道福州连江县。十六日，他投宿闽县（今属福清市）海口镇，镇将朱浦即"殷勤安存"。十七日，圆珍到达福州城外，当时的观察使、金紫光禄大夫、御史中丞、福建都团练处置等使兼福州刺史韦署即派遣军将林师准存问。二十一日，圆珍看望观察使韦署，"亦甚顾问，安堵于开元寺，优给生料，兼仰纲维供给熟食"。④

大中七年（853）十月中旬，圆珍入温州界，至横阳县（今浙江省平阳县），县官丞、将仕郎许邴，"给两只船，差二人夫送至州下"。⑤ 圆珍在温州，刺史裴阅"与安存，给生料。道俗相喜甚，以安泊于开元寺"。⑥ 大中七年（853）十二月，圆珍来在台州临海郡开元寺，刺史、工部郎中、敕赐绯金鱼袋李肇，"蒙具行由，申上省、使，兼给公验。自率州官入寺慰问"。⑦

圆珍在唐求法，他在衣食住行等方面得到了唐代僧俗各界无微不至的关怀。唐大中九年（855），圆珍由台州赴长安的途中，在苏州生病，他寄宿在衙前同十将徐公直家，"直尽力看病"。⑧ 圆珍由此与徐直结下了深厚的友谊，大中十年（856），由长安返回天台山的途中，当年五月他又在徐直家落脚数日。⑨

---

① 《行历抄校注》，第 52 页。
② 《行历抄校注》，第 129 页。
③ 《行历抄校注》，第 39 页。
④ 《行历抄校注》，第 126~127 页。
⑤ 《行历抄校注》，第 132 页。
⑥ 《行历抄校注》，第 132 页。
⑦ 《行历抄校注》，第 134 页。
⑧ 《行历抄校注》，第 140 页。
⑨ 《行历抄校注》，第 37 页。

唐人对圆珍极其热情友好，圆珍十分感动，其心情溢于言表，跃然纸上。他在其《行历抄》中记述说，台州刺史裴谟"追命圆珍，甚与安存，犹如父母"。① 天台山国清寺律大德僧清翰入室弟子、老宿僧知建，"乍见欢喜，宛如骨肉"。② 圆珍到达唐兴县，与大德僧文举老宿门人僧清观、元璋安置同住，"视如兄弟"。③ 这些记述正是中日人民友好的真实写照。

　　"判心唐国游帝京，寻得经教甚分明。"④ 圆珍远辞乡国，来赴大唐，他在唐六载，求道异域，传写经义，益见精勤，问法寻师，颇得宗旨。他听闻天台止观义于智者九世孙良谞及道邃法孙物外，传瑜伽密旨于无畏五代孙法全阿阇梨等，稇载而归，别立门户。圆珍"终身感惕法辉"，他未忘唐人对他的无私帮助，他祈愿"二国福流万代"。⑤ 今天，我们不应忘却历史，愿中日两国友谊之树常青！

（原载《唐史论丛》第 25 辑，三秦出版社，2017）

---

① 《行历抄校注》，第 161 页。
② 《行历抄校注》，第 134 页。
③ 《行历抄校注》，第 135 页。
④ 《唐容管道衙前散将蔡辅为圆珍送别诗》，参见《行历抄校注》，第 270 页。
⑤ 《行历抄校注》，第 110 页。

下编 隋唐佛教社会文化史事谫论

隋唐长安佛教义林与义学风尚

两汉之际，佛教传入中国，涉历魏晋，随着佛典的大量翻译，经论渐多。"教本通扬，宗归义举。"[1] 晋宋之际，则兴起了讲习、研究佛教经论的义学。刘宋都城建康（今江苏南京）东安寺即以义学擅美殊方，《宋书·夷蛮传》谓："斗（道）场禅师窟，东安谈义林。"义林或称义苑，[2] 是探研佛教义理的园地。在古代中国，晋宋之际佛教义学兴起，南北朝隋唐时期佛教义学殊为繁荣。隋唐王朝定都长安（今陕西西安），作为政治中心和文化中心的首都长安也是全国的佛教文化中心，名刹丛林，梵音佛号，比比皆是。长安都会，朝宗所依，高僧大德，名流硕学，翕然盛集，穷究佛旨，研精教理，学门若市，义声高邈。隋唐长安释门义僧围绕"涅槃佛性"、"三论"、《摄大乘论》、《唯识论》、《十地经论》、《法华经》、《华严经》等佛教经论，从不同角度发表个人见解，阐发佛经要义，做出中国化的诠释。高度繁荣的隋唐长安佛教义学是中国佛教鼎盛的突出标志，也是印度佛教中国化的重要表现。因之，阐述隋唐长安佛教义学风尚具有重要意义，我们可以借此了解中国文化史上佛教中国化的历史进程。

一 隋唐长安佛教义林

魏晋以来，中国佛教"犹崇理观，译经贵意，传教宗心"。[3] 爰及隋唐，有经皆讲，无疏不成。"矧以佛之说经，申经者论；经由论显，论待

---

[1] （唐）道宣撰，郭绍林点校《续高僧传》卷一五《义解篇总论》，中华书局，2014，第547页。
[2] 《续高僧传》卷一五《义解篇总论》曰："若夫立文本宗，诚游义苑，指月之况，不爽先模，随文五失，又开弘诚。"
[3] （唐）宗密：《圆觉经大疏》卷上，《卍续藏经》第14册，台北：新文丰出版公司，1993，第227页。

疏通；疏总义章，义从师述。"① 是时，高僧大德云集长安，归心释典，披文究义，阐幽探微，义林如市。

（一）《涅槃》义林

《涅槃》，全称《涅槃经》、《大般涅槃经》或《大本涅槃经》，是大乘佛教关于涅槃佛性学说的基本经典之一。南北朝时期，《涅槃经》（图Ⅲ—1）十分盛行，南北两地，朝野僧俗，研习、信奉涅槃学说的人很多，佛教学者通过注疏、讲解等方式提出自己关于涅槃佛性的见解。②

东晋末年，北凉昙无谶在凉州（今甘肃武威）译出《大般涅槃经》。是时，沙门慧嵩、道朗独步河西，适值昙无谶译出《涅槃经》，深相推重。③ 受其影响，敦煌人慧远祖习《涅槃》。隋开皇年间（581~600），慧远居于长安净影寺，"长在讲肆，伏听千余，意存弘奖，随讲出疏"，著有《涅槃疏》10卷。④ 时有康居王胤释智嶷敬重佛宗，依承慧远，后入关中住长安静法寺，敷导《涅槃》。⑤ 冯翊（治今陕西大荔）人释行等"登听净影远公《涅槃》，伏读文义，时以荣之。相从讲说百一十遍"。⑥ 定州（治今河北定县）人释道颜初从远公修习《涅槃》，"领牒枢纽，最所殷瞻"，后入京辇，住净影寺，崇树斋讲，"当远盛世，居宗绍业"。⑦ 开皇七年（587），兖州（治今山东兖州）人释宝安慕义入关，住净影寺，"当远盛日，法轮之下听众将千，讲会制约，一付安掌"。⑧ 同年，瀛州（治今河北河间市）人辩相亦入京，辩相"依止远公学于《十地》，大、小三藏，遍窥其隩隅，而于《涅槃》一部，详核有闻"。⑨ 开皇七年（587），他随慧远入关，居于净影寺，对讲弘通《涅槃》，唐初在弘义宫、胜光寺仍旧讲说。瀛州人释善胄亦住净影寺，朝廷敕令为"涅槃众主"，屡开法席，"听徒千数，并锋锐一期，而胄覆述竖义，神采秀发，偏师论难，妙通解

---

① （宋）赞宁撰，范祥雍点校《宋高僧传》卷七《义解篇总论》，中华书局，1987，第166页。
② 任继愈主编《中国佛教史》第3卷，中国社会科学出版社，1988，第376页。
③ （梁）慧皎撰，汤用彤校注《高僧传》卷二《昙无谶传》，中华书局，1992，第77页。
④ 《续高僧传》卷八《隋京师净影寺释慧远传》，第286页。
⑤ 《续高僧传》卷二八《隋京师静法寺释智嶷传》，第1129页。
⑥ 《续高僧传》卷一五《唐京师慈悲寺释行等传》，第527页。
⑦ 《续高僧传》卷二八《隋京师静影寺释道颜传》，第1129、1130页。
⑧ 《续高僧传》卷二八《隋京师静影寺释宝安传》，第1117页。
⑨ 《续高僧传》卷一二《唐京师胜光寺释辩相传》，第419页。

语"，"〔慧〕远制《涅槃文疏》，而胄意所未弘，乃命笔改章，剖成卷轴，凿深义窟，利宝罔遗"。① 善胄弟子慧威住长安大总持寺，"讲寻宗迹，著名京室"。② 又有瀛州河间人释道嵩亦从业慧远，后住长安总化寺，"餐味《涅槃》，依行忏悔，身戒心慧，悉戴奉之"。③ 北朝末年，最以《涅槃》知名者为释昙延。隋开皇年间，昙延先后策锡长安延兴寺和光明寺，结众成业，讲宣《涅槃》，"名为世重，道为帝师"，"凡前后别请度者应有四千余僧"。昙延著有《涅槃义疏》15 卷，"所著文疏，详之于世。时诸英达佥议：'用比远公（引者按：远公即慧远）所制，远乃文句惬当，世实罕加。而标举宏纲，通镜长骛，则延过之久矣'"。④ 河东人道洪，师事昙延法师，"博通内外，驰誉门序。虽广流众部，偏以《涅槃》为业，教之极也，故敷演之"。隋末唐初，道洪先后在长安禅定寺、律藏寺、大总持寺和宝昌寺"相从传授，迄于暮齿，凡讲《涅槃》八十七遍，依承宗旨，罕坠彝伦"。⑤ 昙延的弟子还有童真、洪义、通幽、觉朗、道逊、玄琬、法常、慧诞等人，绍绪厥风。童真通明大小，尤善《涅槃》，他恒居延兴寺，

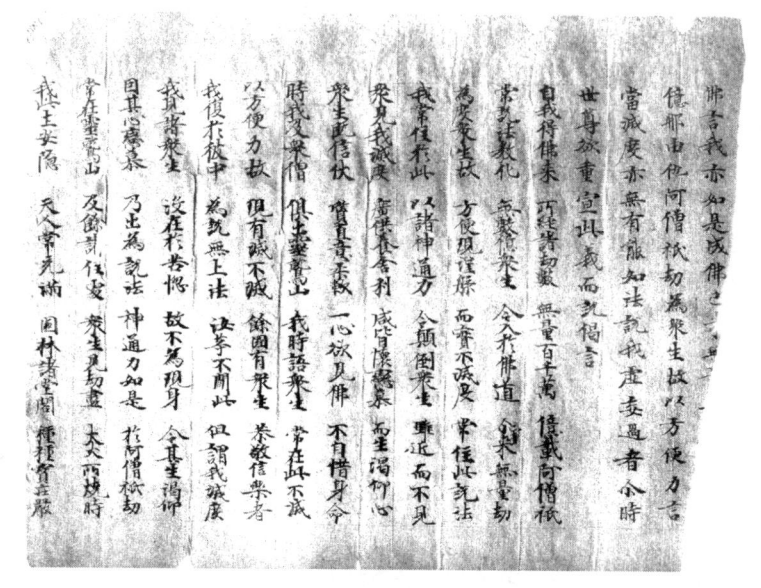

图Ⅲ—1　唐写本《涅槃经》（局部）

① 《续高僧传》卷一二《唐京师静影寺释善胄传》，第 417 页。
② 《续高僧传》卷一二《唐京师静影寺释善胄传》，第 418 页。
③ 《续高僧传》卷二八《隋京师沙门释道嵩传》，第 1128 页。
④ 《续高僧传》卷八《隋京师延兴寺释昙延传》，第 275 ~ 279 页。
⑤ 《续高僧传》卷一五《唐京师慈恩寺释道洪传》，第 543 页。

敷化不绝,"听徒千数,各标令望"。开皇十六年(596),隋文帝别诏以童真为"《涅槃》众主",敕召为长安大禅定道场主,"又以《涅槃》本务,常事弘奖,言令之设,多附斯文"。①

隋唐长安高僧讲习《涅槃》者,其例非少。释玄会专志《涅槃》,人称"《涅槃》之后胤",隋末住长安海觉寺,唐初为长安慈悲寺主,讲扬《涅槃经》将近40遍,"于时同侣同业,相推元席"。玄会撰著《涅义槃章》4卷,"自延、远辍斤之后,作者祖述前言,唯会一人,独称孤拔"。②释法总从小以诵《涅槃》为业,开皇中,隋文帝敕召其为"《涅槃》众主",居于长安海觉寺,"聚结四方,常敷至理,无舍炎燠"。③ 释三慧崇履《涅槃》,以为正业。武德九年(626),三慧远朝京阙,工部尚书段纶为其建造灵化寺,"时复阐弘,重移荣采,颇传笔记,后学称寻"。④ 释印宗自幼从师诵通经典,后来最精讲者《涅槃经》。咸亨元年(670),印宗在京都长安,盛扬道化。⑤ 又有沙门洪远在长安会昌寺,沙门僧恩在长安弘福寺和禅定寺,"并诵《涅槃》,皂素回向"。⑥

长安城郊《涅槃》义林以蓝田化感寺最为著名。隋末唐初,《涅槃》大师释灵润隐潜于蓝田化感寺首尾15载,足不垂世,离经专业,"众请便讲,以示未闻,春秋入定,还遵静操"。⑦ 蓝田法池寺亦以弘扬《涅槃》闻名遐迩,灵润高足释智衍在此弘讲《涅槃》,"统津成匠,亟动时誉"。⑧

(二)"三论"义林

"三论"是《中论》《百论》《十二门论》的总称,是印度龙树、提婆倡导的大乘中观学派的基本经典。后秦姚兴时,"译经巨子"鸠摩罗什在长安译出"三论",长安乃中华"三论"学之渊府。鸠摩罗什门下僧睿弘赞经法,学与时竞,他在长安著成《大智论》《十二门论》诸序,皆传于

---

① 《续高僧传》卷一二《隋西京大禅定道场释童真传》,第412页。
② 《续高僧传》卷一五《唐京师弘福寺释玄会传》,第526页。
③ 《续高僧传》卷一〇《隋西京海觉道场释法总传》,第356页。
④ 《续高僧传》卷一四《唐京师灵化寺释三慧传》,第489页。
⑤ 《宋高僧传》卷四《唐会稽山善妙喜寺印宗传》,第82页。
⑥ 《续高僧传》卷二九《唐益州福成寺释道积传》,第1179页。
⑦ 《续高僧传》卷一五《唐京师弘福寺释灵润传》,第539页。
⑧ 《续高僧传》卷一五《唐京师弘福寺释灵润传》,第541页。

世。① 鸠摩罗什高足京兆（今陕西西安）人僧肇，乃中华"三论"之祖，他在长安撰著《波若无知论》《不真空论》《物不迁论》《涅槃无名论》等书，并传于世，僧肇"才思幽玄，又善谈说，承机挫锐，曾不流滞"，② 名振关辅。肇公而后，关中叠经变乱，兵祸频繁，名僧四散，义学南渡。③

周隋唐初，"三论"之学复在关中极一时之盛。北齐武平（570～575）末年，徐州人辩寂南适江阴（今江苏江阴），师学"三论"。开皇更始，辩寂西入京室，"复寻昔论，龙树之风，复由光远"。④ 仁寿三年（603），释慧因知事长安禅定寺上座，"频讲'三论'，并制文疏，要约标控，学者高奉"。⑤ 中国"三论"学元匠是嘉祥大师吉藏。吉藏14岁即习《百论》。隋定江南后，吉藏东至会稽（今浙江绍兴），止于嘉祥寺，如常敷引，长达15年，故世称"嘉祥大师"。隋末唐初，吉藏先后驻锡长安日严寺、实际寺、定水寺、延兴寺，弘讲"三论"百余遍，并著玄疏，盛行于世。⑥

"三论"加上《大智度论》，称作"四论"。北周武帝灭佛，释道判与释静蔼西奔于太白山，同侣26人，逃难岩居，不忘讲授，"《中》《百》四论，日夜研寻，恂恂奉诲"。⑦ 释道庄从兴皇朗法师听酌"四论"，隋初住长安日严寺，"频蒙谒见，酬抗新叙。引处宫闱，令其讲授，言语清华，玄儒总萃，皆叹其博要也"。⑧ 吴郡（今江苏苏州）人释智炬讲"四论"、《大品》，"洞开幽府，镜识宗归"，隋炀帝"欲使道张帝里，学润秦川"，于开皇十九年（599），敕令其更移关壤，住长安日严寺，智矩"每讲谈叙，清擢宗致，雅涉昙影之风；义窟文锋，颇怀洪偃之量"，"京华德望餐附味道者殷矣"。⑨ 长安日严寺是关中佛教"三论""四论"之名苑。

《大智度论》简称《智度论》《智论》《大论》《释论》。周隋唐初，更有许多义门高僧专弘《大智度论》，长安崇华寺、真寂寺、通法寺、禅定寺等皆为关中佛教《大论》义林。北周长安崇华寺释慧善讲习《大智度

---

① 《高僧传》卷六《晋长安释僧睿传》，第245页。
② 《高僧传》卷六《晋长安释僧肇传》，第249页。
③ 汤用彤：《汉魏两晋南北朝佛教史》，北京大学出版社，1997，第238页。
④ 《续高僧传》卷二八《隋京师沙门释辩寂传》，第1122页。
⑤ 《续高僧传》卷一三《唐京师大庄严寺释慧因传》，第432页。
⑥ 《续高僧传》卷一一《唐京师延兴寺释吉藏传》，第394～395页。
⑦ 《续高僧传》卷一二《隋终南山龙池道场释道判传》，第407～408页。
⑧ 《续高僧传》卷九《隋东都内慧日道场释道庄传》，第328页。
⑨ 《续高僧传》卷一一《隋西京日严道场释智矩传》，第375页。

论》,"每引小乘相证成义"。① 释法彦虽三藏并通,偏以《大论》驰美。开皇十六年(596),隋文帝下敕以法彦为"《大论》众主","彦传业真寂〔寺〕,道俗承音"。② 潞州(治今山西长治)人释昙良以《大论》传名,后乃入京,亦住长安真寂寺。③ 时有冀州(治今河北衡水冀州区)人释宝积在长安胜光寺也以讲扬《智论》著名。④ 恒州(治今河北正定)人释僧朗,少而出俗,希崇正化,附从听众,寻绎《大论》,谈唱相接,归学同市,后乃入关住长安空观寺,复扬讲席,再住禅定寺,讲习为务。⑤ 雍州(治今陕西西安)三藏僧林法师之弟子释宝袭诵经为业,偏以《智度》为宗,布响关东。开皇十六年(596),隋王朝敕补宝袭为"《大论》众主",住长安通法寺,"四时讲化,方远总集",⑥ 弟子昙恭、明洪,皆善《大论》。青州(治今山东益都)人释明舜学周经籍,偏以《智论》著名,隋初住长安日严寺,"时叙玄义,顿倾品藻"。⑦ 冯翊(治今陕西大荔)人释神迥虽广融经论,而以《大论》著名。大业十年(614),隋廷召令神迥入住长安禅定寺,不久他又应诏请入鸿胪,"为敷《大论》,训开三韩诸方士也"。⑧ 隋渤海沙门志念精通《大论》,"既达京师,禅林创讲,王(引者按:隋汉王谅)自为檀越,经营法祀。念登座震吼,四答冰消,清论徐转,群疑潜遣。由是门人慕义,千计盈堂,遂使义窟经笥,九衢同轨,百有余日,盛启未闻"。⑨ 华州郑县(今陕西华县)人释智藏,13岁出家,受业静蔼法师。隋末唐初,智藏驻锡终南山丰德寺,"每至三长之月,藏盛开导化,以《智论》为言先。凡所登践者皆理事齐禀,京邑士女传响相趋,云结山阿,就闻法要"。⑩ 贞观初年,释宝袭之弟子释昙恭先受敕征为长安济法寺上座,后被召入弘福寺,复又令知普光寺任。昙恭亦善《大论》,"屡讲经论,京室称善"。⑪

---

① 《续高僧传》卷八《周长安崇华寺释慧善传》,第267页。
② 《续高僧传》卷一〇《隋西京真寂道场释法彦传》,第355页。
③ 《续高僧传》卷二八《隋京师真寂寺释昙良传》,第1127页。
④ 《续高僧传》卷二八《隋京师胜光寺释宝积传》,第1091~1092页。
⑤ 《续高僧传》卷一〇《隋西京禅定道场释僧朗传》,第364~365页。
⑥ 《续高僧传》卷一二《隋京师大总持寺释宝袭传》,第421页。
⑦ 《续高僧传》卷一一《隋西京日严道场释明舜传》,第381页。
⑧ 《续高僧传》卷一三《唐京师大庄严寺释神迥传》,第449页。
⑨ 《续高僧传》卷一一《隋渤海沙门释志念传》,第373页。
⑩ 《续高僧传》卷一九《唐终南山丰德寺释智藏传》,第726~727页。
⑪ 《续高僧传》卷一二《唐京师大总持寺释宝袭传》,第421页。

贞观以后，"三论"义林，不见僧传。永徽六年（655），天竺那提三藏携大、小乘经、律、论500余类总计1500余部，远道而至京师长安。时玄奘法师当途翻译，"无有克彰"，"般若是难"，那提因所学为龙树般若而不受蒙引，"所著大乘集议论，可有四十余卷，将事译之，被遣遂阙"。①"三论"之衰微，由此亦可想见。

（三）《摄论》义林

《摄论》全称《摄大乘论》，是佛教大乘瑜伽行派的基本论书。《摄大乘论》在中国有北魏佛陀扇多、南朝陈代真谛、唐代玄奘三种译本，其中以真谛译本传习最早、最广。②

天嘉五年（564），真谛在广州翻译讲习《摄大乘论》等经论，历涉2年。由此以后，南方研习《摄论》者日多，北方《摄论》不兴。据说，真谛将卒，以手指西北曰："此方有大大国，非近非远，吾等没后，当盛弘之。但不睹其兴，以为太息耳。"③ 隋历告兴，释昙迁在彭城（今江苏徐州）始弘《摄论》，"《摄论》北土创开，自此为始也"。④

开皇七年（587），释昙迁应诏率其门人谒见隋文帝，特蒙礼接，被安置于长安大兴善寺。"于斯时也，宇内大通，京室学僧，多传荒远，众以《摄论》初辟，投诚请祈，即为敷弘，受业千数。"⑤ 隋王朝又敕请昙迁徒众60余人移住长安胜光寺，时王公宰辅朝务之暇，执卷承旨，屈膝餐奉。长安因此成为弘扬《摄论》的中心。瀛州（治今河北河间市）人释明驭初学《涅槃》，后习《摄论》，于开皇八年（588），来仪帝里，更就昙迁寻求《摄论》，住长安无漏寺，讲诵为业。⑥ 蒲州（属今山西运城）人释道英先在太行山柏梯寺修行止观，后入京师住长安胜光寺师从昙迁听采《摄论》，讲悟既新，众盈五百，"多采名教，而尠能如理。而〔道〕英简明问义，唯陈止观，无相思尘，诸要盘节，深会大旨"。⑦ 释道哲师礼昙迁，从受《摄论》，"研味至理，晓悟其文，标拟有方"，他潜居终南骆谷，"山

---

① 《续高僧传》卷四《唐京师大慈恩寺梵僧那提传》，第137页。
② 任继愈主编《中国佛教史》第3卷，中国社会科学出版社，1988，第256页。
③ 《续高僧传》卷一《陈南海郡西天竺沙门拘那罗陀传》，第21页。
④ 《续高僧传》卷一八《隋西京禅定道场释昙迁传》，第662页。
⑤ 《续高僧传》卷一八《隋西京禅定道场释昙迁传》，第663页。
⑥ 《续高僧传》卷二八《隋京师无漏寺释明驭传》，第1119页。
⑦ 《续高僧传》卷二六《唐蒲州普济寺释道英传》，第1025页。

俗道侣，相从屯赴。教以正法，训以律仪，野逸是凭，闻诸京辅"。① 京兆华原（今陕西铜川市耀州区）人释静琳在华原石门山神德寺居静课业，行解之盛，名布京师。大业三年（607），有沙门还原等人延请静琳至帝都，静琳在长安明轮寺和妙象寺"讲扬《摄论》，识者归焉"。② 义宁二年（618），静琳再次被召入京城，住长安大总持寺，"如常弘演，光阴既积，学者成林"。③ 雍州人释慧诞学究《涅槃》，及通《摄论》，"每登讲席，有名京室"。④ 雍州人释昙遂初学《大论》，后习《唯识》，研精《摄论》，他住长安真寂寺，"掩关励业"。⑤ 隋代在长安弘扬《摄论》的名僧还有智光、道尼和智凝等人。江州（治今江西九江）人释智光少听《摄论》，大成其器。开皇十年（590），智光入京住大兴善寺，"以法自娱"，"频开《摄论》，有名秦壤"。⑥ 释道尼本住九江"寻宗谛旨，兴讲《摄论》，腾誉京师"，开皇十年（590），"既达雍辇，开悟弘多"。⑦ 释智凝先在长安辩才寺，领徒引众，常讲《摄论》，后住长安禅定寺，"犹宗旧习"。⑧ 雍州长安人释智则即在长安辩才寺"听凝法师《摄论》四十余遍"。⑨

唐代初年，法侃、法常和灵范等人在长安弘扬《摄论》。释法侃学专《摄论》，"披析幽旨，焕然标诣，解义释名，见称清澈，诸赴听者欣其指况"，他在兴善寺"讲道无替"。⑩ 时有道抚法师俊颖标首，京城所贵，他住长安总持寺，"宗师异解，用通《摄论》"。⑪ 贞观年间，释法常先居普光寺，后任空观寺上座，"常涉诣义门，妙崇行解，故众所推美，归于《摄论》"，著《摄论义疏》8卷，广行于世。⑫ 释灵范居长安弘福寺，"时扬《摄论》"，"振名京邑"。⑬ 长安大庄严寺释慧龄"广听众部，而以《摄

---

① 《续高僧传》卷二〇《唐京师大庄严寺释道哲传》，第740页。
② 《续高僧传》卷二〇《唐京师弘法寺释静琳传》，第746页。
③ 《续高僧传》卷二〇《唐京师弘法寺释静琳传》，第747页。
④ 《续高僧传》卷二八《隋京师延兴寺释慧诞传》，第1103页。
⑤ 《续高僧传》卷二八《隋京师真寂寺释昙遂传》，第1109页。
⑥ 《续高僧传》卷二八《隋京师大兴善寺释智光传》，第1104页。
⑦ 《续高僧传》卷一《陈扬都金陵沙门释法泰传附道尼传》，第26页。
⑧ 《续高僧传》卷一〇《隋西京禅定道场释智凝传》，第352页。
⑨ 《续高僧传》卷二六《唐京师辩才寺释智则传》，第1029页。
⑩ 《续高僧传》卷一一《唐京师大兴善寺释法侃传》，第391页。
⑪ 《续高僧传》卷一一《唐京师大兴善寺释法侃传》，第391页。
⑫ 《续高僧传》卷一五《唐京师普光寺释法常传》，第520页。
⑬ 《续高僧传》卷一五《唐相州慈润寺释慧休传》，第535页。

论》为心"。① 京兆人释神楷洎乎年满受具，而于经、论义理，大、小赅通，遂讲《摄大乘》《俱舍》等经论，"颖悟辈流罕有齐驾"。② 于时，又有释慧景和释宝暹"并明《摄论》，誉腾京国"。③

（四）《地论》义林

《十地经论》简称《地论》或《十地论》，是印度世亲对《十地经》的解释，属瑜伽行派早期的代表作之一。北魏永平元年（508），三藏法师菩提流支和勒那摩提在洛阳译出《十地经论》。北魏帝室重义学，《地论》因之得到广泛传播。至于被北齐和北周重用的僧侣也多是《地论》的弘扬者，④ 历经魏、齐、周而至隋、唐，研习《十地经论》成为风气。

京兆泾阳（今陕西泾阳）人释僧猛在北周长安天宫寺永弘《十地》，他还受敕于宫廷紫极殿和文昌殿更互说法。大象二年（580），北周静帝敕令僧猛住长安陟岵寺（隋、唐改名大兴善寺），讲扬《十地》，"声望尤著，殊阅天心"。⑤ 汴州陈留（今河南开封东南）人释僧粲靡不通经，游学为务，涉历陈、齐、周三国，自号"三国论师"。开皇年间，隋文帝敕补僧粲为"二十五众第一摩诃衍匠"，敕住长安兴善寺和总化寺。僧粲著《十种大乘论》，以摄学众，又著《十地论》两卷，"穷讨幽致，散决积疑"。⑥ 定州（治今河北定县）人释道颜初学远公《涅槃》《十地》，"领牒枢纽，最为殷瞻"，他于隋末唐初在长安净影寺"居宗绍业"，"崇树斋讲"。⑦ 慧远又一门人释灵璨深明《十地》《涅槃》，备经讲授，他随慧远入关，住长安大兴善寺。开皇十七年（597），灵璨被隋文帝"下敕补为'众主'，于净影寺传扬故业，积经年稔"。⑧ 弘农华阴（今陕西华阴）人释昙藏，"《地持》《十地》，名称普闻"，他于隋末在长安光明寺"诠发新异，擅声日下"。⑨ 释静藏由泽州（治今山西晋城）西入长安，"乃遍诸法

---

① 《续高僧传》卷二九《唐京师大庄严寺释慧龄传》，第1187页。
② 《宋高僧传》卷四《周京兆崇福寺神楷传》，第80页。
③ 《续高僧传》卷一四《唐益州福成寺释道基传》，第476页。
④ 参看任继愈主编《中国佛教史》第3卷，第448~451页。
⑤ 《续高僧传》卷二四《隋京师云花寺释僧猛传》，第925页。
⑥ 《续高僧传》卷九《隋京师大兴善道场释僧粲传》，第330页。
⑦ 《续高僧传》卷二八《隋京师净影寺释道颜传》，第1129~1130页。
⑧ 《续高僧传》卷一〇《隋京师大禅定道场释灵璨传》，第359页。
⑨ 《续高僧传》卷一三《唐京师普光寺释昙藏传》，第447页。

席听采经论,《摄论》《十地》,是所偏求,还住净影,弘扬所习"。① 静藏的弟子道删"祖习风范,《地持》一部,敷化在心",他于唐初在终南山至相寺,弘化为务,有名于世。② 瀛州(治今河北河间市)人释慧迁好学专问,爱玩《地论》,以为心赏之极。隋初,慧迁在大兴善寺以弘敷《地论》为任。开皇十七年(597),隋王朝敕立"五众",以慧迁为"《十地》众主",他住在长安宝光寺,"相续讲说,声绩攸陈",频讲《十地》,"京邑乃多无与比肩者"。③ 武德末年,慧迁卒于长安大禅定寺,"自迁之殁后,《十地》一部绝闻关壤"。④

除了上述四类佛书的流行,《唯识论》《俱舍论》《华严经》《法华经》等经论在隋唐长安也十分流行。

唐长安慈恩寺是最大的《唯识论》义林。慈恩寺"〔玄〕奘为瑜伽唯识开创之祖,〔窥〕基乃守文述作之宗"。⑤ 玄奘法师为窥基讲授新翻《唯识论》,有释圆测赂通守门者窥听,归则缉缀义章。玄奘将欲罢讲,释圆测于西明寺鸣钟召众,宣讲《唯识论》,他所著《唯识疏钞》,详解经论,天下风行。⑥ 玄奘弟子成千上万,自不必说,窥基亦"门生填委,声振天下"。⑦ 慈恩寺释义忠"同就〔窥〕基之讲肆","由兹开奖,弟子繁多,讲树别茂于枝条,义门旁开于关窍"。⑧ 慈恩寺释嘉尚稽考《瑜伽师地》《佛地论旨》《成唯识论》,深得义趣,"著述疏钞出杂集,义门夥多"。⑨

隋末唐初,"京师欣尚,妙重《法华》",⑩ 诵读、弘讲《法华经》者很多。释善因在长安讲《法华经》,"冥神福慧,著闻京邑"。⑪ 释慧頵先后在长安日严寺和崇义寺"所诵《法华》,通持犹昔,并讲文义,以为来习"。⑫ 隋内史侍郎、唐初宰相萧瑀为《法华经》撰疏,总集十有余家,采

---

① 《续高僧传》卷一三《唐终南山玉泉寺释静藏传》,第437页。
② 《续高僧传》卷一三《唐终南山玉泉寺释静藏传》,第437页。
③ 《续高僧传》卷一二《唐京师大总持寺释慧迁传》,第422页。
④ 《续高僧传》卷一二《唐京师大总持寺释慧迁传》,第422页。
⑤ 《宋高僧传》卷四《唐京兆大慈恩寺窥基传》,第66页。
⑥ 《宋高僧传》卷四《唐京师西明寺圆测传》,第69页。
⑦ 《宋高僧传》卷四《唐京兆大慈恩寺义忠传》,第77页。
⑧ 《宋高僧传》卷四《唐京兆大慈恩寺义忠传》,第77页。
⑨ 《宋高僧传》卷四《唐京兆大慈恩寺嘉尚传》,第73页。
⑩ 《续高僧传》卷一一《唐京师延兴寺释吉藏传》,第393页。
⑪ 《续高僧传》卷三〇《唐京师大庄严寺释智兴传》,第1216页。
⑫ 《续高僧传》卷一四《唐京师崇义寺释慧頵传》,第485页。

掇精华，糅以胸意，常自敷弘。萧瑀之兄嗜好读诵《法华》，自生至终，诵盈万遍，雇人抄写，总有4部，每日朝参，必使侯者执经在前，至于公事微隙，便就转读，"朝伍仰属，以为绝伦。自释化东传，流味弥远，承受读诵，世罕伊人"。① 萧瑀内侄慧龄和智证出家同住，以家世信奉，偏弘《法华经》，"同族尊卑，咸所成诵，故萧氏《法华》，皂素称富"。② 释僧凤曾为长安崇敬寺主、普集寺任、定水寺上座，他讲《法华经》百有余遍，"制疏命的，亦是一家"。③ 又有智正、灵辨、灵幹等人在长安诸寺扬导《华严经》。释智正驻锡至相寺，平生凡讲《华严》等不计其遍，著有《华严疏》10卷，流行于世。④ 智正弟子释灵辨先在长安胜光寺，后在至相寺，一生讲《华严经》48遍，扬导《华严》，擅名帝里。⑤ 灵辨的叔父灵幹先住长安大兴善寺，后任长安大禅定寺"道场上座"，"志奉《华严》，常依经本作莲花藏世界海观及弥勒天宫观"。⑥

长安还是隋唐佛教律学重镇，隋唐长安律学以《四分律》为正宗。释洪遵于长安崇敬寺聚徒成业，开导《四分》，盛开律仪，名骇昔人。⑦ 洪遵弟子释玄琬驻锡长安普光寺，也以律仪驰誉。⑧ 释觉朗先在长安大兴善寺，后知大禅定道场主，敷扬《四分》，"渐润道化，颇怀钦重"。⑨ 遂后而有智首律师乃使《四分律》在长安弘通光大。⑩ 智首及门高足中，继而在长安弘宣《四分律》者又有慧云、慧琎、慧满、道宣等人。其中，道宣声望甚隆。道宣久居终南山白泉寺、崇义精舍、丰德寺，后任长安西明寺上座，他专弘《四分律》，著有《四分律删繁补阙行事钞》《四分律拾毗尼义钞》等，⑪ 号称中国佛教律学第一名匠。此外，尚有一些高僧大德在隋唐长安弘扬《维摩诘经》《楞伽经》《仁王经》《俱舍论》《大乘起信论》等。

---

① 《续高僧传》卷二九《唐京师大庄严寺释慧龄传》，第1188页。
② 《续高僧传》卷二九《唐京师大庄严寺释慧龄传》，第1188页。
③ 《续高僧传》卷一三《唐京师定水寺释僧凤传》，第451页。
④ 《续高僧传》卷一四《唐终南山至相寺释智正传》，第496页。
⑤ 《续高僧传》卷一二《隋西京大禅定道场释灵幹传》，第414页。
⑥ 《续高僧传》卷一二《隋西京大禅定道场释灵幹传》，第414页。
⑦ 《续高僧传》卷二二《隋西京大兴善寺释洪遵传》，第841页。
⑧ 《续高僧传》卷二三《唐京师普光寺释玄琬传》，第863页。
⑨ 《续高僧传》卷二二《隋西京大禅定道场释觉朗传》，第843页。
⑩ 《续高僧传》卷二三《唐京师弘福寺释智首传》，第856页。
⑪ 《宋高僧传》卷一四《唐京兆西明寺道宣传》第329页。

隋唐长安佛学义门夥多，良难骤述。综上可见，《涅槃》义林有净影寺、延兴寺、慈悲寺、海觉寺、灵化寺、化感寺等，《摄论》义林有兴善寺、胜光寺、辩才寺、禅定寺、空观寺等，"三论"义林有日严寺、安国寺、真寂寺、普光寺等，《地论》义林有总化寺、兴善寺等，《唯识》义林有慈恩寺、西明寺等，《法华》义林有日严寺、崇义寺等，《华严》义林有至相寺、禅定寺等，林林总总，洋洋大观。

二　隋唐长安佛教义学风尚

"街东街西讲佛经，撞钟吹螺闹宫庭。"① 高度繁荣的隋唐长安佛教义学是中国佛教鼎盛的突出标志，是隋唐统治者崇佛好佛的结果。隋唐帝王大都崇信佛教，因而关心佛教义理，提倡讲习经论。隋文帝在正殿常置经座，听览微隙，即问经旨，请僧讲经。② 开皇七年（587），他下诏征请洛阳慧远、魏郡慧藏、清河僧休、济阳宝镇、汲郡洪遵和太原昙迁等义学"六大德"同集京辇。③ 开皇年间，隋文帝还先后敕立一些义学名僧为"五众主"和"二十五众主"，如以童真、法总、善胄为"《涅槃》众主"，以法彦、宝袭为"《大论》众主"，以慧迁为"《十地》众主"，以洪遵为"讲律众主"，以僧粲为"二十五众第一摩诃衍匠"。武德七年（624），唐高祖亲临国子学释奠，令沙门慧乘讲《波若经》。④ 龙朔二年（662），唐高宗诏令慈恩寺沙门灵辨于蓬莱宫碧宇殿讲《净名经》。⑤ 圣历二年（699），贤首国师法藏为武则天讲新译《华严经》，敷宣玄义，因成《金师子章》。⑥ 武则天还"时时问道"于神秀。⑦ 景龙二年（708），唐中宗延纳沙门文纲入内道场，为帝后讲《四分律》。⑧ 开元二十四年（736），唐玄宗亲注《金刚般若经》，"诏颁天下，普令宣讲"。⑨ 天宝年间，唐玄宗还

---

① （唐）韩愈：《韩昌黎全集》卷六《华山女诗》，中国书店，1991，第102页。
② 《续高僧传》卷三一《隋京师定水寺释法称传》，第1244页。
③ 《续高僧传》卷一八《隋西京禅定道场释昙迁传》，第663页。
④ （后晋）刘昫等：《旧唐书》卷一八九《陆德明传》，中华书局，1975，第4945页。
⑤ （唐）道宣撰，刘林魁校注《集古今佛道论衡校注》卷丁，中华书局，2018，第295页。
⑥ 《宋高僧传》卷五《周洛京佛授记寺法藏传》，第89页。
⑦ 《宋高僧传》卷八《唐荆州当阳山度门寺神秀传》，第177页。
⑧ 《宋高僧传》卷一四《唐京师崇圣寺文纲传》，第333页。
⑨ 《宋高僧传》卷一四《唐越州法华山寺玄俨传》，第343页。

诏令南岳司空山禅师释本净赴京，安置于长安白莲华亭，召两街名僧硕学共阐佛理。① 上元二年（761），唐肃宗召沙门子邻入禁中讲经，赐紫服，充供奉。② 永泰元年（765）九月，唐代宗在资圣寺和西明寺置百尺高座，令讲《护国仁王经》，十月，复讲经于资圣寺。③ 代宗深信佛法，"常于禁中饭僧百余人，有寇至则令僧讲《仁王经》以禳之"。④ 贞元十四年（798），唐德宗诞日，群臣大集，德宗命华严五祖澄观于麟德殿讲《新译华严》宗旨，赐澄观紫纳方袍，礼为教授和尚。⑤ 元和初年，唐宪宗诏鹅湖大义禅师入见麟德殿，与诸法师论议。⑥ 唐懿宗常于禁中设讲席，自唱经题，手录梵文，⑦ 他还于咸通十二年（871）五月幸安国寺，赐讲经僧沉香高座。⑧ 即使像唐昭宗，虽在兵荒马乱的年月，仍诏长安两街高僧讲经，并赐银器等物。⑨ 正是因为隋唐帝王的提倡和奖挹，讲习佛经在隋唐长安如火如荼，隋唐长安佛教义学风起云涌。

隋唐长安佛教义学盛况空前，异常发达，约略言之，呈现两大特点。

其一，义学名僧虽研精一部，而横洞诸家，并兼讲授。长安济度寺尼萧法愿（萧瑀第三女）披诵讲说《法华》《般若》《摄论》《维摩》，弟子数十人。⑩ 释僧辩在长安弘福寺"约时讲说，不替寒温，异学名宾，皆欣预席"，其于《摄论》《中边》《唯识》《思尘》《佛性无性论》，具出章疏，在世流布。⑪ 释慧藏未登冠具，屡讲《涅槃》，又以《华严经》为本宗，"后以《般若》《释论》，群唱者多，至于契赏，皆无与尚"。开皇七年（587），慧藏杖锡京辇，居于长安空观寺，开讲《金刚》《般若》，"气

---

① 《宋高僧传》卷八《唐金陵天保寺智威传》，第186页。
② （宋）志磐撰，释道法校注《佛祖统纪校注》卷四一《法运通塞志》，上海古籍出版社，2012，第957页。
③ （宋）司马光：《资治通鉴》卷二二三，唐代宗永泰元年，中华书局，1956，第7176、7179页。
④ 《资治通鉴》卷二二四，唐代宗大历二年七月，第7196页。
⑤ （清）续法辑《法界宗五祖略记》，《卍续藏经》第134册，第551页。
⑥ 《佛祖统纪校注》卷四二《法运通塞志》，第968页。
⑦ 《资治通鉴》卷二五〇，唐懿宗咸通三年四月，第8097页。
⑧ 《旧唐书》卷一九上《懿宗本纪》，第678页。
⑨ （宋）赞宁撰，富世平校注《大宋僧史略校注》卷下"德号"条，中华书局，2015，第173页。
⑩ （清）王昶：《金石萃编》卷五四《尼萧法愿墓志》，中国书店，1985。
⑪ 《续高僧传》卷一五《唐京师弘福寺释僧辩传》，第517~518页。

截云霞，智隆时烈"。① 释净愿在长安宝昌寺正时《摄论》，晚夜《杂心》，或疏解《涅槃》，或判销《四分》，四序恒接，无择余暇，轨范后贤，"凡所开言，并乖旧解"，"其洽闻不忘，世罕加焉"。② 释吉藏在长安日严寺、实际寺、定水寺和延兴寺讲"三论"百余遍，又讲《法华》300 余遍，讲《大品》《智论》《华严》《维摩》等各数十遍。③ 释灵润在长安兴善寺、弘福寺和化感寺先后讲《涅槃》70 余遍，《摄大乘论》30 余遍，并各撰义疏 13 卷、玄章 3 卷，自余《维摩》《胜鬘》《起信论》等，随缘便讲，各有疏解。④ 释慧赜在长安兴善寺和胜光寺讲《华严》《大品》《涅槃》《大智度》《摄大乘》及《中》《百》诸论，"皆筌释章部，决滞有闻"。⑤ 释智正先后在长安胜光寺和终南至相寺凡讲《华严》《摄论》《楞伽》《胜鬘》《唯识》等，不计其遍。⑥ 莱州即墨（今山东即墨）人释道宗少从青州道藏寺道奘法师受业《智论》《十地》《地持》《成实》《毗昙》，大、小赅博。道宗来到关中后，先住长安胜光寺，后被延入弘义宫，通宵法集，"群后百辟咸从伏听，披阐新异，振发时心"。⑦ 长安胜光寺释慧乘所讲《涅槃》《般若》《维摩》《地持》《成实》等，各数十遍。⑧ 长安大总持寺释智实自《涅槃》《摄论》至《俱舍》《毗昙》，"皆镜其深义，开其关钥"。⑨ 长安兴善寺释潜真学通内外，性相融明，涉游论海，显、密二教，皆闻博瞻，巡讲关内、河东，阐扬妙旨，弟子繁多。⑩ 长安安国寺释端甫受具于西明寺照律师，学《毗尼》于崇福寺昇律师，传《唯识》于安国寺素法师，通《涅槃经》于福林寺崟法师，自是经、律、论无敌于当时，讲《涅槃》《唯识》经论，"处当仁传授宗主，以开诱道俗者，凡一百六十座。运三密于瑜伽，契无生于悉地，日持诸部十余万遍，指净土为息肩之地，严金经为报法之恩"，"贵臣盛族皆所依慕，豪侠工贾莫不

---

① 《续高僧传》卷九《隋西京空观道场释慧藏传》，第 320~321 页。
② 《续高僧传》卷一〇《隋西京宝刹道场释净愿传》，第 350~351 页。
③ 《续高僧传》卷一一《唐京师延兴寺释吉藏传》，第 395 页。
④ 《续高僧传》卷一五《唐京师弘福寺释灵润传》，第 541 页。
⑤ 《续高僧传》卷三《唐京师清禅寺沙门释慧赜传》，第 71 页。
⑥ 《续高僧传》卷一四《唐终南山至相寺释智正传》，第 496 页。
⑦ 《续高僧传》卷一一《唐京师胜光寺释道宗传》，第 385 页。
⑧ 《续高僧传》卷二五《唐京师胜光寺释慧乘传》，第 942 页。
⑨ 《续高僧传》卷二五《唐京师大总持寺释智实传》，第 943 页。
⑩ 《宋高僧传》卷五《唐京师兴善寺潜真传》，第 104 页。

瞻向，荐金宝以致诚，仰端严而礼足，日有千数，不可殚书"。① 京兆武功（今陕西武功）人释彭渊，自《华严》《地持》《涅槃》《十地》，皆一闻无坠，历耳便讲，"后整操关壤，屏迹终南，置寺结徒，分时程业，三辅令达，归者充焉"。② 长安高陵（今陕西高陵）人释道氤内外偕通，"辩给难酬，善于立破"，"四海向风，学徒鳞萃，于青龙寺执新《疏》，听者数盈千计。至于西明、崇福二寺，讲堂悉用筑自水际至于土面，庄严之盛，京中甲焉"。③ 长安兴善寺释复礼妙通五竺，融贯三乘，"古今所推，世罕伦匹"，"礼之义学，时少比俦"。④ 唐末长安安国寺释僧彻内外兼学，辞笔特高，为《如来藏经疏》著《法鉴》4 卷，为《大无量寿经疏》著《法灯》2 卷，为《胜鬘狮子吼经疏》著《法苑》10 卷，"而又恢张佛理，旁慑黄冠，可谓折冲异论者，当时号为'法将'"。⑤ 隋唐佛教各个宗派之间在思想观点上并非势同水火，具有融通性，"依着当时著名学者的取材不同以及各有侧重之点，后来就形成了种种宗派，但是都带着些调和色彩"，⑥ 各派在佛典文献上也存在互相借用、互相吸纳的关系。⑦ 隋唐长安义学名僧虽研精一部，而横洞诸家，并兼讲授，其原因盖在于此。

其二，义学名僧虽则具扬诸部佛经，而以《涅槃》《摄论》最为繁富。在隋唐长安佛教义林中，《涅槃》《摄论》最为璀璨夺目，已见前节引述，不复赘言。涅槃是梵文 nirvana 的音译，又音译为泥曰、泥洹，意译为灭、灭度、寂灭、圆寂，是指人尽除烦恼痛苦后的境地。在佛教看来，涅槃是人生的最高境界。无论佛教哪一派，都以涅槃为最后归宿。南北朝时期，中国佛教思想的主流就逐渐转向了佛性理论。迨至隋唐，佛教各个派别无不重视涅槃佛性学说。涅槃佛性学说的中心内容是佛性问题，《涅槃经》为佛教学者探究佛性问题提供了尤为丰富的思想资料，因而成为涅槃学者所依据的主要经典，大行其道。《摄大乘论》是大乘瑜伽行派的重要典籍，它借助于解释古印度《大乘阿毗达磨经·摄大乘品》来阐发瑜伽行派的观

---

① 《宋高僧传》卷六《唐京师大安国寺端甫传》，第 123~124 页。
② 《续高僧传》卷一一《隋终南山至相道场释彭渊传》，第 383 页。
③ 《宋高僧传》卷五《唐长安青龙寺道氤传》，第 98 页。
④ 《宋高僧传》卷一七《唐京兆大兴善寺复礼传》，第 412~413 页。
⑤ 《宋高僧传》卷六《唐京兆大安国寺僧彻传》，第 134 页。
⑥ 吕澂：《中国佛学源流略讲》，中华书局，1979，第 335 页。
⑦ 〔日〕田中良昭：《从 P.3913 谈唐代佛教诸派之关系》，朱悦梅译，《敦煌学辑刊》1992 年第 1~2 期合辑。

点，宣扬阿赖耶识①能变现万有，即一切万有都缘起于阿赖耶识的思想。阿赖耶识作为大乘佛教瑜伽行派的根本观念和基本范畴，受到中国佛教学者的重视，并且对阿赖耶识究竟是清净的真识还是污染的妄识展开了争论。这一争论也与佛性问题的探讨密切联系在一起，成为中国佛教思想界辩论的重大问题。②因此，《摄大乘论》对中国佛教义学影响很大，在隋唐长安佛教义林中引人注目。心性论是中国佛教理论的核心内容。隋唐时期是中国佛教的成熟期，这一时期的佛教学说，最大的特点就是注重心性，聚集佛性理论，在长安佛教义林中《涅槃》和《摄论》最为繁富就是写照。

三 隋唐长安佛教义学的历史影响

历史上，长安以四塞之固久为京师王畿之地，佛法之阐化长期十分兴隆。早在两晋时，长安已与凉州（今甘肃武威）和庐山并为中国佛教的三大传播中心。是时，四方义学沙门云集关中，"洋洋十数年中，当是大法后兴之盛也"。③道安在长安五重寺，"僧众数千，大弘法化"，"〔苻〕坚敕学士内外有疑，皆师于安，故京兆为之语曰：'学不师安，义不中难。'"④长安释道立事道安为师，善《放光经》，亦随安公入关，后纠集众僧，弘讲《大品》。⑤于时又有京兆人竺僧朗"少而游方问道，长还关中，专当讲说"。⑥后秦姚兴时，鸠摩罗什在长安译经，翻译《中论》始得两卷，释道融随即讲解，剖析文言，预贯始终。鸠摩罗什又令道融讲《新法华》，听了后赞叹说："佛法之兴，融其人也。"⑦蓝田人释道恒笃好经典，学兼宵夜，游刃佛理，多所兼通，学该内外，才思清敏。鸠摩罗什入关后，释道

---

① 阿赖耶识也译作阿黎（梨）耶识，简单地说，佛教传统所谓的"六识"被认为是生灭无常的，因而不能解释全部精神活动的整体性和连续性。经验的积累，记忆的储存，行为的连贯，无意识或潜意识的存在，都需要有一个在"六识"之外并能统一所有心理活动的识体，这就是"阿黎耶识"。参看任继愈主编《中国佛教史》第3卷，第260页。
② 方立天：《中国佛教哲学要义》上卷，中国人民大学出版社，2002，第294~295页。
③ （梁）僧祐撰，苏晋仁、萧錬子点校《出三藏记集》卷五《喻疑论》，中华书局，1995，第234页。
④ 《高僧传》卷五《晋长安五级寺释道安传》，第181页。
⑤ 《高僧传》卷五《晋长安覆舟山释道立传》，第203页。
⑥ 《高僧传》卷五《晋泰山昆仑岩竺僧朗传》，第190页。
⑦ 《高僧传》卷六《晋彭城郡释道融传》，第241页。

恒又往修造，著《释驳论》及《百行箴》，流行于世。① 京兆人释僧肇学善方等，兼通三藏，及在冠年，而名振关辅。鸠摩罗什至长安后，僧肇随之咨禀，所悟更多，乃著《波若无知论》《不真空论》《物不迁论》《涅槃无名论》等书，并行于世。② 京兆人释僧导 10 岁出家，从师受业，迄受具戒，识洽愈深，禅律经论，达自心抱。鸠摩罗什在长安翻译经论，僧导参议详定。适值佛法盛集关中地区，僧导"于是谋猷众典，博采真俗"，乃著《成实》、《三论义疏》及《空有二谛论》等。③ 吴兴余杭（今浙江杭州）人释僧翼早年出家在庐山寺依慧远大师修学，晚适关中，复师鸠摩罗什，经律数论，并皆参涉，又诵《法华经》一部。④ 晋长安人释昙影安贫志学，能讲《正法华经》，"每法轮一转，辄道俗千数"。⑤ 晋长安大寺释僧䂮"讲说经律，勖众无倦"。⑥ 南朝刘宋时，长安人释超进笃志精勤，幼而敦学，大、小诸经，并加综采，故年在未立，而振誉关中。⑦ 萧梁时，弘农华阴（今陕西华阴）人释慧弥 16 岁出家，及具戒之后，乃入长安终南山。慧弥少诵《大品》，又精修《三昧》。⑧ 北周时，长安又有沙门亡名以学闻世，著《至道论》《淳德论》《遣执论》《去是非论》《影喻论》《修空论》《不杀论》等，"并文多清素，语恒劝善，存质去华，不存粉墨。有集十卷，盛重于世"。⑨ 武威人释静端长住雍州，经魏、周、隋，"崇挹佛化，阐弘不绝"。⑩ 北周长安崇华寺释慧善"义学之美，为周冢宰见知，别修供养，敷导终老"。⑪ 北周冯翊（今陕西大荔）胡城人释道安识悟玄理，早附法门，后隐于太白山，栖遁林泉，拥志经论。他进具以后，崇尚《涅槃》，以为遗诀之教；博通《智论》，用资弘道之基。道安住长安大陟岵寺，常以弘法为任，"京师士子咸附清尘"，"故周世渭滨盛扬二部，

---

① 《高僧传》卷六《晋长安释道恒传》，第 346～348 页。
② 《高僧传》卷六《晋长安释僧肇传》，第 249～250 页。
③ 《高僧传》卷七《宋寿春石涧寺释僧导传》，第 281 页。
④ 《高僧传》卷一三《宋山阴法华山释僧翼传》，第 483 页。
⑤ 《高僧传》卷六《晋长安释昙影传》，第 243 页。
⑥ 《高僧传》卷六《晋长安大寺释僧䂮传》，第 240 页。
⑦ 《高僧传》卷七《宋山阴灵嘉寺释超进传》，第 297 页。
⑧ 《高僧传》卷一二《梁上定林寺释慧弥传》，第 473 页。
⑨ 《续高僧传》卷七《周渭滨沙门释亡名传》，第 243～244 页。
⑩ 《续高僧传》卷一八《隋西京大禅定道场释静端传》，第 679 页。
⑪ 《续高僧传》卷八《周长安崇华寺释慧善传》，第 267 页。

更互谈诲,无替四时"。①

长安久为中国佛教义学之重镇,佛教义学具有悠久的文化渊源。隋唐时期,政治统一,经济繁荣,社会开放,文化发达。在统治者的倡导下,中国佛教在隋唐时期迎来了它的黄金时代,长安佛教义学因而别开生面,放射出更加灿烂的光芒。杨隋及唐初,义僧大德普会京辇,结众法筵,拥经讲肆,长安义苑鳞次栉比,义学腾誉全国。唐代中叶以后,由于贵族知识阶层的瓦解与充满了实用精神和进取精神的士人阶层的崛起,整个社会不再有脱离实用的纯学术兴趣。人们倾向于真正的佛教信仰并不是在经典的阅读和研习中,而应该是在习禅与持律中得来。加之安史战乱,那种聚集理论探索者的大型佛教寺院的衰败,使得需要互相砥砺论辩才能厘清思路的理论分析,需要从容地埋头运算才能进行叙述的纯粹理论,都成了不合时宜的奢侈,也成了脱离信仰的屠龙之技。因而,8世纪中叶以后,人们对依靠译经、讲经、论辩、造疏维持的佛教理论兴趣渐渐衰退,南北朝初唐以来崇尚义学的风气随之渐渐消解。② 于是,隋唐长安佛教义学也不可避免地走向了衰落。

唐中叶安史之乱以后,国事日非,关中倓扰,经典荡然,长安佛教义学渐渐沉寂,最终走向了衰落。然而,隋唐长安佛教义学在中国佛教史上的影响十分深远。隋唐时期是中国佛教的成熟期,其标志是形成了中国式的宗派佛教。隋唐时期形成的佛教宗派有8个,即天台宗、三论宗、法相宗、华严宗、禅宗、律宗、净土宗、密宗。其中,三论宗、法相宗、华严宗、律宗、净土宗、密宗6个宗派形成于隋唐长安。千年古都西安至今保留着这六大佛教宗派的祖庭寺院,有法相宗祖庭慈恩寺和兴教寺,华严宗祖庭华严寺和至相寺,三论宗祖庭草堂寺,净土宗祖庭香积寺,律宗祖庭净业寺,密宗祖庭兴善寺和青龙寺。中国佛教八大宗派中六大宗派形成于长安,是异常发达的隋唐长安佛教之义学的直接结果。佛教义学的发展过程,也就是佛教宗派形成的过程。因为要建立佛教宗派,从理论上来说,首先必须弥补、调和佛教不同时期各类经典乃至各个学派在理解上长期存在的分歧和矛盾,从而使本宗派有一个似乎可以贯通的理论体系。为了达到这一目的,采用的办法就是"判教"。所谓"判教",就是对所有佛学加

---

① 《续高僧传》卷二四《周京师大中兴寺释道安传》,第913页。
② 葛兆光:《理论兴趣的衰退——八至十世纪中国佛教的转型之一》,《世界宗教研究》2001年第1期。

以分科组织，即不以简单的对峙乃至全盘否定的态度来处理各派思想信仰之间的关系，而是把各派思想作为一个统一整体的个别情况来区分高下等级，按照一个理论体系给以各派思想系统的安排，分别给予一定的地位，并把自己一派的思想置于各派之上。佛教学者们从讲解到创新，从通晓一类佛经到博览群经，从偏于义理或偏于实行到义理、实行两者并重，从而把佛教学派发展成为佛教宗派。[①] 隋唐长安佛教义学高僧坚持不懈地持诵研习佛教经典，纷纷以义疏之学的形式，会通华梵，阐明佛经要旨，形成了强大的义学思潮，直接推动了中国佛教哲学的发展，从而为形成富于中国特色的佛教宗派奠定了理论基础。正是在这种背景下，中国佛教八大宗中六大宗形成于隋唐长安。隋唐宗派佛教的形成是中国佛教成熟的集中表现，是印度佛教中国化的重要标志。中国佛教八大宗中六大宗形成于隋唐长安，因此，可以毫不夸张地说，隋唐长安是印度佛教完成"中国化"的主要所在地。

[原载《陕西师范大学学报》（哲学社会科学版）2007年第2期；后收入陕西文史研究馆《长安学丛书·宗教卷》，三秦出版社，2009；又收入《首届长安佛教国际学术研讨会论文集（第五卷）》，陕西师范大学出版社，2010]

---

① 方立天：《论隋唐佛教宗派的形成》，《哲学研究》1981年第8期。

隋唐关中佛教传播史事钩沉

隋唐时期是中国佛教的鼎盛时期，也是中国佛教的成熟时期。隋唐佛教的最大特点是形成了许多宗派。汉代以至南北朝，在中国流行的佛教派别虽然繁复多杂，但主要是学派之不同，尚无宗派之建立。隋唐时期，一些缁林硕德把南北诸家师说所尊奉的经典按照自己的理解加以总结，使各家佛教有所宗统，并采用世俗的宗法制度，建立了世代承袭的法统，各立门户，形成了在教义、戒规、法嗣系统等方面都相对独立的佛教宗派。隋唐时期形成的佛教宗派主要有天台宗、三论宗、法相宗、华严宗、禅宗、律宗、净土宗、密宗。隋唐王朝定都关中，关中佛教宗派纷呈，大放光彩，常为史家津津乐道。可是，囿于文字记载不多，加之十分零散，因而，隋唐关中佛教虽为史家盛赞，但大都语焉不详，十分疏略。由于关中是隋唐佛教文化最为发达的地区，亦且为隋唐佛教传法之中心，不清楚隋唐关中佛教传播之盛况，就不能全面了解隋唐宗派佛教流行之概况，也就难以理解印度佛教在隋唐时期发展成了中国佛教。因此，本文结合僧传和史籍，钩稽考索隋唐关中佛教传播之人物史事，连缀成篇，稍事补阙。

（一）天台宗

天台宗是隋代高僧智𫖮（538~597）以《法华经》为主要依据在浙江天台山创立的中国佛教的第一个宗派，也叫"法华宗"。天台宗宣扬"一切皆由心生"，以"一心三观"（诸法实相在同一时间于一心中观有空、假、中三种实相）、"三谛圆融"（空、假、中三谛原本一体圆融）为中心思想，提出了"止观并重""定慧双修"的修习原则，标志着南、北方佛教学风的融合。

隋炀帝曾从智𫖮受"菩萨戒"，并且赐给智𫖮以"智者"的称号，智𫖮也说："我与晋王深有缘契！"[1] 智𫖮传业灌顶，灌顶（561~632）被天

---

[1] （宋）志磐撰，释道法校注《佛祖统纪校注》卷六《智者禅师》，上海古籍出版社，2012，第177页。

台宗尊为五祖,号"章安大师"。仁寿二年(602),隋炀帝敕令灌顶随使入京,灌顶持衣负锡来到长安,"三夏阐弘,副君顾戴,每至深契,无不申请,并随问接对,周统玄籍"。① 灌顶撰《国清百录》4 卷,② 收录了智𫖮等人与陈、隋两朝往来的文书共 104 件,其中隋炀帝与智𫖮等人往来的书、敕多达 65 件。隋炀帝与天台宗智𫖮等人过从甚密,则天台宗在隋末长安乃至关中地区亦当具有一定势力,尽管天台宗在隋代关中流播极少见诸文字记载。

隋亡唐兴,智𫖮弟子释法盛于唐初入京师,"每说法,口出光明,四众戴仰,同于真佛。朝廷尊其道,赐号悟真禅师",③ 他在长安弘传天台宗。禅师僧珍早年师事智𫖮,行解深著,初住京师长安胜光寺,后又前往同州(治今陕西大荔)和华州(治今陕西华县)。④ 荆州江陵(今湖北江陵)人释玄奘精通大、小乘学,尤明《法华》正典,别是一家。唐中宗景龙年间(707~710),玄奘在京两载,弘扬法华。⑤ 荆州当阳(今湖北当阳)人释恒景初就文纲律师隶业毗尼,后入覆州山玉泉寺,追随智者禅师修习止观,"自天后、中宗朝,三被诏入内供养为受戒师",⑥ 并被奉为"国都教宗",⑦ "学其宗者,如渴之受浆"。⑧ 天台宗在关中地区由此勃兴。

恒景之后,继而在关中地区大弘天台宗者有楚金、飞锡、大光、宪超等人。京兆鳌屋(今陕西周至)人释楚金,7 岁讽诵《法华》,18 岁即讲说经义,他一生诵习《法华》6000 余遍,名声远扬,"承明三入,弘道六宫,后妃长跪于御筵,天花分散而不著"。⑨ 楚金尝于长安千福寺以及终南山翠微寺和悟真寺大弘天台宗,荣冠一时。释飞锡初学律仪,复与沙门楚金栖心研习天台法门"一心三观"。天宝初年,飞锡游于京阙,多止终南

---

① (唐)道宣撰,郭绍林点校《续高僧传》卷一九《唐天台山国清寺释灌顶传》,中华书局,2014,第 718 页。
② 参见《大正藏》卷四六。
③ 《佛祖统纪校注》卷九《天台世家》,第 236 页。
④ 《佛祖统纪校注》卷九《天台世家》,第 237 页。
⑤ (宋)赞宁撰,范祥雍点校《宋高僧传》卷二四《唐荆州白马寺玄奘传》,中华书局,1987,第 615 页。
⑥ 《宋高僧传》卷五《唐荆州玉泉寺恒景传》,第 90 页。
⑦ 李华:《荆州南泉大云寺故兰若和尚碑》,(清)董诰等编《全唐文》卷三一九,中华书局,1983,第 3237 页。
⑧ 《宋高僧传》卷五《唐荆州玉泉寺恒景传》,第 90 页。
⑨ 《宋高僧传》卷二四《唐京师千福寺楚金传》,第 618 页。

紫阁峰草堂寺。① 释大光俗姓唐，从小念诵《法华》，登戒之岁，西游长安，朝见唐肃宗，肃宗赐名大光，并令中官送入千福寺法华道场，"其诵经作吴音，辽辽通于圣听"，② 后居蓝田精舍，又奉诏住长安资圣寺。京兆泾阳（今陕西泾阳）人宪超精通《妙法莲华经》，他于大历八年（773）试业得度，隶名住长安兴国寺，"持念无亏，经声不辍，优昙花之句偈，晓夕相仍；分陁利之开敷，香风不绝，向万余遍"。③

楚金、飞锡等人"袭衡台之秘躅，传止观之精义"，他们在关中地区"共宏开示之宗，尽契圆常之理"，④ 使得天台宗在唐代关中地区传承不绝。湖州（今浙江湖州）人释真乘西上京师长安云华寺学《法华》及天台《疏义》，大著声望，章信寺众僧请其说法，"醉千日者一听而自醒，迷终身者暂闻而永悟"。⑤ 贞元十一年（795），真乘移隶安国寺，充任供奉大德，后又驻锡护国寺。真乘在忏法之余，撰著《法华经解疏记》10卷。他在长安弘扬天台宗，直到元和十五年（820）十月示疾终于护国寺。元和中，长安又有释守素居于兴善寺，恒以诵持为务。守素在兴善寺誓不出院，诵习《法华经》3.7万部。长庆初年，有僧玄幽题此院云："三万《莲经》三十春，半生不踏院门尘。"⑥ 直到唐文宗开成年间，长安千福寺仍有天台宗僧人。⑦ 唐武宗会昌灭佛之后，天台宗才在关中地区渐渐湮没无传了。

（二）三阶教

三阶教又称三阶宗、普法宗，是隋代高僧信行（540～594）创立的一个教派。"三阶"的划分是从佛教的所谓"正法"、"像法"和"末法"的说法中演化而来。信行认为，其时社会正处于"末法"期（佛灭后1000～

---

① 《宋高僧传》卷三《唐大圣千福寺飞锡传》，第47页。
② 《宋高僧传》卷二四《唐湖州法华寺大光传》，第623页。
③ 玄应：《兴国寺故大德上座号宪超塔铭并序》，《全唐文》卷九一九，第9582页。
④ 岑勋：《大唐西京千福寺多宝佛塔感应碑文》，《全唐文》卷三七九，第3846页。
⑤ 《宋高僧传》卷一五《唐湖州八圣道寺真乘传》，第373页。
⑥ 《宋高僧传》卷二五《唐京兆大兴善寺守素传》，第633～634页。
⑦ 〔日〕圆仁《入唐求法巡礼行记》卷一曰：开成三年，"〔十月〕十四日，砂金大二两，于市头令交易。市头秤定一大两七钱，七钱准当大二分半，价九贯四百文。更买白绢二匹，价二贯，令作七条、五条二袈裟。亦令僧贞顺勾当此事。斋后，禅门宗僧等十三人来相看——长安千福寺天台宗惠云，禅门宗学人僧弘鉴、法端、誓实、行全、常密、法寂、法真、惠深、全古、从实、仲诠、昙幽——等书云……"

1600年），众生是一切佛、一切经不能救得的孽种，为救众生，应行普法，就是要归一切佛尽、归一切法尽、归一切僧尽，一切人皆有真如佛性，皆应当作佛来崇拜，末法浊世的人们只有在这种普敬普佛的宗教实践中才能获得解脱。为普法救世，三阶教还创办了"无尽藏"作为其传教手段。

释信行早年驻锡相州（治今河南安阳）法藏寺。隋开皇九年（589），相州知事奏闻，信行被召入京，受仆射高颎（541~607）的邀延，在长安真寂寺立院别处，乃撰《对根起行三阶集录》及山东（崤山以东）所制众事诸法，合40余卷，"援引文据，类叙显然，前后望风，翕成其聚"。① 信行与其弟子在长安先后修建了真寂寺、光明寺、慈门寺、慧日寺、弘善寺5所三阶教寺院，"自尔余寺赞承其度焉，莫不六时礼旋，乞食为业，虔慕洁诚，如不及也"。② 开皇十四年（594），信行圆寂于真寂寺，弟子们依法林葬收骨起塔于长安城南25公里终南山楩梓谷，楩梓谷因而成为三阶教的圣地。

信行之后，其弟子僧邕、裴玄证、本济等人相继在关中地区弘传三阶教。信行的高徒释僧邕在长安化度寺弘传三阶教，"道俗莫非遵奉"，"及〔信〕行之殁世，纲总徒众，甚有住持之功"。③ 河东居士裴玄证出家住在长安化度寺，"信行至止，固又师之，凡所著述，皆委证笔。末从俗服，尚绝骄豪，自结徒侣，更立科纲，返道之宾，同所击赞"。④ 信行的弟子释本济在长安慈门寺专弘三阶教，"响高别众"。⑤ 本济之弟善智、弟子道训和道树也在长安敷化三阶教。又有道善、静默、德美等人在关中地区以三阶教为业。释道善遵承信行普功德主，释静默从道善受业，"望重京都，偏归俗众"。⑥ 释德美依承静默十有余年，在长安会昌寺，三业随从，深相器待。静默弘奖福门，开悟士俗，广召大众，"盛列檀那，利养所归，京辇为最"。⑦ 有史可考的长安三阶教高僧还有真寂寺（化度寺）慧如、法藏和善才，光明寺慧了，赵景公寺道安，净域寺法藏，荐福寺大德明观等人。⑧

---

① 《续高僧传》卷一六《隋京师真寂寺释信行传》，第601页。
② 《续高僧传》卷一六《隋京师真寂寺释信行传》，第601页。
③ 《续高僧传》卷一九《唐京师化度寺释僧邕传》，第715页。
④ 《续高僧传》卷一六《隋京师真寂寺释信行传》，第602页。
⑤ 《续高僧传》卷一八《隋西京慈门道场释本济传》，第686页。
⑥ 《续高僧传》卷三〇《唐京师会昌寺释德美传》，第1221页。
⑦ 《续高僧传》卷三〇《唐京师会昌寺释德美传》，第1221页。
⑧ 李健超：《长安三阶教寺院与终南山三阶教圣地》，原载〔韩〕《民族与文化》1994年第2辑，参见李健超《汉唐两京及丝绸之路历史地理论集》，三秦出版社，2007，第215~235页。

特别值得注意的是，考古工作者近年在关中地区淳化县金川湾发现了唐代三阶教刻经窟。金川湾石窟共刻经 8 部：《明诸经中对根浅深发菩提心法》（信行禅师撰）、《明诸大乘修多罗内世间出世间两阶人发菩提心同异法》（信行禅师撰）、《大集月藏分经略抄出》（信行禅师撰）、《七阶佛名》、《大方广十轮经》、《添品妙法莲华经》、《金刚经》、《如来示教胜军王》。在这 8 部刻经中，3 部为三阶教祖信行所撰，而《十轮》和《法华》也是三阶教的根本典籍。金川湾 8 部刻经中，三阶教专有者居半，竟具有 3 部署名为"信行禅师撰"，且为存世孤本，[1] 这种情况非常罕见，极不寻常。这表明，三阶教在隋唐时期的关中地区十分盛行。

对于三阶教，开皇二十年（600），隋文帝"敕断不听流行"。[2] "其徒既众，蔓延弥广，同习相党，朋援繁多，隋文虽断流行，不能杜其根本。"[3] 唐代京师长安无尽藏院，"恒施为事"。[4] 化度寺的无尽藏院，施舍钱帛金玉，积聚不可胜计，"常使名僧监藏，供天下伽蓝修理。藏内所供，燕、凉、蜀、赵，咸来取给，每日所出，亦不胜数"。[5] 圣历二年（699），武则天下敕："其有学三阶者，唯得乞食、长斋、绝谷、持戒、坐禅，此外辄行，皆是违法。"[6] 开元十三年（725），唐玄宗"敕诸寺三阶院，并令除去隔障，使与大院相通，众僧错居，不得别住。所行《集录》，悉禁断除毁。若纲维纵其行化诱人而不纠者，勒还俗"。[7] 唐玄宗还下诏分散长安化度寺的无尽藏。[8] 长安三阶教无尽藏一再受到统治者的禁绝，这说明，三阶教在唐代关中地区长期以来十分流行，而且具有相当势力。据日本所传古写本《贞元释教录》卷二八记载，唐德宗贞元年间，长安城内 55 所寺院中设有三阶禅院，其住持相继长达 200 多年，僧、尼二众有千人以上，都奉三阶教。[9] 直到唐敬宗，仍赐长安三阶教"化度寺经院"金字额，"御

---

[1] 张总、王保平：《陕西淳化金川湾三阶教刻经石窟》，《文物》2003 年第 5 期。
[2] （隋）费长房：《历代三宝纪》卷一二，《大正藏》卷四九，第 105 页。
[3] （唐）智昇撰，富世平点校《开元释教录》卷一八，中华书局，2018，第 1267 页。
[4] 《续高僧传》卷二五《唐眉州圣种寺释道会传》，第 961 页。
[5] （唐）韦述撰，辛德勇辑校《两京新记辑校》卷三，三秦出版社，2006，第 57 页。
[6] （唐）明佺等：《大周刊定众经目录》卷一五，《大正藏》卷五五，第 475 页。
[7] 《开元释教录》卷一八，第 1267 页。
[8] 《全唐文》卷二八《分散化度寺无尽藏财物诏》云："化度寺无尽藏财物、田宅、六畜，并宜散施京城观、寺，先用修理破坏尊像、堂殿、桥梁；有余，入常住，不得分与私房。"
[9] 李健超：《长安三阶教寺院与终南山三阶教圣地》，原载〔韩〕《民族与文化》1994 年第 2 辑，参见李健超《汉唐两京及丝绸之路历史地理论集》，第 221 页。

数以观之"。[1]

（三）三论宗

三论宗是隋末高僧吉藏（549~623）发扬印度中观系统龙树、提婆学说而创立的隋代佛教一大宗派。三论宗依据佛教经典《中论》、《百论》和《十二门论》，以真俗二谛为总纲，宣扬"一切皆空"，从真空的理体方面揭破一切五蕴诸法虚妄不实，彻底破除三毒（贪、嗔、痴）迷惑，企图建立一切无所得的中道正观。

吉藏长期驻锡会稽（今浙江绍兴）嘉祥寺传法，因而世称"嘉祥大师"。开皇末年，晋王杨广在京师长安建日严寺，延请吉藏入居，"欲使道振中原，行高帝壤"，吉藏"既初登京辇，道俗云奔"。[2] 三论宗由此在关中地区弘传开来。

武德初年，唐高祖置十大德，吉藏亦为其中一员。时长安实际寺和定水寺两寺连请，吉藏遂受双愿，两以居之。后来，齐王元吉"久揖风猷，亲承师范"，又奉之居于长安延兴寺。[3] 三论宗由于其创立者"嘉祥大师"吉藏晚年在京师长安的弘播，蔚为隋末唐初关中地区佛教一大宗。丹阳智凯、襄阳智拔、荥阳智命等人纷纷来到关中地区，从吉藏听讲受业。[4] 吴郡（治今江苏苏州）人释法澄初从兴皇朗公讲释"三论"，"至于教旨乖竞者，皆条理而通畅焉"。仁寿三年（603），法澄奉令入关，居于长安日严寺，"广流视听，宪章新致"。[5] 大业初年，又有道庄、智矩等人居于长安日严寺弘扬"三论"。[6] 江表扬都（今江苏扬州）人释智凯及至学年，辞亲诣至吉藏从受"三论"，"偏工领叠，所以初章中、假，复词遭滞，学人苦其烦挐，而凯统之，泠然顿释，各有投诣"。[7] 隋末唐初，智凯住在长安定水寺，朝廷每有殿会，无不仰推智凯。雍州新丰（今陕西临潼）人释

---

[1] （宋）宋敏求撰，辛德勇、郎洁点校《长安志》卷一〇"化度寺"条，三秦出版社，2013，第340页。
[2] 《续高僧传》卷一一《唐京师延兴寺释吉藏传》，第393页。
[3] 《续高僧传》卷一一《唐京师延兴寺释吉藏传》，第394页。
[4] 《续高僧传》卷一四《唐越州嘉祥寺释智凯传》，第503页；《续高僧传》卷一四《唐襄州常济寺释智拔传》，第500页；《续高僧传》卷二九《唐伪郑沙门释智命传》，第1159页。
[5] 《续高僧传》卷九《隋东都内慧日道场释法澄传》，第327页。
[6] 《续高僧传》卷九《隋东都内慧日道场释道庄传》，第328页；《续高僧传》卷一一《隋西京日严道场释智矩传》，第375页。
[7] 《续高僧传》卷三一《唐京师定水寺释智凯传》，第1260页。

空藏依随道判法师住在终南山龙池寺，钦重经论，日诵万言，前后总计300余卷，"三论"、《涅槃》，探穷岩穴。大业之始，隋炀帝下敕征延空藏入住长安禅定寺。唐运既兴，有敕于金城坊建会昌寺，以空藏行德凤彰，又请入住，供事弥隆。空藏翘勤专注，济度群有，不略寸阴，直到贞观十六年（642）终于会昌寺。①

贞观中，又有释元康游学京邑，性情酋勇，闻少解多，群辈推许，朝廷因而诏令其在安国寺讲扬"三论"。元康遂造疏解中观之理，别撰《玄枢》两卷，总明《中论》、《百论》和《十二门论》之宗旨。②贞观以后，三论宗在关中地区寂寥无闻，渐渐衰落了。

（四）法相宗

法相宗又称唯识宗、慈恩宗，是唐代创立的第一个佛教宗派。法相宗以《成唯识论》为主要经典，宣扬"万法（物）唯识""心外无法（物）"，认为世界上的万事万物都是"唯识所变"的；人们如果能通过修行停止自我感觉意识（眼、耳、鼻、舌、身、意六种感觉和思维）对"内识"（最高的精神本体）的熏染，保持"内识"的纯净，就可以成佛，进入极乐世界，永脱苦海。

法相宗由玄奘（600~664）及其弟子窥基（632~682）创建于以长安为中心的关中地区。贞观十九年（645），玄奘西行求法归国后，先后在长安弘福寺和慈恩寺、终南山翠微宫、宜君玉华宫译经说法，直到麟德元年（664）圆寂于玉华宫。③除了应诏曾在东都洛阳短暂停留，玄奘晚年一直在关中地区弘传印度无著、世亲的学说，讲解大乘有宗的思想，创立了法相宗。玄奘门下高徒很多，其中释窥基深得要领。"奘师为瑜伽、唯识开创之祖，基乃守文述作之宗。"④法相宗创于玄奘，成于窥基。京兆长安（今陕西西安）人释窥基是唐代开国元勋、鄂国公尉迟敬德的侄子，他出家躬事玄奘为师，创意留心，勤奋著述，造《疏》可计百本，被时人称为

---

① 《续高僧传》卷二九《唐京师会昌寺释空藏传》，第1186页。
② 《宋高僧传》卷四《唐京师安国寺元康传》，第70页。
③ 《续高僧传》卷四《唐京师大慈恩寺释玄奘传》，第119~130页，详参《大慈恩寺三藏法师传》。
④ 《宋高僧传》卷四《唐京兆大慈恩寺窥基传》，第66页。

"百本疏主"。① 玄奘主要从事译经，窥基主要致力于著述，法相宗的重要著述大都出自他的手笔。法相宗玄奘开宗，窥基阐扬师说，发挥了唯识论的思想，成了法相宗的实际创宗者。窥基长住慈恩寺，世称"慈恩法师"。三藏奘师之神足尚有普光和法宝等人。"时〔普〕光、〔法〕宝二法师若〔罗〕什门之〔僧〕融、〔僧〕睿焉，后越精义学，令问孔胶。"② 西域人释利涉凤龄强志，机警溢伦，宗党之中，推其达法。利涉欲游震旦，结侣东征，至金梭岭（地属今陕西铜川），遇玄奘三藏，行次相逢，礼求玄奘得度，既而群经众论，凿窍通幽。"奘门贤哲辐凑，〔利〕涉季孟于〔普〕光、〔法〕宝之间。"③

慈恩寺释彦悰求法于三藏法师之门，"然其才不迨〔普〕光、〔法〕宝，偏长缀习学耳。于玄儒之业，颇见精微。辞笔之能，殊超流辈"。④ 慈恩寺释嘉尚栖心三藏法师之门，见宗庙之富，窥室家之好，他稽考《瑜伽师地》《佛地论旨》《成唯识论》，深得义趣，义门夥多。⑤ 玄奘为窥基讲新翻《唯识论》，西明寺新罗人释圆测（613~696）贿赂守门者窃听，归则缉缀义章。玄奘将欲罢讲，圆测于西明寺鸣钟召众，称讲《唯识》。窥基慊其有夺人之心，遂让圆测讲训。玄奘讲《瑜伽》，圆测依然前往偷听。圆测所著《唯识疏抄》，详解经论，天下分行。⑥

"慈恩法师"窥基门生填委，声振天下，其弟子在关中地区弘传法相宗者尤以义忠最为著名。自玄奘三藏到京后，淄州（属今山东淄博）人释慧沼（650~714）恒窥壸奥，后又受业窥基法师，因而更加精博。⑦ 释义忠初从慧沼大师，后乃师资相将，同就窥基之讲肆，居于慈恩寺，"由兹开奖，弟子繁多，讲树别茂于枝条，义门旁开于关窍"，"辈流首伏，声彩悠扬"，"四方美誉，千里归心者，不可胜算矣"。⑧ 唐太宗对于佛教虽说"非意所遵"，⑨ 但是"护持情深"，他对三藏法师玄奘尤为推崇。唐太宗规定，

---

① 《宋高僧传》卷四《唐京兆大慈恩寺窥基传》，第64页。
② 《宋高僧传》卷四《唐京师大慈恩寺法宝传》，第69页。
③ 《宋高僧传》卷一七《唐京兆大安国寺利涉传》，第420页。
④ 《宋高僧传》卷四《唐京兆大慈恩寺彦悰传》，第74页。
⑤ 《宋高僧传》卷四《唐京兆大慈恩寺嘉尚传》，第73页。
⑥ 《宋高僧传》卷四《唐京师西明寺圆测传》，第69页。
⑦ 《宋高僧传》卷四《唐淄州慧沼传》，第73页。
⑧ 《宋高僧传》卷四《唐京兆大慈恩寺义忠传》，第77页。
⑨ 唐太宗：《贬萧瑀手诏》，《全唐文》卷八，第97页。

玄奘译经说法,"所须人物吏力,并与玄龄商量,务令优给"。① 太宗还亲自为玄奘新译的佛经撰写了《大唐三藏圣教序》。② 唐高宗李治则"以〔玄奘〕法师先朝所重,嗣位之后,礼敬逾隆,中使、朝臣问慰无绝"。③

法相宗的兴起,实际上是借皇权之力而得以成,与当时整体创新的佛学背景不合,它那"宗论"的行为与中土"宗经"的传统相悖,加之人们对因明逻辑的陌生,导致唯识学说难以为人们所普遍接受。同时,唯识学偏于"见"(理论)而忽略"行"(实践)的致命弱点,使得法相宗既不能像禅宗那样为士大夫提供安身立命的支柱,又不能为善男信女提供简单易行的修持法门,从而有效解决人们精神生活中的实际问题,因而难以持久繁荣。④ 在唐太宗、唐高宗父子的大力支持下,法相宗在唐代关中地区兴盛了三四十年,三传之后就逐渐衰落了。

(五)华严宗

华严宗因奉《华严经》而得名,创立人释法藏(643~712)被武则天赐号"贤首国师",该宗因而又称贤首宗。华严宗的基本理论观点是"法界缘起说","法界缘起说"是关于事(万事万物)、理(一切事物和现象的总根源)及理与事、事与事相互关系的理论。这一理论认为,理为事之理体,事为理之显现,所以理事无碍;世界上的万事万物虽千差万别,但它们都是理的显现,所以事事无碍。华严宗要求人们认识到事事无碍,树立起万事万物都是"合理"的世界观,对一切都抱持超脱的态度,这便具有了最高的智慧,也就达到了最高境界。

雍州万年(今陕西西安)人释法顺(557~640)是华严宗的开拓者,被奉为华严宗初祖。法顺18岁弃俗出家,依从长安因圣寺僧珍禅师,受持定业,后来长住于京城南郊义善寺。他依《华严经》修行,游化于关中三原、武功及骊山等地,"感通幽显,声闻朝野",唐太宗"奉其德,仰其神,引入内禁,隆礼崇敬。储宫、王族、懿戚、重臣,戒约是投,无爽归禁"。⑤

---

① 《续高僧传》卷四《唐京师大慈恩寺释玄奘传》,第120页。
② 《全唐文》卷一〇,第119~120页。
③ (唐)慧立、彦悰撰,孙毓棠、谢方点校《大慈恩寺三藏法师传》卷一〇,中华书局,2000,第215页。
④ 夏金华:《唐代法相宗的衰落原因新论》,《世界宗教研究》2003年第4期。
⑤ 《续高僧传》卷二六《唐雍州义善寺释法顺传》,第1023页。

早在周武之初，释普圆就游方三辅，诵习《华严经》，常以头陀为志，乐行慈救，利益为先。① 雍州北山人释普济出家依从圆禅师，仪轨行法，独处林野，不宿人世。他游浪物表，而手不释卷，尝读《华严》，依而结业。北周武帝灭法，普济便投太白诸山，但愿像教一兴，舍身供养，修普贤行，生贤首国。② 京兆泾阳（今陕西泾阳）人释普安通明三藏，常业华严。周武灭法后，普安栖隐于终南山梗梓谷西坡。于时，京邑名德三十余僧避地终南，普安总召详集，幽密安处。普安性多诚信，乐读《华严》，一钵三衣，累纪弥励。③ 隋文创历，佛教大兴。开皇八年（588），普安入京住在长安静法寺，大阐华严法门。与此同时，定州安喜（今河北定县）人释智正（549~639）于开皇十年（590）入关，住长安胜光寺，后从京兆武功（今陕西武功）人彭渊法师同在终南山至相寺长达28年。智正平生凡讲《华严》《摄论》《楞伽》等不计其遍，尤重《华严》，著《华严疏》10卷，余并为《抄记》，具行于世。④ 智正有弟子释灵辨（586~663），金城狄道（今甘肃临洮）人，先在长安胜光寺，后到终南山至相寺，一生讲《华严经》48遍，扬导《华严》，擅名帝里，京城及诸州僧尼从受归戒者1000余人。⑤ 灵辨的叔父灵幹18岁即可覆讲《华严》，开皇七年（587），灵幹奉敕住在长安大兴善寺。大业三年（607），灵幹被任命为长安大禅定寺"道场上座"，他志奉华严，曾依经本作《莲华藏世界海》观及《弥勒天宫》观。⑥ 智正还有弟子泾州（今甘肃泾川县）人樊玄智，初从法顺以诵读《华严》为业，不久又服膺智正，入终南山至相寺，后来驻锡坊州（属今陕西铜川）赤沙乡一石窟，20余年间，"昼诵《华严》，夜修禅观"。⑦ 天水人释智俨（602~668）12岁出家，入终南山至相寺，先后师从法顺、达法师、法常、灵辨，而得《华严》之要义于智正。⑧ 智俨寻常讲说，名贯至相寺，"而神用清越，振绩京皋"，⑨ 被奉为华严宗二祖，时

---

① 《续高僧传》卷二九《周雍州逸沙门释普圆传》，第1149页。
② 《续高僧传》卷二九《隋雍州北山沙门释普济传》，第1150页。
③ 《续高僧传》卷二七《隋终南山梗梓谷释普安传》，第1156页。
④ 《续高僧传》卷一四《唐终南山至相寺释智正传》，第495~496页。
⑤ （唐）法藏：《华严经传记》卷三《唐京师大慈恩寺释灵辨传》，《大正藏》卷五一，第163页。
⑥ 《续高僧传》卷一二《隋西京大禅定道场释灵幹传》，第414页。
⑦ 《华严经传记》卷四《樊玄智》，《大正藏》卷五一，第166页。
⑧ 《华严经传记》卷三《唐终南山至相寺释智俨传》，《大正藏》卷五一，第163页。
⑨ 《续高僧传》卷二六《唐雍州义善寺释法顺传》，第1024页。

人称为"至相尊者""至相大师",其弟子有法藏、怀齐、慧晓、道成、义湘等人。

康居(今中亚撒马尔罕一带)人释法藏(643~712)于显庆四年(659)入太白山求法,师从智俨,听授《华严》。法藏主要活动在唐长安太原寺(后改名西崇福寺、魏国西寺)、荐福寺、西明寺、云华寺,还曾去过关中岐州(陕西扶风)法门寺,他前后讲旧、新《华严经》30多遍。[1] 华严宗由此在关中地区盛极一时,如至开元中,西域人释利涉在长安安国寺讲《华严经》,"四众赴堂,迟则无容膝之位矣"。[2] 法藏著述极多,仅现存者就有23部,[3] 其中大部分是从不同方面论述华严宗教义,至此建立了周备的华严宗体系。

法藏是华严宗的创立者,被奉为华严宗三祖。法藏弟子莫能悉数,其中京兆(今陕西西安)人释慧苑有勤无惰,内外流通,华严一宗,尤成精博,陶神练性,深达法义,禀从贤首之门,不负庭训之美,"号上首门人也"。[4] 慧苑传法铣,法铣传澄观。越州山阴(今浙江绍兴)人释澄观(736~839)长住五台山清凉寺,号"清凉大师",被奉为华严宗四祖。唐德宗贞元年间(785~804),澄观奉诏来到京城,帝颇敦重,延入译场,先在长安崇福寺参加《华严》(后分)40卷的翻译,又在草堂寺编成《贞元新译华严经疏》10卷,还曾于长安云花寺般若阁下画《华藏世界图相》,又著《随疏演义》40卷、《华严经纲要》1卷、《法界玄鉴》1卷、《三圣圆疏观》1卷,还著有《华严》《法华》《楞伽》《中观论》等经疏,别行《小钞疏》共30卷,塑缋形像,缮写经典,不可殚述。澄观洎至长安,朝臣归向,频加礼接,相国齐抗和太常韦渠牟,与其结交很深。故相武元衡、郑絪、李吉甫、权德舆、李逢吉,中书舍人钱徽,兵部侍郎归登,襄阳节度使严绶,越州观察使孟简、洪州韦丹,"咸慕高风,或从戒训",[5] 华严宗因而在关中地区再度兴盛。

澄观"弟子传法者一百许人,余堪讲者千数",[6] 其中宗密被奉为华严

---

[1] 〔新罗〕崔致远:《唐大荐福寺故寺主翻经大德法藏和尚传》,《大正藏》卷五〇,第281~283页。
[2] 《宋高僧传》卷一七《唐京兆大安国寺利涉传》,第420页。
[3] 汤用彤:《隋唐佛教史稿》,中华书局,1982,第168页。
[4] 《宋高僧传》卷六《唐洛京佛授记寺慧苑传》,第115页。
[5] 《宋高僧传》卷五《唐代州五台山清凉寺澄观传》,第106页。
[6] 《宋高僧传》卷五《唐代州五台山清凉寺澄观传》,第106~107页。

五祖。果州西充（今四川西充）人释宗密（780~841）数十年中，学无常师。元和初年，他来到京城长安，师从澄观，尝住终南山智炬寺和长安城南诸寺，晚年常住草堂寺、圭峰兰若，故称"圭峰大师"。宗密著述凡200余卷，"持服执弟子礼四众数千百人矣"。① 宗密被奉为华严宗五祖，但宗密的华严思想充斥着禅宗的成分，他本人也自称是禅宗南宗荷泽禅的传人。宗密统一禅教的结果，将华严宗的理论体系融进了荷泽禅系，使其失去了原有的个性。同样，华严宗倡导的法界缘起，从此大失其固有的理论特色，华严宗的哲学发展遂告终止，② 华严宗在关中地区的弘传从此也渐渐衰颓了。

（六）禅宗

"禅"是梵文 dhyana 音译"禅那"③ 的简称，是佛教的一种修行方式，称为"坐禅"或"禅定"。禅宗认为，人人都有佛性，"自心是佛"，佛性存在于每个人的心中。人人皆可成佛，只要人们做到了"无念"，使自己的佛性处于绝对虚静的状态，就能"识心见性，自成佛道"，在一刹那间的领悟中顿时成佛，而不必去习诵烦琐的佛经，也不必长期坐禅。禅宗是隋唐佛教各宗中实现中国化最为彻底的一宗，因而成为中国佛教中影响最大的一宗。

南天竺人菩提达摩（？~530）是中国禅宗公认的东土初祖。南朝刘宋时代，达摩来到中国传法，开示道育和慧可。慧可承袭达摩的《楞伽》法门，专附玄理，展开楞伽禅的化导。护持达摩深旨的慧可门下那禅师、璨禅师等人以《楞伽经》为心要，随说随行，并助以严格的、精苦的头陀行。到了唐代，上有王室的崇敬，下有民间的信仰，达摩禅在四祖道信（580~651）和五祖弘忍（602~675）时大放光芒。④ 620~675年，道信与弘忍相继驻锡蕲州黄梅（今湖北省黄梅县）的双峰与东山，长达50多年。道信"营宇立像"，弘忍"念佛净心"，盛况空前，诚如《传法宝纪》

---

① 《宋高僧传》卷六《唐圭峰草堂寺宗密传》，第172页。
② 杜继文、魏道儒：《中国禅宗通史》，江苏古籍出版社，1993，第294页。
③ 《宋高僧传》卷一三《习禅篇总论》曰："梵语禅那，华言念修也。以其触情念而无念，终日修而无修。又云正定也，正受也。正则廓然冥而定矣。正受简邪思惟，增遍计故。所以奢摩他以寂静故，三摩提以观如幻故，若禅那者，俱离静幻故，始云菩萨不住此岸，不住彼岸，而度众生令登彼岸也。"
④ 关于禅宗初祖达摩至五祖弘忍的法统传承，详参印顺《中国禅宗史》，江西人民出版社，1999，第1~67页。

所言，弘忍"既受付嘱，今望所归，裾履凑门，日增其倍，〔二〕十余年间，道俗受学者，天下十八九。自东夏禅匠传化，乃莫之过！"①

禅宗在唐代的畅行始于五祖弘忍。弘忍弟子玄赜所撰《楞伽人法志》和玄赜弟子净觉所撰《楞伽师资记》载，弘忍圆寂之前曾说："如吾一生，教人无数，好者并亡。后传吾道者，只可十耳。我与神秀论《楞伽经》，玄理通快，必多利益。资州智诜、白松山刘主簿，兼有文性。华州惠藏、随州玄约，忆不见之。嵩山老安，深有道行。潞州法如、韶州惠能、扬州高丽僧智德，此并堪为人师，但一方人物。越州义方，仍便讲说。"② 这是初唐禅宗在全国流布的大体状况。据此可知，唐高宗时代就有弘忍弟子惠藏在华州（治今陕西华县）弘传禅宗，禅宗在关中地区就有传布。除了惠藏，又有荆州支江（今湖北枝江）人释慧安。慧安于贞观中礼拜弘忍大师，唐高宗麟德元年（664），他"游终南山，石壁而止"。③ 而早在唐太宗时代，长安就有楞伽禅的传化。史载，兖州法集寺释法冲专以《楞伽》命家，前后敷弘将近200遍。贞观中，宰相房玄龄致书将其召入京师，法冲"翱翔京邑，即弘大法，晟动英髦，冠盖云蒸"。④ 不过，禅宗在关中地区的广泛传播，则始自武则天时期北宗神秀弟子义福和普寂在长安的传法。

神秀（606～706），汴州尉氏（今河南尉氏县）人。他13岁出家为僧，46岁前往蕲州师事弘忍大师。上元二年（675），弘忍圆寂，神秀前往荆州。仪凤中（676～678），神秀禅居当阳山玉泉寺，于时前来求法问道者，"云从龙，风从虎"，"岐阳之地，就者成都；华阴之山，学来如市"。⑤ 武则天闻其名，久视元年（700），遣使礼迎神秀进京，肩舆上殿，则天"亲加跪礼"，"时王公已下及京都士庶，闻风争来谒见，望尘拜伏，日以万数"。⑥ 禅宗五祖弘忍门下，相对慧能禅系而言，神秀禅系被称为北宗。神龙二年（706），神秀入寂，弟子义福（658～736）和普寂（651～739）最为朝野所重。潞州铜鞮（今山西沁县西南）人释义福自嵩岳而至

---

① （唐）杜胐：《传法宝纪》，参见杨曾文《新版敦煌新本六祖坛经》附编（一），宗教文化出版社，2001，第179页。
② （唐）净觉：《楞伽师资记》，《大正藏》卷八五，第1289页。
③ 《宋高僧传》卷一八《唐嵩岳少林寺慧安传》，第453页。
④ 《续高僧传》卷二七《唐兖州法集寺释法冲传》，第1080页。
⑤ 张说：《唐玉泉寺大通禅师碑铭并序》，《全唐文》卷二三一，第2335页。
⑥ 《旧唐书》卷一九一《神秀传》，第5110页。

关中，初止终南山化感寺，处方丈之室凡 20 余年，未尝出房宇之外，后隶京城慈恩寺，"道望高峙，倾动物心"。① 神秀禅门之杰义福在终南山化感寺栖置法堂，士庶求法者"腾凑道场，延袤山谷"，"时有息心贞信之士，抗迹隐沦之辈，虽负才藉贵、鸿名硕德，皆割弃爱欲，洗心清净，斋庄肃敬，供施无方，或请发菩提，或参扣禅契。有好慕而求进修者，有厌苦而求利益者，莫不恳誓专一，披露尘恼。禅师由是开演先师之业，懋宣至圣之教"。② 河东人释普寂年才稚弱，率性轩昂，离俗升坛，循于经律，临文揣义，迥异恒流。他听闻神秀在荆州玉泉寺，乃往师事，历时六载，神秀尽以其道授之。普寂因而成为神秀的第一高足。神秀卒后，天下好释氏者率皆师事普寂，朝臣归崇，敕使监卫。③ 唐中宗闻其高年，特下制令普寂统其法众。开元十三年（725），唐玄宗敕令普寂居于长安兴唐寺，"时王公士庶，竞来礼谒"，④ "普寂始于都城传教二十余载，人皆仰之"。⑤

普寂嗣法弟子在关中地区聚徒开堂传法者有灵著、慧空和惟政等人。绵州巴西（今四川绵阳）人释灵著年殆志学，方遂出家，晚岁师从普寂，领悟宗风，守志弥笃。灵著后至京师，在长安"诞敷禅法，慕道求师者不减千计，若鱼龙之会渊泽也"。⑥ 灵著在长安弘扬北宗禅，直到天宝五载（746）圆寂于安国寺楞伽经院。是时，又有江陵人释慧空初投陕州（治今河南三门峡）回銮寺恒超门下，授受经业，后入嵩少，适遇普寂禅会，豁如开悟，唐代宗闻其有道，下诏俾居长安广福寺，"朝廷公卿罔不倾信"。⑦ 后来，又有释惟政得法于普寂禅师，唐文宗时，惟政即在太乙山，"学者盈室"。⑧

禅宗北宗在关中地区盛行的同时，禅宗南宗在关中地区也有传播。史载，唐长安有卧伦禅师，虽云隐晦，实则阐扬六祖慧能印持，"化导之方，

---

① 《旧唐书》卷一九一《义福传》，第 5111 页；《宋高僧传》卷九《唐京兆慈恩寺义福传》，第 197 页。
② 严挺之：《大智禅师碑铭并序》，《全唐文》卷二八〇，第 2842 页。
③ 杨曾文编校《神会和尚禅话录》附编《神会七祖传》，中华书局，1996，第 135 页。
④ 《旧唐书》卷一九一《普寂传》，第 5111 页；《宋高僧传》卷九《唐京师兴唐寺普寂传》，第 198 页。
⑤ 《宋高僧传》卷九《唐京兆慈恩寺义福传》，第 197 页。
⑥ 《宋高僧传》卷九《唐京师大安国寺楞伽院灵著传》，第 201 页。
⑦ 《宋高僧传》卷九《唐陕州回銮寺慧空传》，第 216 页。
⑧ （宋）普济撰，苏渊雷点校《五灯会元》卷二《终南山惟政禅师》，中华书局，1997，第 80 页。

若尸鸠之七子均养也"。① 越州诸暨（今浙江诸暨）人释慧忠少而好学，法受双峰，默默全真，心承一印。开元中，朝臣王琚和赵颐贞上奏唐玄宗，慧忠禅师应诏入居长安龙兴寺，由是罢相、节使、王公大人罔不膜拜顺风，从而问道。上元二年（761）正月，唐肃宗迎请慧忠禅师居于长安千福寺，待以师礼。慧忠上奏理人治国之要，"帝闻竦然，膝之前席"，"相国崔涣从而问津，理契于心，谈之朝野。识真之士，往往造焉"。② 代宗临御，敕令内侍袁守宏迎请慧忠禅师入住长安光宅寺十有六载，随机说法。③ 太原文水（今山西文水县）人释灵坦誓入空门，其父时任洛阳县令，灵坦随父入洛，后来嗣法荷泽寺神会禅师。灵坦以为非博通不足以圆证，故参了义于长安慧忠禅师，由是名声高远，天下瞻企。大历五年（770），唐代宗给灵坦赐号"大悲"。④ 灵坦的弟子很多，"荷其教者惟上都西明寺全证"。⑤ 禅宗六祖慧能（638～713）之后，南宗禅法分为荷泽（河南洛阳）神会（688～762）、南岳（湖南衡山）怀让（677～744）、青原（江西吉安）行思（？～740）三大支。灵坦师承神会，灵坦及其高足全证杖锡长安，这说明南宗荷泽禅在关中地区有传布。

有唐一代，不仅南宗荷泽禅在关中地区有流传，南宗牛头禅和洪州禅在关中地区也有流传。是时，在长江下游的润州牛头山（属今江苏江宁县），以"东夏之达摩"的法融为初祖的禅学——牛头宗兴盛一时。传说中的牛头宗，六代相承，法融传慧方，慧方传法持，法持传智威，智威传慧忠和玄素。⑥ 吴郡昆山（今江苏昆山）人释法钦（713～792）28岁受玄素躬为剃发，登坛纳戒，炼行安禅。法钦后来挂锡杭州径山，自兹盛化，参学者很多。大历三年（768），唐代宗诏迎法钦入京，咨问法要，特为仰重，手诏赐号"国一"，京师名公巨卿归依者很多。⑦ 南宗慧能门人怀让有弟子道一（709～788），俗姓马，世称马祖，又因谥曰"大寂"，世称"大寂禅师"。道一长期驻锡洪州（今江西南昌）弘扬怀让禅法，世称洪州宗。豫章上高（今江西上高县）人释智藏（735～814）之父为洪州掾，智藏随

---

① 《宋高僧传》卷二七《唐五台山海云传》，第689页。
② 《宋高僧传》卷九《唐均州武当山慧忠传》，第205页。
③ 《五灯会元》卷二《南阳慧忠国师》，第98页。
④ 《宋高僧传》卷一〇《唐扬州华林寺灵坦传》，第225页。
⑤ 贾悚：《扬州华林寺大悲禅师碑铭并序》，《全唐文》卷七三一，第7547页。
⑥ 印顺：《中国禅宗史》，江西人民出版社，1999，第77～82页。
⑦ 《宋高僧传》卷九《唐杭州径山法钦传》，第221页。

父至洪州，乐入佛门，"后修禅法，证大寂一公宗要矣"。建中元年（780），智藏乃入长安，唐德宗令其住华严寺，"辇毂之间，玄学者孔炽，就藏之门，若海水之归投琴之壑矣"，① 直到太和九年（835），智藏圆寂于住寺。会稽诸暨（今浙江诸暨）人释好直在元和初年受具于杭州天竺寺，后"诣洪州禅门，洞达心要"。② 太和（827~835）中，好直因游五台曾至京师。开成（836~840）初年，好直再入长安，策杖大安国寺，"王畿龙象，莫不钦重"。③ 马祖道一门人大义、怀晖、惟宽亦曾先后入关，在长安"扬其本宗，法门大启，传百千灯。京夏法宝鸿绪，于斯为盛"。④ 衢州须江（今浙江江山）人释大义，20岁受具戒，若律若禅，无不通贯，他又前往拜谒道一于洪州，后来宴坐于郡西鹅湖山，学者如麻。唐德宗贞元年间，大义奉诏入京，居长安慈恩寺行禅，"两宫崇重，道俗宗仰"。⑤ 贞元初年，泉州（今福建泉州）人释怀晖，礼谒洪州道一禅师，顿明心要，后来在中条山习禅，为法者蹑迹而往。元和三年（808），唐宪宗诏令安置怀晖于长安章敬寺毗卢遮那院，"晖既居上院，为人说禅要，朝寮名士日来参问"，⑥ 复诏入麟德殿赐斋，推居上座。元和十三年（818），怀晖示灭，其弟子大多仍活动在关中一带，其中长安荐福寺释弘辩最为有名于当世，唐宣宗赐紫方袍，号"圆智禅师"。⑦ 衢州信安（今浙江衢州市衢江区）人惟宽出家"成最上乘于大寂道一"，元和四年（809），唐宪宗诏令惟宽驻锡长安安国寺，次年，问道于麟德殿。⑧ 元和十二年（817），惟宽圆寂于长安兴善寺传法堂，归葬于灞陵西原，诏谥"大彻禅师"。惟宽一生行化30年，"度黑白众殆及百千万"，"门弟子殆千余"，其弟子亦多在关中地区化禅。⑨

（七）律宗

律宗以强调戒律而得名，是以研习和传持戒律形成的佛教宗派。律宗

---

① 《宋高僧传》卷一一《唐京兆华严寺智藏传》，第258页。
② 《宋高僧传》卷三〇《唐上都安国寺好直传》，第741页。
③ 《宋高僧传》卷三〇《唐上都安国寺好直传》，第741页。
④ 《宋高僧传》卷九《唐南岳观音台怀让传》，第200页。
⑤ 韦处厚：《兴福寺内道场供奉大德大义禅师碑铭》，《全唐文》卷七一五，第7353页。
⑥ 《宋高僧传》卷一〇《唐雍州章敬寺怀晖传》，第227页。
⑦ 《五灯会元》卷四《荐福弘辩禅师》，第226页。
⑧ 《宋高僧传》卷一〇《唐京兆兴善寺惟宽传》，第228页。
⑨ 白居易：《西京兴善寺传法堂碑铭并序》，《全唐文》卷六七八，第6928页。

主要依据《四分律》，宣扬人们只要长期坚持不杀生、不偷盗、不淫邪、不妄语、不饮酒这五戒，来世就可以进入极乐世界。

律学的传译和讲习始于曹魏，律宗形成于唐代。唐代律宗实乃一分为三，即南山、相部、东塔，非仅一宗也。①

吴兴（今浙江湖州市）人释道宣（596~667）于隋大业中，即在关中地区跟从智首律师弘扬《四分律》。道宣久居终南山白泉寺、崇义精舍和丰德寺，后任长安西明寺上座。关于《四分律》，道宣著有《〈四分律〉删繁补阙行事钞》、《〈四分律〉拾毗尼义钞》②以及《〈四分律〉比丘含注戒本》、《〈四分律〉删补随机羯磨》和《行事删补律仪》。③道宣号称中国律学第一名匠，他在关中地区标立戒坛，"其间受法传教，弟子可千百人"，④形成了一大佛教宗派，因其所居久在终南山，故称南山律宗。道宣当途行律，京兆人释道世在长安西明寺与道宣"同驱五部之车，共导三乘之轨"，⑤道望芬然，三辅钦归。道宣的弟子知名者多在关中地区弘阐南山律宗。会稽（今浙江绍兴）人释文纲，年始20岁，辞亲出家，先依道宣律师受法。当时，长安恒济寺道成律师"敷《四分》一宗，有同雾市"。⑥文纲又登道成之堂，禀承毗尼藏。文纲25岁讲律，30岁登坛，他在长安崇圣寺，"每勤修深思，凝视反听，净如止水，嶷若断山"，"由是八方来学，《四分》永流，请益者举袂云临，赞叹者发声雷骇"。⑦唐中宗景龙二年（708），文纲于内道场乾陵宫为内尼受戒，复于宫中坐夏。先天年间（712~713），唐睿宗于别殿请文纲为菩萨戒师，妃主环阶，侍从罗拜。唐高宗乾封年间（666~668），长安崇圣寺释灵萼于西明寺躬预道宣法席，然其不拘常所，或近文纲，或亲大慈。灵萼收采所闻作记，以解《〈四分律〉删繁补阙行事钞》，又别撰《轻重诀》，"若然者推究造义章之始，唯慈与萼也"。⑧文纲律师高足光州（治今河南潢川县）人释道岸坚修律仪，深入禅慧，道高寰宇，德重丘山，时号"大和尚"。唐中宗遣使征召，道

---

① 汤用彤：《隋唐佛教史稿》，中华书局，1982，第175页。
② 《宋高僧传》卷一四《唐京兆西明寺道宣传》，第329页。
③ （唐）道宣：《大唐内典录》卷五，《大正藏》卷五五，第282页。
④ 《宋高僧传》卷一四《唐京兆西明寺道宣传》，第329页。
⑤ 《宋高僧传》卷四《唐京兆西明寺道世传》，第67页。
⑥ 《宋高僧传》卷一四《唐京兆恒济寺道成传》，第331页。
⑦ 《宋高僧传》卷一四《唐京师崇圣寺文纲传》，第332页。
⑧ 《宋高僧传》卷一四《唐京师崇圣寺灵萼传》，第341页。

岸入朝与大德数人同居内殿，中宗因请如来法味，"屈为菩萨戒，道岸亲率六宫，围绕供养"。① 道岸在长安，杖锡中兴寺、庄严寺、荐福寺、罔极寺等寺院，他纲维总务，皆承敕命，深契物心，"律藏冀兮传芳，象（像）教因乎光盛"。② 西明寺释崇业初同道岸学毗尼于文纲法集，挺拔刚毅，美声洋洋，达于禁闼。唐睿宗操心履道，敕令以旧邸造安国寺，诏请崇业入承明别殿为他受菩萨戒。③ 越州诸暨（今浙江诸暨）人释玄俨迨于弱冠，乃从道岸律师咨受具戒。玄俨后来游诣京师，探赜律范，遇到满意律师等人，皆南山上足，一方名匠。玄俨由是道尊戒洁，名动京师，他在安国寺授记并充大德。④ 越州（治今浙江绍兴）人释神邕精通《四分律钞》，天宝中（742~755），他游学长安，居安国寺，"公卿藉其风宇，追慕者结辙而至"。⑤ 唐德宗时，京兆人释道澄受具之后，习听南山律于诸处。道澄生性率略，住寺不恒，先后居于长安奉恩寺、庄严寺、草堂寺、章信寺等寺院，以弘宣南山律为务。⑥ 大中年间（847~859），凡遇唐宣宗诞辰，长安福寿寺释玄畅入内谈论，他充内外临坛大德，讲律60座，度法者数千人。⑦ 唐懿宗钦其宿德，蕃赐屡臻，乾符年间（874~879），僖宗特赐玄畅师号曰"法宝"。

  道宣于律宗为五世，四世是道云。⑧ 道云的弟子道洪再传道宣而有南山律宗。道云的弟子洪遵传洪渊，再传法砺而有相部宗。相州（治今河南安阳）人释法砺（569~635）久居相州"化开律部"，⑨ 号称相部宗。法砺律师，一方名器，五律宗师，"迷方皆俟其指南，得路咸推其向导"，他著疏10卷，别是命家。⑩ 法砺之上首释满意，专于律学，明其授受，他在长安弘宣相部律，驻锡长安太原寺，⑪ 盛传法砺之律宗。太原寺或有西塔，为满意律师授律之所，满意号为西塔律师，相部宗遂号西塔宗。满意复授

---

① 《宋高僧传》卷一四《唐光州道岸传》，第337页。
② 《宋高僧传》卷一四《唐光州道岸传》，第337页。
③ 《宋高僧传》卷一四《唐京兆西明寺崇业传》，第342页。
④ 《宋高僧传》卷一四《唐越州法华山寺玄俨传》，第342页。
⑤ 《宋高僧传》卷一七《唐越州焦山大历寺神邕传》，第422页。
⑥ 《宋高僧传》卷一六《唐京师章信寺道澄传》，第388页。
⑦ 《宋高僧传》卷一七《唐京兆福寿寺玄畅传》，第430页。
⑧ 汤用彤：《隋唐佛教史稿》，第180页。
⑨ 《续高僧传》卷二三《唐相州日光寺释法砺传》，第860页。
⑩ 《宋高僧传》卷一四《唐京师恒济寺怀素传》，第334页。
⑪ 《宋高僧传》卷一四《唐京兆崇福寺满意传》，第341页。

大亮，大亮传授昙一。越州（治今浙江绍兴）人释昙一，开元五年（717）西游长安，依观音寺大亮律师传毗尼藏，一传慧炬，远近瞻仰。昙一依照法砺律师《四分律疏》和道宣律师《四分律钞》，自著《发正义记》10卷，"明两宗之蹉驳，发五部之钤键"。① 他在长安弘传西塔宗，直到开元二十五年（737）杖锡东归。

京兆人释怀素（625～698）幼龄聪黠，器度宽然，受具以来，专攻律部，居于长安恒济寺。他后来从师法砺，研习三载，乃见诸瑕。咸亨元年（670），怀素发起勇心，决定别述《开〈四分律〉记》。上元三年（676），怀素奉诏住在长安太原寺，他旁听道成律师讲学，不辍缉缀。永淳元年（682），怀素撰成《开〈四分律〉记》，弹纠古疏，谓之新章，别立一家，所化禽然。② 怀素还著有《新疏拾遗钞》20卷、《四分僧尼羯磨文》2卷、《四分僧尼戒本》1卷等，他讲大律已疏50余遍。怀素曾住在长安太原寺，太原寺有东塔，③ 或为怀素讲律之所。律宗怀素一系相对于西塔宗而言，在后世号称东塔宗。"自此以后，新章旧疏，互相长短"，④ 两疏传授，各擅专门，学者如林，执见殊异，数兴诤论。大历十三年（778），唐代宗敕令在长安安国寺设立金定律疏院，召集慧彻、如净等14名律学大德，定夺新、旧两疏是非。唐德宗建中元年（780），《新金定疏》完成，但仍许新、旧两疏并行，依从学者所好。⑤

"法砺乃《成实》《有部》，受体双陈；怀素惟寻祖《萨婆》，开宗独步。"⑥ 西塔宗和东塔宗在长安各擅其美。道宣戒节孤峻，行满德高，"宣之持律，声振竺乾；宣之编修，美流天下"。⑦ 他以护持教法为己任，临坛度人，授心扬律，人咸景仰，宗匠当时。"是以天下言行事者，以南山为司南矣。"⑧ 唐代关中律宗亦以南山宗的宗风最盛。

---

① 《宋高僧传》卷一四《唐会稽开元寺昙一传》，第353页。
② 《宋高僧传》卷一四《唐京师恒济寺怀素传》，第334页。
③ 《宋高僧传》卷一四《唐扬州龙兴寺法慎传》："释法慎，姓郭氏，江都人也。……从瑶台成律师受具戒，依太原寺东塔体解律文，绝其所疑，时贤推服。"
④ 《宋高僧传》卷一五《唐京师安国寺如净传》，第365页。
⑤ 《宋高僧传》卷一五《唐京师西明寺圆照传》，第376～379页。
⑥ 《宋高僧传》卷一六《明律篇总论》，第406页。
⑦ 《宋高僧传》卷一四《唐京兆西明寺道宣传》，第330页。
⑧ 《宋高僧传》卷一六《明律篇总论》，第406页。

（八）净土宗

净土宗又称莲宗，是以《无量寿经》、《观无量寿佛经》和《阿弥陀经》（图Ⅲ—2）为主要经典，以观佛和念佛专修往生阿弥陀佛极乐净土为宗旨而形成的佛教宗派。净土宗宣称，人们只要坚持不懈地一心称念"阿弥陀佛"或"南无阿弥陀佛"，身死之后就可往生西方净土世界。净土宗简便易行，因而成为唐代最为大众化的佛教宗派。

图Ⅲ—2　唐写本《阿弥陀经》（局部）

净土宗形成于唐代贞观年间，创立者是临淄（今山东临淄）人善导（613～681）。善导初诵《法华》《维摩》，不久又到汾州（治今山西汾阳）北山石壁玄中寺，师从并州文水（今山西文水县）人道绰（562～645）学习净土要旨，笃勤精苦。善导后至京师，在长安光明寺说法。他写下《阿弥陀经》数万卷，广行此化，士女奉者，其数无量。[1] "以故京师至于左右列郡，念经佛者踵迹而是。"[2] 善导卒后被葬在长安城南香积寺（在今陕西西安市长安区），香积寺成为唐代净土宗的祖庭。

---

[1] 《续高僧传》卷二九《唐终南山豹林谷沙门释会通传》，第1164页。
[2] （宋）戒珠：《净土往生传》卷中《唐京师释善导》，《大正藏》卷五一，第119页。

唐长安温国寺的净土院为京城之最妙。① 温国寺净土院尹琳画,三门内有吴道子画鬼神。② 雍州长安（今陕西西安）人释宝相19岁出家,住在京师罗汉寺。宝相六时礼忏,40余年间,每夜课诵《阿弥陀经》7遍,念佛名6万遍。他临终前再三嘱咐人们："以念佛为先,西方相待,勿虚度世。"③ 长安弘善寺释法旷专修定念,无涉时方。《无量寿经》世称难诵,而法旷一日两卷,文言谙了,"故其诵持,罕有加者"。④ 时有启芳法师、圆果法师在蓝田悟真寺三夏结契,专念阿弥陀佛,自云"且见极乐世界坦平如鉴,娑婆世界纯是山川"。⑤ 开元初年,有释慧日西行求法回到长安,唐玄宗赐号"慈愍三藏"。慧日在天竺遍问三藏学者,所说皆赞净土。他平生勤修净土之业,著有《往生净土集》行于世,"其道与善导、少康异时同化也",⑥ 则其在长安所弘必是净土法门。唐德宗贞元初年,缙云仙都山（属今浙江缙云县）人释少康来到洛阳白马寺,见物放光,探得《善导行西方化导文》,"遂之长安善导影堂内乞愿见善导"。⑦ 少康号曰"后善导",其驻足长安亦必说教净土宗。以上所述,仅是有史可考的在唐代长安弘播净土宗的几个重要传人。净土宗教义简单明了,修习简便易行,因而在唐代民间广泛流传。同样,净土宗在唐代关中地区民间亦十分流行,一些地方还出现了"家家阿弥陀"的景象,这里也就难以一一道及了。

（九）密宗

密宗又称真言宗,亦称瑜伽密教,以佛法奥秘,不经灌顶⑧、不经传授不得任意传习而得名,与信奉佛教经典的"显宗"相对而言。密宗宣传

---

① （清）徐松撰,张穆校补,方严点校《唐两京城坊考》卷四《西京·外郭城》,中华书局,1985,第97页。
② （唐）张彦远撰,秦仲文、黄苗子点校《历代名画记》卷三《记两京外州寺观画壁》,人民美术出版社,1963,第60页。
③ 《续高僧传》卷二九《唐京师罗汉寺释宝相传》,第1190页。
④ 《续高僧传》卷二九《唐京师弘善寺释法旷传》,第1161页。
⑤ 《宋高僧传》卷二四《唐河东僧炫传》,第614页。
⑥ 《宋高僧传》卷二九《唐洛阳罔极寺慧日传》,第723页。
⑦ 《宋高僧传》卷二五《唐睦州乌龙山净土道场少康传》,第631页。
⑧ 灌顶是一种印度习俗,父王为王子灌顶使其成为国王。早期大乘佛教将菩萨历程分成十个阶段,最后一个阶段叫"灌顶地",因为当一位菩萨达到这个阶段时,"如来身上发出光芒,使其成为无所不知的正等觉"。仪式结束时,新僧人要用四海之水沐浴,这种习俗显然是模仿国王灌顶的。参看周一良《唐代密教》附录十一,上海远东出版社,1996,第100页。

以"身密"(手结印契)、"语密"(口诵真言咒语)、"意密"(心作观想佛尊)三密与诸佛之身、口、意相应行,即可成佛。公元7世纪以后,印度佛教显教渐衰,密教兴起,密宗是印度密教流行于中国的产物。

密宗由"开元三大士"——善无畏、金刚智和不空创立于唐玄宗开元时期。"开元三大士"主要活动在唐都长安。中印度人善无畏(673~735)早年在印度著名的那烂陀寺学习密教。开元四年(716),他来到长安,受到唐玄宗的礼遇,先后在兴福寺、西明寺广敷密教,翻译密籍。善无畏被"尊为教主",唐玄宗设内道场,"自宁、薛王已降皆跪席捧器焉。宾大士于天宫,接梵筵于帝座,礼国师以广成之道,致人主于如来之乘,巍巍法门,于斯为盛"。① 开元八年(720),南印度人金刚智(669~741)来到长安,继踵弘化密教,他先后在资圣寺、荐福寺翻译密教经典,"智所译总持印契,凡至皆验,秘密流行,为其最也。两京禀学,济度殊多,在家出家,传之相继"。②

密教在长安,爰自善无畏渐开昏昧,中经金刚智相续弘持,至于不空,宗风大盛。北印度人不空(705~774)自幼来到唐朝,师从金刚智学习密教。开元二十九年(741),不空赴印度和狮子国(今斯里兰卡)寻求密藏梵本。天宝五载(746),不空携带大量密宗经典还京,在长安进行翻译。他一生翻译佛经110部143卷,③ 因而成为中国佛教史上的四大翻译家之一。不空在唐都长安一直致力于密宗经典的翻译,他栖心挂锡长安净影寺和兴善寺宣扬弘化密教,"居灌顶师位四十余年,入坛弟子,授法门人,三朝宰臣,五京大德,缁素士流,方牧岳主,农商庶类,盖亿万计。其登戒坛,二千弟子,一切有部,独为宗师"。④ 不空在宫廷内道场中,先后为唐玄宗、唐肃宗、唐代宗灌顶受法,翼赞三朝,成为三代国师。

密宗在唐玄宗、唐肃宗和唐代宗三朝最为兴盛,长安是唐代密教传播中心,京城兴善寺、兴唐寺、安国寺、青龙寺等寺院是唐代长安著名的密宗道场。兴善寺有文悟阇梨"解金刚界,城中好手",⑤ 又有元政和尚"深

---

① 《宋高僧传》卷二《唐洛京圣善寺善无畏传》,第20页。
② 《宋高僧传》卷一《唐洛阳广福寺金刚智传》,第6页。
③ (唐)圆照:《贞元新定释教录》卷一五,《大正藏》卷五五,第881页。
④ (唐)赵迁:《大唐故大德司空大辩正广智不空三藏行状》,《大正藏》卷五〇,第294页。
⑤ 〔日〕圆仁撰,白化文等校注《入唐求法巡礼行记校注》卷三"开成五年九月六日"条,花山文艺出版社,1992,第348页。

解金刚界,事理相解"。① 唐代宗于兴善寺立道场,敕近侍大臣、诸禁军使并入灌顶。② 夏州朔方(今陕西靖边)人释潜真秉承不空密教,入曼荼罗,登灌顶坛,受成佛印。唐德宗贞元年间,潜真在兴善寺惩劝僧尼。③ 直到唐文宗时,兴善寺翻经院仍为国开灌顶道场。④ 考古发现的法门寺瘗藏佛骨舍利的金银函上,都錾刻有"上都大兴善寺传最上乘佛祖大教灌顶阿阇黎三藏苾刍智慧轮敬造"的铭文。⑤ 大慧禅师释一行从金刚三藏学《陀罗尼秘印》,复同无畏三藏翻译《毗卢遮那佛经》,"其传密藏,必抵渊府也"。⑥ 唐睿宗、唐玄宗都曾请一行入集贤院,又下诏住兴唐寺。唐文宗时,长安兴唐寺奉为国开灌顶道场。⑦ 杭州人释崇惠虽勤禅观,但多以三密教为恒务。大历初年,崇惠挂锡长安章信寺,唐代宗诏授鸿胪卿,号曰"护国三藏",敕居安国寺,"自尔声彩发越,德望峻高"。⑧ 唐文宗时,长安大安国寺有元简阇梨,"解金刚界好手,兼解悉昙,解画,解书梵字"。⑨ 安国寺是唐代长安至为重要的密宗寺院。在安国寺遗址,考古发现了密教以大日如来为首的五佛之一——宝生佛石像、宝生佛的金刚身——金刚手石像、大日如来的教令轮身——降三世明王石像、马头明王石像、不动明王石像,像高52~88厘米,造型生动,雕工精致。从遗存的宝生佛石像可以推知,当年安国寺不止单独供奉一尊宝生佛,依据密教教理,还应供奉有以大日如来为首的阿閦佛、不空成就佛、阿弥陀佛及其眷属诸尊。从遗存的不动明王、马头明王、降三世明王石像可以推知,当年安国寺应有以不动明王为首的八大明王,即不动、降三世、大威德、大笑、大轮、马头、无能胜、步掷。⑩ 坐骑为马的宝生佛在历代汉传佛像中所见不多,安

---

① 《入唐求法巡礼行记校注》卷三"开成五年九月六日"条,第348页。
② 《宋高僧传》卷一《唐京兆大兴善寺不空传》,第9页。
③ 《宋高僧传》卷五《唐京师兴善寺潜真传》,第104页。
④ 《入唐求法巡礼行记校注》卷三曰:开成六年四月一日,"大兴善寺翻经院为国开灌顶道场,直到二十三日罢";"〔四〕月七日,〔圆仁〕往大兴善寺,入灌顶道场随喜及登大圣文殊阁"。
⑤ 陕西省法门寺考古队:《扶风法门寺塔唐代地宫发掘简报》,《文物》1988年第10期。
⑥ 《宋高僧传》卷五《唐中岳嵩阳寺一行传》,第92页。
⑦ 《入唐求法巡礼行记校注》卷三曰:开成六年二月十五日,"兴唐寺奉为国开灌顶道场——从十五日至四月八日——有缘赴来结缘灌顶"。
⑧ 《宋高僧传》卷一七《唐京师章信寺崇惠传》,第426页。
⑨ 《入唐求法巡礼行记校注》卷三"开成五年九月六日"条,第349页。
⑩ 程学华:《唐贴金画彩石刻造像》,《文物》1961年第7期;金申:《西安安国寺遗址的密教石像考》,《敦煌研究》2003年第4期。

国寺遗址出土的十分高大的马座宝生佛,意义非同寻常。唐密不动王尽管在密教典籍中记载颇多,但在安国寺不动明王出土之前所见实物只有一尊唐雕石像(现藏美国菲利亚博物馆)。从安国寺遗址出土的珍贵而又丰富的密教石像,可见唐长安密教之盛。

唐长安著名的密教活动中心还有青龙寺。青龙寺润和尚"但解胎藏,深得一业,城中皆许好手",[1] 该寺义真和尚兼通金刚、胎藏两部密法。[2] 青龙寺在唐代长安以发扬密宗而著名,其影响还远播域外。当时的日本、新罗等国僧人多来青龙寺学习密教,特别是对日本佛教影响深远。当时日本入唐求法的"学问僧"和"请益僧"很多,其中最澄、空海、常晓、圆行、圆仁、惠运、圆珍、宗叡八人最为著名,在日本称之为"入唐八家"。"入唐八家"中,除了最澄和常晓,其他6人都曾在青龙寺受法。圆珍(814~891)从青龙寺求得胎藏、金刚两部经法等115卷以及两部曼荼罗等其他法具。[3] 空海(774~835)回国后,在日本弘传密教,从而成为开创"东密"的大师。京兆万年(今陕西西安)人惠果长住青龙寺。惠果从善无畏学胎藏界密法,从金刚智学金刚界密法,从不空受灌顶,他是继不空在长安大弘密宗的传人,亦为三代(代宗、德宗、顺宗)国师。[4] 唐顺宗永贞元年(805),惠果圆寂。

惠果入灭,密宗在关中地区随之渐衰,但仍有流传。考古工作者在陕西扶风法门寺塔基地宫发现的晚唐皇室供奉的名贵佛教文物中,既多密教纹饰,又多密教尊像和法器;[5] 在西安西郊的晚唐墓葬中就发现有绢本的墨书经咒和印本的陀罗尼咒(图Ⅲ—3)。[6]

结　语

佛教在两汉之际由西域传入中国内地,关中是连接中原与河西以至西

---

[1] 《入唐求法巡礼行记校注》卷三"开成五年九月六日"条,第348页。
[2] 《入唐求法巡礼行记校注》卷一"开成四年二月二十五日"条,卷三"开成五年九月六日"条,卷三"会昌元年四月二十八日"条,第121、348、388页。
[3] 〔日〕圆珍:《青龙寺求法目录》,《大正藏》卷五五,第1095页。
[4] 《大唐青龙寺三朝供奉大德行状》,《大正藏》卷五〇,第295页。
[5] 陕西省法门寺考古队:《扶风法门寺塔唐代地宫发掘简报》,《文物》1988年第10期。
[6] 李域铮:《西安西郊出土唐代手写经咒绢画》,《文物》1984年第7期;宿白:《唐五代时期雕版印刷手工业的发展》,《文物》1981年第5期。

图Ⅲ—3　西安西郊出土的唐代手写经咒绢画

域的桥头堡，向为中西交通之要冲，又以四塞之固久为京师王畿之地，佛法之阐化长期十分兴隆。早在西晋初年，"敦煌菩萨"竺法护就在长安译经讲习，精勤行道，"于是德化遐布，声盖四远，僧徒数千，咸所宗事"。[①]不唯法护，是时，高僧帛远亦尝"乃于长安造筑精舍，以讲习为业，白黑宗禀，几且千人"，"道化之声，被于关陇，崤函之右，奉之若神"。[②] 可见，西晋时期，关中佛教即已甚盛。其后，释道安被前秦苻坚迎入长安，奉为国师，甚得礼重。道安笃好佛教经典，志在弘法，他召集中外名僧，组织译场，主持译事。[③] 道安之后，后秦姚兴迎请"道流西域，名被东川"的鸠摩罗什至长安，待以国师之礼，甚为优宠。罗什译经，穷年忘倦，长安译事，十数年间可谓极盛。什公"学宗《般若》，特尊龙树"，[④] 译经讲法最重龙树一系大乘学说，他在长安开创了关中中观学派，其传承之学

---

① 《高僧传》卷一《晋长安竺昙摩罗刹（竺法护）传》，第24页。
② 《高僧传》卷一《晋长安帛远传》，第26页。
③ 《高僧传》卷五《晋长安五级寺释道安传》，第177~188页。
④ 汤用彤：《汉魏两晋南北朝佛教史》，北京大学出版社，1997，第222页。

说被称为关河义学。① 于时，四方义学沙门云集关中，"自像运东迁，在兹为盛"。②

隋唐关中寺院众多，名僧鳞萃，翻译经典，讲习经论，义学发达，宗派纷呈，建树多多，厥功甚伟。三论宗肇源于关河旧义，法相宗和东塔律宗开创于长安，华严宗和南山律宗形成于终南山，至如密宗和净土宗的形成则与关中颇有干系，关中地区是隋唐佛教诸大宗派的发源地。因而，时至今日，西安草堂寺被中外佛教界视为三论宗祖庭，西安慈恩寺和兴教寺是法相宗祖庭，西安兴善寺和青龙寺是密宗祖庭，西安香积寺是净土宗祖庭，西安华严寺和终南山至相寺是华严宗祖庭，终南山净业寺和丰德寺是律宗祖庭，终南山梗梓谷和百塔寺是三阶教的圣地。

（原载《陕西历史博物馆馆刊》第 12 辑，三秦出版社，2005；发表时因受版面所限，文字有压缩，此为原稿）

---

① 吕澂：《中国佛学源流略讲》，中华书局，1979，第 86 页。
② 《高僧传》卷三《译经篇总论》，第 142 页。

论隋唐时期的宗教消费

隋唐王朝政治统一，经济强盛，在文化上，统治者实行兼容并蓄的政策，因而，不仅佛教和道教十分兴盛，景教、祆教和摩尼教也大放异彩。对此，近二三十年来，学者们已从多角度、多层次进行了多方面的探讨，研究成果也已相当丰富。但是，隋唐时期的宗教消费问题尚未引起学者们的关注。任何宗教的传播和发展，都离不开一定的经济条件。隋唐时期各种宗教的蓬勃发展建立在坚实的经济基础之上，而空前活跃的宗教活动本身又是一种经济消费行为。宗教消费不仅是隋唐宗教生活中的一件大事，它还影响到隋唐社会经济的方方面面，本文对此试作考察，以期全面、正确地认识隋唐时期的宗教文化活动。

一　隋唐宗教消费的主要表现

由于统治者的提倡，佛教、道教等宗教在隋唐时期都得到了充分发展，各种宗教活动风起云涌，空前活跃。值得注意的是，隋唐时期兴旺昌盛的宗教活动引发了种种经济消费行为。

（一）兴建寺观

寺、观是佛、道活动的主要场所，佛教和道教是在隋唐时期十分盛行的大型宗教，兴修佛教寺院、营建道教宫观是隋唐宗教消费中的大宗。据唐人杜光庭《历代崇道记》，开皇三年（583），隋文帝迁都于龙首原，号大兴城，乃于都下畿内造观36所，名曰玄坛，度道士2000人；后来，炀帝在东都洛阳，复于城内及畿甸造观24所，度道士1100人。隋朝两帝不仅在都城长安和洛阳大建宫观，而且多次诏令州郡营建道观，还为著名的道士在一些道教圣地营建道观。如隋炀帝为嵩山道士潘诞建嵩阳观，"华屋数百间"。[1] 李唐王朝与老子攀亲，一度将道教定为国教，在道教宫观的营建上更是不遗余力。唐长安普宁坊东明观，"规度仿西明〔寺〕之制，长廊广殿，图画雕刻，道家馆舍，无以为比"。[2] 亲仁坊回元观"堂皇三重，皆像宫中小殿，房廊窈窕，绮疏诘屈，无不穷极精妙。"[3] 崇仁坊元真观原本"为长宁公主宅，又吞人数十屋……盛加雕饰，朱楼绮阁，惊绝一时"。[4] 唐代帝王崇道以玄宗为甚，开元年间，"凡天下观总一千六百八十七所，一千一百三十七所道士，五百五十所女道士"，[5] 这还不包括私立道观。

隋唐时期是中国佛教的鼎盛时期，佛教寺院的兴建与道教宫观相比，有过之而无不及。隋长安禅定寺"架塔七层，骇临云际。殿堂高竦，房宇重深。周闾等宫阙，林囿如天苑。举国崇盛，莫有高者"。[6] 其他诸如兴善寺、延兴寺、净影寺、日严寺等皆为一时名刹。唐代营建寺观，其数极多，"皆务取宏博，竞崇瑰丽"。[7] 唐长安清禅寺"九级浮空，重廊远摄，堂殿院宇，众事圆成。所以竹树森繁，园圃周绕"。[8] 庄严寺"其寺复殿重廊，连甍比栋。幽房秘宇，窈窕疏通，密竹翠松，垂明擢秀，行而迷道。天下梵宫，高明寡匹"。[9] 西明寺"其寺面三百五十步，周围数里。左右通衢，腹背廛落。青槐列其外，绿水亘其间，亹亹耽耽，都邑仁祠此为最也。而廊殿楼台，飞惊接汉，金铺藻栋，眩目晖霞。凡有十院，屋四千余间。庄严之盛，虽梁之同泰、魏之永宁，所不能及也"。[10] 考古测算其面积

---

[1] （宋）司马光：《资治通鉴》卷一八一，隋炀帝大业八年正月，中华书局，1956，第5658页。
[2] （清）徐松撰，张穆校补，方严点校《唐两京城坊考》卷四《西京》，中华书局，1985，第122页。
[3] 《唐两京城坊考》卷三《西京》，第60页。
[4] （宋）王溥：《唐会要》卷五〇《观》，中华书局，1955，第878页。
[5] （唐）李林甫等撰，陈仲夫点校《唐六典》卷四"祠部郎中员外郎"条，中华书局，1992，第125页。
[6] （唐）道宣撰，郭绍林点校《续高僧传》卷一八《隋西京禅定道场释昙迁传》，中华书局，2014，第666页。
[7] （后晋）刘昫等：《旧唐书》卷八八《韦嗣立传》，中华书局，1975，第2870页。
[8] 《续高僧传》卷二九《唐京师清禅寺释慧胄传》，第1224页。
[9] （宋）赞宁撰，范祥雍点校《宋高僧传》卷一六《唐京兆圣寿寺慧灵传》，中华书局，1987，第392页。
[10] （唐）慧立、彦悰撰，孙毓棠、谢方点校《大慈恩寺三藏法师传》卷一〇，中华书局，2000，第214页。

大约为12500平方米。① 章敬寺"穷极壮丽，尽都市之财（材）不足用，奏毁曲江及华清宫馆以给之，费逾万亿"。② 万寿寺，"宣帝亲幸赐额，命官造理，殿宇廊庑，方丈山门，共一百九十七间，左右院林二所"。③ 大安国寺占长乐坊东部大半，光明寺几乎占尽开明坊，大荐福寺占有开化坊南部一半，塔院还建在其南的安仁坊。青龙寺占新昌坊的四分之一，考古测算其面积大约为132500平方米。④ 大兴善寺尽占靖善坊一坊之地，面积约261082平方米。⑤ 大慈恩寺占去晋昌坊一半，面积约265720平方米，⑥ "穷班、倕巧艺，尽衡、霍良木，文石梓桂橡樟枏桐充其林，珠玉丹青赭垩金翠备其饰。而重楼复殿，云阁洞房，凡十余院，总一千八百九十七间，床褥器物，备皆盈满"。⑦ 隋唐佛教寺院规模很大，数量众多。隋代两君37年，全国共有佛教寺院3985所。⑧ 史书记载，有唐一代，太宗时有寺3716所，⑨ 高宗时有寺4000余所，⑩ 玄宗时有寺5358所，⑪ 这还不算民间大大小小的招提、兰若。寺观的兴建，往往耗费大量的人力、财力和物力。隋唐时期，兴建数量众多、规模宏大的寺观，势必造成经济上的巨额开销。

（二）开窟造像

石窟寺的开凿起源于印度，中国开凿石窟大约始于3世纪，盛于5~8世纪。隋唐时期是中国佛教石窟开凿的鼎盛期。河南洛阳龙门石窟中唐代窟龛约占全部窟龛的3/5，甘肃敦煌莫高窟现存洞窟中唐代占了2/5，是历

---

① 中国社会科学院考古研究所西安唐城工作队：《唐长安西明寺遗址发掘简报》，《考古》1990年第1期。
② 《资治通鉴》卷二二四，唐代宗大历二年二月，第7195页。
③ 柳玭：《大唐万寿寺记》，（清）董诰等编《全唐文》卷八一六，中华书局，1983，第8593页。
④ 中国社会科学院考古研究所西安唐城工作队：《唐长安青龙寺遗址》，《考古》1989年第2期。
⑤ 王亚荣：《大兴善寺》，三秦出版社，1988，第15页。
⑥ 畅耀：《大慈恩寺》，三秦出版社，1988，第4页。
⑦ 《大慈恩寺三藏法师传》卷七，第149页。
⑧ （唐）法琳：《辩正论》卷三《十代奉佛篇上》，《大正藏》卷五二，第509页。
⑨ 《大慈恩寺三藏法师传》卷七，第153页。
⑩ （唐）道世撰，周叔迦、苏晋仁校注《法苑珠林校注》卷一〇〇《传记篇·兴福部》，中华书局，2003，第2898页。
⑪ 《唐六典》卷四"祠部郎中员外郎"条，第125页。

史上这里开窟最多的朝代。甘肃永靖炳灵寺石窟和庆阳北石窟寺、宁夏固原须弥山石窟、陕西彬县大佛寺石窟和麟游慈善寺石窟、四川巴中石窟和广元千佛崖石窟也都主要开凿于隋唐时期。甘肃安西榆林窟、玉门昌马石窟、酒泉文殊山石窟、张掖金塔寺石窟、武威天梯山石窟、天水麦积山石窟,山西大同云冈石窟和太原天龙山石窟,江苏南京栖霞山千佛岩石窟等,虽非创建于隋唐,但在隋唐时期仍都继续开凿。西域龟兹的克孜尔石窟和库木吐拉石窟、高昌的柏孜克里克石窟和胜金口石窟等都有隋唐时期开凿的洞窟。石窟是一种特殊形式的佛教寺院,依山崖峭壁开凿而成,虽然无须耗费大量的原材料,但是往往需要成千上万的黎民百姓积年累月地艰苦劳动,费时费工,难以计量。

开窟是为了修行,修行必须礼佛,礼佛就要造像。开凿石窟,颇费工夫,塑佛画像,更需财力。洛阳龙门石窟卢舍那佛像高85尺,二菩萨高70尺,迦叶、阿难、金刚神王各高50尺,仅武则天就以脂粉钱出资两万贯。[①] 隋唐佛教石窟造像不可胜数,耗资难以估算。佛教造像不止石窟,隋唐时期大小寺院的殿堂、平民百姓的家中率皆铸佛供养。于是,有人以造像为生,造像一度成为非常繁荣的行业。开元二十年(732),唐玄宗还曾敕令:"如闻坊巷之内开铺写经,公然铸佛,自今已后,村坊街市等不得辄更铸佛写经为业。"[②] 隋唐佛教造像,数量众多,规模空前。隋独孤皇后为其父独孤信造赵景公寺,此寺竟有小银像多达六百余躯,其中,有大银像高6尺余,金佛一躯长数尺。[③] 武周时期,薛怀义在洛阳造功德堂于明堂北,"其中大像高九百尺,鼻如千斛船,中容数十人并坐,夹纻以漆之"。[④] 唐玄宗开元年间,沙门海通于嘉州大江之滨凿石为弥勒佛像,高360尺,[⑤] "头围千尺,目广二丈,其余相好,一一称是"。[⑥] 隋唐佛教造像所费,不是个小数目。开皇十三年(593),隋文帝诏令修复北周武帝所毁废像遗经,隋文帝及后妃各施绢12万匹,王公以下及黎庶平民施钱

---

① (清)王昶:《金石萃编》卷七三《奉先寺像龛记》,中国书店,1985。
② 《唐会要》卷四九《杂录》,第861页。
③ (唐)段成式撰,许逸民、许桁点校《酉阳杂俎》续集卷五《寺塔记上》,中华书局,2015,第1795页。
④ (唐)张鷟撰,赵守俨点校《朝野佥载》卷五,中华书局,1979,第115页。
⑤ (宋)志磐撰,释道法校注《佛祖统纪校注》卷四一《法运通塞志》,上海古籍出版社,2012,第948页。
⑥ (元)释念常:《佛祖历代通载》卷一四,《大正藏》卷四九,第613页。

百万。① 史载,隋文帝在位凡造金铜檀香夹纻牙石像等106580余躯,修治故像1508940余躯,隋炀帝在位铸刻新像3850躯,修治故像101000躯,②其费无度。唐代造像所费,代宗朝宰相常衮以为"诸祠寺写经造像,焚币埋玉,所以赏赉若比丘、道士、巫祝之流,岁巨万计"。③ 隋唐时期,不仅佛教造像,道教也造像。天宝三载(744)四月,唐玄宗敕令两京、天下州郡取官物铸金铜天尊及佛各一躯,送开元观、开元寺。④ 骊山华清宫朝元阁的太上老君像乃用幽州白玉石雕塑而成,"精妙无比,叩之如磬"。⑤ 唐代益州(今四川成都)灵集观的天尊真人石像多达万余躯。⑥

(三) 法会斋醮

佛教徒平日做佛事,佛教寺院在重大节日常常举行盛大法会。佛教法会以每年四月八日佛诞节的浴佛法会和七月十五日——自恣日的盂兰盆会最为隆重。隋唐佛教法会极为奢丽。武则天时期,僧怀义"每作无遮会,用钱万缗,士女云集,又散钱十车,使之争拾,相蹈践有死者"。⑦ 唐代宗于七月十五日在内道场造盂兰盆,"饰以金翠,所费百万","岁以为常"。⑧ 在法会期间,佛教寺院往往大开斋筵,施饭食于成千上万的僧尼。唐五台山高僧释行严"自设大供,日计千人"。⑨ 大历七年(772),河南节度观察使田神功生病,宋州刺史徐向等人用俸钱30万设八关大会,饭千僧于开元寺,将佐争承,唯恐居后。⑩ 贞元十五年(799)七月,唐德宗至安国寺设盂兰盆供,宰辅皆从。⑪ 唐懿宗"留心释氏,颇异前朝,遇八斋日,必内中饭僧,数盈万计"。⑫ 咸通十二年(871)五月,懿宗至长安安

---

① (隋)费长房:《历代三宝纪》卷一二,《大正藏》卷四九,第108页。
② 《辩正论》卷三《十代奉佛篇上》,《大正藏》卷五二,第509页。
③ (宋)欧阳修、宋祁:《新唐书》卷一五〇《常衮传》,中华书局,1975,第4809页。
④ 《旧唐书》卷九《玄宗纪下》,第218页。
⑤ 郑嵎:《津阳门诗并序》,(清)彭定求等编《全唐诗》卷五六七,中华书局,1960,第6565页。
⑥ 卢照邻:《益州至真观主黎君碑》,《全唐文》卷一六七,第1709页。
⑦ 《资治通鉴》卷二〇五,则天后天册万岁元年正月,第6498页。
⑧ 《旧唐书》卷一一八《王缙传》,第3418页。
⑨ 《宋高僧传》卷二七《唐五台山行严传》,第690页。
⑩ 颜真卿:《有唐宋州官吏八关斋会报德记》,《全唐文》卷三三八,第3425页。
⑪ 《佛祖统纪校注》卷四二《法运通塞志》,第967页。
⑫ 《宋高僧传》卷六《唐京兆大安国寺僧彻传》,第133页。

国寺，赐讲经僧两件沉香宝座，各高二丈，设万人斋。① 为了超度亡灵，大做佛事，大设斋会，规模也非同寻常。大业元年（605）隋炀帝为天台智𫖮设千僧斋，度 49 人出家，施寺物 2000 段、米 3000 石以及香酥等物。大业六年（610），隋炀帝又为智𫖮设千僧斋，度 100 人出家，施寺物 1000 段，嚫施僧人绢 1 匹，次年再施寺物 500 段。② 大业四年（608），沙门法济卒，天子废朝，百官素服，敕送于蒋州，东都王公以下为造大幡 40 万口，日斋百僧，至于七七，人别日嚫 25 段，通计十余万匹。③ 初唐书法家虞世南卒后数年，唐太宗十分想念，乃命于其家设五百僧斋，并为造天尊像一躯。④ 大历八年（773），河南节度使田神功病卒，唐代宗赐千僧斋以追福。⑤ 佛教有斋僧之法会，道教有斋醮之法事。据《唐六典》卷四《尚书礼部·祠部郎中员外郎》记载，唐代道教斋醮有金箓斋、黄箓斋、明真斋、三元斋、八节斋、涂炭斋、自然斋等，名目繁多。史载，开元十年（722），唐玄宗诏令两京及诸州各置玄元庙一所，每年依道法斋醮。⑥ 是时，"天下名山，令道士、中官合炼醮祭，相继于路。投龙奠玉，造精舍，采药饵，真诀仙踪，滋于岁月"。⑦ 元和八年（813）七月，唐宪宗以庄宅钱 50 万、杂谷 1000 石充作长安兴唐观斋醮之费。⑧ 由此可见，隋唐道教斋醮的耗费也非同小可。

（四）炼丹服食

隋唐时期是中国道教外丹术的盛行期，社会上层人物笃信服食金丹可以长生久视，从封建帝王、达官显贵到文人学士，热衷炼丹，侈于服食。⑨ 嵩山道士潘诞为隋炀帝合炼金丹，"常役数千人，所费巨万"。⑩ 唐太宗下令兵部尚书崔敦礼"发使天下采诸奇药异石，不可称数"。⑪ 唐高宗诏令广

---

① 《资治通鉴》卷二五二，唐懿宗咸通十二年五月，第 8162 页。
② 《续高僧传》卷一九《唐天台山国清寺释智璪传》，第 722 页。
③ 《续高僧传》卷二六《隋东都宝杨道场释法安传》，第 1106 页。
④ 《旧唐书》卷七二《虞世南传》，第 2571 页。
⑤ 《旧唐书》卷一二四《田神功传》，第 3533 页。
⑥ 《册府元龟》卷五三《帝王部·尚黄老一》，第 589 页。
⑦ 《旧唐书》卷二四《礼仪志四》，第 934 页。
⑧ 《唐会要》卷五〇《观》，第 878 页。
⑨ 别详拙文《唐代服食风气述论》，《陕西师范大学学报》（哲学社会科学版）1998 年第 4 期。
⑩ 《资治通鉴》卷一八一，隋炀帝大业八年正月，第 5658 页。
⑪ 《旧唐书》卷一九八《天竺传》，第 5308 页。

征诸方道术之士,合炼黄白。① 武则天使洪州僧胡超合长生药,"三年而成,所费巨万"。② 唐玄宗"比年服药物,比为金灶,煮炼石英",③ 他还亲自在宫中草黄素,上嵩山炼丹药。④ 唐宪宗季年锐于服饵,诏令天下搜访奇士,他以山人柳泌为台州刺史,令其到天台山采制仙药。⑤ 唐武宗欲饵药长年,"日燎丹"乃至"肤泽消槁"。⑥ 尉迟敬德晚年"笃信仙方,飞炼金石,服食云母粉,穿筑池台,崇饰罗绮,尝奏清商乐以自奉养,不与外人交通,凡十六年"。⑦ 裴行俭"尝令医人合药,请犀角、麝香,送者误遗失,已而惶惧潜窜"。⑧ 萧嵩"性好服饵,及罢相,于林园植药,合炼自适"。⑨ 唐若山尝好长生之道,所至之处,必会炉鼎之客,"金石所费,不知纪极"。⑩ 王琚自谓"飞丹炼药,谈谐嘲咏,堪与优人比肩"。⑪ 高骈刻木鹤,着羽服,"日夕斋醮,炼金烧丹,费以巨万计"。⑫ 隋唐时期,上层人士安炉置鼎,炼丹合药,靡费不可胜计。

隋唐时期的宗教消费,除了各种宗教场所的建设和宗教活动的举行,各类教徒本身就是一个庞大的消费群体。史载,隋文帝在位凡度僧尼 23 万人,隋炀帝所度僧尼 16200 人。⑬ 唐玄宗开元年间,天下有僧 75524 人,尼 50576 人。⑭ 唐武宗会昌灭佛,还俗僧尼 26 万余人。⑮ 开元年间是唐代道教的极盛时期,据《新唐书》卷四八《百官志三》,开元年间,天下有观 1687 所,道士 776 人,女冠 988 人,⑯ 平均每观 1.046 人。这一数字不切实际,揆诸实情推算,开元年间全国道士应有 43214~69948 名。⑰ 以上

---

① 《旧唐书》卷一九一《叶法善传》,第 5107 页。
② 《资治通鉴》卷二〇六,则天后久视元年,第 6546 页。
③ 唐玄宗:《赐皇帝进烧丹灶诰》,《全唐文》卷三八,第 176 页。
④ 《资治通鉴》卷二一五,唐玄宗天宝四载正月,第 6863 页。
⑤ 《旧唐书》卷一五《宪宗纪》,第 465 页。
⑥ 《新唐书》卷七七《王贤妃传》,第 3509 页。
⑦ 《旧唐书》卷六八《尉迟敬德传》,第 2500 页。
⑧ 《旧唐书》卷八四《裴行俭传》,第 2805 页。
⑨ 《旧唐书》卷九九《萧嵩传》,第 3095 页。
⑩ (宋)李昉等编《太平广记》卷二七"唐若山"条,中华书局,1961,第 176 页。
⑪ 《旧唐书》卷一〇六《王琚传》,第 3250 页。
⑫ 《资治通鉴》卷二五四,唐僖宗中和二年,第 8266 页。
⑬ 《辩正论》卷三《十代奉佛篇上》,《大正藏》卷五二,第 509 页。
⑭ 《新唐书》卷四八《百官志三》,第 1252 页。
⑮ 《唐会要》卷四七《议释教上》,第 841 页。
⑯ 《新唐书》卷四八《百官志三》,第 1252 页。
⑰ 王永平:《道教与唐代社会》,首都师范大学出版社,2002,第 198 页。

仅是官方统计在册的教徒人数，尚且不含脱籍的僧、尼、道士、女冠。数量庞大的僧、尼、道士、女冠，他们的衣食主要依赖于政府供给和社会各方施助。唐高祖就曾于武德九年（626）五月下诏："诸僧、尼、道士、女冠等，有精勤练行、守戒律者，并令大寺观居住，给衣食，勿令乏短。"①唐人彭偃上疏云："一僧衣食，岁计约三万有余，五丁所出，不能致此。举一僧以计天下，其费可知。"② 又有孙樵上书说："百姓男耕女织不自温饱，而群僧安坐华屋美食有余，率以十户不能养一僧。"③ 彭偃、孙樵虽或有点言过其实，然而，蓄养数以十万计的僧、尼、道士、女冠，衣食费用的确是一项非常巨大的经济开支。

二 隋唐宗教消费的经济来源

隋唐时期，人们不遗余力地兴建寺观，如火如荼地开窟造像，铺天盖地大做法事，宗教消费成为社会生活中一项独特的重大消费。与其他消费活动不同的是，隋唐时期的宗教消费是一种非生产性消费，具有很强的寄生性，主要依赖于官方供给、信徒布施和寺观田产等。

（一）官方供给

"不依国主，则法事难立。"④ 佛、道等各种宗教在中国的发展，长期依赖于统治者的大力支持。历史上，各种宗教大多依附统治者而存在，统治者则借助各种宗教来巩固皇权。隋唐统治者为了借助宗教巩固皇权，在经济上往往不惜钱财，倾情而助佛、道等教的传播和发展，官方供给成为隋唐宗教消费的重要经济来源。

隋唐统治者崇佛信道，大型宗教场所的建设多属政府行为，费用依赖于官方供给。隋文帝为高僧昙崇立九寺，"皆国家供给，终于文世"。⑤ 开皇末年，晋王杨广"置四道场，国司供给"。⑥ 隋炀帝在"长安造二禅定并

---

① 《旧唐书》卷一《高祖纪》，第17页。
② 《旧唐书》卷一二七《彭偃传》，第3580页。
③ 《佛祖统纪校注》卷四三《法运通塞志》，第993页。
④ （南朝梁）慧皎撰，汤用彤校注《高僧传》卷五《晋长安五级寺道安传》，中华书局，1992，第178页。
⑤ 《续高僧传》卷一七《隋京师清禅寺释昙崇传》，第639页。
⑥ 《续高僧传》卷一一《唐京师延兴寺释吉藏传》，第393页。

二木塔，并立别寺一十所，官供十年"。① 唐高宗在长安建西明寺，遂赐田园百顷、净人百房、车 50 辆、绢布 2000 匹。② 唐代宗敕令长安大兴善寺建方等戒坛"所须一切官供"。③ 隋唐首都长安皇家寺观乃由朝廷斥资兴建，自不待言，就是通都大邑、名山胜地的寺观也多由政府出资营建。开皇初年，隋文帝下令五岳及诸州名山之下各置僧寺 1 所并田庄。④ 开皇十一年（591），隋文帝又下诏天下州、县各立僧、尼二寺。⑤ 乾封元年（666），唐高宗封禅泰山后，下诏天下诸州置寺 1 所。载初元年（689），武则天制颁于天下，令诸州各置大云寺。⑥ 神龙元年（705），唐中宗令诸州各置寺一所，以"中兴"为名。⑦ 开元二十六年（738），唐玄宗"敕天下诸州以郭下定形胜观寺，改以开元为额"。⑧ 隋唐王朝多次敕令按州置寺（观），这些寺观的建设费用主要依赖于官方提供，自不必说。

隋唐政府不仅出资兴建寺观，而且赏赐钱物供养僧尼道士。开皇之初，隋文帝敕送长安清禅寺 14000 匹绢、5000 端布、1000 屯绵、200 匹绫、20 张锦、五色上米共计上千石，皇后又下令送钱 5000 贯、毡 50 领、剃刀 50 具。⑨ 开皇十二年（592），隋文帝敕令于长安城内别置"五众"，各使一人晓夜教习，领徒 300 人于实际寺，相续传业，"四事供养，并出有司"。⑩ 贞观三年（629），唐太宗为殒身戎阵者立七寺超度，"七寺并官造，又给家人、车、牛、田庄"。⑪ 显庆四年（659），僧智琮等奏请弘护法门寺真身塔，唐高宗赐钱 5000 贯、绢 5000 匹以充供养。⑫ 武则天赐僧万回锦绣衣裳，且令宫人供事，⑬ 对禅僧神秀则"丰其供施"。⑭ 唐玄宗

---

① 《法苑珠林校注》卷一〇〇《传记篇·兴福部》，第 2894 页。
② （唐）苏颋：《唐长安西明寺塔碑》，《全唐文》卷二五七，第 2597 页。
③ （宋）赞宁撰，富世平校注《大宋僧史略》卷下《方等戒坛》，中华书局，2015，第 183 页。
④ 《辩正论》卷四《十代奉佛篇下》，《大正藏》卷五二，第 511 页。
⑤ 《金石萃编》卷三八《诏立僧尼二寺记》。
⑥ 《旧唐书》卷六《则天皇后纪》，第 121 页。
⑦ 《旧唐书》卷七《中宗纪》，第 137 页。
⑧ 《唐会要》卷五〇《杂记》，第 879 页。
⑨ 《续高僧传》卷一七《隋京师清禅寺释昙崇传》，第 639 页。
⑩ 《续高僧传》卷一九《隋京师清禅寺释法应传》，第 698 页。
⑪ 《广弘明集》卷二八《唐太宗于行阵所立七寺诏》，《大正藏》卷四九，第 329 页。
⑫ 《法苑珠林校注》卷三八《敬塔篇·故塔部》，第 1204 页。
⑬ 《宋高僧传》卷一八《唐虢州阌乡万回传》，第 454 页。
⑭ 《宋高僧传》卷八《唐荆州当阳山度门寺神秀传》，第 177 页。

诏令"其天下有洞、宫、山各置坛祠宇，每处度道士五人，并取近山三十户蠲免租税差科，永供洒扫"。① 唐代宗尝令沙门百余人于禁中陈设佛像，经行念诵，谓之内道场，供养甚丰，"其饮膳之厚，穷极珍异，出入乘厩马，度之具廪给"。② 高级僧侣的日常衣食费用常由隋唐官府供给，高级僧侣死后，丧事也多由政府操办。神龙二年（706），禅宗北宗初祖神秀卒于东都天宫寺，中宗及王公率皆亲自送葬，"国钱严饰，赐逾百万"。③ 大历九年（774），"开元三大士"之一不空卒，唐代宗为之辍朝三日，赐绢布杂物及钱40万贯，又赐造塔钱二百余万贯。④

"译经虽位在僧，光价终凭朝贵。"⑤ 隋唐译经费用亦由官方供给，一代大师玄奘译经，其"所须人物吏力，并与〔房〕玄龄商量，务令优给"。⑥ 隋唐时期，各种宗教重大节日活动的费用也常常是由官方供给。史载，有唐一代，"凡道观三元日、千秋节日，凡修金箓、明真等斋及僧寺别敕设斋，应行道官给料"。⑦ 国家大寺如长安慈恩寺、西明寺等寺除口分田外，别有敕赐田庄，"所有供给，并是国家供养，所以每年送盆献供种种杂物，及举盆音乐人等，并有送盆官人，来者非一"。⑧

（二）信徒布施

各种宗教都有大量的忠实信徒，上至达官贵戚，下到平民百姓，虔诚的善男信女们源源不断的舍财布施是隋唐宗教消费的又一经济来源。

史载，唐遂州（今四川遂宁）人于某每逢夜会，自作阿弥陀佛，宫殿池沼，一如西方，男女俱集，"数州敬奉，舍财山积"。⑨ 隋唐京师长安则有无尽藏，"恒施为事"。⑩ 长安化度寺无尽藏院，京城施舍，异常崇盛，"贞观之后，钱帛金玉积聚，不可胜计。常使名僧监藏，供天下伽蓝修理。

---

① 《册府元龟》卷五四《帝王部·尚黄老二》，第602页。
② 《旧唐书》卷一一八《王缙传》，第3417页。
③ 《佛祖历代通载》卷一二，《大正藏》卷四九，第586页。
④ 《宋高僧传》卷一《唐京兆大兴善寺不空传》，第11页。
⑤ 《续高僧传》卷四《唐京师大慈恩寺释玄奘传》，第128页。
⑥ 《续高僧传》卷四《唐京师大慈恩寺释玄奘传》，第120页。
⑦ 《唐六典》卷四"祠部郎中员外郎"条，第126页。
⑧ 《法苑珠林校注》卷六二《祭祠篇·献佛部》，第1826页。
⑨ （五代）孙光宪撰，贾二强点校《北梦琐言》卷三《于世尊妖妄》，中华书局，2002，第416页。
⑩ 《续高僧传》卷二五《唐眉州圣种寺释道会传》，第961页。

藏内所供，燕、凉、蜀、赵，咸来取给，每日所出，亦不胜数"。① 贞观年间，释明瞻"私以每年施物常饭千僧"。② 无数信徒的慷慨施舍，不仅使教徒的生活消费所需有了一定保障，而且还为宗教活动费用提供了经济支持。唐京城坊曲有迎真身（真身即法门寺佛指舍利）社，居人长幼旬出一钱。自开成之后，迄于咸通，"计其资积无限，于是广为费用，时物之价高，茶、米载以大车，往往至于百辆，他物丰盈，悉皆称是"。③ 贞元六年（790），唐德宗迎奉法门寺佛骨舍利，"倾都瞻礼，施财巨万"。④ 元和十四年（819），唐宪宗迎奉法门寺佛骨舍利，"王公士民瞻奉舍施，惟恐弗及，有竭产充施者"。⑤

普通吏民竭力布施，皇亲国戚、达官贵人布施无度。史称，自神龙元年（705）以来，唐代"公主及外戚皆奏请度人，亦出私财造寺者"。⑥ 唐中宗之女安乐公主恃宠横纵，权倾天下，施财所营安乐佛寺，"拟于宫掖，巧妙过之"。⑦ 洛州昭成寺有安乐公主造百宝香炉，高三尺，开四门，绛桥勾栏，花草、飞禽、走兽、诸天妓乐，麒麟、鸾凤、白鹤、飞仙，丝来线去，鬼出神入，珍珠、玛瑙、玻璃、珊瑚、琬琰，一切宝贝，应有尽有，"用钱三万，府库之物，尽于是矣"。⑧ 释不空进表请造文殊阁，贵妃、韩王、华阳公主舍内库钱总计约3000万贯。⑨ 玄宗朝宦官高力士资产殷厚，非王侯所能比拟，他于长安来庭坊造宝寿佛寺，又在兴宁坊造华封道士观，"宝殿珍台，侔于国力"。⑩ 代宗朝宰相王缙和杜鸿渐"舍财造寺无限极"。⑪ 达官贵戚，不仅舍财兴建寺观，而且施钱营造经像。开皇十三年（593），隋文帝诏令修复周武所毁废像遗经，并发露忏悔，隋文帝及皇后

---

① （唐）韦述撰，辛德勇辑校《两京新记辑校》卷三，三秦出版社，2006，第57页。
② 《续高僧传》卷二五《唐终南山智炬寺释明瞻传》，第937页。
③ （唐）康骈：《剧谈录》卷下《真身》，《唐五代笔记小说大观》，上海古籍出版社，2000，第1496页。
④ 《资治通鉴》卷二三三，唐德宗贞元六年，第7520页。
⑤ 《资治通鉴》卷二四〇，唐宪宗元和十四年，第7758页。
⑥ 《唐会要》卷四七《议释教上》，第836页。
⑦ 《旧唐书》卷一八三《武延秀传》，第4734页。
⑧ 《朝野佥载》卷三，第70页。
⑨ 《宋高僧传》卷一《唐京兆大兴善寺不空传》，第10页。
⑩ 《旧唐书》卷一八四《高力士传》，第4758页。
⑪ 《旧唐书》卷一一八《王缙传》，第3417页。

各施绢 12 万匹,王公以下爱至黔黎施钱百万。① "而京师及并州、相州、洛州等诸大都邑之处,并官写一切经,置于寺内,而又别写,藏于秘阁。天下之人,从风而靡,竞相景慕,民间佛经,多于六经数十百倍。"② 达官贵人还供给着一批僧尼的衣食。卢龙节度使刘总"衣食浮屠数百人",昼夜祈禳。③ 宰相杜鸿渐酷好浮屠之道,他"饭千僧,以使蜀无羌故也"。④ 相国韦处厚好重空门,"逐月别召名僧食"。⑤ 就连诗人王维也"在京师日饭十数名僧"。⑥

(三) 寺观田产

一些寺观拥有大量田地,有的还经营各种产业,寺观的田产收入是隋唐宗教消费的重要经济来源。

隋唐寺观广占良田,"凡京畿之丰田美利,多归于寺观,吏不能制"。⑦ 因此,唐睿宗下诏"依令式以外及官人、百姓将庄、田、宅、舍布施者,在京并令司农即收,外州给贫下课户"。⑧ 唐玄宗敕令"天下寺观田,宜准法据僧尼、道士合给数外,一切管收,给贫下欠田丁。其寺观常住田,听以僧尼、道士、女冠退田充。一百人以上,不得过十顷;五十人以上,不得过七顷;五十人以下,不得过五顷"。⑨ 唐武宗灭佛,收膏腴上田数千万顷,收奴婢为两税户 15 万人。⑩ 隋唐寺院广占良田,又拥有奴婢,寺院奴婢(僧祇户、佛图户)或营田输粟,或酿酒制茶,或冶炼加工,他们的劳动收获都归寺院地主所有,成为隋唐宗教消费的重要经济来源。释道英住蒲州普济寺,他置庄 3 所,麻、麦、粟田皆在夏县东山深隐之所。⑪ 天台山国清寺高僧释文举置寺庄田多至 12 顷。⑫ 杭州灵隐山释道标"置田亩,

---

① 《历代三宝纪》卷一二,《大正藏》卷四九,第 108 页。
② (唐) 魏徵等:《隋书》卷三五《经籍志四》,中华书局,1973,第 1099 页。
③ 《新唐书》卷二一二《刘总传》,第 5975 页。
④ 《资治通鉴》卷二二四,唐代宗大历二年八月,第 7197 页。
⑤ 《宋高僧传》卷二〇《唐吴郡义师传》,第 526 页。
⑥ 《旧唐书》卷一九〇下《王维传》,第 5052 页。
⑦ 《旧唐书》卷一一八《王缙传》,第 3417 页。
⑧ 唐睿宗:《申劝礼俗敕》,《全唐文》卷一九,第 223 页。
⑨ 《唐会要》卷五九《祠部员外郎》,第 1028 页。
⑩ 《唐会要》卷四七《议释教上》,第 841 页。
⑪ 《续高僧传》卷二六《唐蒲州普济寺释道英传》,第 1026 页。
⑫ 《宋高僧传》卷一六《唐天台山国清寺文举传》,第 395 页。

岁收万斛，置无尽财，与众共之"。① 杭州龙兴寺沙门南操乃于众中率财置田千顷，"以给斋用"。② 衢州东华观"物产殷赡，财用丰美"。③ 杭州余杭上清观"田亩沃壤，常住丰实"。④

寺观不仅经营土地，还从事借贷、邸店、碾硙等行当，收入颇丰，这部分收入成为隋唐宗教消费的重要经济来源。扬州六合县灵居寺"鸡笼墅肥田庄，山原连延，亘数十顷"，又有天厨、客省、香积库、内库、南库、仓廪、藏荻院等。⑤ 茅山紫阳观即于"便近县置一库收质，每月纳息充常住"。⑥ 隋唐富寺邸店，聚积货物，贾贩成业，江淮诸道寺观"多滞积贮，坐求善价"。⑦ 隋唐寺观私置质库、邸店，与民争利，损害百姓，以致唐武宗委派功德使检责，规定富寺邸店"除计料供常住外，剩者便勤货卖，不得广占求利，侵夺疲人"。⑧ 有的寺院经营质库和邸店，有的寺院从事碾硙。寺院"膏腴美业，倍取其多；水碾庄园，数亦非少"。⑨ 敦煌大寺院的主要收入之一就是由碾硙提供的，对于敦煌某些寺院来说，硙课是一种很可观的收入来源，如敦煌净土寺硙课的收入相当于其粮食收入的三分之一。⑩ 隋唐长安清禅寺"水碓及碾上下六具，永充基业"，⑪ "水陆庄田，仓廪碾硙，库藏盈满"，"京师殷有，无过此寺"，⑫ 而关中白渠上的王公寺观碾硙就多达七十余所。⑬

官方供给、信徒布施和寺观田产是隋唐宗教消费的主要经济来源。此外，有的僧尼道士从事占卜、行医、祈福、禳灾等活动或许可以得到一点

---

① 《宋高僧传》卷一五《唐杭州灵隐寺道标传》，第374页。
② 《佛祖统纪校注》卷四三《法运通塞志》，第983页。
③ （唐）杜光庭：《道教灵验记·衢州东华观监斋隐常住验》，（宋）张君房编，李成晟点校《云笈七签》卷一二二，中华书局，2003，第2681页。
④ （唐）杜光庭：《道教灵验记·杭州余杭上清观道流隐欺常住验》，《云笈七签》卷一二二，第2683页。
⑤ （唐）叔孙矩：《大唐扬州六合县灵居寺碑》，《全唐文》卷七四五，第7714页。
⑥ （唐）陈希烈：《修造紫阳观敕牒》，《全唐文》卷三四五，第3506页。
⑦ （宋）宋敏求编《唐大诏令集》卷一一七《遣使宣抚诸道诏》，中华书局，2008，第612页。
⑧ （宋）李昉等编《文苑英华》卷四二九《会昌五年正月三日南郊赦文》，中华书局，1966，第2174页。
⑨ 《旧唐书》卷八九《狄仁杰传》，第2893页。
⑩ 〔法〕谢和耐：《中国5—10世纪的寺院经济》，耿昇译，上海古籍出版社，2004，第151页。
⑪ 《续高僧传》卷一七《隋京师清禅寺释昙崇传》，第639页。
⑫ 《续高僧传》卷三〇《唐京师清禅寺释慧胄传》，第1224页。
⑬ 《唐会要》卷八九《碾硙》，第1622页。

收入，然而微不足道。至于唐中后期禅林经济兴起，禅僧自力更生，非耕不食，则另当别论。

三　隋唐宗教消费的社会影响

隋唐宗教消费有两大显著特点，一是寄生性，隋唐宗教消费是一种非生产性消费，主要依赖于他方施助；二是奢侈性，隋唐宗教消费具有明显的贵族化倾向，寺观建设无不追求豪华壮丽，宗教活动无不讲究盛大排场。极端奢侈的寄生性宗教消费，严重破坏了生产与消费之间的平衡，给隋唐社会经济造成了极大的创伤。

隋唐宗教消费，损竭财力。隋唐时期，营建寺观，累年不绝，鸿侈繁丽，务相矜胜，用度百出。隋僧昙崇在长安清禅寺造塔，料钱三千余贯，砖80万块。[1] 唐中宗景龙年间（707～710），安乐公主于洛州道光坊建安乐寺，用钱数百万贯，童谣曰："可怜安乐寺，了了树头悬。"[2] 武则天命僧怀义作夹纻大像，其小指中犹容数十人，又于明堂北建天堂贮藏。天堂始构，为风所摧，重新建构，"日役万人，采木江岭，数年之间，所费以万亿计，府藏为之耗竭"。[3] 唐玄宗即位之初，太皇太后为升平公主追福奏置奉慈寺，赐钱20万贯、绣帧3车。[4] 开元年间，宦官高力士于长安来庭坊建佛祠，在兴宁坊立道士祀，"珍楼宝屋，国赀所不逮"。[5] 大历年间，长安大兴善寺文殊阁的营建耗资高达22487贯950文。[6] 淮南节度使高骈造迎仙楼，所费多至15万缗。[7] 隋唐王朝营建寺观，"大则费耗百十万，小则尚用三五万余，略计都用资财，动至千万已上"，[8] 严重损害了国家财力。难怪唐中宗朝宰相辛替否上书说："今天下之寺盖无其数，一寺当陛下一宫，壮丽之甚矣！用度过之矣！是十分天下之财而佛有七八，陛下何

---

[1]《续高僧传》卷一七《隋京师清禅寺释昙崇传》，第639页。
[2]《朝野佥载》卷一，第10页。
[3]《资治通鉴》卷二〇五，则天后天册万岁元年正月，第6498页。
[4]《酉阳杂俎》续集卷六《寺塔记下》，第517页。
[5]《新唐书》卷二〇七《高力士传》，第5859页。
[6]（唐）圆照：《代宗朝赠司空大辨正广智三藏和尚表制集》卷五，《大正藏》卷五二，第851页。
[7]《资治通鉴》卷二五四，唐僖宗中和二年，第8267页。
[8]《旧唐书》卷八八《韦嗣立传》，第2870页。

有之矣！百姓何食之矣！"① 隋唐时期，造寺不止，费财货者数百亿；度人无穷，免租庸者又数百万。供养数百万的僧尼道士，大大加重了国家的财政负担。有学者指出，仅为供养佛教僧侣，隋唐政府可能要动用全部正常税收的五分之一。② 难怪韩愈痛心疾首地说："古之为民者四（士、农、工、商），今之为民者六（增加了僧和兵）；古之教者处其一，今之教者处其三。农之家一，而食粟之家六；工之家一，而用器之家六；贾之家一，而资焉之家六，奈之何民不穷且盗也。"③ 唐文宗亦尝语宰相曰："古者三人共食一农人，今加兵、佛，一农人乃为五人所食，其间吾民尤困于佛。"④ 佛教势力的发展，直接影响政府的财政来源。唐文宗认识到这一问题，唐武宗灭佛的根本原因正是经济问题。

隋唐宗教消费，蠹耗物力。隋唐宗教在物材上的消费，以木材和金属的大量消耗后果尤为严重。寺观的营建离不开木材，木材需求引发了滥伐森林。唐高宗在长安城建西明寺，"倾水衡之藏"，"伐南山之枚"。⑤ 唐中宗"而方大起寺舍，广造第宅，伐木空山，不足充梁栋，运土塞路，不足充墙壁"。⑥ 武则天于东都洛阳造明堂贮大佛，"日役万人，采木江岭"。⑦ 难怪武周宰相狄仁杰上疏说："今之伽蓝，制过宫阙。穷奢极壮，画绘尽工。宝珠殚于缀饰，瑰材竭于轮奂。工不使鬼，止在役人，物不天来，终须地出，不损百姓，将何以求。"⑧ 唐代宗时，不空在大兴善寺翻经院为造大圣文殊师利菩萨阁，买方木 610 根，买椽柱槐木 804 根，买砖瓦鸱兽 55698 口，买栈 700 束。⑨ 物力上，隋唐宗教活动不仅消耗了大量木材，而且消耗了大量金、铜等贵重原材料。道士炼丹服食，消耗贵金属。隋末有道士在太白山炼丹砂，合成大还丹，化赤铜为黄金，有成弼者持刀杀害道士而得其丹，炼成黄金，金色稍赤，优于常金。成弼家既殷富，为人所告。唐太宗授成弼五品官，敕令造金，"弼造金，凡数万斤而丹尽，其金

---

① 《旧唐书》卷一〇一《辛替否传》，第 3158 页。
② 〔法〕谢和耐：《中国 5—10 世纪的寺院经济》，耿昇译，第 39 页。
③ （唐）韩愈：《韩昌黎全集》卷一一《原道》，中国书店，1991，第 173 页。
④ （唐）杜牧：《杭州新造南亭子记》，《文苑英华》卷八三四，第 4401 页。
⑤ （唐）苏颋：《唐长安西明寺塔碑》，《全唐文》卷二五七，第 2597 页。
⑥ 《旧唐书》卷一〇一《辛替否传》，第 3156 页。
⑦ 《资治通鉴》卷二〇五，则天后天册万岁元年，第 6498 页。
⑧ 《旧唐书》卷八九《狄仁杰传》，第 2893 页。
⑨ 《代宗朝赠司空大辨正广智三藏和尚表制集》卷五，《大正藏》卷五二，第 851 页。

所谓大唐金也，百炼益精，甚贵之"。① 佛教铸钟造像，消耗贵金属。唐高宗麟德二年（665），皇太子奉为二圣（唐高宗和武则天）于长安西明寺造铜钟一口，重达10000斤。② 唐五台山金阁寺"铸铜涂金为瓦，所费巨亿"。③ 唐成都福感寺释定光缔构寺宇，因铸大钟，共用赤金万余斤。④ 金和铜在当时是贵重金属，是隋唐王朝铸币所用的重要原材料。铜、铜钱被熔铸为佛像、钟磬和法器，严重扰乱了货币流通和经济秩序。为此，会昌五年（845），唐武宗敕令以天下废寺铜像及钟磬等委诸道铸钱，"天下士庶之家，所有铜像并限敕到一月内送官，如违此限，并准盐铁使旧禁铜条件处分"；"其京城及畿内诸县，衣冠百姓家，有铜像并望送纳京兆府"；"自拆寺以来，应有铜像等，衣冠百姓家收得，亦限一月内陈首送纳，如辄有隐藏，并准旧条处分"；"诸道废毁寺铁像，望令所在销为农器，石之像，望令销付度支"。⑤ 会昌六年（846），唐武宗又敕令："如缘修饰佛像，但用土木，足以致敬，不得用金银铜铁及宝玉等，如有犯衣冠，录名闻奏。"⑥

隋唐宗教消费，烦劳人力。隋唐时期，无休止地营建寺观，烦劳人力于土木之功，无有穷极。隋炀帝为嵩山道士潘诞作嵩阳观，以童男童女各120人充给使，"常役数千人，所费巨万"。⑦ 唐睿宗为其女金仙公主和玉真公主修建寺观，"时属春旱，兴役不止"，⑧ 乃至农桑失时。唐玄宗为重修长安招福寺圣容院，敕出内库钱2000万，巧匠1000人。⑨ 唐代宗时，内侍鱼朝恩献通化门外赐庄为寺，以资章敬太后冥福，乃建章敬寺于长安之东门，总48院，4130余间，⑩ "穷极壮丽，土木之役逾万亿"。⑪ 唐宣宗

---

① 《太平广记》卷四〇〇 "成粥" 条，第3215页。
② （唐）道宣：《广弘明集》卷二八《京师西明寺钟铭》，《大正藏》卷五二，第330页。
③ 《资治通鉴》卷二二四，唐代宗大历二年四月，第7196页。
④ 《宋高僧传》卷二七《唐成都福感寺定光传》，第676页。
⑤ 《唐会要》卷四九《杂录》，第861页。
⑥ 《唐会要》卷四九《杂录》，第862页。
⑦ 《资治通鉴》卷一八一，隋炀帝大业八年，第5658页。
⑧ 《旧唐书》卷一〇〇《裴漼传》，第3128页。
⑨ 《酉阳杂俎》续集卷六《寺塔记下》，第527页。
⑩ （宋）宋敏求撰，辛德勇、郎洁点校《长安志》卷一〇，三秦出版社，2003，第345~346页。
⑪ 《旧唐书》卷一八四《鱼朝恩传》，第4764页。

重建庐山东林寺,"凡役工合六十五万三百二十八"。[①] 隋唐时期,广置伽蓝,壮丽非一,劳役工匠,夺人之力,不仅加重了百姓徭役,还严重影响了农业生产。史称,"百姓竞为浮图,以至失业"。[②] 神龙年间,唐中宗在长安兴建金仙观和玉真观"用工巨亿","但土木作起,高价雇人,三辅农人,趋目前之利,舍农受雇,弃本逐末"。[③] 难怪中宗朝宰相韦嗣立上疏说:"转运木石,人牛不停,废人功,害农务,事既非急,时多怨咨。"[④]

隋唐时期,各种宗教兴旺发达,宗教消费急剧膨胀。侈靡豪奢的宗教消费,在财力、物力、人力等方面给隋唐社会经济造成了极大的损害。对此,时人和后世学者多有论列,兹不赘言。不过,以消费性财富锐减为代价的隋唐宗教的繁荣昌盛,大大丰富了隋唐文化的内容,尤其是刺激了隋唐艺术的发展。正如法国著名汉学家谢和耐所言:"我们甚至还可以在处于全盛时代的中国佛教中,发现一种艺术运动。雕刻和绘画的派别非常多,这其中也有消耗,而且还是人员的消费和具有特殊性质的消费:工匠和艺术家们的毅力和创造力,都表现在佛塔、寺院、雕像和对道场的装饰中了。"[⑤] 道教的宫观建筑布局一般是以高大、庄严、华丽的宫殿式建筑为中心,两厢配以较低矮、活泼的各式殿堂,同时还点缀以亭台楼阁,构成殿阁巍峨、道院森森的艺术格局。无论是在建筑规模上,还是在工艺技巧等方面都达到了相当成熟的程度。[⑥] 不言而喻,壮丽的隋唐佛教寺塔建筑无论是在建筑规模上,还是在工艺技巧等方面,与道教相比,都有过之而无不及。隋唐时期大规模的佛道造像,又促使中国雕塑艺术日臻圆融成熟。大规模地兴建寺观和开凿石窟,还为画家们发挥想象力和施展才华提供了广阔的艺术天地。画圣吴道子在"两都寺观,图画墙壁四十余间。变像即同,人相诡状,无一同者","又画玄元庙,五圣千官,宫殿冠冕,势倾云龙,心若造化"。[⑦] 是时,画家多以擅长佛画知名于世,隋唐寺观壁画十分精美。隋唐寺观不仅是书画艺术的博物馆,而且是世人集会娱乐的好去处。隋唐长安清禅寺"每至节日,设乐像前,四远同观,以为欣庆。故

---

① (唐)崔黯:《复东林寺碑》,《全唐文》卷七五七,第7853页。
② (宋)王谠撰,周勋初校证《唐语林校证》卷三《方正》,中华书局,1987,第215页。
③ 《旧唐书》卷一〇一《韦凑传》,第3145页。
④ 《旧唐书》卷八八《韦嗣立传》,第2870页。
⑤ 〔法〕谢和耐:《中国5—10世纪的寺院经济》,第241页。
⑥ 王宜峨:《道教宫观及其建筑艺术》,《世界宗教研究》1989年第3期。
⑦ 《太平广记》卷二一二"吴道玄"条,第1622页。

家人子弟，接踵传风，声伎之最，高于俗里"。① 中元日，"番禺人多陈设珍异于佛庙，集百戏于开元寺"。② 楚州龙兴寺"寺前素为郡之戏场，每日中，聚观之徒，通计不下三万人"。③ 京城长安的戏场也大多集中在佛教寺院，如晋昌坊大慈恩寺、新昌坊青龙寺、开化坊大荐福寺、永乐坊永寿寺等都设有规模较大的戏场。④ 综上可见，隋唐宗教消费毕竟是文化意义上的消费，因此，它不仅有力地推动了建筑、雕塑、绘画艺术的繁荣发展，还大大丰富了人们的文化娱乐生活。但是，必须强调指出的是，隋唐宗教消费促使文化艺术的繁荣是以巨大的经济代价为前提的。

（原载《思想战线》2008 年第 4 期，《中国社会科学文摘》2008 年第 11 期摘编论点；本文发表时因版面所限有删节，此为原稿）

---

① 《续高僧传》卷三〇《唐京师清禅寺释慧胄传》，第 1224 页。
② 《太平广记》卷三四 "崔炜" 条，第 216 页。
③ 《太平广记》卷三九四 "徐智通" 条，第 3148 页。
④ （宋）钱易撰，黄寿成点校《南部新书》卷戊，中华书局，2002，第 67 页。

武则天与法藏

武则天崇奉佛教，她与神秀、处寂、义净、万回、慧安、慧警、惠秀等诸多高僧大德过从甚密，她对西域康居人后裔释法藏十分器重。在一定程度上，正是武则天对法藏的格外敬重和大力扶持，法藏才成为著名的佛教理论家，并成为华严宗的创立者。故此，探讨武则天与法藏的关系，或许可从另一个层面来认识武周佛教的政治特色以及华严宗迅速发展的原因。

一 武则天与法藏的削染因缘

释法藏，梵文称达摩多罗，字贤首（梵文称跋陀罗室利），祖籍康居国（今乌兹别克斯坦撒马尔罕）。其曾祖和高祖连任康居国相，他的祖父入唐侨居长安，他的父亲康谧在唐赠官左卫中郎将。

贞观十七年（643），法藏生于唐都长安。16岁时，他到岐州法门寺舍利塔前"炼指"一根，决心皈依佛门。翌年，他辞亲求法，"于太白山饵术数年，敷阅方等"，"云栖术食，久玩《杂华》"。[①] 几年后，法藏回到长安，他闻知高僧智俨在云华寺讲授《华严经》，于是拜智俨为师。法藏在智俨门下专攻《华严》，求学问法长达9年。智俨以为，法藏"注意于《华严》，盖无师自悟"，"绍隆遗法，其唯是人"。可是，"及总章元年，俨将化去，藏犹居俗"。[②]

唐高宗咸亨元年（670），皇后武则天的母亲荣国夫人杨氏去世。武则天为了广树福田，"度人则择上达僧，舍宅乃成太原寺"。于是，在道成、

[①] 〔新罗〕崔致远：《唐大荐福寺故寺主翻经大德法藏和尚传》（以下简称《法藏和尚传》），《大正藏》卷五〇，第281页。
[②] 《法藏和尚传》，《大正藏》卷五〇，第281页。

薄尘等高僧大德的推荐下，法藏奉命剃度于太原寺，① 并奉诏成为太原寺住持。

武则天万岁通天元年（696），法藏受诏在太原寺宣讲华严宗旨，"感白光昱然，自口而出，须臾成盖，万众观呼"。都讲②上奏其事，武则天降旨命令京城十大德为法藏授满分戒，赐号贤首戒师。③

法藏从出家剃度就与武则天结下了不解之缘。武则天"度人则择上达僧"，法藏身逢三宝重兴之运，他以"风度奇正，利智绝伦"，④ 因而得以剃度于太原寺，又以缁门崇重成为太原寺住持，闻名于宫禁，深得武则天敬重，而武则天对法藏创立华严宗起了异乎寻常的作用。

二　武则天的大力扶持与法藏创立华严宗

太原寺是皇家寺院，地位显耀，条件优越。法藏入住太原寺任该寺住持后，他抓住这一幸运的机遇，勇猛精进，致力于翻译佛经、讲经授徒、著书立说。

法藏"本资西胤，雅善梵言；生寓东华，精详汉字"。⑤ 法藏祖籍西域康居，懂得梵文，又生长于中土，熟知汉语，在翻译佛经方面具有语言上的优势，他积极参与了许多重要佛典的翻译。

调露元年（679），法藏与地婆诃罗、道成、薄尘等人译出《密经》等经、《显识》等论。

证圣元年（695）至圣历二年（699），法藏与实叉难陀、义净、复礼等人译出《八十华严》。

久视元年（700），法藏与实叉难陀、弥陀山等人译出《大乘入楞伽经》。

---

① 据清徐松《唐两京城坊考》卷五，武则天的母亲荣国夫人宅在洛阳教义坊，后来立为太原寺。武则天登上阳宫，"遥见之，辄凄感"，乃迁至洛阳积德坊。
② 都讲指讲经时负责发问的僧人。宋释赞宁《大宋僧史略》卷上"都讲"条曰："敷宣之士，击发之由，非旁人而启端，难在座而孤起。故梁武讲经，以枳园寺法彪为都讲。彪公先一问，梁祖方鼓舌端。载索载微，随问随答。此都讲之大体也。"
③ （宋）志磐撰，释道法校注《佛祖统纪校注》卷三〇《诸宗立教志·贤首宗教·三祖贤首法藏法师》，上海古籍出版社，2012，第653页。
④ （宋）赞宁撰，范祥雍点校《宋高僧传》卷五《周洛京佛授记寺法藏传》，中华书局，1987，第89页。
⑤ 《法藏和尚传》，《大正藏》卷五〇，第282页。

大足元年（701），法藏与实叉难陀等人译出《文殊师利授记经》。

长安三年（703），法藏与义净等人译出《金光明最胜王经》。

神龙元年（705），法藏与弥陀山译出《无垢净光陀罗尼经》。

神龙二年（706），法藏与菩提流志译出《大宝积经》。

景龙二年（708），法藏与义净译出《药师琉璃光七佛本愿功德经》。①

在从调露元年（679）到景龙二年（708）的近30年里，法藏孜孜不倦，翻译佛经，"至天后朝，传译首登其数"。② 其中，他对《华严经》的再译用力最多。

《华严经》全称《大方广佛华严经》，初译于东晋。东晋义熙十四年（418）至元熙二年（420），北天竺人佛驮跋陀罗在建康（今南京）道场寺译出《华严经》，③分六十卷行世，人称《六十华严》。到了唐代，由于武则天的高度重视，《华严经》多次重译。唐高宗调露元年（679），中印度人地婆诃罗（华言日照）入华，带来了梵本《华严经》，法藏"遂与三藏对校，遂获善财善知识天主光等十有余人，遂请译新文，以补旧缺"，④是为《华严经》的补遗本。《宋高僧传》卷二《唐洛京大遍空寺实叉难陀传》载：

> 天后明扬佛日，崇重大乘，以《华严》旧经，处会未备，远闻于阗有斯梵本，发使求访，并请译人。叉与经夹同臻帝阙，以证圣元年乙未于东都大内大遍空寺翻译。天后亲临法座，焕发《序》文，自运仙毫，首题名品。南印度沙门菩提流志、沙门义净同宣梵本，后付沙门复礼、法藏等于佛授记寺译成八十卷。圣历二年功毕。

圣历二年（699），实叉难陀（华言喜学）主持译出的《华严经》一共80卷，世称《八十华严》。《八十华严》虽然比以往译本增加了九千偈，却没有此前地婆诃罗（华言日照）的补文。于是，法藏"持日照之补文，

---

① 有关法藏的译经活动，参见《宋高僧传》卷一《唐京兆大荐福寺义净传》、《宋高僧传》卷二《唐洛京大遍空寺实叉难陀传》、《宋高僧传》卷二《周洛京寂友传》、《宋高僧传》卷五《周洛京佛授记寺法藏传》，崔致远《唐大荐福寺故寺主翻经大德法藏和尚传》等。

② 《宋高僧传》卷五《周洛京佛授记寺法藏传》，第89页。

③ （南朝梁）慧皎撰，汤用彤校注《高僧传》卷二《晋京师道场寺佛驮跋陀罗传》，中华书局，1992，第73页。

④ （唐）法藏：《华严经传记》卷一，《大正藏》卷五一，第154页。

缀喜学之漏处",① 对勘校补,形成《华严经》的第四种译本。

《华严经》在唐代的两次重译,法藏都是主要参与者,特别是经过他校补的《华严经》,完整无阙,号为法藏校补本,流行于世,成为华严宗的经典依据。

法藏不仅致力于《华严经》的翻译,而且专注于阐释《华严经》的意蕴。他勤于著述,著作等身。据汤用彤先生考证,法藏的著述现存者有23部,知名而已佚者亦有20余部。② 在法藏现存的23部著作中,与《华严经》有关的多达15部,从内容上看,大致可分为五类:一是系统注解《华严经》,二是概述《华严经》的主要内容、特点及各方面情况,三是举例或比喻说明华严宗的教义,四是侧重论述某些问题,五是系统记述《华严经》翻译、传播的史实和传说。③ 法藏关于《华严经》的一系列著述,为华严宗的创立奠定了坚实的理论基础。

在宗教实践上,法藏着力于宣讲《华严经》,他"前后讲《华严经》三十余遍"。④ 法藏或应僧众需要而讲,或应官员邀请而讲,"从学如云,莫能悉数"。⑤ 他讲经时,或"有光明现从口出,须臾成盖,众所具瞻",或"香风四合,瑞雾五彩,崇朝不散,紫空射人",或"讲室及寺院欻然震吼,听众稻麻,叹未曾有"。⑥

法藏"承旨"为武则天讲解《华严经》,颇具传奇色彩,《宋高僧传》卷五《周洛京佛授记寺法藏传》载:

> 藏为则天讲新《华严经》,至《天帝网义十重玄门》《海印三昧门》《六相和合义门》《普眼境界门》,此诸义章皆是《华严》总别义网,帝于此茫然未决。藏乃指镇殿金师子为喻,因撰义门,径捷易解,号《金师子章》,列十门总别之相,帝遂开悟其旨。又为学不了者设巧便,取鉴十面,八方安排,上下各一,相去一丈余,面面相对,中安一佛像,燃一炬以照之,互影交光。学者因晓刹海涉入无尽

---

① 《法藏和尚传》,《大正藏》卷五〇,第282页。
② 汤用彤:《隋唐佛教史稿》,中华书局,1982,第168页。
③ 魏道儒:《中国华严宗通史》,江苏古籍出版社,2001,第138~141页。
④ (唐)阎朝隐:《大唐大荐福寺故大德康法藏法师之碑》,陈尚君辑校《全唐文补编》卷二六,中华书局,2005,第329页。
⑤ 《法藏和尚传》,《大正藏》卷五〇,第285页。
⑥ 《法藏和尚传》,《大正藏》卷五〇,第281页。

之义。藏之善巧化诱,皆此类也。其如宣翻之寄,亦未能舍,盖帝王归信缁伍所凭之故。泊诸梵僧罢译,帝于圣历二年己亥十月八日,诏藏于佛授记寺讲大经,至《华藏世界品》,讲堂及寺中地皆震动,都维那僧恒景具表闻奏。敕云:"昨请敷演微言,阐扬秘赜。初译之日,梦甘露以呈祥;开讲之辰,感地动以标异。斯乃如来降迹,用符九会之文;岂朕庸虚,敢当六种之震。披览来状,欣惕于怀"云。

法藏为武则天讲解《华严经》,"帝于此茫然未决"。法藏以殿前的金狮子作譬喻,"列十门总别之相",阐释华严宗"六相圆融"等教理,"帝遂开悟其旨"。法藏这次为女皇武则天讲解《华严经》的记录稿,称为《华严金师子章》,简称《金师子章》。《华严金师子章》成为华严宗佛教思想的基本纲要,是华严宗著作中具有权威性的论著。

武则天召请法藏入宫讲解华严教理,非同寻常。法藏为武则天讲《华严经》,"讲堂及寺中地皆震动",神异瑞应,轰动朝野。武则天"欣惕于怀",御笔批答:"斯乃如来降迹,用符九会之文;岂朕庸虚,敢当六种之震。"她鼓吹这是"德政"感动了天地,宣扬这是国家的"福祉"。

武则天重视《华严经》,与她努力制造瑞应神异有关,她把《华严经》中描述的莲华藏佛国世界看作她所居住并统治的现实世界,因而希望"佛"来显形护佑她。① 武则天为《八十华严》作序说:

> 朕曩劫植因,叨承佛记,金仙降旨,《大云》之偈先彰;玉扆披祥,《宝雨》之文后及。加以积善余庆,俯集微躬,遂得地平天成,河清海晏。殊祥绝瑞,既日至而月书,贝牒灵文,亦时臻而岁洽。逾海越漠,献琛之礼备焉。②

《大云经》论证武则天称帝的合法性,《宝雨经》宣称武则天是菩萨的化身,《华严经》也为维护武周政权而服务,因而获得了武则天的高度重视。法藏四序无辍,孜孜为道,专心致力于《华严经》的校勘和重译,精诚不懈于《华严经》的宣讲和著述,名道日新,缁素钦揖,声甚著闻,达

---

① 魏道儒:《中国华严宗通史》,江苏古籍出版社,2001,第133页。
② 高宗武皇后:《大周新译〈大方广佛华严经〉序》,(清)董诰等编《全唐文》卷九七,中华书局,1983,第1002页。

于禁闼，因而获得了武则天的大力支持。史载，法藏与实叉难陀等人翻译《华严经》，"天后亲临法座，焕发《序》文，自运仙毫，首题名品"。① 法藏任太原寺住持后，他承旨宣讲《华严经》，端午节里，武则天专门派人给法藏送去衣裳，并致信说："今送衣裳五事，用符端午之事数。愿师承兹采艾之序，更茂如松之龄，永耀传灯，常为道首。"②

中国佛教的开宗立派，一方面与某位高僧大德的学识造诣有关，另一方面还和这位高僧大德与统治者的关系有关。③ 一方面，法藏学识渊博，举扬宗乘，人咸景仰，独步当时，另一方面，他从出家剃度就与武则天结下了不解之缘，正是得到了武则天的大力支持，法藏才得以创立华严宗。

三　法藏与武周政权

因为得到了武则天的大力支持，法藏得以在武则天时期创立了华严宗。法藏之所以能得到武则天的大力支持，是因为法藏以及他所创立的华严宗不遗余力地服务于武周政权。

垂拱三年（687），天下大旱，法藏于长安西明寺立坛祈雨，"每夕斋戒，未七日，雨沾洽"。④

永昌元年（689）正月七日夜，法藏奉敕"建立华严高座，八会道场，阐扬方广妙典"。第二天，僧尼众数千人共设斋会，出现了冰中有佛塔的瑞应。武则天为此作《听华严诗并序》云："既悟无生灭，常欣佛现前。于是莲华世界，注海印之波澜；微尘刹土，入因陀罗之网。"⑤

神功元年（697），契丹犯边，武则天出师讨伐。法藏上奏曰："若令摧伏怨敌，请约左道诸法。"他盥浴更衣，建立十一面道场，置观音像，"行道始数日，羯房睹王师无数神王之众，或睹观音之像浮空而至，犬羊之群相次逗挠，月捷以闻"。武则天优诏慰劳曰："蒯城之外，兵士闻天鼓之声；良乡县中，贼众睹观音之像。醴酒流甘于阵塞，仙驾引纛于军前，

---

① 《宋高僧传》卷二《唐洛京大遍空寺实叉难陀传》，第31页。
② 《法藏和尚传》，《大正藏》卷五〇，第281页。
③ 张国刚：《佛学与隋唐社会》，河北人民出版社，2002，第54页。
④ 《法藏和尚传》，《大正藏》卷五〇，第283页。
⑤ 《华严经传记》卷三，《大正藏》卷五一，第164页。

此神兵之扫除，盖慈力之加被。"①

长安四年（704），法藏与凤阁侍郎崔玄暐、律师文纲等人前往岐州无忧王寺（法门寺）为武则天迎奉法门寺佛骨舍利，崔致远《唐大荐福寺故寺主翻经大德法藏和尚传》对此记载甚详：

> 长安四年冬抄，于内道场因对敭，言及岐州舍利是阿育王灵迹，即魏册所载扶风塔是。则天特命凤阁侍郎博陵崔玄暐与藏偕往法门寺迎之。时藏为大崇福寺主，遂与应大德、纲律师等十人俱至塔所，行道七昼夜，然后启之，神辉煜爚。藏以昔尝炼指，今更骧肝，乃手擎兴愿，显示道俗。舍利于掌上腾光，洞照遐迩。随其福力，感见天殊。或睹铣釜睟容，或观缨甒奇像，瑰姿玮质，乍大乍小，大或数尺，小或数寸。于是顶缸指炬者争先，舍宝投财者耻后。岁除日，至西京崇福寺。是日也，留守会稽王率官属及五部众，投身道左，竞旅异供，香华鼓乐之妙，蒙瞆亦可睹闻。洎新年端月孟旬有一日，入神都。敕令王公以降，洛城近事之众，精事幡华幢盖，仍命太常具乐奏迎，置于明堂。观灯日，则天身心护净，头面尽虔。请藏捧持，普为善祷。其真身也，始自开塔戒道，达于洛下，凡擒瑞光者七，日抱戴者再。

这是继唐高宗显庆四年（659）迎奉法门寺佛骨舍利之后有唐一代的第二次迎奉佛骨舍利活动，规模空前，声势浩大。佛骨舍利先迎至京师长安，后来供养于洛阳明堂，"则天身心护净，头面尽虔"。这次迎奉法门寺佛骨舍利活动的主持者正是备受武则天恩宠的法藏。

汤用彤先生指出："当法藏之时，华严极盛。一有法藏之大弘此教；二有《华严》之传译；三有武则天之提倡。"② 武则天出于政治上的需要，积极倡导利用佛教。法藏深谙"不依国主，则法事难立"，③ 他"迎合上旨，皆契真乘"，④ 阴翊王度，实助王化，竭力为武周政权服务，从而获得了武则天的大力支持。

---

① 《法藏和尚传》，《大正藏》卷五〇，第283页。
② 汤用彤：《隋唐佛教史稿》，中华书局，1982，第167页。
③ 《高僧传》卷五《晋长安五级寺释道安传》，第178页。
④ 《宋高僧传》卷六《唐京师大安国寺端甫传》，第123页。

法藏与女皇武则天的关系极为密切，他"是一个地地道道的御用神学家，他创立华严宗是直接配合武则天巩固个人的统治地位的"，"华严宗在一定意义上是挂着'武记'牌号的宗派"。① 法藏的弘法活动和华严宗的创立过程，虽然难免带有浓厚的政治色彩和深深的时代烙印，但是，法藏的佛教学说以及他所创立的华严宗对当时及后世的思想文化和社会生活产生了重要影响。"《麟史》称殁有令名者三立焉，则法师之游学、削染、示灭，三立德也；讲演、传译、著述，三立言也；修身、济俗、垂训，三立功也。"② 毋庸置疑，一代名匠法藏和他创立的华严宗在中国佛教史上占有重要的地位。

（原载王双怀、王恺、毛阳光主编《一代明君武则天》，中国文史出版社，2018）

① 方立天：《隋唐佛教》，中国人民大学出版社，2006，第538页。
② 《法藏和尚传》，《大正藏》卷五〇，第285页。

武则天时期的佛经翻译

关于武则天与佛教,昔年陈寅恪先生撰《武曌与佛教》[①]一文,高屋建瓴,从家世信仰和政治需要两方面剖析了武则天与佛教的关系。此后,专门探讨武则天与佛教之关系的代表性论文尚有张乃翥《从龙门造像史迹看武则天与唐代佛教之关系》[②]、陈景富《武则天崇佛心态三段论》[③]、赵云旗《武则天与唐代佛教》[④]、李志贤《略论武周政权佛教意识形态的建构》[⑤]等。这些已有的研究成果,主要着眼于政教关系,着重分析武则天怎样利用佛教改朝换代。武则天利用佛教革唐为周,改朝换代,政治意义固然重大,而其崇佛的文化意义也不可小觑。这一时期大规模的佛经翻译,即是当时思想文化界的一件盛事,成绩斐然,意义深远。

一

作为一种外来宗教,佛教在中国的传播和发展必须依赖于对印度佛教经典的翻译。因此,爰次汉魏,迄于隋唐,佛经翻译,与时竞列。唐代初年的佛经翻译,在唐太宗和唐高宗的大力支持下,译场众多,新经迭出,粲然可观。尔后,武则天极力提倡佛教,从而把唐代的佛经翻译事业推向了一个新的高度。

根据佛教文献,武则天时期,从事佛经翻译的高僧大德主要有以下

---

① 原刊1935年12月《中央研究院历史语言研究所集刊》第5本第2分,后收入陈寅恪《金明馆丛稿二编》,上海古籍出版社,1980,第137~155页;陈寅恪:《金明馆丛稿二编》,三联书店,2001,第153~174页。
② 张乃翥:《从龙门造像史迹看武则天与唐代佛教之关系》,《世界宗教研究》1989年第1期。
③ 陈景富:《武则天崇佛心态三段论》,《五台山研究》1989年第2期。
④ 赵云旗:《武则天与唐代佛教》,《五台山研究》1989年第4期。
⑤ 李志贤:《略论武周政权佛教意识形态的建构》,王文超、赵文润主编《武则天与嵩山》,中华书局,2003,第212~224页。

数位。

释地婆诃罗 中印度人，华言日照。日照洞明八藏，博晓五明，戒行高奇，学业勤悴。他志在利生，于唐高宗时来到中国，自仪凤初年至垂拱末年，传译佛经共计 18 部。[①] 据《开元释教录》卷九，武后垂拱元年（685），日照在长安西太原寺归宁院译出《大方广佛华严经续入法界品》1 卷、《七俱胝佛大心准提陀罗尼经》1 卷、《大乘广五蕴论》1 卷。

释提云般若 于阗国（今新疆和田）人，华言天智。天智学通大小，解兼真俗，咒术禅门，无不谙晓。永昌元年（689），天智来到洛阳，武则天敕令在魏国东寺（后改大周东寺）译经。[②] 自永昌元年（689）至天授二年（691），天智在洛阳魏国东寺译出经论 6 部 7 卷：《大方广佛华严经不思议佛境界》分 1 卷、《大方广佛华严经修慈》分 1 卷、《大乘造像功德经》2 卷、《智矩陀罗尼经》1 卷、《诸佛集会陀罗尼经》1 卷、《大乘法界无差别论》1 卷。[③]

释慧智 印度人后裔。慧智其父印度人，婆罗门种，因游历唐朝而生慧智于中土。慧智本是印度人，因而娴熟梵语，他生在中国，从而又熟悉汉语。所以，地婆诃罗、提云般若等人翻经时皆请慧智为证梵文兼令度语。武周长寿二年（693），慧智在洛阳佛授记寺自译《观世音颂》1 卷。[④]

释实叉难陀 于阗（今新疆和田）人，又名施乞叉难陀，华言学喜。实叉难陀智度恢旷，风格不群，善大、小乘，旁通异学。武则天明扬佛教，崇重大乘，她听说于阗有梵本《华严经》，于是发使求访，并迎请译人。是时，实叉难陀携经夹来到洛阳。证圣元年（695），实叉难陀在东都洛阳大内大遍空寺开始翻译《华严经》，南印度沙门菩提流志、沙门义净同宣梵本，后付沙门复礼、法藏等于佛授记寺翻译，圣历二年（699）译毕，一共 80 卷。久视元年（700），武则天驾幸颍川三阳宫（属今河南省登封市告成镇），诏令实叉难陀翻译《大乘入楞伽经》，他还在京师清禅寺及东都佛授记寺译出《文殊授记》等经。武则天时期，实叉难陀一共翻译

[①] （宋）赞宁撰，范祥雍点校《宋高僧传》卷二《周西京广福寺日照传》，中华书局，1987，第 33 页。
[②] 《宋高僧传》卷二《周洛京魏国东寺天智传》，第 33 页。
[③] （唐）智昇撰，富世平点校《开元释教录》卷九《总括群经录上》，中华书局，2018，第 542～543 页。
[④] 《宋高僧传》卷二《周洛京佛授记寺慧智传》，第 33～34 页。

佛经 19 部 107 卷。①

婆罗门李无谄　北印度岚波国人。李无谄识量聪敏，内外赅通，唐梵二言，洞晓无滞。因此，三藏阿你真那（宝思惟）、菩提流志等人翻译众经时，皆请李无谄为度语（译语）。圣历三年（700）三月，李无谄在洛阳佛授记寺翻经院译出《不空绢索陀罗尼经》1 卷。②

释弥陀山　睹货逻（吐火罗）国人，唐言寂友。弥陀山幼小出家，游历印度，遍学经论，尤其对《楞伽》《俱舍》最为精通。他志在弘法，杖锡而游来到中国。武周天授年间（690~692），弥陀山与法藏等人译出《无垢净光陀罗尼经》1 卷。③

释阿你真那　北印度迦湿蜜罗国（即今克什米尔地区）人，华言宝思惟。阿你真那幼而舍家，禅诵为业，进具之后，专精律品，而慧解超群，学兼真俗，乾文咒术，尤攻其妙。长寿二年（693），阿你真那来到洛阳，他在佛授记寺、天宫寺、福先寺等寺创译佛经。④ 据《开元释教录》卷九，武周长寿二年（693），阿你真那在洛阳佛授记寺译出《不空绢索陀罗尼自在王咒经》3 卷，还在洛阳天宫寺译出《随求即得大自在陀罗尼神咒经》1 卷；长安二年（702），他又在天宫寺译出《文殊师利根本一字陀罗尼经》1 卷。

释菩提流志　南印度人，本名达摩流支，唐言法希，武则天为其改名菩提流志，唐云觉爱。菩提流志聪睿绝伦，风神爽异，洞晓声明，通达三藏。武周长寿二年（693），菩提流志来到洛阳，他在佛授记寺译《宝雨经》，在大周东寺译《宝相般若》《金刚髻》《大乘伽耶顶》《有德妙慧》《文殊不思议境界》《妙德女问佛》等经，又于佛授记寺译《护命法门》《六字神咒》《般若蜜多那》《不空绢索咒心》《智猛长者问》《除鬼病》《那耶》《大陀罗尼》《文殊咒法藏》《一字咒王》《摩尼秘密善住》等经以及《般若六字三句论》，一共 19 部 20 卷。⑤

释义净　齐州（今山东济南一带）人，俗姓张，字文明。义净 7 岁出家，遍询名匠，广探群籍，内外娴晓。他崇重法显之雅操，仰慕玄奘之高

---

①　《宋高僧传》卷二《唐洛京大遍空寺实叉难陀传》，第 32 页。
②　《开元释教录》卷九《总括群经录上》，第 548 页。
③　《宋高僧传》卷二《周洛京寂友传》，第 34 页。
④　《宋高僧传》卷三《唐洛京天竺寺宝思惟传》，第 42 页。
⑤　《开元释教录》卷九《总括群经录上》，第 564~565 页。

风，咸亨二年（671），从海路西行赴印度巡礼求法，凡所游历三十余国，往来问道二十余年，遍师名匠，学大、小乘。证圣元年（695），义净携带四百部梵本经律论以及其他法宝归国，武则天亲迎于洛阳东门外，敕于佛授记寺安置，所得梵本，并令翻译。从久视元年（700）到长安三年（703），义净先后在洛阳福先寺和长安西明寺译出《金光明最胜王经》《能断金刚般若》《入定不定印》《弥勒成佛》《一字咒王》《庄严王陀罗尼》《善夜》《流转诸有》《妙色王因缘》《无常》《八无暇有暇》《长爪梵志》《根本说一切有部毗奈耶》《尼陀那目得迦》《百一羯磨》《律摄》《掌中》《取因假设》《六门教授》《龙树劝诫颂》等经、律、论，一共20部115卷。[1]

通计以上，武则天时期，一共翻译佛经71部258卷。这些佛经的翻译，主要是由上述6位译主（主持译事）统摄始终。当时，更有许多高僧大德参预其间，共襄盛举，如法藏就是其中非常活跃的一位翻译家。武周天授年间（690～692），法藏与弥陀山一起翻译《无垢净光陀罗尼经》。[2] 证圣元年（695）至圣历二年（699），实叉难陀主持翻译《华严经》，法藏不仅参与译事，还补齐了其中《入法界品》的阙文。久视元年（700），法藏又与实叉难陀和弥陀山在洛阳三阳宫共同翻译《大乘入楞伽经》。[3] 法藏不仅参与了实叉难陀等译主的译经活动，他还以证义（考证文义）的身份，参与了义净主持的大规模译经活动。[4] 那时，像法藏这样积极参与译经活动的翻经大德很多，在此也就难以一一道及了。

在武则天时期的众多佛经翻译家中，成就最高、影响最大的是义净（635～713）。义净不仅与法显（342～423）、玄奘（600～664）并称是中国佛教史上最有成就的三位西行求法高僧，而且又与鸠摩罗什（343～413）、真谛（499～569）、玄奘并称为中国佛教史上的四大翻译家。义净毕生共译经56部230卷，[5] 其中，久视元年（700）到长安三年（703），他翻经20部115卷，[6] 是武则天时期译经数量最多的翻译家。义净作为中国佛教史上的四大翻译家之一，他的译经成就不只是体现在译经的数量

---

[1] 《开元释教录》卷九《总括群经录上》，第557页。
[2] 《宋高僧传》卷二《周洛京寂友传》，第34页。
[3] 〔新罗〕崔致远：《唐大荐福寺故寺主翻经大德法藏和尚传》，《大正藏》卷五〇，第282页。
[4] 《宋高僧传》卷一《唐京兆大荐福寺义净传》，第2～3页。
[5] 《开元释教录》卷九《总括群经录上》，第559页。
[6] 《开元释教录》卷九《总括群经录上》，第557页。

上。在翻译方法上，义净也独具特色。他在译法上比较灵活，他组织的译场在分工上比玄奘还要细。在义净翻译的佛经包括他自己撰写的著作中，还有一个显著的特点是，在译文或正文下常常可以看到加写的注，注文订正译音、译义，考核名物制度，有时说明是典语（梵语）还是俗语，注文中保留下了一些有关佛教历史的非常重要甚至是绝无仅有的史料。[1] 宋人赞宁称颂道：

> 自汉至今皇宋，翻译之人多矣。晋魏之际，唯西竺人来，止称尼拘耳。此方参译之士，因西僧指杨柳，始体言意。其后东僧往彼，识尼拘是东夏之柳。两土方言，一时洞了焉。唯西唯东，二类之人未为尽善。东僧往西，学尽梵书，解尽佛意，始可称善传译者。宋齐已还，不无去彼回者，若入境观风必闻其政者，奘师、净师为得其实。此二师者两全通达，其犹见玺文知是天子之书，可信也。《周礼》象胥氏通夷狄之言，净之才智，可谓释门之象胥也欤![2]

义净早年不畏艰险，西行求法，晚年不惮辛劳，传译佛经，他是中国佛教史上继玄奘之后绝无仅有的最伟大的翻译家，他为中外文化交流做出了卓越贡献。

二

自从两汉之际佛教传入中国，印度佛经的翻译在中国就渐次展开了。汉魏迄于隋唐，佛经翻译，从未间断。隋唐时期，统治者大力提倡佛教，十分重视佛经翻译，政府特设译经馆或翻经院专事译经，译经所费，也常由国家供给。隋唐译事甚盛，成就辉煌。隋代共译经 59 部 262 卷，唐代共译经 372 部 2159 卷。[3] 而武则天时期一共译经 71 部 258 卷，相当于隋代译经的总数，在唐代译经中也占有重要地位，是唐代佛经翻译的一个高峰期。唐代佛经翻译的第一个高峰期是在唐太宗和唐高宗时代，以玄奘、波

---

[1] 王邦维：《义净与〈南海寄归内法传〉》，《南海寄归内法传校注》代校注前言，中华书局，1995，第 37 页。
[2] 《宋高僧传》卷一《唐京兆大荐福寺义净传》，第 3~4 页。
[3] 张国刚：《佛学与隋唐社会》，河北教育出版社，2002，第 20 页。

颇、那提为代表。以义净、实叉难陀、菩提流志为代表,武则天时期是唐代佛经翻译的又一个高峰期。与唐代初期的佛经翻译相比较,武则天时期的佛经翻译有以下三方面的变化和发展。

(一) 译经中心由长安转移到了洛阳

唐代初年,中天竺人波颇先在长安大兴善寺译经,后来在长安胜光寺译经。尔后,玄奘先在长安弘福寺译经,后来在大慈恩寺译经。与玄奘同时代的中印度人阿地瞿多在长安慧日寺译经,中印度人那提在长安大慈恩寺译经,陕州(治今河南陕县)人释智通在长安总持寺译经。由此可见,初唐佛经传译中心在长安。由上文可知,武则天时期的译场有洛阳魏国东寺(大周东寺)、佛授记寺、大遍空寺、福先寺、天宫寺、三阳宫以及长安清禅寺、西明寺和西太原寺(崇福寺)。显而易见,武则天时期的佛经传译中心在洛阳。

唐朝建都长安,以洛阳为东都。唐代初期,太宗虽曾三幸东都,高宗多至七幸东都,但未改变长安政治中心的地位。当时,长安不仅是政治中心,亦且是文化中心,佛教因此在这里得到了长足发展,创建寺院,敕度僧尼,开辟译场,翻译佛典,长安成为佛经传译的中心。弘道元年(683)十二月四日,唐高宗驾崩,十二月七日,高宗第七子李显即位,是为唐中宗。嗣圣元年(684)二月六日,武则天废中宗为庐陵王,另立高宗第八子李旦为帝,是为唐睿宗。从此,"政事决于太后",[1] 武则天成了实际上的皇帝,唐睿宗只不过是个傀儡。光宅元年(684)九月,武则天改东都洛阳为神都。从唐高宗驾崩到武则天退位,除了长安元年(701)十月到长安三年(703)十月住在长安,其余二十多年时间,武则天一直住在洛阳,洛阳取代了长安的地位,成为武则天时期的政治中心。"不依国主,则法事难立。"[2] 随着政治中心的更替,武则天时期,佛经传译中心也转移到了洛阳。

(二) 译场规模庞大,分工更加细密

汉魏时期,佛经翻译一般由梵僧或胡僧口诵经文,汉僧听言揣意"笔

---

[1] (宋)司马光:《资治通鉴》卷二〇三,则天后光宅元年,中华书局,1956,第6418页。
[2] (南朝梁)慧皎撰,汤用彤校注《高僧传》卷五《晋长安五级寺释道安传》,中华书局,1992,第178页。

受"（笔头记录），是一种松散的自发行为。到了十六国时期，由于诸胡统治者对佛教的大力提倡和支持，翻译佛经渐渐发展成为一种有组织的活动，出现了专门翻译佛经的场所——译场，北凉昙无谶的译场凉州闲豫宫寺和后秦鸠摩罗什的译场关中逍遥园就十分著名。迨至隋唐，译场设官分职，译场组织臻乎完备。唐三藏法师玄奘的译场规模就很大，《大慈恩寺三藏法师传》卷六云：

〔贞观十九年〕三月己巳，法师自洛阳还至长安，即居弘福寺。将事翻译，乃条疏所须证义、缀文、笔受、书手等数，以申留守司空梁国公房玄龄，玄龄遣所司具状发使定州启奏。令旨依所须供给，务使周备。夏六月戊戌，证义大德谙解大、小乘经论，为时辈所推者一十二人至，即京弘福寺沙门灵润、沙门文备、罗汉寺沙门慧贵、实际寺沙门明琰、宝昌寺沙门法祥、静法寺沙门普贤、法海寺沙门神昉、廓州法讲寺沙门道琛、汴州演觉寺沙门玄忠、蒲州普救寺沙门神泰、绵州振音寺沙门敬明、益州多宝寺沙门道因等。又有缀文大德九人至，即京师普光寺沙门栖玄、弘福寺沙门明睿、会昌寺沙门辩机、终南山丰德寺沙门道宣、简州福聚寺沙门静迈、蒲州普救寺沙门行友、栖岩寺沙门道卓、幽（豳）州昭仁寺沙门慧立、洛州天宫寺沙门玄则等。又有字学大德一人至，即京大总持寺沙门玄应。又有证梵语、梵文大德一人至，即京大兴善寺沙门玄謩。自余笔受、书手，所司供料等并至。

玄奘译场有证义、缀文、笔受、字学、证梵语、证梵文、书手等，分工很细，人员很多，规模庞大。唐代初年，中天竺人波颇在大兴善寺译经，译场规模也很大，朝廷搜求硕德备经三教者19人，沙门慧乘等证义，沙门玄谟等译语，沙门慧赜、慧净、慧明、法琳等缀文。[1] 然而，同时代的那提译场仅有慧泽译语，道宣缀文，[2] 阿地瞿多译场只有玄楷等笔受。[3]

---

[1] （唐）道宣撰，郭绍林点校《续高僧传》卷三《唐京师胜光寺中天竺沙门波颇传》，中华书局，2014，第66页。
[2] 《开元释教录》卷九《总括群经录上》，第532页。
[3] （唐）智昇：《续古今译经图纪》，《大正藏》卷五五，第368页。

与唐初情况不同的是，武则天时期各译场的人员配备一般都比较齐备，分工更加细致。武周时期，提云般若在洛阳大周东寺译经，沙门处一笔受，沙门复礼缀文，沙门德感、慧俨、法明、恒景等证义。① 地婆诃罗在两京东、西太原寺及西京广福寺译经，沙门战陀般若提婆译语，沙门慧智证梵语，沙门道成、薄尘、嘉尚、圆测、灵辩、明恂、怀度证义，沙门思玄、复礼缀文笔受。② 实叉难陀在东都大内大遍空寺译经，南印度沙门菩提流志、沙门义净同宣梵本，他在京师清禅寺及东都佛授记寺译经，沙门波仑、玄轨等笔受，沙门复礼等缀文，沙门法宝、恒景等证义，太子中舍人贾膺福监护。③ 义净在洛阳福先寺及长安西明寺译经，北印度沙门阿你真那证梵文义，沙门波仑、复礼、慧表、智积等笔受证文，沙门法宝、法藏、德感、胜庄、神英、仁亮、大仪、慈训等证义，成均太学助教许观监护。④

（三）武则天亲御法筵，译场规格不凡

汉唐时期，提倡佛教的封建帝王大都十分重视译经，他们往往在人力、物力、财力等方面给予大力支持。但是，他们未必都亲自参与译经。唐以前，曾经亲自参加译经活动的帝王只有后秦姚兴和南朝梁武帝。后秦时，龟兹（今新疆库车）沙门鸠摩罗什"道流西域，名被东川"，秦主姚兴请迎罗什入关来到长安，"〔姚〕兴如逍遥园，引诸沙门于澄玄堂听鸠摩罗什演说佛经。罗什通辩夏言，寻览旧经，多有乖谬，不与胡本相应。兴与罗什及沙门僧䂮、僧迁、道树、僧睿、道坦、僧肇、昙顺等八百余人，更出《大品》，罗什持胡本，兴执旧经，以相考校，其新文异旧者皆会于理义"。⑤ 梁天监年间（502~519），僧法在华光殿"亲对武帝，诵出异经"，扶南国（今柬埔寨）沙门僧伽婆罗在寿光殿译经，"梁武帝躬临法座，笔受其文"。⑥

姚兴、梁武帝之后，亲自参与翻译佛经的封建皇帝首数武则天。隋文帝、隋炀帝、唐太宗、唐高宗等人都大力支持翻译佛经，如玄奘译经，唐

---

① 《宋高僧传》卷二《周洛京魏国东寺天智传》，第33页。
② 《宋高僧传》卷二《周西京广福寺日照传》，第33页。
③ 《宋高僧传》卷二《周洛京大遍空寺实叉难陀传》，第32页。
④ 《宋高僧传》卷一《唐京兆大荐福寺义净传》，第2页。
⑤ （唐）房玄龄等：《晋书》卷一一七《姚兴载记》，中华书局，1974，第2985页。
⑥ 《续高僧传》卷一《梁扬都正观寺扶南国沙门僧伽婆罗传》，第5页。

太宗规定："所须人物吏力，并与〔房〕玄龄商量，务令优给。"① 但是，他们都未曾亲自参与译经。武则天却数次亲临法筵，参加译经活动。史载，垂拱年间（685～688），地婆诃罗译经，"天后亲敷睿藻，制序冠首焉"。② 证圣元年（695），实叉难陀在东都洛阳大遍空寺翻译《华严经》，"天后亲临法座，焕发《序》文，自运仙毫，首题名品"。③ 久视元年（700），实叉难陀在三阳宫译《大乘入楞伽经》，武则天复制序。④ 她还为义净所译新经作《圣教序》，令标经首。⑤ 由于武则天躬临译场，亲临法筵，因此，武周时期的译场不仅规模大，而且规格高，不同寻常。

正是由于武则天高度重视佛经翻译，特别是她亲自参与译经活动，武周时期不仅继承了唐初的译经事业，而且在许多方面还有所发展，取得了不同凡响的成绩。

三

武则天高度重视译经，大力提倡佛教，主观上是为政治服务，客观上却促进了中外文化的交流和发展。历史上，佛经汉译为中国带来了许多新的概念，从而大大丰富了中国的语言词汇。梵夹翻华，为中国文化带来了许多新的思想观念，给中国哲学提出了许多新的命题。武则天时期的佛经翻译，不仅仅是佛经语言上的简单转换，更是一种特殊形式的中外文化交流。武则天时期，义净翻译的根本说一切有部的律，近代在克什米尔发现了一部分梵文原本，这使汉译本与梵文本的对比研究成为可能；他翻译的《金光明最胜王经》，后来被转译成藏文，汉本、藏本，加上现在尚存的梵本，都是进行对比研究的好材料。⑥ 这些弥足珍贵的中外文化比较研究的第一手资料，是武则天时期佛经翻译产生的文化硕果，也是当时中外文化交流的历史成果。

武则天时期佛经翻译的突出成果是《华严经》。《华严经》是大乘佛教

---

① 《续高僧传》卷四《唐京师大慈恩寺释玄奘传》，第120页。
② 《宋高僧传》卷二《周西京广福寺日照传》，第33页。
③ 《宋高僧传》卷二《唐洛京大遍空寺实叉难陀传》，第31页。
④ 武皇后：《新译〈大乘入楞伽经〉序》，（清）董诰等编《全唐文》卷九七，中华书局，1983，第1003～1004页。
⑤ 《宋高僧传》卷一《唐京兆大荐福寺义净传》，第2页。
⑥ 王邦维：《南海寄归内法传校注》代校注前言，第35页。

的代表性经典之一，最早的译本是东晋佛驮跋陀罗（359～429）的《六十华严》（60 卷本），世称旧经。武则天明扬佛教，崇重大乘，她"以《华严》旧经处会未备，远闻于阗有斯梵本，发使求访，并请译人"。[①] 证圣元年（695），于阗人实叉难陀携梵本《华严》来到洛阳，并请翻译。武则天非常重视《华严经》的翻译，她"亲受笔削，施供食馔"。[②] 自证圣元年至圣历二年（695～699），实叉难陀、法藏、复礼等高僧大德相继在洛阳大遍空寺和佛授记寺翻译，五年译毕，一共 80 卷，世称《八十华严》，谓之《华严》新经。《华严》新经译出后，武则天又作《大周新译〈大方广佛华严经〉序》，[③] 推广其义。中国佛教宗派都以某一种或几种印度佛教经典为该宗的理论依据，不同宗派的创立往往与佛经的翻译密不可分。法藏（643～712）以《华严经》为基本经典创立华严宗，与武则天时期翻译《华严经》有密切的关系。武则天时期，《华严经》的译出，极大地推动了中国佛教思想的发展，直接促成了中国佛教华严宗的形成。武则天不遗余力地支持翻译《华严经》，是想利用《华严经》的广泛影响来维护其皇权政治。然而，《华严经》传译的文化意义远远超乎其政治目的。以《华严经》为理论依据的华严宗是中国佛教八大宗派之一，迄今依然活跃在东亚地区。

总而言之，武则天时期是唐代佛经翻译史上的第二个高峰期。武则天之后，唐玄宗至唐代宗时，以不空、金刚智、善无畏为代表，掀起了唐代翻译佛经的第三个高潮。代宗以后，此道寂然。宋代译经的质量不能和前代相比，译文艰涩难懂，还时有文段错落的情况。[④] 因此，武则天时期不仅是唐代佛经翻译史上的高峰期，而且在中国佛经汉译史上占有重要地位。武则天时期的佛经翻译，有力促进了中外文化交流，特别是《华严经》的传译，直接促成了华严宗的形成，为中国佛教史及中国文化史增添了新的重要的一章。

（原载王双怀、郭绍林主编《武则天与神都洛阳》，中国文史出版社，2008）

---

① 《宋高僧传》卷二《唐洛京大遍空寺实叉难陀传》，第 31 页。
② （清）慈云沙门续法辑《法界宗五祖略记·三祖贤首国师》，转引自方立天《隋唐佛教》，中国人民大学出版社，2006，第 395 页。
③ 《全唐文》卷九七《大周新译〈大方广佛华严经〉序》，第 1001～1002 页。
④ 吕澂：《中国佛学源流略讲》，中华书局，1979，第 386 页。

从《多宝塔碑》看唐玄宗与佛教

《多宝塔碑》乃中国书法名碑，家喻户晓，妇孺皆知。此碑镌立于唐玄宗天宝十一载（752），现藏西安碑林博物馆，全称《大唐西京千福寺多宝佛塔感应碑文》，岑勋撰文，颜真卿书丹，徐浩题额。《多宝塔碑》是唐代书法家颜真卿的楷书巨迹，以书法艺术久负盛名，其文献价值却没有引起人们注意。此碑在诸多金石文献中皆有著录，碑文34行，行66字，共2200多字，内容十分丰富，主要记述了唐玄宗时长安城龙兴寺楚金禅师持诵《法华经》感得多宝塔现于眼前从而修建多宝塔一事，其中透露出唐玄宗与佛教之关系的一些信息。唐玄宗在历史上以崇道抑佛著称，他对佛教究竟是什么态度？本文就以《多宝塔碑》为例，结合历史文献，谈谈唐玄宗与佛教的关系。

一

唐代是中国佛教高度繁荣的时代，佛教在唐代的繁荣与唐代帝王的扶持是分不开的。唐代前期，高祖、太宗、高宗、睿宗诸帝率皆优容佛教，中宗和武则天大力提倡佛教。可是，到了唐玄宗时期，统治者对佛教的态度发生了转折性的变化。唐玄宗即位后，采取了一系列措施限制佛教。

（1）沙汰僧尼。开元二年（714）正月，唐玄宗"命有司沙汰天下僧尼，以伪妄还俗者万二千余人"。[①] 开元十二年（724）六月，唐玄宗敕令："试天下僧尼年六十已下者，限诵二百纸经，每一年限诵七十三纸，三年一试，落者还俗，不得以坐禅对策义试，诸寺三纲统，宜入大寺院。"[②] 唐

[①] （宋）司马光：《资治通鉴》卷二一一，唐玄宗开元二年，中华书局，1956，第6695页。《旧唐书》卷八《玄宗纪上》谓，还俗者2万余人，中华书局，1975，第172页；《唐会要》卷四七《议释教上》谓，还俗者3万余人，中华书局，1955，第837页。

[②] （宋）王溥：《唐会要》卷四九《杂录》，第861页。

玄宗一方面大量削减僧尼，另一方面严禁私度僧尼。天宝五载（746）二月，京兆尹萧炅奏："私度僧尼等，自今已后有犯，请委臣府司，男夫并一房家口，移隶碛西。"①

（2）禁创新寺。先天二年（713），唐玄宗"敕王公以下不得辄奏请将庄宅置寺观"。②开元二年（714），玄宗敕令："自今所在毋得创建佛寺；旧寺颓坏应葺者，诣有司陈牒检视，然后听之。"③同年，玄宗还下令"化度寺无尽藏财物、田宅、六畜，并宜散施京城观寺"，④并且禁止士女施钱于佛寺。⑤

（3）加强僧尼管理。开元十七年（729），唐玄宗规定每隔三年对全国僧尼进行造籍，簿籍三份，一份送礼部祠部，一份送鸿胪寺，一份留于州县。⑥开元二十四年（736），他将佛教事务由祠部划归鸿胪寺管理。开元二十五年（737），又将僧尼事务复归祠部检校。⑦

（4）要求僧尼遵行俗法。开元十九年（731），唐玄宗下诏："自今以后，僧尼除讲律之外，一切禁断。六时礼忏，须依律仪；午后不行，宜守俗制。如犯者，先断还俗，仍依法科罪。所在州县，不能捉搦，并官吏辄与往还，各量事科贬。"⑧

（5）要求僧尼礼拜君亲。开元二年（714）闰二月，唐玄宗诏令僧、尼、道士、女冠致拜父母。⑨开元二十一年（733）十月，他再次颁发《僧尼拜父母敕》，要求"僧、尼一依道士、女冠例，兼拜其父母。宜增修戒行，无违僧律"。⑩

（6）严禁百官与僧道往还。开元二年（714）五月，唐玄宗下诏："自今已后，百官不得辄容僧尼道士等。至家缘吉凶，要须设斋，皆于州县陈

---

① 《唐会要》卷四九《杂录》，第861页。
② 《唐会要》卷五〇《杂记》，第878页。
③ 《资治通鉴》卷二一一，唐玄宗开元二年，第6696页。
④ 唐玄宗：《分散化度寺无尽藏财物诏》，（清）董诰等编《全唐文》卷二八，中华书局，1983，第322页。
⑤ 唐玄宗：《禁士女施钱佛寺诏》，《全唐文》卷二八，第320页。
⑥ （唐）李林甫等撰，陈仲夫点校《唐六典》卷四《尚书礼部》，中华书局，1992，第126页。
⑦ 《唐会要》卷四九《僧尼所隶》，第859~860页。
⑧ （宋）宋敏求编《唐大诏令集》卷一一三《诫励僧尼敕》，中华书局，2008，第588页。
⑨ 《唐大诏令集》卷一一三《令僧尼道士女冠拜父母敕》，第588页。
⑩ 《唐大诏令集》卷一一三《僧尼拜父母敕》，第589页。

牒寺观，然后依数听去，仍令御史金吾明加捉搦。"①

（7）严禁俗人铸像抄经。开元二年（714）七月，唐玄宗下诏："自今已后，州县坊市等不得辄更铸佛、写经为业。须瞻仰尊容者，任就寺拜礼。须经典读诵者，勒于寺赎取。"②

唐玄宗针对佛教的以上政策和措施可谓既周密，又严厉。史载，开元初年，"谋汰僧尼，令拜父母，午后不出院，其法颇峻"。③ 开元十五年（727），唐廷敕令拆除天下村坊佛堂，"公私望风，凡大屋、大像亦被残毁"。④ 在上述举措中，影响至深且巨的是，唐玄宗基本上解决了自东晋十六国以来僧尼不拜君亲的问题，基本上终结了教团不受世俗法律约束的特权。⑤ 唐玄宗以崇道著称于史，他对佛教采取的这些重大举措，似乎意味着他排斥佛教。其实不然，《多宝塔碑》给了我们些许答案。

二

《多宝塔碑》碑文记载，有禅师法号楚金，"祖、父并信著释门，庆归法胤"。他年甫七岁，厌俗出家，九岁落发住长安龙兴寺，进具之年，升座讲习《法华》义旨。尔后，楚金"因静夜持诵，至多宝塔品，身心泊然，如入禅定。忽见宝塔，宛在目前，释迦分身，遍满空界。行勤圣现，业净感深，悲生悟中，泪下如雨"。于是，他不出户庭，期满六年，誓建多宝塔。

据碑文，楚金建多宝塔于长安千福寺，此塔的修建得到了许王李瑾及居士赵崇、信女普意和善来的"咸舍珍财"，尤其是得到了唐玄宗的大力支持和亲切关怀：

> 天宝元年（742），楚金为建多宝塔，"创构材木，肇安相轮"，他"理会佛心，感通帝梦"。七月十三日，唐玄宗敕令内侍赵思侃验以所

---

① 唐玄宗：《禁百官与僧道往还制》，《全唐文》卷二一，第243页。
② 《唐大诏令集》卷一一三《断书经及铸佛像敕》，第588页。
③ （后晋）刘昫等：《旧唐书》卷三七《五行志》，中华书局，1975，第1374页。
④ （宋）志磐撰，释道法校注《佛祖统纪校注》卷四一《法运通塞志》，上海古籍出版社，2012，第947页。
⑤ 谢重光：《魏晋隋唐佛教特权的盛衰》，《历史研究》1987年第6期。

梦，果然"圣梦有孚，法名惟肖"。于是，赐钱五十万、绢一千匹，奖助修塔。上行下效，"于时道俗景附，檀施山积，庀徒度财，功百其倍"。

天宝二载（743），唐玄宗为多宝塔亲笔书写塔额，由中使杨顺景宣旨，令楚金禅师到兴庆宫花萼相辉楼迎受塔额，又赐绢百匹。

天宝三载（744），春秋二时，楚金召集同行大德49人，行法华三昧，"寻奉恩旨，许为恒式"。

天宝四载（745），多宝塔即将竣工，楚金"表请庆斋，归功帝力"，僧、道四部，数逾万人，"众尽瞻睹，莫不崩悦"。

天宝六载（747），唐玄宗敕令内侍吴怀实赏赐楚金禅师高达一丈五尺的金铜香炉。

《多宝塔碑》所谓楚金"因静夜持诵"，"忽见宝塔，宛在目前，释迦分身，遍满空界"，而且"感通帝梦"云云，固不可信。然而，碑文记载唐玄宗赐钱、绢奖助修塔，并且为多宝塔亲笔书写塔额，当是事实。因为《多宝塔碑》镌立于天宝十一载（752），唐玄宗在位，碑文主笔者岑勋自当不敢随意杜撰。由碑文可知，从天宝元年到天宝六载，唐玄宗对多宝塔的修建十分关注，倍加关怀，则反映了他对佛教的态度有点"暧昧"。

唐玄宗与佛教的"暧昧关系"，文献记载，其例亦多。

唐玄宗一方面沙汰僧尼，另一方面敕度僧尼。开元二十六年（738）正月，唐玄宗敕度僧尼，"其天下观、寺大小各度一十七人，简择灼然有经业戒行为乡闾所推，仍先取年高者"。① 这一年，玄宗恩制度人，采访使润州刺史齐澣、越州都督景诚、采访使卢见义、泗州刺史王弼，"无不停舻净境，禀承法训"。齐澣乃方舟结乘，奉迎越州法华山寺释玄俨于丹阳、余杭、吴兴诸郡，令新度释子躬受具戒，"自广陵迄于信安，地方千里，道俗受法者殆出万人。凡礼佛名经一百遍，设无遮大会十筵，而入境住持，举无与比"。② 天宝六载（747），玄宗敕天下寺院择真行童子，每郡度三人。③ 天宝十四载（755），玄宗以北方人"禀刚气，多讹风，列刹之中，

---

① （宋）王钦若、杨亿等编《册府元龟》卷五一《帝王部·崇释氏一》，中华书局，1960，第575页。
② 《宋高僧传》卷一四《唐越州法华山寺玄俨传》，第344页。
③ 《佛祖统纪校注》卷四一《法运通塞志·唐玄宗》，第954页。

余习骑射,有教无类",诏令朔方龙兴寺辩才在当地临坛度人。①

唐玄宗一方面禁建寺院、禁铸佛像,另一方面却在建寺造像。开元二十六年(738)六月,玄宗"敕每州各以郭下定形胜观、寺,改以开元为额"。② 开元二十八年(740),玄宗女永穆公主舍钱于五台山清凉寺为玄宗造净土诸像。③ 天宝三载(744)四月,玄宗敕两京、天下州郡取官物铸金铜天尊及佛各一躯,送开元观和开元寺。④ 天宝十载(751)六月,"帝以先帝忌日,命女工绣释迦牟尼佛像,亲题绣额,稽首祈福"。⑤

唐玄宗一方面禁止写经、抄经,另一方面支持译经、注经。开元四年(716),印度僧人善无畏持梵夹来到长安,玄宗敕于兴福寺南院安置,后来又令住在西明寺,"问劳重叠,锡赉异常"。开元五年(717),善无畏奉诏于菩提院译经;开元十二年(724),善无畏随驾入洛,复奉诏于福先寺译经。⑥ 开元十一年(723),印度僧人金刚智奉敕于长安资圣寺译出《瑜伽念诵法》2卷、《七俱胝陀罗尼》2卷;开元十八年(730),金刚智又于荐福寺译出《曼殊室利五字心陀罗尼》《观自在瑜伽法要》各1卷。⑦ 印度僧人不空从天宝初年到大历五年(770)共译经77部,120余卷,⑧ 其中大部分完成于玄宗天宝时期。天宝七载(748),杨贵妃兄杨铦为唐玄宗写一切经5048卷及般若四教、天台疏论2000卷,置于五台山清凉寺。⑨ 唐玄宗不仅支持高僧译经,默许别人为己写经,他本人还于开元二十三年(735)亲注《金刚经》,并于来年诏颁天下,普令宣讲。⑩

唐玄宗一方面严禁百官与僧道往还,另一方面他自己与佛教僧人过往从密。沙门道氤精通内外诸学,颇为张说、僧一行等人推许,因而见重于玄宗,屡随玄宗行幸。道氤生病,"帝(玄宗)降中使赐药并方";道氤将

---

① 《宋高僧传》卷一四《唐朔方龙兴寺辩才传》,第387页。
② 《唐会要》卷五〇《杂记》,第879页。
③ 李邕:《五台山清凉寺碑》,(宋)李昉等编《文苑英华》卷八五九,中华书局,1966,第4536页。
④ 《旧唐书》卷九《玄宗纪下》,第218页。
⑤ 《册府元龟》卷五一《帝王部·崇释氏一》,第575页。
⑥ 《宋高僧传》卷一《唐洛京圣善寺善无畏传》,第20页。
⑦ 《宋高僧传》卷一《唐洛阳广福寺金刚智传》,第5~6页。
⑧ 《宋高僧传》卷一《唐京兆大兴善寺不空传》,第10页。
⑨ 李邕:《五台山清凉寺碑》,《文苑英华》卷八五九,第4536页。
⑩ 《册府元龟》卷五一《帝王部·崇释氏一》,第575页。

卒，玄宗派遣中使贾文瓌携带五十匹绢"就院吊赠，宣口敕奉问"。① 玄宗特别优宠僧一行，他在大明宫向僧一行"从容密问社稷吉凶并祚运终毕事"。② 一行迁神，玄宗敕令东宫以下、京官九品以上前往送至铜人原蓝田设斋。③ 开元七年（719），释慧日西行求法归来，向玄宗进贡佛真容、梵夹等，"开悟帝心，赐号曰慈愍三藏"。④ 这一年，天竺僧人金刚智泛舶到了广州，玄宗敕令迎就长安慈恩寺，寻徙荐福寺，"所住之刹，必建大曼荼罗灌顶道场，度于四众"。⑤ 开元十五年（727），南天竺沙门菩提流志归寂，"帝闻轸悼，敕试鸿胪卿，谥曰开元一切遍知三藏。遣内侍杜怀信监护丧事，出内库物，务令优瞻。用卤簿羽仪，幡幢花盖，阗塞衢路"。⑥ 天宝年间，玄宗还召令神会赴京，当时他驾幸昭应华清宫，二人"汤池得对，言理允惬"。⑦

观乎唐玄宗以上种种行迹，宋人赞宁所谓唐玄宗"留心玄牝，未重空门"⑧ 的说法就有些不近情理，唐玄宗与佛教的关系似乎更加复杂了。

三

唐玄宗与佛教的关系看起来比较复杂，盖因他在佛教问题上的言行不一，前后矛盾。从唐玄宗的个人行迹来看，他尊崇道教，但也并非不信佛教。是时，"黎庶信苦空之说，衣冠敬方便之门"，⑨ 唐玄宗也未能免俗。史载，善无畏来到长安，唐玄宗为之"饰内道场，尊为教主，自宁、薛王以降，皆跪席捧器焉。宾大士于天宫，接梵筵于帝座，礼国师以广成之道，致人主于如来之乘，巍巍法门，于斯为盛"。⑩ 不空天竺求法归来，向玄宗"进狮子国王尸罗迷伽表及金宝璎珞、般若梵夹、杂珠、白毡等，奉

---

① 《宋高僧传》卷五《唐长安青龙寺道氤传》，第98、99页。
② 《宋高僧传》卷五《唐中岳嵩阳寺一行传》，第93页。
③ 《宋高僧传》卷五《唐长安青龙寺道氤传》，第98页。
④ 《宋高僧传》卷二九《唐洛阳罔极寺慧日传》，第722页。
⑤ 《宋高僧传》卷一《唐洛阳广福寺金刚智传》，第4页。
⑥ 《宋高僧传》卷三《唐洛京长寿寺菩提流志传》，第44页。
⑦ 《宋高僧传》卷八《唐洛京荷泽寺神会传》，第180页。
⑧ 《宋高僧传》卷一《唐洛阳广福寺金刚智传》，第5页。
⑨ 《唐大诏令集》卷一一三《条流僧尼敕》，第591页。
⑩ 《宋高僧传》卷一《唐洛京圣善寺善无畏传》，第20页。

敕权止鸿胪，续诏入内，立坛为帝灌顶"。① 玄宗的第 25 个公主久疾不救，他敕令金刚智授之戒法，以密语咒之。② 开元二十年（732），都城僧人奏请以每年八月至九月于洛阳卫国寺和天宫寺等寺、在京城于云华寺和兴善寺等寺转经行道，为玄宗修福，"岁以为常"，玄宗"许之"。③ 天宝五载（747），终夏愆阳，玄宗诏令不空祈雨，"不尽三日，雨已浃洽"，玄宗大悦，自持宝箱，赐不空紫袈裟一副，亲手为其披攞，并赐绢二百匹。④ 天宝中，西蕃、大食、康国率兵围攻西凉府，玄宗诏请不空入内道场，不空手持香炉，口诵《仁王密语》十四遍，"帝见神兵可五百员在于殿庭，惊问空。空曰：'毗沙门天王领兵救安西，请急设食发遣。'四月二十一日，果奏云：'二月十一日，城东北三十许里，云雾间见神兵长伟，鼓角喧鸣，山地崩震，蕃部惊溃。'"⑤ 由此可见，唐玄宗不仅信佛，而且笃信佛教可以济时救国。

究其实，唐玄宗既崇信佛教，却又限制佛教，这是由他的政治身份决定的。北周武帝灭佛之后，佛教经过隋代恢复和初唐几十年的发展，势力又复相当庞大。唐中宗时，"公主外戚皆奏请度人为僧尼，亦有出私财造寺者，富户强丁，皆经营避役，远近充满"。⑥ 武周时期，"里陌动有经坊，阛阓亦立精舍"；"膏腴美业，倍取其多；水碾庄园，数亦非少。逃丁避罪，并集法门，无名之僧，凡有几万"；⑦ "所在公私田宅，多为僧有"。⑧ 因此，开元十年（722）正月，唐玄宗敕令祠部检括僧尼所属的土地数量，并且规定："天下寺观田，宜准法据僧尼道士合给数外，一切管收，给贫下欠田丁。其寺观常住田，听以僧尼道士女冠退田充。一百人以上，不得过十顷；五十人已上，不得过七顷；五十人以下，不得过五顷。"⑨ 唐玄宗针对僧尼"虚挂名籍，或权隶他寺，或侍养私门，托以为词，避其所管，互相掩匿"，他规定僧尼"不得于州县权隶，侍养师主父母，此色者并宜

---

① 《宋高僧传》卷一《唐京兆大兴善寺不空传》，第 8 页。
② 《宋高僧传》卷一《唐洛阳广福寺金刚智传》，第 5 页。
③ 《册府元龟》卷五一《帝王部·崇释氏一》，第 575 页。
④ 《宋高僧传》卷一《唐京兆大兴善寺不空传》，第 8 页。
⑤ 《宋高僧传》卷一《唐京兆大兴善寺不空传》，第 11~12 页。
⑥ 《旧唐书》卷九六《姚崇传》，第 3023 页。
⑦ 《旧唐书》卷八九《狄仁杰传》，第 2893 页。
⑧ 《资治通鉴》卷二〇五，则天后天册万岁元年，第 6498 页。
⑨ 《唐会要》卷五九《祠部员外郎》，第 1028 页。

括还本寺观"。① 他针对有些僧尼不守戒律,"宜令州县官严加捉搦禁止"。② 他还针对僧尼以方外之宾自居,不臣天子,不事王侯,不拜父母,见人无跪起之礼,威仪无盘旋之容,两次下诏要求僧尼礼拜君亲。纵观唐玄宗限制佛教的种种措施,是要改变僧尼不贯人籍、假慕沙门、实避赋役的状况;改变僧尼"假托方便之门,以为利养之府。徒蠲赋役,积有奸讹。至使浮俗奔驰,左道穿凿,言念净域,浸成道奸"③ 的状况;改变僧尼"口食酒肉,手漫膻腥。尊敬之道既亏,慢狎之心遂起,百姓等或缘求福,因致饥寒"④ 的状况;改变"白衣长发,假托弥勒下生,因为妖讹,广集徒侣,称解禅观,妄说灾祥,或别作小经,诈云佛说,或辄蓄弟子,号为和尚,多不婚娶,眩惑闾阎,触类实繁,蠹政为甚"⑤ 的状况;改变僧尼"因依讲说,眩惑闾阎,溪壑无厌,唯财是敛"的状况;改变僧尼"或出入州县,假托威权,或巡历村乡,恣行教化,因其聚会,便有宿宵,左道不常,异端斯起"⑥ 的状况。

质言之,唐玄宗对佛教的限制,无不从政治需要出发,欲使佛教处于王权可控之中,他在诏令中明确表示"朕先知僧徒至弊,故预塞其源"。⑦ 事实证明,唐玄宗时期的佛教政策收到了预期效果。史载,开元年间,全国有寺5358所,僧75524人,尼50576人,⑧ 共计126000多人。据《旧唐书》卷八《玄宗纪上》,开元时期,全国有户七八百万,人口5000多万。也就是说,唐玄宗开元时期,僧尼人数不到全国总人口数的四百分之一,教团规模得到了有效的控制,加之佛教此时渐渐丧失了一系列特权,使得佛教走上了平稳、健康发展的轨道,为开元盛世的形成在某种意义上奠定了良好的社会基础。

知人论世,以此读史,唐玄宗与佛教的复杂关系即可迎刃而解了。在唐玄宗与佛教之关系的问题上,要把信仰和政治分别开来。在个人信仰上,唐玄宗虽然崇道最深,但是他未必不崇信佛教,他曾说:"道教、释

---

① 唐玄宗:《禁僧道掩匿诏》,《全唐文》卷二八,第323页。
② 唐玄宗:《禁僧道不守戒律诏》,《全唐文》卷二九,第327页。
③ 《唐大诏令集》卷一一三《不许私度僧尼及住兰若敕》,第589页。
④ 《唐大诏令集》卷一一三《断书经及铸佛像敕》,第588页。
⑤ 《唐大诏令集》卷一一三《禁断妖讹等敕》,第588页。
⑥ 《唐大诏令集》卷一一三《诫励僧尼敕》,第588页。
⑦ 《唐大诏令集》卷一一三《不许私度僧尼及住兰若敕》,第589页。
⑧ (宋)欧阳修、宋祁:《新唐书》卷四八《百官志三》,中华书局,1975,第1252页。

教,其归一体,都忘彼我,不自贵高。"① 他还说:"道、释二门,皆为圣教。义归弘济,理在尊崇。"② 唐玄宗对待佛教的态度也并非一成不变,从上文不难看出,开元初期,他限佛的态度十分坚决;开元后期特别是天宝时期,他对佛教的态度比较温和。因此,天宝初年,他关切长安城修建多宝塔一事,也就在情理之中了。在政治层面上,唐玄宗限制佛教,这是由他的政治身份决定的。当然,唐玄宗也不会忘记利用佛教为政治服务,他深知佛教可以"惩恶劝善,以阐文教"。③ 因此,他沙汰僧尼,又敕度僧尼;他既禁建寺院、禁铸佛像,又建寺、造像;他既禁止写经、抄经,又支持译经、注经;他严禁百官与僧道往还,自己却与佛教僧人过往甚密。唐玄宗的这些行迹,看似矛盾,其实并不矛盾,只不过是一个问题(即政治需要)的两个方面而已,他利用佛教,是政治上的需要;他限制佛教,同样是政治上的需要。

(原载《碑林集刊》第 18 辑,编者改题为《唐玄宗与佛教——以〈多宝塔碑〉为中心》,三秦出版社,2012,此从原题)

---

① 《唐大诏令集》卷一一三《僧尼拜父母敕》,第 589 页。
② 《册府元龟》卷五一《帝王部·崇释氏一》,第 575 页。
③ 《册府元龟》卷五一《帝王部·崇释氏一》,第 575 页。

略论姚崇反佛

有唐一代，佛教风靡其时，声势浩大。可是，"佛亦遇艰难"。[①] 佛教在唐代社会大行其道的同时，排佛思潮从未间断，而且一浪高过一浪。唐代朝野上下反佛者层出不穷，代不乏人。一代名相姚崇就不仅是唐代著名的政治家，而且是唐代反佛运动的杰出人物。

姚崇历仕武则天、唐中宗、唐睿宗、唐玄宗四朝，并多次出任宰相，他的反佛活动贯穿于他的政治生涯。

武则天当政时，佞倖张易之要求选拔京城十位高僧大德配给他在定州修建的寺院。被选配的高僧不愿前往，于是苦诉朝廷。姚崇闻知此事后，毅然阻止张易之这一行径。张易之多次向姚崇说明情况，姚崇不加理睬。张易之耿耿于怀，大肆诋毁姚崇。姚崇因而由春官尚书降为司仆卿、充灵武道大总管。虽然史书没有明确记载张易之后来是否将京城十位高僧大德配给他在定州的私人寺院，但是姚崇这次反佛以失败而告终，毋庸置疑。张易之炙手可热，武则天大力提倡佛教，注定了姚崇这次反佛的失利。

唐中宗时，"太平公主、武三思、悖逆庶人，恣情奢纵，造罔极寺、太平观、香山寺、昭成寺，遂使农功虚费，府库空竭矣"。[②] 当时，富户强丁为了逃赋避役，纷纷遁入佛寺。唐睿宗即位后，姚崇上疏反对佛教僧尼猥滥。睿宗接受了姚崇的建议，责成有关部门核查僧尼户籍，勒令12000人还俗。[③] 姚崇这次反佛活动，之所以能取得决定性的胜利，是因为他得到了唐睿宗的大力支持。

经过初唐百年来的发展，到了唐玄宗时，佛教势力急剧膨胀，"十族

---

① 李洞：《题新安国寺》，（清）彭定求等编《全唐诗》卷七二一，中华书局，1960，第8279页。
② （唐）杜佑撰，王文锦、王永兴、刘俊文等点校《通典》卷七《食货七》，中华书局，1988，第149页。
③ （后晋）刘昫等：《旧唐书》卷九六《姚崇传》，中华书局，1975，第3023页。

之乡，百家之间，必有浮图"。① 先天二年（713）十月，姚崇向刚刚即位的唐玄宗上疏《十事要说》。在《十事要说》中，姚崇以"武后造福先寺，上皇造金仙、玉贞（真）二观，费钜百万"为例，请求玄宗"绝道佛营造"，② 他把限制佛教的发展再次提到政治议程上来。

开元初年，唐玄宗励精图治，锐意革新，他积极采纳了宰相姚崇的建议，沙汰僧尼伪滥者3万余人，③ 并敕令不许私度僧尼及住兰若。④ 根据姚崇的建议，开元年间，唐玄宗还陆续颁布了《禁创造寺观诏》《禁坊市铸佛写经诏》《禁士女施钱佛寺诏》《禁僧尼敛财诏》《禁僧俗往还诏》等一系列诏令限制佛教，使佛教重新走上了良性发展的轨道，从而为"开元盛世"奠定了良好的社会基础。

作为著名的政治家，姚崇的反佛实践，成绩卓著，厥功不没。与此同时，姚崇的反佛思想，不同寻常，影响久远。

姚崇的反佛思想集中体现在他的《谏造寺度僧奏》和《遗令诫子孙文》中。姚崇在《遗令诫子孙文》中指出：

> 今之佛经，罗什所译，姚兴执本，罗什对翻。姚兴造浮屠于永贵里，倾竭府库，广事庄严，而兴命不得延，国亦随灭。又齐跨山东，周据关右，周则多除佛法而修缮兵戎，齐则广置僧徒而凭佛力。及至交战，齐氏灭亡，国既不存，寺复何有？修福之报，何其蔑如！梁武帝以万乘为奴，胡太后以六宫入道，岂特身戮名辱，皆以亡国破家。近日孝和皇帝发使赎生，倾国造寺，太平公主、武三思、悖逆庶人、张夫人等皆度人造寺，竟术弥街，咸不免受戮破家，为天下所笑。⑤

姚崇以后秦、萧梁乃至时隔不久的唐中宗、太平公主、武三思等人崇佛为事例，还以北周排佛和北齐崇佛的不同结局做比较，他强调佛教不仅无助国祚延长，而且导致国破家灭。

---

① 舒元舆：《唐鄂州永兴县重岩寺碑铭》，（清）董诰等编《全唐文》卷七二七，中华书局，1983，第7498页。
② 姚崇：《十事要说》，《全唐文》卷二〇六，第2085页。
③ （宋）王溥：《唐会要》卷四七《议释教上》，中华书局，1955，第837页。
④ （宋）宋敏求编《唐大诏令集》卷一一三《不许私度僧尼及住兰若敕》，中华书局，2008，第588页。
⑤ 姚崇：《遗令诫子孙文》，《全唐文》卷二〇六，第2082~2083页。

武周时期,"里陌动有经坊,阛阓亦立精舍",① 人们抄经铸像,设斋施物,浸成风俗,即使通才达人,亦为时俗所拘。姚崇认为"如来普慈,意存利万,损众生之不足,厚豪僧之有余,必不然矣",② 大做佛事,损耗生人,无益亡者,只能落得个破业倾家。因此,他告诫子孙:"吾亡后必不得为此弊法。若未能全依正道,须顺俗情,从初七至终七,任设七僧斋。若随斋须布施,宜以吾缘身衣物充,不得辄用余财,为无益之枉事,亦不得妄出私物,徇追福之虚谈。"③

姚崇始终从佛教无益于国家政治、有损国家经济的立场来反对佛教,这是由他的政治身份所决定的,他的这一反佛思想与同时代的其他反佛者没有什么两样。姚崇反佛思想的最大特色在于他力图把儒家心性论注入佛教思想中,他说:

> 佛不在外,求之在心。图澄最贤,无益于全赵;罗什多艺,不救于亡秦。何充、苻融,皆遭败灭;齐襄、梁武,未免灾殃。但发心慈悲,行事利益,使苍生安乐,即是佛身。何用妄度奸人,令坏正法?④

姚崇认为,释迦之本法,"正法在心","功德须自发心",他说:

> 且佛者觉也,在乎方寸,假有万像之广,不出五蕴之中,但平等慈悲,行善不行恶,则佛道备矣。何必溺于小说,惑于凡僧,仍将喻品,用为实录,抄经写像,破业倾家,乃至施身亦无所吝,可谓大惑也。亦有缘亡人造像,名为追福,方便之教,虽则多端,功德须自发心,旁助宁应获报?⑤

在姚崇看来,佛法在心,关键在于个人内心的觉悟和日常行事的善恶。姚崇这种佛性心性化的思想虽说是隋唐时期佛教思想中国化的主流,却不为众多反佛者所具有,不同寻常,难能可贵。

---

① (宋)司马光:《资治通鉴》卷二〇七,则天后久视元年,中华书局,1956,第6550页。
② 姚崇:《遗令诫子孙文》,《全唐文》卷二〇六,第2083页。
③ 姚崇:《遗令诫子孙文》,《全唐文》卷二〇六,第2083页。
④ 姚崇:《遗令诫子孙文》,《全唐文》卷二〇六,第2080页。
⑤ 姚崇:《遗令诫子孙文》,《全唐文》卷二〇六,第2083页。

姚崇反对佛教，却并非全盘排斥佛教。他反对滥度僧尼，反对大做佛事，反对佛教无限度发展给国计民生带来的严重危害。佛教以"佛""法""僧"为"三宝"，姚崇反对"僧"，他并非一味反对"佛""法"，因而他提出"正法在心"①的思想主张。姚崇对佛教的这种态度，未必是他自觉地认识到佛教在唐代的存在有其必然依赖的"土壤"和"气候"。然而，姚崇了解对手，言行彻底，目标实际，其反佛活动可谓有理、有利、有节。② 因而他成为唐代反佛运动史上凤毛麟角的人物。

纵观姚崇一生的反佛事迹，比起此前的傅奕等人和此后的韩愈等人昧于现实而主张坚决取缔佛教，用今天的眼光看，姚崇的反佛思想切合时宜，颇具理性，这也正是姚崇反佛奏效的原因所在。

(原载《姚崇研究论文集》，中州古籍出版社，2012)

---

① 姚崇：《遗令诫子孙文》，《全唐文》卷二〇六，第2083页。
② 郭绍林：《唐代士大夫与佛教》，三秦出版社，2006，第177页。

佛教与中古中外交通

作为一种外来宗教，佛教在古代中国的传播和发展，中外交通的因素含蕴其中。中国古代对外交通有陆路和海路两途，两种交通路线的形成和发展与东、西方通商贸易的关系固不俟言，同时也与佛教文化交流的关系至为密切，特别是在中古时期（汉—唐）。中古时期，佛教僧侣西行求法，东来传教，或陆路，或海路，往返于中国本土与域外诸国之间，是古代东、西方交通往来的重要内容。中外僧侣东来西往主观上是为了弘扬佛法，客观上促进了中外交通的发展，他们留下的各种行记更是弥足珍贵的中外交通史料，其历史意义远远超乎佛教信仰。因此，本文试就佛教与中古时期的中外交通略作回顾和考察，以期对佛教在中国的深度影响以及中西交通史相关问题的讨论有所裨益。

一　佛教对中古中外陆路交通的促进

西汉中期，张骞出使西域，开辟了中西交往的陆路通道——丝绸之路。"丝绸之路"的开辟，为佛教传入中国创造了必要条件。西汉末年和东汉初年，佛教正是循着"丝绸之路"这条人类"文化运河"逐渐传入中国内地。从此，佛教就与"丝绸之路"结下了不解之缘，往来于"丝绸之路"上的佛教僧侣，不绝于路，未曾停息，对中外陆路交通的拓展和繁荣具有促进之益。

佛教传入之初，东汉末年即有外国僧人来华译经。据梁僧祐《出三藏记集》和魏晋时期的经序等资料，东汉末年在洛阳译经传教的外国僧人有安息人安世高和安玄、月氏人支娄迦谶和支曜、康居人康巨和康孟详、天竺人竺佛朔等。史籍虽未明确记述这些西域高僧前来中国时所遵循的路途，想必自是从当时开通不久的"丝绸之路"而来。

魏晋以来，佛教在中国的广泛传播，加之中西陆路交通的新发展，外国僧人译经传教者沿着"丝绸之路"纷至沓来,络绎不绝。这一时期,中西陆路交通在汉代"丝绸之路"的基础上进一步扩展,从河西经西域到域外的交通路线有南、中、北三条道路。南道出阳关,由塔里木盆地南缘西行越过葱岭到天竺等国;中道(即汉代北道)出玉门关,经白龙堆(罗布泊东北)和楼兰(今新疆若羌),溯孔雀河至焉耆(今新疆焉耆),傍天山南麓抵龟兹(今新疆库车)、疏勒(今新疆喀什),越过葱岭经大宛(今中亚费尔干纳盆地)等国到达波斯(今伊朗)等地。南道和中道汉代已有,北道是新道,出玉门关向西北,横穿大沙海,经高昌(今新疆吐鲁番),西行抵焉耆而与中道合拢。曹魏齐王嘉平四年(252),康居沙门僧铠从康居经"丝路"来到魏都洛阳。曹魏高贵乡公正元二年(255),安息高僧昙谛从安息辗转东来洛阳。甘露三年(258),龟兹沙门帛延从龟兹经河西来到洛阳。三国时期,来到中国的外国高僧还有天竺人昙柯迦罗和竺律炎、月支人支谦和支疆梁接、康居人康僧会。两晋时期,月支人支法度、昙摩难提、支道根、支施仑,龟兹人帛尸梨蜜、帛法炬、佛图澄、鸠摩罗什,安息人安法钦,罽宾国人僧伽跋澄、僧伽提婆、僧伽罗叉、昙摩耶舍、弗若多罗、卑摩罗叉、佛陀耶舍,天竺人佛驮跋陀罗等无惮夷险,远涉艰关,沿着"丝绸之路"接踵而至中国内地。南北朝时期,天竺僧人菩提流支、勒那摩提、般若流支、佛陀扇多等人杖锡流沙,于北魏时来到中国。在北齐和北周,又有北天竺僧人那连提耶舍和阇那崛多亦依西北陆路来到中国内地。

迨至隋唐,佛法经像盛于中国,异域沙门咸来辐辏,负锡持经,适兹乐土。据《续高僧传》和《宋高僧传》,唐代外来高僧多达五六十人,主要源自西域诸国和天竺五国,从东南海路而来者居多,不过,从西北陆路而来者亦复不少。如西天竺沙门释伽梵达磨"远逾沙碛,来抵中华"。[1] 中天竺沙门波颇"远度葱河,来归震旦"。[2] 中天竺沙门善无畏经迦湿弥罗国,至突厥,登雪山,再至西州,终到长安。[3] 此外,康国人僧伽跋摩,何国人僧伽,吐火罗国人弥陀山和佛陀达摩,于阗人实叉难陀、提云般若和尸罗达摩,高昌人玄觉等,也都是从西北陆路来到中国内地,这里就不

---

[1] (宋)赞宁撰,范祥雍点校《宋高僧传》卷二《唐尊法传》,中华书局,1987,第29页。
[2] (唐)道宣撰,郭绍林点校《续高僧传》卷三《唐京师胜光寺中天竺沙门波颇传》,中华书局,2014,第67页。
[3] 《宋高僧传》卷二《唐洛京圣善寺善无畏传》,第19页。

琐琐溇陈了。

中古时期，与外国僧人东来传教相伴而兴的是中国僧人西行求法。当时，外国僧人来华译经传法，中国僧人则为了搜寻经典，欲睹圣迹，远诣异国，掀起了声势浩大的西行求法运动。曹魏时代的朱士行是中土沙门西行求法的第一人。魏甘露五年（260），朱士行"发迹雍州，西渡流沙"，①到达西域于阗。朱士行之后，西晋有竺法护，东晋初年有康法朗、于法兰，东晋中期以后有竺佛念、慧常、慧辩、慧睿、支法领、法净、昙猛等人，都曾西行求法。东晋末年，凉州人释宝云求法恳恻，忘身徇道，誓欲躬睹灵迹，广寻群经。他远适西域，与智严等人先后相随，"涉履流沙，登逾雪岭，勤苦艰危，不以为难。遂历于阗、天竺诸国，备睹灵异"。②智严在罽宾遇见禅师佛驮跋陀罗，乃竭诚邀请，跋陀罗嘉其恳至，遂共东行。于是，他们"逾涉雪山，寒苦崄绝，饮冰茹木，频于危殆。绵历数载，方达关中"。③

东晋南朝之际的西行求法者，以法显最为著名。后秦姚兴弘始元年（399），法显与慧景、道隆、道整、慧应、慧嵬等人一起，从长安出发，翻越陇山至乾归国（都城在今甘肃榆中），过耨檀国（即南凉都城，今青海乐都），度养楼山（祁连山支脉大坂山）到张掖，再到敦煌，继续西进，至鄯善国（今新疆若羌）；西北行到焉夷国（今新疆焉耆），又西南行至于阗（今新疆和田），到子合国（今新疆叶城）；南行入葱岭山，到於麾国（今新疆叶尔羌河中上游一带），再到竭叉国（今新疆塔什库尔干）；西行翻度葱岭，游历了陀历国、乌苌国、宿呵多国、犍陀卫国、竺刹尸罗国、弗楼沙国、那竭国、罗夷国、跋那国、毗荼国、摩头罗国、僧伽施国、拘萨罗国、蓝莫国、毗舍离国、摩揭提国、迦尸国、拘睒弥国、达嚫国、瞻波大国、多摩梨帝国、师子国、耶婆提国等二十多个国家和地区。④法显西行路线，颇有特点。他从敦煌出发后，先走丝路中段南道，然后北上奔赴中道，至焉耆。从焉耆并未沿中道西去，而是穿越塔克拉玛干沙漠到于阗，然后再西北行翻越葱岭。

---

① （南朝梁）僧祐撰，苏晋仁、萧錬子点校《出三藏记集》卷一三《朱士行传》，中华书局，1995，第515页。
② 《出三藏记集》卷一五《宝云法师传》，第578页。
③ 《出三藏记集》卷一五《智严法师传》，第577页。
④ 详参（东晋）法显《法显传》，章巽校注，中华书局，2008。

法显之后，后秦弘始六年（404），释智猛招结同志沙门 15 人，发迹长安，渡河跨谷三十六所，至凉州城（今甘肃武威），既而出阳关，西入流沙，经鄯善、龟兹、于阗诸国后，登葱岭，至波仑国，翻越雪山，渡辛头河，至罽宾国、奇沙国，西南行到迦维罗卫国，最后到达阿育王旧都。[①] 是时，又有释昙无竭尝闻法显等躬践佛国，乃慨然有忘身之誓，在宋永初元年（420）招集同志沙门僧猛、昙朗之徒 25 人，从幽州黄龙（今辽宁朝阳）出发西行，初至河南国（西秦），仍出海西郡（西海郡，即西平郡，今青海西宁一带），进入流沙，到高昌郡，经龟兹、疏勒诸国，登葱岭，过雪山，到达罽宾国，又西行至辛头那提河，缘河西入月氏国，经中天竺，到达南天竺。[②] 昙无竭翻越葱岭后行经的路线与法显相似。刘宋中叶以及齐梁，西行者较少。北朝西行求法者以北魏末年的宋云、惠生最为著名。北魏神龟元年（518），宋云、惠生、法力、道荣等人从洛阳出发到长安，经陇西由河州（今甘肃临夏）渡过黄河，西行至赤岭（今青海日月山），渡流沙，至吐谷浑国，又西行至鄯善城（今新疆若羌），继续西行到于阗国，西北行至朱驹波国（今新疆叶城），到汉盘陀国（今新疆塔什库尔干），沿昆仑山北麓越帕米尔、兴都库什山，经今阿富汗到巴基斯坦白沙瓦一带。他们游历了钵和国、厌哒国、钵卢勒国、乌场国、佛沙伏城、乾陀罗城。正光三年（522），宋云等人返回洛阳，往返历时 5 年。[③]

两晋南北朝时期，吐谷浑排挤诸羌，据有今青海之地。当时，中国政治南北对峙，东晋南朝途经吐谷浑与西域和漠北柔然交通往来，形成了从益州（今四川）至鄯善（今新疆若羌）的一条与河西走廊平行的东西通道。因南朝封吐谷浑为河南王，又因其地在今青海省黄河及其支流湟水以南，所以这条通道被称为丝绸之路"河南道""羌中道"，也称"吐谷浑道"或"青海道"。"河南道"以西宁和张掖为枢纽，是两晋南北朝时期中西交通的重要通道。"河南道"向东南，沿西倾山北麓东出龙涸（今四川松潘县）入益州，沿江而下，直达东晋和南朝宋、齐、梁、陈的都城建

[①] （南朝梁）慧皎撰，汤用彤校注《高僧传》卷三《宋京兆释智猛传》，中华书局，1992，第 125 页。
[②] 《高僧传》卷三《宋黄龙释昙无竭传》，第 93 页。
[③] 详参（北魏）杨衒之撰，周祖谟校释《洛阳伽蓝记校释》卷五，上海书店出版社，2004，第 182~226 页。

康（今江苏南京）。"河南道"向北，从张掖、武威以南的祁连山口入河西走廊可往西域。"河南道"向东，经鄯州（今青海乐都）、金城（今甘肃兰州）、陇西（今甘肃陇西）、秦州（今甘肃天水）与长安相通。"河南道"承东启西，通南达北，是东晋十六国和南北朝时期中西陆路交通的重要通道。东晋法显西行求法由长安度陇，经兰州到西宁，就是经过"河南道"，北上越过养楼山（达坂山）到达张掖，然后继续西行。上述昙无竭、宋云等人西行求法，也曾经过"河南道"。宋元嘉末年，释慧览从酒泉出发前往天竺求法，返回时从罽宾归国，先至于阗，经由"河南道"入吐谷浑，而后南向入蜀。① 元徽三年（475），释法献"发踵金陵，西游巴蜀，路出河南，道经芮芮"，既到于阗，欲度葱岭，由于栈道断绝，遂从于阗而返。② 犍陀罗国僧人阇那崛多师徒结志游方弘法，经迦臂施国、渴罗槃陀国及于阗等国，路由吐谷浑国，至鄯州，于北周明帝武成初年至长安。③ 两晋南北朝时期，经行"河南道"的高僧还有单道开、释法绪、释昙弘、释道汪、释慧睿、释智猛、释僧隐、释玄畅、释明达、沮渠安阳等。④ 据汶江先生统计，经行"河南道"的西行求法僧约占两晋南北朝西行求法僧人数的五分之一。⑤

有唐一代，中国僧人掀起西行求法运动的新高潮，西行人数之多，游历地区之广，空前绝后。其中，成就最高、影响最大者首推玄奘法师。贞观三年（628），玄奘从长安出发，经陇山古道，历秦州、兰州、凉州、瓜州，出玉门关后，渡莫贺延碛，到伊吾，至高昌，从高昌继续西行，至"阿耆尼国……西南行……至屈支国……西行六百余里，经小沙碛，至跋禄迦国……西北行三百余里，度石碛，至凌山。此则葱岭北原，水多东流矣……山行四百余里，至大清池……清池西北行五百余里，至素叶水城。城周六七里，诸国商胡杂居也……自素叶水城，至羯霜那国……素叶城西行四百余里，至千泉……千泉西行四五十里，至怛逻私城……"⑥ 玄奘从

---

① 《高僧传》卷一一《宋京师中兴寺释慧览传》，第418页。
② 《高僧传》卷一三《齐上定林寺释法献传》，第488页。
③ 《续高僧传》卷二《隋西京大兴善寺北贤豆沙门阇那崛多传》，第38页。
④ 陈良伟：《丝绸之路河南道》，中国社会科学出版社，2002，第303~306、308~313页。
⑤ 汶江：《历史上的南方丝路》，江玉祥主编《古代西南丝绸之路研究》，四川大学出版社，1990，第45页。
⑥ 详参（唐）玄奘、辩机撰，季羡林等校注《大唐西域记》卷一，中华书局，2000，第48~71页。

恒罗斯（今哈萨克斯坦江布尔）经过赭时（今乌兹别克斯坦之塔什干）、康国（即撒马尔罕）、羯霜那国（即史国，今乌兹别克斯坦之沙赫里夏勃兹），又西南行 200 多里至铁门（今乌兹别克斯坦恰克恰里山口），过铁门后，循东南方向渡阿姆河，经吐火罗斯坦至印度。玄奘所经阿耆尼国即焉耆国（今新疆焉耆），屈支国即龟兹（今新疆库车），跋禄迦国即姑墨（今新疆阿克苏），所过凌山即拔达岭（今别迭里山口），大清池即热海（今伊塞克湖），素叶水城即碎叶城（今托克马克）。玄奘是先沿着"丝路"东段关陇南道西行，然后在西域境内依"丝路"中段中道，最后循着"丝路"西段北道前行。贞观十六年（641），玄奘起程回国，他溯恒河西北行，渡印度河上游，经弗栗恃萨傥那国（今阿富汗喀布尔河流域）进入吐火罗国故地，再穿过瓦罕走廊达摩悉铁帝国（瓦罕之南），东行至波谜罗川（即瓦罕河谷），越过葱岭，至揭盘陀国（今新疆塔什库尔干），但未从"丝路"中段西域南道东行，而是经乌铩国（今新疆莎车），绕道佉沙国（今新疆疏勒）、斫句迦国（今新疆叶城）到达瞿萨旦那国（今新疆和田地区），由西域南道，经尼壤（今新疆民丰）、折摩驮那国（今新疆且末）、纳缚波故国（今新疆若羌），到达罗布泊地区，再到敦煌，沿"丝路"东段南道，于贞观十九年（644）回到唐长安（图Ⅲ—4）。①

唐代从高昌到碎叶有一条所谓"碎叶路"，由高昌经北庭（今新疆吉木萨尔）、轮台（今新疆乌鲁木齐附近），越伊犁河至碎叶，②庭州至碎叶之路是对唐以前丝路北道的新发展。唐代中后期，吐蕃占据河陇，"丝路"河西道受阻，从碎叶至庭州，向北至回鹘占领的漠北草原，然后南下过黄河至长安，形成了丝路"回鹘道"。由于这条道路要经过居延绿洲（今内蒙古额济纳旗），此路又被学者称为"居延道"。③ 唐代京兆云阳（今陕西泾阳）人车奉朝于唐玄宗天宝十载（751）随中使张韬光出使至罽宾，因病留居犍陀罗国，后来落发为僧，遍游北天竺、中天竺各国。贞元六年（790），车奉朝回到长安，唐朝政府把他安置在长安城章敬寺，赐法号

---

① 详参玄奘、辩机撰，季羡林等校注《大唐西域记校注》卷一二，中华书局，2000，第 959～1033 页。
② （宋）欧阳修、宋祁：《新唐书》卷四〇《地理志四》"北庭大都护府"条，中华书局，1975，第 1047 页。
③ 王北辰：《古代居延道路》，《王北辰西北历史地理论文集》，学苑出版社，2000，第 57～59 页。

佛教与中古中外交通 | 353

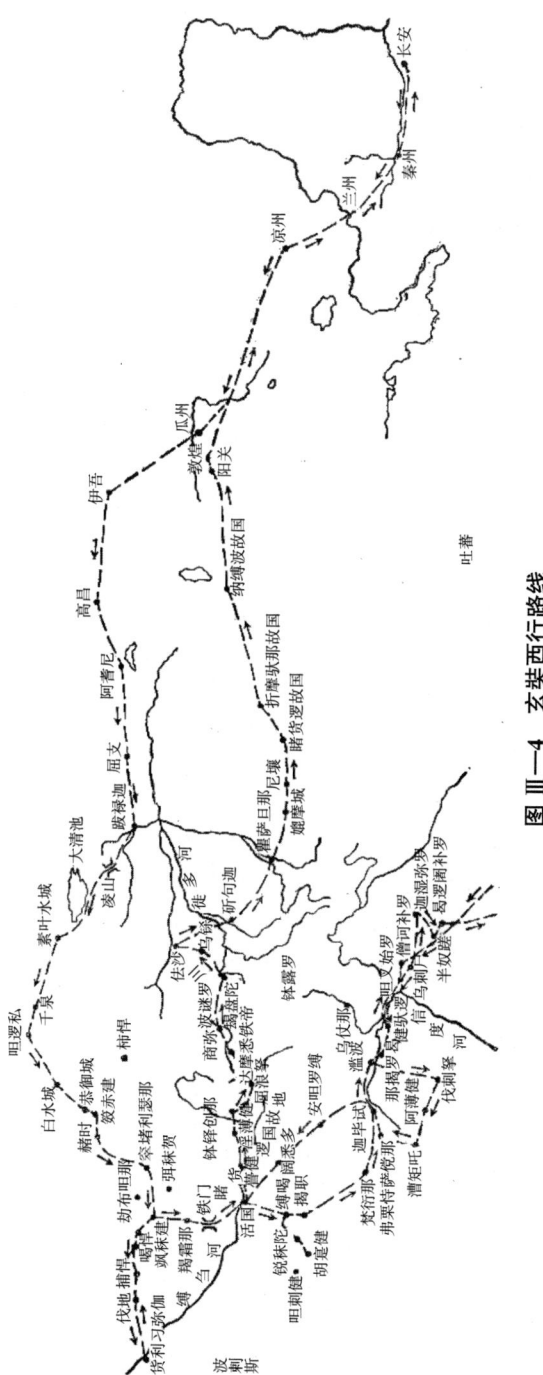

图 III—4 玄奘西行路线

"悟空"。悟空去时走的是西域中道,"当欲泛海而归,又虑沧波险阻,乃取北路还帝乡"。① 他的回国路线是,由今阿富汗越兴都库什山,经瓦罕谷地进入今新疆,到达龟兹,由北庭北上,经"回鹘道",即越过阿尔泰山,经蒙古地区回到唐长安。

中古时期,身披袈裟、口诵佛经的佛教僧人们,为法忘身,背井离乡,万里迢迢,穿行在气候恶劣、人烟稀少的中西陆路交通要道上。"莫贺延碛,长八百余里,古曰沙河……是时四顾茫然,人鸟俱绝。夜则妖魑举火,烂若繁星;昼则惊风拥沙,散如时雨。"② "沙河中多有恶鬼、热风,遇则皆死,无一全者。上无飞鸟,下无走兽。遍望极目,欲求度处,则莫知所拟,唯以死人枯骨为标识耳。"③ "葱岭冬夏有雪。又有毒龙,若失其意,则吐毒风,雨雪,飞沙砾石。遇此难者,万无一全。"④ 法显入印度后,"迦维罗卫国大空荒,人民希疏。道路怖畏白象、师子,不可妄行"。⑤ 他经过鸡足山,"此山榛木茂盛,又多师子、虎、狼,不可妄行"。⑥ 昙无竭"登葱岭,度雪山。障气千重,层冰万里,下有大江,流急若箭。于东西两山之胁,系索为桥。十人一过,到彼岸已,举烟为帜,后人见烟,知前已度,方得更进。若久不见烟,则知暴风吹索,人堕江中"。⑦ 宋云登葱岭山,"山路剞侧,长坂千里,悬崖万仞,极天之阻,实在于斯。太行、孟门,匹兹非险;崤关、陇坂,方此则夷"。⑧ 他们"从钵卢勒国向乌场国,铁锁为桥,悬虚为渡,下不见底,旁无挽捉,倏忽之间,投躯万仞"。⑨ 玄奘西行求法东归,在尼壤城(今新疆民丰)以东经过大流沙,"沙则流漫,聚散随风,人行无迹,遂多迷路,四远茫茫,莫知所指,是以往来者聚遗骸以记之。乏水草,多热风。风起则人畜惛迷,因以成病。时闻歌啸,或闻号哭。视听之间,恍然不知所至,由此屡有丧亡,盖鬼魅

---

① (唐)圆照:《悟空入竺记》,《大正藏》卷五一,第980页。
② (唐)慧立、彦悰撰,孙毓棠、谢方点校《大慈恩寺三藏法师传》卷一,中华书局,2000,第16页。
③ (东晋)法显撰,章巽校注《法显传校注》,中华书局,2008,第6页。
④ 《法显传校注》,第21页。
⑤ 《法显传校注》,第70页。
⑥ 《法显传校注》,第112页。
⑦ 《高僧传》卷三《宋黄龙释昙无竭传》,第93页。
⑧ (北魏)杨衒之撰,周祖谟校释《洛阳伽蓝记校释》卷五,上海书店出版社,2004,第192页。
⑨ 《洛阳伽蓝记校释》卷五,第198页。

之所致也"。① 戈壁、沙漠、雪山、大河，艰危万重。中古佛教僧侣前赴后继，百折不挠，往来于充满艰险的中西陆路交通要道上。他们在所到之处留下了深深的足印，成为后人前进的路标。佛教徒"轻万死以涉葱河，重一言而之柰苑",② 他们轻生重道，履险若夷，"践流沙之浩浩，陟雪岭之巍巍"。③ 因此，我们可以毫不夸张地说，佛教僧人们披荆斩棘，筚路蓝缕，为中古中西陆路交通的开拓和发展做出了卓越贡献。

二 佛教对中古中外海路交通的推动

佛教不仅对中西陆路交通的发展有相当助力，而且对海路交通的发展也增益不少。在人类文明史上，中华民族很早就掌握了造船技术，不仅开辟了我国沿海的海上交通，而且开辟了对朝鲜半岛和日本以及东南亚各国的海上交通，至迟在两汉时期还开辟了对印度洋的远海交通。中古时期，中外僧人为了求法巡礼，泛舶海中，远渡重洋，从而极大地推动了中古中国对外海路交通的发展。

佛教于两汉之际传入中国，魏晋时期在中土迅速发展后，又很快传入了东邻朝鲜半岛诸国。据《三国史记》记载，高句丽小兽林王二年（372），前秦皇帝苻坚派遣顺道和尚给高句丽送去了佛像和佛经。从此，佛教始传高句丽。374年，前秦又派僧人阿道前往高句丽弘扬佛教。与此同时，高句丽僧人义渊、惠灌、智晃、波岩、定法师等人又来到中国求法。384年七月，百济枕流王遣使入晋朝贡。这年九月，胡僧摩罗难陀自晋至百济，枕流王迎之宫内礼敬。佛教传入百济，始于这年。此后，百济又多次向中国求佛经。由今朝鲜汉江口、南阳湾渡海至山东半岛是古代百济与中国的交通路线。佛教从中国传入朝鲜半岛，间接促进了中国与百济和高句丽的海上交通往来。

佛教传入新罗的时间，比传入高句丽晚50多年。据《三国史记》记载，528年，佛教传入了新罗，此后，南朝梁、陈多次派遣使者及僧人赴新罗赠送佛经。549年，梁朝遣使与新罗入学僧觉德送佛舍利至新罗。565年，陈朝遣使刘思与僧明观入新罗，送释氏经论1700多卷。与此同时，新

---

① 《大唐西域记校注》卷一二，第1031页。
② 《大慈恩寺三藏法师传·序》，第2页。
③ 《大慈恩寺三藏法师传》卷五，第123页。

罗僧人源源不断地来到中国游方参学，求法巡礼。古代中国与新罗之间的往来既有陆路，也有海路。陆路由营州（今辽宁朝阳）、安东都护府（今辽宁辽阳）至平壤，最后到达新罗首都庆州。海路从登州（今山东蓬莱）出发，东北海行至新罗王城（今韩国庆州）。[1] 据日本僧人圆仁《入唐求法巡礼行记》记载，唐与新罗之间的海路还有自明州（今浙江宁波）或扬州出海经黑山岛至今韩国全罗南道的灵岩。由于陆路遥远难行，古代中国与新罗之间的往来主要走海路。著名的入唐新罗僧人义湘往返就都是海路，他"以总章二年附商船达登州岸"，[2] 几年后从文登县又乘船渡海东归。据统计，590～907年三百余年间，入华新罗僧侣多达185人。[3] 隋唐时期，大批佛教僧侣频繁往来于中国与新罗之间的大海上，这无疑是中古中国对外海路交通的重要内容。

佛教传入新罗不久，又传入了日本。日本平安朝（794～1192）初期，中日佛教文化交流十分兴盛。唐与日本之间有多条海上航线，北路自难波（今日本大阪），经筑紫（今九州北部）、壹岐岛、对马岛，沿朝鲜半岛西海岸北上，再沿辽东半岛东岸西南下，最后横渡渤海湾，在唐登州登陆；南岛路自难波，经筑紫、夜久（今屋久岛）、吐火罗（今宝诸岛）、奄美（今大岛），横渡东海，在长江口登陆；南路自难波，经筑紫、值嘉岛（今日本五岛），横渡东海，在长江口登陆。[4] 唐朝高僧鉴真泛海东渡一共六次，第六次东渡日本的路线大致依循南岛路，他从扬州出发，越过东海，先至阿儿奈波岛（今日本冲绳岛），经多祢岛（今种子岛）、益救岛（今屋久岛）、秋妻屋浦（今鹿儿岛川边郡西南方村大字秋目浦）到筑志（今九州北部），再经难波、河内国（今大阪府），最终到达当时日本首都奈良。[5] 日本僧人圆仁入唐所走是海道南岛路，回国时则循北路。日本众多入唐求法僧人中，圆仁与最澄、空海、常晓、圆行、惠运、圆珍、宗睿这8人成就最高，在日本佛教史上号称"入唐八家"。那时，日本僧人入唐求法巡礼之风极盛，入唐学问僧、请益僧为数众多，史不绝书。中日佛教僧人的海上往来，必然促进了中古中国对外海路交通的发展和繁荣。

---

[1] 陈尚胜：《五千年中外文化交流史》（第一卷），世界知识出版社，2002，第218页。
[2] 《宋高僧传》卷四《唐新罗国义湘传》，第75页。
[3] 陈景富：《中韩佛教关系一千年》，宗教文化出版社，1999，第22页。
[4] 陈尚胜：《五千年中外文化交流史》（第一卷），第219页。
[5] 〔日〕真人元开撰，汪向荣校注《唐大和上东征传》，中华书局，2000，第90～92页。

佛教对中国古代海路交通发展的促进和推动,作用之大莫过于对南海之路的推动。古代中国的南海之路,最早可以追溯到西汉。汉武帝时期就开辟了从中国东南海港徐闻(今广东雷州半岛南端)、合浦(今广西合浦)等地出发,经过中南半岛和马来半岛,到达印度东海岸的黄支国(今印度康契普拉姆)和已程不国(今锡兰岛)的路线。[1] 魏晋南北朝时期,中国的南海交通在两汉形成的基础上进一步发展。于是,不少中外僧人乘船到达广州等东南沿海城市,来往于中印之间。天竺人耆域是最早从海路来到中国的外国僧人,他"自发天竺,至于扶南,经诸海滨,爰及交广",[2] 于晋惠帝末年到达洛阳。东晋法显从西北陆路西行到印度,他归国时则取道海路返回。法显乘商人大船到耶婆提国(今印度尼西亚),"停此国五月日,复随他商人,上亦二百许人。赍五十日粮,以四月十六日发。法显于舶上安居。东北行,趣广州"。[3] 因"遇黑风暴雨",西北行至青州长广郡界(今山东崂山)后上岸。罽宾国人昙摩耶舍逾历名邦,履践郡国,于东晋隆安年间(397~401)到达广州。[4] 南北朝时期,往来南海海路的中外僧人有智严、昙无竭、道普、佛驮跋陀罗、求那跋摩、求那跋陀罗、僧伽婆罗、曼陀罗、拘那罗陀(真谛)、须菩提等人。智严周流西国,邀请天竺僧人佛驮跋陀罗循南海海路来到中国,他"常疑不得戒,每以为惧,遂更泛海重到天竺,至罽宾无疾而化"。[5] 昙无竭西行求法,去时遵陆路,"后于南天竺随舶泛海达广州"[6] 而回国。罽宾国人佛驮什于宋景平元年(423)届于扬州。[7] 中天竺人求那跋陀罗先到师子国(今斯里兰卡),既有缘东方,随舶泛海,于宋元嘉十二年(435)至广州。[8] 西天竺优禅尼国人拘那罗陀(真谛)无惮夷险,历游诸国,他携带经论于梁大同十二年(546)先到南海,于梁太清二年(548)到达建康(今江苏南京)。[9] 扶南国(今柬埔寨)人僧伽婆罗(梁言僧铠、僧养)于南齐和梁初在扬州、建

---

[1] (汉)班固:《汉书》卷二八下《地理志》,中华书局,1962,第1671页。
[2] 《高僧传》卷九《晋洛阳耆域传》,第365页。
[3] 《法显传校注》,第145页。
[4] 《高僧传》卷一《晋江陵辛寺昙摩耶舍传》,第41页。
[5] 《高僧传》卷三《宋京师枳园寺释智严传》,第100页。
[6] 《高僧传》卷三《宋黄龙释昙无竭传》,第94页。
[7] 《高僧传》卷三《宋建康龙光寺佛驮什传》,第96页。
[8] 《高僧传》卷三《宋京师中兴寺求那跋陀罗传》,第130页。
[9] 《续高僧传》卷一《陈南海郡西天竺沙门拘那罗陀传》,第19页。

康扶南馆等地传译佛经。① 扶南僧曼陀罗于梁初"大赍梵本,远来贡献"。② 陈朝时,又有扶南僧须菩提来到扬州至敬寺,为陈主译《大乘宝云经》8卷。③ 这些扶南国僧人也都是从南海海路来到中国的。除了广州、交州和扬州,从《高僧传》和《续高僧传》可知,番禺、梁安郡(今福建泉州)、晋安郡(今福建福州)、明州(今浙江宁波)、胶州一带(山东半岛)也是中外僧人乘舶海上往来的重要港口。

魏晋南北朝时期,中国对外海路交通虽已有较大发展,不过,陆路仍占据当时中外交通往来的主导地位。唐代安史之乱后,吐蕃乘虚而入,尽取河西、陇右之地,加之大食势力侵入中亚,中西陆路交通拥塞受阻,中外交通重心遂即转移到了东南海路。从广州等沿海口岸经南海西行的唐代对外海上交通线日益繁荣,外国高僧大多经南海诸国至广州或交州(今越南河内附近),然后到中国内地弘法。中印度人释极量和莲华、南印度人金刚智、北天竺人不空和智慧等都是从南海海路来到中国。中天竺沙门那提三藏曾往师子国,又东南上楞伽山、南海诸国随缘达化,他于永徽六年(655)搜集经、律、论五百余夹来到唐都长安。④ 南印度人金刚智曾游师子国,登楞伽山,泛海东行,游历佛逝、裸人等二十余国,"始届番禺,渐来神甸",开元七年(719)"达于广府,敕迎就慈恩寺,寻徙荐福寺"。⑤ 北印度人不空奉金刚智遗旨前往五天竺和师子国。天宝元年(742)冬,不空至南海郡,乃附昆仑舶离开南海,经诃陵国(今爪哇)而达师子国,后来于天宝五载(746)回唐。⑥ 北天竺迦毕试国沙门释般剌若"泛海东迈,垂至广州,风飘却返,抵执师子国之东。又集资粮,重修巨舶,遍历南海诸国",于唐德宗建中初年至广州,贞元二年(786)到达京师长安。⑦

在唐代,外国高僧海上泛舟而来传教,源源不断;中国高僧海上西行求法,如火如荼。开元二十九年(741),释含光等人乘昆仑舶离开广州前往诃陵国,"去时泛舶海中,遇巨鱼望舟,有吞噬之意",两次遭遇黑风

---

① 《续高僧传》卷一《梁扬都正观寺扶南沙门僧伽婆罗传》,第5页。
② 《续高僧传》卷一《梁扬都正观寺扶南沙门僧伽婆罗传附曼陀罗传》,第6页。
③ 《续高僧传》卷一《陈南海郡西天竺沙门拘那罗陀传》,第22页。
④ 《续高僧传》卷四《唐京师大慈恩寺梵僧那提传》,第137页。
⑤ 《宋高僧传》卷一《唐洛阳广福寺金刚智传》,第4页。
⑥ 《宋高僧传》卷一《唐京兆大兴善寺不空传》,第7~8页。
⑦ 《宋高僧传》卷二《唐洛京智慧传》,第23页。

暴，几乎丧生，终于到达师子国，后来游历五天竺，天宝六载（747），返回京师长安。① 又有释慧日在唐中宗时受具足戒，后遇义净三藏，遂萌发赴印求法之心，"始者泛舶渡海，自经三载，东南海中诸国，昆仑、佛誓、师子洲等，经过略遍，乃达天竺，礼谒圣迹"，"计行七十余国，总一十八年，开元七年方达长安"。② 义净《大唐西域求法高僧传》所记唐代西行求法僧共57人（包括义净本人），义净《南海寄归内法传》所记有4人。这60多人中，并州常慜及弟子，益州明远、义朗、智岸、义玄、会宁，交州运期、木叉提婆、窥冲、慧琰，爱州智行、大乘灯，高昌彼岸、智岸，洛阳昙润、义辉、智弘，荆州道琳、昙光、慧命、无行、法振、乘悟，润州玄逵，襄阳灵运，澧州僧哲、大津，梁州乘如、贞固、道宏、法朗等人，几近三分之二的唐代高僧循南海海路前往印度求法。其中，义净是中国佛教史上海路西行求法运动中最为著名的僧人，他往返俱循南海海路。

中古时期，造船工艺和航海技术落后，对海潮、气象又不能预报，受风暴、海浪、海礁、海盗的威胁，海上航行，九死一生，十分艰险。"长截洪溟，似山之涛横海；斜通巨壑，如云之浪涛天。"③ 可是，中外佛教僧人无所畏惧，鼓舶海上，长渡沧溟，洵属难能可贵。法显东归，漂流数岛，易船三度，历时三年。求那跋陀罗在海上断绝淡水五日，不空在海上遭遇黑风（大风暴）兼旬。常慜由江表随舶南征至末罗瑜（今印度尼西亚苏门答腊岛），又乘船去印度，"解缆未远，忽起沧波"，④ 不经半日，他和弟子俱与船亡。释道普与书吏十人西行寻经，"至长广郡，舶破伤足，因疾而卒"。⑤ 求法僧人智岸、窥冲、木叉提婆、智行、大乘灯、彼岸、昙润、义辉、无行、法振、乘悟等皆于海路途中染病而亡。中古时期，佛教僧人虽然不是海洋航行的主体，但是他们泛舶海中，频繁出没在海洋风波里，有的遇疾而卒，有的舶沉身没，有的屡遭风暴，下落不明，莫知存亡，他们经历了海航的生死考验，付出了惨重的生命代价。因此，我们不能不说佛教僧人为中国古代对外海路交通的探索做出了积极贡献。

---

① 《宋高僧传》卷二七《唐京兆大兴善寺含光传》，第678页。
② 《宋高僧传》卷二九《唐洛阳罔极寺慧日传》，第722页。
③ （唐）义净撰，王邦维校注《大唐西域求法高僧传校注》卷下《义净自述》，中华书局，1988，第152页。
④ 《大唐西域求法高僧传校注》卷上《并州常慜禅师及弟子》，第51页。
⑤ 《高僧传》卷二《晋河西昙无谶传》，第80页。

尤为值得称道的是，佛教僧人积累了丰富而又宝贵的航海经验。天竺僧人佛驮跋陀罗（觉贤）越过葱岭，由陆路至交趾（今越南河内），再从交趾搭乘商舶到广州，大约在东晋义熙年间（405～418）到达长安。《高僧传》本传记载：佛驮跋陀罗"至交趾乃附舶，循海而行经一岛下，贤以手指山曰：'可止于此。'舶主曰：'客行惜日，调风难遇，不可停也。'行二百余里，忽风转吹舶还向岛下，众人方悟其神，咸师事之，听其进止。后遇便风，同侣皆发，贤曰：'不可动。'舶主乃止。既而有先发者，一时覆败。后于暗夜之中忽令众舶俱发，无肯从者。贤自起收缆，一舶独发。俄而贼至，留者悉被抄害"。① 由此可见，佛驮跋陀罗具有丰富的航海经验，他对由交趾到广州航线上的海风变化和海盗活动情况了如指掌。唐高宗咸亨二年（671）十一月，义净离开广州南行，"于时广莫初飚，向朱方而百丈双挂；离箕创节，弃玄朔而五两单飞"。② 这里所说的广莫指北风，朱方指西南方，百丈是指船舶上的纤缆，离箕谓其时风起，创节谓创逢节气（指冬至），玄朔指北方，五两是古代的一种候风器，用五两（或八两）鸡毛悬于船舶桅杆之上。南海和印度洋上，每年季风交替，冬季为东北风，夏季为西南风。古代航海全凭自然风力，从广州南航，均以冬季腊月出发；从南海北上，则均在五六月间。③ 可见，义净是利用信风之便，连纤缆都放置一边。当时的无行禅师"与智弘为伴，东风泛舶，一月到室利佛逝国"，④ 也是利用了信风。佛教僧人长期积累的航海经验，大大丰富了人们的海洋知识，有助于人们对中外海路交通的积极探索。

三 佛教典籍保存了弥足珍贵的中古中外交通史料

佛教与中古中外交通的密切关系不仅表现在对陆路和海路交通发展的促进和推动，还表现在中古佛教典籍里保存了弥足珍贵的中外交通史资料。

中印两国之间的相互往来是中古中外交通的重要内容，而关于中印交

---

① 《高僧传》卷二《晋京师道场寺佛驮跋陀罗传》，第70页。
② 《大唐西域求法高僧传校注》卷下《义净自述》，第152页。
③ 《大唐西域求法高僧传校注》，第161～162页。
④ 《大唐西域求法高僧传校注》卷下《荆州无行禅师》，第182页。

通路线最全面、最详细的记载见于佛教著作《释迦方志》。唐高僧道宣《释迦方志·遗迹篇第四》曰："自汉至唐,往印度者,其道众多,未可言尽。如后所纪,且依大唐往年使者,则有三道。"道宣所说"三道",文繁不能俱引,概括起来说,东道自河州（今甘肃临夏）西出,经今青海、西藏西南行,至尼波罗国（今尼泊尔）；中道从沙州（今甘肃敦煌）西行,循"丝绸之路"西域南道,入印度；北道自伊州（今新疆哈密）经今天山山脉和塔里木河之间的通道西行,越过凌山（别迭里山口）,经中亚,入印度。这三道中,北道即通常所说的"丝路"中段北道,中道则是"丝路"中段南道,东道即是"吐蕃—泥婆罗道"。其中,北道和中道也见于唐代及唐代以前的有关史籍中,但以道宣《释迦方志》对其经由和里程记述得最为翔实。尤为可贵的是,关于唐代中印交通的"吐蕃—泥婆罗道",汉文史籍的记载首推《释迦方志》。义净在《大唐西域求法高僧传》中虽然说玄照等人西行求法经过此道,但未交代此道的具体走向。玄奘《大唐西域记》、两《唐书·地理志》以及唐代其他史籍都未记载这条中印交通线。《释迦方志》记载,唐代吐蕃—泥婆罗道"从河州西北度大河,上漫天岭,减四百里至鄯州。又西减百里至鄯城镇,古州地也。又西南减百里至故承风戍,是隋互市地也。又西减二百里至清海,海中有小山,海周七百余里。海西南至吐谷浑衙帐。又西南至国界,名白兰羌,北界至积鱼城,西北至多弥国。又西南至苏毗国。又西南至敢国。又南少东至吐蕃国,又西南至小羊同国。又西南度旦仓法关,吐蕃南界也。又东少南度末上加三鼻关,东南入谷,经十三飞梯、十九栈道。又东南或西南,缘葛攀藤,野行四十余日,至北印度尼波罗国（此国去吐蕃约九千里）"。道宣《释迦方志》关于吐蕃—泥婆罗道具体走向的记载,为近年来在西藏西南边境吉隆县考古发现的唐代摩崖石碑《大唐天竺使出铭》所证实。[①] 这是一条由西藏经泥婆罗（尼泊尔）至印度的通道,其大体走向是：经鄯州（今青海乐都）、鄯城（今青海西宁）至日月山、青海湖附近,转而西南行,经都兰、格尔木,越唐古拉山口,进入今西藏,经安多、那曲,抵拉萨,再由拉萨西南行,经日喀则进入尼泊尔,进而抵达北印度。这条道路是唐代中印交往的重要通道之一,对于研究中外交通史很有价值。

---

① 西藏自治区文管会：《西藏吉隆县发现唐显庆三年〈大唐天竺使出铭〉》,《考古》1994 年第 7 期。

佛教典籍中保存有丰富的中外交通史料。佛经《根本说一切有部百一羯磨》卷四中的一条注就记载了唐代西行求法高僧从印度归国的返程路线："〔耽摩立底〕即是升舶入海归唐之处，从斯两月泛舶东南，到羯荼国，此属佛逝。舶到之时，正当二月。若向师子洲，西南进舶，传有七百驿。停此至冬，泛舶南上，一月许到末罗游洲，今为佛逝多国矣。亦以正二月而达，停止夏半，泛舶北行，可一月余，便达广府，经停向当年半矣。若有福力扶持，所在则乐如行市。如其宿因业薄，到处实危若倾巢。"义净《大唐西域求法高僧传》详细记述了唐代西行求法僧人前往印度的路线，而对他们归来时的路线语焉不详，佛经《根本说一切有部百一羯磨》中的这条注因而十分珍贵。义净《大唐西域求法高僧传》卷上说："于时有唐僧二十许人，从蜀川牂柯道而出，向莫诃菩提礼拜。"义净在此没有说明牂柯道的具体走向，慧琳《一切经音义》卷八一《大唐西域求法高僧传》卷上音义云："……今因传中说，往昔有二十余人从蜀川出牂柯，往天竺得达，因有此说。遂检寻《括地志》及诸地理书《南方记》等，说此往五天路经（径）。若从蜀川南出，经余姚、越嶲、不韦（韦）、永昌等邑，古号哀牢玉（夷），汉朝始慕化，后改为身毒国，隋（随）王之称也。此国本先祖龙之种胤也，今并属南蛮，北接互（氐）羌杂居之西，过此蛮界，即入土（吐）蕃之南界。西越数重高山峻岭，涉历川谷，凡经三数千里，过土蕃界，更度雪山，南脚即人（入）东天竺东南界迦摩缕波国，其次近南三摩呾吒国、呵利鸡罗国及耽摩立底国等。此山路与天竺至近，险阻难行，是大唐与五天陆路之捷径也……"义净把此路称作"牂柯道"，很不准确。因为唐代牂柯约当今贵州中南部，不过，牂柯道起点在僰道（今四川宜宾），由此往东南（而非西南）也可到云南，由云南入天竺。慧琳在对"牂柯"的注解中，又说从越嶲、姚州、永昌往西，再经吐蕃南界，而入天竺。这一路途大体上与贾耽所记边州入四夷路程的由云南入天竺之"西道"[①] 相吻合，只是慧琳所记道程颇为舛误含混。[②] 尽管如此，由于唐代史籍关于中国西南通印度道路的记载，除了《新唐书》卷四三下《地理志》中贾耽记边州入四夷道第六"安南通天竺道"外，就是慧琳的这条记载了，加之慧琳所引用的《南方记》等书早已不存，因此，慧琳的

---

① 《新唐书》卷四三下《地理志七下》，中华书局，1975，第1152页。
② 参见王邦维《大唐西域求法高僧传校注》第107~110页对此道的考释。

这条记载对研究唐代对外交通史来说十分重要。

最为集中反映中古中外交通的佛教典籍是西行求法僧人的各种行记。中古时期，西行求法高僧很多，他们归来后多有行记问世。西行求法僧沙门支僧载《外国事》、宝云《游履外国传》、道普《游履异域传》、智猛《游行外国传》、昙无竭《外国传》、法盛《历国传》、竺法维《佛国记》、竺枝《扶南记》、无行《中天附书》、佚名《西域诸国记》等，都直接反映了中古中国对外交通的实际状况。惜乎这些行记佚失十分严重，支僧载《外国事》仅有只言片语为《水经注》《太平御览》所引，智猛《游行外国传》现存者仅有见于《初学记》和《出三藏记集》所引的寥寥几条，其他行记则亡佚无存。以上诸书倘若存世，当可补正中外史地的许多问题，无疑是研究中外交通史的重要文献。

关于中古中国的对外交通，正史《外国传》和《地理志》的记载一般都比较简略，而且往往是综合他书抄掇而成，自然不如佛教僧人行记耳闻目见的详细、可靠。中古佛教僧人行记佚失了很多，留传下来的却也不少，直接反映了中古中国的对外交通状况。《法显传》的作者东晋高僧法显以亲身经历，亲笔自写，记述了除中国本土外，还包括中亚、南亚、东南亚广大地区的地理、交通，是一部研究古代中外交通的重要著作。特别重要的是，《法显传》对东晋时期航海技术手段、南海航线各段航程、沿途水文气象等都有记载，是研究四、五世纪中国对外海路交通的珍贵资料，是中国第一部详细的航海行记，在中国航海史上具有划时代的意义。北魏宋云西行求法归来后撰写有关于他西行的《宋云家纪》，与他同行的惠生也撰有《行纪》，可惜均已散佚。所幸与宋云同时代的杨衒之所撰《洛阳伽蓝记》中记述了宋云等人西行的情况，后世学者习惯上把《洛阳伽蓝记》中关于宋云西行的这段文字称为《宋云行纪》。《大唐西域记》记述了玄奘西行亲身经历的110个以及传闻听说的28个城邦、国家、地区的历史地理，其中对地理位置、山川地形、城镇都邑、道路关隘的记载，成为后世学者研究中西交通路线时比定地名的指针。《大慈恩寺三藏法师传》则按玄奘经行的路线记述，更清楚地反映了唐代中外陆路交通路线的脉络。《法显传》、《宋云行纪》、《大唐西域记》和《大慈恩寺三藏法师传》在时间上连续性的记载，对于后世比较完整地研究中古中国西北地区以及中亚、南亚等许多地区的历史地理和中外交通等都具有重要的史料价值。

与法显、玄奘并称中国佛教史上最有成就的三位求法僧的唐代高僧义净，经历南海，巡礼印度，前后长达 25 年。义净撰著的《大唐西域求法高僧传》记述了他本人及其他求法僧经南海诸国到印度的路程及所经历的国家，真实地记录了唐代南海海上交通路线。这条海上交通路线从广州（或交州）出发，乘船舶约 20 天，到今苏门答腊港（即巴邻旁）的佛逝国，再往西至末罗瑜国，到马来半岛的羯荼国，北行十余日到裸人国，再西北行半月许即到当时南印度的耽摩立底国，返程大体相同。《新唐书》卷四三下《地理志》中贾耽所记"广州通海夷道"是唐代南海海路交通的重要路线。从义净《大唐西域求法高僧传》的记载可知，唐代南海交通的路线并非一道，或从广州登舶，或从交趾登舶，或从占波登舶，或经佛逝，或经诃陵，或经郎迦戍，或经裸人国抵达东印度耽摩立底，或从羯荼西南行到南印度那伽钵亶那，或复从师子国泛舶北上到东印度诸国，或转赴西印度。[①] 可见，前往印度取经求法的唐代僧人取道海路道途众多，至少有三条：一是从交趾经诃陵、师子洲到南印度；二是从乌雷（今广西钦州），经扶南、郎迦戍去师子洲到南印度；三是自广州出发，经室利佛逝、末罗瑜、羯荼、裸人国到东印度耽摩立底国。[②] 义净之后，僧人慧超大约于开元十一年（721）从海路赴印度求法巡礼，先至东天竺诸国，后来游历中天竺、南天竺、西天竺、北天竺诸国。慧超所著《往五天竺国传》是研究 8 世纪上半叶中外陆路交通的重要资料。继《往五天竺国传》之后，又有《悟空入竺记》，记载了悟空在天竺的游历，为我们了解安史之乱后在河西路断的情况下唐朝和西域之交通往来提供了重要线索。《大唐西域记》记载了初唐中西陆路交通的情况，《往五天竺国传》记述了盛唐时期中西陆路交通的情况。以上两书仅限陆路，《大唐西域求法高僧传》对陆路和海路都有记述，其中尤以海道情况最为重要。历史上，西行求法高僧每有行记问世，将不同时期的高僧行记联系起来考察，就可以看出历史上中外交通的发展轨迹。

古代史籍对中外交通的记载非常稀少，佛教僧众西行求法行记正好弥补了这方面的不足。中古时期，求法僧西行选择的路线反映了当时对外交通的一般面貌，他们亲见亲闻的纪行之作，成为了解和研究中古对外交通

---

① 《大唐西域求法高僧传校注·前言》，第 9~10 页。
② 季羡林：《佛教与中印文化交流》，江西人民出版社，1990，第 209~210 页。

的第一手资料,不仅大大充实了有关中外交通史的内容,而且可以与正史文献记载参照比勘。高僧行记是研究中古中外交通的珍贵文献,久为中外学者重视,因而被译为日文、英文、法文多国文字。今天,我们对中外交通史的研究,仍实多赖此类行记,佛教西行求法僧功不可没。由此可见,佛教与中外交通的关系不同寻常。

中古时期,佛教的盛行使得中外交通海陆两途不仅是东西方贸易往来的通商之路,而且成为东西方文化交流的佛传之路。中外僧人或陆路,或海路,往来频繁,持续数百年,主观上出于宗教的热忱,客观上丰富了中古中外交通的内容。求法僧人们海陆两途并举,但并非因循旧路,墨守成规,而是乘危履崄,积极探索。法显西行求法去时依陆路,归来时走的是海路。慧超遵海路前往,归来却是循西域陆道。圆仁入唐走南岛路,归国时走北路。即使经行同一路线,也并非如出一辙。法显和玄奘西行虽然皆循西北陆路,但是并不相同,法显等人离开敦煌后,取道鄯善,循昆仑山北西行,玄奘则取道高昌循天山南麓西行。唐代著名求法僧义净说:"观夫自古神州之地,轻生殉法之宾,显法师则创辟荒途,奘法师乃中开王路。其间或西越紫塞而孤征,或南渡沧溟以单逝。……然而胜途多难,宝处弥长,苗秀盈十而盖多,结实罕一而全少。寔由茫茫象碛,长川吐赫日之光;浩浩鲸波,巨壑起滔天之浪。独步铁门之外,亘万岭而投身;孤漂铜柱之前,跨千江而遗命。"① 斯言诚非虚语。中古时期,佛教高僧大德或逾越流沙,或泛漾洪波,"投命于不必全之地,以达万一之冀",② 着其先鞭,导夫先路,极大地促进了中古中外交通的开拓和发展。中古中外交通路线的承前启后,继往开来,论其功绩,除了商人,无出缁流沙门之右者。

[原载《厦门大学学报》(哲学社会科学版)2010年第5期,《高等学校文科学术文摘》2010年第6期摘编论点,人大复印报刊资料《历史学》2011年第3期全文转载;后收入《史念海先生百年诞辰纪念学术论文集》,陕西师范大学出版社,2012]

---

① 《大唐西域求法高僧传校注》卷上《序》,第1页。
② 《法显传校注》,第153页。

中古西北佛教译经文化区域考论

作为一种外来宗教，佛教在中国的滋生和发展依赖于印度佛教经典。梵夹翻华，佛典之翻译是佛教在中国传播的基础，成为中国佛学的重中之重。"良由译经是佛法之本，本立则道生。"① 因此，历代高僧传皆以"译经"为首篇。在中国佛教史上，明文记载的佛经翻译家有200多人，翻译佛教典籍2100余种，6000余卷。佛教在中国的发展，"传译之功尚矣"。② 汉魏迄止中唐，佛典之翻译赓续盛弘。中唐以后，"朝廷罢译事，自唐宪宗元和五年至于周朝，相望可一百五十许岁，此道寂然"。③ "宋元以降，则补苴而已。"④ 汉译佛典的绝大部分完成于中古时期（汉—唐），中古时期的西北地区，西自于阗，东至长安，许多佛寺和宫苑被辟为译场，形成了三大译经文化区。

一 西域

佛教传入中国，"初期中译佛经大半不是直接由梵文译过来的"，⑤ 而是间接由西域传来。印度梵文佛经（图Ⅲ—5）通过西域文的翻译而成为"胡本"，中国初期传译的佛经，大都是用这种"胡本"翻译的。⑥ 因此，可以说西域是中国佛教最早的译经地区。

在西域，佛教最早传入于阗（今新疆和田）。随着佛教在于阗的传播，梵文佛经渐被译为于阗语。新疆出土的许多于阗语佛教文献如《金光明

---

① （宋）赞宁撰，范祥雍点校《宋高僧传》卷三《译经篇总论》，中华书局，1987，第58页。
② （南朝梁）慧皎撰，汤用彤校注《高僧传》卷三《译经篇总论》，中华书局，1992，第141页。
③ 《宋高僧传》卷三《译经篇总论》，第57页。
④ 梁启超：《佛学研究十八篇》，上海古籍出版社，2001，第202页。
⑤ 季羡林：《中印文化关系史论文集》，三联书店，1982，第326页。
⑥ 吕澂：《中国佛学源流略讲》，中华书局，1979，第40页。

图Ⅲ—5　梵文佛典断片

经》《僧迦吒经》《佛本生赞》《普贤行愿经》《金刚经》《无量寿经》《般若经》《妙门经》《法华经》《观自在菩萨赞》等，就是这方面的有力证明。① 于阗文《维摩诘经》《佛说首楞严三昧经》《佛说阿弥陀经》等大乘佛教经典都有发现，敦煌藏经洞发现的于阗文文书总数在120份以上，大部分为佛教文献，现存的于阗文文献也以佛教文献居多（图Ⅲ—6）。② 号称"小西天"的佛国于阗，蔚为西域佛教译经重镇。

于阗多"胡本"（于阗文）佛经，是西域的译经中心之一，因而内地翻译佛经所据的原本往往取自于阗。曹魏朱士行尝于洛阳讲《道行经》，译理不尽，深觉文章隐质，"遂以魏甘露五年发迹雍州，西渡流沙，既至于阗，果得梵书胡本凡九十章"。③

《高僧传》卷二《晋河西昙无谶传》云：

> 谶以《涅槃经本》，品数未足，还外国究寻。值其母亡，遂留岁

---

① 耿世民：《古代新疆和突厥、回鹘人中的佛教》，《世界宗教研究》第2集，中国社会科学出版社，1980，第73~81页。
② 张广达、荣新江：《和田、敦煌发现的中古于阗史料概述》，《新疆社会科学》1983年第4期。
③ 《高僧传》卷四《晋洛阳朱士行传》，第145页。

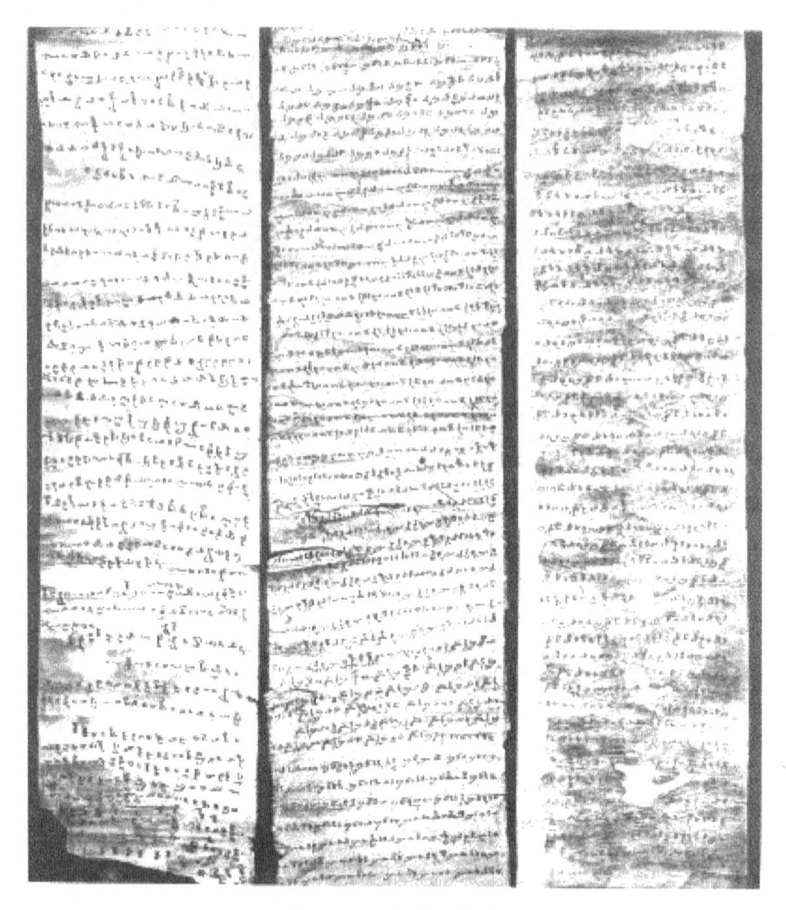

图Ⅲ—6 于阗文写卷

余。后于于阗更得经本《中分》，复还姑臧译之。后又遣使于阗，寻得《后分》，于是续译为三十三卷。

《出三藏记集》卷七《合放光光赞略解序》谓：

《放光》《光赞》，同本异译耳。其本俱出于阗国持来，其年相去无几。《光赞》，于阗沙门祇多罗以泰康七年赍来，护公以其年十一月二十五日出之。《放光分》，如檀以泰康三年于阗为师送至洛阳，到元康元年五月乃得出耳。

《出三藏记集》卷九《华严经记》载，《华严经》胡本几十万偈，道人与支法领从于阗得 36000 偈，于东晋义熙十四年（418）至元熙二年（420）译出。又据《出三藏记集》卷二《新集撰出经律论录》，南齐武帝时，高僧献正游西域，在于阗国得《观世音忏悔咒》胡本，回到京都，请瓦官禅房三藏法师法意译出。是时，"寺庙图像，虽崇京邑，而方等深经，蕴在西域"①。有学者统计，西晋至唐代，从于阗传入内地译出的佛典多达 52 种，共计 269 卷。②

《出三藏记集》卷一一《关中近出尼二种坛文夏坐杂十二事并杂事共卷前中后三记》卷初记云：

> 太岁己卯，鹑尾之岁，十一月十一日，在长安出此《比丘尼大戒》，其月二十六日讫。僧纯于龟兹佛陀舌弥许得戒本，昙摩侍传，佛念执胡，慧常笔受。

《关中近出尼二种坛文夏坐杂十二事并杂事共卷前中后三记》卷后又记：

> 秦建元十五年十一月五日，岁在鹑尾，比丘僧纯、昙充从丘慈高德沙门佛图舌弥许得此《授大比丘尼戒仪》及《二岁戒仪》。从《受坐》至《嘱授》诸杂事，令昙摩侍出，佛图卑为译，慧常笔受。

中古时期，内地翻译佛经所据原本不唯取自于阗，亦常得自龟兹（今新疆库车），乃因龟兹也是西域的佛经传译中心。佛教在龟兹广泛传播，梵文佛经遂被译为用婆罗谜字母书写的龟兹文（图Ⅲ—7）。考古发现的龟兹文佛教文献很多，有《Dharamapāda》（《法句经》）、《Mahāparinivāna》（《大般涅槃经》）、《Nagaropama》（《古城比喻经》）、《Karunāpundarika》（《悲华经》）、《Varnanarhavayauana》（《佛德赞叹偈》）、《Pratimoksa》（《十诵律比丘戒本》）、《Pratityasa mutpada-sastra》（《第十二因缘论》）等龟兹文佛经，有《Maitreyasamitinataka》（关于弥勒的剧本）、《Nandacari-

---

① （南朝梁）僧祐撰，苏晋仁、萧錬子点校《出三藏记集》卷一三《竺法护传》，中华书局，1995，第 518 页。
② 〔日〕羽溪了谛：《西域之佛教》，贺昌群译，商务印书馆，1999，第 169～171 页。

tanataka》（关于难陀的剧本）等许多龟兹文佛教本生譬喻故事。①

图Ⅲ—7　龟兹文写卷

龟兹是西域佛教译经重镇，史籍可考的龟兹译场有唐代莲华寺。史载，唐京兆云阳（今陕西淳化）人释悟空西行求法，"回及龟兹，居莲华寺，遇三藏法师勿提提羼鱼，善于传译。空因将《十力经》夹请翻之"。② 莲华寺位于龟兹城西门外，此详《宋高僧传》卷三《唐丘慈国莲华寺莲华精进传》：

释勿提提羼鱼，华言莲华精进，本屈支城人也，即龟兹国，亦云丘兹，正曰屈支。时唐使车奉朝到彼土，城西门外有莲华寺，进居此中，号三藏苾刍。奉朝至诚祈请，开译梵夹，传归东夏。进允之，遂

---

① 韩翔、朱英荣：《龟兹石窟》，新疆大学出版社，1990，第115页。
② 《宋高僧传》卷三《唐上都章敬寺悟空传》，第51页。

译出《十力经》，可用东纸三幅成一卷，是佛在舍卫国说。

除了于阗和龟兹，作为西域佛教三大中心之一的高昌（今新疆吐鲁番），也是西域译经重镇。《出三藏记集》卷九《贤愚经记》曰：

河西沙门释昙学、威德等凡有八僧，结志游方，远寻经典。于于阗大寺遇般遮于瑟之会。般遮于瑟者，汉言五年一切大众集也。三藏诸学，各弘法宝，说经讲律，依业而教。学等八僧随缘分听，于是竞习胡音，析以汉义，精思通译，各书所闻，还至高昌，乃集为一部。

据《出三藏记集》卷二《新集撰出经律论录》，释昙学、威德等人所译《贤愚经》，凡13卷，是在宋文帝时于高昌郡译出。南北朝时期，高昌译出的佛典还有《观弥勒菩萨上生兜率天经》和《观世音观经》等。①

唐代前期，以高昌其地为西州，高昌以东置伊州（治伊吾，今新疆哈密），高昌以北置庭州（治今新疆吉木萨尔县），西州、伊州、庭州统辖于北庭都护府（治庭州，今新疆吉木萨尔县）。见于僧传的北庭译场有唐代龙兴寺，《宋高僧传》卷三《唐北庭龙兴寺戒法传》曰：

唐贞元中，悟空回至北庭，其本道节度使杨袭古与龙兴寺僧请法为译主，翻《十地经》。法䂮读梵文并译语，沙门大震笔受，法超润文，善信证义，悟空证梵文。又译《回向轮经》，翻传才毕，缮写欲终，遇北庭宣慰中使段明秀讫回，与北庭奏事官牛昕、安西奏事官程锷等相随入朝，为沙河不通，取回鹘路，其梵夹留北庭龙兴寺藏。赍所译唐本至京，即贞元五载也。

此事又略见于《宋高僧传》卷三《唐上都章敬寺悟空传》。

840年，漠北回鹘人西迁至北庭，在866年又进据高昌，史称高昌回鹘。西迁回鹘人在高昌当地居民的影响下，很快全面接受了佛教文化，高昌译经从此掀起了高潮。高昌回鹘人用回鹘文翻译了大量佛教经典（图Ⅲ—8），目前已知回鹘文佛经主要有《金光明最胜王经》《妙法莲华经》

---

① 《出三藏记集》卷二《新集撰出经律论录》，第61页。

《华严经》《阿弥陀经》《金刚经》《七星经》《大方便佛报恩经》《大云请雨经》《方广大庄严经》《般若波罗蜜多经》《十方平安经》《慈悲道场忏法》《佛顶尊胜陀罗尼经》《俱舍论》《瑜伽师地论》《弥勒会见经》等。高昌回鹘译经规模很大，可以这样说，纵然不是全部大藏经，至少是大藏经中的经、论两部分的主要著作都已先后被译成了回鹘语。①

图Ⅲ—8　回鹘文法典

佛教在西域的传播，自来有南、北两路。南路自迦湿弥罗（今克什米尔一带）传至于阗（今和田），再传至疏勒（今喀什）、且末、鄯善（今若羌）等地；北路自大月氏（今阿姆河流域一带）传至姑墨（今阿克苏）、龟兹（今库车）、焉耆、高昌（今吐鲁番）、北庭（今吉木萨尔）、伊吾（今哈密）等地。中古时期，佛教在西域的传播和发展，以龟兹、于阗、高昌为中心形成了西域佛教译经文化区。"西域佛教"的区域特征，不仅反映在代表佛教文化艺术的石窟上，亦且表现在佛教经典的翻译上。

二　河西

佛教经由西域向内地传播，河西走廊是传播的第一站。中古时期，东

---

①　耿世民：《古代新疆和突厥、回鹘人中的佛教》，《世界宗教研究》第2集，第73~81页。

来西往的高僧大德停留驻足河西敦煌、酒泉、凉州等地，形成了河西译经文化区。

河西敦煌以藏经闻名于世，现今存世的敦煌遗书总数是 5 万至 6 万卷，其中佛教文书占 90% 以上，仅汉文佛经就多达 32000 卷左右。[①] 敦煌不仅以藏经著称，而且是较早从事佛经翻译的地区。《出三藏记集》卷二《新集撰出经律论录》载，《决定毗尼经》一名《破坏一切心识》，凡 1 卷，"众录并云于凉州敦煌出，未审译经人名"。西晋太康五年（284），罽宾（今克什米尔）文士竺侯征若携《修行道地经》至敦煌。"敦煌菩萨"竺法护谙究天竺语，又悉晋言，于此翻译，其笔受者菩萨弟子法乘、月氏人法宝，正书写者荣携业、侯无英，贤者李应荣、承索乌子、剡迟时、通武、支晋、支晋宝等三十余人，咸共相助。太康五年（284）十月，竺法护于敦煌从龟兹副使羌子侯得梵书《不退转法轮经》，"口敷晋言，授沙门法乘使流布，一切咸悉闻知"。[②] 当然，敦煌译经远远不止见于史传记载的这几部。

在河西地区，与敦煌毗邻的酒泉也有译经活动。《出三藏记集》卷七《圣法印经记》云：

> 元康四年十二月二十五日，月支菩萨沙门法护于酒泉演出此经，弟子竺法首笔受。令此深法普流十方，大乘常住。

《魏书》卷一一四《释老志》载：

> 有罽宾沙门昙摩忏，习诸经论。于姑臧，与沙门智嵩等，译《涅槃》诸经十余部。

姑臧即河西凉州（今甘肃武威），昙摩忏即昙无谶，智嵩当即慧嵩，皆为十六国时期的高僧大德，此事于《高僧传》卷二《晋河西昙无谶传》记载尤详：

[①] 周丕显：《敦煌佛经略考》，《敦煌学辑刊》1987 年第 2 期。
[②] 《出三藏记集》卷七《〈阿维越致遮经〉记》，第 274 页。

昙无谶，或云昙摩忏，或云昙无忏，盖取梵音不同也。……河西王沮渠蒙逊潜据凉土，自称为王，闻谶名，呼与相见，接待甚厚。蒙逊素奉大法，志在弘通，欲请出经本，谶以未参土言，又无传译，恐言舛于理，不许即翻。于是学语三年，方译写《初分》（引者按：《初分》即《大般涅槃经》前分）十卷。时沙门慧嵩、道朗，独步河西，值其宣出经藏，深相推重，转易梵文，嵩公笔受。道俗数百人，疑难纵横，谶临机释滞，清辩若流。兼富于文藻，辞制华密，嵩、朗等更请广出诸经，次译《大集》《大云》《悲华》《地持》《优婆塞戒》《金光明》《海龙王》《菩萨戒本》等，六十余万言。谶以《涅槃经》本，品数未足，还外国究寻。……后于于阗，更得经本《中分》，复还姑臧译之。后又遣使于阗，寻得《后分》，于是续译为三十三卷。以伪玄始三年初就翻译，至玄始十年十月二十三日三帙方竟，即宋武永初二年也。

昙无谶在凉州译经十余年，据《出三藏记集》卷二《新集撰出经律论录》，昙无谶在凉州翻译了《大般涅槃经》36卷、《方等大集经》29卷、《方等王虚空藏经》5卷、《方等大云经》4卷、《悲华经》10卷、《金光明经》4卷、《海龙王经》4卷、《菩萨地持经》8卷、《菩萨戒本》1卷、《优婆塞戒》7卷、《菩萨戒经》8卷、《菩萨戒优婆塞戒坛文》1卷，凡12部117卷，《开元释教录》刊定为19部131卷。在昙无谶的译籍中以《大般涅槃经》影响最大，独步河西的高僧道朗评价说："《大般涅槃》者，盖是法身之玄堂，正觉之实称，众经之渊镜，万流之宗极。……至乃形充十方，而心不易虑；教弥天下，情不在己。厕流尘蚁而弗下，弥盖圣群而不高，功济万化而不恃，明逾万日而不居。"①

昙无谶译经成就的取得，源于沮渠蒙逊的倡导和支持。北凉王沮渠蒙逊素奉佛法，志在弘通，大兴译事。蒙逊有从弟沮渠安阳侯，"少时，求法度流沙，至于阗，于瞿摩帝大寺遇天竺法师佛驮斯那，咨问道义……安阳从受《禅秘要治病经》，因其梵本，口诵通利。既而东归，向邑于高昌得《观世音》、《弥勒》二《观经》各一卷。及还河西，即译出《禅要》，

---

① 《出三藏记集》卷八《〈大涅槃经〉序》，第313页。

转为晋文"。① 时有雍州京兆新丰（今陕西临潼）人智猛于弘始六年（404）招结同志沙门15人，亦西行求法，"以甲子岁发天竺，同行三伴，于路无常，唯猛与昙纂俱还。于凉州出《泥洹》本，得二十卷"。② 晋安帝时，又有沙门释道龚在凉州译出《宝梁经》2卷。③

十六国北朝时期，河西传译，称盛一时，凉州译业尤为突出，仅凉土译经就有59部。④ 凉州译经，屡见僧传。仅北凉译人就有道龚、法众、僧伽陀、昙无谶、沮渠京声、浮陀跋摩、智猛、道泰、法盛等人，凉土僧人于晋末前往西域者有沮渠京声、道泰、宝云、法盛等人，即至宋初，尚有河西沙门释昙学、威德等八僧西至于阗。⑤ 河西凉州佛经传译之盛况，由此亦见一斑。

凉州译场，规模很大。北凉玄始十五年（426），昙无谶在凉州城内翻译《优婆塞戒经》，有河西王世子、抚军将军、录尚书事大沮渠兴国"与诸优婆塞等五百余人"咸同斯译。⑥ 于史可考的凉州译场有前凉凉州内正听堂湛露轩，《出三藏记集》卷七《〈首楞严经〉后记》曰：

> 咸安三年，岁在癸酉，凉州刺史张天锡在州出此《首楞严经》。于时有月支优婆塞与支施仑手执胡本。支博综众经，于方等三昧特善，其志业大乘学也。出《首楞严经》《须赖》《上金光首》《如幻三昧》，时在凉州州内正听堂湛露轩下集。

凉州著名译场尚有北凉凉州城内苑闲豫宫寺。闲豫宫寺见于《出三藏记集》卷二《新集撰出经律论录》，又详于《出三藏记集》卷一〇《〈毗婆沙经〉序》：

> 毗婆沙者，盖是三藏之指归，九部之司南。……有沙门道泰，才敏自天，冲气疏朗，博关奇趣，远参异言。往以汉土方等既备，幽宗

---

① 《高僧传》卷二《晋河西昙无谶传附安阳侯传》，第80页。
② 《高僧传》卷三《宋京兆释智猛传》，第126页。
③ 《出三藏记集》卷二《新集撰出经律论录》，第53页。
④ 《出三藏记集》卷三《新集安公凉土异经录》，第91~98页。
⑤ 汤用彤：《汉魏两晋南北朝佛教史》，北京大学出版社，1997，第276页。
⑥ 《出三藏记集》卷九《〈优婆塞戒经〉记》，第340~341页。

粗畅，其所未练，唯三藏九部。故杖策冒险，爰至葱西，综揽梵文，义承高旨，并获其梵本十万余偈。既达凉境，王即欲令宣译。然惧裹中之固，将或未尽，所以侧席虚襟，企瞩明胜。时有天竺沙门浮陀跋摩，周流敷化，会至凉境。其人开悟渊博，神怀深邈，研味钻仰，逾不可测。遂以乙丑之岁四月中旬，于凉州城内苑闲豫宫寺，请令传译。理味沙门智嵩、道朗等三百余人，考文详义，务存本旨，除烦即实，质而不野。王亲屡回御驾，陶其幽趣，使文当理诣，片言有寄。至丁卯岁七月上旬都讫，通一百卷。

《毗婆沙经》为凉土高僧道泰在"葱西"所得，北凉王沮渠茂虔时由天竺沙门浮陀跋摩在闲豫宫寺译出。北凉"王亲屡回御驾"，译场规格很高。译者有"理味沙门智嵩、道朗等三百余人"，可见闲豫宫寺译场规模很大。

晚唐时，吐蕃佛教在河西地区开始流传。河西一些高僧将藏文佛经译为汉文，或将汉文佛经译为藏文。其中，最为著名的是活动在河西地区沙州、瓜州和甘州的吐蕃名僧管·法成（Vgos chos grub）。敦煌遗经中有许多汉文题名署为"大蕃国大德三藏法师沙门法成"、"大德三藏法师沙门法成"或"沙门法成"。法成精通藏、梵、汉三种文字，他在沙州（治今甘肃敦煌）永康寺和甘州（治今甘肃张掖）修多寺将藏文佛经译为汉文，也将汉文佛经译为藏文，还著有关于佛教的集录或讲述的经籍，总计多达23部。①

三 关中

中古时期，关中长安几度曾是佛学中心，佛经译场，鳞次栉比。考诸史籍，名噪一时的译场主要有以下多处。

（1）白马寺。晋代译经巨匠竺法护（昙摩罗刹）志弘大道，"自敦煌至长安，沿路传译，写为晋文"，"经法所以广流中华者，护之力也"。② 法护在西晋长安的译场有白马寺，《出三藏记集》卷七《〈须真

---

① 王尧：《藏族翻译家管·法成对民族文化交流的贡献》，《文物》1980年第7期。
② 《高僧传》卷一《晋长安昙摩罗刹（竺法护）传》，第23页。

天子经〉记》云：

《须真天子经》，太始二年十一月八日于长安青门内白马寺中，天竺菩萨昙摩罗察口授出之。时传言者安文惠、帛元信，笔受者聂承远、张玄伯、孙休达。十二月三十日未时讫。

又《出三藏记集》卷七《〈文殊师利净律经〉记》曰：

《经》后记云：沙门竺法护于京师遇西国寂志诵出此经。经后尚有数品，其人忘失，辄宣现者，转之为晋。更得其本，补令具足。太康十年四月八日，白马寺中，聂道真对笔受，劝助刘元谋、傅公信、侯彦长等。

（2）西寺。法护在西晋长安的译场还有西寺，《出三藏记集》卷九《渐备经十住梵名并书叙》云："元康七年十一月二十一日，沙门法护在长安西寺中出《渐备经》，手执梵本，译为晋言。"

（3）石羊寺。《高僧传》卷一《晋长安僧伽跋澄传》曰：

僧伽跋澄，此云众现，罽宾人。……苻坚建元十七年来入关中。先是大乘之典未广，禅数之学甚盛，既至长安，咸称法匠焉。苻坚秘书郎赵正崇仰大法，尝闻外国宗习《阿毗昙毗婆沙》，而跋澄讽诵，乃四事礼供，请译梵文，遂共名德法师释道安等集僧宣译。跋澄口诵经本，外国沙门昙摩难提笔受为梵文，佛图罗刹宣译，秦沙门敏智笔受为晋本。

据《出三藏记集》卷一〇《〈僧伽罗刹集经〉后记》，上述《毗婆沙》于前秦建元二十年（384）十一月至二十一年（385）二月在长安石羊寺译出。又晋安帝时，外国沙门毗婆沙为后秦国主姚兴在长安石羊寺译出《舍利弗阿毗昙》。毗婆沙即罽宾（今克什米尔）人昙摩耶舍，耶舍善诵《毗婆沙律》，时人号为"大毗婆沙"。昙摩耶舍于东晋安帝义熙年间来入长安。后秦弘始九年（407）至十六年（414），昙摩耶舍与天竺沙门昙摩掘多在长安译出《舍利弗阿毗昙》，凡22卷，后秦太子姚泓亲管理味，沙门道标为之作序。①

僧伽跋澄不仅在长安翻译了《阿毗昙毗婆沙》，他还与昙摩难提及僧伽提婆三人共执梵本，沙门竺佛念宣译，慧嵩笔受，道安、法和对共校定，在长安翻译了《婆须蜜》。②兜佉勒（吐火罗）人昙摩难提，研讽经典，博识洽闻，靡所不综，于前秦建元中（365～384）来到长安。昙摩难提不仅与僧伽跋澄等人在长安翻译了《阿毗昙毗婆沙》和《婆须蜜》，还在长安译出《中阿含》和《增一阿含》，慧嵩笔受，竺佛念传译。③"二《含》之显，念宣译之功也。"④凉州人竺佛念家世河西，洞晓方语，华戎音义，莫不兼解，故义学之誉虽阙，洽闻之声甚著，"自〔安〕世高、支谦以后，莫逾于念，在苻姚二代为译人之宗"。⑤竺佛念不仅参与了僧伽跋澄和昙摩难提的译经工作，而且其后他在长安陆续自译《菩萨璎珞》《十住断结》及《出曜》《胎经》《中经》等。⑥

（4）逍遥园。后秦时，龟兹沙门鸠摩罗什（343～413）"道流西域，名被东川"，弘始三年（401）十二月，后秦国主姚兴迎请鸠摩罗什入关，到达长安。"什既至止，仍请入西明阁及逍遥园，译出众经。"⑦"〔姚〕兴如逍遥园，引诸沙门于澄玄堂听鸠摩罗什演说佛经。罗什通辩夏言，寻览旧经，多有乖谬，不与胡本相应。兴与罗什及沙门僧䂮、僧迁、道树、僧睿、道坦、僧肇、昙顺等八百余人，更出大品。罗什持胡本，兴执旧经，以相考校，其新文异旧者皆会于理义。"⑧

为了检校《大品》文义，鸠摩罗什又在逍遥园译出《大智度论》，《出三藏记集》卷一〇《〈大智释论〉序》曰：

……乃集京师义业沙门，命公卿赏契之士五百余人，集于渭滨逍遥园堂，銮舆伫驾于洪涘，禁御息警于林间。躬览玄章，考正名于胡本；咨通律要，坦夷路于来践。经本既定，乃出此《释论》。《论》之

---

① 《高僧传》卷一《晋江陵辛寺昙摩耶舍传》，第42页。
② 《高僧传》卷一《晋长安僧伽跋澄传》，第33页。
③ 《高僧传》卷一《晋长安昙摩难提传》，第35页。
④ 《高僧传》卷一《晋长安竺佛念传》，第40页。
⑤ 《高僧传》卷一《晋长安竺佛念传》，第40页。
⑥ 《高僧传》卷一《晋长安竺佛念传》，第40页。
⑦ 《高僧传》卷二《晋长安鸠摩罗什传》，第52页。
⑧ （唐）房玄龄等：《晋书》卷一一七《姚兴载记》，中华书局，1974，第2984～2985页。

略本有十万偈,偈有三十二字,并三百二十万言。胡夏既乖,又有繁简之异,三分除二,得此百卷。于《大智》三十万言,玄章婉旨,朗然可见。归途直达,无复惑趣之疑;以文求之,无间然矣。

逍遥园是后秦国主姚兴支持下的国立译场。姚兴遣使招迎罽宾沙门佛陀耶舍到长安后,亦"别定新省于逍遥园中,四事供养"。①

鸠摩罗什在逍遥园翻译《大智度论》时,"义业沙门"和"公卿赏契之士"多达"五百余人",翻译《大品般若经》时,义学沙门多达"八百余人",可见逍遥园译场规模之大。《大品般若经》和《大智度论》是中国佛教般若学理论依据的主要经典,它们都在长安逍遥园译出,从而决定了逍遥园在中国佛经翻译史上具有举足轻重的地位。

(5) 大寺。《高僧传》卷二《晋长安鸠摩罗什传》载:

大将军常山公显,左军将军安城侯嵩,并笃信缘业,屡请什于长安大寺讲说新经,续出《小品》《金刚波若》《十住》《法华》《维摩》《思益》《首楞严》《持世》《佛藏》《菩萨藏》《遗教》《菩提无行》《呵欲》《自在王》《因缘观》《小无量寿》《新贤劫》《禅经》《禅法要》《禅要解》《弥勒成佛》《弥勒下生》《十诵律》《十诵戒本》《菩萨戒本》《释论》《成实》《十住》《中》《百》《十二门论》,凡三百余卷。并畅显神源,挥发幽致。于时,四方义士,万里必集,盛世久大,于今咸仰。

中国佛教成实学派依据的主要经典《成实论》,"三论"学派(三论宗)的《中论》《十二门论》《百论》,天台宗的《法华经》,净土宗的《阿弥陀经》,禅宗的《金刚般若经》等都在后秦长安大寺译出。鸠摩罗什于弘始三年(401)至长安,弘始十五年(413)薨于大寺。弘始八年(406)前,鸠摩罗什多在逍遥园译经;弘始八年后,他则在大寺译经。逍遥园译场规模很大,大寺译场的规模也不小。鸠摩罗什在大寺译《维摩诘经》时,"义学沙门千二百人";② 译《法华经》时,"于时听受领悟之僧八

---

① 《高僧传》卷二《晋长安佛陀耶舍传》,第 67 页。
② 《出三藏记集》卷八《〈维摩诘经〉序》,第 310 页。

百余人，皆是诸方英秀，一时之杰也"；① 译《思益经》时，"于时咨悟之僧二千余人，大齐法集之众，欣豫难遭之庆。近是讲肆之来，未有其比！"②

（6）中寺。《高僧传》卷二《晋长安弗若多罗传》载：

> 弗若多罗，此云功德华，罽宾人也。……以伪秦弘始中，振锡入关。秦上姚兴待以上宾之礼。罗什亦挹其戒范，厚相宗敬。先是经法虽传，律藏未阐，闻多罗既善斯部，咸共思慕。以伪秦弘始六年十月十七日集义学僧数百余人，于长安中寺，延请多罗诵出《十诵》梵本，罗什译为晋文，三分获二。

《出三藏记集》卷三《新集律来汉地四部记录》引僧肇《〈长阿含〉序》云：

> 秦弘始十二年，岁上章掩茂，右将军司隶校尉姚爽于长安中寺集名德沙门五百人，请罽宾三藏佛陀耶舍出律藏《四分》四十卷，十四年讫。十五年，岁昭阳奋若，出《长阿含》，凉州沙门佛念为译，秦国道士道含笔受。

后秦长安中寺与逍遥园、大寺译场并立，以翻译律藏为特色，译于中寺的《十诵律》和《四分律》即佛教律藏中最重要的两部经典。

（7）四天王寺。四天王寺是北周长安的著名译场。犍陀罗国名僧阇那崛多于北周明帝武成年间（559～560）来到长安，明帝诏入后园共论佛法，殊礼别供于禁中，诏令为其造四天王寺，听由居住。自兹以后，阇那崛多乃翻新经《十一面观音》《金仙问经》等。③

北周保定四年（564），摩伽陀国三藏禅师阇那耶舍与耶舍崛多、阇那崛多等人为太冢宰晋荡公宇文护在长安四天王寺译出《佛顶咒经》《宝积经》等。④

---

① 《出三藏记集》卷八《〈法华经〉后序》，第307页。
② 《出三藏记集》卷八《〈思益经〉序》，第308页。
③ （唐）道宣撰，郭绍林点校《续高僧传》卷二《隋西京大兴善寺北贤豆沙门阇那崛多传》，中华书局，2014，第38～39页。
④ （隋）费长房：《历代三宝纪》卷一一，《大正藏》卷四九，第100页。

(8)大兴善寺。大兴善寺是隋唐长安的国立译场。隋开皇二年（582），北天竺乌场（苌）国（今巴基斯坦西北斯瓦特地区）人那连提黎耶舍，由弟子道密等人侍送入京，住大兴善寺，其年冬季草创翻译。隋文帝敕诏玄统沙门昙延等30余人令对翻译，"主上礼问殷繁，供奉隆渥"，凡前后所译经论15部80余卷。① 是时，又有同国沙门毗尼多流支，于大兴善寺译出《象头精舍大乘总持经》2卷。② 开皇五年（585），大兴善寺沙门昙延等30余人，"以躬当翻译，音义乖越"，奏请自突厥召回阇那崛多。隋文帝下敕"诸有翻译，必以崛多为主"，于大兴善寺更召婆罗门僧达摩笈多，并敕令居士高天奴、高和仁兄弟等人同传梵语，又置十大德沙门僧休、法粲、法经、慧藏、洪遵、慧远、法纂、僧晖、明穆、昙迁等监掌翻事，铨定宗旨，沙门明穆、彦琮重对梵本，再审覆勘，整理文义，崛多共译佛典37部176卷。③ 开皇十年（590），南贤豆罗啰国（今印度西部古吉拉特地区）人达摩笈多"寻蒙帝旨，延入京城"，"又奉别敕，令就翻经，移住兴善，执本对译，允正实繁。所诵大、小乘论并是深要"。④ 同年，洺州（治今河北邯郸）人释僧昙以"梵言音字，并通诂训"，敕召翻译，住大兴善寺，"昙以传译之美，继业终寺"。⑤ 开皇十二年（592），隋王朝敕召赵郡（治今河北赵县）人释彦琮入京，复掌翻译，住大兴善寺。⑥ 同年，敕召释童真于大兴善寺对翻梵本。⑦

唐代武德九年（626），中天竺人波颇至京师，敕住兴善寺，"自古教传词旨有所未喻者，皆委其宗绪，括其同异，内计外执，指掌释然，征问相雠，披解无滞"。唐太宗乃于贞观三年（629）下诏所司搜扬硕德备经三教者19人于大兴善寺创开传译，沙门慧乘等人证义，沙门玄谟等人译语，沙门慧赜、慧净、慧明、法琳等人缀文，又敕上柱国、尚书左仆射房玄龄和散骑常侍、太子詹事杜正伦参助勘定，光禄大夫、太府卿萧璟总知监护，译出《宝星陀罗尼经》。⑧ 自天宝（742～755）迄于大历六年（771），

---

① 《续高僧传》卷二《隋西京大兴善寺北天竺沙门那连提黎耶舍传》，第35页。
② 《续高僧传》卷二《隋西京大兴善寺北天竺沙门那连提黎耶舍传》，第36页。
③ 《续高僧传》卷二《隋西京大兴善寺北贤豆沙门阇那崛多传》，第39～40页。
④ 《续高僧传》卷二《隋东都雒滨上林园翻经馆南贤豆沙门达摩笈多传》，第44页。
⑤ 《续高僧传》卷一〇《隋西京大兴善道场释僧昙传》，第357～358页。
⑥ 《续高僧传》卷二《隋东都上林园翻经馆沙门释彦琮传》，第50页。
⑦ 《续高僧传》卷一二《隋西京大禅定道场释童真传》，第411页。
⑧ 《续高僧传》卷三《唐京师胜光寺中天竺沙门波颇传》，第66页。

密宗二祖北天竺人不空（705~774）译经凡77部，共120余卷，不空亦尝驻锡大兴善寺。①

（9）胜光寺。波颇先在大兴善寺译经，后来移住长安光德坊胜光寺，又译《般若灯》《大庄严论》，② 胜光寺是波颇的后期译场。

（10）弘福寺。贞观十九年（645），玄奘法师（600~664）西行求法归来后，唐太宗以长安弘福寺"其处虽小，禅院虚静，可为翻译"，令玄奘即居弘福寺，并下令"所须人物吏力，并与〔房〕玄龄商量，务令优给"。③ 玄奘遂召沙门慧明、灵润等人以为证义，沙门行友、玄赜等人以为缀缉，沙门智证、辩机等人以为录文，沙门玄谟以证梵语，沙门玄应以定字伪（图Ⅲ—9），"法师方操贝叶，开演梵文"，④ 翻译了《大菩萨藏经》《佛地经》《六门陀罗尼经》《显扬圣教论》《大乘阿毗达磨杂集论》《瑜伽师地论》等共十余部新经。⑤

图Ⅲ—9　贞观廿二年玄奘译场列位（法国藏敦煌文书 P.3709）

（11）慈恩寺。贞观二十二年（648），皇太子李治营建大慈恩寺，"别造翻经院，虹梁藻井，丹青云气，琼础铜沓，金环华铺，并加殊丽，令［玄奘］法师移就翻译，仍纲维寺任"，"法师还慈恩寺，自此之后，专务翻译，无弃寸阴，每日自立课程，若昼日有事不充，必兼夜以续之"。⑥ 玄奘在大慈恩寺翻经院译出了《诸佛心陀罗尼经》《瑜伽师地论释》《摄大

---

① 《宋高僧传》卷一《唐京兆大兴善寺不空传》，第9~10页。
② 《续高僧传》卷三《唐京师胜光寺中天竺沙门波颇传》，第66页。
③ 《续高僧传》卷四《唐京师大慈恩寺释玄奘传》，第120页。
④ （唐）慧立、彦悰撰，孙毓棠、谢方点校《大慈恩寺三藏法师传》卷六，中华书局，2000，第132页。
⑤ （唐）智昇撰，富世平点校《开元释教录》卷八，中华书局，2014，第490~498页。
⑥ 《大慈恩寺三藏法师传》卷七，第155、158页。

乘论本》《因明正理论》《唯识三十论》《本事经》《阿毗达磨俱舍论》等共 40 多部新经。①

永徽六年（655），中印度人那提携大、小乘经、律、论 500 余夹合 1500 余部来到京师长安，"有敕令于慈恩安置，所司供给"。② 龙朔三年（663），那提在慈恩寺译出《师子庄严王菩萨请问经》、《离垢慧菩萨所问礼佛法经》和《阿叱那智经》。③

贞元十六年（800），北印度人释牟尼室利（华言寂默）至长安兴善寺，贞元十九年（803）徙居崇福寺、醴泉寺，"复于慈恩寺请行翻译事，及将〔玄〕奘师梵本，出《守护国界主陀罗尼经》十卷，又进《六尘兽图》。帝悦，檀施极多"。④

（12）荐福寺。《宋高僧传》卷一《唐京兆大荐福寺义净传》载：

〔神龙〕二年，〔义〕净随驾归雍京，置翻经院于大荐福寺，居之。……睿宗唐隆元年庚戌，于大荐福寺出《浴像功德经》《毗奈耶杂事二众戒经》《唯识宝生》《所缘释》等二十部，吐火罗沙门达磨末磨、中印度沙门拔弩证梵义，罽宾沙门达磨难陀证梵文，居士东印度首领伊舍罗证梵本，沙门慧积、居士中印度李释迦度颇多读梵本，沙门文纲、慧沼、利贞、胜庄、爱同、思恒证义，玄伞、智积笔受，居士东印度瞿昙金刚、迦湿弥罗国王子阿顺证译，修文馆大学士李峤、兵部尚书韦嗣立、中书侍郎赵彦昭、吏部侍郎卢藏用、兵部侍郎张说、中书舍人李乂二十余人次文润色，左仆射韦巨源、右仆射苏瓌监护，秘书大监嗣虢王邕同监护。景云二年辛亥，复于大荐福寺译《称赞如来功德神咒》等经，太常卿薛崇嗣监护。

开元十八年（730），金刚智于荐福寺译出《曼殊室利五字心陀罗尼》《观自在瑜伽法要》各 1 卷，沙门智藏译语，一行笔受，删缀成文。⑤

（13）西明寺。唐高僧义净（635～713）最初与于阗三藏实叉难陀翻

---

① 《开元释教录》卷八，第 490～498 页。
② 《续高僧传》卷四《唐京师大慈恩寺梵僧那提传》，第 137 页。
③ 《开元释教录》卷九，第 531 页。
④ 《宋高僧传》卷三《唐京兆慈恩寺寂默传》，第 45 页。
⑤ 《宋高僧传》卷一《唐洛阳广福寺金刚智传》，第 6 页。

《华严经》，久视年间之后，乃自专译。义净于庚子年（700）至长安，癸卯年（703）于福先寺及西明寺译《金光明最胜王经》《能断金刚般若》《弥勒成佛》《一字咒王》《庄严王陀罗尼》《长爪梵志》等经，以及《根本一切有部毗奈耶》、《尼陀那目得迦》、《百一羯摩摄》和《六门教授等论》、《龙树劝诫颂》等，凡20部。①

开元四年（716），中印度人善无畏赍携梵夹来到长安，唐玄宗敕令于兴福寺南院安置，后又敕住西明寺，问劳重叠，锡赐异常。开元五年（717），善无畏奉诏于西明寺菩提院译经，他奏请名僧同参华梵，开题先译《虚空藏求闻持法》1卷，沙门悉达译语，无著笔受、缀文，缮写进内。唐玄宗深加赏叹，下敕善无畏所携梵本并令进上。②

贞元二年（786），北天竺迦毕试国（其地今属阿富汗）人释智慧（梵名般剌若）泛海至于长安，巧遇时任神策军正将的表兄罗好心（智慧舅氏之子）。贞元八年（792），罗好心上表举荐智慧译经，有敕令京城诸寺大德名业殊众者同译，翰林待诏、光宅寺沙门利言度语，西明寺沙门圆照笔受，资圣寺道液、西明寺良秀、庄严寺应真、醴泉寺超悟、道岸、昙空并充证义，敕右街功德使王希迁与右神策军大将军王孟涉、骠骑大将军马有邻等送经出内，"缁伍威仪，乐部相间，士女观望，车骑交骈，迎入西明寺翻译"。③ 是年，智慧开释梵本，在西明寺先译出《大乘理趣六波罗蜜多经》10卷，又译出《华严长者问佛那罗延力经》和《般若心经》各1卷。

（14）资圣寺。开元十一年（723），密藏祖师金刚智奉敕于长安资圣寺译经，译出《瑜伽念诵法》《七俱胝陀罗尼》各2卷，东印度婆罗门大首领直中书伊舍罗译语，嵩岳沙门温古笔受。④

（15）慧日寺。《宋高僧传》卷二《唐西京慧日寺无极高传》载："释无极高，中印度人……永徽三年壬子岁正月，自西印度赍梵夹来届长安，敕令慈门寺安置。……以四年癸丑至于五年，于慧日寺从《金刚大道场经》中撮要而译集成一部，名《陀罗尼集经》一十二卷，玄楷笔受。"

（16）经行寺。无极高在长安慧日寺"撮要而译"，集成《陀罗尼集经》，于时又有中印度大菩提寺阿难律木叉师、迦叶师等人，于经行寺译

---

① 《宋高僧传》卷一《唐京兆大荐福寺义净传》，第1~2页。
② 《宋高僧传》卷二《唐洛京圣善寺善无畏传》，第20页。
③ 《宋高僧传》卷二《唐洛京智慧传》，第23页。
④ 《宋高僧传》卷一《唐洛阳广福寺金刚智传》，第6页。

《功德天法》，编在《集经》第十卷内。①

（17）清禅寺。武则天时期，实叉难陀于京师清禅寺及东都佛授记寺译《文殊授记》等经，前后译出19部，沙门波仑、玄轨等人笔受，沙门复礼等人缀文，沙门法宝、恒景等人证义，太子中舍贾膺福监护。②

（18）广福寺。中印度人释地婆诃罗（华言日照）于唐高宗时来到中国。仪凤四年（679）五月，日照表请翻度所赍经夹，朝廷仍准玄奘例，于一大寺别院安置，并大德三五人同译。至武周垂拱（685～688）末年，日照于东、西太原及西京广福寺译《大乘显识经》《大乘五蕴论》等凡18部经论，沙门战陀般若提婆译语，沙门慧智证梵语，沙门道成、薄尘、嘉尚、圆测、灵辩、明恂、怀度证义，沙门思玄、复礼缀文、笔受，"天后亲敷睿藻，制序冠首焉"。③

（19）总持寺。永徽四年（653），陕州（治今河南陕县）安邑人释智通于长安总持寺翻译出《千啭陀罗尼观世音菩萨咒》《观自在菩萨随心咒》《清静观世音菩萨陀罗尼》共4部5卷，"通善其梵字，复究华言，敌对相翻，时皆推伏"。④

（20）奉恩寺。神龙二年（706）五月，于阗国质子、左领军卫大将军、上柱国尉迟乐奏乞以所居宅为寺，朝廷敕允题榜曰奉恩寺。尉迟乐又屡乞舍官入道，同年十一月二十四日墨制听许。景龙元年（707）十一月五日，唐中宗诞节，尉迟乐剃染，法号智严，遂奉敕于奉恩寺翻译，多证梵文，"诸经成部，严有力焉"，⑤ 并重译出《生无边法门陀罗尼经》。

（21）崇福寺。神龙二年（706），南天竺国人释菩提流志住长安崇福寺，译《大宝积经》。⑥ 菩提流志在崇福寺翻译《大宝积经》，释慧沼充证义，新罗胜庄法师执笔，沙门大愿、尘外皆一时英秀，当代象龙。于时武平一充使，卢藏用、陆景初总预译场。中书侍郎崔湜行香至翻经院，叹曰："清流尽在此矣，岂应见隔？"⑦

贞元十二年（796）六月，中印度人莲华受诏于崇福寺翻译《华严

---

① 《宋高僧传》卷二《唐西京慧日寺无极高传》，第30页。
② 《宋高僧传》卷二《唐洛京大遍空寺实叉难陀传》，第32页。
③ 《宋高僧传》卷二《唐西京广福寺日照传》，第33页。
④ 《宋高僧传》卷三《唐京师总持寺智通传》，第41页。
⑤ 《宋高僧传》卷三《唐京师奉恩寺智严传》，第42页。
⑥ 《宋高僧传》卷三《唐洛京长寿寺菩提流志传》，第43页。
⑦ 《宋高僧传》卷四《唐淄州慧沼传》，第73页。

经》,罽宾沙门般若宣梵文,洛京天宫寺广济译语,西明寺圆照笔受,智柔、智通缀文,成都府正觉寺道恒、鉴虚润文,千福寺大通证义,澄观、灵邃详定,神策军护军中尉霍仙鸣、右街功德使窦文场写进。[1] 大中年间(847~859),法宝大师玄畅奏请入藏。[2]

(22) 醴泉寺。元和五年(810),唐宪宗诏令工部侍郎归登、孟简、刘伯刍、萧俛等人就醴泉寺译出佛经8卷,号《本生心地观》,此经梵夹乃高宗朝师子国(今斯里兰卡)所进。译完写毕进上,唐宪宗作序,冠于经首。三藏赐帛,证义诸沙门锡赍有差。[3]

(23) 大明宫内道场。永泰元年(765),释飞锡奉诏于唐大明宫内道场同义学沙门良贲等16人参译《仁王护国般若经》并《密严经》。[4]

(24) 北苑白莲池和甘露亭。唐长安北苑白莲池和甘露亭亦曾设有译场,《宋高僧传》卷三《唐洛京长寿寺菩提流志传》载:

> 属孝和厌代,睿宗登极,敕于北苑白莲池、甘露亭,续其译事,翻度云毕,御序冠诸。其经旧、新凡四十九会,总一百二十卷。先天二年四月八日进内。此译场中沙门思忠、天竺大首领伊舍罗等译梵文,天竺沙门波若屈多、沙门达摩证梵义,沙门履方、宗一、慧觉笔受,沙门深亮、胜庄、尘外、无著、怀迪证义,沙门承礼、云观、神暕、道本次文。次有润文官卢粲、学士徐坚、中书舍人苏瑨、给事中崔璩、中书门下三品陆象先、尚书郭元振、中书令张说、侍中魏知古,儒释二家,构成全美。

关中译场除了长安诸多佛寺,特别值得称道的还有玉华宫。玉华宫是唐代皇家避暑行宫,位于今陕西宜君县。唐大慈恩寺三藏法师玄奘因在京师烦扰太多,乃于显庆四年(659)十月前往玉华宫译经,翻经大德及门徒一同前往,朝廷敕令翻经供给一准京寺。玄奘栖心幽谷,从显庆五年(660)正月一日到龙朔三年(663)十月二十三日,祁寒盛暑,不废晨暮,孜孜为道,考覆幽玄,在玉华宫译出长达600卷的《大般若经》。玄奘在

---

[1] 《宋高僧传》卷三《唐莲华传》,第47页。
[2] 《宋高僧传》卷三《唐醴泉寺般若传》,第50页。
[3] 《宋高僧传》卷三《唐醴泉寺般若传》,第49~50页。
[4] 《宋高僧传》卷三《唐大圣千福寺飞锡传》,第48页。

玉华宫还翻译了《唯识论》《辨中边论》《唯识二十论》《品类足论》等佛经，直到麟德元年（664）二月五日圆寂玉华宫。[①] 释嘉尚随三藏法师玄奘在玉华宫翻译《大般若经》，充任证义、缀文，多能杰出。及玄奘有疾，嘉尚具录所翻经论75部，总计1335卷。[②]

中古时期，法护、道安、鸠摩罗什、玄奘、义净、不空等译经大师荟萃长安，逍遥园、兴善寺、弘福寺、慈恩寺、西明寺等大型译场设立在长安。"渭滨流祇洹之化，西明启如来之心，逍遥集德义之僧，京城溢道咏之音。"[③] 长安译经，郁为称首，堪称中古时期西北地区最大的译经中心。

小　结

大教东传，梵书西至。历史上，大规模的佛经翻译活动在西北地区持续了将近1000年。初期的佛经翻译多为数人讲、译同施，一般由梵僧或胡僧"口诵"经文，汉僧听言揣意"笔受"（笔头记录），转梵为胡，转胡为汉。随着译经事业的发展，翻译佛经渐成一种有组织的活动。十六国时期，西北各地开始出现了大大小小的译场，当时的国立译场以长安逍遥园和凉州闲豫宫寺最为著名，声闻远近，望重一期。这一时期的译场，以梵胡客僧为主译，有传语、笔受、对勘等数人，译场助手数以百计。隋唐时期，政府特设翻经院和弘法院，皇家寺院亦常常被辟为译经场所，译事极盛。隋唐译场设官分职，有译主、笔受、度语、证梵、润文、证义、校勘、监护，分别由具有一定条件的人充当，各自分工甚为细密，译场组织臻乎完备。译主统摄始终，由"赍叶书之三藏、明练显、密二教者充之"。笔受又谓之"缀文"，由"言通华梵，学综有空者"充当，执翰记录。度语正式称作"译语"，亦名"传语"，由熟识梵言者充当，"传度转令生解"，负责口译。证梵负责考证梵本佛经文义，"令华语下不失梵义"，由"要识梵言，乃闲正译"者充当。润文负责刊定、润色文字，"令通内外学者充之"。证义"盖证已译之文所诠之义"，校勘"雠对已译之文"。监护

---

① 《续高僧传》卷四《唐京师大慈恩寺释玄奘传》，第129页；《大慈恩寺三藏法师传》卷一〇，第214~222页。
② 《宋高僧传》卷四《唐京兆大慈恩寺嘉尚传》，第73页。
③ 《出三藏记集》卷八《〈大品经〉序》，第292页。

即监护大使，多由钦命大臣充任，监阅总校，进奏译本。[1]

中古西北地区佛教译经场点大都位于交通要道附近或者就在都城。于阗、龟兹、高昌、敦煌正是处在"丝绸之路"上而发展成为佛经传译中心。"不依国主，则法事难立。"[2] "译经虽位在僧，光价终凭朝贵。"[3] 长安和凉州成为西北地区译经中心，则不仅因为位于"丝绸之路"上，还因为是数代王朝的都城所在。中古西北地区大大小小的佛经译场在此形成了三大译经文化区：西域、河西、关中。

佛教较早传入西域，佛教经典也较早在西域流通。西域各国有各自的语言、文字，习惯上通称"胡"语。西域的佛经翻译即是译"梵"为"胡"，印度梵本佛经通过西域文的翻译而成"胡"本，成为中国内地早期佛经翻译依据的原本，十六国北朝时期的译主们则每每"手执胡本"，南北朝时期人提到佛经的翻译时也常说"译胡为秦"。汉晋时期，西北地区的佛经翻译以西域译事最为兴盛。西晋以来，西北地区佛教译经活动重心渐由西域向关中转移。西晋初年，竺法护在长安译经讲法，声盖四远，"僧徒数千，咸所宗事"。[4] 不唯法护，帛远亦尝"乃于长安造筑精舍，以讲习为业，白黑宗禀，几且千人"。[5] 其后，释道安被前秦国主苻坚迎入长安，奉为国师，甚得礼重。道安笃好经典，志在弘法，他召集中外名僧，组织译场，主持译事。是时，长安遂为西北地区佛教译经之重镇。道安之后，后秦国主姚兴迎请鸠摩罗什至长安，待以国师之礼，甚为优宠。罗什译经，穷年忘倦，关中译事，十数年间可谓极盛。鸠摩罗什之后，隋唐时期，玄奘、义净、不空等一大批译经高僧接踵而至长安，专当法匠，相续传译，成绩斐然，功德森茂。隋唐时期，关中成为西北地区佛教译经活动的中心，亦且是当时西北乃至全国佛教文化最为发达的地区。

（原载《中国历史地理论丛》2004年第4辑，发表时因版面所限有删节，此为原稿，个别文字略有修订）

---

[1] 《宋高僧传》卷三《译经篇总论》，第56~57页。
[2] 《高僧传》卷五《晋长安五级寺释道安传》，第178页。
[3] 《续高僧传》卷四《唐京师大慈恩寺释玄奘传》，第128页。
[4] 《高僧传》卷一《晋长安竺昙摩罗刹（竺法护）传》，第24页。
[5] 《高僧传》卷一《晋长安帛远传》，第26页。

中古西北佛教戒律学考述

——以梁、唐、宋《高僧传》为中心

佛教传入中国以后，渐次与中国传统文化相交融，形成了独具特色的中国佛学。卷帙浩繁、内容丰富的《大藏经》就是中国佛学的结集和代表。《大藏经》的主要内容乃由经、律、论三部分构成，称为"三藏"。作为佛教三大法藏之一的律藏，名目繁多，内容庞杂。伴随着部派的分裂，佛教律藏分成昙无德部（《四分律》）、萨婆多部（《十诵律》）、弥沙塞部（《五分律》）、婆蹉富罗部（《僧祇律》）和迦叶遗部。

梁释慧皎说"入道即以戒律为本"，[①] 唐释道宣以"律为法命"，[②] 宋释赞宁认为"戒律是佛之家法"。[③] 在佛教戒、定、慧三学中，"慧资于定，定资于戒"，[④] 故"戒"学为首。因此，随着佛教律藏的翻译，除了迦叶遗部因"无人翻度，惟出戒本"，[⑤] 中古西北地区，《十诵》《五分》《僧祇》《四分》诸律律肆[⑥]盛开，咨参律学，坚修律仪，法侣诜诜，律筵济济。对此，学界尚无专文论述。由于印度佛教主要是辗转中亚沿着"丝绸之路"先传入我国西北地区，再传入中原内地。佛教传入中国取道西北，从此决

[①] （南朝梁）慧皎撰，汤用彤校注《高僧传》卷一一《明律篇总论》，中华书局，1992，第443页。

[②] （唐）道宣撰，郭绍林点校《续高僧传》卷二三《明律篇总论》，中华书局，2014，第887页。

[③] （宋）赞宁撰，范祥雍点校《宋高僧传》卷一六《明律篇总论》，中华书局，1987，第405页。

[④] 《高僧传》卷一一《明律篇总论》，第443页。

[⑤] 《续高僧传》卷二三《明律篇总论》，第885页。

[⑥] 律肆乃探研佛教戒律学的园地，《续高僧传》卷二一《陈扬都光宅寺释昙瑗传》："释昙瑗，未详氏族，金陵人也。……以戒律处世，住持为要……〔陈〕宣帝下诏国内：'初受戒者，夏未满五，皆参律肆，可于都邑大寺广置听场。'仍敕瑗公总知监检，明示科举。"《续高僧传》卷二二《唐益州龙居寺释智诜传》："释智诜，字惠成，姓徐，本徐州人……在蜀游学，务勤律肆。"又《宋高僧传》卷一六《唐钟陵龙兴寺清彻传》："释清彻，未知何许人也。周游律肆，密护根门，即无常师，唯善是与。"

定了西北佛教在中国佛教史上的地位举足轻重。因而，阐明佛教戒律学在中古西北地区的弘持和传布具有重要意义。

一 《十诵律》

佛教律藏萨婆多（一切有）部，通常称作《十诵律》，乃因这 61 卷《律藏》分 10 次诵出。梁释慧皎称："自大教东传……虽复诸部皆传，而《十诵》一本最盛东国。"① 唐释道宣亦谓："自律藏久分，初通东夏，则萨婆多部《十诵》一本，最广弘持。"②

《十诵律》随佛教东传，较早在西域流行。罽宾（今克什米尔）人卑摩罗叉出家履道，苦节成务，"先在龟兹，弘阐律藏，四方学者，竞往师之，鸠摩罗什时亦预焉"。③ 据《高僧传·鸠摩罗什传》，鸠摩罗什 20 岁受戒于龟兹王宫，在龟兹（今新疆库车）从卑摩罗叉修习《十诵律》。又"以昔卑摩罗叉律师，本西土元匠，来入关中，及往荆陕，皆宣通《十诵》，盛见《宋录》"，④ 则知卑摩罗叉在龟兹所弘律藏是《十诵律》。卑摩罗叉在龟兹弘阐《十诵律》，"四方学者，竞往师之"，则龟兹流行《十诵律》，固无疑义。龟兹流行《十诵律》，影响所及，西域其他地区亦常有《十诵律》弘持者。南朝宋代，高昌（今新疆吐鲁番）释僧遵即"善《十诵律》，蔬食节行，诵《法华》《胜鬘》《金刚波若》，又笃厉门人，常忏悔为业"。⑤

《出三藏记集》卷三《新集律来汉地四部记录》曰：

> 萨婆多部者，梁言一切有也。……本有八十诵，优波掘以后世钝根，不能具受，故删为十诵。以诵为名，谓法应诵持也。……至秦弘始之中，有罽宾沙门弗若多罗，诵此《十诵》胡本，来游关右。罗什法师于长安逍遥园，三千僧中共译出之。始得二分，余未及竟，而多罗亡。俄而有外国沙门昙摩流支，续至长安。……方于关中共什出所

---

① 《高僧传》卷一一《明律篇总论》，第 443 页。
② 《续高僧传》卷二三《明律篇总论》，第 885 页。
③ 《高僧传》卷二《晋寿春石涧寺卑摩罗叉传》，第 63 页。
④ 《高僧传》卷一一《明律篇总论》，第 443 页。
⑤ 《高僧传》卷一二《宋高昌释法进传》，第 447～448 页。

余律，遂具一部，凡五十八卷。后有罽宾律师卑摩罗叉来游长安，罗什先在西域，从其受律。罗叉后自秦适晋，住寿春石涧寺，重校《十诵》律本，品名遂正，分为六十一卷，至今相传焉。

罽宾人弗若多罗备通三藏，而专精《十诵律》。① 鸠摩罗什早年即在龟兹跟从"青眼律师"卑摩罗叉学习《十诵律》。② 西域人昙摩流支弃家入道，偏以律藏驰名。③ 后秦弘始年间，弗若多罗、鸠摩罗什、昙摩流支在长安翻译《十诵律》，徒众"三千僧"，自尔《十诵律》大化关中。时有河内（治今河南沁阳市）人释僧业游学长安，从师鸠摩罗什受业，"见新出《十诵》，遂专功此部，俊发天然，洞尽深奥"。④ 赵郡（治今河北赵县西南）人释慧询"经游长安，受学什公。研精经论，尤善《十诵》《僧祇》。乃更制条章，义贯终古"。⑤ 北周释僧玮初诵《金光明经》，又于扬州（今江苏南京）帝释寺"听昙瑗律师讲《十诵》，淹于五载，齐镜持犯"，"声闻光彻，被于周壤"，北周天子召至京师长安，乃敕公卿近臣妃后外戚"咸受十善，因奉三归"，⑥ 后来还在长安为僧玮营建了天宫寺。综上可见，中古时期，《十诵律》在西北地区的弘持，长安实为一大重镇。

《十诵律》由鸠摩罗什等人译之关中，卑摩罗叉传之寿春（治今安徽寿县），僧业、慧观等弘之建业（今江苏南京），⑦ 主要盛行于南方。中古西北地区，弘持《十诵》之律师，见于僧传者尚有刘宋僧隐和南齐法颖。

《高僧传》卷一一《宋江陵释僧隐传》曰：

> 释僧隐，姓李，秦州陇西人。……及受具戒，执操弥坚。常游心律苑，妙通《十诵》，诵《法华》《维摩》。闻西凉州有玄高法师禅慧兼举，乃负笈从之。于是学尽禅门，深解律要。

---

① 《高僧传》卷二《晋长安弗若多罗传》，第60页。
② 《高僧传》卷二《晋长安鸠摩罗什传》，第48页。
③ 《高僧传》卷二《晋长安昙摩流支传》，第61页。
④ 《高僧传》卷一一《宋吴闲居寺释僧业传》，第429页。
⑤ 《高僧传》卷一一《宋京师长乐寺释慧询传》，第430页。
⑥ 《续高僧传》卷一六《周京师天宝寺释僧玮传》，第593~594页。
⑦ 汤用彤：《汉魏两晋南北朝佛教史》，北京大学出版社，1997，第595页。

《高僧传》卷一一《齐京师多宝寺释法颖传》曰：

> 释法颖，姓索，敦煌人。十三出家，为法香弟子，住凉州公府寺。与同学法力，俱以律藏知名。颖伏膺已后，学无再请，记在一闻。研精律部，博涉经论。……齐建元四年卒，春秋六十有七。撰《十诵戒本》并《羯磨》等。

"妙通《十诵》"的僧隐负笈求法凉州（今甘肃武威），于是"深解律要"。法颖撰有《十诵戒本》，可知其"研精律部"之《十诵》，法颖早年则驻锡凉州。由此看来，中古时期的西北地区，除了长安，凉州亦为《十诵律》之重镇。

二 《五分律》

《出三藏记集》卷三《新集律来汉地四部记录》曰：

> 弥沙塞者……此名为《五分律》。比丘释法显于师子国所得者也。……法显以晋义熙二年还都，岁在寿星，众经多译，唯弥沙塞一部未及译出而亡。到宋景平元年七月，有罽宾律师佛大什来至京都。其年冬十一月，琅琊王练、比丘释慧严、竺道生于龙光寺请外国沙门佛大什出之。时佛大什手执胡文，于阗沙门智胜为译，至明年十二月都讫。

据此可知，《五分律》传入中国17年之后，方才在南朝宋代京都建康（今江苏南京）被译出。《五分律》很晚在南方译出，其在西北地区的弘传则不多见，唐代高僧爱同曾在西北地区稍振此律，《宋高僧传》卷一四《唐开业寺爱同传》云：

> 释爱同，俗姓赵氏，本天水人也。……具戒后，讲《弥沙塞律》，远近师禀，若鳞羽宗乎鲲凤也。昔南宋朝罽宾三藏觉寿译成此律，因出《羯磨》一卷，时运迁移，其本零落，寻求不获，学者无依。同遂于《大律》之内，抄出《羯磨》一卷，彼宗学者盛传流布，被事方

全。孝和之世，神龙中盛重翻宣，同与文纲等参预译场，推为证义。义净所出之经，同有力焉。著《五分律疏》十卷，复遗嘱西明寺玄通律师重施润色。

唐代初年，释爱同先在陇南天水"讲《弥沙塞律》，远近师禀，若鳞羽宗乎鲲凤也"，后又在关中长安撰著《五分律疏》。释爱同撰著《五分律疏》后，"复遗嘱西明寺玄通律师重施润色"，由此则知长安释玄通亦为《五分》律师也。这些都表明，《五分律》于唐代初年在西北地区关陇一带曾经流布行化。

三 《僧祇律》

梁释僧祐《出三藏记集》卷三《新集律来汉地四部记录》云："婆粗富罗者，受持经典，皆说有我，不说空相，犹如小儿，故名为婆粗富罗，此一名《僧祇律》。"《僧祇律》由法显于西域得其梵本，晋义熙十二年至十四年（416～418），法显与佛驮跋陀罗译为晋文。①

《续高僧传》卷三〇《唐绵州振响寺释僧晃传》曰：

> 释僧晃，姓冯氏，绵州涪城南昌人。……依象法师出家受业，学通大小，夙夜匪懈。……及升坛之后，偏攻《十诵》，数年劬劳，朗鉴精熟，研微造尽，彬郁可崇。周保定后更业长安，进学《僧祇》，讨其幽旨，有难必究，是滞能通。……既而遐迩讽德，声闻天庭，武帝下敕延于明德殿，言议开阐，弥遂圣心，乃授本州三藏。

《续高僧传》卷一七《隋京师清禅寺释昙崇传》曰：

> 释昙崇，姓孟氏，咸阳人。生知正见，幼解信奉。七岁入道，博诵法言，勤注无绝。后循听讲肆，雄辩无前，乃以慧灯欲全，本资摄念，圣果将克，必固定想，遂从开禅师而从依止。逮乎受戒，志逾清厉，遂学《僧祇》，十有余遍。依而讲解，听徒三百，京辅律要，此

---

① 《高僧传》卷二《晋京师道场寺佛驮跋陀罗传》，第73页。

而为宗。……于时五众二百余人依崇习静，声弛陇塞，化满关河。寻路追风，千里相属，填门盈室。……周武皇帝特所钦承，乃下敕云："崇禅师德行无玷，精悟独绝，所预学徒，未闻有犯，当是导以德义，故则众绝形清。可为周国三藏，并任陟岵寺主。"……大象之初，皇隋肇命，法炬还炤，即预百二十僧，敕住兴善……时处大内，为述净业，文帝礼接，自称"师儿"，献后延德，又称"师女"。

《续高僧传》卷二二《隋京师大兴善寺释灵藏传》曰：

释灵藏，俗姓王氏，雍州新丰人也。年未登学，志慕情远，依随和上颖律师而出家焉。藏承遵出要，善达持犯，《僧祇》一部，世称冠冕……时属周初，佛法全盛，国家年别大度僧尼。以藏识解淹明，铨品行业，若讲若诵，卷部众多，随有文义，莫不周镜，时共测量，通经了意，最为第一。……藏与〔隋〕高祖，布衣知友，情款绸狎，及飞龙兹始，弥结深衷，礼让崇敦，光价朝宰。移都南阜，任选形胜而置国寺。藏以朝宰惟重，佛法攸凭，乃择京都中会路均近远，于遵善坊天衢之左而置寺焉，今之大兴善是也。自斯已后，中使重沓，礼遇转隆……王人继至，接轸相趋。又敕左、右仆射两日一参，坐以镇之，与语而退。时教网初张，名德云构，皆陈声望，莫与争雄。宫闱严卫，来往艰阻，帝卒须见，频阙朝谒，乃敕诸门不须安籍，任藏往返。及处内禁，与帝等伦，坐必同榻，行必同舆，经纶国务，雅会天鉴，有时住宿，即迩寝殿，嚫赐之费，盖无竟矣。

《僧祇律》于史不彰，披览僧传，中古西北地区弘持《僧祇律》者不过僧晃、昙崇和灵藏。难怪唐释道宣甚而说："婆粗罗部，律本未传。"① 至如宋释赞宁亦云："婆粗富罗，闻名而已。"② 然而，如上所引，释僧晃在北周长安"进学《僧祇》，讨其幽旨，有难必究，是滞能通"，北周武帝"延于明德殿，言议开阐，弥遂圣心"；释昙崇修习《僧祇律》十多遍，"依而讲解，听徒三百，京辅律要，此而为宗"，北周武帝特所钦承，诏任

---

① 《续高僧传》卷二三《明律篇总论》，第885页。
② 《宋高僧传》卷一六《明律篇总论》，第405页。

长安陟岵寺主,隋"文帝礼接,自称'师儿',献后延德,又称'师女'",敕住长安大兴善寺;又释灵藏"《僧祇》一部,世称冠冕",驻锡长安大兴善寺,"中使重沓","王人继至,接轸相趋"。据此则知,北周隋初之长安实乃《僧祇》律学之重镇,这也与"先是(引者按:唐以前)关内素奉《僧祇》"①之史实相吻合。

四 《四分律》

律藏昙无德部即《四分律》,罽宾(今克什米尔)三藏法师佛驮耶舍传诵中华,后秦弘始十二年至十四年(410~412),佛驮耶舍与鸠摩罗什法师共为翻译。②《出三藏记集》卷三《新集律来汉地四部记录》云:

> 昙无德者……是为《四分律》,盖罽宾三藏法师佛陀耶舍所出也。秦弘始十二年,岁上章掩茂,右将军司隶校尉姚爽于长安中寺集名德沙门五百人,请罽宾三藏佛陀耶舍出律藏《四分》四十卷,十四年讫。

"昙无德部《四分》一律,虽翻在姚秦,而创敷元魏。"③元魏以前,《四分》未广宣通,魏有法聪律师始为演说。法聪授道覆,道覆律师创开此部,制疏六卷,只是科文,至于提举宏宗,无闻于世。魏齐之际,道覆门徒定州(治今河北定县)人释慧光博听律部,初在京洛,后来入邺(今河南安阳),弘播戒宗,"又再造《四分律疏》百二十纸,后代引之以为义节","《四分》一部,草创基兹"。④《四分》之弘,始自慧光。慧光门人道云奉光遗令,专弘律部,造《疏》九卷,为众所先,成匠极多。⑤道云有弟子道洪和洪遵最为知名,"而〔洪〕遵开业关中,盛宗帝里"。⑥《四分律》始弘关中,实赖洪遵斯人。

---

① 《续高僧传》卷二二《隋西京大兴善寺释洪遵传》,第840页。
② 《高僧传》卷一一《明律篇总论》,第443页。
③ 《续高僧传》卷二三《明律篇总论》,第885页。
④ 《续高僧传》卷二二《齐邺下大觉寺释慧光传》,第822~823页。
⑤ 《续高僧传》卷二二《齐邺下大觉寺释慧光传》,第823页。
⑥ 《续高僧传》卷二三《明律篇总论》,第887页。

相州（今河南安阳）人释洪遵（528~608）受具之后，专学律部，后来依师道云，开讲律要，四远望风，堂盈千计。开皇七年（587），隋文帝下敕追诣京阙，特蒙劳引，令住大兴善寺。开皇十六年（596），复敕请为讲律众主，于崇敬寺聚徒成业。"先是关内素奉《僧祇》，习俗生常，恶闻异学，乍讲《四分》，人听全稀。……遵欲广流法味，理任权机，乃旦剖《法华》，晚扬《法正》，来为闻经，说为通律。屡停炎燠，渐致附宗，开导《四分》，一人而已。"① 洪遵于京邑盛开律仪，名骇昔人，又著《大纯钞》5 卷，用通律典。时有弘农华州（治今陕西华县）人玄琬进具之后，"便随洪遵律师伏膺《四分》，冠冕遮性，镕汰持范。涉律三载，便事敷演，使于后进乐推，前英叹美"。② 贞观初年，玄琬驻锡长安普光寺，以律仪驰誉，朝野具瞻，华夷诸国僧尼从受具戒者 3000 余人，王公僚佐爰及皂隶从受归戒者 20 余万人。③ 而当隋初，河东（今山西永济）人释觉朗先在长安大兴善寺，后知大禅定道场主，敷扬《四分》，"渐润道化，颇怀钦重"。④ 曹州（属今山东菏泽）人释法楷 15 岁出家，及受具后，专攻《四分》。开皇首岁，法楷来入关壤，观化京都，住长安扬化寺，复扬戒律。⑤ 蒲州（属今山西运城）人释道生 "《四分》一律，薄沾声教，讲诲时扬，器法难拟"，他住长安兴善寺，"卓卓标异，目不斜眄，威仪安怗，众敬惮之"。⑥ 时有沙门海藏，诚信坚正，宗仰律司，也于唐长安屡讲《四分》。⑦

洪遵始在关中创开《四分》，遂后乃有智首（567~635）律师承斯讲授，接统传化，使其光大。《续高僧传》卷二三《唐京师弘福寺释智首传》曰：

释智首，姓皇甫氏……初投相州云门寺智旻而出家焉……后听道洪律席，同侣七百，锋颖如林，至于寻文比义，自言迥拔，及玄思厉勇，通冠群宗，刚正严明，风飚遗绪者，莫尚于首矣。……

会隋高造寺，远召禅宗，将欲广振律诠，流晖帝壤，若不附定通戒，行学无归，遂随师入关，止于禅定，解既冥通，声光三辅。……

---

① 《续高僧传》卷二二《隋西京大兴善寺释洪遵传》，第 840 页。
② 《续高僧传》卷二三《唐京师普光寺释玄琬传》，第 861 页。
③ 《续高僧传》卷二三《唐京师普光寺释玄琬传》，第 862~863 页。
④ 《续高僧传》卷二二《隋西京大禅定道场觉朗传》，第 843 页。
⑤ 《续高僧传》卷二八《隋京师杨化寺释法楷传》，第 1124 页。
⑥ 《续高僧传》卷二八《隋京师大兴善寺释道生传》，第 1120 页。
⑦ 《续高僧传》卷二二《隋西京大禅定道场释觉朗传》，第 843 页。

自律部东阐，六百许年，传度归戒，多迷体相。五部混而未分，二见纷其交杂，海内受戒，并诵《法正》之文，至于行护，随相多委，师资相袭，缓急任其取舍，轻重互而裁断。首乃衔慨披括，往往发蒙，商略古今，具陈人世，著《五部区分钞》二十一卷，所谓高墉崇映，天网遐张，再敞殊文，统疏异术。群律见翻四百余卷，因循讲解，由来一乱，今并括其同异，定其废立。本疏云师所撰，今缵两倍过之。故得诸部方驾于唐衢，七众同睇于贞观者，首之力矣。

但关中专尚，素奉《僧祇》，洪遵律师创开《四分》，而兼经通诲，道俗奔随，至于传文律仪，盖蔑如也。首乃播此幽求，便即对开两设，沉文伏义，亘通古而未弘，硕难巨疑，抑众师之不解，皆标宗控会，释然大观。是由理思淹融，故能统详决矣。……三十余载，独步京辇，无敢抗衡，敷演所被，成匠非一。所以见迹行徒知名唐世者，皆是首之汲引，寔由匡弼之功。

智首在关中"敷演所被，成匠非一"，其知名律徒中，继而在关中弘宣《四分律》者有慧云、慧琎、慧满、道宣等人。九江（今江西九江）人释慧云经论有积，而戒律未弘，乃远趋帝京长安，躬参学府，受业智首律师，"采掇行务"，"有闻朝省"，朝廷敕令住长安弘福寺。慧云"言语成章，众所知识，偏能读诵，颇盛威容。故斋福大集，恒居坐首，群公卿士，侧席虚心。一举五卷，须臾寻了，未闻嗽喧，莫不嘉尚"。① 洛州（今河南洛阳）人释智兴初依智首律师，随从讲会，后来驻锡长安禅定寺，"思力清彻，同侣高之，征难鳞错，词锋惊挺"。② 智兴弟子善因宗师戒范，亦讲《四分律》，著闻京邑。③ 扬州江都（今江苏扬州）人慧琎，于仁寿年中来到长安禅定寺，具戒之后，专精律仪，先听洪遵讲律凡20遍，又听智首律师数亦相及。贞观之初，慧琎任长安云花寺上座，后又征入长安普光寺，化开律部，敷扬《四分》。④ 时有沙门满德、善智、真懿、敬道者，同琎所学，慕义朋从，扬敷京辇。⑤ 雍州长安（今陕西西安）人慧满，于

---

① 《续高僧传》卷三〇《唐京师弘福寺释慧云传》，第1229页。
② 《续高僧传》卷三〇《唐京师大庄严寺释智兴传》，第1215页。
③ 《续高僧传》卷三〇《唐京师大庄严寺释智兴传》，第1216页。
④ 《续高僧传》卷二三《唐京师普光寺释慧琎传》，第858~859页。
⑤ 《续高僧传》卷二三《唐京师普光寺释慧琎传》，第859页。

大业年间入住长安大禅定寺，进戒奉业于智首律师，明慎威仪，学门推揖。贞观年间，慧满奉敕任长安弘济寺上座，专弘律训，奖导僧徒，丞有成规，制《四分律疏》20 卷，讲 40 余遍，"成匠晚秀，有邻声彩"。①

智首及门高足在关中弘扬《四分律》者，尤以道宣声望最隆，号称中国佛教史上第一律学名匠。② 释道宣（596～667）于隋大业中从智首律师受具，在唐武德中依智首习律。道宣久居终南山白泉寺、崇义精舍和丰德寺，后任长安西明寺上座。关于《四分律》，道宣著有《〈四分律〉删繁补阙行事钞》《〈四分律〉拾毗尼义钞》③ 以及《〈四分律〉比丘含注戒本》、《〈四分律〉删补随机羯磨》和《行事删补律仪》。④"宣之持律，声振竺乾；宣之编修，美流天下。"⑤ 道宣是中国佛教史上第一律学名匠。他在关中地区标立戒坛，"其间受法传教，弟子可千百人"，⑥ 形成了一大佛教宗派，因其所居久在终南山，故称南山律宗。

道宣当途行律，京兆人释道世在长安西明寺与道宣"同驱五部之车，共导三乘之轨"，⑦ 道望芬然，三辅钦归。道宣的弟子知名者多在关中地区弘阐南山律。会稽（今浙江绍兴）人释文纲先依道宣律师受法。当时，长安恒济寺道成律师"敷《四分》一宗，有同雾市"。⑧ 文纲又登道成之堂，秉承毗尼藏。文纲 25 岁讲律，30 岁登坛，他在长安崇圣寺，"每勤修深思，凝视反听，净如止水，嶷若断山"，"由是八方来学，《四分》永流，请益者举袂云临，赞叹者发声雷骇"。⑨ 唐中宗景龙二年（708），文纲于内道场乾陵宫为内尼受戒，复于宫中坐夏。先天年间（712～713），唐睿宗于别殿请文纲为菩萨戒师，妃主环阶，侍从罗拜。唐高宗乾封年间（666～668），长安崇圣寺释灵萼于西明寺躬预道宣法席，然其不拘常所，或近文纲，或亲大慈。灵萼收采所闻作记，以解《〈四分律〉删繁补阙行事钞》，

---

① 《续高僧传》卷二三《唐京师普光寺释慧满传》，第 871 页。
② 《宋高僧传》卷一四《唐京兆西明寺道宣传》曰："〔道宣〕尝筑一坛，俄有长眉僧谈道，知者其实宾头卢也。复三果梵僧礼坛赞曰：'自佛灭后，像法在世，兴发毗尼，唯师一人也。'"
③ 《宋高僧传》卷一四《唐京兆西明寺道宣传》，第 329 页。
④ （唐）道宣：《大唐内典录》卷五，《大正藏》卷五五，第 282 页。
⑤ 《宋高僧传》卷一四《唐京兆西明寺道宣传》，第 330 页。
⑥ 《宋高僧传》卷一四《唐京兆西明寺道宣传》，第 329 页。
⑦ 《宋高僧传》卷四《唐京兆西明寺道世传》，第 67 页。
⑧ 《宋高僧传》卷一四《唐京兆恒济寺道成传》，第 331 页。
⑨ 《宋高僧传》卷一四《唐京师崇圣寺文纲传》，第 332 页。

又别撰《轻重诀》,"若然者推究造义章之始,唯慈与尊也"。① 文纲律师高足光州(治今河南潢川县)人释道岸坚修律仪,深入禅慧,道高寰宇,德重丘山,时号"大和尚"。唐中宗遣使征召,道岸入朝与大德数人同居内殿,中宗因请如来法味,"屈为菩萨戒,道岸亲率六宫,围绕供养"。② 道岸在长安,杖锡中兴寺、庄严寺、荐福寺、罔极寺等寺院,他纲维总务,皆承敕命,深契物心,"律藏冀兮传芳,象(像)教因乎光盛"。③ 西明寺释崇业初同道岸学毗尼于文纲法集,挺拔刚毅,美声洋洋,达于禁闼。唐睿宗操心履道,敕令以旧邸造安国寺,诏请崇业入承明别殿为他受菩萨戒。④ 越州诸暨(今浙江诸暨)人释玄俨迨于弱冠,乃从道岸律师咨受具戒。玄俨后来游诣京师,探赜律范,遇到满意律师等人,皆南山上足,一方名匠。玄俨由是道尊戒洁,名动京师,他在安国寺授记并充大德。⑤ 越州(治今浙江绍兴)人释神邕精通《四分律钞》,天宝中(742~755),他游学长安,居安国寺,"公卿藉其风宇,追慕者结辙而至"。⑥ 唐德宗时,京兆人释道澄受具之后,习听南山律于诸处。道澄生性率略,住寺不恒,先后居于长安奉恩寺、庄严寺、草堂寺、章信寺等寺院,以弘宣南山律为务。⑦

道宣于慧光为五世,道云是四世。⑧ 道云弟子道洪再传道宣而有南山律。道云的弟子洪遵传洪渊,再传法砺。法砺之上首释满意,专于律学,他长期驻锡长安太原寺。满意复授大亮,大亮传授昙一。越州(治今浙江绍兴)人释昙一,开元五年(717)西游长安,依观音寺大亮律师传毗尼藏,一传慧炬,远近瞻仰。昙一依照法砺律师《四分律疏》和道宣律师《四分律钞》,自著《发正义记》10卷,"明两宗之踳驳,发五部之铃键"。⑨ 是时,京兆人释怀素(625~698)受具以来,专攻律部,居于长安恒济寺,后来从师法砺,研习三载,乃见诸瑕。咸亨元年(670),怀素发

---

① 《宋高僧传》卷一四《唐京师崇圣寺灵尊传》,第341页。
② 《宋高僧传》卷一四《唐光州道岸传》,第337页。
③ 《宋高僧传》卷一四《唐光州道岸传》,第337页。
④ 《宋高僧传》卷一四《唐京兆西明寺崇业传》,第342页。
⑤ 《宋高僧传》卷一四《唐越州法华山寺玄俨传》,第342页。
⑥ 《宋高僧传》卷一七《唐越州焦山大历寺神邕传》,第422页。
⑦ 《宋高僧传》卷一六《唐京师章信寺道澄传》,第388页。
⑧ 汤用彤:《隋唐佛教史稿》,中华书局,1982,第180页。
⑨ 《宋高僧传》卷一四《唐会稽开元寺昙一传》,第353页。

起勇心，决定别述《开〈四分律〉记》。上元三年（676），怀素奉诏住在长安太原寺，他旁听道成律师讲学，不辍缉缀。永淳元年（682），怀素撰成《开〈四分律〉记》，弹纠古疏，谓之新章，别立一家，所化翕然。① "自此以后，新章旧疏，互相长短"，② 两疏传授，各擅专门，学者如林，执见殊异，数兴诤论。大历十三年（778），唐代宗敕令在长安安国寺设立刍定律疏院，召集慧彻、如净等14名律学大德，定夺新、旧两疏是非。唐德宗建中元年（780），《新刍定疏》完成，但仍许新、旧两疏并行，依从学者所好。③

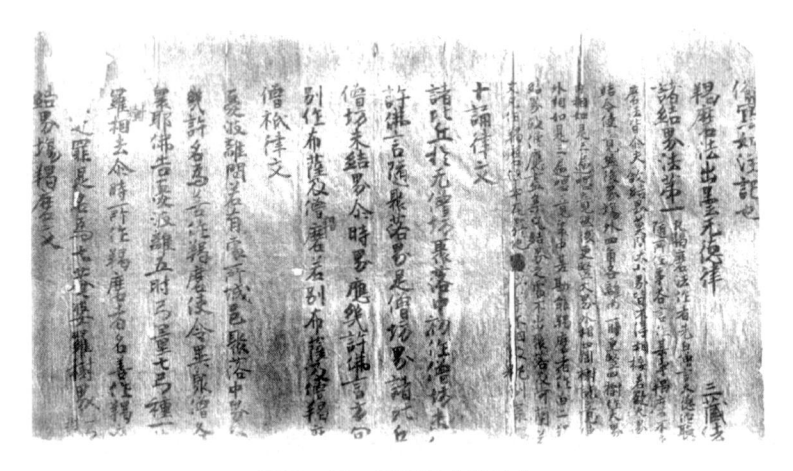

图Ⅲ—10　隋唐间戒律抄本

要之，佛教戒律最早传入中国是在三国曹魏嘉平年间（249～254），以印度僧人昙柯迦罗在洛阳译出《僧祇戒心》戒本为始。④ 佛教律藏的翻译完成于东晋时代，律学的弘传主要在南北朝隋唐时期（图Ⅲ—10）。中古时期，《十诵》《五分》《僧祇》《四分》诸律之学率皆流行西北地区。十六国时代，鸠摩罗什在长安时，弗若多罗等人译出《十诵律》。从此，长安成为中古西北地区佛教律学重镇。唐以前，关内素奉《僧祇律》，迨

---

① 《宋高僧传》卷一四《唐京师恒济寺怀素传》，第334页。
② 《宋高僧传》卷一五《唐京师安国寺如净传》，第365页。
③ 《宋高僧传》卷一五《唐京师西明寺圆照传》，第376~379页。
④ 《高僧传》卷一《魏洛阳昙柯迦罗传》曰："昙柯迦罗，此云法时，本中天竺人……常贵游化，不乐专守，以魏嘉平中来至洛阳。于时魏境虽有佛法，而道风讹替，亦有众僧未禀归戒，正以剪落殊俗耳。设复斋忏，事法祠祀。迦罗既至，大行佛法。时有诸僧共请迦罗译出戒律，迦罗以律部曲制，文言繁广，佛教未昌，必不承用。乃译出《僧祇戒心》，止备朝夕。更请梵僧立羯磨法受戒。中夏戒律，始自于此。"

至唐代,《四分律》成为律学之正宗,关中律学如日中天。唐长安大荐福寺释义净虽遍翻三藏,"而偏攻律部,译缀之暇,曲授学徒"。① 长安安国寺释藏用"长于律学,急护任持,为上都之表则也","开法京辇,道既精粹,训且均敷,蔼然为物楷模,向风宗重"。② 安国寺释真乘精于律法,长于演说,"经宗律柄,兼讲无亏,藉其缁行,焜赫京邑",以是八为律学座主,四为临坛正员。③ 安国寺释乘如"精研律部,颇善讲宣",绳准缁徒,无不循则,应左右街临坛度人,弟子千数。④

(原载《敦煌学辑刊》2007年第2期,后收入兰州大学敦煌学研究所编《敦煌佛教与禅宗论文集》,三秦出版社,2007)

---

① 《宋高僧传》卷一《唐京兆大荐福寺义净传》,第3页。
② 《宋高僧传》卷一五《唐京师安国寺藏用传》,第372页。
③ 《宋高僧传》卷一五《唐湖州八圣道寺真乘传》,第373页。
④ 《宋高僧传》卷一五《唐京兆安国寺乘如传》,第367页。

图版说明

上编　隋唐佛教寺院建置兴废探赜

图Ⅰ—1　长安大兴善寺平面想象图（王贵祥编著《七宝恒沙塔，清净一菩提——中国古代佛教建筑研究论集》，清华大学出版社，2014，第145页，图29）

图Ⅰ—2　隋禅定寺、唐大庄严寺木塔立面复原图（王贵祥编著《七宝恒沙塔，清净一菩提——中国古代佛教建筑研究论集》，第327页，图17）

图Ⅰ—3　唐都长安佛教寺院区域分布示意图（自绘）

图Ⅰ—4　敦煌壁画中的唐代佛教寺院（王贵祥编著《七宝恒沙塔，清净一菩提——中国古代佛教建筑研究论集》，第39页，图30）

图Ⅰ—5　(1) 道宣《关中创立戒坛图经》附图（据1962年金陵刻经处复刻宋绍兴二十二年刻本）；(2) 据 (1) 改绘（并附部分说明）（《文物》2009年第1期，第35页，图七）

图Ⅰ—6　纵列双院寺佛寺（张弓：《汉唐佛寺文化史》，中国社会科学出版社，1997，第175页，图15）

图Ⅰ—7　横列三院寺佛寺（张弓：《汉唐佛寺文化史》，第175页，图16）

图Ⅰ—8　西明寺局部遗址平面示意图（安家瑶：《唐长安西明寺遗址的考古发现》，《唐研究》第六卷，北京大学出版社，2000，第350页）

图Ⅰ—9　汉化佛寺配置模式图（白化文：《汉化佛教与佛寺》，北京出版社，2017，第44页）

图Ⅰ—10　青龙寺4号遗址早期佛殿复原平面图（《考古学报》1984年第3期，第390页，图六）

| 图版说明 | 403

图Ⅰ—11　青龙寺遗址西塔院殿堂遗迹（3号遗迹）早期殿址平、剖面图（中国社会科学院考古研究所：《青龙寺与西明寺》，文物出版社，2015，第27页，图一二）

图Ⅰ—12　青龙寺遗址西塔院殿堂遗迹（3号遗迹）晚期殿址平、剖面图（中国社会科学院考古研究所：《青龙寺与西明寺》，第20页，图一一）

图Ⅰ—13　慈恩寺大雁塔石门楣佛殿和佛像线刻图［《梁思成文集》（一），中国建筑工业出版社，1982，第5页，图二］

图Ⅰ—14　唐长安大兴善寺大殿立面复原图（王贵祥编著《七宝恒沙塔，清净一菩提——中国古代佛教建筑研究论集》，第118页，图14）

图Ⅰ—15　佛殿前对峙钟楼、经楼的唐代寺院平面示意图（王贵祥编著《七宝恒沙塔，清净一菩提——中国古代佛教建筑研究论集》，第56页，图39）

图Ⅰ—16　大兴善寺文殊阁复原立面图（王贵祥编著《七宝恒沙塔，清净一菩提——中国古代佛教建筑研究论集》，第414页，图19）

图Ⅰ—17　大雁塔（赵克礼：《陕西古塔研究》，科学出版社，2007，图版一—1）

图Ⅰ—18　小雁塔（赵克礼：《陕西古塔研究》，图版一—2）

图Ⅰ—19　青龙寺遗址东院殿堂遗迹：晚期台基（西南—东北）（中国社会科学院考古研究所：《青龙寺与西明寺》，图版九—1）

图Ⅰ—20　青龙寺遗址西塔院殿堂遗迹（西北—东南）（中国社会科学院考古研究所：《青龙寺与西明寺》，图版五—2）

图Ⅰ—21　青龙寺遗址遗迹分布图（中国社会科学院考古研究所：《青龙寺与西明寺》，第11页，图六）

图Ⅰ—22　青龙寺3号遗址晚期殿址出土陶砖（中国社会科学院考古研究所：《青龙寺与西明寺》，图版十九上，图版二一—2）

图Ⅰ—23　青龙寺遗址出土的兽面纹瓦当，双瓣莲花纹瓦当（中国社会科学院考古研究所：《青龙寺与西明寺》，图版二九—2，图版二六—2）

图Ⅰ—24　青龙寺遗址出土的青掍瓦当、陶筒瓦（中国社会科学院考古研究所：《青龙寺与西明寺》，图版二三—3，图版六十一—5）

图Ⅰ—25　西明寺遗址出土的陶莲花纹方砖、陶脊头砖（中国社会科学院考古研究所：《青龙寺与西明寺》，图版五七，图版五五—1）

图Ⅰ—26　西明寺遗址出土的鸱尾残块、陶水管（中国社会科学院考古研究所：《青龙寺与西明寺》，图版五八—2，图版六七—4）

图Ⅰ—27　荐福寺小雁塔地宫结构示意图（张全民、龚国强：《关于小雁塔塔基考古的收获》，《西安文物考古研究》第2辑，三秦出版社，2013）

图Ⅰ—28　沈弘写经《阿毗昙毗婆沙卷》（局部）（朱关田：《中国书法史·隋唐五代卷》，江苏教育出版社，1999，第211页，图6-3.1）

图Ⅰ—29　怀仁《集王书圣教序碑》（局部）（朱关田：《中国书法史·隋唐五代卷》，第153页，图3-6.4）

图Ⅰ—30　柳公权《玄秘塔碑》（局部）（朱关田：《中国书法史·隋唐五代卷》，第178页，图5-1.2）

图Ⅰ—31　褚遂良《雁塔圣教序记碑》（局部）（朱关田：《中国书法史·隋唐五代卷》，第67页，图2-5.5）

图Ⅰ—32　徐浩《不空和尚碑》（局部）（朱关田：《中国书法史·隋唐五代卷》，第132页，图3-5.3）

图Ⅰ—33　欧阳通《道因法师碑》（局部）（朱关田：《中国书法史·隋唐五代卷》，第25页，图1-2.5）

图Ⅰ—34　史惟则《大智禅师碑》（局部）（朱关田：《中国书法史·隋唐五代卷》，第138页，图3-5.8）

图Ⅰ—35　颜真卿《多宝塔碑》（局部）（朱关田：《中国书法史·隋唐五代卷》，第161页，图4-2.1）

图Ⅰ—36　吴通微《楚金禅师碑》（局部）（朱关田：《中国书法史·隋唐五代卷》，第107页，图3-2.6）

中编　隋唐佛教高僧生平事迹索隐

图Ⅱ—1　智永真草书《千字文》（局部）（朱关田：《中国书法史·隋唐五代卷》，第14页，图1-1.6）

图Ⅱ—2　怀素《藏真帖》（局部）（朱关田：《中国书法史·隋唐五代卷》，

第 119 页，图 3－3.4）

图Ⅱ—3　高闲书《千字文》（局部）（朱关田：《中国书法史·隋唐五代卷》，第 220 页，图 6－3.5）

图Ⅱ—4　《崇简墓志》拓片（赵君平、赵文成编《河洛墓刻拾零》，北京图书馆出版社，2007，第二一九号）

图Ⅱ—5　《智该法师碑》拓片［高峡主编《西安碑林全集·碑刻（第四卷）》，广东经济出版社、海天出版社，1999，第 459 页］

图Ⅱ—6　《智该法师碑》拓片（局部）［高峡主编《西安碑林全集·碑刻（第四卷）》，第 461 页］

图Ⅱ—7　《唐崇福寺故僧录灵晏墓志》拓片（吴钢主编《隋唐五代墓志汇编·陕西卷》第 4 册，天津古籍出版社，1991，第 142 页）

图Ⅱ—8　《唐东都洛阳福先寺广宣律师墓志》拓片（陈长安主编《隋唐五代墓志汇编·洛阳卷》第 13 册，第 85 页）

图Ⅱ—9　敦煌莫高窟第 72 号窟西壁龛外南侧上端僧伽像（敦煌文物研究所编《中国石窟敦煌莫高窟》第四卷，文物出版社，1987，第 206 页）

图Ⅱ—10　僧伽像（温州市文物处、温州市博物馆：《温州市北宋白象塔清理报告》，《文物》1987 年第 5 期）

图Ⅱ—11　僧伽像（上海博物馆：《上海市松江县兴圣教寺塔地宫发掘简报》，《考古》1983 年第 12 期，图 5）

图Ⅱ—12　胡僧像（张弓：《汉唐佛寺文化史》，图版图 15）

图Ⅱ—13　圆珍坐像（［日］圆珍撰，白化文、李鼎霞校注《行历抄校注》，花山文艺出版社，2004，图版"圆珍坐像"）

图Ⅱ—14　越州都督府过所（［日］圆珍撰，白化文、李鼎霞校注《行历抄校注》，图版"越州都督府过所"）

下编　隋唐佛教社会文化史事谫论

图Ⅲ—1　唐写本《涅槃经》（局部）（［日］香川默识：《西域考古图谱》，学苑出版社，1999，第 174 页）

图Ⅲ—2　唐写本《阿弥陀经》（局部）（［日］香川默识：《西域考古图谱》，第 167 页）

图Ⅲ—3　西安西郊出土的唐代手写经咒绢画（《文物》1984年第7期，图版四）

图Ⅲ—4　玄奘西行路线［改绘自玄奘著，季羡林校注《大唐西域记校注》，中华书局，2000，附录"玄奘西行路线图（一）"］

图Ⅲ—5　梵文佛典断片（〔日〕香川默识：《西域考古图谱》，第248页）

图Ⅲ—6　于阗文写卷（〔英〕奥雷尔·斯坦因：《西域考古图记》第4卷，广西师范大学出版社，1998，图147）

图Ⅲ—7　龟兹文写卷（〔英〕奥雷尔·斯坦因：《西域考古图记》第4卷，图152）

图Ⅲ—8　回鹘文法典（〔日〕香川默识：《西域考古图谱》，第228页）

图Ⅲ—9　贞观廿二年玄奘译场列位（法国藏敦煌文书P.3709）（张弓：《汉唐佛寺文化史》，第407页，图43）

图Ⅲ—10　隋唐间戒律抄本（〔日〕香川默识：《西域考古图谱》，第163页）

主要参考文献

一 佛教典籍

（曹魏）康僧铠译《佛说无量寿经》，《大正藏》卷一二，台北：财团法人佛陀教育基金会，1990。

（北魏）杨衒之撰，周祖谟校释《洛阳伽蓝记校释》，上海书店出版社，2000。

（后秦）佛陀耶舍、竺佛念译《长阿含经》，《大正藏》卷一，台北：财团法人佛陀教育基金会，1990。

（东晋）法显撰，章巽校注《法显传校注》，中华书局，2008。

（南朝梁）慧皎撰，汤用彤校注《高僧传》，中华书局，1992。

（南朝梁）僧祐：《弘明集》，《大正藏》卷五二，台北：财团法人佛陀教育基金会，1990。

（南朝梁）僧祐撰，苏晋仁、萧錬子点校《出三藏记集》，中华书局，1995。

（隋）费长房：《历代三宝纪》，《大正藏》卷四九，台北：财团法人佛陀教育基金会，1990。

（唐）法琳：《辩正论》，《大正藏》卷五二，台北：财团法人佛陀教育基金会，1990。

（唐）法琳：《破邪论》，《大正藏》卷五二，台北：财团法人佛陀教育基金会，1990。

（唐）彦琮：《唐护法沙门法琳别传》，《大正藏》卷五〇，台北：财团法人佛陀教育基金会，1990。

（唐）玄奘、辩机撰，季羡林等校注《大唐西域记校注》，中华书局，2000。

（唐）慧立、彦悰撰，孙毓棠、谢方点校《大慈恩寺三藏法师传》，中华书局，2000。

（唐）慧超撰，张毅笺释《往五天竺国传笺释》，中华书局，2000。

（唐）道宣撰，范祥雍点校《释迦方志》，中华书局，2000。

（唐）道宣撰，郭绍林点校《续高僧传》，中华书局，2014。

（唐）道宣撰，刘林魁校注《集古今佛道论衡校注》，中华书局，2018。

（唐）道宣：《广弘明集》，《大正藏》卷五二，台北：财团法人佛陀教育基金会，1990。

（唐）道宣：《大唐内典录》，《大正藏》卷五五，台北：财团法人佛陀教育基金会，1990。

（唐）道世撰，周叔迦、苏晋仁校注《法苑珠林校注》，中华书局，2003。

（唐）法藏：《华严经传记》，《大正藏》卷五一，台北：财团法人佛陀教育基金会，1990。

（唐）阎朝隐：《大唐大荐福寺故大德康法藏法师之碑》，《大正藏》卷五〇，台北：财团法人佛陀教育基金会，1990。

（唐）义净撰，王邦维校注《大唐西域求法高僧传校注》，中华书局，1988。

（唐）义净撰，王邦维校注《南海寄归内法传校注》，中华书局，1995。

（唐）智昇撰，富世平点校《开元释教录》，中华书局，2018。

（唐）智昇：《续古今译经图纪》，《大正藏》卷五五，台北：财团法人佛陀教育基金会，1990。

（唐）圆照：《贞元新定释教录》，《大正藏》卷五五，台北：财团法人佛陀教育基金会，1990。

（唐）圆照：《悟空入竺记》，《大正藏》卷五一，台北：财团法人佛陀教育基金会，1990。

（唐）圆照：《代宗朝赠司空大辩正广智三藏和尚表制集》，《大正藏》卷五二，台北：财团法人佛陀教育基金会，1990。

（唐）赵迁：《大唐故大德司空大辩正广智不空三藏行状》，《大正藏》卷五〇，台北：财团法人佛陀教育基金会，1990。

（唐）惠详：《弘赞法华传》，《大正藏》卷五一，台北：财团法人佛陀教育基金会，1990。

（唐）净觉：《楞伽师资记》，《大正藏》卷八五，台北：财团法人佛陀教育基金会，1990。

（唐）段成式撰，秦岭云点校《寺塔记》，人民美术出版社，1964。

〔日〕圆仁撰，白化文、李鼎霞、许德楠校注《入唐求法巡礼行记校注》，花山文艺出版社，1992。

〔日〕圆仁：《入唐新求圣教目录》，《大正藏》卷五五，台北：财团法人佛陀教育基金会，1990。

〔日〕圆珍撰，白化文、李鼎霞校注《行历抄校注》，花山文艺出版社，2004。

〔日〕真人元开撰，汪向荣校注《唐大和上东征传》，中华书局，2000。

〔日〕成寻撰，王丽萍校点《新校参天台五台山记》，上海古籍出版社，2009。

（宋）赞宁撰，范祥雍点校《宋高僧传》，中华书局，1987。

（宋）赞宁撰，富世平校注《大宋僧史略校注》，中华书局，2015。

（宋）道原：《景德传灯录》，《大正藏》卷五一，台北：财团法人佛陀教育基金会，1990。

（宋）普济撰，苏渊雷点校《五灯会元》，中华书局，1984。

（宋）戒珠：《净土往生传》，《大正藏》卷五一，台北：财团法人佛陀教育基金会，1990。

（宋）契嵩：《传法正宗记》，《大正藏》卷五一，台北：财团法人佛陀教育基金会，1990。

（宋）志磐撰，释道法校注《佛祖统纪校注》，上海古籍出版社，2012。

（元）念常：《佛祖历代通载》，《大正藏》卷四九，台北：财团法人佛陀教育基金会，1990。

杨曾文编校《神会和尚禅话录》，中华书局，1996。

杨曾文校写《新版敦煌新本六祖坛经》，宗教文化出版社，2001。

二　历史文献

（北齐）魏收：《魏书》，中华书局，1974。

（唐）房玄龄等：《晋书》，中华书局，1974。

（唐）李百药：《北齐书》，中华书局，1972。

（唐）令狐德棻等：《周书》，中华书局，1971。

（唐）魏徵等：《隋书》，中华书局，1973。

（唐）李延寿：《北史》，中华书局，1974。

（唐）杜宝撰，辛德勇辑校《大业杂记辑校》，三秦出版社，2006。

（唐）韦述撰，辛德勇辑校《两京新记辑校》，三秦出版社，2006。

（唐）李林甫等撰，陈仲夫点校《唐六典》，中华书局，1992。

（唐）杜佑撰，王文锦、王永兴、刘俊文等点校《通典》，中华书局，1988。

（唐）林宝撰，岑仲勉校记，郁贤皓、陶敏整理《元和姓纂》，中华书局，1994。

（唐）吴兢：《贞观政要》，上海古籍出版社，1978。

（唐）张鷟撰，赵守俨点校《朝野佥载》，中华书局，1979。

（唐）李肇：《唐国史补》，上海古籍出版社，1979。

（唐）赵璘：《因话录》，上海古籍出版社，1979。

（唐）段成式撰，许逸民、许桁点校《酉阳杂俎》，中华书局，2015。

（唐）裴庭裕撰，田廷柱点校《东观奏记》，中华书局，1994。

（唐）康骈撰，萧逸校点《剧谈录》，《唐五代笔记小说大观》下册，上海古籍出版社，2000。

（唐）李白撰，（清）王琦注《李太白全集》，中华书局，1977。

（唐）权德舆撰，郭广伟校点《权德舆诗文集》，上海古籍出版社，2008。

（唐）韩愈：《韩昌黎全集》，中国书店，1991。

（唐）柳宗元：《柳宗元集》，中华书局，1979。

（唐）白居易撰，顾学颉校点《白居易集》，中华书局，1979。

（唐）杜牧撰，陈允吉校点《樊川文集》，上海古籍出版社，2007。

（唐）朱景玄撰，温肇桐注《唐朝名画录》，四川美术出版社，1985。

（唐）张彦远撰，秦仲文、黄苗子点校《历代名画记》，人民美术出版社，1963。

（唐）张彦远撰，范祥雍点校《法书要录》，人民美术出版社，1964。

（唐）王焘：《外台秘要》，人民卫生出版社，1987。

（五代）孙光宪撰，贾二强点校《北梦琐言》，中华书局，2002。

（五代）王定保撰，黄寿成点校《唐摭言》，三秦出版社，2011。

（五代）尉迟偓撰，夏婧点校《中朝故事》，唐宋史料笔记丛刊《奉天录（外三种）》，中华书局，2014。

（后晋）刘昫等：《旧唐书》，中华书局，1975。

（宋）欧阳修、宋祁：《新唐书》，中华书局，1975。

（宋）司马光：《资治通鉴》，中华书局，1956。

（宋）王溥：《唐会要》，中华书局，1955。

（宋）宋敏求编《唐大诏令集》，中华书局，2008。

（宋）宋敏求撰，辛德勇、郎洁点校《长安志》，三秦出版社，2003。

（宋）张礼撰，史念海、曹尔琴校注《游城南记校注》，三秦出版社，2003。

（宋）程大昌撰，黄永年点校《雍录》，中华书局，2002。

（宋）王谠撰，周勋初校证《唐语林校证》，中华书局，1987。

（宋）钱易撰，黄寿成点校《南部新书》，中华书局，2002。

（宋）张齐贤：《洛阳缙绅旧闻记》，（上海）商务印书馆，1939。

（宋）李昉等编《太平广记》，中华书局，1961。

（宋）李昉等编《文苑英华》，中华书局，1966。

（宋）计有功：《唐诗纪事》，上海古籍出版社，1987。

（宋）王钦若、杨亿等编《册府元龟》，中华书局，1960。

（宋）张君房编，李成晟点校《云笈七签》，中华书局，2003。

（宋）佚名撰，范红娟点校《宣和书谱》，人民美术出版社，2011。

（宋）欧阳修：《集古录跋尾》，人民美术出版社，2010。

（宋）苏轼撰，白石点校《东坡题跋》，浙江人民美术出版社，2016。

（宋）黄庭坚撰，白石点校《山谷题跋》，浙江人民美术出版社，2016。

（宋）董逌撰，何立民点校《广川书跋》，浙江人民美术出版社，2016。

（宋）朱长文纂辑，何立民点校《墨池编》，浙江人民美术出版社，2012。

（宋）陈思编撰，崔尔平校注《书苑菁华校注》，上海辞书出版社，2013。

（元）骆天骧撰，黄永年点校《类编长安志》，三秦出版社，2006。

（元）辛文房撰，傅璇琮等校笺《唐才子传校笺》，中华书局，1987。

（明）胡震亨：《唐音癸签》，上海古籍出版社，1981。

（明）赵崡：《石墨镌华》，《石刻史料新编》第一辑第25册，台北：新文丰出版公司，1982。

（明）陶宗仪撰，徐美杰点校《书史会要》，浙江人民美术出版社，2012。

（明）王世贞：《弇州四部稿》，《景印文渊阁四库全书》第1281册，台湾商务印书馆，1986。

（明）王世贞：《弇州山人四部续稿》，《景印文渊阁四库全书》第1284册，台湾商务印书馆，1986。

（清）徐松撰，张穆校补，方严点校《唐两京城坊考》，中华书局，1985。

（清）彭定求等编《全唐诗》，中华书局，1960。

（清）董诰等编《全唐文》，中华书局，1983。

（清）王昶：《金石萃编》，中国书店，1985。
（清）陆增祥：《八琼室金石补正》，文物出版社，1985。
（清）毛凤枝：《关中金石文字存逸考》，《石刻史料新编》第二辑第14册，台北：新文丰出版公司，1979。
（清）叶昌炽撰，陈公柔、张明善点校《语石》，中华书局，1994。
（清）刘熙载撰，袁津琥校注《艺概注稿》，中华书局，2009。
（清）王澍：《虚舟题跋》，李文点校，浙江人民美术出版社，2015。
（清）钱泳：《履园丛话》，中华书局，1979。
（清）孙承泽：《庚子销夏记》，白云波、古玉清点校，浙江人民美术出版社，2012。
（清）贾汉复修，李楷纂《陕西通志》，康熙六年刻本。
（清）刘於义修，沈青崖纂《陕西通志》，雍正十三年刻本。
（清）舒其绅等修，严长明等纂《西安府志》，乾隆四十四年刻本。
（清）高廷法修，陆耀遹等纂《咸宁县志》，嘉庆二十四年修，民国二十五年重印本。
（清）张聪贤纂《长安县志》，嘉庆十六年修，民国二十五年铅印本。
（民国）翁柽修，宋联奎纂《咸宁长安两县续志》，民国二十五年铅印本。
周绍良主编《唐代墓志汇编》，上海古籍出版社，1992。
周绍良、赵超主编《唐代墓志汇编续集》，上海古籍出版社，2001。
张沛编《昭陵碑石》，三秦出版社，1993。
吴钢主编《全唐文补遗》第二辑，三秦出版社，1995。
吴钢主编《全唐文补遗》第四辑，三秦出版社，1997。
吴钢主编《全唐文补遗》第九辑，三秦出版社，2007。
赵君平、赵文成编《河洛墓刻拾零》，北京图书馆出版社，2007。
黄征、吴伟编校《敦煌愿文集》，岳麓书社，1995。
上海书画出版社、华东师范大学古籍整理研究室选编、校点《历代书法论文选》，上海书画出版社，2014。
崔尔平选编、点校《历代书法论文选续编》，上海书画出版社，2015。

三 考古成果

程学华：《唐贴金画彩石刻造像》，《文物》1961年第7期。
中国科学院考古研究所西安唐城工作队：《唐青龙寺踏查记》，《考古》1964

年第 7 期。

中国科学院考古研究所西安唐城工作队：《唐青龙寺发掘简报》，《考古》1974 年第 5 期。

宿白：《隋唐长安城和洛阳城》，《考古》1978 年第 6 期。

宿白：《唐五代时期雕版印刷手工业的发展》，《文物》1981 年第 5 期。

上海博物馆：《上海市松江县兴圣教寺塔地宫发掘简报》，《考古》1983 年第 12 期。

李域铮：《西安西郊出土唐代手写经咒绢画》，《文物》1984 年第 7 期。

秦珠：《长安发现智该法师碑》，《考古与文物》1985 年第 4 期。

温州市文物处、温州市博物馆：《温州市北宋白象塔清理报告》，《文物》1987 年第 5 期。

陕西省法门寺考古队：《扶风法门寺塔唐代地宫发掘简报》，《文物》1988 年第 10 期。

中国社会科学院考古研究所西安唐城工作队：《唐长安青龙寺遗址》，《考古》1989 年第 2 期。

中国社会科学院考古研究所西安唐城工作队：《唐长安西明寺遗址发掘简报》，《考古》1990 年第 1 期。

西藏自治区文管会文物普查队：《西藏吉隆县发现唐显庆三年〈大唐天竺使出铭〉》，《考古》1994 年第 7 期。

徐苹芳：《僧伽造像的发现和僧伽崇拜》，《文物》1996 年第 5 期。

宿白：《隋代佛寺布局》，《考古与文物》1997 年第 1 期。

安家瑶：《唐长安西明寺遗址的考古发掘》，《唐研究》第六卷，北京大学出版社，2000。

金申：《西安安国寺遗址的密教石像考》，《敦煌研究》2003 年第 4 期。

张总、王保平：《陕西淳化金川湾三阶教刻经石窟》，《文物》2003 年第 5 期。

中国社会科学院考古研究所西安唐城队、西安市文物保护考古所联合考古队：《西安小雁塔东院出土唐荐福寺遗物》，《考古》2006 年第 1 期。

宿白：《试论唐代长安佛教寺院的等级问题》，《文物》2009 年第 1 期。

张全民、龚国强：《关于小雁塔塔基考古的收获》，《西安文物考古研究》第 2 辑，三秦出版社，2013。

中国社会科学院考古研究所：《青龙寺与西明寺》，文物出版社，2015。

〔英〕奥雷尔·斯坦因：《西域考古记》，向达译，中华书局，1936。

〔英〕奥雷尔·斯坦因：《西域考古图记》，巫新华、刘文锁等译，广西师范大学出版社，1998。

〔日〕香川默识：《西域考古图谱》，学苑出版社，1999。

四　学术著作

白化文：《汉化佛教与佛寺》，北京出版社，2003。

陈寅恪：《金明馆丛稿二编》，三联书店，2001。

陈垣：《中国佛教史籍概论》，上海书店出版社，2001。

〔日〕池田温：《中国古代籍帐研究》，龚泽铣译，中华书局，1984。

〔日〕村上专精著，汪向荣校《日本佛教史纲》，杨曾文译，商务印书馆，1981。

杜继文、魏道儒：《中国禅宗通史》，江苏古籍出版社，1993。

方立天：《隋唐佛教》，中国人民大学出版社，2006。

方立天：《中国佛教哲学要义》，中国人民大学出版社，2002。

龚国强：《隋唐长安城佛寺研究》，文物出版社，2006。

郭绍林：《唐代士大夫与佛教》，三秦出版社，2006。

季羡林：《佛教与中印文化交流》，江西人民出版社，1990。

季羡林：《中印文化关系史论文集》，三联书店，1982。

康有为：《广艺舟双楫》，北京图书馆出版社，2004。

雷家骥：《武则天传》，人民出版社，2001。

李健超：《汉唐两京及丝绸之路历史地理论集》，三秦出版社，2007。

李健超：《增订唐两京城坊考（修订版）》，三秦出版社，2006。

梁启超：《佛学研究十八篇》，上海古籍出版社，2001。

吕澂：《中国佛学源流略讲》，中华书局，1979。

马宗霍：《书林藻鉴》，文物出版社，2015。

〔日〕木宫泰彦：《中日交通史》，陈捷译，商务印书馆，1931。

启功：《古代字体论稿》，文物出版社，1999。

启功：《启功论书绝句百首》，荣宝斋出版社，1995。

任继愈：《汉唐佛教思想论集》，人民出版社，1994。

任继愈主编《中国佛教史》（1—3卷），中国社会科学出版社，1985、1988。

史念海主编《西安历史地图集》，西安地图出版社，1996。

〔美〕斯坦利·威斯坦因：《唐代佛教》，张煜译，上海古籍出版社，2010。
汤用彤：《汉魏两晋南北朝佛教史》，北京大学出版社，1997。
汤用彤：《隋唐佛教史稿》，中华书局，1982。
王贵祥：《七宝恒沙塔，清净一菩提——中国古代佛教建筑研究论集》，清华大学出版社，2014。
王国维：《观堂集林》，中华书局，1959。
王元军：《唐人书法与文化》，台北：东大图书公司，1995。
魏道儒：《中国华严宗通史》，江苏古籍出版社，2001。
〔法〕谢和耐：《中国 5—10 世纪的寺院经济》，耿昇译，上海古籍出版社，2004。
辛德勇：《隋唐两京丛考》，三秦出版社，1991。
印顺：《中国禅宗史》，江西人民出版社，1999。
〔日〕羽溪了谛：《西域之佛教》，贺昌群译，商务印书馆，1999。
张弓：《汉唐佛寺文化史》，中国社会科学出版社，1997。
张国刚：《佛学与隋唐社会》，河北教育出版社，2002。
赵克礼：《陕西古塔研究》，科学出版社，2007。
赵文润、王双怀：《武则天评传》，三秦出版社，1993。
周一良：《唐代密宗》，钱文忠译，上海远东出版社，1996。
朱关田：《中国书法史·隋唐五代卷》，江苏教育出版社，1999。
〔日〕足立喜六：《长安史迹研究》，王双怀、淡懿诚、贾云译，三秦出版社，2003。

五　学术论文

段志凌：《长安百塔寺历史沿革及相关碑石辑释》，西安碑林博物馆编《碑林集刊》第十辑，陕西人民美术出版社，2004。
葛兆光：《理论兴趣的衰退——八至十世纪中国佛教的转型之一》，《世界宗教研究》2001 年第 1 期。
耿世民：《古代新疆和突厥、回鹘人中的佛教》，《世界宗教研究》第 2 集，中国社会科学出版社，1980。
郭绍林：《论唐代的观音崇拜》，《世界宗教研究》1992 年第 3 期。
郝鹏展：《牛头寺始建年代考》，《陕西师范大学学报》（哲学社会科学版）2005 年第 3 期。

何兹全：《佛教经律关于僧尼私有财产的规定》，《北京师范大学学报》（哲学社会科学版）1982年第6期。

〔日〕气贺泽保规：《武则天的感业寺出家问题与德业寺》，西安碑林博物馆编《纪念西安碑林九百二十周年华诞国际学术研讨会论文集》，文物出版社，2008。

任继愈：《儒教再评价》，《社会科学战线》1982年第2期。

石峻、方立天：《论隋唐佛教宗派的形成》，《哲学研究》1981年第8期。

苏渊雷：《略论"入唐八家"及中国高僧对于沟通中日文化的卓越贡献》，《学术月刊》1988年第5期。

孙昌武：《唐长安佛寺考》，《唐研究》第二卷，北京大学出版社，1996。

〔日〕田中良昭：《从P.3913谈唐代佛教诸派之关系》，朱悦梅译，《敦煌学辑刊》1992年第1—2期合辑。

王亚荣：《隋大兴城佛寺考》，《世界宗教研究》2005年第1期。

王尧：《藏族翻译家管·法成对民族文化交流的贡献》，《文物》1980年第7期。

夏金华：《唐代法相宗的衰落原因新论》，《世界宗教研究》2003年第4期。

谢重光：《魏晋隋唐佛教特权的盛衰》，《历史研究》1987年第6期。

张东光：《唐代的内供奉官》，《社会科学辑刊》2005年第1期。

张弓：《唐代的内道场和内道场僧团》，《世界宗教研究》1993年第3期。

张广达、荣新江：《和田、敦煌发现的中古于阗史料概述》，《新疆社会科学》1983年第4期。

张维慎：《武则天出家为尼之寺院名称及其方位考》，赵文润主编《武则天研究论文集》，山西古籍出版社，1998。

张岩：《慧坚禅师碑考述》，西安碑林博物馆编《碑林集刊》第四辑，陕西人民美术出版社，1996。

后 记

　　我于1989年考入陕西师范大学历史系，1993年大学毕业后，当年考上本校中国古代史专业的研究生，跟随赵文润教授和牛致功教授研习隋唐史。在两位先生的悉心指导下，我认真阅读了隋唐史方面的一些基本文献和经典论著，渐渐略知读史和治学的门径，随即开始尝试撰写论文。1994年秋季，在研究生二年级第一学期，我撰写了《唐代的外商》一文，经过反复修改后，冒昧投寄给了《晋阳学刊》杂志，不料很快在该刊1995年第1期公开发表。出乎意料的是，后来还被人大复印报刊资料《中国古代史一（先秦至隋唐）》1995年第5期全文转载。现在回头看，这篇论文未免稚嫩粗糙，很不成熟，但它的发表和被转载，在当时却给予我极大的鼓舞，并激励我从此走上了史学研究的道路。

　　1996年研究生毕业后，我有幸留校工作。由于种种原因，岗位几经变动，但因个人志趣所在，我未曾忘情隋唐历史文化的学习和探研。20多年来，游目涉猎隋唐史典籍，偶有所得，拉拉杂杂写了下来，断断续续发表了一些微不足道的论文。近来，在师友们的促使下，董理旧作，兹将其中有关隋唐佛教文化的论文订为一册，就成为呈现在大家面前的这本《隋唐佛教文化史论》。

　　本书裒集了近十多年来我发表过的有关隋唐佛教文化史的论文一共30篇，其中，最早的发表于2004年，最晚的发表于近一两年。由于发表时各个刊物体例不一，这次收入本书时，对论文注释全部按照现行学术规范进行了统一处理，并对有些引用文献参照新出点校本进行了重新修订。个别篇章的资料略有补充，文字略有订正，均在文末有所交代。虽然配了少许插图，至于论文的内容和观点一仍其旧。这些论文，题目有大有小，内容或长或短，今不惮谫陋，编集付梓，既期冀以自励，亦求教于同道。佛教流派众多，经典浩繁，教义精奥，思想深邃。余才性疏慵，学殖贫瘠，向非潜心经论，而于三藏内典未尝遍览，多惭博练，愧惧唯深。本书识同扣象，歧谬破绽，恐非难免。博雅君子，幸有赐以正之。

蓦然回首，我跨入历史学的门槛迄于今年恰已三十载。一路蹒跚走来，得到了众多师长、同学、朋友的无私襄助，隆情厚谊，铭感无已。谨借本书出版，在此一并敬致谢忱！

日月逝矣，岁不与予。倏忽之间，余年已及艾，将知天命。生也有涯，知也无涯。学人立身，树德建言。余德薄能鲜，智识愚浅，犹当以此存心，竭尽驽钝，勉力前行。

介永强　谨识

2019 年元宵节前夕于古都西安

图书在版编目(CIP)数据

隋唐佛教文化史论/介永强著. -- 北京：社会科学文献出版社，2020.1
（陕西师范大学史学丛书）
ISBN 978 - 7 - 5201 - 6007 - 0

Ⅰ.①隋… Ⅱ.①介… Ⅲ.①佛教史 - 研究 - 中国 - 隋唐时代 Ⅳ.①B949.2

中国版本图书馆 CIP 数据核字（2020）第 012863 号

陕西师范大学史学丛书
隋唐佛教文化史论

著　　者/介永强

出 版 人/谢寿光
责任编辑/赵　晨
文稿编辑/侯婧怡

出　　版/社会科学文献出版社·历史学分社（010）59367256
　　　　　地址：北京市北三环中路甲29号院华龙大厦　邮编：100029
　　　　　网址：www.ssap.com.cn
发　　行/市场营销中心（010）59367081　59367083
印　　装/三河市尚艺印装有限公司

规　　格/开　本：787mm×1092mm　1/16
　　　　　印　张：27.25　字　数：456千字
版　　次/2020年1月第1版　2020年1月第1次印刷
书　　号/ISBN 978 - 7 - 5201 - 6007 - 0
定　　价/118.00元

本书如有印装质量问题，请与读者服务中心（010 - 59367028）联系

▲ 版权所有 翻印必究